RIQUEZA E MISÉRIA DO TRABALHO NO BRASIL

COLEÇÃO

Mundo do Trabalho

Coordenação Ricardo Antunes

TÍTULOS PUBLICADOS

ALÉM DA FÁBRICA
Trabalhadores, sindicatos e a nova questão social
Marco Aurélio Santana e
José Ricardo Ramalho (orgs.)

A CÂMARA ESCURA
Alienação e estranhamento em Marx
Jesus Ranieri

O CARACOL E SUA CONCHA
Ensaios sobre a nova
morfologia do trabalho
Ricardo Antunes

CRÍTICA À RAZÃO INFORMAL
A imaterialidade do salariado
Manoel Malaguti

DA GRANDE NOITE À ALTERNATIVA
O movimeto operário europeu em crise
Alain Bihr

A DÉCADA NEOLIBERAL E A CRISE DOS SINDICATOS NO BRASIL
Adalberto Moreira Cardoso

DO CORPORATIVISMO AO NEOLIBERALISMO
Estado e trabalhadores no
Brasil e na Inglaterra
Angela Araújo (org.)

A EDUCAÇÃO PARA ALÉM DO CAPITAL
István Mészáros

O EMPREGO NA GLOBALIZAÇÃO
A nova divisão internacional do trabalho e os caminhos que o Brasil escolheu
Marcio Pochmann

FORÇAS DO TRABALHO
Movimentos de trabalhadores e globalização desde 1870
Beverly J. Silver

FORDISMO E TOYOTISMO NA CIVILIZAÇÃO DO AUTOMÓVEL
Thomas Gounet

HOMENS PARTIDOS
Comunistas e sindicatos no Brasil
Marco Aurélio Santana

LINHAS DE MONTAGEM
O industrialismo nacional-desenvolvimentista e a sindicalização dos trabalhadores
(1945-1978)
Antonio Luigi Negro

O MISTER DE FAZER DINHEIRO
Automatização e subjetividade no trabalho bancário
Nise Jinkings

NEOLIBERALISMO, TRABALHO E SINDICATOS
Reestruturação produtiva na Inglaterra e no Brasil
Huw Beynon, José Ricardo Ramalho, John McIlroy e Ricardo Antunes (orgs.)

NOVA DIVISÃO SEXUAL DO TRABALHO?
Um olhar voltado para a empresa e a sociedade
Helena Hirata

O NOVO (E PRECÁRIO) MUNDO DO TRABALHO
Reestruturação produtiva e crise do sindicalismo
Giovanni Alves

PARA ALÉM DO CAPITAL
Rumo a uma teoria da transição
István Mészáros

POBREZA E EXPLORAÇÃO DO TRABALHO NA AMÉRICA LATINA
Pierre Salama

O PODER DA IDEOLOGIA
István Mészáros

O ROUBO DA FALA
Origens da ideologia do trabalhismo no Brasil
Adalberto Paranhos

O SÉCULO XXI
Socialismo ou barbárie?
István Mészáros

OS SENTIDOS DO TRABALHO
Ensaio sobre a afirmação e a negação do trabalho
Ricardo Antunes

SHOPPING CENTER
A catedral das mercadorias
Valquíria Padilha

A TEORIA DA ALIENAÇÃO EM MARX
István Mészáros

TERCEIRIZAÇÃO: (DES)FORDIZANDO A FÁBRICA
Um estudo do complexo petroquímico
Maria da Graça Druck

TRANSNACIONALIZAÇÃO DO CAPITAL E FRAGMENTAÇÃO DOS TRABALHADORES
Ainda há lugar para os sindicatos?
João Bernardo

RIQUEZA E MISÉRIA DO TRABALHO NO BRASIL

organização
Ricardo Antunes

István Mészáros • Luciano Vasapollo • Márcio Pochmann • Geraldo Augusto Pinto • Paula Regina Pereira Marcelino • Eurenice Lima • Fabiane Santana Previtalli • Luci Praun • Ada Ávila Assunção • Nise Jinkings • Jair Batista da Silva • Simone Wolff • Sávio Cavalcante • Claudia Mazzei Nogueira • Juliana Coli • Liliana Rolfsen Petrilli Segnini • Isabella Jinkings • Elaine Regina Aguiar Amorim • Vera Navarro • Maria Aparecida Alves • Maria Augusta Tavares • Ariovaldo de Oliveira Santos • Giovanni Alves • José dos Santos Souza

BOITEMPO
EDITORIAL

Coordenação editorial
Ivana Jinkings

Assistência
Ana Paula Castellani

Edição de texto
Angelo Stefanovits

Preparação de texto
Ricardo Jensen

Revisão
A. C. Fonseca, Cárita Ferrari Negromonte e Cid Vale Ferreira

Editoração eletrônica e produção
Estúdio Editores.com - Comunicação e Arte

Produção gráfica
Marcel Ilha

Capa
Antonio Kehl
Sobre foto de Sebastião Salgado / Amazonas Images

CIP-BRASIL. CATALOGAÇÃO-NA-FONTE
SINDICATO NACIONAL DOS EDITORES DE LIVROS, RJ
R466

Riqueza e miséria do trabalho no Brasil / Ricardo Antunes (organizador). -
São Paulo : Boitempo, 2006
528p. : . - (Mundo do trabalho)

Inclui bibliografia
ISBN 85-7559-083-9

1. Sociologia do trabalho. 2. Trabalho - Pesquisa. 3. Trabalhadores
- Condições sociais. 4. Trabalho - Efeitos das inovações tecnológicas.
5. Relações trabalhistas. I. Antunes, Ricardo L. C. (Ricardo Luis Coltro), 1953-. II. Série.

06-2924. CDD 306.36
CDU 316.334.22

Esta edição contou com o apoio do CNPq por meio de sua Bolsa Produtividade em Pesquisa (2000-2004).

1ª edição: outubro de 2006

BOITEMPO EDITORIAL
Jinkings Editores Associados Ltda.
Rua Euclides de Andrade, 27 – Perdizes
05030-030 – São Paulo – SP
Tel./Fax: (11) 3875-7250 / 3872-6869
editor@boitempoeditorial.com.br
www.boitempoeditorial.com.br

De que me serve fabricar um bom ferro, se meu próprio interior está cheio de escórias?
W. F. von Goethe

...ao burguês nada se ajusta melhor que o puro e plácido sentimento do limite que lhe está traçado. Não lhe cabe perguntar: "Que és tu?", e sim: "Que tens tu? Que juízo, que conhecimento, que aptidão, que fortuna?"
W. F. von Goethe

...quanto mais rico de espírito o trabalho, mais pobre de espírito e servo da natureza se torna o trabalhador.
Karl Marx

SUMÁRIO

APRESENTAÇÃO

Este livro é resultado da pesquisa coletiva intitulada "Para onde vai o mundo do trabalho? As formas diferenciadas da reestruturação produtiva no Brasil", projeto em que fizemos um desenho detalhado da nossa realidade. Por meio da investigação empírica em diversos setores ou ramos econômicos, apreendemos alguns elementos centrais do processo de reestruturação produtiva em curso e a maneira pela qual esse processo multiforme vem afetando e metamorfoseando o mundo do trabalho em nosso país.

Seu desenvolvimento se deu, centralmente, mediante a construção de um desenho consistente da realidade setorial brasileira, utilizando-se de ampla pesquisa de campo, e a efetivação de um diálogo crítico denso com a bibliografia nacional e internacional contemporânea.

Considerando-se as particularidades de cada setor ou ramo produtivo, buscou-se compreender a conformação produtiva que vem se desenvolvendo no país, tanto em razão das relações interfirmas, das estratégias de desverticalização, focalização etc., quanto da análise dos mecanismos de assalariamento, terceirização, subcontratação e precarização do trabalho que afetam fortemente a classe trabalhadora.

O objetivo maior, portanto, foi apreender algumas das particularidades presentes nos respectivos processos de reestruturação produtiva no país e refletir sobre algumas das dimensões da organização sociotécnica do trabalho, em um contexto econômico, social e político marcado pela mundialização do capital e pela difusão das políticas de corte neoliberal.

Verificamos, prioritariamente, como a classe trabalhadora, em sua ação cotidiana e por meio de seus organismos de representação sindical, vem vivenciando e respondendo às mudanças implementadas pelo capital; analisaram-se, por um lado, as novas formas de organização, controle e gestão da força de trabalho e, por outro, as implicações disso para o movimento sindical e a organização dos trabalhadores em seu local de trabalho.

Para tanto, oferecemos elementos sobre a caracterização do setor e das empresas pesquisadas; sua posição na cadeia produtiva e seu grau de integração (relações interfirmas horizontais e verticais); as mutações tecnológicas, a organização do trabalho e as formas de gestão/controle da força de trabalho; o perfil da força de trabalho e as mudanças de suas qualificações; as mudanças na estrutura do emprego e as formas de flexibilização do trabalho; os mecanismos de apropriação da força de trabalho; as relações das empresas com os sindicatos, bem como as respostas que os trabalhadores e/ou os organismos sindicais vêm implementando.

Desse modo, obtivemos um desenho diferenciado, multiforme e polissêmico, recuperando algumas dimensões essenciais do processo de reestruturação do trabalho no Brasil contemporâneo.

A exposição do assunto, neste livro, está dividida em três partes.

Na Parte I oferecemos um quadro mais abrangente das novas modalidades de trabalho, das formas e dos contornos assumidos pelo desemprego, das múltiplas faces da precarização do trabalho, dialogando articuladamente com elementos do cenário global e nacional, de modo a auxiliar na construção analítica mais precisa e aprofundada das novas (e velhas) configurações assumidas pela divisão internacional do trabalho no atual estágio do capitalismo.

Na Parte II, em que expomos detalhadamente a pesquisa setorial empreendida, contemplamos elementos empíricos e analíticos nos seguintes ramos produtivos: 1) automobilístico, 2) telecomunicações e telemarketing, 3) bancário, 4) têxtil e confecções, 5) calçados, 6) trabalhadores do canto erudito e 7) trabalhadores informais. Consideramos sempre uma rica heterogeneidade (setorial e regional), de modo a melhor compreender as formas diferenciadas da reestruturação produtiva do capital no Brasil contemporâneo.

Captamos, especialmente, as percepções, atitudes e respostas oferecidas pelos trabalhadores, tanto em suas ações de resistência no espaço do trabalho como também em suas ações coletivas e sindicais. O resultado é a presença de um desenho diferenciado e multiforme, que nos permite recuperar algumas dimensões essenciais do processo de reestruturação produtiva e trabalhista no Brasil contemporâneo.

Na Parte III apresentamos alguns traços constitutivos da crise do sindicalismo, apontando elementos dos cenários nacional e internacional, além de particularizar alguns pontos importantes da crise sindical brasileira.

Como a pesquisa se estruturou coletivamente, a partir de projetos de dissertações de mestrado, teses de doutorado e monografias sob nossa orientação[1], foi possível organizar um percurso metodológico e de técnicas de pesquisa capaz de integrá-los coerentemente, tanto no plano da investigação quanto no universo da exposição. Assim[2], no que concerne às entrevistas feitas, que se constituíram em fonte prioritária de pesquisa, na maior parte dos casos elas foram elaboradas previamente apenas de forma semi-estruturada, possibilitando uma liberdade maior aos entrevistados na condução dos assuntos abordados. O resultado desse procedimento foi singular, revelando uma riqueza de experiências de vida, dentro e fora do trabalho, dificilmente captada por instrumentos de coleta mais rígidos e desprovidos de dimensões mais acentuadamente qualitativas.

As entrevistas foram transcritas e depois analisadas, processo para o qual se articulou, do modo mais abrangente possível, o inventário bibliográfico inicialmente feito, o que nos obrigou, em cada ramo ou setor, a consolidar um verdadeiro estado da arte da literatura existente. Esse percurso permitiu, ao final, uma apreensão mais rica, analiticamente reconstruída, sem desrespeitar a especificidade de cada pesquisa e pesquisador, em seus respectivos ramos ou setores.

---

1 Em alguns casos, pudemos contar com participantes do nosso grupo de pesquisa que são orientados por outros docentes, além de alguns colaboradores e interlocutores especiais, nacionais e internacionais, que têm forte vínculo com nossa pesquisa e comparecem neste livro como co-autores.

2 Agradeço aqui a Geraldo Augusto Pinto as sugestões feitas para os pontos que seguem da nossa apresentação.

Cada ramo ou setor estudado utilizou-se de fontes primárias de dados, como estatutos, manuais e outros meios de comunicação das empresas e instituições pesquisadas, além de dados produzidos pelos sindicatos e organismos de classe, tanto no âmbito patronal quanto no dos trabalhadores. Documentos advindos de publicações, assembléias, congressos, cláusulas tratadas em acordos coletivos também fazem parte do acervo empírico consultado.

Todas as etapas da pesquisa, bem como a elaboração dos capítulos específicos, foram sempre objeto de exaustivo debate entre toda a equipe – o que certamente permitiu um enriquecimento individual e coletivo. Embora o foco central da pesquisa seja apreender a concretude do trabalho no Brasil a partir da análise dos diferentes processos de reestruturação produtiva, a maioria dos setores ou ramos pesquisados foi correlacionada a exemplos ocorridos em outros países, inserindo no movimento interno os traços e as marcas de uma ordem acentuadamente global; para tanto, levamos sempre em conta os condicionantes decorrentes da (nova) divisão internacional do trabalho, de que o Brasil é parte integrante.

No que tange à singularidade brasileira, cada uma das análises aqui feitas buscou contemplar as especificidades e as diferenças locais e regionais que configuram cada setor analisado. Tal itinerário de investigação mostrou-se necessário devido às diferenciações e desigualdades analisadas, evitando-se, desse modo, generalizações abusivas e abstratas.

As observações colhidas em campo permitiram à pesquisa oferecer uma apreciação detalhada das particularidades presentes em cada atividade de trabalho analisada, a fim de apresentar ao leitor as condições objetivas e subjetivas em que se encontram os trabalhadores nos setores pesquisados, suas atitudes cotidianas e as formas e modos de sua resistência e ação diante da reestruturação produtiva.

As dimensões de gênero, geração, origem étnica e geográfica, escolaridade, remuneração, qualificação etc., entre outros aspectos, foram também amplamente analisadas, e o eixo principal de nossa pesquisa buscou captar a percepção dos próprios trabalhadores acerca do processo social em que estão inseridos, gestado no interior das contradições que moldam o mundo do trabalho e o mundo do capital.

A equipe de pesquisa teve a seguinte estruturação:

Coordenação geral: Prof. Dr. Ricardo Antunes (IFCH/Unicamp).

Equipe participante (IFCH/Unicamp):

- Doutorandos: Claudete Pagotto, Daniel Romero, Fábio Vilella, Frederico Lisbôa Romão, Geraldo Augusto Pinto, Jair Batista da Silva, Isabella Jinkings, José dos Santos Souza, José Henrique Amorin, José Welmovicki, Maria Aparecida Alves e Paula Marcelino.
- Mestrandos: Antônio de Pádua Melo Neto, Bruno José Rodrigues Durães, Elaine Regina Amorin, Lucieneida Dováo Praun e Sávio Machado Cavalcante.
- Graduandos: Filipe Oliveira Raslan, Poliana Lima e Lilian Coutinho (bolsas de iniciação científica).

Pesquisadores de outras instituições: Prof. Dr. Antonio Thomaz Júnior (Unesp/Presidente Prudente); Profa. Dra. Claudia Mazzei Nogueira (Universidade Federal de Santa Catarina); Prof. Dr. Edilson José Graciolli (UFU/Uberlândia); Profa. Dra. Eurenice Lima (Universidade Federal do Acre); Profa. Dra. Fabiane Previtalli (UFU/Uberlândia); Prof. Dr. Giovanni Alves (Unesp/Marília); Profa. Maria Augusta Tavares (Universidade Federal de Alagoas – UFal); Profa. Dra. Nise Jinkings (Universidade \ Federal de Santa Catarina); Profa. Simone Wolff (Universidade Estadual de Londrina); Profa. Dra. Vera Navarro (USP/Ribeirão Preto).

Fazemos um agradecimento especial a Filipe Raslan, Geraldo Augusto Pinto, Sávio Machado Cavalcante, Daniel Romero, Isabella Jinkings, Jair Batista da Silva e Paula Marcelino, pelo auxílio dado na organização final do livro.

Agradecemos também ao CNPq, que, por meio de sua Bolsa Produtividade em Pesquisa (2000-2004), vem possibilitando o desenvolvimento de nossa pesquisa e, graças ao apoio oferecido durante a vigência do Projeto Integrado, permitiu que este livro pudesse ser organizado.

Por fim, fica o registro de que ele é resultado de um empreendimento efetivamente coletivo.

Ricardo Antunes
agosto de 2006

PARTE I

A EXPLOSÃO DO DESEMPREGO E AS DISTINTAS MODALIDADES DE PRECARIZAÇÃO DO TRABALHO

Capítulo 1

A ERA DA INFORMATIZAÇÃO E A ÉPOCA DA INFORMALIZAÇÃO riqueza e miséria do trabalho no Brasil

Ricardo Antunes

Introdução

Nesta introdução ao presente volume, vamos esboçar uma síntese da longa e detalhada pesquisa realizada, enumerando algumas hipóteses, teses e idéias que indicam tendências manifestas nas formas diferenciadas da reestruturação produtiva do capital no Brasil, bem como o modo como esse redesenho produtivo vem afetando o mundo do trabalho.

Aqui, é preciso antecipar, estampa-se uma forma de apreensão do real cuja lupa está voltada para captar centralmente o universo do trabalho. Trata-se de pesquisa orientada por uma dada forma de conceber a sociologia do trabalho, que recusa a neutralidade ao tratar da realidade do cotidiano fabril e de serviços. Assim fazendo, esperamos contribuir para uma melhor intelecção da particularidade do capitalismo recente no Brasil e da configuração assumida pelo mundo do trabalho, em que a riqueza e a miséria estão presentes de modo relacional, dando forma e conteúdo à nossa formação social.

Foram profundas as transformações ocorridas no capitalismo recente no Brasil, particularmente na década de 1990, quando, com o advento do receituário e da pragmática definidos no Consenso de Washington, desencadeou-se uma onda enorme de desregulamentações nas mais distintas esferas do mundo do trabalho.

Houve também um conjunto de transformações no plano da organização sociotécnica da produção, presenciando-se, ainda, um processo de reterritorialização e mesmo de desterritorialização da produção, entre tantas outras conseqüências da reestruturação produtiva e do redesenho da divisão internacional do trabalho e do capital. As indústrias de calçados, do ramo automotivo ou do setor têxtil, entre tantas analisadas na pesquisa, exemplificam amplamente essas tendências.

O processo de reestruturação produtiva do capital provocou significativas alterações em nosso capitalismo recente, de modo que ainda não temos uma visão conclusiva da configuração que vem se instalando. Mas somente poderemos obtê-la, ainda que de modo preliminar, por meio de densas pesquisas concretas, que, acompanhadas de correspondente reflexão crítica e analítica, sejam capazes de oferecer um retrato dessa nova configuração que, por certo, comporta tanto elementos de continuidade como de descontinuidade em relação ao seu passado recente.

Aqui reside o objetivo central deste livro: buscar elementos que nos auxiliem na compreensão do capitalismo brasileiro recente e de algumas das principais mutações que vêm ocorrendo no universo do trabalho urbano, num período marcado pela mundialização, transnacionalização e financeirização dos capitais, que certamente reconfiguram o universo produtivo, industrial e de serviços no Brasil contemporâneo. Se já parece obsoleto falar na teoria dos três setores dada a enorme interpenetração entre as atividades industriais, agrícolas e de serviços (de que são exemplos as expressões *agroindústria*, *indústria de serviços*, *serviços produtivos*), também parece estranho, num país como o nosso, falar abstratamente em sociedade pós-industrial.

Vamos indicar, então, alguns traços particulares e singulares da nossa reestruturação produtiva do capital, desencadeada particularmente ao longo da década de 1990, ainda que seus primeiros sinais sejam visíveis já durante a década de 1980. Faremos isso por meio do estudo de casos de alguns ramos e setores, procurando oferecer, de modo sintético, um desenho da reestruturação do capital que nos possibilite uma melhor compreensão das formas multifacetadas e heterogêneas da organização do trabalho, que certamente nos auxiliarão a entender as novas configurações no mundo do trabalho e seus embates no Brasil atual.

O capitalismo brasileiro no século XX

O capitalismo brasileiro, de desenvolvimento hipertardio quanto ao seu modo de ser, vivenciou, ao longo do século XX, um verdadeiro processo de acumulação industrial, especialmente a partir do getulismo. Pôde, então, efetivar seu primeiro salto verdadeiramente industrializante, uma vez que as formas anteriores de indústria eram prisioneiras de um processo de acumulação que se realizava dentro dos marcos da exportação do café, no qual a indústria tinha o papel de apêndice.

De corte fortemente estatal e feição nacionalista, a industrialização brasileira somente deslanchou a partir de 1930 e, posteriormente, com Juscelino Kubitschek, em meados da década de 1950, quando o padrão de acumulação industrial deu seu segundo salto. O terceiro salto foi experimentado a partir do golpe de 1964, quando se aceleraram fortemente a industrialização e a internacionalização do Brasil.

O país estruturava-se, então, com base em um desenho produtivo bifronte: de um lado, voltado para a produção de bens de consumo duráveis, como automóveis, eletrodomésticos etc., visando um mercado interno restrito e seletivo; de outro, prisioneiro que era de uma dependência estrutural ontogenética, o Brasil continuava também a desenvolver sua produção voltada para a exportação, tanto de produtos primários quanto de produtos industrializados.

No que concerne à dinâmica interna do padrão de acumulação industrial, estruturava-se pela vigência de um processo de superexploração da força de trabalho, dado pela articulação entre baixos salários, jornada de trabalho prolongada e fortíssima intensidade em seus ritmos, em um patamar industrial significativo para um país que, apesar de sua inserção subordinada, chegou a alinhar-se, em dado momento, entre as oito grandes potências industriais.

Esse padrão de acumulação, desde JK e especialmente durante a ditadura militar, vivenciou amplos movimentos de expansão, com altas taxas de acumulação, entre os quais a fase do "milagre econômico" (1968-1973). O país vivia, então, sob os binômios ditadura e acumulação, arrocho e expansão.

Foi somente em meados da década de 1980, ao fim da ditadura militar e sob a chamada "Nova República" de Sarney (certamente uma contradição de termos), que esse padrão de acumulação – centrado no tripé setor produtivo estatal, capital nacional e capital internacional – começou a sofrer as primeiras alterações. Embora, em seus traços mais genéricos, muito ainda se mantenha em alguma medida vigente, foi possível presenciar o início das mutações organizacionais e tecnológicas no interior do processo produtivo e de serviços em nosso país, mesmo que num ritmo muito mais lento do que aqueles experimentados pelos países centrais, que viviam intensamente a reestruturação produtiva de capital e seu corolário ideopolítico neoliberal.

No fim da ditadura militar e durante o período Sarney, o Brasil ainda se encontrava relativamente distante do processo de reestruturação produtiva do capital e do projeto neoliberal, em curso acentuado nos países capitalistas centrais, mas já se faziam sentir os primeiros influxos da nova divisão internacional do trabalho. A nossa singularidade começava a ser afetada pelos emergentes traços universais do sistema global do capital, redesenhando uma particularidade brasileira que pouco a pouco foi se diferenciando da anterior, inicialmente em alguns aspectos e, posteriormente, em muitos de seus traços essenciais.

Foi, então, durante a década de 1980, que ocorreram os primeiros impulsos do nosso processo de reestruturação produtiva, levando as empresas a adotar, no início de modo restrito, novos padrões organizacionais e tecnológicos, novas formas de organização social do trabalho. Iniciou-se a utilização da informatização produtiva e do sistema *just-in-time*; germinou a produção baseada em *team work*, alicerçada nos programas de qualidade total, ampliando também o processo de difusão da microeletrônica.

Deu-se, também, o início, ainda de modo preliminar, da implantação dos métodos denominados "participativos", mecanismos que procuram o "envolvimento" (na verdade, a adesão e a sujeição) dos trabalhadores com os planos das empresas. Estruturava-se, ainda que de modo incipiente, o processo de reengenharia industrial e organizacional, cujos principais determinantes foram decorrência:

1) das imposições das empresas transnacionais, que levaram à adoção, por parte de suas subsidiárias no Brasil, de novos padrões organizacionais e tecnológicos, em maior ou menor medida inspirados no toyotismo e nas formas flexíveis de acumulação;

2) da necessidade, no âmbito dos capitais e de seus novos mecanismos de concorrência, de as empresas brasileiras prepararem-se para a nova fase, marcada por forte "competitividade internacional";

3) da necessidade de as empresas nacionais responderem ao avanço do novo sindicalismo e das formas de confronto e de rebeldia dos trabalhadores que procuravam

estruturar-se mais fortemente nos locais de trabalho, desde as históricas greves do ABC paulista, no pós-1978, e também em São Paulo, onde era significativa a experiência de organização de base nas empresas.

Nesses primeiros anos da década de 1980, a reestruturação produtiva caracterizou-se pela retração de custos, mediante a redução da força de trabalho, de que foram exemplos os setores automobilístico e de autopeças, e também os ramos têxtil e bancário, entre outros. De modo sintético, pode-se dizer que a necessidade de elevação da produtividade ocorreu por meio de reorganização da produção, redução do número de trabalhadores, intensificação da jornada de trabalho dos empregados, surgimento dos CCQs (círculos de controle de qualidade) e dos sistemas de produção *just-in-time* e *kanban*, entre os principais elementos.

O nosso fordismo, ainda largamente dominante, começava a se abrir para os primeiros influxos do toyotismo. Durante a segunda metade de década de 1980, com a recuperação parcial da economia brasileira, ampliaram-se as inovações tecnológicas por meio da introdução da automação industrial de base microeletrônica nos setores metal-mecânico, automobilístico, petroquímico, siderúrgico e bancário, entre tantos outros.

No setor automobilístico verificou-se a instalação de novas linhas de montagem, que coexistiam com as antigas, configurando um grau relativamente elevado de heterogeneidade tecnológica no interior das empresas, heterogeneidade que foi uma marca particular da reestruturação produtiva no Brasil recente.

Década de 1990: reestruturação produtiva do capital

Foi nos anos 1990 que a reestruturação produtiva do capital desenvolveu-se intensamente em nosso país por meio da implantação de vários receituários oriundos da acumulação flexível e do ideário japonês, com a intensificação da *lean production*, dos sistemas *just-in-time* e *kanban*, do processo de qualidade total, das formas de subcontratação e de terceirização da força de trabalho, da transferência de plantas e unidades produtivas, configurando aquilo que, seguindo Juan José Castillo, tenho denominado *liofilização organizacional*.

Do mesmo modo, verificou-se um processo de descentralização produtiva, no qual indústrias tradicionais, como a têxtil, sob a alegação da concorrência internacional, deflagravam um movimento de mudanças geográficas, buscando níveis mais rebaixados de remuneração da força de trabalho e incentivos fiscais ofertados pelo Estado.

No setor calçadista, por exemplo, várias fábricas transferiram-se da região de Franca, no interior do Estado de São Paulo, ou da região do Vale dos Sinos, no Estado do Rio Grande do Sul, para estados do Nordeste, como Ceará e Bahia. Indústrias consideradas modernas, do ramo metal-mecânico e eletrônico, transferiram-se da Grande São Paulo para áreas do interior paulista (São Carlos e Campinas) ou deslocaram-se para outras áreas do país, como o interior do Rio de Janeiro (Resende) ou, ainda, o interior de Minas Gerais (Juiz de Fora), ou estados como Paraná, Bahia, Rio Grande do Sul, entre outros. Novas plantas foram instaladas, como Toyota e Honda, ambas na região de Campinas; elas foram objeto de estudo pioneiro em nossa pesquisa.

Foi, portanto, a partir dos anos 1990, sob a condução política em conformidade com o ideário e a pragmática definidos no Consenso de Washington, que se intensificou o processo de reestruturação produtiva do capital no Brasil, processo que vem se efetivando mediante formas diferenciadas, configurando uma realidade que comporta elementos tanto de continuidade como de descontinuidade em relação às fases anteriores. Há uma mescla nítida entre elementos do fordismo, que ainda encontram vigência acentuada, e elementos oriundos das novas formas de acumulação flexível e/ou influxos toyotistas no Brasil, que também são por demais evidentes.

No estágio atual do capitalismo brasileiro, enormes enxugamentos da força de trabalho combinam-se com mutações sociotécnicas no processo produtivo e na organização do controle social do trabalho. A flexibilização e a desregulamentação dos direitos sociais, bem como a terceirização e as novas formas de gestão da força de trabalho implantadas no espaço produtivo, estão em curso acentuado e presentes em grande intensidade, coexistindo com o fordismo, que parece ainda preservado em vários ramos produtivos e de serviços, como se pode constatar na gama compósita e heterogênea presente em nosso universo de pesquisa. Mas quando se olha o conjunto da estrutura produtiva, pode-se também constatar que o fordismo periférico e subordinado, que foi aqui estruturado, cada vez mais se mescla fortemente com novos processos produtivos, em grande expansão, conseqüência da liofilização organizacional, dos mecanismos próprios oriundos da acumulação flexível e das práticas toyotistas que foram e estão sendo assimiladas com vigor pelo setor produtivo brasileiro. Nossa pesquisa exemplifica, de modo abundante, em praticamente todos os ramos e setores analisados, elementos comprobatórios dessa mescla.

Se, por um lado, é verdade que a baixa remuneração da força de trabalho – que se caracteriza como fator de atração para o fluxo de capital estrangeiro produtivo em nosso país – pode-se constituir, em alguma medida, como elemento obstaculizador para o avanço tecnológico, devemos acrescentar, por outro, que a combinação entre padrões produtivos tecnologicamente mais avançados e uma melhor "qualificação" da força de trabalho oferece como resultante um aumento da superexploração da força de trabalho, traço constitutivo e marcante do capitalismo implantado em nosso país.

Para os capitais produtivos (nacionais e transnacionais) interessa, portanto, a mescla entre os equipamentos informacionais e a força de trabalho "qualificada", "polivalente", "multifuncional", apta para operá-los, porém percebendo salários muito inferiores àqueles alcançados pelos trabalhadores das economias avançadas, além de regida por direitos sociais amplamente flexibilizados.

Ainda na década de 1990, no contexto da desregulamentação do comércio mundial, a indústria automobilística brasileira foi submetida a mudanças no regime de proteção alfandegária, com a redução das tarifas de importação de veículos. Desde então, as montadoras vêm intensificando o processo de reestruturação produtiva por meio das inovações tecnológicas, introduzindo, inicialmente, robôs e sistemas CAD/CAM – o que acarretou transformações no *layout* das empresas –, ou por meio da introdução de mudanças organizacionais, envolvendo uma relativa desverticalização, forte subcontratação e terceirização da força de trabalho, relativa redução de níveis hierárquicos, implantação de novas fábricas de tamanho reduzido, estruturadas com base em células produtivas, além da ampliação da rede de empresas fornecedoras.

As unidades produtivas mais antigas e tradicionais, como a Volkswagen, a Ford e a Mercedes-Benz, situadas no ABC paulista, também desenvolveram um forte programa de reestruturação, visando sua adequação aos novos imperativos do capital no que concerne aos níveis produtivos e tecnológicos e às formas de "envolvimento" da força de trabalho. A Volkswagen e a Mercedes-Benz foram objetos de investigação em nossa pesquisa. Na primeira montadora, o experimento de tentativa de manipulação dos trabalhadores, denominado "Coração Valente", é exemplar de como a empresa pretendeu capturar a subjetividade do trabalho em benefício da acumulação e do aumento da produtividade. O *Manual de integração* distribuído pela Toyota para os trabalhadores que ingressam na empresa é outro exemplo. Sua denominação fala por si só.

Depois de um primeiro ensaio, sob o governo Collor, significativo mas logo estancado pela crise que se abateu sob seu governo, o processo de reestruturação produtiva deslanchou novamente, por meio do Plano Real, a partir de 1994, sob o governo Fernando Henrique Cardoso.

Quer mediante programas de qualidade total, dos sistemas *just-in-time* e *kanban*, quer mediante a introdução de ganhos salariais vinculados à lucratividade e à produtividade (de que é exemplo o PLR, programa de participação nos lucros e resultados), sob uma pragmática que se adequava fortemente aos desígnios neoliberais, finalmente o mundo produtivo encontrou uma contextualidade propícia para o deslanche vigoroso de sua reestruturação, do assim chamado enxugamento empresarial e da implementação de mecanismos estruturados em moldes mais flexíveis.

Se o processo de reestruturação produtiva no Brasil, durante os anos 1980, teve uma tendência limitada e seletiva, foi especialmente a partir da década de 1990, inicialmente com Collor e depois com FHC, que ele se ampliou sobremaneira.

Outro exemplo importante pode ser encontrado no setor financeiro, em cujo processo de reestruturação se presenciou um intenso impacto, evidenciando-se que os trabalhadores bancários foram fortemente atingidos pelas mudanças nos processos e rotinas de trabalho, fundamentadas e impulsionadas, principalmente, pelas tecnologias de base microeletrônica e pelas mutações organizacionais.

Novas políticas gerenciais foram instituídas nos bancos, sobretudo por meio de seus programas de "qualidade total" e de "remuneração variável". As políticas de concessão de prêmios de produtividade aos bancários que superavam as metas de produção estabelecidas, acrescidas do desenvolvimento de um eficiente e sofisticado sistema de comunicação empresa-trabalhador por meio de jornais, revistas ou vídeos de ampla circulação nos ambientes de trabalho, bem como da ampliação do trabalho em equipe, acarretaram um significativo aumento da produtividade do capital financeiro, além de buscar também a "adesão" dos bancários às estratégias de autovalorização do capital, reproduzidas nas instituições bancárias, conforme nos mostrou a pesquisa realizada nesse setor.

Como conseqüência das práticas flexíveis de contratação da força de trabalho nos bancos (mediante a ampliação significativa da terceirização, da contratação de trabalhadores por tarefas ou em tempo parcial, da introdução dos *call centers*), presenciou-se uma ainda maior precarização dos empregos e redução de salários, aumentando o processo de desregulamentação do trabalho e de redução dos direitos sociais para os empregados em geral e de modo ainda mais intenso para os terceirizados, em particular no espaço dos bancos.

Do ponto de vista do capital financeiro, essas formas de contratação possibilitaram (e ainda possibilitam) ganhos enormes de lucratividade, ao mesmo tempo em que procuraram obnubilar os laços de pertencimento de classe e diminuir a capacidade de resistência sindical dos bancários, dificultando sua organização no espaço de trabalho. A liofilização organizacional nos bancos, apoiada no incremento tecnoinformacional, implementando os programas de ajustes organizacionais nas agências, vem reduzindo a estrutura administrativa e os quadros funcionais das instituições financeiras, aumentando os mecanismos de individualização das relações de trabalho e de assalariamento.

Como conseqüência, foram desativados ou bastante reduzidos grandes centros de computação, de serviços e de compensação de cheques, e setores inteiros foram extintos nas agências bancárias e centrais administrativas. Enquanto os grandes conglomerados financeiros privados cresciam em poderio econômico – com taxas de lucro enormes –, o número de bancários no país reduziu-se de aproximadamente 800 mil, no fim dos anos 1980, para pouco mais de 400 mil em 2005. Os planos de demissão voluntária tornaram-se regra nos bancos públicos, conforme pudemos analisar em nossa pesquisa no Banco do Brasil. Paralelamente, proliferaram os terceirizados no labor bancário.

Em relação à divisão sexual do trabalho, à medida que se desenvolviam os processos de automatização e flexibilização do trabalho, presenciou-se um movimento de feminização da categoria que, entretanto, não foi seguido por uma equalização da carreira e do salário entre homens e mulheres nos bancos. Uma série de mecanismos sociais de discriminação – reproduzidos e intensificados nos ambientes de trabalho – estruturou relações de dominação e de exploração mais duras sobre o trabalho feminino, que se traduziram em desigualdades e segmentações entre gêneros.

As mudanças apontadas nas características pessoais e profissionais dos bancários são, portanto, expressões da adequação às exigências da reestruturação produtiva em curso e de seus movimentos de tecnificação e racionalização do trabalho. Visando adequar sua força de trabalho às modalidades atuais do processo produtivo, as instituições financeiras passaram a exigir uma aparente "nova qualificação" para os trabalhadores do setor, que parece ter mais uma significação ideológica do que tecnofuncional.

Num contexto de crescente desemprego e de aumento de formas precárias de contratação, os assalariados bancários foram compelidos a desenvolver uma formação geral e polivalente, na tentativa de manter seu vínculos de trabalho, sendo submetidos à sobrecarga de tarefas e a jornadas de trabalho extenuantes. Agravaram-se os problemas de saúde no espaço de trabalho nas últimas décadas, e observou-se ainda um aumento sem precedentes das lesões por esforço repetitivo (LER), que reduzem a força muscular e comprometem os movimentos, configurando-se como doenças típicas da era da informatização do trabalho, conforme também constatamos na pesquisa realizada no universo bancário.

Os programas de qualidade total e de remuneração variável, amplamente difundidos no setor, recriaram estratégias de dominação do trabalho que procuram obscurecer e nublar a relação entre capital e trabalho. Os trabalhadores bancários foram constrangidos a tornar-se "parceiros", "sócios", "colaboradores" dos bancos e das instituições financeiras, num ideário e numa pragmática que aviltam ainda mais a condição laborativa.

Sob o movimento rápido e ágil das máquinas informatizadas, os homens e as mulheres realizam um conjunto infindável de operações de registro e transferência de valores. Transformam essa mercadoria-dinheiro em mais dinheiro, verdadeira *fonte misteriosa*, conforme a sugestiva referência de Marx. E, quanto mais "produzem", em tempo cada vez mais virtual, mais bancários vêem diminuir seus postos de trabalho por meio dos chamados planos de demissão voluntária (PDV).

É nesse contexto que a greve dos bancários desencadeada em setembro/outubro de 2004 constitui evento bastante importante, uma vez que se trata da primeira ação de grande amplitude desencadeada pelos bancários depois do vastíssimo processo de reestruturação dos bancos. Quando tantos analistas diziam que os bancários tinham perdido a capacidade de resistência e ação, presenciamos um movimento que paralisou mais de 200 mil trabalhadores em várias partes do país, tanto em bancos públicos quanto em bancos privados.

Foi contra esse quadro de penalização do trabalho que os trabalhadores dos bancos desencadearam a paralisação de setembro/outubro de 2004, reivindicando a reposição da inflação e mais 17% de aumento real. Um mês depois, sem ganho real, mas tendo mostrado que algo novo se passava no espaço de trabalho dos bancos, a greve foi suspensa. Se parece visível a derrota material da greve, o mesmo não se pode dizer no plano da política e da ação. Aqui parece haver algo novo, à espera de novas investigações. Uma nova resposta era oferecida depois da monumental reestruturação vivenciada no interior do espaço dos bancos.

Outro setor que experimentou mudanças significativas foi o de calçados, situado em Franca, no interior de São Paulo, onde as técnicas de gerenciamento da força de trabalho foram implementadas em várias empresas, visando ao "envolvimento" dos trabalhadores no processo de reestruturação da produção, com a finalidade de aumentar a produtividade do trabalho.

Como conseqüência desse processo, presenciou-se uma significativa redução de postos de trabalho, que oscilava em decorrência dos movimentos do mercado, além da reorganização produtiva, por meio da implantação de células de produção, introduzindo o denominado trabalho "polivalente" ou "multifuncional", que em verdade mais se assemelha a um mecanismo responsável por níveis mais acentuados de intensificação e exploração da força de trabalho.

Além das mudanças na organização produtiva, o setor calçadista vivenciou um intenso processo de terceirização por meio da ampliação do trabalho em domicílio, nas pequenas unidades produtivas etc., o que contribuiu para o agravamento das condições de trabalho, uma vez que boa parte desse trabalho é realizada em locais precários e improvisados, dentro e fora das casas, alterando o espaço familiar e as suas condições de vivência.

A pesquisa constatou, também, uma degradação dos direitos sociais do trabalho, que se ampliou em função da externalização e da terceirização da produção; direitos conquistados, como o descanso semanal remunerado, férias, o 13º salário, aposentadoria etc. tornaram-se mais facilmente burláveis. Houve, ainda, uma ampliação do trabalho infantil, conseqüência direta da transferência do trabalho produtivo do espaço fabril para o espaço domiciliar, onde o controle do trabalho infantil fica ainda mais difícil.

Os exemplos anteriores já evidenciam como o universo do trabalho tem sido fortemente penalizado, em conseqüência dos mecanismos introduzidos pela liofilização organizacional. Se as formas da reestruturação produtiva têm sido diferenciadas, quando se toma a realidade cotidiana do trabalho, um traço praticamente constante tem sido a tendência ao aumento dos mecanismos de desregulamentação e a mesmo precarização da força de trabalho.

No setor têxtil, a processualidade da reestruturação produtiva foi muito intensa ao longo dos anos 1990, como conseqüência da política de abertura econômica e de liberalização comercial que desorganizou fortemente as indústrias desse setor, acarretando um enorme desemprego, com diminuição de mais de 50% de seu nível de emprego, na primeira metade da década, além de um alto grau de terceirização da força de trabalho.

Embora tenha havido, na região pesquisada, crescimento do número de empresas ao longo da década de 1990, esse aumento traz consigo o enorme processo de reestruturação das grandes empresas e transferência de amplos espaços produtivos para o universo das micro e pequenas empresas que proliferaram no setor.

O incremento tecnológico, as novas formas de organização da produção e a introdução ampliada da terceirização acabaram por acarretar altos níveis de desemprego e subemprego no setor têxtil, compensados apenas parcialmente pelo crescimento das pequenas e microempresas.

Na indústria de confecções, além dos baixos níveis de remuneração da força de trabalho, a terceirização tornou-se elemento estratégico central, implementado pelas empresas para reduzir os custos e aumentar a produtividade, sem desconsiderar a importante significação política dessa medida, que é tanto maior quanto mais combativos são os sindicatos.

Esse processo originou a ampliação do trabalho em domicílio, além das chamadas "cooperativas de trabalho", responsáveis por formas acentuadas de subcontratação e precarização da força de trabalho, pela redução significativa da remuneração da força de trabalho e pelo descumprimento dos direitos trabalhistas.

A externalização do trabalho, o retorno de práticas pretéritas, como o *putting out*, ampliou-se enormemente nos setores têxtil e de confecções, acentuando as formas e os mecanismos que configuram uma ainda maior precarização do trabalho e o descumprimento dos direitos trabalhistas. Uma vez preservada a marca (já que vivenciamos a era do capitalismo dos signos, das embalagens, do involucral e do supérfluo), as empresas passaram, então, a recorrer ainda mais à terceirização, reduzindo os custos da produção, acarretando um enorme desemprego e enfraquecendo a coesão e a solidariedade dos trabalhadores.

Na década de 1990, por exemplo, a Hering, em Santa Catarina, terceirizou mais de 50% da sua produção, acarretando o desemprego de cerca de 70% da sua força de trabalho, conforme dados oferecidos pela pesquisa. Processo similar ocorreu com a Levi Strauss do Brasil, que, na mesma década, criou uma "cooperativa", eliminando praticamente todos os seus postos diretos de trabalho.

Nas empresas de telecomunicações, as alterações no universo do trabalho também foram de grande monta. A necessidade de inovar os processos, os produtos e os serviços ampliou em muito a importância da esfera comunicacional para a agilização do ciclo produtivo que agora opera em tempo virtual. Esse processo de mercadorização da informação possibilitou a direta e rápida incorporação dos novos dados e informações ao mundo produtivo, instrumental decisivo para a continuidade das chamadas "inovações produtivas".

No caso da Sercomtel, que foi objeto da pesquisa, dada a sua condição de empresa pública que comportava uma certa estabilidade dos trabalhadores, a alternativa encontrada pela nova lógica gerencial, sob influxo privatista, foi a redução e o remanejamento de parcela dos assalariados por meio dos planos de aposentadoria e demissão voluntária, que possibilitaram reduzir o quadro de pessoal. O ritmo quase alucinante da terceirização e da automatização, que marcam o fetiche da tecnologia, acabou atuando também para dificultar os laços de solidariedade de classe, reforçando ainda mais a flexibilização e a conseqüente precarização do trabalho no setor de telecomunicações. No fluxo das tendências anteriormente analisadas, também a terceirização foi recorrente, sobretudo por meio da introdução de *call center*, que passou a se responsabilizar por todo o serviço de mediação do cliente com a empresa.

E a expansão desse novo universo – o das empresas de *call center* – nos levou a pesquisar o setor de telemarketing, no qual pudemos constatar que a enorme ampliação de empregos é preenchida predominantemente por jornadas parciais, de seis horas diárias, cujas atividades são marcadas pela acentuada intensificação dos ritmos e pelo aumento da exploração da força de trabalho. Cabe lembrar, também, que esse setor (como se pode constatar no Grupo Atento-Brasil) tem seu contingente laborativo predominantemente feminino, com mais de 70% de mulheres, confirmando-se a tendência forte de feminização do mundo do trabalho em diversos setores e ramos.

Seu principal "produto" é dado pela prestação de serviços, por meio do atendimento telefônico, que visa à solução de dúvidas, ao oferecimento de informações, como endereços e telefones, à orientação de clientes na compra ou utilização de um produto, entre tantas possibilidades abertas pelo telemarketing.

E, para realizar essa jornada diária, as teleoperadoras, sempre com seu *headset* (fone de ouvido), ficam quase todo o tempo de trabalho sentadas, coladas no visor do microcomputador e no teclado, sob rígida vigilância das supervisoras, que exigem sempre maior produtividade e controlam o tempo médio de atendimento das trabalhadoras. Aqui também pudemos constatar o crescente adoecimento no trabalho, algo que tem sido constante no setor de telemarketing.

Quanto às condições de trabalho, pode-se testemunhar, com base na pesquisa, que em muitas dessas empresas de *call center* e telemarketing há inclusive baias que separam as trabalhadoras, para que elas não conversem e não diminuam os ritmos extenuantes de trabalho, rigorosamente cronometrados.

No universo dos trabalhadores da arte, no teatro lírico, também contemplados pela pesquisa, as relações de trabalho configuram cada vez mais uma ausência de regulamentação específica para o trabalho musical.

O trabalhador do canto lírico, bem como os músicos de orquestra, dada a feição de "prestação de serviços", vivem sob a marca da instabilidade, que permite o desligamento dos artistas pela direção dos teatros sempre que não houver interesse na renovação dos contratos. Como estes são renovados periodicamente (a cada dois ou três meses), não se configura o reconhecimento do vínculo empregatício.

No contexto da flexibilização dos artistas dos coros, que anteriormente tinham maior estabilidade, processo de flexibilização que se intensifica ao longo dos anos 1990, pode-se perceber também uma precarização maior do trabalho, aumentando a busca por outras atividades, além de revelar uma dupla fragilidade na organização dos artistas, dada, por um lado, pela forte individualização do trabalho e, por outro, pela alta competição que marca a profissão, aumentando ainda mais o risco do desemprego.

Pudemos, portanto, observar, no curso da pesquisa, um nítido crescimento de relações de trabalho mais desregulamentadas, distantes da legislação trabalhista, gerando uma massa de trabalhadores que passam da condição de assalariados com carteira para a de trabalhadores sem carteira assinada.

Se nos anos 1980 era relativamente pequeno o número de empresas de terceirização, locadoras de força de trabalho de perfil temporário, na década seguinte esse número aumentou significativamente para atender à grande demanda por trabalhadores temporários, sem vínculo empregatício, sem registro formalizado.

O exemplo da Manpower é expressivo: ela tem atuação em âmbito global, construindo "parcerias com clientes em mais de 60 países", com "mais de 400 mil clientes dos mais diversos segmentos, como comércio, indústria, serviços e promoção". O folheto de propaganda dessa empresa (*Manpower*: soluções em recursos humanos para sua empresa) acrescenta: "A Manpower está preparada para atender seus clientes com serviços de alto valor agregado, como contratação e administração de funcionários temporários; recrutamento e seleção de profissionais efetivos para todas as áreas; programas de *trainees* e de estágios, projetos de terceirização e serviços de *contact center*; administração de RH (RH Total) e contratação de profissionais com alto grau de especialização (Divisão Manpower Professional)". Estamos, pois, no admirável mundo das locações de todos os tipos, modalidades, formas e dimensões do trabalho humano.

Essas mutações, portanto, inseridas na lógica da racionalidade instrumental do mundo empresarial, estão intimamente relacionadas ao processo de reestruturação produtiva do capital, no qual as grandes empresas, por meio da flexibilização dos regimes de trabalho, da subcontratação e da terceirização, procuram aumentar sua competitividade fraturando e fragmentando ainda mais a classe que vive do trabalho.

A proliferação dos trabalhadores dos *call centers*, das empresas de telemarketing, dos trabalhadores em serviços cada vez mais inseridos na lógica produtiva, de agregação de valor, acabou por criar um novo contingente de trabalhadores, que Ursula Huws denominou *cybertariat*, o novo proletariado da era da cibernética, composto de trabalhadores que procuram uma espécie de *trabalho* cada vez mais *virtual* em um *mundo* profundamente *real*, conforme o sugestivo título de seu livro (Huws, 2003), que trata de compreender os elementos que configuram o mundo do trabalho na era da informática, do telemarketing e da telemática. Atualmente, só nos Estados Unidos podemos contabilizar mais de 24 milhões de assalariados na condição de teletrabalhadores.

O que nos permite concluir afirmando que, em plena era da informatização do trabalho, do mundo maquinal da era da acumulação digital, estamos presenciando a época da informalização do trabalho, caracterizada pela ampliação dos terceirizados, pela expansão dos assalariados do *call center*, subcontratados, flexibilizados, trabalhadores em tempo parcial, teletrabalhadores, pelo *ciberproletariado,* o proletariado que trabalha com a informática e vivencia outra pragmática, moldada pela desrealização, pela vivência da precarização, daquilo que neste livro, sugestivamente, Luciano Vasapollo denominou *trabalho atípico.*

Compreender essas formas diferenciadas da informalidade do trabalho, o que é novo (e o que é velho) nas distintas modalidades assumidas pela informalidade hoje, foi, também, preocupação central neste livro, que ficará como um denso inventário de pesquisa sobre o trabalho no Brasil, suas riquezas e suas misérias.

Capítulo 2

DESEMPREGO E PRECARIZAÇÃO um grande desafio para a esquerda*

István Mészáros

Introdução

A discussão deste tema possui duas razões principais. A primeira diz respeito a todas as tendências da esquerda. Atualmente, nenhum setor do trabalho está imune à miséria desumana do desemprego e do "trabalho temporário" (*casualisation*). Na verdade, o "trabalho temporário" é chamado, em algumas línguas, de "precarização", apesar de, na maioria dos casos, seu significado ser tendenciosamente deturpado como "emprego flexível". Há alguns meses, 25 mil empregados do Wesminster Bank enfrentaram um programa de demissão coletiva; e, recentemente, os trabalhadores da montadora Rover – empresa falida da corporação transnacional BMW – foram lançados à total voracidade da incerteza. A questão não é *se* o desemprego ou o "trabalho temporário flexível" vai ameaçar os trabalhadores empregados, mas *quando* estes, forçosamente, vão vivenciar a precarização.

A segunda razão principal pela qual nos preocupamos com essa questão diz respeito a um problema de ordem estrutural, insuperável para o capital. Nesse caso, é inimaginável que a esquerda consiga desenvolver uma estratégia viável para o futuro dos trabalhadores, sem dar um lugar central à essência do problema do desemprego e do "trabalho temporário".

Neste estudo vou refletir sobre os três principais aspectos do que é central nos dias de hoje:

1) A "globalização" do desemprego e do "trabalho temporário" afeta até mesmo o mundo capitalista mais desenvolvido.

2) O mito da "flexibilidade" é uma maneira de dourar a pílula. Na realidade, estamos nos referindo a uma grave tendência socioeconômica de equalização descendente da taxa de exploração diferencial.

---

* Tradução de Claudete Pagotto. Revisão de Maria Orlanda Pinassi.

3) Uma solução possível aos problemas que enfrentamos é mudar das trocas socioeconômicas reguladas pela submissão à tirania do "tempo de trabalho necessário" (também chamado "trabalho necessário") e à emancipação por meio do "tempo disponível", como uma alternativa ao modo de reprodução sociometabólica do capital.

Como ponto de partida, analisarei a redução da jornada semanal de trabalho para 35 horas, que, não por acaso, tem estado em evidência nos últimos tempos.

A "globalização" do desemprego

Socialistas de vários países europeus – bem como da América do Norte e do Sul – estão lutando pela redução do tempo de trabalho para 35 horas semanais, sem diminuição do salário. Essa importante e estratégica reivindicação não está isenta de inúmeras dificuldades, pois realça tanto a urgência do problema do desemprego em todo o mundo como as contradições do sistema socioeconômico, que, por sua perversidade, impõem sofrimentos e miséria a milhões de desempregados.

Dessa maneira, a luta por 35 horas de trabalho não pode ser uma reivindicação sindical tradicional, que, há tempos, permanece limitada aos mecanismos estabelecidos pelas negociações salariais. Ao contrário, essa deve ser uma luta consciente não somente da magnitude e das implicações de longo prazo de sua tarefa, como também da inevitabilidade de uma resistência à ordem socioeconômica. Em conformidade com seus imperativos, essa ordem buscará anular qualquer concessão que venha a ser feita, na esfera legal/política, aos sindicatos e aos representantes políticos de esquerda, mesmo que as condições lhes sejam temporariamente favoráveis.

Compreende-se, portanto, que na Itália, por exemplo, o Partido da Refundação Comunista expresse preocupação com o crescimento do emprego e com a melhoria das condições de vida ("*per l'occupazione & per migliorare la vita*"), ao mesmo tempo em que enfatiza a necessidade de transformar a sociedade ("*per cambiare la società*") a fim de garantir o objetivo de diminuir a jornada de trabalho, visando a um desenho social viável. O êxito dessa luta só é possível mediante uma inter-relação contínua – uma reciprocidade dialética – entre a luta pelo objetivo imediato de reduzir significativamente o tempo de trabalho e a progressiva transformação da ordem social estabelecida, que não deixará de resistir e anular a totalidade de tais reivindicações.

Há os que negam a legitimidade dessas reivindicações, exaltam as virtudes desse sistema e idealizam o modelo norte-americano como a solução para o desemprego e para os males sociais. Um exame rápido do estado atual das transações comerciais revela quanto é cômodo idealizar os Estados Unidos como pertencentes ao reino encantado, pois, como enfatizou um editorial do *The Nation*:

> A taxa de pobreza no último ano – 13,7 % – era mais elevada do que em 1989, apesar dos sete anos de crescimento quase ininterrupto. Aproximadamente 50 milhões de americanos – 19% da população – vivem abaixo da linha da pobreza. Aí se inclui uma em cada quatro crianças abaixo dos 18 anos, um em cada cinco cidadãos adultos e três em cada cinco famílias. Em dólares correntes, os rendimentos médios semanais dos trabalhadores caíram de US$ 315, em 1973, para US$ 256, em 1996, um declínio de 19%. No ano passado, um quinto das famílias mais pobres viu sua renda cair para US$ 210, enquanto os 5% mais ricos ganhavam

> uma média de US$ 6.440 (descontados os ganhos de capitais). [...] O número de americanos sem seguro-saúde permaneceu em 40,6 milhões, em 1995, um aumento de 41% desde meados da década de 1970. Em 1995, quase 80% dos não-assegurados eram famílias nas quais o chefe tinha um emprego (*The Nation*, 1998a, p. 3).

Essa é uma maneira otimista de examinar o modelo norte-americano, desde que se tenha disposição para enxergá-lo realmente. Podemos acrescentar aqui dados importantes, divulgados recentemente pelo Escritório de Orçamento do Congresso dos Estados Unidos, que foram considerados inaceitáveis até mesmo para os mais radicais apologistas do capital. Tais informações expõem que o rendimento de 1% da população mais rica equivale a 40% daqueles que estão em um patamar mais inferior. Trazer ao conhecimento números que têm de fato duplicado nas últimas duas décadas é demonstrar os efeitos, as conseqüências da crise estrutural do capital. Ou seja, nem o cinismo das estimativas quantitativas que, na verdade, camufla a deterioração das condições de trabalho, nem mesmo a falsa idéia sobre a "flexibilidade" como saída redentora podem esconder as sérias implicações decorrentes da expansão e da acumulação do capital.

Obviamente, as estatísticas do desemprego podem estar sendo falsificadas, ou arbitrariamente definidas e redefinidas não somente na América, mas em cada país do então chamado "capitalismo avançado". Na Grã-Bretanha, por exemplo, mesmo os maiores apologistas profissionais do sistema capitalista – os editores do *London Economist* – admitiram que os números do desemprego foram 33 vezes "revisados" pelo governo a fim de torná-los mais apresentáveis. Nesses documentos não há menção ao fato de que o trabalho de dezesseis horas por semana, na Grã-Bretanha, é computado como um emprego de tempo integral. E, mesmo no admirável Japão – país que até recentemente era saudado como o paradigma do "capitalismo dinâmico avançado" –, "qualquer trabalhador que recebe um salário referente a uma hora da última semana do mês não é incluído nas estatísticas de desemprego" (*Japan Press Weekly*, 16/5/1998). Mas é possível se deixar enganar por tais esquemas de manipulação econômica e política? Não importa quanto é combinada e divergente a falsa representação do estado de coisas existentes, o desafio potencialmente importante do desemprego não pode ser evitado nem mesmo nos países de capitalismo mais avançado. Nesse sentido, por mais que os dados das estatísticas apologéticas possam enganar, já não é possível ocultar no Japão os registros recordes de desemprego cada vez mais ascendente e o aprofundamento da recessão econômica a eles relacionados.

Na realidade, a dramática ascensão do desemprego nos países capitalistas avançados não é um fenômeno recente. Surgiu no horizonte – depois de duas décadas e meia de expansão relativamente ininterrupta do capital no pós-guerra – com a investida da crise estrutural do sistema capitalista como um todo. Apareceu como característica necessária e já deteriorada dessa crise estrutural. Nesse sentido, nos idos de 1971, eu indiquei quais os desdobramentos dessa crise sob as condições de desemprego.

> Como resultado dessa tendência, o problema não se restringe à difícil situação dos trabalhadores não-qualificados, mas atinge também um grande número de trabalhadores *altamente qualificados*, que agora disputam, somando-se ao estoque anterior de desempregados, os escassos – e cada vez mais raros – empregos disponíveis. Da mesma forma, a tendência da amputação "racionalizadora" não está mais limitada aos "ramos periféricos de uma indústria obsoleta", mas abarca alguns dos

> mais *desenvolvidos* e modernizados setores da produção – da indústria naval e da aeronáutica, e da indústria mecânica à tecnologia espacial. Portanto, não estamos mais diante dos subprodutos "normais" e voluntariamente aceitos do "crescimento e do desenvolvimento", mas de seu movimento em direção ao um colapso; nem tampouco diante de problemas periféricos dos "bolsões de subdesenvolvimento", mas diante de uma contradição fundamental do modo de produção capitalista como um todo, que transforma até mesmo as últimas conquistas do "desenvolvimento", da "racionalização" e da "modernização" em fardos paralisantes de subdesenvolvimento crônico. E o mais importante de tudo é que quem sofre todas as conseqüências dessa situação não é mais a multidão socialmente impotente, apática e fragmentada das pessoas "desprivilegiadas", mas *todas* as categorias de trabalhadores qualificados e não-qualificados: ou seja, obviamente, a *totalidade da força de trabalho* da sociedade (Mészáros, 1971, p. 54-5; 1995, p. 889-90).[1]

Desde a época em que essas linhas foram escritas, testemunhamos um crescimento acima de dez vezes a taxa de desemprego na Grã-Bretanha e em outros lugares. Como ainda hoje isso permanece, de acordo com os números oficiais – grosseiramente subestimados –, há mais de 40 milhões de desempregados nos países industrialmente mais desenvolvidos. Desse número, a Europa conta com mais de 20 milhões, e a Alemanha – outrora elogiada por produzir o "milagre alemão" – ultrapassou a marca dos 5 milhões. Em um país como a Índia – reverenciado pelos organismos econômicos tradicionais por suas realizações na direção do desenvolvimento –, há não menos do que 336 milhões de pessoas desempregadas[2] e outros milhões sob condições inadequadas de trabalho, cujos dados não foram registrados. Além disso, a intervenção do FMI, organização dos Estados Unidos que dita ordens pretendendo melhorar as condições econômicas dos países "em desenvolvimento" mais afetados pela crise, tem, na verdade, piorado as condições dos desempregados. Em outro editorial, o *The Nation* afirmou:

> A economia do México pode parecer estar bem, mas seu povo está mal. Desde a operação de salvamento do FMI, as camadas médias foram esmagadas; 25 mil pequenos negócios foram à falência; 2 milhões de trabalhadores perderam os seus empregos no mesmo período. Em dólares, os salários caíram 40%. O FMI destruiu a economia interna a fim de salvá-la (*The Nation*, 1998b, p. 4).

Ao mesmo tempo, os antigos países pós-capitalistas pertencentes ao sistema de tipo soviético, da Rússia à Hungria – que no passado não sofriam com altos índices de desemprego, embora administrassem suas economias com altos níveis de subemprego –, diante da pressão direta do FMI, vêm sofrendo com as condições desumanizadoras do desemprego maciço. A Hungria, por exemplo, foi felicitada pelo FMI[3] por "estabilizar" o

---

1 Publicado no Brasil em *Para além do capital* (São Paulo, Boitempo, 2002), p. 1005 (N. da T.).

2 "Enquanto o número total de pessoas desempregadas registradas em agências de empregos se manteve em 336 milhões, em 1993, o número de pessoas empregadas no mesmo ano, segundo a Comissão de Planejamento, era apenas de 307,6 milhões, o que significa que o número de pessoas desempregadas registradas é mais elevado do que o número de pessoas empregadas. E a taxa da porcentagem de aumento de emprego é quase desprezível" (Sen, 1997, p. 554).

3 Cumprimentos do FMI, mesmo em seus próprios termos de referência, certamente significam muito pouco, se é que significam alguma coisa. Caracteristicamente, "quando a economia tailandesa estava direcionada para

desemprego em cerca de 500 mil. Na realidade, esse número é ainda superior e vem aumentando. Entretanto, em termos comparativos, para a pequena população húngara, 500 mil equivale a 6,5 milhões de desempregados na Grã-Bretanha ou na Itália, e algo em torno dos 8 milhões na Alemanha. Na Federação Russa a situação é igualmente ruim e a todo momento piora um pouco mais, com atitudes abusivas como o não-pagamento de meses de salários aos mineiros e a outros trabalhadores. O Vietnã apresenta um exemplo particularmente trágico. Após a heróica vitória do seu povo sobre a longa e devastadora guerra intervencionista do imperialismo americano, a paz está ameaçada pela pressão da restauração capitalista[4]. E mesmo a China não é exceção à regra do desemprego em ascensão, embora sua economia seja especial e politicamente controlada. Um relatório confidencial do Ministério do Trabalho, mas que chegou ao nosso conhecimento, adverte o governo chinês de que dentro de poucos anos o desemprego no país atingirá o assustador número de 268 milhões – e que, em decorrência, haverá o perigo iminente de grandes explosões sociais –, a menos que medidas adequadas (mas não especificadas) sejam adotadas para conter esta tendência atual (Kuhn, 1994).

Atingimos uma fase do desenvolvimento histórico do sistema capitalista em que o desemprego é a sua característica dominante. Nessa nova configuração, o sistema capitalista é constituído por uma rede fechada de inter-relações e de interdeterminações por meio da qual agora é impossível encontrar paliativos e soluções parciais ao desemprego em áreas limitadas, em agudo contraste com o período desenvolvimentista do pós-guerra, em que políticos liberais de alguns países privilegiados afirmavam a possibilidade do pleno emprego em uma sociedade livre[5].

Nos últimos anos, tem havido uma grande publicidade em torno das virtudes benéficas da "globalização", falsa idéia de expansão e integração do capital como um fenômeno radicalmente novo destinado a resolver todos os nossos problemas. A grande ironia dessa tendência do desenvolvimento capitalista – que, inerente à lógica do capital e desde a constituição do seu sistema há séculos, alcançou a maturidade de uma forma inexoravelmente ligada a sua crise estrutural – é o modo antagônico pelo qual o avanço produtivo e o controle do metabolismo social lançam uma parcela crescente da humanidade na categoria de trabalho supérfluo. Em 1848, Marx afirmou no *Manifesto Comunista*:

> A fim de oprimir uma classe, devem ser-lhe asseguradas certas condições sob as quais possa, pelo menos, continuar a sua existência servil. [...] [Mas] a burguesia é incapaz de continuar a ser por muito mais tempo a classe dominante da sociedade e a impor à sociedade como lei reguladora as condições de vida da sua classe. Ela é incapaz de dominar porque é incapaz de assegurar ao seu escravo a própria existência no seio da escravidão, porque é obrigada a deixá-lo mergulhar em um estado em que tem de ser ela a alimentá-lo ao invés de ser alimentada por ele (Marx e Engels, 1971, p. 44).[6]

perturbações, o FMI ainda estava louvando o 'registro consistente das saudáveis políticas de administração macroeconômica' do governo" (Bello, 1998, p. 16). Do mesmo modo, nos poucos meses desde que o FMI "salvou" a economia sul-coreana, o desemprego realmente duplicou no país. Ver Jemnitz (1997).

4 Ver Kolko (1997). Ver também Nhu (1997).

5 Ver o livro de lorde Beveridge e o seu importante papel no estabelecimento do Welfare State britânico.

6 Ver Marshall Berman (1998) sobre o 150º aniversário do *Manifesto*.

Ironicamente, nesse caso, o desenvolvimento daquele que é de longe o mais dinâmico sistema produtivo da história culmina por proporcionar um número cada vez maior de seres humanos supérfluos para o seu mecanismo de produção, embora – de acordo com o caráter incorrigivelmente contraditório do sistema – estejam longe de ser supérfluos como consumidores. A novidade histórica desse tipo de desemprego do sistema globalmente integrado é que as contradições ocorridas em qualquer uma de suas partes específicas complicam e agravam os problemas de outras partes e, conseqüentemente, da sua totalidade. A necessidade de produzir desemprego, "diminuição de custos" etc. necessariamente surge dos imperativos antagônicos do capital, da busca do lucro e da acumulação, aos quais não pode renunciar e aos quais tampouco pode se restringir segundo princípios racional e humanamente gratificantes. Ou o capital mantém seu inexorável impulso em direção aos objetivos de auto-expansão, não importa quão devastadoras sejam as conseqüências, ou se torna incapaz de controlar o metabolismo social da reprodução. A esse respeito, as soluções parciais não serão capazes de prestar sequer a mais superficial atenção aos sofrimentos humanos, até porque é a primeira vez na história que a dinâmica – e, em suas implicações finais, dinamicamente destrutivas – do controle social metabólico auto-expansivo do sistema expele, brutalmente se necessário, uma maioria esmagadora de seres humanos do processo de trabalho. Esse é o sentido profundamente perturbador da "globalização".

Quando o capital alcança esse estágio de desenvolvimento, não há maneiras de corrigir as causas de sua crise estrutural; pode-se apenas falsear com efeitos e manifestações à sua superfície. Por essa razão, já que o capital "não pode alimentar o seu escravo", as "personificações" desse sistema (para utilizar a expressão de Marx) tentam resolver o problema restringindo até mesmo os limitados benefícios concedidos ao trabalho, na forma do "Estado do Bem-Estar" – durante a expansão ininterrupta do capital no período do pós-guerra –, atacando e abolindo esse mesmo "Estado do Bem-Estar". Dessa maneira, nos Estados Unidos, os desempregados são obrigados a se submeter aos ditames dos "programas de geração de trabalho do governo" se quiserem receber quaisquer benefícios sociais. Como era de esperar, a Grã-Bretanha adota o mesmo esquema do "Estado de Bem-Estar" voltado para os "programas sociais de geração de trabalho pelo governo" de um partido que outrora se considerava socialista. Dessa perspectiva, quando a manchete de um artigo de oito colunas de um jornal liberal britânico (que tem boas relações com o governo do New Labour) anuncia: "Desempregados: alistem-se no Exército ou percam os benefícios" (Castle, 1998)[7], fica demonstrado, de antemão, o que a juventude desempregada pode esperar das medidas do governo. Isso realça novamente os principais aspectos dos problemas mencionados até aqui. A globalização do desemprego e da precarização, até o momento, não pode ser remediada sem a substituição radical do sistema capitalista. Há poucos anos previu-se que, seguramente, todos os males sociais conhecidos, mesmo nos mais "subdesenvolvidos" locais do mundo, seriam superados pela "modernização", em conformidade com o modelo americano. Contudo, somos agora confrontados por algo diametralmente oposto àquele quadro otimista, pois as condições outrora confinadas, segundo a "teoria do desenvolvimento" e a sabedoria

---

7 Na mesma página do jornal em que está citado o texto de Castle, há outra matéria com o título "Union fury as Labour sets minimum wage at £3.60", que relata o nível miserável do salário mínimo introduzido pelo governo britânico do New Labour.

governamental, às supostamente temporárias dificuldades do "subdesenvolvimento" estão agora se tornando claramente visíveis mesmo nos países capitalistas mais desenvolvidos.

O MITO DA "FLEXIBILIDADE": EQUALIZAÇÃO DECLINANTE DA TAXA DE EXPLORAÇÃO DIFERENCIAL

Em 19 de maio de 1998, o Parlamento francês aprovou uma lei que reduzia a semana de trabalho para 35 horas. Legislação semelhante também é aguardada na Itália em um futuro não muito distante. Seria ingênuo, entretanto, pensar que isso é o fim da história, pois, em Paris, o movimento foi imediatamente "descrito por muitos economistas e líderes empresariais como suicídio econômico" (Bell, 1998), e na Itália, antes até de qualquer iniciativa legislativa, o líder da Confederação da Indústria Italiana (Confindustria), Giorgio Fossa, tornou absolutamente clara a sua intenção de anular qualquer legislação desse gênero na sua organização[8]. Além disso, o Fossa (cujo nome em italiano significa, mais apropriadamente, "sepultura"), presidente da Confindustria, declarou francamente (como se não fosse óbvio para todos aqueles que conhecem a sua organização) que pretendia enterrar a lei, se promulgada no Parlamento, com a ajuda de uma "grande coligação", que incluiria os partidários até mesmo dos partidos da extrema direita (Sivo, 1998). E, de acordo com seu costumeiro cinismo, a londrina *The Economist*, em tom categórico, apresentou a lei do seguinte modo:

> Então, quem realmente deseja a semana de 35 horas de trabalho de Lionel Jospin? Certamente não são os empregadores da França, que reclamam que a medida aumentará os custos do trabalho e reduzirá sua competitividade. Nem o contribuinte, que não imagina que terá de pagar impostos mais elevados para financiar o programa. Nem mesmo os sindicatos, que temem que isso conduzirá à redução dos salários e dos direitos aos trabalhadores. Nem mesmo os trabalhadores, cuja maioria conclui que continuará a trabalhar tanto quanto antes, porém em turnos diferenciados e com mais horas extras. Mesmo os desempregados, supostos beneficiários do programa, estão se perguntando se algum emprego realmente será criado. [...] O sr. Jospin é responsável por um programa em que nem mesmo ele – rumorejam – acredita (*The Economist*, 4/4/1998, p. 50).

Aparentemente, a lei em questão representou, então, um mistério total. Desse modo, a *The Economist* nos assegura sobre a autoridade mais bem informada sobre os mais rumorosos boatos.

Naturalmente, há sérias dificuldades que devem ser enfrentadas pelo movimento operário na sua luta por uma redução real da semana de trabalho sem que ocorram perdas salariais. Mas essas dificuldades são muito diferentes dos aterrorizantes mitos inventados pela *The Economist* e por outros porta-vozes da ordem vigente. Os obstáculos reais enfrentados pelo trabalho, no presente e no futuro próximos, podem ser resumidos em duas palavras: "flexibilidade" e "desregulamentação". Dois dos slogans mais apreciados pelas personificações do capital nos dias atuais, tanto nos negócios como na política, soam interessantes e

---

8 "Nem resignado nem mitigado sobre a questão das 35 horas, o presidente dos industriais está mais determinado do que nunca em revogar o referendo". ["Né rassegnato, né ammorbidito sul tema delle 35 ore, il presidente degli industriali è più deciso che mai a promuovere un referendum abrogativo."] (Sivo, 1998).

progressistas. E, muito embora sintetizem as mais agressivas aspirações antitrabalho e políticas do neoliberalismo, pretendem ser tão recomendáveis, para toda criatura racional, como a maternidade e a torta de maçã, pois a "flexibilidade" em relação às práticas de trabalho – a ser facilitada e forçada por meio da "desregulamentação" em suas variadas formas –, corresponde, na verdade, à desumanizadora precarização da força de trabalho. Desde a supressão dos controladores aéreos dos Estados Unidos por Reagan, até as longas séries de odiosas leis antitrabalho de Margaret Thatcher, conservadas, particularmente, pelo governo New Labour de Tony Blair, a flexibilização está geralmente ligada à autoritária legislação antitrabalho. E as mesmas pessoas que chamam de "flexibilidade" universalmente benéfica a difusão das mais precárias condições de trabalho também ousam chamar de "democrática" a prática dessa autoritária legislação antitrabalho.

A "flexibilidade" é esperada para proteger a concessão das 35 horas, caso alguma contingência política venha a torná-la inevitável, como parece ser o caso na França e na Itália. Nesse sentido, na França, "alguns ministros falam em tornar mais flexível o mercado de trabalho, notadamente permitindo que os empregadores alternem a semana de trabalho de acordo com a procura sazonal, de modo que o número de horas trabalhadas semanalmente seja calculado como uma média anual" (*The Economist*, 4/4/1998, p. 51). Espera-se que o método alcance o mesmo resultado na Itália. No momento de sua apresentação, o primeiro-ministro Prodi – posteriormente premiado com a presidência da Comissão Européia – reassegurou aos seus críticos que a "flexibilidade" deveria ser capaz de conter os efeitos negativos da lei.

A verdadeira preocupação das personificações do capital é promover a "flexibilidade do trabalho" e combater todas as formas possíveis dos "mercados rígidos de trabalho". Dessa forma, relata um importante artigo do *Financial Times*, "tanto no Japão quanto na Europa, as empresas estão intensificando a eliminação de empregos mais rapidamente do que os rígidos mercados de trabalho podem criá-los", indicando que a "desregulamentação pode apressar excessivamente o compasso"; por causa da tranqüilidade anunciada, "os otimistas acreditam que a desregulamentação proporcionará eventualmente a criação de empregos em novos mercados, absorvendo o excesso de força de trabalho. Mas, para isso acontecer, o Japão necessitará de um tipo de mobilidade da força de trabalho, como acontece nos Estados Unidos" (Nakamoto, 1997)[9] (a história da tomada do controle pela Renault, que provocou a demissão de 30 mil trabalhadores da Nissan, satisfez os defensores de tais soluções, o que mostra que o Japão está na "direção certa"). De modo análogo, um documento do FMI – entusiasticamente resenhado pela *The Economist* – afirma que "estudos sugerem que os trabalhadores da Europa são menos propensos a deslocar-se à procura de trabalho do que os americanos". Dizem isso porque, felizmente, está esquecido o relato, de anos atrás, no qual John Kenneth Galbraith afirma que os trabalhadores dos Estados Unidos seriam os culpados por seu desemprego porque se recusam a "deslocar-se" devido ao seu "instinto caseiro", o que os torna sempre vinculados ao seu local de origem. Nada parece ter mudado durante décadas, nem o diagnóstico nem a sabedoria desses remédios. E, para completar esse inestimável raciocínio *self-serving*, os autores do relatório do FMI apresentam reflexões que lembram a solução pavloviana do reflexo condicionado na forma das representações ilusórias do "dever ser" do capital neoliberal:

---

9 No mesmo número do *Financial Times* em que está o texto de Nakamoto, ver o artigo de John Plender, "When capital collides with labour".

> Suponha, por exemplo, que um governo corte os auxílios ao desemprego. Os trabalhadores têm agora um incentivo a mais para procurar trabalho e, dessa forma, o desemprego *deve* cair. Um aumento no número de trabalhadores à procura de emprego determina também a pressão descendente nos salários. Custos salariais mais baixos *devem*, como resultado, estimular o emprego (Coe e Snower, 1997).

Naturalmente, com o resultado dessa assombrosa diminuição do custo salarial, viveremos felizes para sempre. E, por outro lado, se – apesar dos sacrifícios dos trabalhadores (referidos na citação com as palavras "têm agora" ou "determina") – as expectativas fictícias do "dever ser" não se materializarem, isso não poderá, de modo algum, invalidar a teoria partilhada pelo FMI e pela *The Economist*.

Entretanto, a real selvageria do sistema continua inabalada, não só porque expulsa mais e mais pessoas do processo de trabalho, uma contradição típica, como também prolonga o tempo de trabalho, aonde quer que o capital possa ir. Para mencionar um exemplo muito importante, o governo do Japão introduziu recentemente um projeto de lei "para elevar os limites da jornada de trabalho de 9 para 10 horas, e a semana de trabalho de 48 para 52 horas. Tal cláusula permitirá que uma empresa obrigue os empregados a trabalhar mais horas quando houver mais atividades, desde que o total de horas trabalhadas em um ano não exceda o limite fixado" (*Japan Press Weekly*, 14/2/1998, p. 25)[10], tal como os "negociadores da flexibilidade" propuseram na França, na Itália e por toda parte. Além disso, o mesmo projeto de lei também pretende estender os chamados "cronogramas de trabalho arbitrários, sem restrições (*discretionary work schedules*)", a fim de "permitir a uma empresa pagar aos seus trabalhadores de escritório apenas 8 horas de trabalho mesmo que eles tenham trabalhado mais" (*Japan Press Weekly*, 14/2/1998). Alguns exemplos assustadores dos efeitos destrutivos desumanos do tal "trabalho arbitrário", relatados dos campos onde já estão funcionando, mostram que atualmente as jornadas são ainda mais prolongadas. Por exemplo: um jovem programador de computador morreu devido ao excesso de trabalho, segundo a sentença do Tribunal Distrital de Tóquio, na qual constava que "o tempo médio de trabalho anual era superior a 3 mil horas. Nos três meses anteriores à sua morte, o rapaz chegou a trabalhar trezentas horas por mês. Naquele momento ele estava ocupado em desenvolver um sistema de software para bancos" (*Japan Press Weekly*, 28/3/1998). Outro caso de um jovem rapaz que morreu de ataque de coração devido ao excesso de trabalho: "nas duas semanas anteriores à sua morte, ele trabalhou em média 16 horas e 19 minutos por dia" (*Japan Press Weekly*, 4/4/1998). De acordo com um jornal japonês, mesmo hoje

> os empregadores impõem cotas estritas aos trabalhadores, o que significa longas horas de trabalho, e trabalho não pago colocado nas costas dos trabalhadores. [...] Um condutor de trem, por exemplo, trabalhando para a East Japan Railways Co., a maior estrada de ferro do Japão, realmente cumpriu os seus deveres durante 14 horas e 5 minutos e manteve-se no local de trabalho durante 24 horas e 13 minutos, e a companhia não lhe pagou pelas 10

---

10 "Os principais objetivos do projeto de lei são aumentar a aplicação de cronogramas de trabalho arbitrário para facilitar as restrições ao sistema existente de variação de horas de trabalho (sistema flexível) e tornar legais contratos de emprego de curto prazo" (*Japan Press Weekly*, 14/2/1998).

> horas e 8 minutos restantes, dizendo que essas horas "não são nem horas de trabalho nem períodos de descanso" (Inukai, 1998, p. 3).

Significativamente, na era da crise estrutural do capital, mesmo esse alto nível de exploração ainda não é suficiente. Deve ser prolongado tanto quanto o movimento do trabalho possa suportar. No Japão, o presente projeto de lei "é o maior ataque no período do pós-guerra aos direitos dos trabalhadores" (Inukai, 1998). Não é de admirar, portanto, que, se comparados com a linha tradicional do passado, alguns sindicatos estejam vislumbrando um papel político muito mais direcionado para o futuro. Para citar Kanemichi Kumagai, secretário-geral da Confederação Nacional Japonesa de Sindicatos:

> A luta da primavera deste ano não apenas seguirá o que foi feito no passado, mas terá como objetivo *mudar as tendências políticas* e o movimento dos trabalhadores, incluindo as políticas e a economia do Japão como deveriam ser. Por isso, damos a maior importância ao esforço dos *trabalhadores e dos sindicatos* ao adotarem ações que tenham influência sobre toda a sociedade (Inukai, 1998, p. 4).

O Japão é um exemplo particularmente importante, pois não estamos falando de um país do chamado "Terceiro Mundo" em relação ao qual mesmo as mais cruéis e brutais práticas de exploração do trabalho sempre foram consideradas normais. Ao contrário, o Japão representa a segunda mais poderosa economia do mundo: um paradigma dos avanços capitalistas. E agora, mesmo em tal país, o desemprego está crescendo perigosamente. Sem contar com as condições de trabalho que devem se tornar ainda piores do que na época do longo período de desenvolvimento do pós-guerra e de expansão do capital, incluindo não só a grande intensificação da exploração pelos cronogramas de trabalho em nome da "flexibilidade" como também – para muitos, bastante incompreensível – do prolongamento da semana de trabalho forçado.

Nas raízes dessa embaraçosa e, de certa forma, autocontraditória defesa da "flexibilidade", emparelhada com a rígida e autoritária legislação trabalhista, encontramos a importante lei tendencial da equalização descendente da taxa de exploração diferencial, que se torna agudamente evidente por meio da destrutiva globalização do capital, neste período da crise estrutural do sistema. Por isso escrevi em 1971 que

> as classes trabalhadoras de algumas das mais desenvolvidas sociedades "pós-industriais" estão experimentando uma amostra da real perniciosidade do capital "liberal". [...] Assim, a natureza real das relações capitalistas de produção: a implacável dominação do trabalho pelo capital evidenciando-se cada vez mais como um fenômeno *global*. [...] A compreensão do desenvolvimento e da auto-reprodução do modo de produção capitalista é completamente impossível sem o conceito de capital social *total* [...] Da mesma forma, é completamente impossível compreender os múltiplos e agudos problemas, tanto nacionalmente variados como socialmente estratificados do trabalho, sem que se tenha sempre em mente uma estrutura necessária para uma avaliação apropriada, a saber, o irreconciliável antagonismo entre capital social total e a totalidade do trabalho.
>
> Esse antagonismo fundamental é inevitavelmente modificado em função de: (1) circunstâncias socioeconômicas locais; (2) a posição relativa de cada país na estrutura global da produção

> de capital; e (3) a maturidade relativa do desenvolvimento sócio-histórico global. De fato, em diferentes períodos o sistema como um todo revela a ação de um conjunto complexo de interesses distintos, em *ambos* os lados do antagonismo social. A realidade objetiva das diferentes taxas de exploração – tanto no interior de um dado país como no sistema mundial do capital – é tão inquestionável como são as diferenças objetivas nas taxas de lucro em qualquer período em particular. [...] De todo o modo, a realidade das diferentes taxas de exploração e de lucro não altera em nada a própria lei fundamental: i.e., a crescente equalização das taxas de exploração diferenciais como a tendência global de desenvolvimento do capital mundial.
>
> Sem dúvida essa lei de equalização é uma tendência de longo prazo, na medida em que o sistema global do capital é afetado. [...] Por ora basta salientar que o "capital social total" não deve ser confundido com o "capital nacional total". Quando este último sofre os efeitos de um enfraquecimento relativo da sua posição dentro do sistema global, tentará inevitavelmente compensar suas perdas com o aumento de sua taxa de exploração específica sobre a força de trabalho sob o seu controle direto – de outro modo terá sua competitividade novamente enfraquecida dentro da estrutura global do "capital social total". [...] Não pode haver nenhuma outra saída, senão pela intensificação das taxas específicas de exploração, as quais somente podem conduzir, tanto localmente como em termos globais, a uma explosiva intensificação do antagonismo social fundamental a longo prazo.
>
> Aqueles que têm falado acerca da "integração" da classe trabalhadora – descrevendo o "capitalismo organizado" como um sistema que obteve êxito em dominar radicalmente suas contradições sociais – desesperadamente mal interpretaram o sucesso manipulador das taxas diferenciais de exploração (que prevaleceram na fase histórica relativamente "livre de distúrbios", da reconstrução do pós-guerra) como um remédio estrutural básico (Mészáros, 1971, p. 56-9; 1995, p. 890-2).

Como circunstância necessária à existência da globalização nas relações de produção e de distribuição, a equalização descendente das taxas de exploração diferenciais afeta cada um dos países capitalistas avançados, mesmo os mais ricos. Aqui já não há espaço nem para relações de trabalho paternalistas, por mais "tradicionais" e "profundamente enraizadas" que possam ser, nem, de fato, para evitar permanentemente o severo impacto negativo da onipresente crise estrutural, por meio das vantagens do comércio e da tecnologia. Na realidade, tal como um apelo assinado por alguns destacados intelectuais em um jornal italiano, o que torna a situação grave é que a precarização e a insegurança ("*la precarietà e l'insicurezza*") avançam por toda parte no mundo do trabalho: "o trabalho sem garantias e mal pago está se alastrando como uma mancha de óleo, ao passo que mesmo o trabalho mais estável está sofrendo uma pressão em direção à intensificação sem precedentes à plena disponibilidade para uma submissão aos mais diversificados horários de trabalho"[11].

[11] "Trentacinque ore della nostra vita", *Il Manifesto*, 13/2/1998, p. 5. Apelo de intelectuais assinado por Mario Agostinelli, Pierpaolo Baretta, Heinz Birnbaum, Carla Casalini, Marcello Cini, Giorgio Cremaschi, Pietro Ingrao, Oskar Negt, Paolo Nerozzi, Valentino Parlato, Marco Revelli, Rossana Rossanda, Claudio Sabattini e Arno Teutsch. "*Il lavoro sottotutelato e sottopagato si allarga a macchia d'olio, mentre anche il lavoro più stabile subisce la pressione verso una intensificazione senza precedenti della sua prestazione lavorativa e verso una piena disponibilità alla sottomissione ai più diversificati tempi di lavoro.*"

Em outras palavras, temos aqui de enfrentar uma tendência extremamente significativa e de longo alcance: o retorno da mais-valia absoluta, em uma extensão crescente nas últimas décadas, nas sociedades de "capitalismo avançado". Durante a convenção do Partido da Refundação Comunista, dedicada à questão das 35 horas semanais, que ocorreu em Milão em fevereiro de 1998, o professor Augusto Graziani falou eloqüentemente sobre as condições de trabalho no Mezzogiorno em geral e apontou a assustadora exploração do trabalho feminino na Calábria. Sua intervenção foi ainda mais relevante quando tratou da questão da "mais-valia absoluta" em um país capitalista avançado como a Itália, em que algumas das práticas de trabalho altamente exploratórias podem ser identificadas também no norte, região industrialmente mais desenvolvida. Na Inglaterra, do mesmo modo, um documentário recente da TV revelou a propagação generalizada do trabalho infantil, embora isso seja claramente contra a lei. Naturalmente, a lei não é de modo algum aplicada. Ao contrário, são promovidas todas as espécies de falsos argumentos para justificar, indiretamente, tais práticas ilegais. Do mesmo modo, os interesses empresariais conduzem a uma vociferante campanha contra o salário mínimo em geral, com a desculpa de que a sua introdução tornaria muito pior o emprego dos jovens. Outro modo de manipular a mesma questão, pela Confederation of British Industry, pelo Institute of Directors e por vários *think tanks* de negócios, é pressionar pela "isenção dos jovens" da legislação do salário mínimo, ou pela concessão de um salário mínimo muito mais baixo. Além disso, o rebaixamento das condições de trabalho de pessoas de todas as idades em inúmeros locais de trabalho degradante – imigrantes legais ou ilegais, bem como uma porção insignificante da força de trabalho inglesa, escocesa, galesa e irlandesa – é mais do que suficiente para falar sobre o reaparecimento do impulso à mais-valia absoluta, uma das mais retrógradas tendências do desenvolvimento do capital no século XX, em um dos mais privilegiados países do "capitalismo avançado". É desnecessário dizer que tanto a busca implacável da mais-valia absoluta em geral quanto a sua nefasta manifestação, na forma de trabalho infantil, sempre foram proeminentes nos países do Terceiro Mundo (e, obviamente, continuam até hoje).

Paradoxalmente, a crise de acumulação de capital na era da globalização tem criado novas e grandes dificuldades, em vez de resolver as iniqüidades do sistema há muito tempo contestadas, como os "otimistas" porta-vozes da "globalização", sem nenhum problema, querem nos fazer acreditar, pois as margens da viabilidade produtiva do capital estão diminuindo (daí o impulso à mais-valia absoluta), apesar de todos os esforços dos Estados capitalistas – individualmente ou em conjunto, como nos encontros do G7/G8 – para expandir, ou pelo menos manter firmes as margens produtivas do sistema. Na realidade, só pode haver um caminho para tentar alargar as margens contraídas da acumulação de capital: a expensas do trabalho. Isso é uma estratégia promovida ativamente pelo Estado – na verdade, devido a essa necessidade, o papel intervencionista do Estado nunca foi tão grande[12] como neste nosso tempo,

---

12 O papel intervencionista do Estado está em evidência tanto no plano econômico quanto no político. No domínio econômico, os fundos servem, generosamente, à maioria das grandes empresas capitalistas e são estimados em centenas de milhões de libras. A British Aerospace, por exemplo, vai receber aproximadamente 600 milhões de libras para um dos seus empreendimentos, além dos incontáveis semifraudulentos milhões obtidos do Estado, na ocasião em que a companhia pretendia colocar a empresa falida Rover em uma posição econômica segura. A respeito desta última, os fundos maciços necessários para salvá-la estão sendo providenciados pelo Estado – agora ninguém parece saudar as miraculosas virtudes da empresa privada –, enquanto deixam os lucros,

apesar de toda a mitologia neoliberal em contrário – e a estratégia é objetivamente apoiada na atualidade pela tendência à equalização declinante da taxa de exploração diferencial. No final, contudo, a estratégia agora perseguida está fadada ao fracasso, desde que o movimento dos trabalhadores tenha êxito em rearticular radicalmente suas próprias estratégias e suas formas de organização, orientando-as rumo à criação de um movimento de massas genuíno, a fim de enfrentar o desafio histórico, pois nem os teóricos mais "otimistas" do FMI nem os daqueles órgãos generosamente financiados para fazer a apologia do capital conseguiram até agora inventar – e é improvável que o consigam no futuro – um dispositivo capaz de reprimir completamente a demanda crescente do poder de compra e a correspondente acumulação de capital a partir do agravamento das condições econômicas e dos "pacotes de salários precarizados" da força de trabalho.

Da tirania do "tempo de trabalho necessário" à emancipação pelo "tempo disponível"

Como pode o trabalho – o antagonista estrutural do capital – ser contrário à inseparável tendência à deterioração da margem estreita da viabilidade produtiva do capital?

Essa questão nos leva de volta ao segundo elemento enfatizado pelo Partido da Refundação Comunista na luta para assegurar a semana de trabalho de 35 horas: "mudar a sociedade" ("*cambiare la società*"), pois hoje – se, como resultado, o capital necessário é recuperado, sem cerimônias[13], por meio de antigos privilégios, em vez de criar novos – é absolutamente impossível até mesmo perceber os objetivos imediatos e limitados do sindicato tradicional sem embarcar no caminho que conduz a uma transformação social fundamental. A reconstituição radical do movimento socialista é uma parte essencialmente importante desse processo[14].

Alguns dos representantes mais perspicazes do capital, como Dean Witter – economista-chefe e diretor do Morgan Stanley –, estão dispostos a admitir que as tendências em andamento são mais problemáticas do que habitualmente têm sido retratadas pelos órgãos de propaganda do neoliberalismo. Em um artigo publicado no *Sunday New York Times*, intitulado "The worker backlash", rejeita-se a explicação de que os recentes sucessos são resultado da "desregulamentação e do aumento de produtividade". Seu reconhecimento, muito distante de um conflito de consciência e de explanações consoladoras, é de que houve, sim,

---

obviamente, para a fração capitalista chamada "parceria público-privada" favorecida pelo New Labour. Igualmente é o papel da intervenção do Estado em favor do capital no plano político, se não o mais importante, pois o sistema do capital necessita da autoritária legislação antitrabalhista – adotada obrigatoriamente pelos conservadores e similarmente pelos governos social-democratas (na verdade, a maioria deles efetivamente reconhece a gravidade da crise estrutural do sistema, mesmo por alguns governos presididos por antigos partidos comunistas, como na Itália) –, a fim de manter o seu domínio "neoliberal" sobre a sociedade no presente estágio do desenvolvimento histórico.

[13] Como afirmou Marshall Berman (1998, p. 16), "a crueldade estúpida se autodenomina liberalismo (estamos massacrando vocês e seus filhos ao eliminar o bem-estar social para o seu próprio bem)", e vocês são "afastados ou despedidos – ou desqualificados, terceirizados, reduzidos. (É fascinante como muitas destas palavras desalentadoras são absolutamente novas)".

[14] Acerca dos desafios enfrentados pelo movimento dos trabalhadores, ver Singer (1999).

> [...] um realinhamento dramático do bolo da economia nacional, cuja fatia maior foi para o capital e uma menor para o trabalho. Chamo isso de recuperação do trabalho fragmentado, que prosperou somente porque a corporação América coloca uma pressão implacável sobre a sua força de trabalho.[15]

Na verdade, não só a corporação América exerce uma implacável pressão sobre a força de trabalho, mas as personificações do capital estão em toda parte, pois, se as conquistas reformistas do passado foram precedidas de um crescimento contínuo do bolo, elas surgiram sob condições econômicas favoráveis como concessões do capital; portanto, a questão de "realinhar o bolo em favor do trabalho" nunca foi de fato considerada, uma vez que o capital se apropria sempre da parte do leão. Agora, devido à crise estrutural do capital e ao estreitamento da margem de viabilidade do sistema produtivo, torna-se absolutamente necessário "realinhar o bolo econômico do país", mais do que nunca, em favor do capital, para assegurar uma "recuperação do trabalho fragmentado", graças à passividade e à resignação da força de trabalho. Mas o que acontece quando o trabalho se recusa a acompanhar tal realinhamento do bolo econômico, porque não pode mais suportar o crescimento da miséria imposta pelos tradicionais ou pelas recém-inventadas formas de "economia do trabalho fragmentado"? As possibilidades de "realinhar" até mesmo um bolo estagnado deixam implícita uma redução, porque têm seus limites bem definidos. Não podemos esquecer o fato de que a inatividade resignada do movimento do trabalho não pode simplesmente ser assumida para sempre, como uma necessidade natural em qualquer país, nem mesmo nos países capitalistas mais avançados. Não é de admirar, portanto, que atualmente o economista chefe do Morgan Stanley fale sobre a "revanche dos trabalhadores" nos Estados Unidos, dando voz às suas preocupações com uma possível "nova capacidade de luta entre capital e trabalho", acrescentando que "longe estão os dias de uma força de trabalho dócil que uma vez aquiesceu ao cortar e retalhar da reestruturação das corporações"[16].

Naturalmente, do ponto de vista do capital, não pode haver respostas para a pergunta: que espécie de alternativa à "economia do trabalho fragmentado" se deveria perseguir a fim de evitar "a capacidade nova de luta entre capital e trabalho"? Quaisquer que sejam os seus temores e preocupações, o economista-chefe do Morgan Stanley deverá continuar a aconselhar sua empresa sobre os melhores meios de explorar as oportunidades da especulação financeira "globalizada", ou então ele será rapidamente despachado para as mais tranqüilas pastagens com um vigoroso e próspero aperto de mão dourado. Do ponto de vista do capital, realmente "não há alternativa" ao "trabalho fragmentado" tanto quanto é possível – e mais ainda em situações de emergência –, mesmo que alguém perceba os perigos implícitos ao prosseguimento desse caminho socioeconômico, pois, no final, há sempre o engodo das soluções autoritárias, não apenas no país do general Suharto, cliente dos Estados Unidos, mas também nas "democracias capitalistas avançadas" do Ocidente, que ajudaram a colocar Suharto no primeiro plano do poder, apoiando-o incondicionalmente por 32 anos, incluindo a selvagem repressão militar ao povo, e salvando aquele miserável regime com fundos maciços do FMI até o último minuto antes da sua derrota.

---

15 Dean Witter, "The worker backlash", *Sunday New York Times*, citado em uma carta enviada aos leitores e mantenedores da *Monthly Review*, out./1997.

16 Ibidem.

Por muito tempo – e ainda hoje –, a promessa de resolver as flagrantes iniqüidades e contradições do sistema tem se dado por meio dos benefícios do crescente e globalmente integrado "livre-comércio", de modo que as condições dos trabalhadores melhorarão muito em todo o mundo graças ao retorno da economia a uma situação de expansão ininterrupta do capital, livre dos defeitos do período pós-guerra que culminou em inflação e estagnação. Os sinais atuais e os indicadores econômicos, no entanto, apontam na direção oposta, fato algumas vezes reconhecido até mesmo por economistas que conservam suas crenças nas virtudes insuperáveis do sistema do capital. Dessa maneira, cito um artigo que comenta um livro recente de um economista:

> Rodrick demonstra que o comércio em geral, e não apenas as importações de mercadorias produzidas com baixos salários, piora a distribuição de renda. O crescimento da competição internacional, diz ele, traduz-se no interior de uma grande "elasticidade" da procura interna por trabalho. Em termos simples, isso significa que um trabalhador está agora competindo com uma vasta oferta de trabalho. Como resultado, uma pequena mudança nos salários dos trabalhadores estrangeiros ou a procura global por um produto ou serviço, pode causar grandes alterações na demanda por trabalhadores. O trabalho está cada vez mais vulnerável às flutuações do mercado, o qual rebaixa sua posição de barganha ante o capital. Portanto, conclui Rodrick, "a primeira condição do comércio parece ter sido uma redistribuição do excedente da empresa em benefício do patronato ao invés da ampliação do excedente". A evidência, portanto, diz-nos que os críticos do livre-comércio estavam certos; o comércio não está ampliando a riqueza, e sim redistribuindo para um nível mais acima (Faux, 1997).

Mas, ainda assim, quando chega à questão das alternativas, de Rodrick temos apenas piedosas pregações. Continuemos a citação:

> As políticas de Rodrick são, na melhor das hipóteses, ingênuas. Ele aconselha o trabalho e o governo a ser mais responsáveis, mas nada tem a dizer às corporações de negócios multinacionais. [...] "O trabalho deveria defender uma economia global que tivesse uma face mais humana", escreve Rodrick, mas silencia sobre os ferozes esforços organizados pelos negócios multinacionais e pelas finanças para impedir que políticas mais humanas sejam consideradas pelo Fundo Monetário Internacional, pelo Banco Mundial, pela Organização Mundial de Comércio e por outros que estabelecem as regras para o mercado global. Isso sugere um ponto de vista que está, para dizer moderadamente, desligado da realidade da economia política global (Faux, 1997).

Na verdade, adotar o ponto de vista do capital – não só na sua forma neoliberal cegamente acrítica e mais agressiva, mas também nas suas ilusórias variedades liberal-reformistas – significa desde há muito tempo "perder o contato com as realidades da economia política global".

A novidade radical da nossa época é que o sistema do capital já não está em posição de conceder seja o que for ao trabalho, em contraste com as conquistas reformistas do passado. A desanimadora acomodação e mesmo a capitulação total de alguns dos antigos partidos da classe trabalhadora às exigências dos interesses do grande negócio – na Grã-Bretanha e em vários países europeus, mas não somente na Europa – consistem não apenas na manutenção da autoritária legislação antitrabalhista das últimas décadas, mas também na concessão de cargos importantes, nos governos do New Labour, da "Esquerda Democrática" italiana e em outras partes, a proeminentes representantes do capital corporativo (lorde Simon, lorde Sainsbury, Geoffrey Robinson etc., na Grã-Bretanha, e figuras semelhantes na Alemanha, França e Itália). Eis por que no atual período histórico mesmo os objetivos mais limitados e modestos do trabalho – como a semana de 35 horas – só podem ser realizados pela "mudança da sociedade", uma vez que objetivamente contestam a ordem socioeconômica e política estabelecida (em outras palavras: todo o sistema de tomada de decisão) sob a qual "o bolo econômico do país" é produzido e distribuído. Sob as condições da crise estrutural do capital essa é a natureza objetivamente inevitável da ordem socioeconômica, mesmo que, no momento, muitos representantes do trabalho não a conceitualizem ou articulem nesses termos. E essa é também a razão pela qual o reformismo liberal e social-democrata – que, em outros tempos, tinha um poderoso aliado no dinamismo expansionista do capital – está agora condenado à futilidade das pregações piedosas – desde os sermões do professor John Kenneth Galbraith acerca da "cultura do contentamento" (prontamente ecoados, sem o mínimo efeito curativo, por bispos e arcebispos da Igreja da Inglaterra) até a noção do "trabalho e governo inspirados pela economia global com uma face humana", mencionada. Uma pregação que as personificações do capital possivelmente não podem ouvir.

A demanda por uma significativa redução da semana de trabalho tem uma importância estratégica fundamental. Não só porque o assunto em questão afeta profundamente e, portanto, diz respeito diretamente a cada trabalhador, manual e intelectual, qualquer que seja a cor dos seus colarinhos, mas também porque o resultado esperado do enfrentamento desse desafio não é o seu desvanecer. Pelo contrário, isso significa crescer em importância com o passar dos dias, e o imperativo de fazer algo significativo não pode nem ser legislado por personificações parlamentares do capital dos países capitalistas avançados, nem de fato reprimido pelas nuas forças da "periferia" da ordem global do capital. Em outras palavras, essa é uma exigência estratégica essencial para o trabalho, porque ela é "não-negociável", isto é, não pode ser integrada às pseudoconcessões manipuladas pela ordem existente, pois isso se refere diretamente à questão do controle – um sistema alternativo de controle social metabólico – ao qual o capital se opõe de modo hostil e adverso.

Naturalmente, as 35 horas de trabalho semanal – mesmo que pudessem ser genuinamente concedidas, e não anuladas tortuosamente de muitas maneiras, como é cinicamente planejado ou já praticado – não poderiam resolver o monumental e sempre crescente, e socioeconomicamente grave, problema do desemprego. Assim, a questão que legitimamente se levanta é: por que 35 e não 25 ou 20 horas por semana? Isso faria alguma diferença? Eis a questão que nos leva à essência do problema.

As incompatibilidades radicais que ocorrem entre a ordem social existente e aquela na qual seres humanos estão no controle da sua atividade essencial (*life-activity*) incluem o seu "tempo livre", por ser essa liberdade uma tendência de redução significativa da semana de trabalho que foi gráfica e dolorosamente ilustrada na Grã-Bretanha por meio da destruição da indústria mineira. Em 1984 os mineiros de carvão britânicos travaram uma luta heróica não por dinheiro, mas em defesa de seus empregos: uma longa greve de um ano foi derrotada pelos esforços combinados do governo da sra. Thatcher – a qual chamou os mineiros de "inimigos internos" – e do Partido Trabalhista, de Neal Kinnock – que os apunhalou pelas costas. Como resultado, a força de trabalho dos mineiros, que na época era de mais de 150 mil, foi dizimada, caindo para o número atual de menos de 10 mil; por causa disso, as cidades e bairros de muitas comunidades mineiras transformaram-se em um deserto de desemprego desumanizado. Na época da greve dos mineiros, as minas de carvão eram ainda "nacionalizadas", o que significa que eram administradas com os mais cruéis critérios capitalistas de "eficiência" e controle autoritário pela National Coal Board, tornando-se, subseqüentemente, "privatizadas" em uma fração do seu tamanho original. Uma característica marcante da Coal Board foi a maneira como tratava o problema da "maior eficiência" enquanto falava da absoluta necessidade de "racionalizar" as exigências do trabalho na indústria do carvão, ou seja, a Board, empresa dirigida pelo Estado, impôs aos mineiros um insano cronograma de sete dias de trabalho ao mesmo tempo em que cortava de forma selvagem a força de trabalho sob o seu controle. O capital é absolutamente incapaz de respeitar os seres humanos. Ele conhece só uma maneira de administrar o tempo de trabalho: maximizando a exploração do "tempo de trabalho necessário" da força de trabalho empregada e ignorando totalmente o "tempo disponível" na sociedade de forma geral, pois deste não pode extrair lucro.

Isso impõe limites insuperáveis ao capital na sua forma de tratar o problema do desemprego; na verdade, há algo paradoxal, profundamente contraditório sobre isso, pois o próprio sistema produtivo do capital cria o "tempo supérfluo" na sociedade como um todo, numa escala crescente. Ainda assim, ele não pode reconhecer a existência *de jure* (i.e., a legitimidade) desse tempo excedente socialmente produzido como algo potencialmente criativo – "tempo disponível" que todos nós temos –, o qual poderia ser utilizado na nossa sociedade para a satisfação de muitas das necessidades humanas, que agora são cruelmente negadas, desde exigências de educação e serviços de saúde até a eliminação da fome e desnutrição em todo o mundo. Ao contrário, o capital deve assumir uma atitude negativa/destrutiva/desumanizante nessa relação. Na verdade, o capital deve ser enormemente indiferente ao conceito de "trabalho supérfluo", assim como do seu "tempo supérfluo"; na realidade, se refere a seres humanos vivos como possuidores de capacidades produtivas socialmente úteis – mesmo que capitalisticamente redundantes ou inaplicáveis.

O conceito de tempo disponível, tomado no seu sentido positivo e libertador como uma aspiração socialista, surgiu em um panfleto anônimo intitulado "A fonte e o remédio das dificuldades nacionais" ("The source and remedy of the national difficulties"), publicado em Londres quase cinqüenta anos antes de *O capital* de Marx, em 1821. Em algumas passagens citadas por Marx, esse panfleto oferecia uma notável compreensão dialética tanto da natureza do processo de produção capitalista quanto – focando a sua atenção sobre as categorias essencialmente importantes do "tempo disponível", "trabalho excedente" e "dia de trabalho mais curto" – das possibilidades de escapar das suas contradições. Cito:

> Riqueza é tempo disponível e nada mais. [...] Se todo o trabalho de um país fosse suficiente somente para obter o sustento de toda a população, não haveria trabalho excedente, conseqüentemente nada que pudesse ser permitido acumular como capital. [...] Uma nação será verdadeiramente rica se lá não houver lucro ou se o dia de trabalho for de seis horas em vez de doze (Marx, 1973, p. 397).

Estamos vagarosamente alcançando a reivindicação, como nossos ancestrais fizeram em 1821, das seis horas de trabalho diárias, mas ainda estamos muito longe de organizar a sociedade com base no maior potencial de produção de riqueza do tempo disponível. Sem este, não se pode propor a questão de emancipar os indivíduos trabalhadores da tirania das determinações fetichistas e das iniqüidades flagrantes. A realização até mesmo de alguns dos nossos mais limitados objetivos requererá mobilização em massa[17] de empregados e desempregados, conduzidos pela solidariedade com os problemas que todos nós somos obrigados a partilhar. A estratégia de longo prazo, que torna também viável a realização das exigências imediatas, é inseparável da nossa consciência de viabilizar e, na verdade, da necessidade fundamental de adotar o modo de controlar a nossa reprodução sociometabólica com base no tempo disponível. Esse é o objetivo ao qual nossos recursos precisam dedicar-se, se nos importamos com o problema do desemprego. Só um movimento de massa socialista radical pode adotar uma alternativa estratégica que regulamente a reprodução social metabólica – algo absolutamente imprescindível no futuro – com base no tempo disponível, pois, devido aos constrangimentos insuperáveis e às contradições do sistema do capital, qualquer tentativa de introduzir o tempo disponível como o regulador dos intercâmbios sociais e econômicos – o que teria de significar colocar grandes quantidades de tempo livre à disposição das pessoas, libertadas pela redução do tempo de trabalho bem além dos limites de 20 horas de trabalho por semana – atuaria como dinamite social, fazendo explodir a ordem reprodutiva estabelecida do alto firmamento, pois o capital é totalmente incompatível com o tempo livre utilizado autonomamente e de forma significativa por indivíduos sociais livremente associados.

[17] O apelo citado na nota 11 refere-se certamente à necessidade de "promover uma mobilização de massa em favor das 35 horas semanais, para afetar tanto o mundo do trabalho quanto o da política e da cultura, assim como o mundo das associações" ("*promuovere una mobilitazione di massa a favore delle 35 ore che tocchi il mondo del lavoro così come quello della politica, quello della cultura come quello delle associazioni*").

Capítulo 3

O TRABALHO ATÍPICO E A PRECARIEDADE elemento estratégico determinante do capital no paradigma pós-fordista

Luciano Vasapollo

Flexibilização e mal-estar do trabalho

A nova organização capitalista do trabalho é caracterizada cada vez mais pela precariedade, pela flexibilização e desregulamentação, de maneira sem precedentes para os assalariados. É o mal-estar do trabalho, o medo de perder o próprio posto, de não poder mais ter uma vida social e de viver apenas do trabalho e para o trabalho, com a angústia vinculada à consciência de um avanço tecnológico que não resolve as necessidades sociais. É o processo que precariza a totalidade do viver social.

A flexibilização é considerada uma das alternativas para combater o desemprego. Mas o que é flexibilização? As definições são muitas. Há que distinguir flexibilidade salarial de flexibilidade de horário, por exemplo. Existe também a denominada flexibilidade funcional (ou organizativa).

Flexibilização pode ser entendida, por exemplo, como:

- liberdade da empresa para despedir parte de seus empregados, sem penalidades, quando a produção e as vendas diminuem;
- liberdade da empresa para reduzir ou aumentar o horário de trabalho, repetidamente e sem aviso prévio, quando a produção necessite;
- faculdade da empresa de pagar salários reais mais baixos do que a paridade de trabalho, seja para solucionar negociações salariais, seja para poder participar de uma concorrência internacional;
- possibilidade de a empresa subdividir a jornada de trabalho em dia e semana de sua conveniência, mudando os horários e as características (trabalho por

turno, por escala, em tempo parcial, horário flexível etc.);
- liberdade para destinar parte de sua atividade a empresas externas;
- possibilidade de contratar trabalhadores em regime de trabalho temporário, de fazer contratos por tempo parcial, de um técnico assumir um trabalho por tempo determinado, subcontratado, entre outras figuras emergentes do trabalho atípico, diminuindo o pessoal efetivo a índices inferiores a 20% do total da empresa.

A flexibilização, definitivamente, não é solução para aumentar os índices de ocupação. Ao contrário, é uma imposição à força de trabalho para que sejam aceitos salários reais mais baixos e em piores condições. É nesse contexto que estão sendo reforçadas as novas ofertas de trabalho, por meio do denominado mercado ilegal, no qual está sendo difundido o trabalho irregular, precário e sem garantias. Com o pós-fordismo e a mundialização econômico-produtiva, o trabalho ilegal vem assumindo dimensões gigantescas, também porque os países industrializados deslocaram sua produção para além dos limites nacionais e, sobretudo, vêm investindo em países nos quais as garantias trabalhistas são mínimas e é alta a especialização do trabalho, conseguindo, assim, custos fundamentalmente mais baixos e aumentando a competitividade.

A legislação atual na Itália

Nesse contexto, torna-se necessário analisar as recentes leis italianas em matéria de trabalho. Pela Lei nº 196, de 24 de junho de 1997[1], foram introduzidas as novas formas de contratação, tais como o trabalho temporário (denominado interino), as bolsas de estudo de trabalho, os "estágios de aprendizado", que mudaram a característica dos estágios anteriores, o trabalho *part-time* (de meio período), os "trabalhos socialmente úteis" e a formação profissional.

1 O trabalho do tipo interino

Trata-se de uma forma de trabalho temporário organizado por empresas autorizadas. O caso mais clássico de uma empresa que precisa de pessoal por um tempo determinado é a substituição de trabalhadores adoecidos ou de ausentes por outras causas. Uma indústria também pode requerer o trabalho temporário para enfrentar momentos de aumento de produtividade. As agências de trabalho interino têm a função de buscar, selecionar, formar e assumir pessoal para as empresas-clientes.

2 O contrato de formação de trabalho

O contrato de formação de trabalho foi introduzido pela Lei nº 863/84, modificada pela Lei nº 451/94. Tem por objetivo agilizar o ingresso de jovens no mercado de trabalho por meio da concessão de benefícios particulares às empresas envolvidas.

A Lei nº 451/94 introduziu diversos tipos de contratos:
- contratos de formação de profissionais intermediários ou de níveis mais elevados;

[1] Conhecida como "Pacote Treu", nome do senador responsável por sua elaboração, estabelece as "normas de promoção e ocupação".

- contratos de formação de trabalho que agilizem a colocação profissional por meio de uma experiência de trabalho que permita adequar as capacidades profissionais ao contexto produtivo.

3 Redução dos horários de trabalho e trabalho em tempo parcial

Incentivar a redução das jornadas de trabalho é um dos objetivos do "Pacote Treu", com o intuito de permitir a ampliação dos índices de ocupação e maior flexibilidade ao mercado.

4 Os trabalhos socialmente úteis

Os trabalhos socialmente úteis, criados pelo Legislativo como fórmula de emprego para os trabalhadores "com auxílio desemprego" extraordinário, tiveram grande êxito como instrumento de inserção ou de reinserção no mercado de trabalho.

Seu objetivo é:

- oferecer apoio, mesmo que parcial, para algumas faixas de desempregados;
- contribuir para a criação de novas formas de ocupação dirigida àqueles excluídos do mundo do trabalho, por meio de projetos válidos;
- oferecer uma contribuição para a melhoria ou a criação de serviços para a comunidade.

5 As bolsas de trabalho

Um instrumento criado para favorecer os jovens desempregados do sul da Itália, garantido por um plano extraordinário de investimentos, dirigido particularmente às pequenas e médias empresas. O plano financia, além das bolsas, os trabalhos de utilidade pública que objetivam a criação de sociedades mistas, privadas e públicas.

6 A aprendizagem

O contrato de aprendizagem é uma das mais antigas fórmulas para começar a trabalhar. Seu objetivo é ajudar os jovens a aprender um ofício por meio da prática.

7 Os contratos temporários

No passado, se o vínculo contratual ultrapassasse o limite estabelecido, o contrato era automaticamente efetivado. Atualmente, a norma é mais flexível, mas as sanções econômicas são mais fortes. Não existe mais a transformação automática dos contratos, mas está previsto um período de tolerância durante o qual são aplicadas sanções ao empregador.

Existe, além do mais, a Lei nº 848, aprovada definitivamente em fevereiro de 2003, cujos conteúdos principais podem ser assim resumidos:

Colocação	A Lei nº 848 delega ao governo a reorganização da colocação no trabalho e prevê que os sujeitos privados, incluídas as agências de trabalho interino, podem atuar por meio dos serviços de colocação e de orientação do mercado de trabalho.

Outsourcing	Por meio do *outsourcing*, podem ser externalizados uma fábrica, um departamento ou uma equipe, com seus trabalhadores vinculados. Poderão ser criadas, no mesmo âmbito empresarial, muitas empresas com menos de quinze funcionários sem proteção estatutária e, geralmente, com menos direitos.
Staffleasing	A Lei nº 1369/60, que proibia o fornecimento de força de trabalho, foi revogada com a introdução do denominado *staffleasing*. Trata-se de uma norma que prevê que agências especializadas podem oferecer força de trabalho, em caráter rotativo e indeterminado, por meio de contratos temporários, como é o caso do trabalho interino. No futuro, todos os trabalhadores de uma empresa poderão ser vinculados a uma agência de trabalho interino. Nesse caso, são os seguintes os tipos de trabalho: a) trabalho por chamada: o trabalhador de prontidão tem de ser considerado apto para um trabalho a qualquer momento em que a companhia o requisite; b) trabalho acessório: o trabalhador presta serviço assistencial, sobretudo a entidades sem fins lucrativos; c) trabalho para benefícios distribuídos ou trabalho compartilhado: um trabalho realizado por dois trabalhadores.
Part-time	As modificações introduzidas facilitam o recurso ao trabalho *part-time*, suplementar (extraordinário), e fazem pender a balança em favor do empregador.
Contratos de formação	Prevê a manutenção dos contratos de aprendizado e de formação no trabalho, mesmo tendo sido rechaçado pela União Européia.
Certificação das relações de trabalho	A cargo de entidades bilaterais. Em geral, o governo declara explicitamente as responsabilidades das entidades sobre uma série de competências em matéria de colocação, de amortização social, de formação, por meio, também, de incentivos econômicos[2].

2 Em: <http://www.rassegna.it/2002/lavoro/articoli/848/scheda.htm>. Acessado em 13/7/2005.

A SITUAÇÃO ATUAL DO MERCADO DE TRABALHO: EMPURRANDO PARA A PRECARIEDADE

1 Qual trabalho?

Para compreender o fenômeno, é necessário antes estabelecer as principais características do trabalho padrão, ou seja:

- o horário previsto é o de tempo integral;
- a assunção para os trabalhadores empregados e o início da atividade autônoma para os trabalhadores independentes têm tempos e lugares determinados;
- há uma grande diversidade de posição e papel entre quem trabalha como empregado e quem é independente.

No trabalho atípico desaparecem todos os três aspectos. Recorrendo-se, então, à literatura sobre o trabalho atípico, podem-se encontrar diversas definições:

a) diferenças em relação ao trabalho padrão: falta uma ou mais características em relação ao trabalho efetivo, à integração organizativa da empresa, à obrigatoriedade do tempo indeterminado, ao regime constante de prestação de serviços, à exclusividade na relação e na oferta da disponibilidade temporal;
b) uma prestação de serviços cuja característica fundamental é a falta ou a insuficiência de tutela formativa e contratual. No trabalho atípico são incluídas todas as formas de prestação de serviços, diferentes do modelo padrão, ou seja, do trabalho efetivo, com garantias formais e contratuais, por tempo indeterminado e *full-time*.

Quase 25% dos empregos na Itália são independentes, contra uma média de 15% no restante da Europa. Isso confirma um modelo mediterrâneo, representado pela Espanha e pela Itália, no qual o percentual de trabalho independente é maior que 20% do total de empregos. Formas de trabalho autônomas estão presentes em todo o setor terciário, desde o mais pobre àquele mediano, e nas atividades precárias, como acontece nas temporadas dos setores de agricultura e de turismo, nos transportes e nas telecomunicações. Além do mais existe, na Itália, uma forma de exteriorização dos serviços: o subcontrato das cooperativas. A diminuição dos postos de trabalho efetivos e estáveis está vinculada não só a um processo mais amplo de precariedade, mas também à afirmação de atividades flexibilizadas e intermitentes, em um contexto que supera o mercado de trabalho e se impõe como modalidade da vida cotidiana.

Sem dúvida, a Itália encontra-se com altos índices de ocupação temporária em relação a outros países europeus (Itália, 10,1%; Dinamarca, 10,2%; Reino Unido, 6,7%; Irlanda, 4,7%; Áustria, 7,9%; Bélgica, 9%). O trabalho de meio expediente é o que apresenta índices médios mais baixos em relação à média européia: Itália, 8,8%; Europa, 18% (Eurostat, 2000). Deve-se, ainda, evidenciar que, na Itália, existem quase 2 milhões de trabalhadores subcontratados e quase 5 milhões em situação irregular.

2 Governo Berlusconi: construindo um país com níveis mais altos de flexibilização... E de precariedade e ausência de direitos

O "Pacto para a Itália" é o caminho para a destruição dos direitos trabalhistas, com o projeto de lei de reforma do mercado de trabalho aprovado pelo Parlamento em 5 de fevereiro de 2003 (Lei nº 30, de 14 de fevereiro de 2003). É recente o Decreto Legislativo nº 276, de 10 de setembro de 2003 (cujo texto passou a vigorar em 24 de outubro de 2003), em matéria de ocupação e de mercado de trabalho, e ainda a Lei nº 30, de 14 de fevereiro de 2003 (GU nº 2.235, de 9/10/2003 – Suplemento ordinário nº 159).

Entre as principais novidades, deve-se assinalar, no artigo 4º, o papel atribuído às agências de emprego.

No que se refere à administração do trabalho, no artigo 20 está previsto que "o contrato de administração do trabalho pode ser por tempo determinado ou indeterminado".

Quanto ao trabalho intermitente, o artigo 33 diz: "o contrato de trabalho intermitente é aquele por meio do qual um trabalhador é posto à disposição de um empregador que pode utilizar sua prestação de trabalho nos limites previstos no artigo 34 [...] O contrato de trabalho intermitente pode ser estipulado também por tempo determinado". Existe ainda a figura do trabalho dividido (artigo 41), ou seja, "um contrato especial de trabalho pelo qual os trabalhadores assumem a execução de uma única e idêntica obrigação de trabalho"[3].

Também trata da aprendizagem, no artigo 47.

Além do mais, o Decreto Legislativo nº 276 estabelece que o período de aprendizagem é estruturado durante a fase de formação e do trabalho alternativo. São previstas facilidades para jovens na faixa etária entre 16 e 24 anos (exceto aqueles incapacitados e alguns residentes em municípios determinados): o período de formação deve se estender por pelo menos 120 horas.

O artigo 54 trata do contrato de inserção, ou seja, de "um contrato de trabalho dirigido ao ingresso e reingresso no mercado de trabalho de uma série de categorias, por intermédio de um plano individual de adaptação das capacidades profissionais do trabalhador em um contexto de trabalho determinado".

O artigo 69 descreve as relações de colaboração coordenada e continuada, afirmando que, se "forem estabelecidas sem a individuação de um plano específico, de um programa de trabalho ou de uma fase do mesmo, através do artigo 61, parágrafo 1º, são consideradas relações de trabalho subordinado por tempo indeterminado a partir da data de constituição da relação"[4].

Trata-se de um contrato firmado por meio de escritura privada, que estabelece uma relação de trabalho subcontratado. O trabalhador, do ponto de vista legal-regulamentar, oferece sua prestação de forma continuada e coordenada e faz seu trabalho de forma completamente individual, não tendo de se submeter às diretivas de nenhum contrato coletivo. O trabalhador não é obrigado a pagar imposto sob valor agregado.

Com o trabalho por empreitada, por outro lado, as empresas podem preparar um

---

3 Decreto Legislativo nº 276, de 10 de setembro de 2003.

4 Ibidem.

contrato de fornecimento de força de trabalho com agências especializadas que as atendam em tempo real e apenas nos períodos solicitados. Geralmente, trata-se de um contrato por tempo determinado que oferece um trabalho limitado no tempo, para qualificações às vezes muito elevadas, o que configura e institucionaliza uma forma de precarização da vida por meio da vigência do trabalho atípico.

Além do mais, estão previstas outras formas de trabalho atípico. É preciso registrar que o trabalho de tempo integral e indeterminado é apenas um entre os 44 tipos de emprego existentes. Entre as denominadas formas atípicas existe, ainda, a prestação de serviço ocasional, ou seja, uma forma de contrato em que o trabalhador executa concomitantemente um serviço de natureza autônoma e/ou liberal, sem nenhum vínculo empregatício e, sobretudo, em completa autonomia organizativa e operativa. Nesse tipo de contrato não é exigida a inscrição na Previdência Social.

No contrato de associação por participação, o "colaborador" que trabalha pode participar como associado aos lucros da empresa, contribuindo com seu próprio trabalho. O salário recebido por ele se converte, portanto, em uma espécie de pagamento antecipado dos eventuais lucros alcançados pela empresa. Porém é necessário dizer que, se ao concluir o ano não houver lucro na empresa, o trabalhador pode se encontrar na situação de ter de devolver as remunerações recebidas.

Há também os empregadores, ou seja, trabalhadores que fornecem, em nome de uma empresa, a venda de seus bens e serviços, recebendo um pequeno pagamento relativo ao que foi vendido. Esses trabalhadores não são obrigados a contribuir para o sistema de aposentadoria.

Também foi previsto o *job-sharing*, trabalho compartilhado, ou trabalho de parelha, ou trabalho dividido, que institui um contrato de trabalho subcontratado em que um trabalho é executado por dois trabalhadores que compartilham o trabalho, o horário e os turnos.

O contrato de formação e trabalho é dirigido aos jovens com idades entre 16 e 32 anos. Trata-se de um contrato em que coexistem o trabalho e a formação, porém, sobretudo, toda a instabilidade e ausência de seguridade.

Na realidade, com a introdução das últimas novidades legislativas em matéria de trabalho, ou seja, com decretos de atuação da denominada "Lei Biagi"[5], nos encontramos em uma situação em que está presente uma grande fragmentação dos papéis do trabalho produtivo; uma situação em que há uma grande responsabilidade e risco para todos, inclusive para quem não desejou ser empreendedor, empresário de si mesmo.

Entretanto, os decretos de atuação da "Lei Biagi" estabelecem, definitivamente, a passagem do direito do trabalho ao trabalho ao direito empresarial e comercial, considerando o trabalho uma mercadoria qualquer que deve ser submetida às regras mais cruéis do mercado selvagem, em um intercâmbio entre não-iguais.

Nestes últimos anos, a ocupação e a estabilidade da relação de trabalho continuam a ser o problema principal da Itália, convertida no país mais flexível da Europa. A disciplina rígida foi substituída pela flexibilização da empresa, que se desenvolve de maneira desordenada, segmentada e sem regras, eliminando os custos com o trabalho e as garantias trabalhistas.

---

[5] Denominação que leva o nome de seu autor, Marco Biagi, assassinado pouco tempo depois de ter elaborado esse projeto.

O sistema econômico fordista era dirigido a uma ação pública, mais para apoiar uma demanda agregada do que para usar a ampliação das intervenções do Estado social. Atualmente, existe a exigência de níveis de formação sempre mais qualificados, acrescida de tendências crescentes das relações de trabalho precário, o que exige uma melhora das instituições públicas, além de uma dinâmica de contratação sindical sempre mais atenta.

Considerando-se que na sociedade atual se acentuaram as disparidades sociais, deve-se garantir mais fortemente a vigência dos seguros sociais mais importantes, como a saúde, a aposentadoria, o crédito social garantido etc. O pós-fordismo, ao contrário, está provocando o fracasso do Estado social e dos salários, recriando formas de trabalho servil semelhantes à escravidão e, com freqüência, determinadas por descriminações étnicas.

Ao almejado desenvolvimento intenso e traumático como forma de eficácia empresarial dos trabalhadores atípicos não tem correspondido uma legislação igualmente rápida. Há uma dificuldade, seguramente intencional, na colocação e no monitoramento do trabalho atípico. De fato, por meio de vários decretos, foi provocada uma dramática e violenta desestruturação do trabalho, em sua forma e substância e no incremento da exploração. Além de um risco muito mais alto de acidentes de trabalho e de enfermidades profissionais para o trabalhador atípico, que não recebe proteção de maneira suficiente.

Todo esse quadro de precarização do trabalho só poderia acentuar a pobreza. No passado, ela estava quase sempre associada aos países menos industrializados, menos desenvolvidos e mais marginalizados do sistema econômico de desenvolvimento. Tratava-se, então, de distanciar o problema dos países de capitalismo avançado que pareciam ser mais ricos. Nos últimos anos, porém, absolutamente, essa não é a situação real.

Na realidade, muitas análises e investigações efetuadas por institutos e centros de estudos vinculados a organismos internacionais, tais como a Organização das Nações Unidas e o Banco Mundial, confirmam que o desemprego, as desigualdades distributivas, também vinculadas ao crescimento desmedido dos preços da produção e do consumo, e a cada vez maior precariedade do mercado de trabalho, têm aumentado e agravado o problema da nova pobreza.

A globalização neoliberal e a internacionalização dos processos produtivos estão acompanhadas da realidade de centenas e centenas de milhões de trabalhadores desempregados e precarizados no mundo inteiro. O sistema fordista nos havia acostumado ao trabalho pleno e de duração indeterminada. Agora, ao contrário, um grande número de trabalhadores tem um contrato de curta duração ou de meio expediente; os novos trabalhadores podem ser alugados por algumas poucas horas ao dia, por cinco dias da semana ou por poucas horas em dois ou três dias da semana.

Contratos de formação de trabalho, bolsas de estudo e aprendizagem, planos de recolocação profissional, bolsas de trabalho, contratos temporários de idosos, vinculados aos aposentados, trabalhos socialmente úteis e de utilidade pública, contratos atípicos na administração pública, são apenas algumas das dezenas de formas e combinações de trabalho atípico. Se observarmos a situação do ponto de vista dos trabalhadores, imperam a insegurança econômica, a total falta de perspectivas, as dificuldades de administração do tempo, a precariedade em cada fase da própria existência etc.

É necessário lembrar que o aumento da precariedade do trabalho também traz consigo um aumento da instabilidade dos rendimentos, e a isso se acrescenta o fracasso gradual do Estado social, sobretudo em relação à seguridade social. Tudo isso ainda provoca a piora da situação do trabalhador e causa uma situação permanente de precariedade das formas de vida: "A precariedade é um processo geral, um processo que condiciona a existência de toda a força de trabalho pós-fordista. O processo de precarização do trabalho, essa experiência de incerteza comum no trabalho vivo pós-fordista, foi estabelecido por etapas, mudanças, por passagens cruciais. Primeiramente, as etapas das intervenções legislativas que vêm provocando, pouco a pouco, o fracasso da edificação de todas as garantias conquistadas pelo trabalhador fordista e vêm introduzindo, de fato, a possibilidade de fazer uso da força de trabalho em um regime de flexibilização" (Tiddi, 2002, p. 25).

É justamente com a flexibilização imposta pelas regras de eficiência das empresas que se chega à condição de trabalho precarizado, não continuado e temporário, na qual o trabalhador é abandonado diante de um empresário com o qual ele tem de negociar seu salário e o tempo que vai dedicar ao trabalho.

A nova condição de trabalho está sempre perdendo mais direitos e garantias sociais. Tudo se converte em precariedade, sem nenhuma garantia de continuidade: "O trabalhador precarizado se encontra, ademais, em uma fronteira incerta entre ocupação e não-ocupação e também em um não menos incerto reconhecimento jurídico diante das garantias sociais. Flexibilização, desregulação da relação de trabalho, ausência de direitos. Aqui a flexibilização não é riqueza. A flexibilização, por parte do contratante mais frágil, a força de trabalho, é um fator de risco, e a ausência de garantias aumenta essa debilidade. Nessa guerra de desgaste, a força de trabalho é deixada completamente a descoberto, seja em relação ao próprio trabalho atual, para o qual não possui garantias, seja em relação ao futuro, seja em relação à renda, já que ninguém o assegura nos momentos de não-ocupação" (Tiddi, 2002, p. 75).

Tudo isso se soma – e não substitui – às velhas formas de pobreza. Os dados oficiais continuam a assinalar que no "Sul" do mundo são mais de 100 milhões de crianças que vivem nas ruas, mais de 250 milhões de meninos que trabalham, mais de 300 milhões de meninos que são militares e mais de 1 milhão de mulheres jovens que são obrigadas a se prostituir. E esses dados não consideram o "Sul profundo", onde qualquer estimativa é impossível. É suficiente lembrar apenas que 80% da população mundial vive no Terceiro Mundo e tem à sua disposição menos de 20% da riqueza mundial, e que, a cada ano, mais de 14 milhões de meninos morrem antes de chegar aos 15 anos. Para ter uma idéia do problema da pobreza, é suficiente pensar que, em 2001, mais de 1,2 bilhão de pessoas não dispunham sequer de um dólar por dia para satisfazer suas necessidades básicas (45% da população da África subsaariana, 40% da população da Ásia e 16% da população da América Latina vivem com menos de um dólar/dia). E é sempre importante lembrar que uma sétima parte da população mundial possui quatro quintos da riqueza, consome 70% da energia global e 85% da madeira do planeta.

O primeiro *Relatório sobre a pobreza na Europa*, de 2002, que utiliza como indicador de limite de pobreza a metade da renda média, evidencia que, nos Estados membros da União Européia, o percentual mais elevado da população pobre entre os anos de 1987 e 1997 foi registrado na Itália (14,2%) e no Reino Unido (13,4%) (Caritas Europa, 2002)[6]. Na realidade, esse método analisa a pobreza apenas do ponto de vista aritmético, pois, estabelecendo o percentual daqueles que estão abaixo dos 50% da renda média *per capita*,

6 Esse estudo estatístico e descritivo da condição social no continente foi realizado graças à contribuição de 43 instituições nacionais de caridade.

faz uma grande generalização da situação e não é possível compreender as diferenças existentes entre as pessoas daquela faixa de renda. Além do mais, não se pode subestimar a questão: o crescimento da renda *per capita* média, na Europa, por exemplo, pode ser considerado sinônimo de maior riqueza ou é causado pela diminuição do número de nascimentos e, portanto, da população total? E mais: deve-se medir o grau de pobreza a partir de uma base individual ou familiar?

Até hoje, não existe um indicador geral e absoluto válido para medir a pobreza; não existe um limite fixo e válido para enquadrar uma pessoa entre os pobres ou menos pobres; tampouco há uma unidade de base segura, quer seja dada pela renda ou pelo consumo[7]. A essa dificuldade se acrescenta o "recrudescer dos conflitos no mundo" – incluída a Europa Oriental –, que vem causando um aumento do número de refugiados, de solicitações de asilo e de imigrantes, ampliando as formas de empobrecimento. Por último, mas não menos importante, soma-se a aceleração do processo de globalização neoliberal, "ocasião para uma injustiça maior", que acaba também por globalizar "o tráfico de mulheres e crianças, o tráfico de drogas e o terrorismo internacional" (Caritas Europa, 2002, p. 10).

Fica evidente, ainda, a distribuição desproporcional dos recursos. Por exemplo, no Reino Unido, 20% dos ricos gozam de 43% dos recursos disponíveis, enquanto 20% dos pobres utilizam apenas 6,6% desses recursos.

Entre os novos pobres estão os desempregados, os trabalhadores mal remunerados, os idosos e as famílias numerosas. Não há indicadores estatísticos que consigam medir, com rigor, o conjunto das condições de pobreza que em toda a Europa vem apresentando um achatamento em relação ao modelo dos Estados Unidos, com a "velha pobreza" acompanhando as novas formas de pobreza de trabalho.

Entre os anos 1995 e 2001, a União Européia, mesmo que tenha diminuído o percentual de pessoas com risco de completa pobreza (que passou de 17% para 15%), continua, de todo modo, com mais de 55 milhões de pessoas ameaçadas. Entre elas, os jovens e os menores estão na categoria de maior risco, porque também muito influi a evasão escolar (na Itália, o índice de evasão escolar é de 29%, contra a média européia de 18,5%).

Um estudo da Comissão Européia demonstra que os países que mais investem em proteção social (como os do norte da Europa) têm níveis de pobreza mais baixos (como, por exemplo, a Suécia, com apenas 10% de pobres).

O Pacto de Estabilidade e Crescimento aprovado em 1997 começou sua verificação em 1998, ano em que os critérios do Tratado de Maastricht[8] começaram a vigorar na União Européia. Os dados do Painel Europeu (Echop) do ano de 1997 (último ano disponível) evidenciam que "a renda líquida média familiar equivalente nos catorze países da União Européia era em torno de 11.623 unidades *standard* do poder aquisitivo. Relativamente a esse valor, podem-se distinguir dois grupos de países: Áustria, Bélgica, Dinamarca, França, Alemanha, Holanda e Reino Unido, caracterizados por níveis de renda superiores à média européia; Finlândia, Grécia, Irlanda, Itália, Portugal, Espanha e Suécia, com níveis de prosperidade abaixo da média" (CNEL, 2002, p. 9).

---

7 Na Itália, há duas fontes principais de dados sobre o tema: a investigação sobre a produtividade da família, do Banco Central Italiano, e a investigação anual do Istituto Nazionale di Statistica (Istat), sobre os balanços das famílias.

8 Tratado que marcou o início do processo de unificação européia.

Entre 1994 e 1997, a Itália havia aumentado a renda familiar em relação aos níveis de renda familiar médios europeus, diferentemente da Grécia, de Portugal e da Espanha, países nos quais os níveis haviam diminuído. Naturalmente, nos países da União Européia com baixos níveis de renda, há desigualdades distributivas maiores. Os únicos que não se enquadram nesse critério são o Reino Unido e a Bélgica, que têm altos níveis de renda familiar, não obstante os altos valores do índice de Gini, que descreve o nível das desigualdades distributivas.

Entre os países com maior distribuição de renda estão a Finlândia, a Dinamarca, a Suécia e a Irlanda, enquanto a Grécia, a Itália, Portugal e Espanha possuem a pior distribuição. Nos países da União, o percentual da população que foi considerada pobre por mais de dois anos consecutivos alcança 11%. Esse valor chega a 8% de pessoas pobres há três anos e 7% há mais de quatro anos. Portugal é o país com o maior percentual de pobreza persistente, com 11,8% de sua população pobre permanecendo nas mesmas condições por quatro anos consecutivos. O país com a menor difusão de pobreza é a Dinamarca.

No que se refere aos rendimentos, nos países da União Européia, o desenvolvimento dos princípios de flexibilização ocupacional e a adesão ao Tratado de Maastricht vêm levando a um progressivo arrocho dos salários, com uma conseqüente diminuição da importância da renda do trabalhador em relação ao Produto Interno Bruto (PIB). Também em relação à estrutura e ao crescimento do salário indireto, as condições européias estão cada dia mais próximas dos determinantes do capitalismo selvagem anglo-saxão. De fato, se analisados os sistemas de proteção social, percebe-se que nos últimos vinte anos tem havido uma progressiva deterioração da seguridade e do Estado social. Em todos os países da União Européia, os processos de reforma radical estão atingindo os antigos sistemas de proteção social e o mercado de trabalho, chegando a intensos processos de privatização da saúde, da seguridade e da assistência. Sofrem com isso, obviamente, as franjas mais débeis da sociedade, aquelas sem trabalho e aquelas cada vez mais numerosas dos trabalhadores precarizados e atípicos.

Os dados do Eurostat relativos a dezembro de 2003 evidenciam que o desemprego na zona do euro é de 8,8% e de 8% nos quinze países da União Européia (considerando-se que em dezembro de 2002 o desemprego era de 8,6% na zona do euro e de 7,9% nos quinze países da União).

Em relação ao desemprego sobre a base anual, o Eurostat assinala que Luxemburgo (3,9%), Holanda (4,1%), Irlanda (4,5%) e Áustria (4,6%) são os países com taxas menores, enquanto a Espanha registra o percentual mais alto (11,2%). Ainda em dezembro de 2003, a taxa de desemprego para os jovens com menos de 25 anos era de 16,6% na zona do euro e de 15,4% nos quinze países da União.

No que se refere ao trabalho temporário, os dados de 1995 registram um valor de horas de trabalho igual a 1 milhão 671 mil postos de trabalho em tempo integral anual só na União Européia. O Reino Unido e a Holanda são os países que mais utilizaram o trabalho temporário: o percentual de solicitação dessa forma de flexibilização era de 3,31% na Grã-Bretanha e de 2,68% na Holanda. Em 1997, já se falava de 880 mil trabalhadores ocupados diariamente no Reino Unido e de 225 mil na Holanda. Torna-se evidente a continuação das características prevalentes (idade, educação, setor econômico de emprego) dos trabalhadores temporários em cada país da União Européia.

Os dados relativos a 2002 são resultado da pesquisa anual da Eurostat sobre a força de trabalho. Foi considerado, inicialmente, o percentual de trabalhadores temporários, sobre o total dos empregados nos países membros da União Européia, na faixa etária de 15 a 65 anos. Nota-se, nessa pesquisa, como a Espanha se destaca dos demais países, por uma maior incidência desse tipo de ocupação (24,8%).

É importante observar como, naquele país, para cada quatro trabalhadores, um tem esse tipo de contrato de vencimento. Com percentuais mais baixos, seguem a França (12,5%), Portugal (15,5%), Finlândia (14,9%), Suécia (13,2%) e Alemanha (10,6%). Os demais países – Itália, inclusive – se apresentam com valores inferiores a 10%. Merece atenção particular Irlanda, Luxemburgo e Grã-Bretanha, que apresentam valores inferiores a 5%, denotando um escasso interesse por uma política de trabalho de curto prazo.

Se analisados os dados por faixa etária dos trabalhadores temporários, considerando-se o total de ocupados e a divisão por gênero, a Áustria, a Alemanha e a Irlanda apresentam um processo decrescente em relação aos jovens, que constituem a parte mais relevante dos trabalhadores temporários. Nos demais países da União, há uma presença desse tipo de ocupação na faixa etária entre 25 e 49 anos, com picos superiores a 6% na França, Espanha, Portugal, Finlândia e Suécia. Já na faixa etária entre 50 e 65 anos, a cota dos trabalhadores desse tipo nunca supera os 2%.

A Irlanda, a Bélgica, a Finlândia, a Suécia e a Dinamarca apresentam um percentual maior de trabalhadores temporários e, relativamente ao gênero, na Espanha, Luxemburgo e na Áustria, a prioridade é masculina. Nos demais países, não se percebem diferenças significativas. Observando-se os dados relativos às trabalhadoras por faixa de idade, visualiza-se uma maior cota de ocupadas na faixa entre os 25 e 49 anos, tendência não percebida entre os homens, com exceção dos países da península Ibérica.

A análise dos trabalhadores de tempo determinado por sexo e faixa etária demonstra a vinculação a esse tipo de trabalho de um maior percentual de mulheres, também na idade adulta. Para os homens, isso acontece entre aqueles para quem esse tipo de contrato representa, provavelmente, uma colaboração inicial, à espera de um empenho por um tempo mais longo.

Na Espanha e em Portugal, o emprego temporário assume um comportamento peculiar, seja relativamente à faixa etária, seja ao sexo, destacando-se não apenas o "imenso" uso de contratos provisórios, mas também a insuficiência de trabalho por tempo indeterminado a partir dos 25 anos.

Analisou-se também a continuação das características principais dos trabalhadores de meio expediente dos países da União Européia. Os dados são relativos a 2002, da pesquisa anual do Eurostat sobre as forças de trabalho. Na Holanda, 43,4% dos ocupados trabalham meio expediente. Seguem, com um percentual entre 10% e 20%, todos os demais países, à exceção da Itália (8,5%), da Espanha (7,9%), de Portugal (8,3%) e da Grécia (4,2%). Esse tipo de contrato está presente em quase todos os países do centro e do norte da Europa e é pouco utilizado nos países mediterrâneos.

Observando-se se esse tipo de ocupação é utilizado da mesma maneira por homens e por mulheres, e na faixa etária entre 15 e 65 anos, nota-se que, em todos os países da União Européia, o percentual de mulheres ocupadas por contrato de meio expediente é visivelmente superior ao dos homens. Na Holanda, mais de 70% das mulheres ocupadas têm emprego de "tempo reduzido"; seguem a Grã-Bretanha, a Áustria, a Alemanha e a

Bélgica, com valores em torno de 40%. Em relação aos homens, o país com o maior número de trabalhadores em meio expediente também é a Holanda, com uma relação de um para cada cinco trabalhadores. Grã-Bretanha, Alemanha e Suécia apresentam percentuais em torno de 10%, enquanto todos os demais países têm percentuais mais baixos.

Analisando-se, agora, como se distribuem os trabalhadores de meio expediente nos principais setores econômicos – agricultura, indústria e serviços –, valores expressos em percentuais relativos ao total de trabalhadores, o meio expediente é utilizado principalmente no setor de serviços, com exceção de Portugal, onde esse tipo de contrato é mais utilizado na agricultura. A indústria tem, em média, 10% de trabalhadores em meio expediente, com exceção da Itália, cujo percentual chega a quase 20%.

Por país e por categoria profissional, a distribuição de empregados de meio expediente permite observar peculiaridades interessantes nos países considerados. Em todos os países da União Européia, a maioria relativa dos *part-time* está entre os profissionais e empregados, com exceção da Grécia e de Portugal, onde sua presença é mais forte no setor agrícola e na pesca. Nos serviços e no setor de vendas, a participação de trabalhadores de meio expediente é comum a todos os países. No que se refere aos operários e operadores genéricos, esse tipo de contrato é muito utilizado na Espanha (35,9%), enquanto é muito pouco utilizado na Suécia (14,1%). Nos demais países, o percentual de utilização desse tipo de contrato gira em torno de 20%.

Os motivos que obrigam a um emprego de meio expediente não dependem da vontade do trabalhador. Amiúde, eles não têm escolha. Em quase todos os países considerados e, em particular, na Grécia e na Itália, as razões estão na dificuldade de encontrar trabalho permanente, exceção apenas na França, na Holanda e na Irlanda. Nos países escandinavos, o trabalho em meio expediente parece ser adotado nos períodos de treinamento e de prova que, quase sempre, é seguido de um contrato temporário. Entretanto, os dados apresentados são apenas dados oficiais que subestimam as formas das pesquisas, o desemprego real, o trabalho precarizado, atípico e, de todo modo, os baixos salários.

Por essa razão, urge reabrir a questão salarial, por meio de uma nova política dos rendimentos que passe por uma redistribuição completa dos salários, por sua indexação vinculada ao aumento do custo de vida. Ou seja, pelos incrementos reais do salário direto e indireto, recuperação do sistema de aposentadoria pública; empregos com salário integral e com plenos direitos; redução da jornada de trabalho; reconhecimento imediato de um rendimento social para os desempregados e precarizados.

Trata-se, então, de lutar por uma nova fase de direitos do trabalho, ampliando-se os direitos para todas as categorias de trabalhadores, visando a uma nova política fiscal, em favor das rendas mais baixas, que golpeie os grandes capitais e os lucros financeiros. Por uma sociedade cujos rendimentos sejam para todos, que devolva a dignidade aos sujeitos do trabalho e daqueles hoje dele excluídos.

Capítulo 4

DESEMPREGADOS DO BRASIL

Márcio Pochmann

Introdução

A ausência de crescimento econômico sustentado ao longo das duas últimas décadas, aliada à adoção do receituário neoliberal nas políticas públicas, conduziu o Brasil à mais grave crise do emprego de sua história. Em grande medida, o fenômeno do desemprego foi oficialmente explicado, inicialmente, por decorrência da maior competitividade empresarial, da estabilidade monetária alcançada, do alto custo de contratação da mão-de-obra e da qualificação inadequada dos trabalhadores.

Em virtude do desgaste ocasionado pela contraposição entre a realidade econômica nacional de baixa geração de postos de trabalho, na maior parte precária, e a explicação oficial para o desemprego crônico no país, houve uma certa acomodação confusa no interior dos governos de plantão. As políticas públicas de emprego mais recentemente adotadas no Brasil terminaram sendo reflexo das razões oficialmente apresentadas para o desemprego.

O presente texto tem por objetivo melhor identificar a natureza da manifestação do desemprego, bem como analisar melhor as verdadeiras causas da atual crise do emprego no Brasil. Na primeira parte, trata-se mais especificamente da manifestação do desemprego, para, em seguida, abordarem-se as desigualdades percebidas na evolução do desemprego, segundo escolaridade, raça, gênero e nível de rendimento familiar.

Na terceira parte são analisadas as mais importantes causas estruturais do desemprego atual. Por último, nas considerações finais, recuperam-se os principais aspectos tratados a respeito dos desempregados do Brasil.

A crise do emprego

O Brasil vive, a mais grave crise do emprego de sua história. Nem a transição do trabalho escravo para o assalariamento, no final do século XIX, nem a depressão econômica de 1929, nem mesmo as graves recessões nas atividades produtivas nos períodos 1981-1983 e 1990-1992 foram capazes de proporcionar tão expressiva quantidade de desempregados e generalizada transformação na absorção da mão-de-obra nacional quanto a que pode ser identificada nos dias de hoje.

O movimento de desestruturação do mercado de trabalho revela, de certa forma, a natureza e a dimensão da atual crise do emprego. Três são os componentes da desestruturação do mercado de trabalho.

O primeiro está associado à presença, em larga escala, do desemprego em praticamente todos os segmentos sociais. O segundo componente que caracteriza a desestruturação do mercado de trabalho diz respeito à regressão dos postos de trabalho formais, o que contribui para a perda de participação do emprego assalariado no total das ocupações, também conhecido como desassalariamento.

Por fim, o terceiro componente refere-se ao processo de destruição de postos de trabalho de melhor qualidade, sem a mesma contrapartida nos empregos criados. A seguir, são analisados os três principais componentes que fundamentam a natureza da crise do emprego no Brasil.

1 Desemprego em massa

O fenômeno do desemprego em massa no Brasil é uma realidade incontestável dos anos 1990. Em 2002, por exemplo, o país registrou a quarta posição no *ranking* mundial do desemprego. No total de desempregados, o país perdeu apenas para Índia, Indonésia e Rússia.

Em 1986, o Brasil ocupou a 13ª posição no *ranking* do desemprego mundial. Mas, desde o início da década de 1990, o desemprego ganhou maior dimensão, sendo, a partir de 1994, responsável pela inclusão do Brasil no bloco dos quatro países com maior volume de desempregados.

Apesar de representar 3,1% da força de trabalho de todos os países, o Brasil possuía 6,6% do desemprego mundial. Mesmo tendo menos população que a China e os Estados Unidos, a quantidade de desempregados era maior no Brasil de 1998.

Neste início do século XXI, o país ainda pertence ao grupo com maior quantidade de desempregados no mundo. Ademais, o desemprego continuou crescente, absorvendo grandes parcelas da força de trabalho nacional.

Gráfico 1
Brasil: evolução do índice de desemprego (1980 = 100,0)

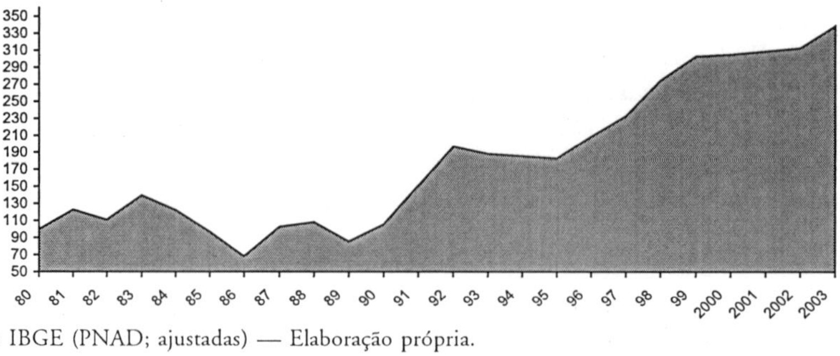

Fonte: IBGE (PNAD; ajustadas) — Elaboração própria.

Até o final da década de 1980, conforme as estatísticas oficiais, o desemprego era relativamente baixo no Brasil. A partir de 1990, a quantidade de pessoas sem emprego e procurando por um posto de trabalho ganhou forte relevância, sem paralelo com qualquer período de tempo anterior.

2 Novidade do desassalariamento

O desassalariamento constituiu uma novidade no Brasil quando comparado à evolução ocupacional em todo o século XX. Ao mesmo tempo, a perda de participação do emprego assalariado no total da ocupação indica uma mudança substancial na estrutura ocupacional do país.

Entre a abolição da escravidão, no último quartel do século XIX, e a década de 1980, a evolução do emprego assalariado foi positiva, salvo nos períodos especiais, quando a conjuntura econômica era recessiva, como nos períodos 1929-1932, 1980-1983 e 1990-1992, ou quando houve profunda modificação técnica na estrutura produtiva, como na renovação tecnológica nas indústrias têxteis durante os anos 1950. Sempre que havia expansão da produção, a geração de empregos formais era superior à criação de outras formas de ocupação.

Durante as décadas de 1940 e 1970, por exemplo, a cada dez postos de trabalho gerados, oito eram empregos assalariados, sendo sete com carteira assinada. Entretanto, nos anos 1990, a cada dez empregos criados, somente quatro foram assalariados.

A diminuição na participação dos empregos assalariados no total da ocupação tem sido fortemente influenciada pela redução dos empregos assalariados com registro. Os empregos assalariados sem registros continuaram aumentando ao longo da década de 1990, todavia com taxas de variação insuficientes para compensar a perda das vagas com registro. Em 2003, por exemplo, um a cada dois ocupados era assalariado, enquanto, em 1980, dois a cada três eram assalariados em todo o país.

3 Ocupações precárias

A expansão das formas de inserção da População Economicamente Ativa (PEA) referentes às ocupações com baixa produtividade e precárias condições de trabalho marca o contexto mais amplo da crise do emprego no Brasil a partir das duas últimas décadas do século XX. A maior parte das vagas abertas no mercado de trabalho não tem sido de assalariados, mas de ocupações sem remuneração, por conta própria, autônomo, trabalho independente, de cooperativa, entre outras.

Deve-se notar, por exemplo, que as ocupações por conta própria podem ser muitas vezes identificadas como uma das novas formas de inserção ocupacional moderna, especialmente no caso do trabalho autônomo para a grande empresa, pois surgem em condições de remuneração e de trabalho mais favoráveis (técnicos especializados e mão-de-obra com alta escolaridade, com grande experiência profissional). No Brasil, no entanto, o trabalho por conta própria que realmente tem se expandido é o tradicional, mais conhecido por trabalho autônomo para o público, que se caracteriza, em geral, por ser portador de condições de trabalho e de remuneração precárias.

Por conta disso, o grau de precarização da força de trabalho voltou a aumentar a partir dos anos 1990. Até então, de acordo com os registros oficiais existentes, a tendência era de redução das formas de subutilização do trabalho, tradicionalmente identificadas pelo desemprego e pelas ocupações sem remuneração e por conta própria.

Além do expressivo montante de pessoas desempregadas, cabe ressaltar a drástica alteração na composição do desemprego. Em outras palavras, o desemprego mudou de perfil, deixando de ser um fenômeno que atingia, no passado recente, segmentos específicos do mercado de trabalho, como jovens, mulheres, negros e pessoas sem qualificação profissional, analfabetos e trabalhadores com pequena experiência profissional. Em síntese, o desemprego era um fenômeno relativamente homogêneo.

Atualmente, transformou-se num fenômeno complexo e heterogêneo, pois atinge de forma generalizada praticamente todos os segmentos sociais, inclusive camadas de maior escolaridade, profissionais com experiências em níveis hierárquicos superiores e em altos escalões de remuneração. Pode-se concluir, portanto, que não há mais estratos sociais imunes ao desemprego no Brasil, conforme apresentado a seguir.

Desigualdade no desemprego

O desemprego vem aumentando continuamente no Brasil desde 1990 e atinge atualmente níveis jamais vistos anteriormente. Além da crescente taxa de desempregados, constatam-se alterações substanciais também na composição do conjunto de trabalhadores que não têm emprego, sobretudo quando se consideram as variáveis de classes de rendimento familiar, gênero, raça e escolaridade.

A sistematização das informações produzidas pelo Instituto Brasileiro de Geografia e Estatística (IBGE), por meio da Pesquisa Nacional por Amostras de Domicílio (PNAD), possibilita uma melhor análise a respeito da manifestação da dinâmica do desemprego aberto no Brasil. Para isso, utilizam-se como critério de referência três diferentes classes de renda familiar *per capita*: baixa, média e média alta.

A classe de renda baixa inclui indivíduos em famílias com rendimento de até metade da renda familiar *per capita* média do país. Essa faixa abrange os integrantes de famílias nas quais a renda por pessoa fica entre metade e duas vezes a média nacional. E no segmento de renda média alta estão situadas as pessoas em famílias com rendimento superior a duas vezes a renda *per capita* média.

De acordo com o gráfico a seguir, nota-se que a partir dos anos 1990 a taxa média de desemprego aberto cresceu de maneira considerável. Entre 1992 e 2002, por exemplo, o desemprego passou de 6,7% para 9,3% do total da população economicamente ativa, o que significa um aumento relativo próximo a 40%.

Gráfico 2

Brasil: taxa de desemprego por classes de renda familiar *per capita* e variação, 1992/2002 (em %)

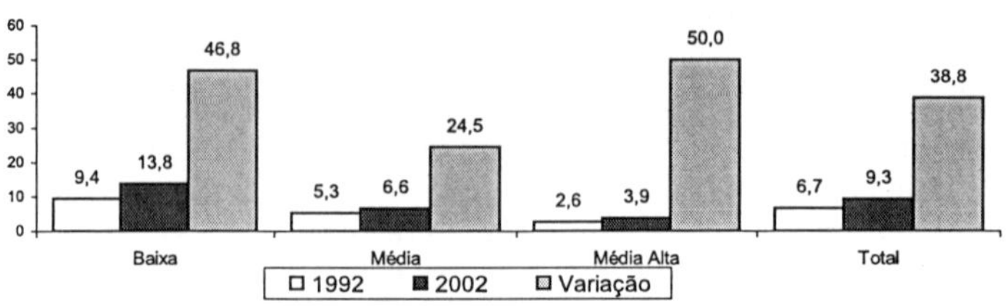

Fonte: IBGE (PNAD) — Elaboração própria.

Se se considerarem os extremos da distribuição de renda, pode-se observar ainda que o crescimento do desemprego ocorreu de forma muito mais desigual. No caso das famílias de classe baixa, a taxa de desemprego subiu, no mesmo período, de 9,4% para 13,8%; portanto, houve um crescimento relativo de 46,8%.

No outro extremo da escala distributiva, a taxa de desemprego da classe média alta aumentou mais rapidamente (variação de 50%), passando de 2,6% para 3,9%. Do ponto de vista absoluto, o total de desempregados pertencentes às famílias de baixa renda subiu de 2,7 milhões em 1992 para 4,8 milhões dez anos depois, enquanto na classe média alta (que, em geral, apresenta maior escolaridade) o desemprego afetava 232 mil pessoas em 1992 e passou a atingir 435 mil em 2002, um crescimento também significativo.

Gráfico 3
Brasil: composição do desemprego por classes de rendimento familiar *per capita*, 1992/2002 (em %)

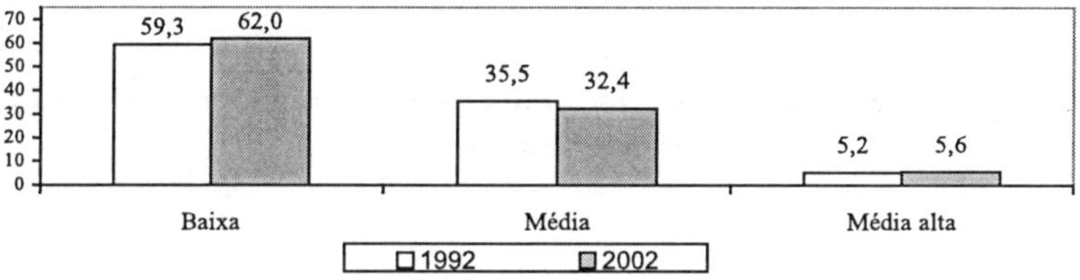

Fonte: IBGE (PNAD) — Elaboração própria.

Percebe-se, portanto, que para o mesmo período de tempo houve um aumento da participação dos integrantes de famílias com rendimento familiar *per capita* muito baixo na composição do desemprego. Isso ocorreu especialmente em função da dinâmica da abertura de novos postos de trabalho no país: em 2002, o aumento da oferta de ocupação em relação a 1992 foi menor justamente na camada de renda baixa. Nessa camada, a geração de postos de trabalho havia crescido, em 2002, apenas 15,8% em relação a 1992, enquanto a média nacional aumentou 20,2% no mesmo período de tempo.

Por conta da menor oferta de postos de trabalho, o número total de desempregados nas famílias de classe baixa cresceu 77,7% nesse mesmo intervalo de dez anos. O desemprego não foi ainda maior nessa camada social porque a População Economicamente Ativa desse segmento cresceu no período a uma taxa inferior, possivelmente devido ao aumento do número de pessoas não ativas.

Gráfico 4
Brasil: variação da População Economicamente Ativa, dos ocupados e dos desempregados por classes de renda, 1992/2002 (em %)

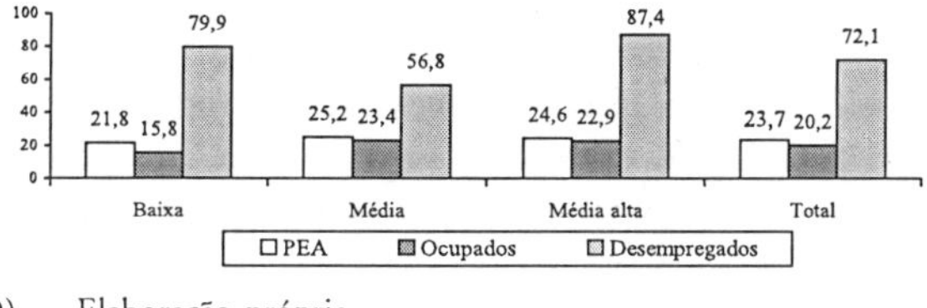

Fonte: IBGE (PNAD) — Elaboração própria.

Quando se avança na investigação acerca da distribuição do desemprego total, nota-se que este afeta, sobretudo, as pessoas economicamente ativas pertencentes às famílias da classe baixa, com rendimento familiar *per capita* inferior a R$ 163 mensais (valores reais de setembro de 2002). Em 2002, por exemplo, 62% dos desempregados pertenciam justamente às famílias de baixa renda, com o restante dividido entre famílias de classe média (32,4% do total dos desempregados) e de classe média alta (5,6% desse total).

Já no caso do segmento de maior rendimento familiar *per capita* (classe média alta), mesmo que a oferta de ocupação tenha se ampliado 22,9% no mesmo período, o maior crescimento da População Economicamente Ativa dessa faixa (24,6%) terminou fazendo com que o total de desempregados crescesse 87,5%. É possível que nesse segmento tenha ocorrido um processo inverso ao verificado no caso das famílias mais pobres: a queda no rendimento fez com que membros antes não ativos dessas famílias passassem a buscar seu ingresso no mercado de trabalho.

Gráfico 5
Brasil: taxa de desemprego por classes de renda, gênero e variação, 1992/2002 (em %)

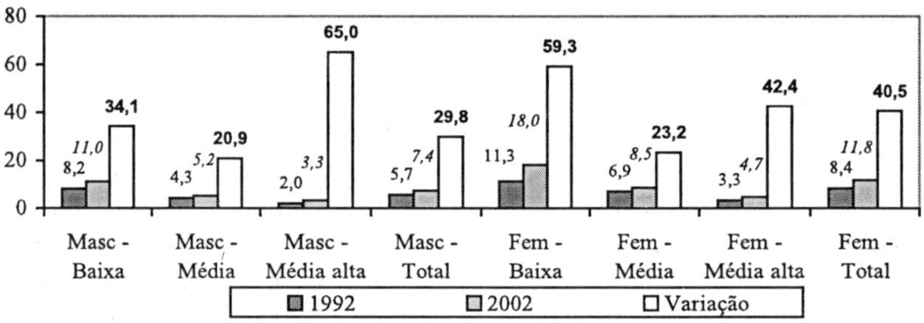

Fonte: IBGE (PNAD) — Elaboração própria.

Na distribuição do desemprego por gênero, associada ao critério de rendimento familiar *per capita*, outras importantes disparidades podem ser observadas. O desemprego masculino, por exemplo, aumentou mais rapidamente para a classe média alta, com expansão relativa de 65% entre 1992 e 2002. Já entre homens integrantes da classe baixa, o desemprego cresceu bem menos (34%), quase a metade da taxa relativa verificada no mesmo período para a classe de renda mais alta.

No caso das mulheres, o quadro é inverso. A taxa de desemprego feminino elevou-se mais (59,3%) para as famílias com rendimento baixo. Para as mulheres na faixa de maior rendimento, a taxa de desemprego aumentou 42,4% no período.

Quando, na análise do desemprego, são combinados o critério de rendimento familiar *per capita* e o de raça, nota-se um comportamento marcante na taxa de pessoas sem trabalho. Nos estratos de mais baixo rendimento familiar, verifica-se menor desigualdade na evolução do desemprego de brancos e de negros. A variação, entre 1992 e 2002, da taxa de desemprego da população branca de baixa renda (49,5%) é pouco maior que a verificada para a população negra nessa faixa (46,7%).

Nas classes de maior rendimento, ocorreu justamente o contrário, ou seja, a desigualdade entre as raças na variação do desemprego foi ampliada. Assim, o desemprego dos negros de renda alta, entre 1992 e 2002, aumentou 68%, enquanto o dos brancos dessa classe de rendimento cresceu 46,2%.

Gráfico 6

Brasil: taxa de desemprego por classes de renda e raça, 1992-2002 (em %)

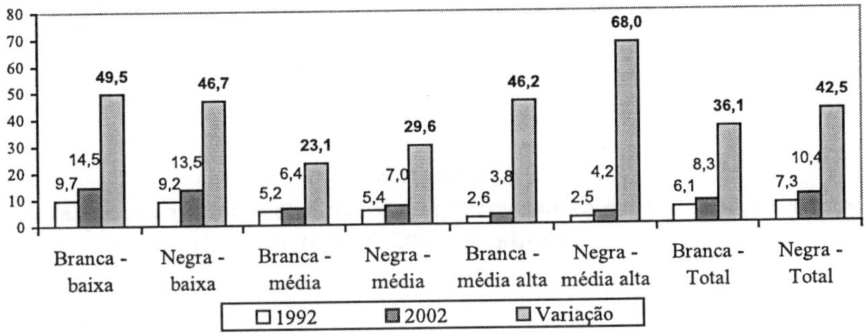

Fonte: IBGE (PNAD) — Elaboração própria.

De acordo com o comportamento do desemprego, pode-se observar que a discriminação racial alcançou novas formas de manifestação, ainda mais sofisticadas. A taxa de desemprego dos negros pobres cresceu menos, uma vez que estes tenderam a estar associados, em geral, às ocupações mais precárias, enquanto o desemprego dos negros de média e alta renda explodiu, provavelmente porque, em um contexto de escassez de empregos especializados, o preconceito racial atuou como um requisito decisivo na contratação.

Assim, a discriminação racial passou a excluir de ocupações mais nobres aqueles que, depois de muito esforço, haviam alcançado maior renda e escolaridade. No ambiente desfavorável do mercado de trabalho, o bloqueio à ascensão social tende a continuar crescendo no país, sobretudo para a população negra, mesmo quando esta alcança maior escolaridade.

Gráfico 7

Brasil: evolução da taxa de desemprego por nível de escolaridade e classes de renda, 1992-2002 (em %)

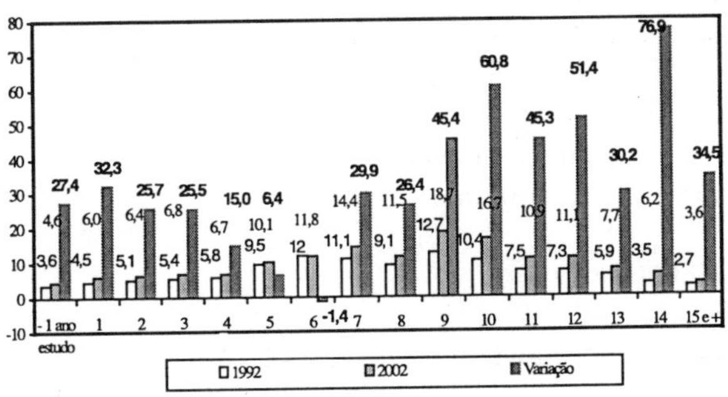

Fonte: IBGE (PNAD) — Elaboração própria.

Entre 1992 e 2002, a taxa de desemprego subiu a um ritmo mais rápido nos níveis de maior escolaridade. Para os indivíduos com catorze anos de estudo, por exemplo, a variação do desemprego no período foi de 76,9% – uma diferença três vezes maior que a verificada para aqueles que têm até três anos de estudo.

Ao contrário do que prevê a teoria do capital humano, a análise revelou que os mais escolarizados, no Brasil, são os mais penalizados no interior do mercado de trabalho. Em um quadro de estagnação econômica, de reduzido investimento tecnológico e de aumento da precariedade dos postos de trabalho, como se constata nas duas últimas décadas no Brasil, o avanço dos níveis de escolaridade se mostrou incapaz de potencializar a geração de empregos.

Gráfico 8
Brasil: evolução da taxa de desemprego por nível de escolaridade e classes de renda em 2002 (em %)

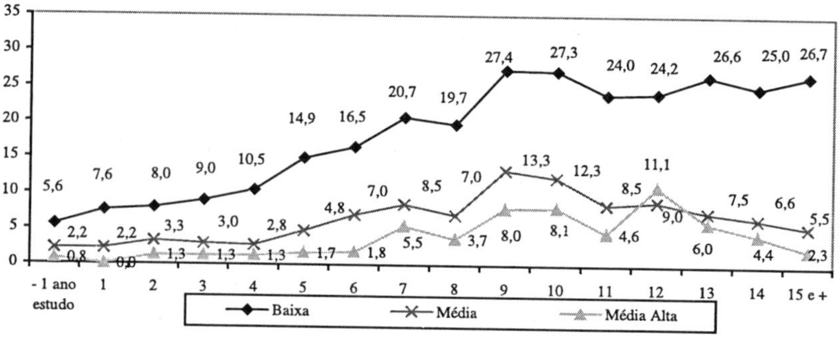

Fonte: IBGE (PNAD) – Elaboração própria.

O que surpreende, quando as taxas de desemprego para os três níveis de renda são examinadas mais detalhadamente em função da escolaridade, é perceber que, para os grupos de renda familiar *per capita* média e alta, essas taxas sofreram uma mudança a partir da faixa de nove anos de estudo (daí em diante, o aumento do desemprego é menos acentuado), enquanto na classe baixa as taxas se mantiveram crescentes à medida que aumenta o nível de escolaridade das pessoas, sem qualquer alteração. Assim, em um mercado de trabalho que se estreita e tem comportamento pouco dinâmico, os empregos mais nobres foram sendo preservados para os segmentos de mais alta renda.

Em síntese, a análise dos dados indica que a evolução das taxas de desemprego entre 1992 e 2002 aponta para uma maior desigualdade quando se consideram as classes de rendimento, raças, gêneros e níveis de escolaridade. Pode-se deduzir que, além do preconceito racial, aprofundou-se ainda mais no Brasil também o preconceito de classe de rendimento no interior do mundo do trabalho.

Razões do desemprego

Muitas são as causas que podem ser relacionadas à massificação do desemprego no Brasil. Sobre isso, inclusive, não há grandes consensos entre especialistas, pois é possível encontrar na literatura especializada distintos diagnósticos acerca da situação atual do desemprego[1].

Independentemente da constatação das múltiplas razões explicativas para o desemprego, deve-se procurar hierarquizar as causas sobre as quais uma intervenção pública corretiva seria capaz de reverter o grosso da situação da população sem trabalho. Dessa forma, interessa tratar aqui, fundamentalmente, as razões estruturais do desemprego, como a persistência de baixas taxas de expansão da economia brasileira nas duas últimas décadas e a evolução de um novo modelo econômico desde 1990. Somente esses dois pontos ajudam a explicar, em maior grau, a atual crise do emprego no país.

Por entender que o avanço tecnológico ainda não se encontra plenamente difundido em todo o país, mas circunscrito fundamentalmente às grandes empresas, que são responsáveis por menos de um terço da ocupação total, e que fatores conjunturais e sazonais permitem explicar tão-somente de forma pontual e localizadamente o problema do desemprego no Brasil, optou-se por não levá-los plenamente em consideração. Interessa tratar prioritariamente dos elementos que fundamentam o desemprego em massa no país, uma vez que são de natureza distinta das causas do desemprego verificadas nas economias avançadas, cujo foco de parcela importante da literatura especializada tem sido equivocadamente aplicado no Brasil para tentar explicar a presença de taxas mais altas de desempregados no período recente.

1 Um quarto de século perdido

Ao contrário do que se verificou entre 1890 e 1980, quando o Brasil se situou entre as economias capitalistas mais dinâmicas do mundo, constata-se que a partir de 1980 o país passou a registrar um quadro de baixas taxas de expansão da economia. Considerando-se a evolução do total da população brasileira, a renda por habitante apresenta sinais de estagnação, pois o comportamento da economia nacional encontra-se num ritmo muito baixo, relativamente acima das variações demográficas.

Entre 1980 e 2004, por exemplo, a variação média anual do Produto Interno Bruto (PIB) foi de apenas 2,1%, com aumento acumulado da renda *per capita* abaixo de 8%. A título de comparação, verifica-se que, entre 1960 e 1980, a renda *per capita* cresceu, em média, 4% ao ano.

Pode-se concluir, com isso, que a atual crise no padrão de crescimento da economia nacional é a mais intensa desde 1840, quando o Brasil ingressou no ciclo do café. Antes disso, por quase sete décadas, houve forte estagnação na renda *per capita*, em decorrência do esgotamento do ciclo do ouro.

Nesse contexto de estagnação da renda *per capita*, o comportamento do desemprego não poderia ser diferente, tendo-se em vista que, a cada ano, cerca de 2 milhões de pessoas ingressam no mercado de trabalho. Sem a expansão considerável da economia nacional a altas taxas, como forma de dinamizar a oferta de novas vagas no mesmo ritmo do conjunto de pessoas que anualmente ingressam no mercado de trabalho, o desemprego resulta persistentemente maciço.

Considerando-se os anos 1990 em relação às demais décadas do século XX, observa-se que foi o período decenal de pior desempenho econômico. Na realidade, o Brasil jamais

[1] Para maiores detalhes, ver: Dieese (1994); Amadeo et al. (1994); Delfim Netto (1996); Cacciamali et al. (1995); Campos (1995); Corsueil (1994); Mattoso & Baltar (1996); Pastore (1994); Pochmann (1999).

havia tido a experiência de passar consecutivamente por duas décadas econômicas perdidas, o que se reflete, invariavelmente, no atual comportamento do desemprego nacional.

Gráfico 9
Brasil: evolução decenal da variação do PIB no século XX (em %)

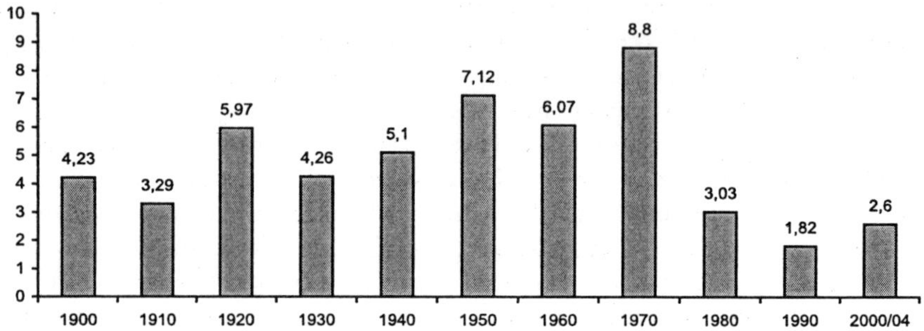

Fontes: Bacen e FIBGE (série histórica do Brasil) – Decênio 0-9 ano.

A partir da década de 1980, a economia brasileira passou a registrar grandes instabilidades, com fortes e constantes oscilações na produção, que podem ser constatadas tanto nos quatro períodos de recessão (1981-1983, 1990-1992, 1998-1999, 2002-2003) quanto nas duas fases de recuperação da produção (1984-1986 e 1993-1997), bem como nos anos de estagnação (1987-1989 e 2000-2002).

No ano de 2003, o indicador de desemprego nacional, segundo o IBGE e com base na Pesquisa Nacional por Amostra de Domicílios, alcançou mais de 8,5 milhões de pessoas, ainda que para o Datafolha, em pesquisa publicada em maio de 1999, o volume de desempregados no país estaria em torno de 10 milhões de pessoas. Se considerado ainda o conjunto de dados produzidos pelo Censo Demográfico do IBGE para o ano 2000, o universo de desempregados seria de 11,5 milhões de pessoas.

Destaca-se que, durante a década de 1980, o volume de desempregados não superava 2 milhões de pessoas, de acordo com o IBGE. Ou seja, um quarto ou um quinto do volume de desempregados registrados ao longo da década de 1990.

Para poder gerar empregos necessários, o Brasil deve crescer a taxas superiores a 5% ao ano. Sem isso a situação do desemprego não pode ser enfrentada de forma adequada, pois até 2010 estima-se que a População Economicamente Ativa continuará pressionando fortemente o mercado de trabalho. É claro que não adianta somente aumentar a produção, quando o modelo econômico não se mostra favorável à geração significativa de empregos. O crescimento econômico é necessário, ainda que não seja suficiente – por si só – para produzir o pleno emprego da mão-de-obra. Outras ações são fundamentais, conforme apresentado a seguir.

2 Modelo econômico desfavorável ao emprego

Como segunda razão estrutural explicativa para o agravamento do desemprego, destaca-se a evolução de um novo rumo – passivo e subordinado – do Brasil na economia mundial desde 1990. Quatro são os principais elementos constitutivos do novo modelo econômico que tendem a comprometer muito mais a destruição do que a geração de novos empregos: (1) as alterações na composição da demanda agregada; (2) a natureza da reinserção externa da economia nacional; (3) o processo de reestruturação empresarial e (4) o padrão de ajuste do setor público brasileiro.

Em conseqüência disso, pode-se constatar que, durante as fases de desaceleração do nível de atividade econômica, o desemprego tende a avançar rapidamente, enquanto, nos breves momentos de recuperação do nível de atividade produtiva, pouco diminui. Nos anos de 1993 e 1997, por exemplo, a economia expandiu a produção nacional em 23,4%, mas a quantidade de emprego assalariado formal foi diminuída no país em 902 mil vagas.

Essa foi a primeira vez que o aumento da produção não veio acompanhado da expansão do emprego formal, bem ao contrário do que ocorria até o final dos anos 1980, quando qualquer elevação da produção motivou o aparecimento de mais empregos. A seguir procura-se identificar as principais razões explicativas dessa nova situação ocupacional no Brasil decorrente do novo modelo econômico.

3 Alterações na demanda agregada

A partir de 1990, a condução do novo modelo econômico brasileiro de corte neoliberal repercutiu diretamente sobre a estrutura da demanda agregada, por meio da revisão do papel do Estado na economia (racionalização e descentralização do gasto e privatização do setor produtivo estatal), das desregulações financeira (endividamento externo e interno e ainda maior dependência de ingressos financeiros), tecnológica (importação de outros países), econômica (fusão de grandes empresas produtivas e financeiras) e comercial (elevação brutal das importações e geração de déficits na balança comercial) e ainda do processo de estabilização monetária. Ao mesmo tempo, a nova composição da demanda agregada não se mostrou suficiente, por si só, para permitir a retomada sustentada do desenvolvimento socioeconômico nem para possibilitar a necessária geração de empregos no Brasil.

Durante o período 1990-1992, quando predominou a recessão econômica, a produção nacional caiu 3,9%, enquanto o emprego assalariado formal foi diminuído em 8,4% e a taxa de desemprego subiu 130%. Nesse mesmo período, não houve apenas a redução da produção interna, mas o aparecimento de maior quantidade de produtos importados, como fruto da abertura comercial que recompôs parte interna da oferta de bens e serviços.

Entre os anos de 1993 e 1997, registrou-se uma recuperação econômica responsável pelo aumento da produção doméstica em 23,4%, enquanto o emprego assalariado formal foi reduzido em 1,4% e a taxa de desemprego cresceu 18,5%. Convém destacar que a expansão da economia nesse mesmo período foi estimulada pela forte ampliação das importações, do investimento externo e do endividamento interno e externo, o que terminou elevando o consumo, sem garantir as condições suficientes para a sustentação contínua de maior produção interna, nem mesmo para motivar a geração de ocupação em volume suficiente para diminuir a taxa de desemprego.

Já no período de 1998 a 1999, a economia brasileira voltou a reduzir o nível de atividade, apresentando indicadores estimados de queda da produção de 1,6%, de redução do emprego formal de 3,1% e de elevação na taxa de desemprego de 45%. A desaceleração da produção ocorreu estimulada fortemente pelo acordo do Brasil com o Fundo Monetário

Internacional (FMI), no final de 1998, quando o país sofreu graves efeitos da crise financeira russa. Por outro lado, em janeiro de 1999 fez-se uma profunda alteração no regime cambial, responsável, até então, pela constante valorização do real.

Por fim, entre 2000 e 2004, observa-se que a expansão acumulada do PIB foi de 13,8%, não obstante o aumento da ocupação de apenas 10,6%. Em razão dessa defasagem ocorrida entre o desempenho econômico e ocupacional, o desemprego cresceu 11,8% no mesmo período, com adição de quase 900 mil novos desempregados em todo o país.

Percebe-se que, durante os anos 1990, a ausência de retomada sustentada do crescimento econômico esteve combinada às oscilações elevadas na produção interna, condicionando fortemente a composição da demanda nacional. Com isso, não apenas houve impactos significativos no volume de empregos formais como também, por conseqüência, elevou-se drasticamente o desemprego.

4 Natureza da reinserção externa

A presença de uma nova fase de reinserção externa da economia nacional a partir da década de 1990 encontra-se fundada na abertura comercial e nas desregulamentações econômica e financeira, bem ao contrário da experiência dos anos 1980, quando a crise da dívida externa levou à drástica redução das importações, como forma de geração de saldos comerciais (exportações superiores às importações) favoráveis ao pagamento dos compromissos financeiros internacionais. Atualmente, a drástica mudança no comportamento econômico nacional ocorreu, pelo menos entre 1994 e 1998, condicionada pelo cenário cambial desfavorável internamente, que, desacompanhado de políticas industrial ativa, comercial defensiva e social compensatória, terminou gerando tanto fortes oscilações nas atividades produtivas quanto maior agravamento da crise do emprego.

Além disso, observa-se que a reinserção externa brasileira resultou, num primeiro momento, na ampliação das importações, acompanhada de forte endividamento e da internacionalização do parque produtivo interno[2]. Esse múltiplo movimento produziu maior heterogeneidade na base econômica, com a modernização seletiva, contida e pontual nas grandes empresas internacionalizadas, bem como o retraimento, fechamento e desnacionalização de outras ao longo da cadeia produtiva, geralmente um adicional de micro, médias e pequenas empresas.

Em grande medida, isso se deveu à constituição de um novo *mix* na produção doméstica, levado adiante por meio da substituição de produtos intermediários e de bens de capital importados[3]. Por conta disso, parte da produção nacional foi perdida, fazendo com que o aumento da produção interna não atuasse positivamente, como no passado, sobre o nível de emprego, mas sobre o aumento das importações e do desemprego.

Pode-se estimar que, para a década de 1990, a maior presença das importações tenha sido responsável pela "exportação" de cerca de 1,2 milhão de empregos pertencentes ao setor industrial. Dessa forma, a aquisição de bens e serviços importados contribuiu para a destruição de parcela significativa dos empregos internos e criação de parte dos postos de trabalho no exterior (Estados Unidos, Argentina, China, entre outros).

---

2 Sobre a natureza do processo de modificação na estruturação produtiva nacional, ver: Mattoso e Pochmann (1997).

3 Para melhor entendimento ver: Baltar (1996); Mattoso e Baltar (1996); Pochmann (1995); Delfim Netto (1996); Dieese (1994); Cacciamalli et al. (1995).

Num segundo momento, especialmente a partir de 1999, assistiu-se ao movimento inverso, de aumento importante das exportações. A partir da mudança do regime cambial, bem como da profunda redução do custo do trabalho, o Brasil ampliou as exportações e o saldo comercial.

Mas isso, contudo, tem ocorrido sustentado na maior especialização econômica, sobretudo, na produção e exportação de bens primários, com baixo valor agregado, pouco conteúdo tecnológico e não intensivo em mão-de-obra. O diferencial de competitividade brasileiro concentrou-se, portanto, no custo do trabalho, que caiu de US$ 3 a US$ 4 por hora na indústria de transformação na década de 1980 para US$ 1 em 2003.

5 Processo de reestruturação das empresas

Para o conjunto das empresas que atuam no Brasil, a consolidação de um novo modelo econômico nos anos 90 trouxe implicações significativas. Podem ser identificadas alterações importantes na conduta empresarial voltada para implantação de novos programas de gestão da produção, de reorganização do trabalho e de inovação tecnológica, que revelaram novidades adicionais para o emprego e para as relações de trabalho[4].

Em função disso, parte dos empregos formais perdidos na década de 1990 também resulta, de um lado, do movimento mais geral de reestruturação das empresas decorrente, sobretudo, da introdução de novos fundamentos competitivos, marcados pelo aumento da produtividade do trabalho e pela maior inserção externa, com alteração nos preços relativos e elevação dos investimentos, mais especificamente nas grandes empresas. Ademais do processo de reestruturação das empresas, observa-se a definição de medidas direcionadas à redução de empregos, por meio da adoção de programas de reengenharia, de reorganização do trabalho e da produção, terceirização e subcontratação de mão-de-obra, entre outros.

Como conseqüência, o adicional nas demissões terminou por produzir o desemprego de natureza estrutural, ao mesmo tempo em que ocorreram significativas alterações na composição ocupacional. Os trabalhadores que se mantiveram empregados, por sua vez, foram os de maior escolaridade, de maior tempo de serviço na mesma empresa e de mais elevada faixa etária.

Na mesma direção, percebe-se que nas décadas de 1980 e 1990, por exemplo, somente as empresas com menos de cem empregados conseguiram aumentar sua participação relativa no total dos empregos formais, pois os demais estabelecimentos terminaram adotando, de maneira generalizada, os processos de terceirização, de redução na quantidade de hierarquias funcionais e no volume de empregados no núcleo duro da empresa, de gestão participativa e remuneração variável, entre outros. Assim, a participação das empresas com empregados com menos de três anos de serviço no total da ocupação caiu de 60,5% para 46,4% entre os anos 1980 e 1990, enquanto os estabelecimentos com empregados de mais de cinco anos aumentaram sua participação relativa de 26,4% para 39%.

Diante de uma menor oferta de emprego, o mercado de trabalho tornou-se mais competitivo, sobretudo diante de uma oferta abundante de mão-de-obra com maior escolaridade. Mas a permanência no emprego dos mais escolarizados não implicou, necessariamente, a adequação perfeita entre formação profissional e ocupação.

---

4 Para maiores detalhes ver: Franco (1996); Furtado (1998); Coutinho e Belluzzo (1996).

Não se constata até o momento uma generalizada modificação no conteúdo dos postos de trabalho que justificasse a elevação nos requisitos de qualificação. Apesar disso, ocorreu a elevação dos requisitos de contratação dos empregadores, tendo-se em vista a presença de amplo excedente de mão-de-obra que disputa escassas ofertas de trabalho, o que estimulou o aprofundamento de ações discriminatórias na contratação laboral.

6 Ajuste antiemprego público

Ao longo da década de 1980, o setor público foi um dos principais responsáveis pela elevação ocupacional no país. Diante do encolhimento dos empregos no setor privado, decorrente da recessão do período 1990-1992, o setor público passou a registrar, por exemplo, maior quantidade de postos de trabalho do que a indústria de transformação.

Mais recentemente, os esforços governamentais para comprimir o total dos gastos com pessoal no setor público, além de indicarem mudança no papel do Estado, expressam a tentativa de compensar, em parte, a expansão das despesas públicas com encargos financeiros e demais gastos, sobretudo com a estabilidade monetária. A alternativa da demissão de funcionários públicos não estáveis pelos poderes executivos federal, estaduais e municipais, de adoção de programas de demissão voluntária, de fechamento de organismos estatais, de privatização e de aprovação da reforma administrativa aponta para uma firme intenção governamental de promover forte enxugamento do quadro de pessoal. Por conta disso, o setor público tem enfraquecido ainda mais o seu papel decisivo na geração de emprego no país.

Nota-se também que, na segunda metade da década de 1990, a compressão do emprego formal concentrou-se no setor público, sobretudo a partir da reforma administrativa, que impôs regras rígidas no gasto público e maiores facilidades para a demissão. A título de exemplo, cabe destacar que, nos anos 1980, o setor público gerou um saldo estimado em 1,6 milhão de empregos, e, durante a primeira metade dos anos 1990, o setor privado produziu um saldo negativo de cerca de 2,5 milhões de vagas.

Na segunda metade dos anos 1990, o setor público reduziu quase 1 milhão de empregos, quando se levam em conta os postos fechados e as vagas abertas pelas aposentadorias que não foram preenchidas. Tudo isso somente para atender aos objetivos das reformas administrativas e previdenciárias, que se encaixam no requisito maior de contenção do gasto operacional, em meio à elevação do superávit primário, como norma de pagamento parcial dos juros do endividamento público.

Conclusão

Em síntese, o presente texto tratou da dinâmica da desigualdade no desemprego brasileiro segundo distintas classes de rendimento e características de gênero, raça e nível de escolaridade. Os números deixam bem claro que, nas faixas mais baixas de renda, o desemprego é mais elevado que a média para todas as classes.

No entanto, também se constata que as taxas de desemprego cresceram mais rapidamente para os indivíduos com rendimentos mais elevados (superiores a duas vezes a renda familiar *per capita* média do país) entre 1992 e 2002. No caso dessas pessoas, o aumento da escolaridade se mostrou insuficiente para impedir a elevação do desemprego.

Da mesma forma, a escassez de postos de trabalho se mostrou ainda mais crítica para os mais pobres. Para estes, a elevação da escolaridade tem significado taxas progressivamente mais altas de desemprego.

No caso da população negra, quanto maior o nível de renda, maior a elevação do desemprego. Já entre as mulheres, o aumento da taxa de desemprego nos segmentos de baixa renda foi bem superior ao constatado para as situadas na classe média alta.

Ao se analisar a questão do desemprego desigualmente repartido no país, pode-se concluir ainda que as atuais políticas públicas de emprego precisam ser urgentemente reformuladas para se adequarem melhor a esse quadro nacional. Lamentavelmente, ao adotar um conjunto de políticas de enfrentamento da escassez de postos de trabalho que, na maioria das vezes, trata o problema como se fosse um fenômeno homogêneo, o país compromete injusta e insatisfatoriamente recursos consideráveis – embora esses recursos ainda sejam insuficientes para dar conta da dimensão e da situação geral dos desempregados.

Por conta disso, as diversas formas de manifestação do desemprego exigem políticas públicas que levem em conta as especificidades dos vários grupos sociais e da sua relação com a dinâmica do mercado de trabalho. Como as atuais políticas de emprego não seguem essa linha, sua revisão é urgente e inadiável, assim como o enfrentamento das causas do desemprego estrutural no país.

PARTE II

AS FORMAS DIFERENCIADAS DA REESTRUTURAÇÃO PRODUTIVA DO CAPITAL E A NOVA MORFOLOGIA DO TRABALHO

Capítulo 5

UMA INTRODUÇÃO À INDÚSTRIA AUTOMOTIVA NO BRASIL*

Geraldo Augusto Pinto

Embora empresas de montagem de veículos prontos, importados em partes, e sua distribuição no Brasil[1], bem como as oficinas especializadas em reparos – das quais posteriormente se originaram muitas das fábricas nacionais de autopeças –, existissem, ambas, desde as primeiras décadas do século XX, a indústria automotiva brasileira iniciou seu desenvolvimento mais vigoroso somente a partir da década de 1950, em meio aos fortes incentivos governamentais à nacionalização dos veículos[2].

Tal política estimulou não somente a vinda de plantas montadoras[3] como também a produção local de componentes, de modo que em 1955 já havia no Brasil 520 fabricantes de autopeças[4]. O Grupo Executivo da Indústria Automobilística (GEIA), criado em 1956

---

* Esta pesquisa é parte da dissertação de mestrado do autor, intitulada *Reestruturação produtiva e organização do trabalho na indústria de autopeças no Brasil*, IFCH/Unicamp, 2003, sob orientação do Prof. Dr. Ricardo Antunes, com bolsa do CNPq. Agrega ainda dados da tese de doutorado de Fabiane S. Previtalli, intitulada *Controle e resistência na organização do trabalho no setor automotivo:* o caso de uma empresa montadora nos anos 90, IFCH/Unicamp, 2002, também sob orientação do Prof. Dr. Ricardo Antunes, com bolsa do CNPq e da Capes (doutorado sanduíche).

1 Empresas como a GM, a Ford e a International Harvester instalaram galpões em São Paulo na década de 1920 para a montagem de automóveis que chegavam, pelo porto de Santos, prontos dos Estados Unidos, apenas desmontados nos chamados kits CKD (*completely knocked down*). Ao final dos anos 1920, a GM decidiu deslocar-se para fora da cidade de São Paulo, iniciando a construção de uma unidade em São Caetano do Sul, inaugurada em 1930 (Anfavea, 1994, p. 87, *apud* Conceição, 2001, p. 44-5).

2 Em 1951, restringiu-se a importação de peças já fabricadas no país e, em 1953, já se proibia a importação de veículos completos montados (os kits CKD – *completely knocked down*), passando o Brasil a receber, por essa via, somente veículos semicompletos (SKD – *semi knocked down*) (Satomi e Rodrigues, 1997, p. 8).

3 Instalaram fábricas as norte-americanas Willys-Overland, em 1952 (produção de jipes e carros de passeio), e International Harvester, em 1959 (caminhões); as alemãs Volkswagen, em 1953 (iniciando com o Fusca e a Kombi), e Mercerdes-Benz, em 1956 (caminhões); a sueca Scania-Vabis, em 1957 (caminhões); a japonesa Toyota, em 1958 (utilitários); e a francesa Simca, em 1958 (carros de passeio) (Satomi e Rodrigues, 1997, p. 8; Conceição, 2001, p. 52).

4 Destacando-se as brasileiras Metal Leve S.A., fundada em 1950 (para produzir pistões), Metalúrgica Levorin S.A. (fabricante de acessórios) e Companhia Fabricante de Autopeças (Cofap, iniciada com a fabricação de anéis de pequeno porte), as duas últimas fundadas em 1951 (Satomi e Rodrigues, 1997, p. 8-9).

no governo Kubitschek, desempenhou importante papel nesse processo: ao determinar índices de nacionalização na produção de veículos, conceder benefícios fiscais e estímulos cambiais na importação de máquinas pelas indústrias estrangeiras, nacionais e mistas, propiciou grandes investimentos no setor de autopeças. A década de 1960 foi de consolidação da indústria automotiva no país, tendo-se produzido 140 mil veículos e se iniciado a exportação de ônibus e caminhões (1965), além de carros (1969) (Satomi e Rodrigues, 1997, p. 9-15).

Não obstante o impacto decorrente das crises do petróleo (1973 e 1979), da mudança de prioridades do governo federal em favor da base energética do país (II Plano Nacional de Desenvolvimento, de 1976) e, inclusive, da corrosão dos salários pela espiral inflacionária, essa indústria cresceu praticamente de forma ininterrupta até 1980, quando o estrangulamento das contas externas do país e a estagnação do consumo (resultante do esgotamento do modelo "desenvolvimentista" excludente, em vigência desde os anos 1950) levaram a uma recessão que, embora apresentando variações pontuais, se prolongou por toda a década de 1980[5].

Esse quadro recessivo interno levou os fabricantes de veículos e autopeças aqui instalados a exportar[6], defrontando-se, desde então, com exigências de preço, qualidade e entrega internacionais (principalmente as vigentes na Europa e nos Estados Unidos, para os quais se voltaram). Iniciou-se, então, um incessante processo de busca por inovações tecnológico-organizacionais, pelo qual as empresas passaram a adaptar métodos de sistemas "flexíveis" de organização, como o toyotista – que, por essa época, estava em experimentação pelos principais produtores ocidentais, em vista da rápida expansão da indústria automotiva japonesa, inclusive no maior e mais concorrido mercado do ramo, o norte-americano (Abreu et al., 2000, p. 42-3; Rachid, 1994, p. 1).

A essas condições econômicas deve-se somar o início da "auto-reforma" do regime militar no Brasil, *pari passu* à ascensão de um movimento sindical combativo, de inspiração classista, o chamado "novo sindicalismo", em cuja liderança, desde o final dos anos 1970, estiveram os trabalhadores metalúrgicos. Organizando suas bases nos locais de trabalho e infundindo, nas demais categorias, uma luta desafiadora contra a acumulação capitalista, esta mantida sob o apoio do Estado autocrático na ditadura militar, tal movimento sindical fez urgir um aprofundamento do controle da produção pelo empresariado.

Sob esse conjunto de condições, a década de 1980 marcou os primeiros passos do avanço da reestruturação produtiva na indústria automotiva brasileira, ponto nevrálgico da cadeia produtiva metalúrgica.

Todavia, embora as adaptações de novos métodos de organização do trabalho tivessem sido acompanhadas da adoção de equipamentos microeletrônicos de automação, a implementação dessas duas frentes de inovações não evoluiu com a mesma profundidade ao longo dos anos, em vista das oscilantes conjunturas de crise e recuperação econômica que caracterizaram a chamada "década perdida".

---

5 Apenas após 1992, mais de dez anos depois, foi superado o volume de produção de veículos atingido em 1980, ou seja, 1,1 milhão de unidades, o que dá uma dimensão da recessão no país (Rachid, 1994, p. 40).

6 Efetivamente, entre 1975-1985, as exportações de veículos aumentaram 305% e as de motores quintuplicaram, ampliando a participação das firmas de autopeças (majoritariamente as de grande porte) na exportação da cadeia automotiva de 3,1% do total, em 1977, para 12,7%, em 1985 (Satomi e Rodrigues, 1997, p. 15; Abreu et al., 2000, p. 42).

No triênio 1981-1983, quando a recessão foi mais grave, muitas empresas dirigiram seus investimentos primeiramente às inovações organizacionais, ainda que, em muitos casos, somente em "gargalos" existentes ao longo dos processos de produção (Rachid, 1994, p. 1; Abreu et al., 2000, p. 42-3; Araújo et al., 2001, p. 86).

Uma das primeiras experiências nesse sentido, tanto nas montadoras quanto nas autopeças, foram os círculos de controle de qualidade (CCQs), apesar de terem, muitas vezes, permanecido até meados da década[7] (Rachid, 1994, p. 40). As causas para esse fracasso originaram-se tanto das esferas gerenciais quanto da combatividade do movimento sindical no período: se a este coube a organização nos locais de trabalho, denunciando os objetivos manipulatórios dos CCQs, àquelas coube a responsabilidade pela manutenção da hierarquia em suas relações com os níveis mais próximos à produção direta, numa atitude que mesclava, ao seu antagonismo classista, o terror em face da possibilidade de perda da importância de suas atividades[8] (Rachid, 1994, p. 62-63).

O quadro recessivo dessa primeira metade da década de 1980 também envolveu fortes enxugamentos. Afonso Fleury, em uma pesquisa publicada em 1985, na qual foram analisadas as trajetórias de firmas por ele estudadas desde 1977, constatou, principalmente em grandes empresas da indústria automotiva, que muitas demissões não envolveram estudos prévios bem fundamentados, chegando em alguns casos a prejudicar o próprio funcionamento das fábricas. Por outro lado, onde se observou a introdução de inovações organizacionais, como os sistemas de enriquecimento de cargos, os grupos de trabalho semi-autônomos (GSA) e mesmo elementos do toyotismo, tais experiências mostraram-se pontuais, sendo que, em muitas ocasiões, não significaram senão uma ampliação do número de tarefas para os mesmos trabalhadores, individualmente (Fleury, 1985, p. 61-2).

Entre 1984 e 1987, impulsionadas pela perspectiva de recuperação da economia a partir do Plano Cruzado, de 1984, bem como pelo cenário internacional propício às exportações, dada a valorização do dólar em 1985, as empresas brasileiras dirigiram então investimentos em inovações tecnológicas de base microeletrônica na produção. Esse primeiro movimento concentrou-se nas grandes firmas do ramo metal-mecânico, automotivo, petroquímico e siderúrgico, principalmente nas que se voltavam para a exportação, levando consigo nesse processo suas fornecedoras de maquinarias, componentes e insumos, ainda que internamente às últimas tais implementações tenham sido observadas apenas em alguns pontos estratégicos da produção (Alves, 2000).

Ao que indica Castro (1995, p. 31), o emprego de MFCN (máquinas-ferramenta com comando numérico), robôs, sistemas flexíveis de manufaturas e CAD/CAM (*computer aided design/computer aided manufacturing*) foi maior nas montadoras. Mas há estudos que indicam terem as fornecedoras de autopeças também iniciado incorporações dessa

---

7 Observou-se, ainda em 1987-1988, a utilização dos CCQs em cinco empresas de autopeças na região de Campinas, nas quais 60% dos trabalhadores afirmaram estar participando destes círculos (Druck, 1989, *apud* Rachid, 1994, p. 44-5). Todavia, esses trabalhadores revelaram haver um tratamento diferenciado por parte das gerências, pressionando-os a participar como meio de garantir seus empregos ou chances de ascensão na carreira, o que diferencia essa prática da participação (supostamente) voluntária nas empresas japonesas. O assunto mereceria maior aprofundamento (aqui inviável), inclusive porque posteriormente tais experiências foram dissolvidas, tendo durado, segundo o estudo, seis anos em média, ainda na década de 1980.

8 As gerências chegaram ao cúmulo de refortalecer, nesse período, a separação entre o planejamento e a execução das atividades produtivas, simplificando e individualizando as tarefas do trabalho na produção e rumando, assim, na contramão das mudanças, em direção à padronização taylorista (Alves, 2000).

natureza no período: Tauile (1987) verificou grande utilização nesse setor de MFCN; Fleury (1988) destacou a presença de autopeças que haviam adotado inovações organizacionais (como programas de qualidade, tecnologia de grupo, manufatura celular, *just-in-time* etc.) assistidas por sistemas computadorizados; Rabelo (1989) verificou também a ocorrência de "[...] consideráveis investimentos" na compra de equipamentos de base microeletrônica nesse setor, ao final dos anos 1980[9].

Entretanto, segundo Carvalho e Schmitz (1990, p. 150-1), esse primeiro avanço da automatização na cadeia automotiva brasileira concentrou-se muito mais nas operações de transferência dos objetos de trabalho e no controle da produção que nas operações propriamente manuais executadas pelos trabalhadores, de modo que tais implementações, ao invés de autonomizarem, sujeitaram ainda mais as operações manuais ao ritmo imposto pelas máquinas.

Por outro lado, esse processo atingiu, além da administração, áreas tradicionalmente absorvedoras de trabalho na produção, como a funilaria, a pintura, a estamparia e a usinagem: profissões como a de inspetor de qualidade, ferramenteiro, soldador e ponteador entraram em declínio a partir daí, diante da emergência dos técnicos em programação, hidráulica e eletrônica. Menos "trabalho vivo", em sentido marxiano, passou a ser absorvido nos processos produtivos, tendo desaparecido vários postos de trabalho num período em que a produção crescia a pleno vapor (Alves, 2000).

O fato é que, nas experiências de adaptação na cadeia automotiva brasileira, predominou nos anos 1980, segundo vários estudiosos do assunto[10], uma desarticulação entre os diversos elementos dos sistemas de organização flexível do trabalho e da produção. Observou-se, como já apontamos alhures, uma divisão rígida do trabalho, uma padronização e definição individual de tarefas executadas pelos operários, acompanhadas da supressão de sua autonomia na introdução de novos *layouts*, como as células de produção, ou de novos sistemas de controle dos fluxos produtivos, como o *just-in-time*.

Dadas essas particularidades, caracterizou-se a reestruturação produtiva da indústria automotiva brasileira nos anos 1980 como "defensiva", a qual, somada às políticas governamentais de reserva do setor de informática, contribuiu para que tanto as montadoras quanto – e principalmente – as fabricantes de autopeças instaladas no país desde então acumulassem deficiências estruturais, tornando-se defasadas em relação aos padrões de produtividade e qualidade internacionais e, portanto, vulneráveis aos grandes oligopólios mundiais, fato que, em meio à abertura comercial levada a cabo pelos governos neoliberais a partir da década de 1990, acabou por arrasar o setor de autopeças nacional.

Eleito presidente da República em 1989, Collor inaugurou uma abertura comercial acelerada e acompanhada, inclusive, da eliminação dos consórcios de veículos e de um súbito confisco de poupanças. Tais medidas afetaram diretamente as empresas montadoras e de autopeças, levando suas direções a buscar, junto aos sindicatos de trabalhadores, acordos com o governo, por meio de uma série de negociações setoriais.

Assim, em 1992 e 1993, foram estabelecidos dois acordos na chamada Câmara Setorial Automotiva – um mecanismo de negociação que envolveu o governo federal,

9 As indicações dos três estudos citados – Tauile (1987), Fleury (1988) e Rabelo (1989) – foram extraídas de Gitahy e Rabelo (1991, p. 14).

10 Ver Carvalho e Schmitz (1990), Ferreira (1993), Salerno (1993), Humphrey (1995a) e Posthuma (1995).

montadoras, fornecedores de autopeças, concessionárias, importadores e sindicatos de trabalhadores –, paralelamente ao contrato firmado entre as montadoras e o presidente então em exercício, Itamar Franco[11], para a fabricação dos chamados "veículos populares".

Em ambas as frentes de negociação, as metas foram a expansão dos investimentos, com redução nominal dos preços dos automóveis e comerciais leves, vinculados à elevação do nível de empregos e correção mensal dos salários pela inflação integral, além do estabelecimento do contrato coletivo de trabalho. Concederam-se às empresas, para isso, redução da carga tributária, reabertura e ampliações dos prazos dos consórcios, novas linhas de financiamento (com ampliação das existentes) e a retomada das discussões de um projeto de incentivo às exportações (Bedê, 1996, p. 119-25).

As montadoras beneficiaram-se duplamente nesses acordos: por um lado, incluíram na definição de "populares" veículos de diversas cilindradas (de 997 a 1600 c.c.), usos distintos (automóveis e comerciais leves) e com ampla faixa de preço (entre US$ 6.849 e US$ 9.219); por outro, passaram a importar peças e mesmo veículos via abertura comercial, exercendo forte pressão para a redução dos preços oferecidos pelas firmas de autopeças nacionais. Essas estratégias possibilitaram uma redução de seus custos e, conseqüentemente, dos preços finais dos veículos, acarretando um *boom* de crescimento, puxado principalmente pelas vendas internas (Bedê, 1996, p. 125-9)[12].

Embora esse crescimento na produção de veículos tivesse superado em 10% ao ano as metas preestabelecidas nos acordos, a geração de empregos foi descumprida, tendo o seu volume total sido reduzido tanto nas montadoras quanto nos fornecedores de autopeças, por meio de processos de reestruturação em suas linhas de produção e enxugamento de quadros administrativos, além da terceirização de várias áreas (Bedê, 1996, p. 127-32).

O governo federal, já sob a gestão de Fernando Henrique Cardoso, decidiu então fechar a Câmara Automotiva e implementar, por medida provisória, em 1995, o Regime Automotivo[13], um amplo programa que visava a instituir uma política de exportação e de atração de novos investimentos, tanto por parte das empresas de autopeças e montadoras aqui já instaladas quanto das estrangeiras ainda não presentes no mercado brasileiro.

Em que pese a complexidade envolvida nesses acordos e no Regime Automotivo, nos interessa mais diretamente aqui ressaltar que o setor de autopeças sofreu diferentes tipos de impacto nesse processo, com relação às montadoras.

No tocante à abertura comercial, se o maior acesso a produtos importados aumentou a competição tanto entre as montadoras quanto entre os fornecedores de autopeças, os impactos negativos do desvio de consumo foram bem maiores para os últimos, pois, se a importação de veículos tendia a diminuir a sua fabricação no país e, com isso, baixar a demanda de autopeças em geral, por outro lado, a própria importação destas possibilitou às montadoras reduzir sua aquisição de componentes nacionais. Somando-se a isso uma maior proteção tarifária concedida pelo governo às montadoras nos acordos automotivos,

---

11 Vice-presidente que assumiu o lugar de Collor, após seu *impeachment* em 1992, acusado de corrupção.

12 Atingiram-se sucessivos recordes, chegando-se à marca de 1,636 milhão de veículos produzidos em 1995 (volume 60% superior à produção de 1990) (Bedê, 1996, p. 127).

13 Esse regime concedia incentivos vinculados às metas de exportação e a índices de nacionalização para vários tipos de produtos (desde as matérias-primas, passando pelos bens de capital e chegando, finalmente, às peças e veículos importados ou fabricados em território nacional), como forma de equilibrar a balança de comércio dos setores em questão (Conceição, 2001, p. 115-7).

a concorrência externa acabou por submeter o setor de autopeças brasileiro a um rápido e inesperado processo de reestruturação produtiva (Bedê, 1996, p. 57-8).

Resultado: muitas empresas de autopeças não puderam acompanhar a velocidade das mudanças, e a falta de atratividade nos resultados do setor induziu a uma redução nos novos investimentos, prejudicando a geração de empregos em nível nacional, pois esse setor é mais intensivo em força de trabalho que as montadoras[14] (Bedê, 1996, p. 60, 76).

A esses impactos advindos do âmbito nacional, devem somar-se os decorrentes de movimentos da cadeia automotiva em nível internacional, basicamente a entrada em cena do *global sourcing*[15] e do *follow sourcing*[16], estratégias que passaram a ser empregadas nas últimas duas décadas tanto pelas montadoras quanto pelas grandes autopeças.

A aplicação contínua do *follow sourcing* pelas montadoras vem conformando um núcleo de "primeiro nível" na rede de fornecimento, onde se reduz o número de empresas que efetivamente participam no desenvolvimento (projeto) dos veículos. Fora desse núcleo, majoritariamente composto de transnacionais, aumenta um anel de pequenas e médias empresas, na maioria nacionais, fornecedoras de produtos de menor valor agregado, nas quais são precários desde o emprego de tecnologia até os salários e as condições de trabalho.

Essa nova divisão de responsabilidades na cadeia de fornecimento vem sendo seguida, por sua vez, de uma brusca redução do número de empresas no setor de autopeças brasileiro[17], resultante de uma grande concentração de capital, uma vez que muitas firmas nacionais, especialmente as situadas nos núcleos de "primeiro nível", em face das exigências de desenvolvimento de produtos complexos, entregas *just in time*, certificações de qualidade e menores preços, foram incorporadas por poderosos grupos transnacionais (Posthuma, 1993; Calandro, 1995; Weiss, 1996, *apud* Costa e Queiroz, 1998, p. 1078-80).

As aquisições da Metal Leve, da Cofap e da Freios Varga são emblemáticas desse processo, pois, apesar de serem sólidas pelos padrões nacionais e concentrarem os maiores faturamentos do setor, tornaram-se frágeis com relação aos parâmetros de uma cadeia produtiva internacionalizada, fato que se acentuou, vale dizer, pela redução de suas

---

[14] Com relação ao nível de empregos, "no caso específico brasileiro, tomando o nível de emprego como *proxy* do nível de atividade, cada emprego gerado na indústria montadora desencadeia mais cinco outros postos de trabalho ligados à produção de autoveículos: dois na revenda, dois na indústria de autopeças e um nos fornecedores de matérias-primas básicas" (Bedê, 1996, p. 77).

[15] Estratégia pela qual as montadoras realizam uma cotação internacional de fornecedores, levando-se em conta preços, qualidade e capacidade de entrega. Aplica-se a elementos cujos conteúdos tecnológicos estão suficientemente distribuídos entre os países, dentro da divisão internacional do trabalho. Estabelecendo-se, assim, uma concorrência internacional entre os fornecedores desses produtos, as pequenas e médias firmas de capital nacional, que têm nesse segmento sua principal atuação, tornam-se passíveis de falir ou ser incorporadas por grandes multinacionais fabricantes de pneus, rodas, baterias, entre uma miríade de produtos já controlados internacionalmente por gigantes como Goodyear, TRW, Magnetti Marelli etc.

[16] Aplica-se aos elementos de alta criticidade e agregação tecnológica, como freios, direção, suspensão e transmissão dos veículos, entre outros. Sua produção exige dos fornecedores capacidade de desenvolvimento em parceria com as montadoras, as quais são altamente seletivas, estabelecendo contratos mais longos com um pequeno número de empresas especializadas de médio e grande porte, que, reunidas numa estrutura desverticalizada e hierarquizada, subcontratam fornecedores de produtos mais simples.

[17] De 3200 para 930 empresas, portanto 70,9% do total existente somente entre 1991 e 1997 (Alves, 2000).

rentabilidades na prolongada recessão dos anos 1980 e na crise do início da década de 1990[18] (Costa e Queiroz, 1998, p. 1080).

Essas incorporações somente pioraram o quadro. Do ponto de vista do empresariado nacional, a concentração do capital estrangeiro no grupo mais privilegiado da indústria de autopeças brasileira significou, somente no breve intervalo entre 1994 e 1997, a passagem de cerca de 12% do faturamento total realizado no setor de suas mãos para as corporações estrangeiras, que ao final desse período já dominavam aproximadamente 70% do faturamento setorial total (Costa e Queiroz, 1998, p. 1081).

Há que se considerar, sobretudo, que o desenvolvimento do setor de autopeças no plano mundial dependerá, cada vez mais, da presença de atividades de pesquisa e desenvolvimento (P&D). As próprias Cofap, Metal Leve e Freios Varga eram empresas nacionais que realizavam intensamente tais atividades, em laboratórios de pesquisa instalados até mesmo em países capitalistas centrais, sob controle brasileiro. Com sua aquisição pelo capital estrangeiro, tais atividades de P&D foram também adquiridas e centralizadas em matrizes fora do país (Costa e Queiroz, 1998, p. 1081).

Do ponto de vista dos trabalhadores, os resultados têm sido ainda mais drásticos. Satomi e Rodrigues (1997, p. 56), entre 1989 e 1995, registraram uma queda de 309,7 mil para 223,9 mil trabalhadores diretos no setor de autopeças brasileiro (redução de 27,7% em sete anos). O estudo de Conceição (2001, p. 143-4) verificou uma diminuição de 214,2 mil para 167 mil trabalhadores entre 1995 e 1999 (redução de 22,03% em cinco anos), em face de um declínio de US$ 16,584 milhões para US$ 11,213 milhões (32,4%) no faturamento anual do setor no mesmo período.

A principal causa, apontam ambos os estudos, é a evolução da reestruturação produtiva no ramo automotivo, do âmbito global ao nacional.

De fato, já no início da última década, entre 1990 e 1991, Gitahy e Rabelo (1991)[19] encontraram nas autopeças brasileiras, a par do *layout* celular e sistemas *just-in-time* interno e externo, a introdução de MFCN e do sistema CAM. Pesquisas posteriores, como Humphrey (1995a) e Alves (2000), afirmaram estar presentes na cadeia automotiva brasileira não mais somente o CEP (controle estatístico de processos) e os CCQs, mas ambos conjugados a outros elementos do sistema toyotista, como a manufatura celularizada, a polivalência exigida nas atividades de trabalho, o *just-in-time*/*kanban*, tendo avançado, inclusive, os processos de terceirização de áreas de apoio e produtivas.

Essas inovações exigiram novos conhecimentos e habilidades dos trabalhadores, bem como novos tipos de atitude pessoal no ambiente de trabalho. Um exemplo dessas tendências no Brasil foi dado por Leite (1992, *apud* Rachid, 1994, p. 51-2), quando, numa pesquisa realizada em quarenta empresas do setor metal-mecânico em 1990, após ter constatado que 39 haviam adotado inovações tecnológicas e 36, inovações organizacionais, verificou que 34 delas mencionaram como necessários aos trabalhadores

---

18 A Freios Varga (sistemas de freios) foi adquirida por um fornecedor global, a inglesa Lucas, em 1997: enquanto a primeira faturou, em 1996, US$ 290 milhões, a segunda fatura anualmente US$ 7,5 bilhões. A Cofap (suspensões), escolhida para co-projetar e fornecer mundialmente o sistema de suspensão do Fiat Palio, foi comprada no mesmo ano de 1997 pela alemã Mahle e pela italiana Magnetti Marelli (Costa e Queiroz, 1998, p. 1080).

19 Ver estudo realizado em 18 empresas de autopeças no Brasil, todas fornecedoras diretas de montadoras e tecnologicamente dinâmicas – entre as quais seis estão entre as vinte maiores empresas do setor e duas entre as três maiores fabricantes brasileiras (Gitahy e Rabelo, 1991).

conhecimentos sobre metrologia industrial, matemática básica e interpretação de desenho mecânico, além de programação, operação e manutenção de MFCN. Verificou-se ainda que, dessas empresas, dezoito passaram a exigir pelo menos a matrícula nos estudos secundários normais.

Entre 1996 e 1997, Abreu et al. (2000, p. 60-4)[20] constataram que 54,9% de 53 empresas de autopeças pesquisadas em três estados brasileiros estavam exigindo 1º grau completo como critério de seleção e recrutamento, sendo que 76,5% estavam organizando treinamentos, 41,2% programas participativos, 11,8% novas estruturas de cargos e salários e 11,8% programas de participação nos resultados. Isso se refletia na composição da força de trabalho do setor como um todo, tendo-se difundido ao longo das cadeias produtivas estudadas, onde as pequenas e médias empresas também afirmaram estar exigindo cada vez mais o 1º grau completo de seus funcionários.

Embora reduzidos em número, e quase absolutamente "desnacionalizados", os fornecedores de autopeças do restrito núcleo de primeiro nível no Brasil têm tido a oportunidade de manter relações mais estreitas e cooperativas com as montadoras, o que lhes possibilitou um aumento de suas escalas de produção e um melhor acesso a novas tecnologias, bem como ao mercado internacional. Em contrapartida, tem-lhes sido exigido implantar programas de qualidade, cumprir prazos de entrega e disputar em preço com grandes empresas globais, pois as tecnologias de informação, em meio às políticas industriais anteriormente expostas, permitiram a seleção, pelas montadoras, de fornecedores em qualquer parte do mundo[21] (Costa e Queiroz, 1998, p. 1076).

As montadoras, por sua vez, também se reestruturaram, e muito, ao longo da década passada, desverticalizando fortemente suas unidades em minifábricas[22], terceirizando áreas internas, implementando programas de qualidade total e desenvolvimento de relações cliente-fornecedor (divididos entre etapas dos processos produtivos), além de reduzir suas hierarquias organizacionais e celularizar suas manufaturas, com a introdução de robôs e sistemas CAD/CAM (Salerno, 1993; Leite, 1994).

Introduziram-se programas que visavam ao envolvimento e à participação dos trabalhadores nas gerências, o trabalho multifuncional (ou polivalente) e em grupos (ou times) (Leite, 1994; Humphrey, 1993, 1995a; Bresciani e Oda, 1995; Abreu et al., 1998; Bresciani, 2001), além de ter sido intensificado e disseminado, ao longo da cadeia automotiva, o uso dos contratos de trabalho temporários, bem como os contratos de trabalhadores por empresas terceirizadas (Ramalho, 1998; Abreu et al., 1998).

No plano geopolítico, seguindo uma tendência mundial, as montadoras no Brasil passaram a instalar plantas em regiões sem grande tradição industrial, mas consideradas atrativas devido a incentivos fiscais (a funesta "guerra fiscal") e, sobretudo, em vista da

---

20 Essa pesquisa coletou dados em 53 empresas de autopeças localizadas em três estados do país – São Paulo (região de Campinas), Rio de Janeiro e Rio Grande do Sul – entre agosto de 1996 e maio de 1997. Na região de Campinas, foram estudados uma empresa de médio porte, fabricante de freios, e dez de seus fornecedores (de pequeno e médio porte) (Abreu et al., 2000).

21 Uma evidência dessa disputa foi o crescimento de 337,1% nas importações totais de autopeças no Brasil, somente entre 1990 e 1997; as montadoras figuram como responsáveis em aproximadamente 90% dos casos. No caso dos acessórios de acabamento e motores, o crescimento de suas importações atingiu, entre 1989-1997, absurdos 1096% e 2276%, respectivamente (Costa e Queiroz, 1998, p. 1076).

22 Como a formação dos "consórcios modulares" e dos "condomínios industriais" (Bresciani e Oda, 1995; Arbix e Zilbovicius, 1997; Gitahy e Bresciani, 1998; Bresciani, 2001).

possibilidade de contratação de uma força de trabalho mais barata e sindicalmente menos organizada e combativa[23] (Alves, 2000; Salerno, 1993; Rabelo, 1994; Abreu et al., 1998; Arbix e Zilbovicius, 1997; Gitahy e Bresciani, 1998, Satomi e Rodrigues, 1997, p. 30-1).

Levaram consigo, evidentemente, devido às estratégias de *follow sourcing* e *global sourcing*, muitos dos seus fornecedores de autopeças (Conceição, 2001, p. 6-7, 134, 141), o que está entre os motivos da explosão de 9,3% para 19,9% na taxa de desemprego total da População Economicamente Ativa (PEA) na região do ABC paulista entre 1990 e1999 (Previtalli, 2002)[24].

Esse desemprego assustador, os altos níveis de qualificação profissional e educacional (polivalência e conhecimentos tácitos), bem como os perfis complexos de atitude pessoal (proatividade e consentimento), exigidos aos trabalhadores metalúrgicos, têm imposto, em conjunto, mudanças na atividade sindical, a qual, desde então, vêm abandonando gradualmente o confronto característico do "novo sindicalismo" dos anos 1980, em direção a uma orientação "propositiva", ou seja, mais disposta a negociar as transformações da reestruturação produtiva, colocadas pelas empresas.

No que tange ao desemprego, o próprio Sindicato dos Metalúrgicos do ABC paulista (SM-ABC) teve sua base reduzida de 203.111 para 120.681 trabalhadores (40,6%) entre

---

23 Esse processo iniciou-se ainda em meados dos anos 1970, mas disparou na última década. Tomando-se o Estado de São Paulo, em 1975 a Ford inaugurou um complexo industrial em Taubaté, onde a Volkswagen viria a instalar uma fábrica de automóveis em 1979. Em 1996, a Volkswagen inaugurou nova unidade de fabricação de motores em São Carlos, seguida pela Honda e Toyota, que instalaram montadoras de automóveis, respectivamente, em 1997 e 1998, em Sumaré e Indaiatuba, ambas na região de Campinas. Por fim, a General Motors veio a instalar uma unidade de componentes estampados em Mogi das Cruzes, próximo à capital paulista, em 1999. A única exceção ficou por conta da Land Rover, que instalou uma unidade montadora de comerciais leves em São Bernardo do Campo, em 1998 (Conceição, 2001, p. 65, 131-3). Quanto à construção de unidades em outros estados, a Fiat liderou o processo instalando uma fábrica de automóveis em Betim em 1975, interior de Minas Gerais. Posteriormente, ampliou essas instalações para abrigar uma linha de produção de motores em 2000, mesmo ano em que fundou uma planta de caminhões em Sete Lagoas, interior mineiro, pelo consórcio Fiat/Iveco. A cidade de Juiz de Fora, também interior mineiro, recebeu a montadora de automóveis da Mercedes-Benz em 1999. A Volvo, que em 1980 inaugurara sua montadora de caminhões em Curitiba, capital do Paraná, veio a ampliá-la nos setores de cabines em 1997, motores em 1999 e usinagem de motores em 2000. A Chrysler e o consórcio Chrysler/BMW instalaram duas unidades, uma de comerciais leves e outra de motores, em Campo Largo, em 1998 e 2000, respectivamente, tendo a cidade de São José dos Pinhais sediado a montadora de automóveis do consórcio Volkswagen/Audi, bem como as unidades de automóveis, motores e comerciais leves da Renault e do consórcio Renault/Nissan, também a partir de 1998 (ambas as cidades situam-se no interior paranaense). A cidade de Resende, interior do Estado do Rio de Janeiro, recebeu uma planta montadora de caminhões e ônibus da Volkswagen em 1996 e, em 2000, uma de automóveis do consórcio Peugeot/Citroën. Cabe ainda mencionar as instalações da unidade de caminhões da International Harvester e de automóveis da GM, respectivamente em 1998 e 2000, em Caxias do Sul e Gravataí, ambas no interior do Rio Grande do Sul, além de uma planta da Ford em Camaçari, na Bahia, em 2001, e uma unidade de comerciais leves da MMC Automóveis (licenciada Mitsubishi Motors), em Catalão, Goiás, em 1998 (Conceição, 2001, p. 65, 131-3).

24 A cidade de São Paulo e a região do ABC paulista foram as mais atingidas, perdendo na década de 1990 a liderança no emprego de trabalhadores em autopeças para outras regiões do estado: entre 1990 e 1999, a cidade de São Paulo passou a empregar, de 83.600 trabalhadores, 25.700 (redução de 69%); quanto à região do ABC paulista, reduziu seus empregos de 44.200 para 23.400 no mesmo período. Essa liderança passou a ser assumida pelo interior paulista, mesmo com a redução contínua do contingente de 68.700 para 45.400 trabalhadores entre 1990 e 1999. Os demais estados da federação assumiram um aumento de 33.100 para 43.100 trabalhadores desse setor no período considerado. Mesmo assim, o emprego no setor de autopeças permanece bastante concentrado no Estado de São Paulo, embora sua participação esteja em queda, em termos relativos, ou seja: enquanto concentrava 133.913 postos de trabalho (ou 79,9% do total de empregos da indústria de autopeças nacional) em 1994, em 1999 passou a contar com 101.618 postos (ou 68,7% do total). O Estado de São Paulo foi, aliás, o único a apresentar queda (ao todo 24,4%) no nível de emprego no setor nesse período ante os demais: Minas Gerais obteve um aumento de 47,8% em seus postos de trabalho; Paraná, 46%; Rio Grande do Sul, 29%; Santa Catarina, 15,7%; Rio de Janeiro, 5,8% (Conceição, 2001, p. 171-6).

1987 e 1996 (Rodrigues, 1998, p. 116-7) e, diante disso, aceitou propostas de flexibilização nas relações de trabalho antes inconcebíveis[25].

As novas qualificações profissionais e educacionais na indústria automotiva têm levado, por sua vez, à substituição de antigos operários por uma geração de trabalhadores mais jovens e escolarizados (Rosandiski, 1996), advinda de centros de formação como o Senai[26]: o resultado tem sido a entrada em cena de operários que não participaram das lutas sindicais levadas a cabo pelos mais velhos e que, apesar de mais escolarizados, têm mostrado um perfil político pouco crítico, embora altamente pragmático com relação às metas colocadas pelas gerências, visando à participação cada vez maior nos lucros, para os que fornecem ganhos de produtividade[27] (Rodrigues, 1998, p. 120-3).

Mas isso não é tudo. O governo federal, na gestão de Fernando Henrique Cardoso, ao introduzir medidas como a contratação parcial, por tempo determinado, o "banco de horas", o fim do reajuste do salário mínimo, entre outras, acentuou uma fragmentação já existente no mercado de trabalho brasileiro, ampliando ainda mais o fosso entre os que têm seus direitos assegurados e os que têm uma relação de trabalho mais precária (Krein, 1999).

Todo esse quadro complexo de transformações tem dificultado a mobilização sindical, como se pode ver pela sensível redução do número de greves, principalmente após 1992[28], abalando a própria articulação das negociações coletivas que o "novo sindicalismo" logrou estabelecer nos anos 1980.

Tomando-se a categoria dos metalúrgicos, a partir de 1993 quatro diferentes grupos de sindicatos patronais passaram a negociar e firmar acordos separadamente com os sindicatos representados pela Federação dos Metalúrgicos da Central Única dos Trabalhadores (CUT). O empresariado adotou a estratégia de se dividir para negociar com os trabalhadores, impedindo o estabelecimento de convenções coletivas válidas para o conjunto da categoria e criando, dessa feita, dificuldades para a unificação dos meta-

---

25 Um exemplo foi a negociação realizada com a Volkswagen sobre redução de salários via corte de benefícios, e a demissão de 4.062 trabalhadores por meio de um programa de demissão voluntária, com o compromisso de a empresa investir e aumentar a produção na região do ABC (Previtalli, 2002).

26 Serviço Nacional de Aprendizagem Industrial, principal instituição voltada para a formação técnica, em nível secundário e profissionalizante, da força de trabalho industrial no Brasil.

27 Informações compiladas pelas próprias entidades patronais, Associação dos Fabricantes de Veículos Automotores (Anfavea) e Sindicato Nacional da Indústria de Componentes para Veículos Automotores (Sindipeças), provam isso: apenas no intervalo entre 1991 e 1995, a produção nas montadoras brasileiras pulou de 960.200 para 1.635.600 unidades (crescimento de 70,3%); nas empresas de autopeças, o faturamento subiu de US$ 9,8 bilhões para US$ 17 bilhões (um salto de 73,4% em cinco anos). No mesmo período, porém, o número de trabalhadores nas montadoras passou de 109.400 para 103.900 (diminuiu em 5%), enquanto nas autopeças, mais intensivas em força de trabalho, passou de 255.600 para 223.900 (redução de 12% do total de empregados), demonstrando um crescimento da produtividade do trabalho, nas montadoras, estimado em 15,7% e, nas autopeças, em 97%, tomando-se o número de veículos fabricados dividido pelo número de trabalhadores em cada ano (Rodrigues, 1998, p. 125).

28 O número de participantes em greves no país foi drasticamente reduzido. Em 1990, ocorreram 169 greves, envolvendo 804.311 trabalhadores, enquanto, em 1997, o número de greves caiu para 59, paralisando 80.355 trabalhadores: redução de 35% no total de greves e de 90% no de grevistas participantes. Ademais, a maioria dessas reivindicações não foi, como nos anos 1980, por aumentos salariais, mas pelo cumprimento dos pagamentos, especialmente nas pequenas empresas (Previtalli, 2002).

lúrgicos e para a realização de greves gerais durante as negociações anuais (Araújo et al., 2001, p. 96-7)[29].

Quanto a essas negociações, pode-se observar que as mudanças mais importantes implementadas pelos acordos coletivos dos metalúrgicos nos anos 1990[30] foram nas cláusulas econômicas e, entre estas, especialmente as relacionadas às questões salariais. Mesmo assim, tais acordos mostram que se conseguiram entre 1990 e 1995 reajustes de salários que meramente garantiram a reposição da inflação do período, situação agravada pela aceitação de índices de reajuste e pisos salariais diferenciados entre diferentes grupos dentro da mesma categoria dos metalúrgicos (Araújo et al., 2001, p. 97).

Com a redução da inflação após a introdução do Plano Real em 1994, as questões salariais perderam peso e foram abolidos os reajustes mensais conquistados. Embora a unificação, em novembro, da data-base de toda a categoria dos metalúrgicos no Estado de São Paulo tivesse sido uma conquista em 1995, seguiram-se novas dificuldades nas negociações: em 1997 não houve nenhuma mobilização durante a campanha salarial nesse estado, e os acordos assinados foram considerados os piores da década; em 1998, nenhum acordo havia sido assinado até dezembro, com parte das grandes empresas propondo redução da jornada de trabalho com redução de salários, além de oferecerem reajuste zero (fato considerado inaceitável pelos sindicatos vinculados à CUT envolvidos na negociação) (Araújo et al., 2001, p. 98).

Além das perdas de direitos conquistados, segundo Andrade e Santos (1999, p. 319-21)[31], tanto os sindicatos metalúrgicos ligados à CUT quanto os ligados à Força Sindical "[...] têm encontrado grandes dificuldades em negociar cláusulas que se relacionem especificamente com a reestruturação produtiva – e, no plano mais geral, com a manutenção e geração de postos de trabalho". Estudos posteriores confirmaram essa tendência, assegurando, ademais, que durante toda a década de 1990 não se verificou sequer alguma incorporação, nos acordos coletivos com validade para toda a categoria dos metalúrgicos, de cláusulas relativas às transformações colocadas pela reestruturação produtiva (Araújo et al. 2001, p. 98).

Por fim, acompanhando uma tendência internacional, a diminuição da negociação coletiva centralizada ocorreu paralelamente ao crescimento das negociações no âmbito das empresas. Segundo Andrade e Santos (1999, p. 319-21), isso ficou visível no ramo metalúrgico entre 1993 e 1996, tomando-se, por exemplo, os acordos de PLR (participação nos lucros e resultados) e as greves por empresa que, em muitos casos deflagradas em função da introdução de inovações tecnológicas, acabaram sendo esmagadas por demissões em massa pelas empresas.

---

29 De fato, entre os metalúrgicos não ocorreram greves envolvendo toda a categoria durante todo o transcorrer da década de 1990, mas apenas greves restritas a grupos de empresas (Noronha, Gebrim e Elias Jr., 1998, *apud* Araújo et al., 2001, p. 97, nota n. 14).

30 A análise aqui exposta foi elaborada a partir do exame das convenções coletivas estabelecidas entre os sindicatos dos metalúrgicos e os sindicatos patronais do setor no Estado de São Paulo de 1990 a 1998 (Araújo et al., 2001, p. 97, nota n. 15).

31 Os autores basearam-se no estudo de Cardoso (1998), que coligiu as pautas de reivindicações e convenções coletivas do Sindicato dos Metalúrgicos de São Paulo e do Sindicato dos Metalúrgicos do ABC, no período 1993 e 1996, por meio do banco de dados do Sistema de Acompanhamento de Acordos e Contratações Coletivas/ Dieese (Andrade e Santos, 1999, p. 319-21).

Alguns estudos[32] argumentam que a descentralização das negociações no setor metalúrgico contribuiu para o avanço das negociações trabalhistas sobre a reestruturação produtiva, principalmente nas empresas do ABC paulista, pelo fato de as Comissões de Fábrica, aí organizadas desde os anos 1980, permitirem aos sindicatos uma significativa presença no interior das fábricas. Tais comissões têm negociado as terceirizações, programas de melhorias contínuas, a celularização da produção, o trabalho em equipe e a polivalência, reduções da jornada com tempo flexível e participações nos resultados. Mas esse tipo de negociação coletiva é restrito ao ABC paulista, fora do qual permanece tímida a ação sindical em face das inovações tecnológico-organizacionais, tomando-se o conjunto da indústria brasileira (Araújo et al., 2001, p. 98).

Cabe, no entanto, considerar que sindicatos de metalúrgicos importantes, como o de São José dos Campos (SP) e o de Campinas (SP), ainda não aderiram abertamente a essa atuação "propositiva", embora possam estar "negociando por empresa" e, em alguns casos, a aspectos importantes da reestruturação produtiva.

O Sindicato dos Trabalhadores Metalúrgicos de Campinas e Região (SM-RC), maior e mais importante sindicato dessa região, atravessou um processo de renovação após sua diretoria ter sido conquistada pela Oposição Sindical, em 1984. Contribuiu para a formação de um sindicalismo combativo, mantendo um papel de destaque no cenário brasileiro dos anos 1990. Além da preservação de uma base de apoio aos metalúrgicos da região, em meio à expressiva redução tanto da categoria (eliminação dos postos de trabalho) quanto do número de trabalhadores sindicalizados, o SM-RC adotou, após a filiação de sua diretoria à corrente Fórum Socialista (antiga "CUT pela Base"), uma postura crítica diante da orientação "propositiva" hoje majoritária na CUT, opondo-se fortemente à participação nas câmaras setoriais e às tentativas dessa central de negociar com o governo (Araújo et al., 2001, p. 97).

Desde os anos 1980, embora tendendo à negociação por empresa, a maioria dos temas tratados pelo SM-RC esteve atrelada à questão salarial (reajuste, reposição de perdas, aumento real, piso salarial), às condições de trabalho (refeitório, convênio médico, condições de trabalho insalubres e perigosas, renovação de benefícios sociais) e à manutenção do emprego (estabilidade temporária, suspensão de demissões, reintegração e garantias aos demitidos). Aspectos relativos às transformações nos processos de trabalho também têm sido negociados, como os planos de cargos e salários, a questão do horário flexível e a PLR – não obstante, com relação a esta, os dirigentes do SM-RC afirmarem que muitas das empresas têm estabelecido valores sem consultá-los, condicionando-os a metas de produção, redução do absenteísmo, entre outros fatores (Araújo et al., 2001, p. 97-9).

Vale observar, todavia, que inexistem formas representativas dos trabalhadores metalúrgicos no interior das empresas na região de Campinas (como as comissões de fábrica no ABC paulista), sendo a presença do SM-RC ainda parcial em importantes empresas de sua base. Tais condições, somadas à dificuldade de mobilização dos trabalhadores em face do desemprego[33], têm restringido sua influência sobre as negociações acerca da reestruturação produtiva (Araújo et al., 2001, p. 99).

---

32 Bresciani (1994), Gitahy e Bresciani (1997), ambos extraídos de Araújo et al. (2001, p. 98).

33 Um processo intensivo de terceirização com redução de postos de trabalho levou a uma queda de 27% na base sindical metalúrgica em Campinas entre 1986 e 1997, tendo, aliás, o nível de sindicalização apresentado queda proporcionalmente superior no período de 1995 e 1997 (de 46,4% para 36,4%, uma perda de 9 mil associados)

Esse processo, não obstante, tem avançado rapidamente na cadeia automotiva da região, pois, apesar de a performance recente do setor terciário ter sido um dos fatores que mais contribuíram para a institucionalização da Região Metropolitana de Campinas (RMC)[34], sua estrutura industrial foi sempre complexa e diversificada[35], com expressiva participação da indústria automotiva. As empresas de autopeças estão concentradas em maior número e empregando também a maior parte da força de trabalho do ramo metal-mecânico (que, como um todo, engloba as fábricas de máquinas-ferramenta, aparelhos domésticos de linha branca e computadores) (Araújo et al., 2001, p. 87). Duas grandes montadoras de automóveis, a Honda e a Toyota, instalaram-se nessa região, em Sumaré (1997) e Indaiatuba (1998), respectivamente (Marcelino, 2004; Lima, 2004).

Segundo autores da extensa pesquisa (já citada aqui) sobre o setor de autopeças, realizada entre 1996 e 1997 em empresas situadas em três estados brasileiros, a difusão de sistemas *just-in-time/kanban*, a utilização de equipamentos microeletrônicos na produção[36], a celularização dos postos de trabalho com vistas à polivalência[37], a implantação do CEP[38] e a presença de uma força de trabalho com maiores níveis de escolaridade foram considerados atributos visivelmente superiores da região de Campinas em face das demais cobertas pela investigação (Abreu et al., 2000, p. 55-64).

Tais constatações foram efetivamente confirmadas pelas pesquisas realizadas no complexo metal-mecânico da região, anteriormente citadas (Araújo et al., 2001), as quais apontaram que a reestruturação interna das empresas dessa região aprofundou-se ao longo da década de 1990, aumentando os investimentos em automação (uso mais generalizado de MFCN e CAD/CAM), bem como a introdução de novos elementos de organização flexível (células de produção e minifábricas, programas de melhoria contínua e sistema *just-in-time/kanban* interno).

(Araújo e Gitahy, 1998, *apud* Araújo et al., 2001, p. 96). O sindicato representa, atualmente, cerca de 1500 empresas e 40 mil operários, dos quais 14 mil são sindicalizados (Araújo et al., 2001, p. 97, nota n. 13).

34 Criada por lei estadual em 19/5/2000, a RMC inclui, além do município de Campinas, os municípios de Americana, Artur Nogueira, Cosmópolis, Engenheiro Coelho, Holambra, Hortolândia, Indaiatuba, Itatiba, Jaguariúna, Monte Mor, Nova Odessa, Paulínia, Pedreira, Santa Bárbara d'Oeste, Santo Antônio da Posse, Sumaré, Valinhos e Vinhedo (Gonçalves e Semeghini, 2002, p. 35-46).

35 Com empresas dos setores têxtil, químico, de papel e papelão, farmacêutico, de informática e telecomunicações (entre as quais Motorola, Compaq, Group Tecnologies, Qualcomm e outras recém-instaladas na região) (Gonçalves e Semeghini, 2002, p. 47).

36 Esses apareceram em 49% (25 empresas) da amostra total dos três estados, sendo proporcionalmente mais freqüente nas empresas da região de Campinas (três fornecedores de primeira linha e seis de segunda). As empresas das três regiões alegaram que os investimentos em automação microeletrônica tiveram como objetivo aumentar suas capacidades produtivas, reduzir custos e melhorar a qualidade de seus produtos, como forma de enfrentar as atuais pressões da reestruturação produtiva (Abreu et al., 2000, p. 57-9).

37 Verificou-se que 31,4% da amostra total já havia adotado a polivalência nos postos de trabalho, "[...] com destaque para as empresas da região de Campinas". Ainda segundo os autores, 47,1% das empresas do total da amostra ainda possuíam *layout* funcional e/ou linear, mas 23,5% já haviam adotado a celularização. Se entre as alterações de *layouts* fossem consideradas conjugações de organização lineares e celulares, o maior número relativo de empresas que as adotaram estaria no Rio Grande do Sul, "[...] enquanto na região de Campinas só foram encontradas empresas com *layout* totalmente celular (18,2% da amostra regional)". Tais mudanças foram apontadas pelas empresas como meios de atingir os novos requisitos de qualidade e maior flexibilidade no atendimento dos pedidos dos clientes (Abreu et al., 2000, p. 57-9).

38 Embora, na maioria dos casos aí encontrados, o CEP estivesse sendo utilizado em apenas algumas etapas dos processos produtivos (Abreu et al., 2000, p. 60).

Entretanto, apontam as autoras nesse estudo, esse processo estaria evoluindo "[...] de forma contraditória e heterogênea" ao longo da cadeia metal-mecânica da região, uma vez que mesmo em médias e grandes empresas pôde-se verificar ainda certa integração entre, de um lado, equipamentos modernos e métodos de organização flexível, e, de outro, máquinas antigas e divisão do trabalho fundada na repetitividade e monotonia das tarefas. Observaram, aliás, que à medida que se descia das empresas maiores em direção às menores da cadeia, tornavam-se mais presentes instalações com baixo conteúdo tecnológico, práticas de teor taylorista e trabalhadores pouco qualificados (Araújo et al., 2001, p. 87).

Ao que indicam todos esses estudos, estariam sendo acumulados tecnologias e métodos flexíveis de organização no vértice da cadeia automotiva da região, onde estão, em número cada vez menor, grandes empresas transnacionais, que vêm participando do desenvolvimento de produtos com as montadoras. Tais empresas estariam se lançando em programas de redução de custos e buscando melhorar a qualidade de seus serviços, para o que vêm se especializando e terceirizando, a médias e pequenas firmas, atividades secundárias. Estas, por seu turno, repassam custos e atividades menos qualificadas para empresas ainda menores, "cadeia produtiva abaixo".

Tais indicações confirmam, portanto, o processo de reconfiguração do setor de autopeças nacional já apontado anteriormente por outros estudos, qual seja, o fato de que as tarefas mais lucrativas, agregadas tecnologicamente e exigentes em termos de qualidade, estariam se dirigindo cada vez mais ao vértice da cadeia automotiva, sendo rapidamente concentradas nas poucas, porém grandes empresas transnacionais – ao passo que as tarefas tecnologicamente mais simples, menos lucrativas, mais sujeitas à vulnerabilidade da abertura comercial e às estratégias de globalização do fornecimento, estariam se dirigindo à base da cadeia, dispersando-se na miríade de médias e pequenas empresas, a maioria de capital nacional.

Os reflexos desse movimento sobre os trabalhadores também já foram apontados: no vértice da cadeia, o restrito círculo de grandes transnacionais, além de repassar seus custos aos fornecedores menores, tem melhorado seus níveis de qualidade e produtividade, empregando uma força de trabalho mais qualificada, porém crescentemente reduzida. Simultaneamente, tem-se ampliado a base da cadeia produtiva pela emergência de pequenas e médias empresas nacionais, as quais empregam uma força de trabalho quantitativamente maior, porém profissionalmente menos qualificada e sujeita a todo tipo de incertezas e precarizações em seus direitos e condições de trabalho.

De fato, Araújo et al. (2001), tomando como base o banco de dados do Relatório Anual de Informações Sociais, do Ministério do Trabalho (Rais), relativos ao setor metalúrgico da região de Campinas, observaram um deslocamento na distribuição do emprego das firmas maiores para as menores, mediante a intensificação das terceirizações e enxugamentos entre 1986 e 1997[39]. Além disso, constatou-se uma elevação geral dos níveis de escolaridade[40], reflexo não apenas dos programas de treinamento das empresas,

---

39 Enquanto em 1986 somente 27,9% dos metalúrgicos trabalhavam nas empresas com até 249 funcionários, estas passaram a concentrar 46,2% do emprego total do setor em 1997, enquanto as firmas com mais de mil empregados, que em 1987 concentravam 50% da força de trabalho total do setor, passaram a empregar, em 1997, apenas 26% desse conjunto (Araújo et al., 2001, p. 91-2).

40 Crescimento de 37,1% para 64,7% da proporção de metalúrgicos com 1º grau completo ou mais entre 1986 e 1997 (Araújo et al., 2001, p. 93).

mas da exigência do 1º grau como critério mínimo de recrutamento. Ademais, as demissões foram altas nesse período[41], atingindo especialmente os trabalhadores menos escolarizados.

Para além dessas diferenciações em termos regionais e com relação à posição ocupada na cadeia automotiva, a reestruturação não vem avançando de forma homogênea nem mesmo internamente às empresas mais desenvolvidas. Um exaustivo levantamento de pesquisas, realizadas em seis setores da indústria brasileira, mostrou que a introdução de inovações tecnológicas no setor de autopeças tem tido um caráter bastante peculiar: a automação tem avançado mais nos meios de operação (via MFCN) que nos meios de controle (via CLP[42]), sendo reduzida na fase de projeto (CAD), havendo casos "[...] em que fortes investimentos em novas tecnologias e informatização da empresa não foram acompanhados por mudanças no *layout*, permanecendo a tradicional organização por setores" (Castillo, 2000, p. 119)[43].

À guisa de conclusão, cremos que os diversos enfoques apontados pelos estudos aqui citados nos permitem afirmar que o avanço da reestruturação produtiva na cadeia automotiva brasileira tem sido, desde os anos 1980, não apenas mais acelerado, como em muitos casos mais conturbado e sobretudo heterogêneo e complexo, especialmente em decorrência das estratégias impostas pelas montadoras em nível global e local, as quais têm produzido impactos diferenciados sobre suas fornecedoras nos diversos segmentos do setor de autopeças. Ademais, o caso brasileiro é um exemplo de que tais estratégias podem ser largamente amparadas por políticas comerciais, industriais e até mesmo trabalhistas, adotadas pelo Estado.

Os resultados do avanço desse processo têm sido negativos, tanto para a fração do empresariado nacional proprietária das grandes empresas de autopeças, que durante mais de três décadas investiram no desenvolvimento do setor no país, quanto, e principalmente, para a classe trabalhadora, uma vez que a aquisição das empresas brasileiras por grandes grupos transnacionais tem levado à eliminação de atividades produtivas, ao enxugamento de quadros e, conseqüentemente, a um crescente desemprego estrutural num setor da economia que, até então, se caracterizava pela intensiva absorção de força de trabalho.

---

41 O número de empregos caiu de 63.554 para 46.390 entre 1986 e 1997, uma drástica redução de 17.164 mil postos de trabalho (ou 27%), quando, no mesmo período, registrou-se uma elevação na produtividade e no faturamento nas empresas desse setor aí presentes (Araújo et al., 2001, p. 91-2). Tais resultados vieram a confirmar, enfim, as tendências já apontadas por Abreu et al. (2000, p. 64) no setor de autopeças em três estados brasileiros entre 1996 e 1997, as quais haviam revelado, junto com a elevação do faturamento, o crescimento da produtividade na maioria das empresas estudadas, acompanhando, aliás, a tendência geral da indústria de autopeças em nível nacional. Entretanto, diz esse estudo, encontrou-se não apenas significativa redução dos empregos, ligada às inovações tecnológico-organizacionais, mas também uma redistribuição dos trabalhadores ao longo da cadeia, em decorrência das terceirizações e internalizações de atividades entre as empresas, num movimento que se refletiu em alterações nas próprias condições de trabalho.

42 Controladores lógicos programáveis: dispositivo de automação da maquinaria industrial.

43 Mesmo nos casos em que houve reorganização dos postos e funções na produção, o estudo adverte que nem sempre se obteve enriquecimento das atividades realizadas pelos trabalhadores, como no caso de uma grande empresa de autopeças localizada no interior do Estado de São Paulo, na qual a reorganização da produção em células, compostas por trabalhadores atuando em equipe, apenas levou a uma nova divisão e rotação de tarefas, cuja prévia definição era centralizada pelo responsável da célula, que agia de acordo com as exigências do processo produtivo. Nesse caso, a organização celular teria afetado apenas a forma e não o conteúdo do trabalho, que permaneceu limitado à lógica taylorista (Castillo, 2000, p. 134-5).

Quanto aos industriais e ao Estado brasileiro, se, de um lado, algumas das empresas de autopeças passaram a dispor de maior parceria no desenvolvimento de produtos junto às montadoras instaladas no país, de outro, há fortes indicativos de que a crescente internacionalização da cadeia de autopeças brasileira levará, no longo prazo, ao repasse de atividades de P&D para o exterior – afetando o aprendizado tecnológico nacional –, junto, evidentemente, com o repasse de lucros e dividendos desse setor, cujo faturamento tem sido gradativamente acumulado nas mãos do capital estrangeiro – o que poderá tornar problemático o próprio ajuste de contas na balança de pagamentos.

Quanto à classe trabalhadora, as tendências desse processo apontam para uma forte redução do emprego em toda a cadeia automotiva, mas principalmente no setor de autopeças, paralelamente a um aumento nas exigências de escolaridade, experiência e conhecimentos específicos aos trabalhadores mantidos empregados, os quais têm sido premidos, juntamente com demais categorias, não somente pelos elevados níveis de desemprego, como também por uma constante desregulamentação das leis que, até então, lhes asseguravam condições minimamente aceitáveis de trabalho e de organização e resistência política, nas negociações levadas a cabo com o empresariado e com o Estado.

Capítulo 6

HONDA: TERCEIRIZAÇÃO E PRECARIZAÇÃO
a outra face do toyotismo*

Paula Regina Pereira Marcelino

HONDA: DAS MOTOS AOS AUTOMÓVEIS

Procuraremos aqui traçar um breve perfil de uma importante indústria do ramo automobilístico instalada no país: a Honda. Buscaremos trazer à luz alguns elementos da reestruturação produtiva no Brasil a partir da experiência concreta dessa empresa.

"A indústria automotiva brasileira nasceu na década de 1950 sobre quatro rodas e assim cresceu" (Honda, 1997, p. 29). Para a Honda, esse foi o primeiro obstáculo a ser superado, uma vez que o leque de produtos que tinha para apresentar ao mercado consumidor brasileiro era formado, basicamente, por motocicletas. Implantar uma indústria montadora desse tipo no país significava a necessidade de superar uma tradição recente, mas já consolidada, de locomoção em quatro rodas. Na década de 1950, o governo brasileiro deu impulso à instalação da indústria automobilística por meio de incentivos fiscais e investimentos estatais em infra-estrutura e na indústria de base. Nesse período, instalaram-se empresas como a Volkswagen, a Simca, a Willys, a Mercedes-Benz, a Scania e a Toyota, ampliando o parque industrial automobilístico, que já contava com a FNM, a GM e a Ford (Dieese, 1998a, p. 70)[1].

Até meados da década de 1990, a Honda concentrou suas atividades no país na produção e comercialização de motocicletas. Além das facilidades e incentivos fiscais

---

* Esta pesquisa é parte da dissertação de mestrado em sociologia da autora, intitulada *A logística da precarização: terceirização do trabalho na Honda do Brasil*, IFCH/Unicamp, 2002, sob orientação do Prof. Dr. Ricardo Antunes, com bolsa da Capes. A referida dissertação está publicada integralmente em livro com o mesmo título, pela editora Expressão Popular, São Paulo, ano de 2004.

1 Essas primeiras fábricas instaladas no Brasil produziam motores pesados, como no caso da Fábrica Nacional de Motores (FNM), e caminhões, no caso da GM e da Ford.

oferecidos pelo governo brasileiro para a instalação desse tipo de indústria, o país contava ainda com a Zona Franca de Manaus, onde foi instalada a primeira planta produtiva da Honda no Brasil. Embora a localização da cidade não fosse das mais atrativas em termos de facilidades de transporte ou proximidade do principal mercado consumidor do país – a região Sudeste –, as vantagens fiscais de uma zona franca permitiam a importação do Japão de equipamentos de alta tecnologia, com custos menores em relação aos produzidos no Brasil. Outra importante característica da região, que se constituía em vantagem do ponto de vista da empresa, era a existência de uma força de trabalho inexperiente no setor industrial. Isso permitia que desde o começo essa força de trabalho pudesse ser treinada segundo a filosofia e as práticas da empresa (Honda, 1997, p. 42).

Além dos seus próprios investimentos, a Honda contou também com uma generosa contribuição do Estado brasileiro em marketing e propaganda para estimular o mercado consumidor de motocicletas. Era necessário desvincular as idéias negativas ligadas à rebeldia e à irresponsabilidade, normalmente associadas a esse veículo, para dessa forma atingir uma parcela mais influente da sociedade, a média burguesia, considerada formadora de opinião[2]. Assim, o governo brasileiro incentivou, por exemplo, que se espalhassem cursos de pilotagem pelo país. Estes eram oferecidos pela Honda em conjunto com os seus representantes comerciais, nas praças matrizes; dessa forma, todos poderiam ver como era seguro operar uma motocicleta. Outro desses incentivos foi o grande investimento para compra e divulgação da utilização de motocicletas por policiais rodoviários como demonstração evidente de sua segurança e confiabilidade (Honda, 1997, p. 29).

As atividades da Honda no Brasil tiveram início no dia 26 de outubro de 1971. Em um primeiro momento, seu negócio era importar e distribuir os produtos da matriz japonesa no país; nesse período eram só motocicletas. A sede brasileira era no bairro paulistano da Vila Pompéia. Desde as primeiras importações, a indústria estruturou sua Divisão de Peças Originais, o que sempre garantiu peças de reposição para seus produtos. Hoje, sua divisão de peças está localizada em Sumaré, no interior do Estado de São Paulo, com uma área construída de 32 mil m^2, e é considerada uma das plantas mais modernas do gênero no Brasil. Essa área foi comprada pela empresa em 1974. O terreno de 1,7 milhão de m^2 em Sumaré[3] foi usado para instalar a fábrica de automóveis.

Com a maior abertura do mercado brasileiro em 1992 para as importações de automóveis – assim como para as importações em geral, promovida pelo governo de Fernando Collor –, foram credenciadas, a princípio, cinco concessionárias que comercializavam apenas alguns modelos dos carros produzidos no Japão. Mas o regime automotivo brasileiro que vigorou no período de 1996 a 1999 criou uma série de incentivos fiscais, em especial a redução de tarifas externas na compra de máquinas, equipamentos,

2 O título da campanha publicitária nesse período era: "Para o homem realizado", intencionalmente voltada para aqueles indivíduos de reconhecido sucesso pessoal e profissional (Honda, 1997, p. 29).

3 Os dados apontados por Baeninger sobre Sumaré nos oferecem um panorama social da cidade: "Apesar de possuir a décima segunda arrecadação do Estado de São Paulo, a pobreza e as más condições de vida da maioria da população são assustadoras. Apenas 25% das moradias têm ligação com rede de esgoto, 65% são ligadas à rede de água, 75% têm ligações elétricas e a pavimentação cobre 60% da sede municipal e 20% do restante do município. Sumaré é conhecida como uma das cidades com maior índice de criminalidade do Estado" (Baeninger, 1996, p. 118). Além da precariedade evidente nas condições sociais, tais dados também nos mostram que a remuneração da força de trabalho – um dos indicadores do poder aquisitivo da população – é baixa. Esse fator, sem sombra de dúvidas, somou-se às outras "vantagens" que fizeram a Honda optar por construir sua fábrica na cidade.

componentes, autopeças e matérias-primas, tanto para as plantas que já estavam instaladas quanto para os possíveis novos investimentos. Tal como aconteceu com a Honda, uma das conseqüências dessa política de incentivos foi que muitas das novas fábricas vieram com alto grau de automação e de utilização de peças importadas. Esse novo regime também concedeu às novas plantas uma grande flexibilidade de prazos para o cumprimento das metas de exportação e de obtenção do índice mínimo de nacionalização das peças, insumos e bens de capital.

Com tantas facilidades fiscais e de exploração da força de trabalho brasileira, somadas a um mercado em relativa expansão, a Honda decidiu investir na produção de carros. Em 3 de junho de 1996, começaram as obras da nova fábrica em Sumaré, com capacidade para produzir 15 mil unidades por ano de cinco modelos diferentes do automóvel Honda Civic. A contratação de funcionários começou em janeiro de 1997 e, em setembro do mesmo ano, teve início a produção. Em 6 de outubro, foi inaugurada oficialmente a primeira fábrica de automóveis da Honda no Brasil.

A planta que produz automóveis contava, no início de 2002, com aproximadamente 870 funcionários contratados diretamente por ela – dos quais 210 são sindicalizados –, a maioria deles situada na faixa dos 19 aos 28 anos de idade[4]. Dentro da unidade ainda trabalham firmas subcontratadas nas áreas de limpeza, segurança, cozinha, jardinagem e logística. Se comparada às de outras indústrias automobilísticas do país ou mesmo às de outras filiais que a Honda tem espalhadas pelo mundo, a planta produtiva de Sumaré é pequena. No entanto, ela se enquadra perfeitamente nas estratégias produtivas que valorizam a flexibilidade, a quase inexistência de estoques, a otimização do tempo de deslocamentos internos e a diminuição máxima das despesas auxiliares tais como as de manutenção predial, energia elétrica, água[5]. A própria escolha da cidade de Sumaré responde a essas necessidades: "A cidade de Sumaré é estratégica dentro do estado. Tem fácil acesso ao maior mercado produtor e consumidor do país e está próxima aos fornecedores locais e dos portos, que receberão os componentes importados, principalmente dos Estados Unidos" (Honda, 1997, p. 90).

A empresa possui atualmente 88 fábricas instaladas em 33 países do mundo e realiza vendas em 140 países, atuando na quase totalidade do globo terrestre (Honda, 1997, p. 99). No Brasil, seu poderio econômico pode ser aferido por seu domínio de 90% do mercado de motocicletas e pelo continuado crescimento da produção – de 123.159 unidades/ano na fábrica de Manaus, em 1991, para a marca histórica de 610.507 motocicletas, em 2000. A receita operacional total do grupo até 1997 dividia-se assim: 41,3% eram resultado do negócio de motocicletas; 38,7% da venda de automóveis; 12,3% de serviços financeiros e 7,7% de motores e outras atividades (Honda, 1997, p. 99).

No Brasil, a empresa é composta de cinco grandes unidades: São Paulo, onde são desenvolvidas atividades comerciais, serviços, consórcios, suprimentos e administração; São Bernardo do Campo, onde estão sediados a Logística Sumaré Ltda. (LSL) e o Controle de

4 Informação obtida em entrevista com um dirigente sindical metalúrgico e trabalhador da empresa. A Honda do Brasil não permitiu a visita da pesquisadora na planta produtiva. Segundo a diretoria de Recursos Humanos, a empresa não dispõe de pessoal especializado para o atendimento desse tipo de demanda.

5 Sobre as características da fábrica flexível ver: Harvey (1992), Hirata (1993), Gounet (1999), Fleury (1985), entre outros.

Qualidade; Sumaré, planta de automóveis e depósito de peças; Indaiatuba, com o centro educacional de trânsito; Manaus, planta de motocicletas (Observatório Social, 2001, p. 11-2).

Assim como todas as suas unidades brasileiras, a de Sumaré também está ligada diretamente à matriz no Japão, chamada de empresa mãe. Assim, busca-se transplantar os métodos japoneses para o Brasil de forma que a produção nos dois países se torne a mais similar possível. Engenheiros e outras categorias de trabalhadores vêm do Japão e dão treinamentos específicos aos brasileiros[6]. *Kanban*, *just-in-time*, *kaizen*, CCQs, *andon*, entre outros, podem até fazer parte do cotidiano de trabalho na empresa – embora não assim nomeados e reconhecidos, como veremos adiante. No entanto, nem emprego vitalício nem salário por antiguidade – outros elementos constituintes do toyotismo no seu país de origem – são colocados como possibilidades para os trabalhadores brasileiros da Honda.

A Honda se instalou no Brasil, portanto, já sob o signo de uma nova forma de produção. Apesar de os termos que nomeiam os métodos japoneses não aparecerem diretamente nas falas dos trabalhadores[7], é plausível acreditar que os padrões de trabalho que eles seguem têm como norte o padrão produtivo genericamente chamado de toyotismo – se não fosse pelo fato de ter suas próprias inovações organizacionais, o que certamente acontece, a Honda não usaria esse termo por motivo evidente: a Toyota é sua concorrente direta. Pelas descrições dos trabalhadores é possível entender que a Honda trabalha *just-in-time*. Seu estoque de peças é de apenas um dia e o local onde os trabalhadores se movimentam e fazem a estocagem e a pré-estocagem é pequeno – esse fato, aliás, foi apontado pelos trabalhadores entrevistados como um facilitador de acidentes de trabalho. Também é grande a movimentação de caminhões dentro da empresa. Os fornecedores mais próximos de Sumaré fazem entregas todos os dias. Apenas os fornecedores mais distantes, como os de Curitiba (PR), entregam uma vez por semana.

Embora a presença japonesa seja muito forte na Honda, tanto por meio de altos funcionários japoneses quanto pelo próprio padrão de serviço – que, como apontado pelo diretor sindical que trabalha na empresa, segue as orientações da matriz –, não é dado a saber aos funcionários quais daquelas formas de trabalho são práticas originárias do país onde foi fundada a empresa. Ao que tudo indica, o método japonês de organização da produção para os trabalhadores entrevistados resume-se nos 5 S's, ao menos na sua forma imediata de compreensão e discurso. Praticamente todos os trabalhadores falaram que esse era o método mais utilizado no processo de trabalho e mais cobrado pelos chefes. Segundo o livro comemorativo dos 25 anos da Honda (Honda, 1997, p. 58), os 5 S são: "*Seiri* (senso de organização), *Seiton* (senso de ordem), *Seisou* (senso de limpeza), *Seiketsu* (senso de higiene), *Shitsuke* (senso de disciplina)". Como afirma esse mesmo livro, os 5 S não chegam a ser um método de organização da produção, mas sim palavras de ordem para entusiasmar os trabalhadores. Pelo que foi possível observar pelas entrevistas, muito mais do que motivar, tais palavras de ordem se constituíram numa obrigação para os trabalhadores, ainda que percebida como positiva e educativa.

Se uma primeira apreensão do processo de trabalho da Honda não nos permitiu observar a totalidade da abrangência dos métodos de gestão e organização japoneses, ao

6 A empresa e os trabalhadores chamam esses técnicos ou engenheiros de *staffs*.

7 Referimo-nos aqui aos trabalhadores entrevistados por ocasião da elaboração da dissertação de mestrado: funcionários e ex-funcionários da Logística Sumaré Ltda.

menos um dos seus aspectos salta aos olhos imediatamente: a terceirização. Segundo Druck (1999) e Alves (2000), a terceirização de atividades baseada nas redes de subcontratação pode ser considerada o diferencial que permite os ganhos obtidos em produtividade e lucratividade por esse padrão produtivo. Isso porque a empresa principal terceiriza tudo o que não considera atividades-fim, desonerando-se de grande parte das tarefas envolvidas no seu produto final. Vejamos como acontece a terceirização na Honda.

A "LOGÍSTICA" DA TERCEIRIZAÇÃO

Conforme apontado anteriormente, a terceirização na Honda não se restringe à limpeza ou cozinha, mas atinge também partes do processo produtivo antes considerados como fundamentais no processo de produção. A área de logística é a principal delas. Além das atividades de abastecimento, transporte e armazenagem de suprimentos e de matéria-prima que, tradicionalmente, formavam o seu escopo de atuação, as empresas têm delegado de maneira crescente outras tarefas aos chamados "operadores logísticos". Na Honda, isso significa que os trabalhadores terceirizados da LSL (Logística Sumaré Ltda.) – operador logístico que atua somente dentro dela – realizam tarefas consideradas de metalurgia, ou seja, pré-montagem de partes dos veículos, tais como caixas de transmissão e de direção e pneus.

Na verdade, todos os processos que levaram a alterações substanciais nas formas da cadeia produtiva automobilística ao longo de sua história, desde as primeiras experimentações de Henry Ford até o período atual, acarretaram mudanças também nessa função específica da produção, a logística. O fenômeno da reestruturação produtiva trouxe consigo uma nova forma de classificação e organização da logística; uma forma que respondesse às necessidades impostas pela crise de acumulação e de dominação do capital. Assim as atividades logísticas deixaram de ser compreendidas como integradas ao sistema produtivo, como parte da atividade total da empresa para a produção dos carros e passaram a ser consideradas atividades-meio, acessórias; importantes, ainda, mas não atividades-fim, não no mesmo patamar que a montagem propriamente dita.

A incorporação de novas funções pelos operadores logísticos é, segundo Robles (2001), uma exigência contínua das indústrias montadoras. Por ser esse um mercado relativamente novo, ambas as partes passam por um processo de integração e adaptação. No entanto, essa relação é desigual, pois as montadoras têm maior poder de negociação do que os operadores logísticos e fornecedores em geral. Embora o autor não tenha aprofundado esse assunto no referido estudo, de maneira geral, em todos os setores onde há terceirização, as empresas subcontratadas possuem um poder restrito diante da contratante em termos de: negociações de prazos de entrega e padrão dos produtos, discussão do valor do contrato e margem para negociação salarial com seus funcionários[8].

Mais do que uma diferença real em termos de importância no processo produtivo total de qualquer indústria – inclusive na automobilística – que justificasse a sua classificação como atividade-meio e sua terceirização, o que moveu as indústrias para essa separação foi a necessidade constante do capital de ampliar suas margens de lucro. Para esse fim, além dos ganhos de produtividade constantemente buscados por

---

8 Sobre esse assunto ver: Gounet (1999) e Lima (1996).

meio do aperfeiçoamento da produção industrial e a conseqüente desvalorização da força de trabalho, o capital lançou mão dessa estratégia que é a subcontratação ou terceirização. Tal mecanismo permite que se transforme em custos variáveis o que antes eram custos fixos, ou seja, a empresa principal deixa de ser responsável legal por esses trabalhadores.

Com o fim da contratação direta da força de trabalho diminuem os chamados encargos trabalhistas (fundo de garantia, aviso prévio, contribuição previdenciária, décimo terceiro, férias etc.) e o valor da remuneração do trabalho paga em forma de salários; além de deixar de ser onerosa para a empresa a contratação ou demissão de trabalhadores variando de acordo com as demandas do mercado. Isso tudo com amparo legal para terceirizar e enquadrar esses trabalhadores em outras categorias profissionais que não aquelas das indústrias contratantes[9].

É nesse quadro de desregulamentação das relações trabalhistas que os trabalhadores das indústrias automobilísticas da área de logística, onde essa atividade foi terceirizada, são considerados trabalhadores de assessoramento, e não metalúrgicos. Como só é possível extrair mais-valia de trabalho vivo, rebaixar salários por meio da terceirização de atividades é uma forma de exploração renovada no capitalismo. Além do prolongamento da jornada de trabalho e do aumento da produtividade por meio da automação e da inserção de maquinaria, o capitalismo reduz ainda mais a remuneração em forma de salários, destinada à subsistência e reprodução da força de trabalho. Como parte do sistema produtivo geral, os trabalhadores da logística, bem como os da maioria das outras áreas terceirizadas, constituem uma parcela da classe trabalhadora caracterizada pela precarização das suas condições laborais.

Mesmo que a qualidade dos produtos tenha um ganho real com a terceirização dos serviços de logística – fato que em si pode ser questionado quanto à necessidade de ser um terceiro a fazer com maior qualidade – e que as relações capitalistas de produção obriguem cada empresa a acompanhar qualquer mudança competitiva sob a ameaça de não sobrevivência no mercado, acreditamos que o fator para o qual a empresa dá maior importância no momento de optar pela terceirização é a redução dos custos com a força de trabalho. Mais do que a qualidade, a redução de custos promovida pela terceirização permite um ganho de competitividade em termos de preços, além da evidente ampliação da taxa de lucro por meio do aumento do total de mais-valia. Vejamos o porquê dessa afirmação no caso específico da Honda.

Já no início da pesquisa de campo era possível observar que muitos trabalhadores tratavam as duas empresas como se fossem uma única. Falavam das diferenças do uniforme e de tratamento, mas acreditavam que o fato de serem contratados por uma empresa terceira era apenas uma forma que a empresa contratante havia arrumado para rebaixar

---

9 Embora não deixem de existir casos em que são ultrapassados os limites legais para precarizar as condições de trabalho por meio da terceirização, a legislação brasileira é ampla e ambígua o suficiente para que tudo aconteça dentro da lei. Depois de seguir um percurso pautado pelo princípio de que a contratação de trabalhadores por empresa interposta seria ilegal, a legislação brasileira muda de rumo com duas iniciativas: primeiro, com a Lei nº 6.019, de 3 de janeiro de 1974, que prevê a legalidade da contratação de trabalho temporário; segundo, com o Enunciado 331, que, para Barros Jr. (1999, p. 91), iniciou uma nova etapa da jurisprudência sobre o assunto, pois abre a possibilidade de terceirização das atividades-meio das empresas. Segundo Robortella (1994) e Vidal Neto (1992), não há como diferenciar, com base no texto da lei e do próprio processo de trabalho, o que é atividade-fim e o que é atividade-meio.

seus salários. Embora a fala abaixo seja a de um ex-funcionário que foi liderança da greve ocorrida na logística em 1999 e, portanto, um pouco mais carregada de clareza quanto ao conflito entre capital e trabalho instaurado na produção, ela retrata com bastante fidelidade a compreensão que a maioria dos trabalhadores entrevistados tem sobre a origem da empresa de logística e sobre o porquê de sua existência:

> Porque a LSL é uma terceirizada e isso significa derrubar salários. Foi uma criação da Honda, porque, afinal, a LSL é uma filha da Honda, criada por um diretor da Honda lá no Japão e que se estabeleceu na Inglaterra, nos Estados Unidos, no Canadá e mais em seis países. Então, é uma maneira de você baixar o salário e diminuir os custos. Que é o que está acontecendo com todas as empresas hoje em dia; a terceirização, a criação da logística. Nasceu a logística e a empresa que não criar a sua logística vai andar para trás, ela vai se quebrando. Afinal de contas a logística diminui os custos (ex-funcionário, 30 anos).

A empresa foi aberta no Brasil com o nome de LSL (Logística Sumaré Ldta.) devido ao fato de a legislação brasileira impedir – provavelmente assim como na maioria dos países do mundo – que uma empresa tenha dentro de si sua própria terceira sob a mesma razão social[10]. Essa atitude caracterizaria diferenciação salarial na mesma categoria de trabalhadores. Segundo os funcionários da LSL e as lideranças sindicais metalúrgicas, nos outros países a logística tem o nome de Honda Express. Observando o cadastro da empresa na junta comercial do Estado de São Paulo, pudemos constatar que em 17 de setembro de 1998 (vésperas da inauguração oficial da Honda em Sumaré) a LSL tinha um capital de R$ 1 milhão, dos quais R$ 999.999 correspondiam à participação da Honda Express Co. Ltda. na sociedade. O R$ 1 restante era a parte que cabe a um sócio-diretor de origem japonesa.

Diante desse fato, a pergunta sobre o real motivo da terceirização dos serviços de logística faz ainda mais sentido. Tendo em vista que um trabalhador dessa área chega a ganhar a metade do que ganha o metalúrgico da empresa contratante, por que criar uma terceira a partir de si mesma se não para poder reduzir salários e ampliar, dessa forma, as taxas de lucro? Em termos de diferenciais na qualidade dos produtos, haveria tantas diferenças entre os serviços de um grupo de funcionários da própria empresa e os de uma terceira que justificasse a sua criação[11]?

Indagados sobre qual seria o motivo principal que leva uma empresa a terceirizar serviços, os trabalhadores entrevistados foram praticamente unânimes em afirmar que era a redução de custos. Na fala de um deles podemos observar que a imagem da empresa aparece em primeiro plano, mas ao fundo o que está dado é o fato de os subcontratados receberem um salário menor que os contratados diretamente pela Honda.

---

10 Pesquisa na Junta Comercial do Estado de São Paulo (Jucesp) em 18/6/2002 confirma a separação enquanto razão social das duas empresas.

11 Blanco (1994, p. 77) descreve um acontecimento semelhante na rede bancária brasileira: "Empresas criadas pelo próprio grupo econômico. A terceirização dentro de um mesmo grupo econômico: um banco cria uma empresa, que ele mesmo controla, para prestar serviços para o banco. Estão nesses casos os CPDs [Centros de Processamento de Dados], a digitação, o desenvolvimento de sistemas e a compensação. Esse tipo de terceirização se dá, basicamente, para burlar direitos trabalhistas sob a máscara da diminuição tributária".

Segundo um trabalhador:

> Pelo que a gente sente lá seria por causa dos custos. Porque você vê, normalmente os funcionários da Honda são mais bem pagos. Já os da LSL, o salário é inferior. Eu acho que, sei lá, deve ser por causa do envolvimento de sindicato, classe. Porque os funcionários da Honda são metalúrgicos e nosso sindicato não é metalúrgico, é comércio (motorista carreteiro, 35 anos).

Esse trabalhador acrescenta:

> Na minha opinião, eu acho que terceirização não é nada mais, nada menos que aquela empresa quer sair fora de impostos. Acredito eu assim. Me corrija se eu estiver errado. Eu digo que a LSL e a Honda, os funcionários têm o mesmo padrão. No meu pensamento, não é nada mais que isso: facilidade de imposto e mão-de-obra barata, qualificada (operador de logística, 20 anos).

Na fala abaixo, o trabalhador associa a redução de custos à imagem da empresa:

> Eu acho que diretamente é para baratear a mão-de-obra. Que nem no caso aí, não envolve o nome direto da Honda. É uma outra empresa. Então, eu penso assim: se o cara falar: "Você trabalha na Honda e ganha só isso aí, salário baixo, né?". Agora, sendo uma outra empresa, que nem LSL, não é uma firma conhecida. Eu acho que para manter o nome dela, ela tem que pagar melhor para ter uma imagem melhor, para o cara falar: "Eu trabalho na Honda". "Ah! Então ganha bem?". E sendo LSL, no caso eles podem cortar benefícios, ter um salário menor, que não vai envolver o nome deles (ex-funcionário, 36 anos).

À existência de duas categorias de trabalhadores, que executam serviços muito semelhantes e sempre complementares, corresponde uma situação sindical ambígua: dois sindicatos disputam a representação dos trabalhadores da LSL. De um lado, temos o Sindicato dos Empregados de Agentes Autônomos do Comércio e em Empresas de Assessoramento, Perícias, Informações e Pesquisas e de Empresas de Serviços Contábeis de Americana e Região (Seaac), que, filiado à Força Sindical, representa oficialmente a categoria dos trabalhadores da logística e desfruta do reconhecimento por parte das duas empresas. De outro lado, há o Sindicato dos Metalúrgicos de Campinas e Região (filiado à CUT), cuja representação deveria se restringir aos trabalhadores contratados diretamente pela Honda; isso de acordo com o enquadramento sindical oficial. O fato é que as relações dos trabalhadores da LSL com esses dois sindicatos ultrapassam os limites impostos pela legislação sindical e pelo tratamento que a Honda dispensa a ambos. Suas orientações distintas se refletem nas formas diferenciadas pelas quais avaliam e reagem diante da terceirização.

O sindicalismo, de maneira geral, trata a terceirização como um fenômeno que veio para ficar, uma realidade contra a qual se pode fazer alguma oposição, mas que não vai alterar-se muito devido aos ganhos em termos de lucratividade e competitividade que representa para as empresas. Apenas alguns nichos do sindicalismo de esquerda combatem abertamente a terceirização e seus efeitos de precarização sobre o trabalho.

Como a Força Sindical – central à qual é filiado o Seaac – é muito mais um instrumento de conciliação de classes do que de luta, seu projeto efetivo se confunde com as iniciativas governamentais[12]. Assim, essa central não tem suas propostas e posições sobre as questões sociais e as questões do mundo do trabalho escritas e definidas com precisão. O que guia as direções sindicais dessa entidade, inclusive no que diz respeito à terceirização, é um conservadorismo político e um fatalismo diante das iniciativas empresariais e institucionais, embora mantenha a intenção de estabelecer um certo controle sobre o mercado da força de trabalho.

Essa postura está bastante clara na fala da sindicalista Helena, do Seaac de Americana. Para essa diretora sindical, a LSL ou qualquer outra empresa de logística que presta serviços dentro de outras empresas não são terceiras. Assim, ela se posiciona contra o que chama de "terceirização à brasileira"[13], mas sua ação se limita a:

> Tudo que a gente pode fazer para denegrir essa imagem de terceirização, a gente tem feito. Primeiro que eu acredito que nem deveria existir sindicato de terceirização, eu entendo que a terceirização hoje deveria seguir o mesmo caminho que segue a logística: um trabalho efetivo, com direitos iguais para os trabalhadores que prestam serviço, para não haver discriminação. Porque é extremamente constrangedor você trabalhar assim, por exemplo, não vou dar o exemplo da LSL porque lá é diferente, mas você trabalhar dentro da Caterpillar e os trabalhadores da Caterpillar têm direito, por exemplo, a convênio médico, convênio farmácia, Unimed, cesta básica; aí você vai lá, pega uma terceirização que não dá nada disso. Você trabalha quase que do lado de um cara que tem uma série de direitos, uma série de benefícios e você não tem. Então, é altamente constrangedor. Na LSL, não. Na LSL a gente garante ao trabalhador pelo menos os mesmos benefícios que tem a empresa, mas o salário é difícil. É uma luta que a gente tem que fazer devagar. Mas dizer para você que nós vamos poder chegar perto do salário de metalúrgico, que nós vamos chegar igual, é difícil. Porque senão não tinha sentido de ter uma logística (Helena, Seaac).

Já no sindicalismo cutista é possível encontrar vários documentos que revelam a postura geral dessa central sindical sobre o tema. O documento "Os trabalhadores e a terceirização" (Sindicato dos Metalúrgicos do ABC Rumo à Unificação, 1993, p. 9) deixa claro desde o início qual é a posição do sindicalismo propositivo[14] diante do fenômeno:

> Esse documento contendo o nosso diagnóstico e propostas frente à terceirização é prova, uma vez mais, do esforço que tem feito esse sindicato visando consolidar um sindicalismo

---

12 Sobre as características e nascimento da Força Sindical e da CUT ver: Antunes (1992); Souza (2002), entre outros.

13 Uma gama ampla de autores que discutem a terceirização (Faria, 1994; Fleury, 1995; Leiria, 1992; Humphrey; 1995a; Queiroz, 1995; Scalabrin, 1997) – e em especial na área de administração de empresas – acredita que não é uma maneira correta de terceirizar-se quando o único objetivo é repassar custos para a subcontratada. Para essa parte da bibliografia, esse tipo de terceirização é uma degeneração de sua estratégia, possível de ser encontrada de maneira muito localizada e pouco difundida. Da forma geral como o mecanismo é implantado no país, essa degeneração do conceito e da aplicação da terceirização é vista por alguns autores como uma tendência da terceirização no Brasil.

14 Denominação dada pelo próprio movimento sindical e adotada por uma série de autores – tais como Ramalho (1994), Antunes (1992) – para designar uma forma de ação adotada pela corrente que hoje é majoritária dentro da CUT, a Articulação Sindical. O pressuposto dessa ação é que o sindicalismo dos anos de 1980 era meramente defensivo e reivindicativo e, portanto, deveria dar espaço para uma postura de apresentação de propostas concretas. Tal como entendemos neste trabalho, esse sindicalismo deixa de questionar as bases da sociedade capitalista. Assim, suas propostas constituem um fim em si mesmo e não em um meio de alcançar uma nova forma de sociedade.

> de resistência ao mesmo tempo que propositivo. De resistência, porque buscamos permanentemente colocar barreiras contra as agressões realizadas contra os trabalhadores por este selvagem capitalismo brasileiro. E propositivo, porque procuramos, sem abrir mão dos nossos princípios, formular propostas concretas de intervenção na política industrial e na política socioeconômica em geral do país.

Mesmo aceitando negociar com os patrões as condições de uma terceirização, em princípio, mesmo o sindicalismo propositivo é contra. Isso porque, segundo o citado documento, a terceirização implica uma armadilha para os trabalhadores e para os sindicatos, principalmente em um momento de grave crise econômica. A terceirização não significa a simples transferência de postos de trabalho, mas aumenta o desemprego. Também porque, para os empresários, ela representa uma conquista no sentido de ampliar o controle sobre a produção e sobre o trabalho.

O diagnóstico sobre o fenômeno não é o que diferencia o sindicalismo de caráter propositivo daquele de enfrentamento, este último isolado em lugares onde correntes de esquerda da CUT são maioria[15]. O que muda de um para o outro é que o primeiro negocia o processo, inclusive a contratação da terceira; já o segundo recusa terminantemente a terceirização, por entender que ela é um elemento de precarização do trabalho e de divisão entre os trabalhadores.

Para o sindicalismo cutista, a luta contra a terceirização é bastante difícil. Isso porque ela é vista pela sociedade como se de um lado estivessem os trabalhadores que defendem seus interesses imediatos e corporativos e, de outro, as empresas que buscam melhorar suas condições de competição no mercado. Assim:

> Protegidas pelo discurso que prega modernidade, competitividade, descentralização e outras bandeiras simpáticas a qualquer pessoa sensata, as empresas fazem da terceirização, na verdade, novo campo de ataque aos direitos dos trabalhadores. Inegavelmente, aí está o fundo da questão, sob o ponto de vista do movimento sindical (Sindicato dos Metalúrgicos do ABC Rumo à Unificação, 1993, p. 13).

As conseqüências da terceirização no plano político-sindical são:

> Fragmentação da representatividade sindical, pois mediante a redefinição legal do enquadramento, os trabalhadores terceirizados passam a constituir categorias diversas dos demais companheiros de fábrica.
>
> Precarização de direitos, pois a lei especifica quais são os direitos do trabalhador temporário (na prática, terceirizado), restringindo-os em relação às garantias contidas na CLT [...].
>
> Passa a existir um maior controle da empresa tomadora (para a qual, de fato, o empregado trabalha) sobre o empregado terceirizado, o que facilita a repressão de sua ação sindical. Ademais, é preciso reconhecer que o empregado está evidentemente fragilizado pelas condicionantes mencionadas nos itens acima.
>
> Desconcentração do número de empregados num mesmo local de trabalho, face a descentralização da atividade produtiva das empresas. Possibilidade de aumento da

[15] Esse é o caso do Sindicato dos Metalúrgicos de Campinas e Região, cuja direção é composta, majoritariamente, de membros da corrente Articulação Sindical Socialista.

rotatividade de mão-de-obra e negação, na prática, dos direitos sindicais [...] (Sindicato dos Metalúrgicos do ABC Rumo à Unificação, 1993, p. 44).

Uma dificuldade encontrada pelos sindicatos para reverter ou mesmo negociar a terceirização é que as empresas, por meio do envolvimento dos trabalhadores em "esquemas participativos", exclui o movimento sindical do debate e acaba muitas vezes resolvendo internamente as pendências. Essa desmobilização, enquanto categoria, visivelmente enfraquece os trabalhadores e seu poder de pressão sobre as empresas. Assim, uma das propostas de ação do sindicalismo cutista do ABC é lutar pelo enquadramento sindical dos trabalhadores terceiros dentro das indústrias contratantes, como metalúrgicos.

O que a Honda consegue com a terceirização de atividades não se restringe, contudo à redução de custos. Os trabalhadores que já estavam isolados pela forma de produção e cooptação nas indústrias se dividem ainda mais com a terceirização. Um jogo intricado de gratificações e punições busca tornar o trabalhador um agente cooperativo com os interesses da empresa. Assim o capital combina, ofensivamente, coerção, força e consentimento (Gramsci, 1989). Nesse processo, a discriminação joga um papel essencial.

A DISCRIMINAÇÃO: UMA ALIADA DO CAPITAL NA DIVISÃO ENTRE OS TRABALHADORES

A recomposição do domínio capitalista como um processo social global passa, necessariamente, pelo local de trabalho. Nele também é fundamental que se mine a união entre os trabalhadores, sua organização enquanto classe, a identidade que faz cada trabalhador enxergar no outro um aliado. Perdas sucessivas de direitos e divisão entre os trabalhadores são processos que se alimentam um do outro.

Embora seja possível observar que o capital tem conseguido relativo êxito nesse intento de dividir e isolar cada vez mais os trabalhadores, esses processos não passam completamente despercebidos. A discriminação foi identificada pela quase totalidade dos trabalhadores como o efeito mais perverso da terceirização dos serviços de logística na Honda. O rebaixamento salarial é visto como um motivo da terceirização, e não como um efeito; mesmo porque a LSL existe como tal desde a inauguração da fábrica. Identificar a existência é, sem dúvida alguma, o primeiro passo para que a questão seja pensada.

No livro comemorativo dos 25 anos da Honda podemos encontrar a seguinte afirmação: "[...] assim, diretores e funcionários almoçam juntos, no mesmo ambiente. Nas fábricas e oficinas todos usam os mesmos uniformes brancos e bonés, independentemente da hierarquia" (Honda, 1997, p. 58).

Pelo que nossa pesquisa aponta, realmente todos os funcionários utilizam-se dos mesmos refeitórios, vestiários e demais dependências da empresa. No entanto, quanto ao uniforme, houve mudanças bastante significativas ao longo da existência da unidade Sumaré da Honda. Desde o começo, os funcionários da Honda e da LSL podiam ser diferenciados pela cor do boné. Mas, após uma greve específica dos funcionários da LSL em 1999, estes passaram a usar uma calça azul. Uma das reivindicações dessa greve era justamente que os funcionários da LSL fossem reconhecidos como metalúrgicos. Na opinião de vários dos entrevistados, essa diferenciação dos uniformes foi feita para que eles "tomassem consciência de que metalúrgico é uma coisa e funcionário da logística é outra". Quando indagados se a diferença de uniformes gerava algum tipo de discriminação, algumas respostas foram:

> Sem dúvida. Era para separar mesmo. Até teve uma época que eles falaram para nós na reunião que o boné da Honda é verde e do da logística é azul, tem uma faixa azul, a roupa é toda branca. Até eles falaram: "Oh, vocês tomem cuidado, não fiquem enrolando por aí que a cor azul a gente vê de longe". É uma discriminação, né? E depois disso, criou um clima assim, acho que foi até devido a essa greve. Depois disso eles começaram a separar mesmo! Até a empresa de ônibus era separada: a da Honda era a Ava e a que leva o pessoal da Logística é a Padovani. Como eu estava te falando, a roupa era toda branca e só a tarja azul diferenciava. Mas depois dessa bagunça aí [a greve], a calça passou a ser azul, mudou a empresa de ônibus. Eu acho, eu senti que é para diferenciar mesmo (ex-funcionário, 36 anos).

Para outro trabalhador:

> Eu me sinto discriminado sim. Sempre tem torneio de futebol. Aí se acontecia de nós ganharmos os caras já vinham com palhaçada. Só sei que os caras falavam assim: "Pô! São terceirizados, estão participando de favor". Isso é uma palhaçada. Nós todos trabalhamos juntos ali! A gente trabalha que nem um doido e tem que ficar escutando essas coisas! No dia-a-dia é o que mais tem. O pessoal da Honda só desfaz de você. "Você de calça azul, você não vai querer comparar eu com você? Você usa calça azul e minha calça é branca." Eu já escutei muito isso. Eles ficam tirando sarrinho. Enche o saco (operador de empilhadeira, 25 anos).

O trabalhador abaixo nos descreve o mecanismo que ele criou para si mesmo para não se deixar abater pela discriminação:

> Eu sempre tive na cabeça que eu estava lá para fazer o meu serviço e não tinha que ouvir os outros. Sempre acontece. Porque a gente usava uma calça azul, então, sempre chegava os caras com aquele ar de gozação: "smurfs!"[16], tal. Então, tinha essa diferença, as pessoas vinham e tiravam sarro. Por exemplo, você precisava de alguma coisa, você ia conversar com um chefe da Honda, um encarregado, se ele não fosse com a sua fisionomia, como a sua cara mesmo, ele te maltratava. Chegou a acontecer isso com um funcionário (ex-funcionário, 28 anos).

A discriminação também se expressa nos momentos em que ocorrem problemas na produção:

> Eu me sinto discriminado um pouco sim. Geralmente coisas que acontecem lá. Vou dar um exemplo: se danifica uma peça, se a peça passou por nós e ela está lá na linha, quem danificou? Geralmente vai tudo em cima da LSL. Por ser terceirizado a gente leva a culpa de não estar fazendo o serviço certo, de estar relaxado. Eles pensam que só eles fazem o serviço certo e a gente faz o serviço errado (operador de logística de materiais, 21 anos).

[16] Smurfs são personagens de um desenho animado muito conhecido na década de 1980 e início da de 1990, cuja principal característica é serem completamente azuis.

Em vários momentos das entrevistas, a discriminação dos funcionários da LSL pelos da Honda foi mencionada pelos trabalhadores. Criaram-se duas castas, duas categorias de profissionais, uma trabalhando ao lado da outra, mas com salários e chefias diferenciados. Para muitos, o desejo de ser contratado diretamente pela Honda passa pela questão salarial, mas passa também pela necessidade de ser tratado de outra forma, pelo resgate da sua dignidade de trabalhador:

> Ah! Eu gostaria. Eu acho que... havia uma certa discriminação com a gente. Eles falavam que eram do mesmo grupo, mas existia uma discriminação. Você vê, né? Até brindes, bobeiras. Às vezes o pessoal da Honda recebia brindes e nós não! Eu gostaria de ter sido [contratado] direto pela Honda. Eu acho que esse aí foi um dos fatos que eu desanimei dali, sabe? Eu desanimei por causa disso. Se eu tivesse sido direto pela Honda poderia ter continuado (ex-funcionário, 36 anos).

Segundo esse trabalhador:

> Todo mundo que trabalha lá sempre fala, reclama. Por causa do modo de tratar a gente lá dentro também. Porque tem cara lá, chefe, que passa perto da gente e nem cumprimenta. Os trabalhadores da Honda são a mesma coisa. A maioria parece que é um rei lá dentro, só porque está trabalhando na Honda. Discriminava para caramba. Houve muita festa lá, campeonato, que a gente brigou com os caras da Honda. O caso que eu lembro é que os caras da Honda começam a xingar a gente de peão. Quer dizer, eles não eram, né? Falavam assim que nós éramos escravos deles, que nós tínhamos que fazer o que eles mandassem, que nós estávamos lá para ser peão deles (ex-funcionário, 27 anos).

Mesmo o não-enquadramento legal como metalúrgico é visto por vários trabalhadores como uma forma de discriminação, como uma situação de exclusão de um direito pela condição de subcontratados:

> O direito de ser defendido pelo Sindicato dos Metalúrgicos. Eu achava que eu era impedido de ser defendido por alguém que eu, inclusive, queria pagar para ser defendido. E que eles não respeitavam. E o sindicato do Seaac não defendia a gente. Então, eu me achava excluído desse direito: o direito do trabalhador (ex-funcionário, 30 anos).

Nessa mesma direção, outro trabalhador acrescenta:

> Um deles é a função que eu exerço lá é metalúrgico. Então, todo mundo lá fala que é metalúrgico. Mesmo serviço que a Honda faz, a gente faz também. Tem capacidade para fazer. Nosso serviço lá dentro da fábrica é metalúrgico. A gente só não vira metalúrgico porque o pessoal lá de cima, da HAB [Honda Automóveis do Brasil], o deles é comercial. O nosso trabalho lá embaixo, que trabalha na produção mesmo de carro; eles não trabalham com a produção, o negócio deles é coletar e separar material. O nosso não, é envolvido já com a produção de carro. O nosso serviço é metalúrgico (operador de logística de materiais, 23 anos).

Essa diferenciação, presente na última fala, entre os funcionários da área de logística que estão ligados diretamente à produção dos carros e os que trabalham apenas nos estoques, nos escritórios e na distribuição de peças de motos para concessionárias[17], apareceu em mais duas entrevistas. Segundo o entendimento desses trabalhadores, metalúrgicos devem ser considerados aqueles que trabalham diretamente com a linha de montagem. No entanto, não está claro para eles qual seria a linha divisória que separaria esses enquadramentos diferenciados. Por exemplo: os operadores de empilhadeiras, que trabalham levando as peças para a linha de montagem, seriam também metalúrgicos ou simplesmente motoristas?

Os trabalhadores apontaram outros direitos dos quais estão excluídos por serem subcontratados:

> Quando eu entrei, o pessoal da Honda pôde comprar moto da Honda lá. É bem mais em conta. Aí saiu o cartaz lá no quadro e está o tonto aqui juntando dinheiro. Eu fui comprar, dei entrada na papelada, eles mandaram eu escolher a cor, onde ia ser montada a moto. E espera, espera, três meses e nada, e nada. Depois falaram que não existia nada disso, que eu não podia comprar. Aí eu achei uma palhaçada o que fizeram comigo. Os outros podem comprar e nós não podemos? Eu acho muito errado isso aí (operador de empilhadeira, 25 anos).

O depoimento abaixo lembra a diferenciação na PLR:

> Tem a PLR [participação nos lucros e resultados] que é paga por porcentagem. Então, o trabalho foi feito assim pelo bloco todo. É o trabalho de nós todos, tanto da Honda quanto da LSL. Só que eles ganham mais do que a gente, porque nós somos terceirizados (operador de logística de materiais, 21 anos).

A separação entre os trabalhadores se estende por pequenas, mas significativas, atitudes das empresas:

> Eu me considerava excluído sim! Vixe! Pela parte da Honda. Na parte da Honda a gente era bem desconsiderado lá dentro. Pelos funcionários da Honda, chefia da Honda. Festas, essas coisas, por exemplo cesta de Natal; era tudo diferenciado da Honda. A deles era bem maior. A da gente, não. Até nossa cesta de Natal era menor! (ex-funcionário, 27 anos).

As formas de separar os trabalhadores da LSL e os da Honda permeiam todo o cotidiano da empresa. Logo que eles chegam pela manhã, há um lema que deve ser repetido por todos; um lema que muda a cada semana. Normalmente são frases que lembram a necessidade do trabalho seguro e com qualidade; mas sempre diferenciadas entre a LSL e a Honda. O papel desse lema não nos parece, contudo, somente uma forma de separar os trabalhadores da Honda e da LSL, mas também faz parte de uma série de mecanismos da empresa para construir o tipo de consentimento adequado ao padrão de produção de que a empresa precisa.

---

[17] Os trabalhadores referem-se a esses outros como "os lá de cima", pela distribuição espacial dos funcionários dentro da Honda.

Esses mecanismos vão, então, desde o convencimento ideológico – com os lemas, os cursos, as palestras, entre outros – até a coerção por meio de sanções. O novo trabalhador da empresa flexível não precisa somente de uma nova forma de produzir, mas também de um novo comportamento diante de todas as coisas, inclusive do seu próprio corpo, de novos nexos psicofísicos (Gramsci, 1989). Todos os funcionários da Honda que são contratados por ela, diretamente ou não, devem ser profundamente cuidadosos com sua própria aparência. Isso significa que seus cabelos devem estar sempre bem cortados, o uniforme muito limpo, os sapatos engraxados e o boné na cabeça. Qualquer falha nesse sentido – além das falhas que podem provocar uma parada na linha ou qualquer outra que prejudique a produção – pode significar uma advertência. E como nos explica o trabalhador: "[...] advertência é, por exemplo: se toma uma, toma duas, chega até a suspensão. Aí, depois eles podem mandar você embora sem direito a nada" (ex-funcionário, 27 anos).

Embora todos os trabalhadores utilizem o mesmo refeitório, há como que territórios marcados para cada tipo de funcionário. Assim, os trabalhadores da LSL não se misturam, normalmente, com os funcionários da Honda.

Mesmo entre os trabalhadores da LSL existem mecanismos que os dividem. Um dos principais é o já citado sistema de prêmios no mês de abril, cujo critério de avaliação, da porcentagem que cada trabalhador vai receber, depende única e exclusivamente da decisão do seu chefe imediato. As conseqüências dessa sistemática são evidentes: uma disputa entre pelo menos uma parte dos trabalhadores para ver quem conquista a simpatia do chefe; para vários daqueles que não aceitam entrar em um jogo de bajulação, a solução é trabalhar muito, para não ser motivo de nenhuma queixa; para aqueles que não bajulam e não aceitam trabalhar além daquilo para o qual foram contratados, resta a raiva que sentem dos outros.

Embora esse mecanismo não esteja isento de questionamento – pois é percebido na sua intenção por diversos trabalhadores –, é bastante eficiente e difícil de ser quebrado. Como os salários são baixos e as campanhas salariais quase sempre se limitam à conquista da reposição inflacionária, os trabalhadores temem lutar contra essa sistemática de prêmios e ficar sem mais esse recurso. Especificamente esse mecanismo não gera a discórdia entre os trabalhadores da LSL e os da Honda, mas fragmenta internamente esses dois grupos.

Outra maneira de gerar conflitos entre os trabalhadores e, dessa forma, tornar mais difícil sua organização enquanto grupo é a distribuição de horas extras. Assim como o prêmio do mês de abril, quem decide qual trabalhador pode fazer hora extra é o chefe imediato – certamente de acordo com os picos ou baixas na demanda da produção e com as simpatias específicas. Para alguns trabalhadores entrevistados, em vários meses a quantidade de horas extras dobrou o seu salário mensal. Tal como o famigerado prêmio, essa forma de aumentar ou diminuir salários também gera conflitos entre os trabalhadores; só que de uma forma muito mais cotidiana.

A separação promovida pela empresa entre trabalhadores da Honda e da LSL e a discriminação que isso gera chegaram a tal ponto que parece pertinente afirmar que, para muitos trabalhadores, eles se tornaram dois grupos rivais. No futebol, por exemplo, essa separação e as ofensas mútuas aparecem e se multiplicam. Em algumas entrevistas, os trabalhadores chegaram a afirmar que eles deveriam ganhar mais que os da Honda, porque o trabalho deles é mais difícil. A sua autovalorização é, nesse caso, um mecanismo claro de defesa contra a própria discriminação. Um trabalhador apontou: "[...] se os caras da Honda me deduram, eu também deduro eles. É vingança. Olho por olho, dente por dente" (operador de logística de materiais, 24 anos).

A empresa não joga, contudo, somente com a separação entre os trabalhadores. No momento em que lhe é conveniente, ela também se utiliza do discurso da unidade, principalmente quando existe uma necessidade candente de aumento da produção. Nesse sentido, o trabalhador afirma:

> Porque a gente já sabia. Pelo menos eu já tinha colocado na minha cabeça que LSL era uma empresa e Honda era outra. Na verdade era o mesmo grupo. Só que como havia muita discriminação, eu estava desde o começo, eu já sabia como funcionava, então eu já estava consciente. LSL era uma coisa e Honda era outra. Em reunião assim eles falavam: "Somos todos um só". Inclusive era falado que a LSL era do mesmo grupo. Só que em assembléia sindical aí eles falavam: "Não, a LSL é uma empresa e a Honda é outra". Dependendo da situação eles usavam esse argumento. Então, a gente tinha que exigir nossos direitos fosse quem fosse (ex-funcionário, 28 anos).

O trabalho em si apresenta-se aos trabalhadores como um elemento contraditório: em diversos momentos como um valor fundamental, que edifica os homens; em vários outros, como um opressor, que desgasta e cansa, prejudicando as relações com a família e os amigos; mas também se apresenta como aquele que permite uma integração social, mesmo na família. De qualquer forma, o trabalho sempre aparece como algo necessário. Assim é o trabalho sob o capitalismo: permeado de contradições. Estar fora dele, mesmo levando-se em conta todos os seus aspectos negativos, significa não estar integrado a todo o conjunto da vida social. E o desemprego, como já apontado, é um importante fator na construção do consentimento. As falas dos trabalhadores, inclusive das lideranças da greve, expressam essas contradições: "Eu não tenho medo do desemprego porque eu acho que fica desempregado quem quer. Acho que quem dorme até o meio-dia não vai arrumar emprego nenhum. Mesmo que seja para ganhar uma mixaria!" (ex-funcionário, 28 anos).

Para esse ex-funcionário:

> Na verdade o trabalho lá facilitava a vida sim. Facilitava porque era ali que eu retirava o meu sustento, o sustento da minha família. E eu conseguindo me sustentar e sustentar a minha família, eu vou bem, vou bem com os meus amigos. Porque eu vou ter dinheiro no bolso, eu vou estar conquistando meu espaço (ex-funcionário, 30 anos).

De acordo com a fala de outro trabalhador:

> Tem vez que facilita a vida, tem vez que não. Tem dia que a gente trabalha tanto... Igual eu trabalhei, praticamente quatro anos sentado, dirigindo. E agora trabalhar igual um camelo, empurrando carrinho o dia inteiro... Tem dia que você chega um bagaço em casa. Você não quer conversar com ninguém. Você quer deitar e dormir. Você trabalha descontente. Você não trabalha contente com o que faz. Eu gostava da empilhadeira. Aí os caras me tiraram; deixaram uma pessoa que nem tem prática na máquina e até que não gosta do que faz. Eu

não tenho bronca do cara nada. Ele não é culpado, mas é a firma. Eu acho que eles fizeram isso aí para ver se eu pedia a conta (operador de empilhadeira, 25 anos).

Os mecanismos de dominação e construção do consentimento não são, contudo, completamente eficientes. Os trabalhadores refletem sobre os acontecimentos, têm sua história de vida que ultrapassa os limites da fábrica, têm experiência de outros trabalhos e de outras conquistas. Assim, embora permeada de contradições, os trabalhadores entrevistados mostraram uma consciência clara da oposição entre capital e trabalho. Conforme nos informa Frederico, enxergar uma oposição entre operários e chefes é uma forma de compreender as relações de classe dentro do processo de trabalho (Frederico, 1979, p. 57). Às vezes, essa oposição não lhes é clara em cada procedimento cotidiano da empresa. Ou também o que é claro para um trabalhador não o é para outro. Mas, de maneira geral, os trabalhadores explicitam que sabem que o objetivo fundamental da empresa é o lucro. E para que eles tenham suas reivindicações atendidas não há benevolência da empresa, mas luta, reivindicação.

Como veremos um pouco mais adiante, o próprio desejo de catorze dos dezesseis trabalhadores entrevistados serem considerados metalúrgicos está associado à idéia de que o sindicato dessa categoria, em oposição ao que os representa, é um sindicato de luta.

Dessa forma, a resistência dos trabalhadores às investidas da empresa sobre sua consciência e condição de classe também é bastante ambígua e contraditória. Praticamente todos os trabalhadores entrevistados afirmaram que a única estratégia que eles têm para conquistar ou reivindicar alguma coisa é a conversa com os chefes e, em um caso extremo, procurar o sindicato ou fazer uma greve.

Provavelmente, os trabalhadores possuem determinadas formas de agir e de se portar no decorrer do processo produtivo que lhes permitem reagir ou proteger-se. No entanto, apreender essas formas mais cotidianas de resistência foi um limite desta pesquisa; tanto pela dificuldade de entrevistar os trabalhadores, pelo receio que eles tinham de se comprometer de alguma forma, quanto pela impossibilidade de uma visita à Honda, para entrevistar funcionários de outras áreas (engenheiros e outros chefes, por exemplo) e ver o processo de produção. Na verdade, diante do despotismo da empresa e da pressão que ela exerce sobre os trabalhadores para que eles não falem sobre o que acontece lá dentro, podemos afirmar que o fato mesmo de os trabalhadores darem uma entrevista já é uma forma de resistência.

Embora com o limite apontado acima, um momento importante do processo de resistência pôde ser captado por esta pesquisa: uma greve. No próximo item, trabalharemos essa importante experiência de organização de classe que é a greve.

A Honda, a LSL, os trabalhadores e suas relações com os sindicatos: os ensinamentos de uma greve

Em 1999, os funcionários da LSL viveram uma importante experiência de greve, a primeira e a única inteiramente organizada e realizada pelos trabalhadores da empresa. Essa greve aconteceu em fevereiro de 2000 e contou com a adesão de todos os trabalhadores.

Segundo os depoimentos dos trabalhadores, todo o movimento foi organizado por dois funcionários da LSL que buscaram apoio no sindicato dos Metalúrgicos de Campinas e região, que representa os trabalhadores da Honda. As reivindicações eram: reajuste de 33% nos salários e redução da jornada sem redução de salário e sem flexibilização (acordo que já estava firmado com os trabalhadores da Honda). Além disso, a greve também buscava mudança na representação sindical, os trabalhadores da LSL queriam passar a ser representados pelo sindicato cutista.

Durante aproximadamente dois meses, esses dois trabalhadores conversaram com os seus companheiros e organizaram, cada um no seu turno de trabalho, reuniões informais para debater suas condições salariais. Além das conversas dentro da fábrica, tentando escapar da vigilância das chefias, ambos também se encontravam com os representantes do Sindicato dos Metalúrgicos. Juntos, eles traçaram as estratégias da greve. A adesão foi muito mais ampla do que o esperado. Até mesmo aqueles trabalhadores da LSL que mesmo entre eles não são considerados metalúrgicos, mas comerciários (os que eles chamam de "os lá de cima", da embalagem de peças de motocicletas para as concessionárias), participaram da greve.

A motivação fundamental para um desses trabalhadores que organizaram a greve foi:

> O que é feito lá é metalúrgico e ninguém tira da minha cabeça, por isso não procuramos o Seaac. Inclusive nós chegamos a falar com o Jair [diretor do Sindicato dos Metalúrgicos também entrevistado]. A gente procurou e ele orientou a gente. Nós marcamos uma reunião com todo o pessoal no sindicato, com todo o pessoal da LSL; a maioria foi. Inclusive a gente preencheu até papéis para se filiar no sindicato que era um argumento forte: todo mundo queria se filiar ao Sindicato dos Metalúrgicos (ex-funcionário, 28 anos).

Os trabalhadores ainda avisaram a chefia da Honda e da LSL de que eles voltariam das férias coletivas em greve. Em conformidade com a filosofia da Honda – e do próprio toyotismo – de tratar os trabalhadores individualmente, e não como um grupo organizado que realmente eles eram naquele momento, as duas empresas chamaram os organizadores da greve e tentaram negociar para que o movimento parasse naquele ponto, antes da parada efetiva dos trabalhadores. Segundo o trabalhador:

> Aí o supervisor de RH já desceu e tentou negociar. Inclusive quase a gente "funica" tudo lá. Porque eles chamaram para negociação e a gente ia negociar entre nós mesmos, ali. Aí nós procuramos o sindicato novamente e conversamos com o Jair e explicamos para ele a situação. Ele falou: "Não, vocês vão entrar pelo cano! Porque eles vão tentar deixar tudo por isso mesmo e vocês não vão ter aumento nenhum. Se vocês tiverem aumento vai ser de dez, quinze reais". E realmente nós voltamos já de greve. Até o pessoal que a gente acha mesmo que é do comércio, que faz separação de peça de moto, que é uma outra unidade separada, resolveu parar também, para colaborar com a gente. Aí ficamos três ou quatro dias parados, até abrir negociação (ex-funcionário, 28 anos).

A experiência dessa greve foi profundamente marcante em diversos sentidos para os trabalhadores e para a própria empresa. Ela está presente no histórico de luta dos trabalhadores, na forma diferenciada que ela provocou de encarar o trabalho. Muitas coisas mudaram nas relações entre a Honda, a LSL, os trabalhadores e os dois sindicatos envolvidos. A história, as reivindicações e as conquistas dessa greve são claras inclusive para aqueles que foram admitidos depois dela; porque essa greve lhes foi contada por seus companheiros.

Segundo o relato dos trabalhadores, até que a greve fosse deflagrada, eles não conheciam os integrantes do sindicato que oficialmente representava a categoria, o Seaac de Americana. Depois que eles recebiam algum reajuste salarial ou tinham qualquer outra modificação nas condições ou contratos de trabalho, vinham a saber que o dito sindicato havia negociado tais mudanças com a empresa. Durante o período imediatamente anterior à greve, os funcionários procuravam esse sindicato, mas, segundo o relato do outro trabalhador organizador da paralisação:

> Ela se iniciou quando eu e os funcionários lá dentro discutíamos: "Nós estamos no caminho errado! O Seaac chega aqui, diz que fez um acordo com a empresa de tantos por cento e ninguém participou de assembléia! Ninguém sabe nada?! Mas que sindicato é esse que nunca vem aqui, nunca passa uma informação? A empresa é que passa informação". E começamos a entrar em contato com o sindicato, o Seaac de Americana. E quando a gente marcava uma audiência no sindicato, a gente chegava para conversar e lá estava o representante da empresa. "Mas a gente marcou uma reunião com o sindicato e não com a empresa! Com a empresa a gente conversa lá na empresa!" "Não, mas ele veio aqui para representar a empresa." "Mas a gente não quer representante da empresa. A gente é representante dos funcionários e vocês representantes do sindicato. É isso que a gente quer." E a discussão começou ali. E foi onde os funcionários sugeriram para mim e para o outro companheiro que a gente procurasse o Sindicato dos Metalúrgicos e conversasse com eles (ex-funcionário, 30 anos).

Se antes da greve o sindicato de Americana já não era bem-visto pelos trabalhadores – principalmente aqueles que estavam mais diretamente ligados à produção e, de um modo ou de outro, acabavam por conhecer uma outra forma de ser sindicato, a dos metalúrgicos –, a situação se agravou durante a greve. A fala abaixo demonstra claramente a diferença de posicionamento entre os sindicatos e as conseqüências imediatas, ainda durante a greve, da postura de cada um:

> Teve a greve e todo mundo ficou parado lá fora. Aí os chefes não sabiam o que fazer; ligaram urgente para os caras [do Seaac]. E eles nunca tinham ido lá fazer assembléia. Isso, quando eu entrei lá já tinha três anos a LSL. Eu era novo lá. Segundo o pessoal mais antigo eles nunca tinham ido na empresa, os representantes do comércio. Aí como o pessoal começou a ir atrás do Sindicato dos Metalúrgicos, eles começaram a vir atrás. Quando pegou fogo eles lá dentro [da empresa] ligaram para os caras e falaram: "Oh, se vira e vem aqui que está acontecendo isso e isso". Aí chegaram elas lá. São três mulheres que comandam. Naquela bagunça, eu não sei se você já participou disso, mas é uma... No meio de peãozada você vê de tudo, né? Chegaram até a ofender elas. O que eu sei é que elas não conseguiram nada. Não conseguiam nem conversar; ficou aquela briga. Aí elas trouxeram um advogado, um representante jurídico do sindicato. Também tentou conversar e não conseguiu. Porque não tinha como. O pessoal estava revoltado mesmo. O acordo foi feito com o sindicato dos metalúrgicos e eles dispensaram o do comércio, não legalmente, porque legalmente é comércio, mas quem fez a transação foi o sindicato dos metalúrgicos [...] Depois disso, esse

> sindicato do comércio começou a querer ter contato como o pessoal. Começou a querer criar amizade, digamos assim. Iam lá, queriam fazer uma reuniãozinha. Nunca entregaram um panfleto, começaram a entregar. Mas mesmo assim, eu sai de lá agora, eles não têm afinidade nenhuma com o pessoal (ex-funcionário, 36 anos).

A presidente do Seaac considera que a greve tenha se revertido em benefícios em termos de aproximação entre o sindicato e os funcionários; contudo, os depoimentos dos entrevistados nos mostram um outro lado. A desconfiança dos trabalhadores em relação ao sindicato não se restringiu ao período da greve. Na metade das entrevistas com os trabalhadores, eles demonstraram que acham no mínimo estranho o fato de que o sindicato que os representa tenha mais diálogo com a empresa do que com eles próprios. É a consciência da oposição entre capital e trabalho que, mesmo se apresentando contraditória em diversos momentos, informa essa desconfiança. Quando indagado se se sentia bem representado por seu sindicato, um trabalhador respondeu:

> Estou achando que isso aí é tudo golpe! Porque eu lembro que várias vezes nós tirávamos alguma coisa e marcávamos uma reunião com elas. Aí nós íamos lá; o que acontecia: fazia uma reunião no sindicato, para conversar sobre os nossos problemas, tal, aí vai o sindicato e liga lá para chefaiada! E logo está lá toda a chefaiada no sindicato. É sacanagem, não é? (operador de empilhadeira, 25 anos).

Na fala desse outro trabalhador:

> Eu não me sinto bem representado de forma alguma. Porque nunca a gente senta para reivindicar com o sindicato o que a gente quer, eles sempre falam de ver os dois lados. "Mas isso a empresa não vai dar para vocês. Isso a empresa não pode fazer por vocês." Que sindicato é esse que não tenta conversar com a empresa primeiramente? Que sempre está do lado da empresa? Aí ela chega lá e diz para gente: "Não vai pensar vocês que eu estou do lado da empresa. Como não? Você não está do lado da empresa? Antes da gente comentar para você o que a gente quer, exigir o que a gente quer, você nem senta na mesa para conversar e já está falando que não vai conseguir, que é muito difícil a situação da empresa!" (operador de logística de materiais, 20 anos).

Invariavelmente, todos os trabalhadores responderam que não se sentiam bem representados pelo Seaac. Vários deles porque consideram uma aberração que, mesmo se considerando metalúrgicos, sejam representados por um sindicato de comerciários – assim eles identificam o Seaac. O motivo principal, contudo, mais presente até que essa desconfiança – e que não deixa de estar relacionado a ela –, é que esse sindicato não é visto como um sindicato de luta. Assim, de todos os trabalhadores entrevistados, apenas dois não queriam ser representados pelos metalúrgicos. Um porque foi indicado pela empresa para ser membro da Cipa e acredita que uma filiação desse tipo iria atrapalhar sua ascensão lá dentro. O outro porque tem medo de ser demitido: "Eu tenho medo assim de ser filiado e não poder trabalhar lá dentro. O pessoal fala que eles não podem te mandar embora só porque você é filiado lá da CUT, mas..." (operador de logística de materiais, 21 anos).

Além da confiança na capacidade de luta, outros motivos para ser filiado ao Sindicato dos Metalúrgicos são:

> Ah! Eles são fortes! Para a indústria metalúrgica eles são bem fortes. Porque para eles pode ter qualquer chefe lá que eles não estão nem aí. Eles chegam e se tiver que parar eles param mesmo. Eles falam muito sobre os problemas da Honda que é LER, aquele problema que estava tendo na pintura que é chumbo no sangue, um monte de problema. O pessoal já estava levando para eles e sempre nas palestras, nessas coisas de sindicato, eles estavam discutindo isso. E sempre pressionando a LSL também (ex-funcionário, 27 anos).

Para esse trabalhador:

> Se eu entrar pelo Sindicato dos Metalúrgicos meu salário vai ser padronizado com o da Honda. A Honda está ganhando agora o que? Na faixa de 800 reais, para começar! Eu vou ter que começar com o salário inicial da Honda: 834 que eu fiquei sabendo. Então, eles vão te que pagar isso aí para mim. Por isso eles não querem passar o pessoal da LSL. Eles vão ter que aumentar o salário (operador de logística de materiais, 23 anos).

Para o Sindicato dos Metalúrgicos a greve deixou, portanto, um saldo bastante positivo, principalmente no que diz respeito à confiança dos trabalhadores de que estão bem representados no embate entre capital e trabalho – ao menos nos momentos em que eles julgam que esse embate é necessário. Como afirma o presidente do Sindicato dos Metalúrgicos de Campinas e Região, João Leite, sobre a greve: "[...] essa luta é muito importante para abrir a discussão na categoria sobre a representação dos terceirizados. É fundamental que os próprios trabalhadores façam como os da Logística e exijam um sindicato de luta" (*Folha de Metal*, 18/2/2000).

Outro dado importante dessa greve é que, mesmo com todas as diferenças entre os trabalhadores da LSL e os da Honda, mesmo com a discriminação e a divisão incentivadas, de uma forma ou de outra, pelas duas empresas, os trabalhadores contratados diretamente pela Honda apoiaram o movimento dos funcionários da LSL. Se a união entre eles não foi suficiente para que se organizassem enquanto um único grupo até aqui, ao menos a lógica da empresa também não lhes é completamente aceitável. No limite, os trabalhadores da Honda se identificaram mais com os da LSL do que com o discurso da empresa. Um trabalhador nos relata:

> Os funcionários da Honda apoiaram a greve, mas só que eles não podiam ficar lá fora. A empresa falou para eles: "Oh! Aquela greve não tem nada a ver com vocês, então vocês têm que trabalhar". Aí eles sentiram os dias que nós ficamos parados lá dentro. Tinha chefe que falava: "Vocês estão certos de fazer isso mesmo!". Porque eles ficaram lá um dia, dois dias e eles viram o trabalho que a gente faz. Porque a Honda não conseguia fazer. Tem muita gente lá dentro que apoiou, que falou que a gente tinha que fazer essa greve, que nós éramos metalúrgicos mesmo (ex-funcionário, 27 anos).

As empresas mantêm um certo diálogo com os dois sindicatos. Com o Seaac, conforme já nos apontaram os trabalhadores, as relações são mais próximas. Aliás, ao tentarmos uma entrevista com a chefia da LSL e uma visita à empresa, a gerente de recursos humanos alegou que isso não era necessário uma vez que todas as informações disponíveis já haviam sido dadas em entrevista recente com a presidente do Seaac. Segundo essa última, suas relações se restringem à LSL.

Quanto ao Sindicato dos Metalúrgicos, sua atuação se dá mais diretamente com a Honda. E mesmo aqui a empresa não optou pelo embate. Sua busca de obediência e consentimento manipulado entre os trabalhadores seria posta em risco se houvesse um conflito direto com o sindicato. Assim, conforme nos explica Jair:

> A Honda, especificamente, tem uma filosofia de tentar é... adocicar o sindicato, trabalhar uma forma de ter um sindicato dócil. Então, um dos caminhos que eles procuram é não confrontar e tentar adocicar, não só os trabalhadores da fábrica, mas também a direção do sindicato. Essa tentativa é muito sutil, então ela é muito perspicaz. Por exemplo, a entrada da Honda fica paralela à Anhangüera e do lado de uma estrada vicinal no sentido de Hortolândia. A nossa preferência para fazer assembléia é lá em baixo, paralelo à avenida, então ela não tem nenhuma dificuldade, por exemplo, em deixar fazer a assembléia lá em cima se a gente quiser. "Quando o sindicato for fazer a assembléia me avisa que eu libero os trabalhadores para ir para a assembléia." Então, isso não é uma forma de adocicar? Parece que não é. Parece que é uma facilidade, que ela está tentando nos ajudar, mas a mensagem que vai passar para os trabalhadores é a de que o sindicato está sendo comprado, porque o sindicato não precisa avisar a empresa de quando vai fazer assembléia, e tampouco pedir para que a empresa avise os trabalhadores para ir para a assembléia do sindicato. Essas formas sutis, se você, de repente, não tiver preparado, você acaba cometendo equívocos que, para os trabalhadores, o sindicato passa a ser visto como um sindicato pelego, um sindicato que está de parceria (Jair, Sindicato dos Metalúrgicos).

Como é possível observar, também a luta sindical e as relações que os trabalhadores construíram com essas entidades são permeadas de contradições. Mesmo com todas as conquistas oriundas da greve, tanto em termos materiais (com um aumento salarial de quase 30%) quanto na inevitável construção de uma consciência e identidade de classe, o Sindicato dos Metalúrgicos enfrenta resistências dos trabalhadores. Resistências essas advindas do medo do desemprego que o envolvimento com um sindicato mais combativo pode trazer; mas também resistências pelo trabalho de construção do consentimento que a empresa faz cotidianamente.

Portanto, entre os trabalhadores da LSL o discurso da integração e o conflito de interesses convivem, muitas vezes, na fala de um mesmo trabalhador. Assim, o mesmo trabalhador que organiza uma greve é capaz de dizer que o desemprego é culpa de quem "não corre atrás"; o mesmo trabalhador que identifica a divisão entre os trabalhadores e a discriminação como elementos que dificultam a sua organização conjunta também afirma que, quando pode, se vinga dos seus companheiros não subcontratados – entregando-os aos seus chefes, por exemplo. Isso nos mostra que, se há elementos que dificultam a construção da identidade e da consciência de classe e a própria organização dos trabalhadores, também existe um limite nos mecanismos de coerção e convencimento da empresa. Limites esses colocados pela experiência cotidiana de exploração e degradação e, certamente, pela percepção das diferenças da atuação dos dois sindicatos envolvidos com a categoria.

Capítulo 7

TOYOTA: A INSPIRAÇÃO JAPONESA E OS CAMINHOS DO CONSENTIMENTO*

Eurenice Lima

INTRODUÇÃO

A empresa Toyota Motor Co. está instalada no Brasil desde o final da década de 1950, em São Bernardo do Campo (SP). Em dezembro de 1958, têm início as atividades da fábrica para a produção do utilitário Land Cruiser e do Toyota Bandeirantes, a partir de 1962, funcionando inicialmente com um efetivo de 663 trabalhadores. Até o final do século XX, a empresa Toyota Motor Co. consolidou a sua posição como a primeira empresa automobilística do Japão, competindo para garantir a terceira posição no mercado internacional (Gounet, 1999; Gounet, 1999a). Porém, nessa trajetória, se notabilizou por desenvolver uma forma de gestão específica – denominada ohnismo ou toyotismo[1] –, adaptada a situações de crescimento lento, que "serve para todo tipo de negócios" e atraiu os empresários do mundo, a partir da década de 1970 (Womack, 1992; Ohno, 1997).

Este artigo pretende registrar a experiência de implantação dessa forma de gestão no Brasil, por meio da construção da segunda unidade de produção, em Indaiatuba (SP), identificando a especificidade das estratégias de controle e disciplina que visam a quebrar as resistências dos trabalhadores, impondo como modelo o trabalhador colaborador e a empresa como o ambiente onde pode aflorar o consenso social – consideradas as dimensões históricas de sua inserção.

---

* Esta pesquisa é parte da tese de doutorado da autora, intitulada *O encantamento da fábrica: toyotismo e os caminhos do envolvimento no Brasil*, IFCH/Unicamp, 2002, sob orientação do Prof. Dr. Ricardo Antunes, com bolsa do CNPq. A referida tese foi posteriormente publicada em livro intitulado *Toyotismo no Brasil: desencantamento da fábrica, envolvimento e resistência*, São Paulo, Expressão Popular, 2004.

1 A empresa estudada adota a expressão STP – sistema Toyota de produção – em vez de toyotismo.

Contexto nacional e mundial

Enquanto a Toyota crescia e se consolidava em território nacional, a partir da década de 1950, o Brasil continuou percorrendo o caminho da urbanização e da industrialização e passou pela repressão da ditadura militar e pela efervescência dos movimentos sociais tanto no campo quanto na cidade, abrigando a contestação organizada que se expressava a partir do ABC paulista. Além disso, o Brasil passou pela campanha das Diretas-já, a organização das centrais sindicais e do Partido dos Trabalhadores (PT), a Constituição de 1988, a eleição indireta para presidente, o retorno à democracia representativa e a fundação de outros partidos (Antunes, 1997; Antunes, 1998).

O Brasil que entrou na trilha do desenvolvimento, combinando industrialização por substituição de importações com democracia formal e períodos de repressão social, servindo de base exploratória para as empresas transnacionais, alimentava, ao mesmo tempo, o endividamento externo e a desigualdade social (Singer, 1987). Desigualdade que se afirma mesmo quando considerada a emergência de uma classe média ligada aos setores exportadores, à burocracia pública e aos outros setores da indústria, entre os quais a indústria automobilística é um exemplo bastante conhecido (Furtado, 1998; Oliveira, 1998).

Porém, se mudanças econômicas, políticas, sociais e culturais ocorriam no Brasil que buscava completar o processo de modernização (Tavares, 1993), o capitalismo mundial – que já havia acrescentado novos elementos à sua complexidade, tais como "os trinta anos dourados" de crescimento, o Welfare State, a Guerra Fria, o maio de 68 –, agora às voltas com limites no crescimento da taxa de lucros, ao mesmo tempo em que busca reorganizar suas estratégias de crescimento e controle social, incorpora as novas técnicas de gestão (reengenharia, toyotismo etc.), as inovações tecnológicas (automação, microeletrônica, robótica) (Mandel, 1990; Harvey, 1992; Bihr, 1998).

Além disso, como parte do cenário mundial, na era da financeirização (Chesnais, 1996), emergem das urnas, na Inglaterra e nos Estados Unidos, Margaret Thatcher e Ronald Reagan – respectivamente –, cujos governos vão canalizar a crítica àquele conjunto de idéias e práticas (Estado-providência, políticas keynesianas, sindicatos-massa) legitimadas pelos movimentos sociais e pelas conquistas dos trabalhadores organizados que – supostamente, só então – estariam enrijecendo o crescimento da produção de bem-estar (Lipietz, 1989; Mészáros, 2002). É a vez de incorporar o discurso da flexibilidade, do Estado mínimo, das reformas trabalhistas, da reforma da previdência, da crítica ao sindicato (Anderson, 1995; Sader e Gentili, 1995; Boito Jr., 1999; Tauile, 2001). Essa era a forma pela qual os agentes da ordem abriam caminhos nos quais saudaram o tempo do neoliberalismo, da globalização, da reestruturação produtiva, revelando um Brasil – de "parque industrial ultrapassado" – que precisava incorporar tecnologias de base microeletrônica, aumentar a produtividade e melhorar a qualidade dos seus produtos para ficar mais competitivo no mercado internacional (Fiori, 1995; Coutinho e Ferraz, 1995; Fiori, 1998). Para tanto, o Estado deveria bancar a abertura comercial, a privatização e resolver a questão do desemprego crescente concedendo incentivos para atrair as multinacionais, principalmente as do setor automobilístico (Mattoso, 1995; Mattoso, 1999; Mattoso, 2000; Biondi, 1999; Dedecca, 2000).

O TOYOTISMO NA UNIDADE PRODUTIVA DE INDAIATUBA

Campinas, que na passagem para o século XIX já era centro de lideranças econômicas e políticas de nível nacional, passou rapidamente pela crise de 1930, chegando à década de 1960 com uma economia urbana e industrial que possibilitou "a centralidade desta cidade sobre uma vasta região" composta de 83 cidades. A partir da década de 1960, continuou o crescimento dos setores primário, secundário e terciário, e apresentou, também, notável crescimento demográfico, da infra-estrutura de transportes e da rede urbana. Na década de 1980, "consolidou-se a estrutura industrial regional com as indústrias metal-mecânica, química e farmacêutica" assumindo maior expressão. Nos vinte anos posteriores, mesmo com diminuição de investimentos e aumento do desemprego, continuou "ampliando sua participação na indústria nacional, passando a se constituir num dos principais centros manufatureiros do Brasil" (Cano e Brandão, 2002).

No final da década de 1990, a região de Campinas já era um pólo tecnológico plenamente constituído (Joia, 1990), cujo dinamismo e poder de atração registra, entre outras, a instalação da Honda (Sumaré) e da Toyota (Indaiatuba), e uma considerável estrutura educacional pública e privada. Tem-se, de um lado, a formação de uma massa de assalariados, pesquisadores e gestores altamente qualificada e atualizada que, anualmente, contribui para o crescimento da força de trabalho em busca de emprego, inserida, por outro lado, em um contexto social de crescimento da precarização e de desemprego crescente de uma massa de trabalhadores produzida pelas empresas em processos de "enxugamentos" contínuos (Pochmann, 1999).

Nesse cenário, desenhado a traços largos, passaram-se aproximadamente quarenta anos, até que, na segunda metade da década de 1990, a empresa inaugurasse uma nova unidade produtiva em Indaiatuba, na região de Campinas, para desenvolver o sistema Toyota de produção (STP) em contexto histórico diferente daquele que lhe deu origem.

Indaiatuba é uma cidade integrada à Região Administrativa de Campinas, situada a 99 quilômetros da cidade de São Paulo, a 22 de Campinas e a 13 do Aeroporto de Viracopos. Apresenta uma população de 146.829 habitantes (1996), para uma taxa de urbanização de 97,9% (2000). Possui como principal via de acesso a rodovia Santos Dumont (SP-75), que se integra ao complexo Anhangüera (SP-330)–Bandeirantes (SP-348), além da linha férrea de carga da Ferrovia Paulista S.A. (Fepasa) (Cano e Brandão, 2002). Esse mesmo estudo, ao fazer referência às 500 indústrias do parque industrial de Indaiatuba, cita ilustrativamente os outros investimentos feitos na cidade, no final da década de 1990:

> [...] a instalação da Ogura Cluth, fabricante de embreagem de ar condicionado para veículos, com investimento de US$ 6 milhões; da Plastek, empresa do setor produtor de plásticos e borracha, com investimento de US$ 25 milhões de dólares; e da Toyota com investimento de US$ 300 milhões de dólares. [...] a Ericsson inaugurou em 2001 um Centro de Pesquisa e Desenvolvimento de Software para Telecomunicações, com investimento de US$ 47 milhões (Cano e Brandão, 2002, p. 324).

A empresa Toyota Motor Co., uma das maiores investidoras desse "novo surto de investimentos industriais", apresenta algumas especificidades: procura formar um novo tipo de trabalhador, inclui inovações que se estendem até o plano das relações entre a empresa e a comunidade na qual se instala, busca criar o sentimento de pertencimento à comunidade Toyota, por meio do desenvolvimento de atividades de lazer nos fins de semana. Contrata moradores da própria cidade de Indaiatuba sem histórico de empregos anteriores, evitando experiências sindicais pregressas. Acionando operários que devem se formar no processo mesmo da produção, no seu interior, os mentores da nova unidade esperam criar uma situação em que os operários e a comunidade "se encantem" com a fábrica. Esse fato já se faz presente no discurso de executivos que atribuem ao trabalho de equipe a possibilidade de um ambiente de verdadeira democracia: o operário é ouvido pelo mais graduado membro da direção, principalmente quando o assunto é referente ao encaminhamento de solução de algum problema que esteja elevando os custos da produção.

A localização, que redesenha uma nova geografia da produção no país, e a organização interna da produção e do trabalho passam a operar exclusivamente com base no *just-in-time* (estoque zero), numa estrutura produtiva reduzida e enxuta. Ao evitar a formação de integração vertical, a Toyota do Brasil contrata a produção dos componentes necessários à montagem dos seus projetos com uma cadeia de médias e pequenas empresas[2]. Os termos do contrato incluem a possibilidade de interferência da Toyota na contratada ou subcontratada para propor a reformulação de seus programas de produção e/ou em seu processo de trabalho, visando a incluir métodos de organização do trabalho similar ao seu. A empresa reserva para si a produção de elementos tais como motores, em que também opera como fornecedora, e prensagem[3].

Integram essa estratégia a ampliação da rede de concessionárias e a abertura do Banco Toyota, com a finalidade de apoiar o espectro de operações do grupo, incluindo as áreas da produção e de vendas. Para tanto, a empresa conta com uma estrutura de 135 concessionárias, das quais 65 trabalham com os utilitários bandeirantes e 70 vendem e fazem manutenção de automóveis[4].

No primeiro semestre de 1999, tendo alcançado o limite do mecanismo de horas extras para aumento da produção, a empresa se encaminhou para a implantação de um segundo turno de produção, realizando treinamento de um grupo de cinqüenta novos contratados. A produção diária de 38 carros era obtida por meio de uma produtividade média de treze minutos por carro[5]. Em setembro de 1999, a unidade alcançou a marca de mil veículos montados ao mês, o dobro do volume alcançado no primeiro ano de instalação[6].

---

2 Em entrevista para esta pesquisa, executivo da empresa – que não permitiu gravação – não revelou a estrutura de subcontratação. Porém, depoimentos dos trabalhadores apontam para a existência de vínculos com a Bosch, com a Pirelli e com a Yammar.

3 A fábrica de Indaiatuba tem ainda como fornecedores a fábrica Toyota de São Bernardo do Campo e da Argentina.

4 Segundo declaração de Kazo Uji, diretor-presidente da Toyota do Brasil: "[...] estes são pilares importantes para crescer. Já estamos consolidados no Japão e América do Norte. O próximo passo é o mercado europeu, com o início da produção do compacto Yaris na nossa fábrica francesa no ano que vem. Depois, nossa meta é o Mercosul". Para tanto, a empresa planeja investir no Brasil US$ 850 milhões até 2010, fabricando aqui um carro popular, o Yaris, já lançado na Europa.

5 *Correio Popular*, 31/10/1999.

6 A estratégia da montadora é de um crescimento gradual nos próximos anos até alcançar, em 2010, a marca de 500 mil carros/ano. Ou seja, aproximadamente 10% da produção nacional do setor automobilístico. Esse aumento da produção é consistente com a estratégia orientada para a exportação para os países do Mercosul. A participação

Segundo Ohno, não existiria método mágico para a implantação do toyotismo, ao contrário: "[é necessário] um sistema de gestão total que desenvolva a habilidade humana até sua mais plena capacidade, a fim de melhor realçar a criatividade e a operosidade, para utilizar bem instalações e máquinas, e eliminar todo o desperdício" (Ohno, 1997, p. 30).

No Brasil, observa-se a montagem desse método de forma muito eficaz e rápida, a ponto de registrar um crescimento da produtividade de quase 100%: de 20 para 38 carros/dia. Isso apenas no ano de 1999.

Desde a fase originária, as modificações direcionadas à implementação da polivalência geraram muita resistência entre os trabalhadores, e o sistema Toyota de produção só pôde ser desenvolvido após a derrota do sindicalismo classista, na década de 1950, a "pacificação" do movimento operário e a adoção do sindicato por empresa.

No Japão, por sua vez, durante a depreciação do iene em 1995-1996, a indústria exportadora foi advertida sobre a necessidade de fazer escolhas para ajustar-se a novas expectativas em que estariam ameaçados o emprego estável, a aposentadoria e o sindicato de empresa. Os bônus sumiram principalmente para os trabalhadores com idade entre 50 e 55 anos, e recrutaram-se mais trabalhadores temporários, organizando-se um intenso deslocamento profissional e geográfico no interior das empresas (Nohara, 1998).

Principalmente no início da década de 1990, a economia japonesa conflui para o aquecimento da demanda ou o fenômeno da "bolha financeira", como ficou conhecido esse período do qual algumas características sobressaem:

1) o trabalho nas linhas de montagem das indústrias automobilísticas é repudiado pelos jovens trabalhadores japoneses, que o consideram perigoso, sujo e cansativo. Tal fato contribui para diminuir a adesão das gerações mais jovens;
2) a baixa taxa de natalidade e envelhecimento da força de trabalho;
3) os diplomados de estudos secundários, que constituem o núcleo principal da força de trabalho da indústria japonesa, preferem a universidade;
4) no meio da década de 1990, a metade dos novos ingressantes no mercado de trabalho é de diplomados na universidade e "prefere" o setor de serviços;
5) a existência de altas taxas de rotatividade dos jovens operadores na indústria automobilística, devido ao parcelamento, às cadências elevadas, à repetição e à monotonia, características do trabalho na linha de montagem;
6) além disso, a concorrência acirrada no mercado automobilístico leva os construtores a diversificar os seus modelos, o que aumenta a variação do número de peças, sobrecarregando engenheiros e fornecedores e complicando as tarefas dos operadores.

O sistema Toyota de produção (STP) trabalha com a capacidade do *just-in-time* e do *kaizen* próxima ao limite, mas em situação de crescimento estável. Segundo Shimizu, "[...] o STP não podia responder ao acréscimo de demanda e ao aquecimento provocado pela 'bolha financeira'" (Shimizu, 1999, p. 83).

---

da Toyota do Brasil alcança 1,31% no mercado de automóveis nacional, com 12.012 unidades vendidas, produzidas de janeiro a setembro de 1999. Dessas unidades, 7700 são modelos do tipo Corolla, vendidos no mercado local e 650, na Argentina.

O número de trabalhadores que deixavam a Toyota no primeiro ano de trabalho já havia atingido os 25%. A empresa, buscando resolver esse problema, redirecionou sua política de contratação, engajando em massa trabalhadores temporários:

> No pior dos casos, as equipes de trabalho eram compostas de dois terços de assalariados temporários. Desse modo, os agentes de enquadramento eram obrigados a intervir freqüentemente sobre a linha para ajudá-los, sem completar suas próprias funções. [...] Assim a escassez de mão-de-obra se transforma em uma crise do coletivo de trabalho: seu núcleo duro, aí incluídas as chefias, está no esgotamento do trabalhador (Shimizu, 1999, p. 84).

Esse quadro crítico impôs para a Toyota a necessidade de fazer modificações parciais. A empresa convocou o sindicato para reorganizar o sistema de produção, principalmente o trabalho em linha de montagem e a gestão do trabalho, de forma a torná-lo mais atraente, minimizando o repúdio a ele.

Então, é possível afirmar que, em primeiro lugar, os sindicatos classistas combativos e as conjunturas de tendência ao pleno emprego são limites ao desenvolvimento do toyotismo e, em segundo lugar, que a força de trabalho não vai para a Toyota ansiosa para fazer parte da "família" da empresa ou em busca das contrapartidas oferecidas pelo mercado de trabalho interno. Ainda que essa seja uma das justificativas para a construção do consenso interno (Shiroma, 1993, p. 70), o que parece de fato ocorrer é a ausência de opções de inserção da força de trabalho, pois, de acordo com Ohno (1997), o toyotismo é um sistema de produção adaptado às situações de crescimento lento.

Sendo assim, a empresa que adota o toyotismo poderá se fortalecer em contextos de depressão econômica, caracterizados pela escassez de oportunidades de trabalho, baixos salários e desmobilização sindical, podendo controlar e pressionar os trabalhadores de modo a construir o envolvimento e o consenso, em bases totalmente desfavoráveis a eles. Entretanto, se em conjunturas de aquecimento da demanda são abertas outras oportunidades de trabalho – atraindo os trabalhadores da Toyota e levando a organização do trabalho na fábrica a entrar em ebulição (Shimizu, 1999) –, fomentam-se instabilidades de várias ordens. Então, também é possível afirmar que contextos de crescimento da demanda podem ser críticos para a empresa, já que obrigam o STP a viabilizar novas adaptações.

Ainda que se possa afirmar, por um lado, que em situações de crescimento lento a empresa pode se reajustar imediatamente, reduzindo suas margens de desperdícios, demitindo trabalhadores e suspendendo contratos com as empresas terceirizadas, por outro lado, em situações de crescimento rápido (mesmo provisório, como é o caso da "bolha" em questão), evidenciou-se que os mecanismos de flexibilidade da empresa não são capazes de ajustes automáticos, que, no caso em questão, não fluíram tranqüilamente. Dessa forma, é possível afirmar que foi questionada uma das características fundantes do modelo, que é "a produção puxada pela demanda" (e a idéia de flexibilidade que esta acarreta) (Coriat, 1994).

No que concerne aos outros elementos que configuram essa forma de organizar e gerir a produção proposta pelo sistema Toyota, a sociedade japonesa resiste à importação de grandes contingentes de trabalhadores de outras etnias como forma de rebaixar o preço da força de trabalho para a indústria. Daí o recurso quer seja à migração de trabalhadores temporários de terceira geração (decasségui), quer seja à transnacionalização de montadoras, mundializando a rede de terceirização para países que se apresentem na rota de rebaixamento do custo da força de trabalho (Kamata, 1983; Takaichi, 1992; Takaichi, 1992a).

O cenário mundial, nas condições da acumulação flexível, exige uma nova combinação de fatores que redefina as condições da concorrência e competitividade. O Brasil percorre o caminho do enquadramento mundial, buscando a estabilidade e o crescimento econômico por meio da reestruturação produtiva com a incorporação de elementos do modelo japonês.

> O sistema industrial japonês, a partir dos anos setenta, teve grande impacto no mundo ocidental, quando se mostrou para os países avançados como uma opção possível para a superação capitalista da crise. Naturalmente, a transferibilidade do toyotismo carecia, para a sua implantação no Ocidente, das inevitáveis adaptações às singularidades e particularidades de cada país. Seu desenho organizacional, seu avanço tecnológico, sua capacidade de extração intensificada do trabalho, bem como a combinação de trabalho em equipe, os mecanismos de envolvimento, o controle sindical, eram vistos pelos capitais do Ocidente como uma via possível de superação da crise de acumulação (Antunes, 1999, p. 53).

Na particularidade brasileira, esse movimento de reestruturação, além do que pode significar quanto à introdução de novas técnicas (*just-in-time*, *kanban*, *kaizen*, *andon*, terceirização), novas formas de gestão (trabalho em equipe, polivalência, CCQ, envolvimento implicado, sindicato-empresa) e inovação tecnológica no já conturbado mundo do trabalho, consegue aprofundar a "extração intensificada do trabalho", a captura da subjetividade operária e a inserção subordinada do país no concerto das nações, enquanto base para a renovação da relação de subordinação capital-trabalho (Antunes, 1999; Alves, 2000).

Neste ponto, a análise não resiste à comparação: os mecanismos de "envolvimento" são iguais aos do Japão? Sabe-se que lá existe emprego vitalício, salário-antiguidade, bônus produtividade, estabilidade. E no Brasil, também há essas "contrapartidas"?

Primeiramente, deve-se ter em conta que essas "contrapartidas" não existem para todos os trabalhadores japoneses. Isto posto, sabe-se que o máximo que o patronato brasileiro conseguiu "oferecer" para os trabalhadores foi a flexibilidade. A empresa busca atenuar o aparecimento de conflitos com as mudanças propostas, conformando um tipo de adesão circunstancial: a do trabalhador colaborador.

Para garantir o emprego, o trabalhador perde os limites das tarefas, dos postos de trabalho, das habilidades e, até mesmo, da legalidade sobre sua própria relação com a empresa. Fica solto no terreno movediço da colaboração. Deixa de lutar pela manutenção de algo que é seu e passa a existir em busca do favor daqueles que o empregam. O trabalhador "consente em esquecer" os direitos para manter o emprego e, mesmo assim, só se garante no prazo do contrato de trabalho, por tempo determinado. Não há estabilidade; não há antiguidade à japonesa; não há tradição de lealdade. Por outro lado, a empresa leva aos extremos os limites da lei, utiliza-se da diferença de tradição, de costume, de nacionalidade para intensificar os mecanismos de exploração. Sendo assim, a empresa necessita do discurso para criar uma aparência civilizatória, estabelecendo as regras para disciplinar a atuação das partes e estender os limites da extração de mais-valia.

Nesse sentido, algumas questões servem de fio condutor à indicação de elementos desta análise: como os jovens trabalhadores da cidade de Indaiatuba vivenciaram essa experiência? Que forças tiveram que mobilizar para garantir o direito ao trabalho na sua relação com uma das maiores montadoras do mundo?

O TOYOTISMO DO PONTO DE VISTA DOS TRABALHADORES

Esta parte da pesquisa procura analisar o processo de trabalho na forma como os trabalhadores o apreendem e o vivenciam no cotidiano de trabalho. Buscando-se apreender a aplicação do "método Toyota", seguiu-se o caminho que o trabalhador percorre, passando pela seleção, integração, até chegar à linha de produção propriamente dita, na medida em que essa é a trajetória da construção da colaboração e das formas de resistência. Revelam-se, ao mesmo tempo, alguns significados que a flexibilidade adquiriu para os trabalhadores no Brasil e as várias contrapartidas que a empresa oferece: o treinamento da força de trabalho na Toyota, o "café participativo", o *Takt*, o *kaizen*, o *andon*, a questão sindical.

Para a seleção dos operadores da Toyota em Indaiatuba, foi contratada uma agência de empregos, que recebia os currículos e os remetia para a empresa. Esse processo era iniciado com a aplicação de provas de conhecimentos gerais para os candidatos, testes que eram feitos na Toyota.

> O processo de seleção foi bastante árduo nessa primeira turma. Nós ficamos um sábado inteiro fazendo provas de português, matemática, conhecimentos gerais e psicotécnico. Foi puxado! Tinha aproximadamente 2 mil currículos. Na primeira peneira ficaram uns quinhentos. Atualmente, eu nem sei se está sendo feito pela agência, ou se a Toyota mesmo está fazendo o processo de seleção. A maioria das pessoas que entra hoje é por indicação ou coisa assim. Hoje as provas foram descartadas. Parece que eles foram seguindo outro estilo. O treinamento passou a se chamar *integração* e passaram a fazer como as outras empresas que admitem por indicação (Leôncio, expert EX)[7].

Inicialmente a integração demorava dez dias. O sistema Toyota era apresentado em vídeo, mostrando-se "[...] a importância do produto, a qualidade que o produto tem no mundo e que nós devemos atingir. Fala da intenção da Toyota, que é manter esse nível mundial para que o produto continue competitivo, e da importância da qualidade que você tem que ajudá-la a manter" (Ibidem).

Na época das primeiras turmas, a produção estava com um ritmo mais lento e a integração tinha a duração de uma semana. Depois, quando o ritmo ficou mais forte, o período da integração foi reduzido e o trabalhador era imediatamente conduzido para a produção, o que não significa entrar logo para trabalhar no processo. Dependendo do caso, o primeiro mês é para estudar a cartilha de procedimentos para conhecer o processo passo a passo. Na maior parte do segundo mês, ele fica observando. A partir dessas etapas,

---

7 Expert (EX) é uma denominação da nova hierarquia da empresa, estruturada a partir da reorganização na década de 1990, como relatado por Shimizu (1999). Corresponde à primeira promoção do operador multifuncional; é uma espécie de líder de equipe.

é elaborado um quadro de treinamento que é preenchido à medida que o aprendizado avança na linha, que é chamado pelos trabalhadores de "matriz de capacidade".

> Quando nós fizemos integração, foi passado que a Toyota era um paraíso. Que nós gostaríamos da empresa e iríamos querer nos aposentar lá. Porque a empresa era sólida e garantia para gente uma perspectiva de vida. Foi passando o tempo todo e a gente viu que não era tudo aquilo. Começamos a nos questionar (Luís, operador multifuncional).

Como parte da integração, exibe-se também o filme *Tempos modernos,* para mostrar que o trabalho repetitivo provoca acidentes e lesões por esforço repetitivo (LER) e que essas doenças deverão ser evitadas. Segundo a empresa, o meio de evitar acidentes e doenças é a rotação de tarefas. Essa retórica aparenta a preocupação com o "bem-estar" do trabalhador; no entanto, na realidade, é a produção da aceitação da polivalência como algo inevitável.

Na empresa, no Japão, de acordo com Kamata (1983, p. 10), são comuns as cenas em que os trabalhadores no pátio da fábrica entram alegremente em formação, como se fossem um pelotão do exército, cantando o hino da empresa – fato que extasia os visitantes, impressionados com os sentimentos de integração demonstrados por eles. Porém, o autor afirma que tais cenas nada têm de espontâneo, mas são a mera repetição de um ritual programado pela empresa, que utiliza, na maioria das vezes, aparelhos de ampliação sonora, incitando a lembrança do hino, enquanto os trabalhadores atuam como *playback*.

Na Toyota de Indaiatuba, o ritual não é tão espetacular nem tão facilitado por procedimentos da empresa, mas revela a mesma exigência de adesão do trabalhador a uma proposta de domesticação do corpo e da mente. Isso é realizado por meio das ginásticas laborais, obrigatórias duas vezes ao dia, por cinco minutos antes da primeira e da segunda parte dos turnos.

A justificativa da empresa para tais procedimentos é que eles ajudam a prevenir acidentes. Entretanto, pode contribuir para criar uma mentalidade favorável à concentração no trabalho, evitando distrações e fantasias. Por esse meio, os acidentes podem realmente ser evitados ou minimizados.

Não obstante a obrigatoriedade dos exercícios ordenados pela empresa, as ginásticas laborais acabam sendo fonte de resistência do trabalhador, que quase sempre se acha "um bobo" de participar "daquilo lá", que "não serve para nada". Porém, as ginásticas laborais constituem um recurso válido para a empresa reafirmar a sua autoridade e a sua especificidade oriental e para avaliar a adesão dos trabalhadores. Alguns se acham "ridículos" e só as fazem porque são obrigados. É mais uma das formas de subjugar o corpo, que pode ser vista como uma maneira de racionalização que constrói a predisposição a um tipo de trabalho que exige o máximo das capacidades corpóreas e psíquicas, portanto, sem prazer e sem aceitação.

Ao findar a ginástica laboral, os trabalhadores seguem, organizados em grupos de acordo com o setor de trabalho, que pode ser o mesmo da produção do carro: funilaria, pintura e montagem. Para a análise desse processo de trabalho, privilegiamos alguns depoimentos de operadores[8] alocados nos diversos setores produtivos da Toyota de Indaiatuba.

---

8 A maioria dos entrevistados pediu o anonimato, por isso usaremos letras maiúsculas para identificá-los.

A domesticação do corpo tem na ginástica laboral seu momento privilegiado, mas não exclusivo, pois a empresa combina tal procedimento com a pretensão de adesão mental dos trabalhadores. Para isso, a Toyota Motor Company oferece aos seus colaboradores, no processo de integração à empresa, os seus princípios de "cooperação e competição" para suas atividades no exterior.

GUIA DE PRINCÍPIOS
1. Honrar a língua e o espírito da lei em cada nação e efetuar atividades corporativas francas e justas para ser um bom cidadão corporativo do mundo.
2. Respeitar a cultura e os costumes de cada nação e contribuir para o desenvolvimento econômico e social através das atividades corporativas, nas respectivas comunidades.
3. Devemos nos dedicar a oferecer produtos limpos e seguros e a elevar a qualidade de vida em todas as partes, através de nossas atividades.
4. Criar e desenvolver tecnologias avançadas e oferecer produtos e serviços excelentes que satisfaçam as necessidades dos clientes no mundo inteiro.
5. Incentivar uma cultura corporativa que ponha em relevo a criatividade do indivíduo e o valor do trabalho em equipe e, ao mesmo tempo, honrar a confiança e o respeito mútuos entre os trabalhadores e a gerência.
6. Buscar o crescimento harmônico junto à comunidade global através do gerenciamento inovador.
7. Trabalhar com parceiros comerciais na investigação e criação, para poder obter um crescimento e benefícios mútuos estáveis a longo prazo e, ao mesmo tempo, estar sempre dispostos a estabelecer novas parcerias.

Fonte: Toyota, s.d., p. 26.

Esses princípios são verdadeiras posturas éticas, enunciados de intenções da mais alta relevância, que aparentam indicar um considerável zelo da empresa para com os trabalhadores. Nesse sentido, a título de ilustração, forneceremos a seguir uma análise de como a empresa respeita a "cultura e os costumes" locais, eleva a "qualidade de vida", promove o "cidadão corporativo" para "honrar a confiança e o respeito mútuos entre os trabalhadores e a gerência".

Na Toyota, os trabalhadores têm o hábito de interromper o trabalho, por dez minutos, para o cafezinho no primeiro e no segundo intervalo da jornada, o chamado "café participativo". O tempo do cafezinho não é descontado do salário, mesmo porque nenhuma empresa faz isso no Brasil. Só que a Toyota, instalada em Indaiatuba, desconta esse tempo.

Mas não do salário. Findo o horário de trabalho normal, a jornada é prolongada por mais vinte minutos, diariamente, para compensar o tempo do cafezinho.

Com um simples cálculo aritmético, teremos uma idéia aproximada do significado desses valiosos vinte minutos do cafezinho: a cada semana a empresa se apropria de cem minutos de trabalho não pago de cada trabalhador. Uma jornada de trabalho corresponde a sete horas, totalizando 420 minutos por semana. Em quatro semanas, teríamos quase uma jornada de trabalho não paga (4 x 100, igual a 400 minutos, faltando apenas 20 minutos para completar uma jornada diária). Logo, em quatro semanas, temos quase uma jornada suplementar, não tomada em cafezinhos.

Ora, se consideramos que a montadora produz aproximadamente 42 carros diários em um intervalo de treze minutos, concluímos que após quatro semanas de cafezinho a empresa conseguiu se apropriar de trabalho não pago equivalente a uma jornada e à produção de aproximadamente 42 carros somente com o pagamento do cafezinho! Se o tempo de produção diminuir, é claro que aumentará o número de carros. Assim, em um ano temos 48 semanas, nas quais o intervalo de quatro semanas se repete doze vezes. Então são 12 vezes os 42 carros que são produzidos com a jornada não paga, totalizando 504 carros ao ano apenas com o tempo do cafezinho.

Logo, por conta dos vinte minutos trabalhados para repor o tempo do cafezinho, os trabalhadores produzem 504 carros modelo Corolla, padrão internacional, com três anos de garantia. Além disso, se a cada quatro semanas eles trabalham um dia de graça, então a cada ano contam-se doze dias de trabalho a mais. É um tempo de trabalho oculto, produzido por um ardil da empresa, que gera mais-valia absoluta e relativa.

A estratégia do "café participativo", num primeiro momento, aparece como uma forma de valorização da cultura brasileira no que diz respeito ao hábito arraigado de tomar café. Vista com mais acuidade, porém, expressa uma das formas de instrumentalização da cultura do país anfitrião, que pode contribuir para a implantação de um método de trabalho que produz o encantamento pela fábrica e o envolvimento com os objetivos da empresa, potencializando no final do processo a exploração do trabalhador.

A questão do tempo e o controle sobre o trabalhador é tão importante no sistema Toyota de produção, que a empresa produz o conceito de *Takt*, baseado na idéia de uma cadência que relaciona todas as fases de produção de valor.

No *Manual de integração* da Toyota do Brasil, lê-se:

> A palavra *Takt* vem do alemão e significa batuta usada por um regente de orquestra. O tempo do *Takt* é um número mágico, pois corresponde ao ritmo do mercado e que todos na empresa devem viver em função desse número. Assim como a batuta do maestro oscila do andante ao crescendo, o *Takt* do mercado muda constantemente e o local de produção deve responder adequadamente. Se os processos excedem o tempo de *Takt*, o resultado será uma escassez de produto, se os processos são mais rápidos, ocorrerá um excedente. Quando o tempo de *Takt* é adequadamente observado, o local de produção se movimenta no mesmo ritmo do mercado (Toyota, s.d., p. 3).

Continuando a elucidação do conceito de *Takt*, o manual da empresa acrescenta o conceito de tempo de ciclo, na forma como segue:

> O tempo de *Takt* é uma figura retórica que nos diz quanto tempo é necessário para fazer o produto em cada processo. O tempo de ciclo, por outro lado, é o tempo real que cada operador leva para concluir a operação. A idéia do Sistema de Produção Toyota – TPS é aproximar o tempo de ciclo o máximo possível do tempo de *Takt* (Ibidem).

Considerando-se que o tempo de *Takt* é tão importante para a gestão da produção, é de esperar que a empresa acompanhe rigorosamente as unidades vendidas e tenha conhecimento preciso sobre os intervalos de venda, para assim determinar o *Takt*. Esses intervalos são comunicados para a fábrica, que tenta elevar as cadências do trabalho e reduzir os movimentos no tempo do ciclo da produção de cada operação, de modo a garantir que, a cada intervalo do tempo de venda, a fábrica produza uma nova unidade.

Em outras palavras, tem-se, por um lado, um tempo de *Takt* que equivale ao ritmo do mercado e, por outro, o movimento na linha de produção tentando reduzir o seu próprio tempo por meio das sugestões das melhorias contínuas. Os dois tempos devem coincidir para haver sincronização da produção com a demanda e, dessa forma, operacionalizar o conceito de *just-in-time*.

A metáfora da batuta do regente é o resultado do esforço físico e intelectual do trabalhador para realizar a produção no intervalo das vibrações provocadas a cada fração de tempo. Os operadores multifuncionais assimilaram essa concepção de tempo: "No início, quando eu entrei na Toyota, meu *Takt* era de dezessete, depois passou para treze minutos" (Leôncio, expert).

O confronto entre o conceito de *Takt* e sua aplicação permite entender o trabalho na fábrica no que tem de combinação entre trabalho morto e trabalho vivo, trabalho manual e trabalho intelectual, bem como a sua articulação com o trabalho imaterial das agências de pesquisa, dos institutos de opinião, das tecnologias informacionais e comunicacionais que trabalham na realização das mercadorias, na modificação das preferências, na delimitação do campo das escolhas. Assim, a articulação do trabalho organizado sob a égide do toyotismo expressa a integração entre a produção e a circulação de mercadorias, entre trabalhadores e consumidores. De acordo com Antunes:

> Portanto, em vez de substituição do trabalho pela ciência, ou ainda de substituição da produção pela informação, o que se pode presenciar no mundo contemporâneo é uma maior inter-relação, uma maior interpenetração entre as atividades produtivas e as improdutivas, entre as atividades fabris e as de serviços, entre as atividades laborativas e as atividades de concepção, que se expandem no contexto da reestruturação produtiva do capital (Antunes, 1999, p. 134).

Desde que a Toyota do Brasil se instalou em Indaiatuba, as melhorias contínuas tiveram por efeito fazer a produção aumentar de 18 para 42 carros diários, sem mudar o número de trabalhadores. O *Takt* se modificou: de dezesste passou para treze, caiu para doze, oscilando para dez minutos. A expectativa é que, com a entrada em operação dos processos inaugurados com a ampliação da fábrica, incluindo novas contratações a partir de março de 2002, o *Takt* desça para 4,5. A tendência é esse número se igualar ao do Japão, que é de um minuto para cada carro.

Isso significa o crescimento de gestos repetitivos, já que, quanto menor for o tempo de *Takt*, menor será a quantidade de operações que cada operador executará, embora se admita a concentração de tarefas por processos, seja qual for o tempo de *Takt*. Significa também que a cada 4,5 minutos um novo carro será produzido no Brasil e vendido para o mercado local ou internacional.

Para ilustrar o significado da redução de um minuto no *Takt*, propomos o seguinte raciocínio: a jornada é de sete horas e vinte minutos, totalizando 440 minutos. Com um *Takt* de treze minutos, a produção é de 33,8 carros por trabalhador. Se o *Takt* for de doze minutos a produção sobe para 36,6 carros diários, com um ganho de 2,8 carros, o que é muito pouco. Mas, se esse valor for multiplicado por uma semana de cinco dias, teremos catorze carros a mais (sem hora extra), o que já promove os acidentes e lesões entre os trabalhadores. Por outro lado, o que também é significativo na redução do *Takt* em um minuto é que a cada doze carros produzidos, é produzido também o tempo para fazer o 13º carro, "totalmente de graça".

Para evidenciar o que dissemos acima, propomos o exemplo a seguir. Se um carro é produzido a cada treze minutos, dez carros são produzidos a cada 130 minutos. Com a redução em um minuto no tempo de produção, porém, os mesmos carros seriam produzidos e ainda sobrariam dez minutos, que não dariam nem para produzir outro carro. Considerando-se a produção de doze carros, ao fim da produção terão sido liberados doze minutos necessários à fabricação de um novo carro. Nesse sentido, é apropriado afirmar que as melhorias contínuas podem ser entendidas, também, como uma técnica para produzir o tempo em que é executado o trabalho excedente. Sendo assim, não se trata somente de redução de tempos mortos, poros na linha de produção, ou da localização de tempos ocultos como desperdícios que devem ser eliminados, mas da produção do tempo excedente para a produção de valor, que a organização pode planejar.

Em outras palavras, as melhorias contínuas incorporadas pelo trabalhador, demonstrando motivação, produzem o tempo do trabalho excedente, não pago, que é apropriado sem contrapartidas em salários ou bônus. Por isso é tão importante para a empresa que o "trabalhador encontre valor no seu trabalho", conforme expressão cunhada por Ohno, para que ele se empenhe cada vez mais e não vislumbre retornos materiais.

Em vinte anos, de 1962 a 1982, as sugestões dos trabalhadores organizados em círculos de controle de qualidade (CCQs) no Japão geraram um lucro da ordem de US$ 20 bilhões (Comissão Pastoral Vergueiro, 1994). São procedimentos que dão conta do envolvimento estimulado dos trabalhadores e do sindicato no projeto da empresa, que começam no processo de seleção de uma força de trabalho agressiva e ambiciosa que compete não apenas para ser a melhor enquanto grupo como também para avançar na conquista de suas posições pessoais.

No caso da planta brasileira, essas qualidades do coletivo de trabalho tomadas como competência, intensidade e qualidade estão presentes na seguinte afirmação de um operador multifuncional:

> Quando eu trabalhei na inspeção da montagem o *Takt* já estava baixando para 12 minutos. Eu trabalhava num espaço que dava mais ou menos uns dez metros, demarcado por uma cor pintada no chão. A gente só pode se movimentar ali em cima. O carro entra lá no início da faixa, e tenho uma seqüência para seguir. Ele vai passando e eu vou seguindo o carro, olhando e conferindo os defeitos, marcando na prancheta que está na minha mão com uma lista de

> checagens, e o carro caminhando, e eu estou acompanhando ele e estou olhando e checando o carro, riscando os itens checados à medida que eu olho: "tem, não tem..." Aí eu olho o pneu, a marca do pneu. Eu vou checando... Depois eu faço a checagem da montagem – me abaixo e pressiono a frente do carro. Eu dou uma primeira volta e vou fazendo esse trabalho até a frente, onde deixo a folha de especificação em cima do pára-brisa. Depois dou uma volta em sentido contrário para inspecionar a outra parte. Eu coloco a luva, e vou batendo no pára-choque. Me agacho para olhar o farol. Levanto e olho o capô. Eu continuo conferindo, me abaixo para olhar a porca da roda, me levanto para olhar o pára-brisa e se tiver algum problema eu sinalizo. – Espirrar? Aí o defeito passa (Armando, operador multifuncional).

Ou ainda:

> Nesta mesma faixa de trabalho demarcada no chão, há também um outro inspetor de qualidade da pintura que está fazendo o trabalho de identificação de problemas na pintura e sinaliza para outro operador da pintura realizar os reparos, do outro lado. Ele também tem treze minutos para fazer tudo isso, porque já vem vindo outro carro ali. Acontece de travar, porque no final da esteira tem um sensor que, se a roda do carro estiver ali no final do tempo demarcado, ele pára. Se o processo atrasa um ou dois segundos, o carro pára e acende uma luz vermelha em um painel localizado acima do seu setor, escrito assim: ATRASO! E aí toda a linha de produção pára. Todos ficam sabendo que você não cumpriu o tempo. O EX também pode vir perguntar o que está acontecendo (Armando, operador multifuncional).

Esse relato é uma síntese que permite visualizar a organicidade que o toyotismo pode alcançar, em que as várias técnicas estão aliadas para conseguir o efeito desejado. No entanto, é preciso aperfeiçoar continuamente essa organicidade. Dessa perspectiva ganha sentido a prática do *kaizen*. De acordo com o *Manual de integração* da Toyota:

> O sistema de melhoria contínua, também conhecido por *Kaizen*, é uma estratégia para o sucesso competitivo. A idéia do *Kaizen* é uma filosofia japonesa aplicada à administração de negócios, produção etc. Apesar de ser uma expressão usual no Japão para indicar melhoria. *Kaizen* da balança externa. *Kaizen* da saúde. Mas a essência do *Kaizen* é simples e direta: *Kaizen* significa melhoria. *Kaizen* significa melhoramento contínuo, envolvendo todos. *Kaizen* aplicado na empresa é um processo contínuo de melhoramento técnico, processual, humano, que envolve todos os níveis hierárquicos da empresa. A filosofia *Kaizen* afirma que nosso modo de vida – seja no trabalho, na sociedade ou em casa – merece constantemente ser melhorado. *Kaizen* é uma filosofia de vida (Toyota, s.d., p. 2).

Para os trabalhadores, essas melhorias podem ter significados diferentes daqueles promovidos pela empresa. Segundo o *Manual de integração*, é um sistema de melhoria contínua, que envolve todos – é uma estratégia para o sucesso competitivo. E é também um "investimento em pessoas", porque promete melhoramentos no *status quo*, como resultado dos esforços contínuos. Tal definição propicia uma falsa apreensão do significado real do *kaizen* pelo trabalhador, pois ele faz sugestões com o objetivo de melhorar o seu trabalho, e a empresa as examina buscando elementos que resultem na diminuição de custos.

Para a empresa, o *kaizen* é uma "filosofia de vida", é um conceito que envolve outras técnicas[10]. O que significa dizer que envolve todos os conceitos-chave do toyotismo na forma como são apresentados no manual. Deve ser considerado em sua abrangência não só no trabalho, mas também na esfera familiar, melhorando constantemente o modo de vida.

> Nenhum dia deve passar sem que algum tipo de melhoramento tenha sido feito em algum lugar da empresa. Para mexer nos processos é necessário nos orientarmos para as pessoas e aplicarmos o *kaizen* dirigido a seus esforços. O melhoramento do processo exige: disciplina, senso de equipe, gerenciamento do tempo, desenvolvimento de habilidades, senso de sistema, comprometimento (participação e envolvimento), moral, habilidades de comunicação, participação no processo decisório em grupo, negociação, administração de conflitos e sensibilidade para entender as pessoas (Toyota, s.d., p. 2).

Pela abrangência e pretensão desse receituário, questiona-se se o *kaizen* funciona mesmo, tal é o nível de exigências feitas. A despeito de sua funcionalidade, no *Manual de integração* da Toyota são indicadas as qualidades exigidas para o trabalhador que pode participar do *kaizen*, e nesse sentido fornecem pistas inéditas sobre o perfil do operador multifuncional que a empresa busca:

> É necessário adotarmos menos especialistas do tipo "experts" e mais generalistas. Pessoas que têm formações mais amplas, que percorrem a organização em todos os seus meandros. Quando eles chegam a um certo nível, têm uma visão global, conhecem um pouco de tudo, e são quase que "especialistas em generalidades". Precisamos procurar desenvolver pessoas que conseguem pensar nos objetivos, tendo uma visão mais ampla e conseguindo entender o inter-relacionamento das partes de uma organização. Pessoas com visão global e fidelidade à empresa (Toyota, s.d., p. 3).

Embora tendo participado do processo de integração da Toyota, no qual foram apresentadas todas essas definições do *kaizen*, Eduardo, operador que tinha sido demitido havia dois anos na empresa, tem uma outra visão:

> Eu acho que essa é a mentalidade: se fizer *kaizen* corre-se o risco de haver demissões. Porém, se você é encarregado e consegue fazer um *kaizen* que vai diminuir de cinqüenta para trinta o número de trabalhadores, você está feito, vai ser cada vez mais reconhecido. Mas se você não é encarregado? Então parabéns, você será promovido com certeza! O *kaizen* é para mandar gente embora (Eduardo, operador multifuncional).

Outro operador, Elias, também reitera a dinâmica do *kaizen*:

> O cara fala pra você: "O *kaizen* é bom. Se você fizer um *kaizen*, teu chefe vai te apoiar". Ele já está treinado para isso e vai passar pra frente. Só que às vezes você vai fazer um *kaizen* que custa, vai mexer com alguém do outro setor. Aí você vai lá faz o *kaizen* todo inocente. Aí o

---

10 As outras técnicas envolvidas são: Plano de Sugestões, Jidoka, trabalho em equipe etc.

> cara boicota o seu *kaizen*. Eu já vi *kaizen* assinado sumir da mão do cara. Tem um prêmio simbólico de R$ 5 para estimular a pessoa a fazer (Elias, operador multifuncional).

A descoberta de que a produção pode ser feita com menos trabalhadores nem sempre significa dispensa de pessoal. Em situações de crescimento da demanda pode servir também para aumentar o ritmo de trabalho e fazer produzir mais quantidades com o mesmo número de trabalhadores. Um exemplo dado por Ohno (1997): se cem peças eram produzidas com dez homens e oito homens podem produzir a mesma quantidade com as melhorias adotadas, então havia uma capacidade desperdiçada de 25%. Os dez homens vão produzir 125 peças depois das melhorias. "O sistema Toyota de produção revela claramente o excesso de trabalhadores. Por causa disso, alguns sindicalistas têm suspeitado de que se trata de um mecanismo para despedir operários. Mas não é esta a idéia" (Ohno, 1997, p. 37).

Por outro lado, Elias relatou o seguinte episódio:

> Um dia nós apresentamos uma sugestão de *kaizen*, o supervisor avaliou e disse: "Isso aqui vai demitir gente, não vou passar para frente". Nós ficamos agradecidos. Passados uns dias, pressionando por resultados ele disse: "Vamos tomar cuidado, eu sei que tem gente demais aqui". Ele podia pressionar à vontade! (Elias, operador multifuncional).

As descobertas de melhorias contínuas do *kaizen* são usadas de algum modo pela empresa, de acordo com o operador e os sindicalistas. As melhorias contínuas, por ínfimas que sejam, acabam por incidir nas operações que agregam valor diretamente, reduzindo décimos de segundo de cada vez, até que um operador seja liberado e as operações que ficavam a seu encargo sejam incorporadas pelos outros operadores do processo. Portanto, o *kaizen* serve para indicar os trabalhadores desinteressados, localizar pessoal em excesso e, sobrecarregando os operadores com novas tarefas, diminuir o tempo, intensificando o trabalho e possibilitando pressões de toda ordem. E tudo é feito envolvendo os próprios operadores, que, a partir de suas sugestões, produzem os tempos novos.

Na forma como os operadores entrevistados descrevem, *o kaizen* é um mecanismo de expulsão contínua de trabalhadores e de concentração de tarefas, que aniquila o trabalhador. Tal descrição aponta a Toyota do Brasil como descompromissada com relacionamentos pessoais, apesar da aparente preocupação com trabalhadores por meio da ginástica laboral e da polivalência para evitar acidentes.

As melhorias do *kaizen* podem também significar dispensa de trabalhadores mesmo em mercados de demanda crescente. Conforme afirma Ohno (1997), em 1966, ele deu ordem para o chefe de seção de motores produzir 5 mil motores e usar menos de cem operários. Aproximadamente três meses depois, ele tinha conseguido produzir a mesma quantidade com oitenta operários. "Não muito tempo depois cem operários estavam produzindo 10 mil unidades."

A propósito do *kaizen*, Ohno aconselha a prática da gerência como a "arte da invisibilidade", como uma alusão aos desperdícios ocultos. Porém o que permanece invisível talvez seja o que acontece com os operários enquanto os ajustes são feitos. Por outro lado, a vigília pelo olhar dos supervisores no processo produtivo da Toyota é tão intensa, que se constitui numa técnica de "administração pelo olhar". Acoplada a isso, existe toda uma combinação de sinais, sejam eles luminosos ou não, como, por exemplo, tarjas, cores de bonés, pinturas no chão para demarcação da mobilidade do trabalhador, sensores posicionados na linha de montagem para demarcar tempo etc. Essa técnica, conhecida como *andon*, permite um controle exato sobre o desenvolvimento da produção e sobre o coletivo de trabalhadores, a qualquer momento.

Embora os entrevistados desconheçam a técnica do *andon*, mesmo porque não consta no *Manual de integração*, ela é percebida pelos trabalhadores:

> Os supervisores e encarregados estão sempre ali olhando. O cara fica com a mão no bolso olhando de longe. Na fábrica tem sempre alguém te olhando atrás de uma caixa. Você percebe quando alguém tá olhando, comigo já aconteceu. Mas isso não é só aquela pessoa olhando você. Tem os senhores G1, G2, G3 que estão lá em cima e são os maiores. Lá em cima é um lugar que dá visibilidade. De longe eles sabem o que você está fazendo ali. Um tempo eu fiquei com mania de perseguição. Se tiver dois ali na linha, o encarregado chega e diz: "o seu lugar é ali" ou põe você para fazer revezamento. Eles usam uma faixa laranja e outra amarela que significa "em treinamento" para aquele operador (Shimada, operador multifuncional).[11]

Essa vigília constante tem como objetivo, primeiro, controlar o trabalho e, segundo, promover – juntamente com o *kanban* – a operacionalização do conceito de *just-in-time*. Do que fomos informados pelos entrevistados, podemos afirmar que, embora às vezes o sistema Toyota de produção seja denominado sistema de produção sem estoques, nem sempre é possível ou prático manter o estoque zero. A quantidade de estoque, porém, é bem limitada, funciona como estoque tampão, com tempo variável. No processo de montagem do cinto de segurança, por exemplo, há estoque por um dia. No processo da suspensão ou ar condicionado, em que as peças são grandes, o estoque é de umas cinco peças. Se existirem problemas na pintura que parem a linha, a funilaria continua mandando carro, e a montagem continua com a produção, com o estoque que a pintura tinha feito e era mantido como folga entre um processo e outro. Quando a pintura volta a funcionar, tem que fazer hora extra para repor o estoque consumido durante a parada. Esta não pode ser muito prolongada porque o planejamento diário da produção tem de ser cumprido. Se houve casos em que o planejamento não foi cumprido, esta pesquisa não teve acesso aos registros.

Ao que parece, o fracionamento da linha de montagem em partes denominadas ilhas ou células também foi adotado pela empresa no Brasil, mas o que se percebe é que os resultados positivos só estão relacionados com as vantagens de poder parar uma parte da linha enquanto as outras continuam funcionando para não prejudicar a produção. Em outras palavras, se o estoque é reduzido e controlado, então o tempo de parada é calculado pelo tempo de utilização das peças e o trabalhador se beneficia minimamente da possibilidade de parar a linha, porque isso não diminui o estresse de seu trabalho.

---

[11] A técnica do *andon* é descrita como controle da produção pelo olhar. Mas é assim que três operadores entenderam a questão: controlar pelo olhar o trabalhador.

Relações de trabalho na Toyota do Brasil

No Japão, a progressão salarial ocorria simultaneamente à escalada dos degraus da carreira, até que na década de 1980 o crescimento dos chefes sem subordinados começou a influenciar o ambiente de trabalho. A Toyota fez, então, uma reforma que separou o salário do posto ocupado. A partir dessa reforma, a progressão dos níveis salariais foi garantida, mas sem acréscimos de funções de gestão. Assim, surgiram as novas denominações do quadro hierárquico da companhia, que passaram a ser expert (EX), expert superior (SX) e expert-em-chefe (CX) (Shimizu, 1999, p. 92).

A operacionalização das técnicas na fábrica de Indaiatuba apresenta algumas continuidades, mas também alguns ajustes. Uma das continuidades é o trabalho em equipe e a existência de líderes de equipe, aqui denominado expert (EX).

Na fábrica que estamos estudando no Brasil, concretamente, o operador EX é identificado como um tipo de trabalhador que já tem a sua matriz de capacitação completa, consegue fazer todas as operações de um processo no mesmo *Takt* e exerce liderança entre os trabalhadores, envolvendo os companheiros nos objetivos da empresa.

Esse trabalhador é um elo – selecionado e indicado pelas hierarquias – entre os outros níveis da direção e o "chão de fábrica". Ele amortece os descontentamentos e incita os outros trabalhadores ao engajamento, apelando para a igualdade que o une aos demais operadores. Aprende como fomentar a mentalidade necessária ao crescimento dos ritmos nos círculos de trabalho, depois de terminada a jornada diária. Na linha de montagem, ele puxa o ritmo e empurra o trabalho fazendo todos trabalhar na cadência exigida, mas raramente assume o trabalho na linha.

Na gestão da equipe, o operador EX segue essa metodologia, organiza um discurso usando os elementos da vida do colega – desemprego, aluguel, custo de vida – para suscitar o medo do desemprego e a aceitação das exigências da empresa, ao mesmo tempo em que dá o exemplo do tipo de trabalhador que "veste a camisa da empresa".

O operador multifuncional promovido a EX precisa continuar aprendendo a ser um líder de equipe e continuar se aperfeiçoando sempre mais na arte da motivação dos subalternos, implantando a emulação entre os colegas. Para tanto, participa de muitas reuniões na sala de convenções, nas quais aprende as técnicas do envolvimento e, principalmente, que "não se deve confiar em peão" (Shimada, operador multifuncional). Embora essas reuniões se realizem após o trabalho, o EX quase sempre fica até às 21h na empresa. As reuniões, porém, podem acontecer em qualquer hora. Depende da importância da questão a ser tratada. Pelo prolongamento da jornada de trabalho que a prática dessa liderança exige, não pode estudar à noite e é incentivado a não fazê-lo.

O treinamento dessa liderança pelo encarregado e pelo supervisor segue, mais ou menos, o seguinte roteiro: identificam o operador que tem alguma liderança e tiram-no da linha. Em troca da promoção, a liderança é afastada dos companheiros, ganha um salário maior e se aproxima dos encarregados e dos supervisores, além de receber cursos de liderança motivacional. Aprende a não ter vínculos explícitos de solidariedade com os funcionários.

> Meu sonho era ser EX, mas eu não consegui mudar. Este cargo faz com que a pessoa traia o amigo lá dentro, faz sabotagem no trabalho, entrega pro chefe, mas é um cara bom porque

> não tem vínculos com mais ninguém a não ser com a sua família. Ser EX dá uma sensação de poder. Porque ele vai ter uma equipe pra comandar, ele pensa: "Eu subi, eu sou melhor, eu sou diferente dos companheiros com os quais eu trabalhava". Agora ele vai ter responsabilidade (Eduardo, operador multifuncional demitido).

Embora haja, nessa fala, certa desqualificação do operador multifuncional, ao se afirmar que este não tem responsabilidade – apenas o EX teria, que é enaltecido –, o entrevistado compreende o cargo de EX como uma traição aos colegas, de tal forma que ele não conseguiu "mudar" para ser EX. Há também a idéia de que a promoção constrói um fosso que divide ainda mais os operadores multifuncionais, pois instaura a competição pelo cargo.

Em termos de relações de trabalho vigentes na Toyota do Brasil, é possível afirmar que todos os procedimentos que envolvem o trabalho estão relacionados com as técnicas do sistema Toyota, expostas no *Manual de integração* da empresa. Entretanto, quando se trata de promoções, salários, aposentadorias, treinamentos e bônus, as explicações ocultam os detalhes imprescindíveis à compreensão efetiva da forma como tais relações se tornaram motivo de frustração, questionando-se os procedimentos da hierarquia.

Analisaremos a seguir texto parcial desse manual, para revelar a lógica subjacente ao conteúdo expresso, na medida em que esta é uma técnica para conseguir o envolvimento para a colaboração. Mesmo que a liderança tenha sido identificada em processos organizativos espontâneos, a Toyota vai ensiná-la a liderar para a empresa, vai sujeitá-la ao seu comando.

O texto está dividido em três partes: "Motivação", "Trabalho em grupo" e "Liderança". De acordo com ele, as reações humanas estão norteadas por uma escala de prioridades das necessidades que, relacionadas com o nível de satisfação, podem levar à frustração ou à motivação.

> São elas:
> 1. Fisiológicas (comida, sono etc.);
> 2. Proteção/segurança (roupas, abrigo etc.);
> 3. Aceitação social (participação social);
> 4. Amor-próprio (reconhecimento);
> 5. Auto-realização (experimentação, mudança).
>
> Então, para manter o time motivado, basta suprir as suas necessidades e assim evitar a desmotivação? Sem dúvida! Mas você vai notar que, à medida que as necessidades básicas vão sendo supridas, outras vão surgindo (nem sempre fáceis de serem supridas), e vão se misturando cada vez mais com fatores de Desejo (Riqueza, Consumo, Poder) que quase sempre são IMPOSSÍVEIS de serem supridas (*Manual de integração* da Toyota).

O *Manual de integração* coloca o dever de o líder fazer tudo o que estiver ao seu alcance, dentro da política da empresa, para suprir as necessidades básicas do time, dentro da ordem de prioridades. Deve, ainda, deixar bem claro quais os seus limites e conversar para direcionar expectativas individuais de modo a evitar que o pessoal fique desmotivado. Sempre com a recomendação de "siga a seqüência de necessidades", o líder deve deixar bem claro o que as pessoas devem fazer, transmitindo segurança em seus atos.

O item "importância da motivação" é composto da seguinte lista de procedimentos a checar:

1. Existe interação entre os membros do grupo?
2. Existem indícios de isolamento de alguém?
3. Todas as pessoas são tratadas de forma igual?
4. Você toma conhecimento das felicidades e dos problemas familiares e pessoais dos membros do grupo?
5. Você tem estimulado seu time em atividades fora do ambiente para fortalecer os laços sociais do grupo?
6. Existe justa remuneração? Observe se é justa, quer dizer, verifique se ganha menos ou mais do que merece.
7. Você já pegou no pé da pessoa que está ficando muito acomodada profissionalmente?

Essa lista de procedimentos de liderança sugere que não há limites para a invasão da vida privada, configurando-se como mais uma forma de se apoderar das emoções, dos sentimentos e da subjetividade, ao propor o exercício de controle completo. Enfim, as lideranças aprendem a arte da manipulação como se fosse um procedimento científico. A empresa captura a subjetividade, manipula-a por meio de técnicas e se apropria dos resultados produzidos. Além disto, faz com que esse procedimento se apresente como se fosse um cuidado com as necessidades básicas do trabalhador. Não basta pôr um colega para vigiar o trabalho do outro; é preciso fazer isso como se fosse uma forma de proteção.

No item "trabalho em grupo" do referido manual, a dissimulação é de outra natureza. É de uma inversão conceitual que naturaliza as práticas de exploração lançando mão de abstrações: "De fato, é da Natureza Humana que existam grupos organizados onde cada membro desempenha papéis específicos com a finalidade de atingir determinado objetivo comum. A humanidade chegou até onde está por causa do trabalho em Grupo!" (*Manual de integração* da Toyota).

A natureza humana é transformada em humanidade, que, por sua vez, é transformada em organização. O outro lado do par é formado pelos grupos organizados que são transformados repentinamente em trabalho em grupo, apresentado como uma necessidade humana. Logo, o trabalho em equipe existe para satisfazer as necessidades humanas. A empresa assume o encargo de atender a essas necessidades privilegiando apenas a organização do trabalho em equipe. Por esse ardil não é a empresa que precisa do trabalho para atingir seus objetivos, mas é a humanidade que precisa do trabalho em grupo para satisfazer as suas necessidades. No manual em questão afirma-se: "O homem trabalha nas organizações não somente por dinheiro. Trabalha também para satisfazer necessidades inerentes ao ser social que é".

Naturalizado o trabalho em grupo e assim encoberta a imposição da empresa, não é esta que precisa do trabalho em equipe, mas é o homem que tem necessidade de trabalhar em grupo. Embora seja uma necessidade natural, os homens não conseguem trabalhar em grupo por eles mesmos; precisam de uma liderança para organizar e fazer funcionar "essa necessidade do homem".

Há uma série de procedimentos que o líder de equipe deve seguir:

1. Direcionar os objetivos do grupo para alinhá-los com os da organização;
2. Organizar, definindo claramente os papéis de cada um;
3. Definir o que, quando, como, quanto e onde fazer cada tarefa, visando sempre ao objetivo global;
4. Ter domínio dos processos de sua área. Sempre ser o primeiro a respeitar as regras;
5. Nunca reclamar ou demonstrar insatisfação na frente de seu grupo;
6. Tratar a todos com educação;
7. Ser justo, não misturar amizade com serviço. Não fica bem ter simpatias meramente pessoais.

Em outras palavras, o homem, como a Toyota o concebe, só funciona para atingir suas "necessidades e conveniências" se estiver sob o comando de alguém, de preferência abrigado em uma organização.

Em linhas gerais, essas são algumas passagens do *Manual de integração* que ensinam o líder a construir a sua liderança, por mais contraditório que isso possa parecer.

Continuando na descrição do "ofício de EX", pode-se afirmar que o líder participa nas promoções dos outros colegas – em algum nível –, já que encaminha as sugestões de boas idéias às constituições de grupos de *kaizen*, comunicando-se sempre com encarregados e supervisores. Pode-se afirmar, entretanto, que participa também das demissões e punições, já que relata a ocorrência de problemas e indica responsáveis, exercendo vigilância contínua sobre os colegas.

Dois pontos foram identificados para a promoção a EX: primeiro, completar o quadro de capacidades, um gráfico em forma de círculo que fica exposto num lugar de fácil acesso no local de trabalho. Esse círculo está dividido em quatro partes; a cada uma corresponde o percentual de 25% do aprendizado do processo. Quando um operador conclui 100% do aprendizado, está capacitado a ensinar o processo para um novo operador.

> Lá tinha um gráfico com o nome dos colaboradores da seção, bem à mostra. Por exemplo, João da área de solda, eu estava com as bolinhas cheias, sabia fazer o processo. Aí tinha outro que entrou comigo, meia bolinha: não estava acompanhando. Ficava tudo exposto! Eles falavam que quem estivesse com as bolinhas cheias podia ser promovido... mas não tem nada a ver. As bolinhas funcionam para a gente se ferrar de trabalhar para encher as bolinhas e para fazer o cara se sentir humilhado quando não consegue. Claro! (Luís, operador multifuncional).

O segundo ponto que deve ser considerado em um EX é a liderança política. Esse tipo de liderança foi identificado por ocasião das primeiras promoções na fábrica de Indaiatuba. Os operadores multifuncionais que tiveram atuação mais ativa na paralisação de 1999 foram promovidos a EX. Além de todos já terem preenchido a matriz de capacitação, apresentavam uma força de liderança no coletivo de trabalhadores, que precisava ser usada em benefício da empresa. Há indicações, ainda, que apontam para a passagem pela composição de cipeiro como um aprendizado que prepara o EX, visto que o encarregado influi na escolha, mobilizando os outros experts para fortalecer ou esvaziar uma eleição.

Nesse sentido, podemos afirmar que não é a união para propor melhorias para o trabalhador no seu local de trabalho que mobiliza a reflexão para a realização do *kaizen* – não é disso que se trata; pode até existir, mas como efeito indireto. As modificações que os trabalhadores fazem só são aceitas se houver um retorno econômico para a empresa. Esta manipula o interesse do trabalhador sobre o seu trabalho, de forma a inverter essa capacidade de reflexão apenas para encontrar saídas para os problemas de gestão da produção. A sucção do trabalho intelectual é continuamente atualizada e sempre direcionada para diminuir custos, retirando a energia da formação de uma consciência que pudesse questionar as condições de trabalho minimizadoras do sofrimento imposto pelo sistema Toyota.

Os trabalhadores, a empresa e a política sindical

Se a participação dos trabalhadores é tão importante no processo de proposição das melhorias contínuas no local de trabalho, cabe então questionar: por que a empresa não incluiu o Sindicato dos Metalúrgicos de Campinas e Região nesse processo? Entretanto, a aproximação com o sindicato, na medida em que permite ao coletivo de trabalhadores discutir o dia-a-dia do trabalho, possibilita o desvendamento dos artifícios da empresa, mas não se trata apenas de ignorá-lo – ao contrário, a participação no sindicato passa a ser mais uma forma de repressão ao trabalhador, seja para coibir promoções ou mesmo ameaçar com demissões, conforme narra Jacó, que, numa ocasião festiva na chácara da Toyota, de que participavam uma comitiva do Japão, diretores e operadores, foi interpelado:

> [...] a primeira pergunta que um dos diretores me fez foi: "Como está o seu envolvimento com o sindicato?". Ele traduzia para os homens lá em japonês... Nessa hora você não pode falar que tem envolvimento com o sindicato – eu disse: "Eu não tenho envolvimento nenhum com o sindicato". Se a gente fez alguns questionamentos aqui, se buscou, foi conscientemente, tá? Foi por livre e espontânea vontade, consciente do que estava fazendo. [...] Eu disse que eu buscava e lutava como todo mundo. Aí ele começou a questionar várias coisas... veio com palavras bonitas, lógico! Ele falou para mim que já era para eu ter sido EX desde o ano passado, mas que ele mesmo me "cortou"! Explicou que "a sua quebra foi aí, porque você chegou a esse ponto de querer unir o pessoal para não vir trabalhar". Ele nem me questionou a participação na greve, o que pegou foi eu ter feito a votação para saber se o pessoal queria fazer hora extra no sábado depois de um feriado na sexta (Jacó, operador multifuncional).

Negar o envolvimento com o sindicato é apenas o início do processo de despolitização que coincide com o início de cooptação pela empresa, dado que, para permanecer ou ascender, o trabalhador é obrigado a mentir, a se negar, a se corromper, a se degradar e a mudar – como narra Ângelo, operador: "O cara pode ser metido com o sindicato, mas quando começa a ser procurado pelo supervisor ele muda. O senhor W mudou, o senhor B mudou...".

Identificado o operador que tem potencial de liderança – aquele capaz de organizar lista de funcionários contrários à hora extra em dias específicos, aquele capaz de agregar descontentes, atuando no sindicato ou não –, o encarregado e o supervisor trabalham para produzir essa mudança. Quando o líder espontâneo é cooptado, ele pode até ser promovido a expert. Como parte desse procedimento, a Toyota elabora o *Manual de integração*, que vai ensiná-lo a liderar de acordo com os interesses da empresa[12].

O delineamento da estratégia da empresa, em que pese o seu detalhamento, deverá submeter-se ao confronto com a realidade social, isto é, à ação política da classe operária, que desenvolve uma consciência das transformações nas esferas produtivas. Nesse sentido, são pertinentes algumas observações que mostrem a condução da política sindical no contexto em que se instala a unidade produtiva da Toyota.

Assim, contemplaremos a fala dos trabalhadores e dos sindicalistas. Estes são representados por um diretor do Sindicato dos Metalúrgicos de Campinas, responsável pela sede do sindicato em Indaiatuba, que acompanhou o processo de instalação da empresa e participou das negociações nas greves de 1999.

A direção do Sindicato dos Metalúrgicos de Campinas faz parte de um grupo que vem se revezando à frente da entidade há quatro mandatos. Esse sindicato continua atuando na defesa dos interesses imediatos dos trabalhadores, que vão desde as condições e o ambiente de trabalho, modificações nos processos produtivos e introdução de inovações tecnológicas, alimentação, transporte, que, entre outros, são fundamentais. Esse tipo de ação expõe uma crítica ao "sindicalismo econômico" que determinou, especialmente, a forma de atuação do sindicalismo brasileiro ao longo da década de 1980, que mobilizava para as greves, mas não enfatizava uma conscientização a partir da discussão sobre as condições de trabalho.

Na tentativa de apontar o eixo de atuação do sindicato, está a idéia de propugnar uma jornada que contemple o trabalho e a vida do trabalhador[13]. Uma outra linha de atuação desse sindicato manifesta-se na organização para agir no questionamento ao sistema capitalista. Conforme o depoimento a seguir:

> Nós entendemos que fazer sindicalismo é lutar pelas reivindicações mais imediatas, reivindicações históricas, interesses imediatos dos trabalhadores, como salários, meio ambiente, condições de trabalho; mas é também conscientizar o trabalhador de que ele é um cidadão e que a vida dele não é isolada. O Japão aprendeu como envolver o trabalhador mais do que no físico. Ele desenvolveu técnicas que são as técnicas da ilusão, que fazem com que o trabalhador obedeça e obtendo ainda a concordância do movimento sindical (diretor sindical).

É possível concluir, segundo o depoimento acima, que o toyotismo pretende submeter o trabalhador de modo pleno, subordinando sua subjetividade aos imperativos do processo de trabalho, cujo desdobramento é condicionar a consciência operária à forma reificante da mercadoria. Nesse sentido, as formas flexíveis – toyotismo à frente – que a acumulação capitalista assume, especialmente hoje em dia, não se contenta somente com a exploração

---

12 Muitos EX são mandados para o Japão. Essa viagem parece ser um momento na formação dessas lideranças. É o senhor Ângelo quem afirma: "Quando chega no Japão, o cara vê o quanto a Toyota é grande. Vê também a tecnologia, a robotização, as linhas modernas e pensa: é aqui que eu quero ficar!".

13 Na greve de 1999, o sindicato conseguiu a redução da jornada de 44 para 42 horas semanais na Toyota.

do trabalho físico e impõe, ao mesmo tempo, a exploração de aspectos da subjetividade dos trabalhadores.

Esse sindicato atuou na década de 1990 como um modelo de resistência, marcado por uma dupla pressão: de um lado, as empresas pressionavam o seu coletivo de trabalho e, de outro, pressionavam também o sindicato, por meio do Ministério do Trabalho, para que fosse obrigado a aceitar o banco de horas.

> Nós fomos obrigados pelo ministério a fazer plebiscito nas fábricas, mas os trabalhadores recusaram o banco de horas. Na região de Campinas o banco de horas não foi implantado. Não para os metalúrgicos que o rejeitaram (diretor sindical).

Como resultado dessa dupla pressão, quando a Toyota se instalou na região de Campinas, o sindicato posicionou-se com a seguinte bandeira: "Nós queremos tudo como manda a Constituição, trabalho igual, salário igual". Dessa forma seguia-se uma outra linha de atuação, que é a conscientização do trabalhador, e procurava-se limitar a atuação da empresa conforme os marcos legais.

> Quando a Toyota se instala em Indaiatuba, há uma inauguração que foi uma festividade bonita. Veio o governador Mário Covas, veio a TV, veio tudo e foi a mesma coisa que aconteceu em 1976, quando a Mercedes-Benz se instalou em Campinas. [...] Na festa de inauguração da Toyota, a empresa foi muito arrogante. Em dez minutos de discurso, eu contei sete vezes a palavra Toyota e concluíram o discurso fazendo a seguinte afirmação: a Toyota não é apenas uma montadora de automóveis, é também um modelo de produção. Então se um trabalhador aprender aqui, para onde ele for nós queremos que ele leve essa conquista (diretor sindical).

Para sua implantação, a Toyota desenvolveu uma estratégia de ação na comunidade[14], para a qual contribuíram a mídia em geral, o Estado e o Programa de Seleção e Integração do coletivo de trabalho, implementado pela empresa. Essa imagem é um sonho que finalmente seria realizado na vida de cada um dos que fizessem parte da empresa. Construiu-se a Toyota como uma ilha de realizações que tinha começado a existir naquele mar de desolação no qual tinha se transformado a sociedade brasileira, particularmente para a sua força de trabalho, em pleno ano de 1998.

A diferenciação já começava na contratação. Primeiro: a grande maioria de trabalhadores é de jovens de 20 a 22 anos. Segundo: trabalhadores jovens não têm experiência, é mais fácil aprenderem algo. Terceiro: trabalhadores jovens não têm experiência de envolvimento sindical. Quarto: no primeiro emprego não têm conhecimentos dos seus direitos, não comparam com outras empresas. Ou então têm experiências de "bicos" em empresas pequenas que eles querem esquecer para entrar no mundo das transnacionais. Quinto: são recém-saídos da escola de segundo grau, têm um grau elevado de informações fragmentadas que podem se encaixar em perfis de generalistas. Têm ambição, querem fazer carreira. Sexto: jovens têm vigor físico, podem ser esgotados na linha de montagem.

---

14 De acordo com depoimentos, consta que a empresa deu carros para o hospital, para a Polícia Militar, para o posto de saúde e para o delegado. Tudo para criar uma simpatia na cidade.

Podem agüentar por mais tempo os rigores da aceleração dos tempos, da repetição de gestos e das posições penosas. Sétimo: jovens têm fantasias suficientes para conceber a Toyota como a empresa dos sonhos[15].

> Só que a empresa esquece que aos 20 anos os trabalhadores têm todo um sonho pela frente, têm fibra, têm vigor. Aí eles colocam esses caras na produção e empurram trabalho. Hora extra adoidado. O cara rala, rala, rala, e começa a perceber rapidamente porque não é mais aquele trabalhador que se acomoda. [...] E o sindicato lá todo dia na porta da fábrica: "Olha companheiro, não tá certo isso, aquilo está errado. Vocês estão dando o sangue. Esse salário é muito baixo, R$ 400 é um absurdo, seus colegas do ABC ganham mais" (diretor sindical).

De fato, o salário é uma reivindicação que pode unificar. Ainda hoje todos os entrevistados reclamam seja do salário, seja do seu montante, isto é, da diferença em relação aos metalúrgicos da Toyota em São Bernardo do Campo.

> Aí ele descobre que um montador de qualquer outro lugar ganha melhor do que ele, assim como o soldador. Até a Nissan, que também é japonesa, paga melhor do que a Toyota. Até a Toyota de São Bernardo paga melhor! Aí vem a pergunta: "Por quê?" [...] Quando a gente ficava reunido, conversando, dizia: "Vamos sindicalizar, vamos?". Alguns encarregados e alguns supervisores jogaram um papel importante na aproximação com o sindicato, falando do que conseguiram em São Bernardo com a presença do sindicato. Na empresa eles não podiam se manifestar, senão perdiam o emprego, mas tinham uma visão do sindicato do tempo do ABC (Armando, operador multifuncional).

A empresa reprime ao máximo qualquer tipo de posição favorável ao sindicato. No entanto, fora do ambiente fabril, seus encarregados[16] demonstram solidariedade com a causa dos trabalhadores e se identificam entre si: "Eu também já fui 'chão de fábrica' mas tenho família para sustentar... lá na empresa eu sou chefia". Por mais que esse tipo de solidariedade seja duvidoso, cabe a questão: será que o sistema Toyota de produção funcionaria sem esses tipos de solidariedade que se manifestam em momentos de crise, como esse que antecedeu a greve?

Não é somente a questão salarial que incomoda os trabalhadores de Indaiatuba. Com o Plano de Lucros e Resultados (PLR)[17] é a mesma coisa. A Toyota de São Bernardo paga R$ 2.300 de PLR, a Toyota de Indaiatuba, R$ 800. "Aí a gente responde: 'Por que você concordou? Você não fez nada?'" (diretor sindical).

A atitude da empresa diante dos salários e das bonificações provoca um desencantamento nos trabalhadores. Assim continua o diretor sindical: "O sonho da Toyota

---

15 Para a ampliação da Toyota de Indaiatuba, que começou a funcionar a partir de março de 2002, circulam informações, entre os trabalhadores, de que o perfil do trabalhador será constituído por homens com mais de 30 anos, dado que estes são mais maleáveis para aceitar as exigências da empresa, em face das obrigações familiares e do medo de não encontrar novas ocupações caso sejam demitidos.

16 É interessante observar que os encarregados e os supervisores vieram da Toyota de São Bernardo para instalar a produção em Indaiatuba, e são chefias selecionadas pela empresa com cerca de quinze anos de casa.

17 Bonificação anual, estipulada pela empresa, paga em duas vezes, uma antes do início e outra no fim das férias.

não é um sonho verdadeiro, acaba virando pesadelo rapidamente. A opinião dos trabalhadores só vale para fazer *kaizen* e não vale para o resto das coisas?".

Além disso, há um discurso na fábrica de que todo mundo é igual. Os trabalhadores foram percebendo que todos são iguais, mas somente como "colaboradores". Na fábrica existe uma hierarquia, e, se ela existe, é porque alguém manda. As diferenças são muitas: há restaurante para o colaborador e restaurante com espelho para a direção. Uns trabalham de uniforme, outros não. Uns são horistas, outros mensalistas. Uns são obrigados a fazer ginásticas laborais, outros não. Uns podem estudar e fazer faculdade, outros não.

> Além disso, começaram a perceber que há algum tipo de trabalhador, o *release* (EX), o mais polivalente de todos, desencadeando a competição. O discurso da igualdade foi minado e ocorreu a perda da confiança (diretor sindical).

> A hora extra era no domingo, no sábado. E não perguntavam se havia interesse. Então o chefe chegava no sábado e dizia: "Amanhã tem hora extra, mas não é obrigado a vir. Mas a decisão é sua. Se você não vier, nós vamos contratar outro" (Luís, operador multifuncional).

Os procedimentos de empresa – ao provocar diferenciações e/ou impor horas extras sem reconhecer os esforços dos trabalhadores envolvidos no crescimento da produtividade, afastando-se das promessas feitas por ocasião da contratação – levam o trabalhador a perder a confiança nas promessas, estimulando um clima propício à greve e "fazendo ruir a imagem da Toyota como um sonho a ser alcançado" (diretor sindical).

Novembro de 1999: primeira greve na Toyota do Brasil

O sindicato dos Metalúrgicos de Campinas e Região se movimentou na campanha unificada pelo reajuste da categoria metalúrgica, em 1999. Essa campanha foi feita em conjunto com os sindicatos dos metalúrgicos de Limeira e de São José dos Campos.

> Quando houve a paralisação, nem o pessoal do sindicato acreditava que gente ia parar a fábrica. Eu achei que foi muito legal parar a fábrica. [...] Quando a gente parou estava o pessoal assim, a chefia da empresa, todos na porta da fábrica. A fábrica e o sindicato fazendo assembléia. Então o pessoal do sindicato perguntou: "Quem está de acordo em parar a fábrica? [...] os direitos e não sei o que mais...". Todos pensavam que só a minoria ia levantar a mão, mas não ficou ninguém com os braços abaixados. Só quem era pelegão mesmo e a direção, claro! Eu levantei as duas mãos. Só que na hora do "vamo vê", de "agüentar o tranco", a maioria deu pra trás. Tanto é que eu fui o último cara a entrar na fábrica. Eu só pensava: "Eu não acredito". Muita gente voltou a trabalhar sem querer (Luís, operador multifuncional).

Liderados pelo sindicato, os operários da Toyota realizaram, em outubro de 1999, a primeira paralisação das atividades produtivas, por um dia. Depois, em 3 de novembro de 1999, iniciou-se a primeira greve na Toyota após sua instalação no Brasil; os 280 trabalhadores da linha de montagem entraram em greve por tempo indeterminado. Toda a produção ficou parada e 38 carros deixaram de ser fabricados por dia, provocando um prejuízo de R$ 280 mil.

A pauta de reivindicações proposta pelo sindicato nessa greve era:

1. Reajuste salarial;
2. Participação nos lucros e resultados – (PLR) – R$ 1.500;
3. Gatilho a 3% de inflação;
4. Aumento real de 10%;
5. Reposição de 10% de perda com a inflação;
6. Redução da jornada para 36 horas semanais, sem flexibilização e sem redução de salários;
7. Manutenção e ampliação das cláusulas sociais do acordo coletivo da categoria – como vale-transporte.

A funilaria, que era o "gargalo" da produção, assumiu papel importante na condução da greve.

> Depois do almoço eles se reuniam lá fora, no quiosque, que fica no pátio do restaurante. E conversavam sobre o sindicato e sobre união para conseguir os benefícios da categoria de metalúrgicos que, no ABC, ganhavam muito mais. A liderança era dos senhores E, M, B e W (Shimada, operador multifuncional).

Depois de uma semana de negociações[18], a empresa fez uma proposta que atendia somente uma das reivindicações, que era o aumento de salários. Assim mesmo, ofereceu 6,9% de reposição da inflação, que fora de 10%, e R$ 1.100 de PLR. A proposta foi rejeitada em assembléia de trabalhadores. A paralisação fez parte da campanha salarial da categoria, que tem como data-base 1º de novembro. Após o segundo dia de greve, a assembléia decidiu conceder uma trégua para a empresa, retornando ao trabalho.

Segundo o sindicato:

> Os funcionários da Toyota iniciaram a greve antes do restante da categoria porque se diziam "insatisfeitos" com as condições atuais. O que eles estão pedindo é a mesma pauta da negociação da categoria [...] Os funcionários permaneceram durante todo o tempo dentro das instalações da fábrica. Em assembléia, às 15h30, decidiram pela paralisação, caso não houvesse acordo. A assembléia foi feita no portão da fábrica para ser presenciada pela imprensa e, também, para não ser ouvida pelos diretores que estavam no local. Mas, sem os funcionários perceberem, os seguranças da portaria transmitiram a assembléia aos diretores por meio do interfone (diretor sindical).

A percepção do pagamento diferente é suficiente para desencadear a greve? Não. Os trabalhadores da Toyota, nos primeiros dezoito meses, não agüentavam mais. Os dirigentes da produção faziam reuniões, pediam sugestões para melhorar. Recebiam todas as sugestões e a situação não mudava. Os trabalhos físico e intelectual deixavam todos esgotados.

A resposta da empresa foi aumentar o ritmo de trabalho e as horas extras. Quando a fábrica se instalou, no início das operações, produzia dezoito carros por dia em um tempo aproximado de dezessete minutos para cada carro. Com as sugestões de melhoria

---

18 Espaço de tempo entre a primeira paralisação de um dia e a greve.

oferecidas individualmente pelos funcionários e com as melhorias contínuas feitas pelos grupos de *kaizen*, o tempo foi baixando até chegar a treze minutos para cada carro produzido e a produção cresceu vertiginosamente: passaram dos 18 iniciais para 25, que subiu para 32, depois para 38 até encostar-se à marca dos 42 carros diários[19]. O ritmo ficou tão intenso que as pessoas se sentiram impossibilitadas de pensar qualquer coisa. "Na base do ritmo de produção e da hora extra. Era uma loucura! O cara quando chegava em casa, no sábado à noite, ele não tinha mais condição de sair com a namorada. Então você imagina um jovem de 22 anos exaurido a esse ponto? Minha vida acabou" (diretor sindical).

A afirmação feita por esse entrevistado sobre o fim de sua vida sugere que, quando o trabalho passa a consumi-lo de forma tão intensa, não resta mais nada: família, amigos, namorada ou diversão. Tudo ficou em segundo plano. A produção foi sendo acelerada e ele passou a viver em função da fábrica. O corpo doía, os músculos doíam e a ansiedade batia. A fábrica assumiu o centro da vida dele, deslocando a família, o lazer, os amigos e as perspectivas de futuro. "Aí veio a segunda pergunta: 'Que tipo de vida que eu vou conseguir? Que raio de trabalhador que eu sou?'" (diretor sindical).

O sindicato insistia na mesma palavra de ordem:

> Nós queremos tudo como manda a Constituição, trabalho igual, salário igual. "Quando nós marcamos a data da greve, a empresa ofereceu 7% e todo mundo pegou. Qual foi a questão do dia seguinte? 'Se eu tive isso é porque a empresa deve. Se houver greve, com certeza vai retornar mais um pouco para nós'" (diretor sindical).

Dadas as características da Toyota, toda e qualquer greve seria uma verdadeira novidade e certamente se tornaria objeto de estudo das mais diversas áreas, mas o que não pode passar despercebido é a denúncia implícita no seguinte bordão unificador: "Nós queremos tudo como manda a Constituição, trabalho igual, salário igual". Não foi possível identificar a existência de greves anteriores na Toyota do Brasil. Até porque, mesmo havendo paralisação, as cotas de produção não sofriam diminuições, além do que não havia descontos no salário, sendo o pagamento realizado por hora e reposição das horas paradas.

> Fato é que, pela primeira vez no Brasil, numa fábrica em São Paulo com apenas um ano de funcionamento, houve um aumento de salário e duas greves. Como agravante para este fato inusitado, isto ocorreu na Toyota de Indaiatuba, o que para uma fábrica do Japão recém-implantada é insuportável! (diretor sindical).

Diante dos fatos relatados em todas as entrevistas realizadas para esta pesquisa, é possível fazer algumas observações sobre os resultados dessa mobilização.

Durante a greve, os trabalhadores fizeram churrasco na frente da fábrica. Embora o ato fosse dedicado ao sindicato, por exigência deste não houve bebida alcoólica, só refrigerantes. O que demonstra simpatia dos trabalhadores pelo sindicato e o controle deste sobre todas as manifestações do movimento.

19 Esses números correspondem às informações obtidas no segundo semestre de 2000.

> A japonesada colocou um cinegrafista lá num alto para filmar o pessoal no pátio e saber quem estava conversando, para mapear os grupinhos da greve. Quando a funilaria precisava se reunir, nós fazíamos uma roda e ficávamos todos de costas para o cinegrafista, para que a empresa não identificasse os participantes da rodinha. Foi um colega nosso que teve essa preocupação (Ângelo, operador multifuncional).

Isso demonstra mecanismos de resistência dos trabalhadores à vigilância da empresa, independente até mesmo do sindicato.

> Durante a paralisação, o senhor C quis atrapalhar o sindicato e entrar na fábrica. O pessoal quebrou o carro dele, mas depois a empresa reembolsou os danos. Obviamente porque ele estava fazendo um serviço para a empresa (Luís, operador multifuncional).

Tal episódio demonstra a existência de vozes dissonantes, que foram estimuladas pela empresa e combatidas pelo movimento.

Por ocasião da paralisação, a empresa modificou o percurso dos ônibus fretados, para que os trabalhadores chegassem à fábrica sem entrar em contato com os grevistas. Porém, um trabalhador percebeu a manobra e avisou o sindicato, que impediu a nova rota, atravessando um carro no caminho e defendendo – ativamente – a continuação da greve. O sindicato estava plenamente vigilante e respaldado pelos trabalhadores diante da persistente ação da empresa para coibir o movimento.

Como parte do procedimento da empresa para conseguir o retorno ao trabalho, membros da hierarquia telefonaram para a casa dos operadores, de modo a pressioná-los a retornar ao trabalho. Alguns foram pressionados pessoalmente em suas casas, o que demonstra a falta de limites da empresa na consecução de seu objetivo, instalando o medo do desemprego também nos familiares. A repressão da empresa chega até a família.

Supõe-se que, por ocasião da greve, a empresa pôde detectar muitos "gargalos" no seu sistema. Tanto é assim que já demitiu ou remanejou os jovens rebeldes, principalmente os da funilaria, que, segundo informações, era um dos setores que podiam parar a fábrica. Admitindo-se que a empresa continuaria a eliminar as resistências, nessa linha de raciocínio, depois seria a vez dos ex-funcionários da Mercedes-Benz, naquela época funcionários da Toyota, que tinham alguma experiência de organização. No entremeio demitiu os estudantes universitários que tinham limites a alterações repentinas de turnos e os doentes, lesionados ou acidentados. As reuniões no quiosque do pátio do restaurante foram proibidas.

Paralelamente, permanecerá no caminho da difamação e da sabotagem ao sindicato, enquanto buscará uma solução alternativa. Será esse o caminho do sindicato-empresa ou de um outro tipo de sindicato baseado na confiança mútua?

A greve não obteve o sucesso desejado, mas conseguiu a redução da jornada de trabalho em duas horas, passando para 42 horas semanais. Além disso, deu visibilidade a essa outra Toyota, revelada nas discussões com o sindicato sobre questões concretas enfrentadas no cotidiano do trabalho. Permitiu, por outro lado, aflorar os hiatos no sistema ideológico da empresa, que se revelam sempre que os trabalhadores conseguem se unir em função de um objetivo.

> Então tem a Toyota produtora de automóveis, com um modelo de produção que é apresentado como se fosse "a oitava maravilha"; e tem a Toyota do dia-a-dia. Tem a Toyota que eu levanto de madrugada, que eu vou pra dentro da fábrica, que eu monto um carro, que eu pego um ônibus, que eu fico exaurido na produção e no fim do mês eu recebo o mesmo salário de qualquer outro trabalhador. Tem a Toyota do trabalho precário que contrata trabalhadores por seis meses. Tem a Toyota que pela primeira vez negocia com o sindicato (diretor sindical).

A posição do sindicato foi fundamental para a condução da greve, mas evidenciou que os trabalhadores não assimilaram totalmente a proposta da Toyota de obediência e concordância. Por outro lado, a condução do movimento pelo sindicato deixou questões no ar, apontando posicionamentos que podem levar à manifestação da solidariedade entre os trabalhadores, em uma empresa japonesa que permaneceu invicta e impermeável a greves até mesmo nos anos de maior mobilização do ABC paulista.

> Então aí é que vem a nossa principal divergência na CUT, que é a questão do tipo de sindicato pretendido por nós. Se nós temos um trabalhador inteligente e esperto, que sabe o que é crise e desemprego, então ele tende a questionar o sindicato. E essa participação é fundamental. "E se a gente fizesse diferente? De que jeito? Quem falou que o sindicato está 100% certo?" (diretor sindical).

Conclusão

O Sindicato dos Metalúrgicos de Campinas e Região tem uma posição independente do sindicalismo brasileiro. Um indício dessa disposição é o fato de que não se mobiliza só por questões econômicas, mas também por "questões do cotidiano" do trabalho. "Já fizemos greve por salário, já fizemos greve por reintegração, já fizemos greve para garantir plano de saúde. Se o trabalhador quer a gente faz" (diretor sindical). Uma pista importante nesse sentido, que aponta para a especificidade da atuação desse sindicato, é o fato de reconhecer que representa um trabalhador bem mais informado e capaz de fazer uma análise da situação e questionar a atuação do sindicato.

> Então, para nós, é um desafio muito grande estarmos discutindo a relação capital e trabalho e o método de recursos humanos que a Toyota usa, porque ela está mais avançada do que as outras empresas, não tenha dúvida. Eu diria que ela prefere gastar muito dinheiro na preparação ideológica e intelectual desse trabalhador do que no salário (diretor sindical).

Isso é na verdade um paradoxo, se aceitarmos a idéia da diminuição de custos como meta que permeia o objetivo de qualquer empresa. Mas o que impressiona é uma quase obsessão por conseguir produzir mercadorias de determinado modo e, ao fazê-lo, ainda provocar e esperar que haja aceitação, obediência, sensação de prazer com esse tipo de trabalho como forma de recompensa.

Em outras palavras, a Toyota quer o trabalho vivo na sua dimensão material e intelectual, como um elemento ativo que participe nas condições de sua própria alienação. Pode-se afirmar que é o caso do estreitamento do fosso entre execução e planejamento, mas trata-se de um sujeito que tem como trabalho encontrar e implementar respostas que ferem os seus interesses. Trata-se da construção de uma subjetividade colaboradora que não pode existir plenamente, nem enquanto colaboração. Nesse sentido, a sugestão do sindicalista contém pistas muito interessantes:

> A gestão participativa é uma gestão de concordância circunstancial, mas não é uma concordância de livre e espontânea vontade. É evidente que ela ganha vários trabalhadores, mas ela não consegue ganhar todos. Esses trabalhadores, no limite, suportam e aceitam porque eles não têm alternativas, mas, se eles tivessem apoio e confiança de um órgão de classe, eu sei que eles gostariam de acabar com o toyotismo (diretor sindical).

Embora o toyotismo possa ser apresentado como um sistema ideológico objetivo, consciente e direcionado para produzir um tipo de trabalhador colaborador, a resistência e a rebeldia também estão inscritas no curso da história, mas sua expressão não é espontânea, depende de outros elementos para se manifestar. Haja vista a resistência dos trabalhadores, no Japão, ao início da polivalência (Ohno, 1997), a conjuntura da "bolha financeira" no começo da década de 1990 e as paralisações na Toyota de Indaiatuba, no Brasil do final da década de 1990.

A "concordância circunstancial" mencionada na fala do sindicalista é tão mais reveladora quanto mais se considerar que o Brasil, desde o final da década de 1970, apresenta a maior penetração estrangeira na produção. Por outro lado, mesmo indicando a ascensão da participação do capital japonês – na economia paulista – e uma taxa de apropriação do lucro líquido de 35,5% em 1989 (Oliveira, 1998) – ainda desconhecido o impacto dos investimentos da década de 1990 –, esta análise não permitiu revelar a estrutura empresarial de comando e controle da qual a empresa estudada participa, isto é, as poderosas *holdings* japonesas e as suas ramificações no Brasil.

Capítulo 8

O CASO MERCEDES-BENZ ABC e Campinas*

Fabiane Santana Previtalli

Introdução

A empresa analisada pertence a um grupo transnacional de capital alemão e norte-americano presente no Brasil desde 1956 que, a partir dos anos 1980 e fundamentalmente ao longo da década de 1990, passou por um intenso processo de reestruturação mundial com significativas repercussões no país. As unidades produtivas analisadas foram: Unidade Produtiva de São Bernardo do Campo (UPSB), localizada em São Bernardo do Campo, no ABC paulista, e Unidade Produtiva de Campinas (UPC), localizada em Campinas, no interior do Estado de São Paulo, que iniciaram suas atividades em 1976. A localização das unidades em regiões distintas possibilitou a discussão das diferentes estratégias dos trabalhadores em face do processo de reestruturação da empresa.

Durante a década de 1990, o grupo alemão-norte-americano ao qual pertence a empresa no Brasil intensificou o processo de reestruturação de suas operações mundialmente, envolvendo fusões e aquisições, procurando desenvolver novas estratégias competitivas, fundadas na focalização[1] setorial, associadas a movimentos de desverticalização[2] e terceirização, bem como à diversificação de produtos a fim de competir em novos segmentos do mercado automotivo.

Durante a realização desta pesquisa, o grupo possuía três unidades produtivas no Brasil, atuando no setor automotivo nos segmentos de veículos de passeio e comerciais

* Esta pesquisa é parte da tese de doutorado da autora, intitulada *Controle e resistência na organização do trabalho no setor automotivo: o caso de uma empresa montadora nos anos 90*, IFCH/Unicamp, 2002, sob orientação do Prof. Dr. Ricardo Antunes, com bolsa do CNPq e da Capes (doutorado sanduíche).

1 Estratégia que consiste na definição do negócio central com conseqüente terceirização (externalização e/ou subcontratação interna) das atividades consideradas de apoio ou complementares ao negócio central.

2 Processo de redução da estrutura física e administrativa da empresa seguido do estabelecimento de relações interfirmas horizontais e em rede.

leves e pesados e reunindo um total de 12.128 mil funcionários (diretos e indiretos[3]) e um faturamento total de US$ 2.882 bilhões em 1999[4].

A unidade de São Bernardo do Campo

Os trabalhadores e a comissão de fábrica da UPSB pertencem ao Sindicato dos Metalúrgicos do ABC, filiado à CUT. Em 1987, o sindicato possuía 203.111 trabalhadores em sua base. Em 1996, esse número foi reduzido para 120.681 trabalhadores, significando uma queda de 40,6% no período considerado (Rodrigues, 1998). A redução no nível do emprego na região foi um dos fatores que levaram ao redirecionamento das estratégias de resistência dos trabalhadores na região do ABC[5], de forma que assumem um caráter mais conciliatório e propositivo. A comissão de fábrica da UPSB está em consonância com essas novas diretrizes.

O processo de reestruturação produtiva na UPSB teve início nos anos 1980, quando houve a mudança de *layout*, de dedicado e linear para semilinear na montagem e celular na produção, devido às características específicas de cada processo. Com as mudanças, reduziu-se o tempo ocioso que se tinha na movimentação de materiais e de manuseio de peças, ganhando-se flexibilidade.

Na década de 1990, a fábrica foi dividida em unidades de negócio[6], de forma a obter flexibilidade organizacional. A mudança auxiliou na redução dos níveis hierárquicos e facilitou a integração entre serviços de apoio à produção[7] e a área produtiva. As áreas de logística e de qualidade, que estavam centralizadas, foram descentralizadas para as unidades de negócios. Nesse período também foram incrementados os investimentos em automação dos equipamentos na produção, o que implicou o aumento da produtividade com um menor número de trabalhadores. Paralelamente às mudanças técnicas, ocorreram mudanças organizacionais, envolvendo a redução de níveis hierárquicos e introdução do trabalho em grupo nas células de manufatura.

Para fazer as mudanças, a empresa implementou um programa de gestão participativa, visando a estimular o comprometimento do trabalhador e desenvolver uma cultura de melhoria contínua. Um dos programas mais enfatizados foi o *kaizen*, e os demais eram: reuniões internas para informação e esclarecimento; treinamento de conscientização da qualidade; treinamento operativo (*on the job*); treinamento nas ferramentas da qualidade; uso efetivo do CEP (técnica que visa a assegurar, por meio de princípios de probabilidade e de estatística, o controle da qualidade ao longo do processo produtivo); grupos operativos para a solução de problemas

---

3 São chamados "diretos" os funcionários envolvidos diretamente na produção e "indiretos" os que desenvolvem atividades gerenciais e administrativas.

4 Em 2000 o grupo encerrou as atividades de produção na fábrica de Campinas, uma das unidades produtivas analisadas neste trabalho, que doravante será denominada UPC.

5 Uma das implicações mais marcantes do redirecionamento das estratégias de resistência foi a redução do número de greves realizadas pela classe trabalhadora. Em 1990 ocorreram 169 greves no país e em 1997 esse número caiu para 59, uma redução de 35% no período considerado (*O Estado de S.Paulo*, 19/1/1998). Cumpre dizer que também o número de grevistas no país foi drasticamente reduzido. Em 1990, 804.311 trabalhadores fizeram greves, enquanto em 1997 o número de grevistas foi 80.355, uma redução de 90% no período considerado. Ademais, as reivindicações não eram, em sua maioria, por aumentos de salários, como ocorria na década de 1980, mas por pagamentos, especialmente nas pequenas empresas (*O Estado de S.Paulo*, 19/1/1998).

6 As unidades de negócio ficaram assim definidas: 1) motores, 2) eixos, 3) cabinas e 4) montagem de veículos.

7 Atividades de programação, manutenção e planejamento.

(CCQs); remuneração variável (participação nos resultados) e monitoramento por meio de emprego de indicadores, tais como o absenteísmo.

A empresa investiu ainda fortemente em novos meios de comunicação com o trabalhador, criando um circuito interno de TV que funciona no restaurante e em outros pontos de encontro e boletins informativos que veiculam imagens e mensagens positivas sobre a empresa e sobre o processo de reestruturação. Dessa forma, ela visava a conseguir a confiança do trabalhador, motivando-o à participação em um processo que levaria à sua própria demissão.

A reestruturação envolveu fortemente a área de qualidade da empresa, que passou a se organizar em dois grandes blocos. O primeiro diz respeito à definição da estratégia corporativa, envolvendo requisitos e metas a serem atingidos[8]. O segundo bloco consiste no setor operacional, que visa à implementação das estratégias definidas. Quanto às atividades de qualidade desenvolvidas pelos operários da produção, verificou-se que aquelas relacionadas à definição dos procedimentos de qualidade ainda ficam a cargo dos técnicos, enquanto os operadores fazem as atividades de inspeção, tendo havido a sua intensificação em alguns casos a partir dos anos 1990.

Atividades desenvolvidas pelos operários da produção antes e depois da reestruturação dos anos 1990

Atividades	**Já faziam**	**Fazem mais**	**Só fazem agora**	**Não fazem**
1 Inspeção visual do produto	X	X		
2 Inspeção com instrumento de medida do CEP	X	X		
3 Preenchimento de cartão			X	
4 Manutenção preventiva ou de rotina	X	X		
5 Produção dentro do prazo programado	X	X		
6 Participação em grupos ou em círculos de qualidade			X	
7 Capacidade de efetuar funções diferentes		X		
8 Operação de mais que uma máquina	X			
9 Preparação da máquina		X		
10 Troca de ferramenta		X		

Fonte: Previtalli (2002).

8 As metas são definidas anualmente, tendo um acompanhamento mensal para monitoramento com base em alguns itens como: grau de satisfação do "colaborador" (funcionário) e do cliente, nível de estoques e índice de rejeição.

Na visão da empresa, a reestruturação exigiu um novo funcionário, chamado de "multiplicador interno":

> [...] são pessoas formadoras de opinião dentro do grupo e que transmitem os conhecimentos para os operários da produção. Normalmente são líderes para o grupo. São pessoas escolhidas e são formadas por meio de várias ferramentas, entre as quais se destacam as palestras (entrevista com gerente de qualidade da UPSB: 21/3/2001).

Uma das principais mudanças na fábrica foi a introdução do trabalho em grupo em 1995. Inicialmente, ele foi introduzido no desenvolvimento de novos produtos, envolvendo funcionários das áreas de planejamento, engenharia e *design*[9]. As primeiras discussões sobre a nova forma de organização do trabalho começaram em 1991, pela direção da empresa; em seguida, comunicou-se a mudança ao Sindicato dos Metalúrgicos do ABC e à Representação Interna de Empregados (comissão de fábrica)[10]. Houve ainda a participação de representantes do Departamento Intersindical de Estatística e Estudos Socioeconômicos (Dieese), que assessorou o sindicato dos metalúrgicos do ABC durante as negociações.

Os grupos passaram a realizar atividades antes exercidas pelo mestre, tais como: controle de estoques, pequenas manutenções, organização do trabalho, sugestões de melhorias, escalas de férias e folgas, enquanto o antigo mestre passou a ser responsável pela redução de desperdícios e de custos e pelo aumento da qualidade e produtividade. Os líderes são operários da produção e têm uma recompensa financeira. Quem define a implantação do grupo é a chefia da área. A organização/coordenação das tarefas no interior das equipes ocorre por meio de rodízios. É feito um treinamento comportamental da equipe para que cada colaborador perceba os valores do grupo de trabalho. As metas de produção são traçadas e avaliadas por meio de indicadores[11] de produção, medidos antes e depois da introdução do grupo de trabalho. A participação dos membros dos grupos na programação da produção não ocorre, os grupos recebem uma meta já determinada, decidindo somente sobre como será desenvolvida no processo.

Pôde-se constatar que o grau de decisão dos grupos é bastante restrito. Eles não têm o poder de interromper a produção quando necessário ou de opinar na contratação de novos empregados. A autonomia se restringe à organização das tarefas. Quanto às relações da empresa com a comissão de fábrica sobre o trabalho em grupo, o entrevistado afirmou que eram boas.

De acordo com um entrevistado, o líder atua como porta-voz, não tendo poder disciplinatório, que é responsabilidade da mestria. Porém, ressalta: "[...] se alguém do grupo falta, a redistribuição da tarefa tem que ser outra, o que pode sobrecarregar

---

9 A empresa divide seu processo produtivo em dois núcleos: um primeiro que consiste no desenvolvimento de novos produtos e outro que é a produção de acordo com especificações determinadas no primeiro. No segundo núcleo, a empresa optava por definir os postos de trabalho de forma mais estreita sem a introdução do trabalho em grupos.

10 Foram programadas duas viagens à Alemanha, em novembro de 1993 e janeiro de 1994, com representantes da empresa e do sindicato, com o objetivo de mostrar ao sindicato como era o trabalho em grupo nas fábricas daquele país.

11 Os indicadores são: produtividade, qualidade, absenteísmo, entre outros.

o grupo. O líder atua alertando para esse fato. Na verdade, o próprio grupo acaba questionando um pouco essa falta" (entrevista com gerente de produção da UPSB: 29/3/2001).

Ele destacou que a implantação do trabalho em grupo neutralizou parcialmente a função da comissão de fábrica:

> [...] no momento em que a empresa dá mais autoridade ao trabalhador, ele se sente mais confiante em estar discutindo sem a necessidade de requerer um representante para tal. Na medida em que a empresa fornece instrumentos de participação para os trabalhadores, como é o caso do trabalho em grupo, esse trabalhador não precisa mais de representantes para defender os interesses dele porque ele se sente mais participativo. Ele já possui um canal de comunicação que é o grupo e o líder para discutir assuntos do trabalho (entrevista com gerente de produção da UPSB: 29/3/2001).

A comissão de fábrica tem se pronunciado e negociado a implementação do trabalho em grupo e outras questões que antes eram apenas prerrogativa da empresa, entre elas: turno de trabalho, horário, jornada de trabalho, salários e benefícios, nível de emprego, mudança organizacional, participação nos lucros e resultados, terceirização. Na visão dos entrevistados, essa é a forma de resistência possível:

> [...] a comissão de fábrica decidiu negociar porque hoje isso significa intervenção. Vimos que a reestruturação era irreversível, mas que era possível intervir através da negociação. Nós optamos pela negociação. Não traz benefício, mas se não interferir, [a reestruturação] traz prejuízo para os trabalhadores (entrevista com membros da comissão de fábrica: 2/2/2001).

A chefia determina ainda as metas de produção e os recursos (máquinas, ferramentas, espaço físico, custos e qualidade). O grupo decide como fazer o trabalho, o que envolve a divisão das tarefas e a forma do rodízio. O grande benefício, segundo o entrevistado, é que "[...] tira o chefe de cima, dando a oportunidade de controle do trabalho e ganhos salariais maiores" (entrevista com membros da comissão de fábrica: 2/2/2001).

Assim, embora a autonomia e o poder de decisão do grupo sejam limitados, a menor interferência das chefias no chão de fábrica é um dos aspectos positivos mais ressaltados. Os trabalhadores que participam dos grupos não desejam retornar às antigas atividades dentro da empresa. Questionados sobre as decisões que a empresa toma sem o envolvimento da comissão de fábrica e do sindicato, os entrevistados afirmaram que isso ocorre, mas esse fato não descaracteriza a ação dos trabalhadores. Nas palavras do entrevistado:

> [...] sabemos muito bem que a empresa é que tem o controle e que dita as regras do jogo. O nosso desafio é interferir e negociar o maior número de mudanças possível [...] quando ela [a UPSB] toma uma decisão e nós não concordamos, procuramos negociar [...] (entrevista com membros da comissão de fábrica: 2/2/2001).

Portanto, na UPSB, as estratégias de resistência dos trabalhadores, via comissão de fábrica, tendem a assumir características mais conciliatórias, seguindo uma tendência majoritária dentro do movimento sindical da região do ABC paulista. Para alguns autores, a experiência de negociação entre empresas e sindicatos consiste em um avanço nas relações entre capital e trabalho no país (Gitahy e Bresciani, 1998; Bresciani, 2001). No entanto, cumpre dizer que a resistência que ocorre via negociação e colaboração dos trabalhadores à ofensiva da reestruturação das empresas possui uma eficácia relativa, posto que assegura a participação dos trabalhadores no processo de reestruturação de forma significativamente restrita e ainda mantém o controle sobre o direcionamento do processo. Os sindicatos/ comissão de fábrica, ao se tornarem parceiros das empresas, tornam-se reféns do discurso participativo e negociam a exclusão de um contingente cada vez maior da classe trabalhadora.

A unidade de Campinas

Se, por um lado, no ABC é majoritária a presença de um sindicalismo mais propositivo, no qual prevalece a negociação dentro da ordem, que faz concessões ao governo e ao capital, por outro lado, em outras regiões do interior, como Campinas, pode-se observar, por meio do estudo do processo de reestrutração da unidade produtiva UPC, a presença de um movimento sindical mais combativo, em que predomina a organização e a mobilização das bases, sendo a negociação pautada contra a ordem e pela resistência ao desmantelamento dos direitos.

Os trabalhadores de chão de fábrica da UPC pertencem ao Sindicato dos Metalúrgicos de Campinas e Região[12], também filiado à CUT. É o maior e mais importante sindicato da região, com aproximadamente 1500 empresas e 40 mil metalúrgicos na sua base, 14 mil deles sindicalizados em 1999. Até 1985, havia aproximadamente 70 mil metalúrgicos na base. A redução se deu em conseqüência de demissões, fechamento de empresas e terceirizações para empresas cuja categoria não se enquadra no setor metalúrgico.

A diretoria do sindicato é composta por quarenta membros e se renova a cada três anos por meio de assembléia geral. Os indicados saem das organizações de base nas empresas. Normalmente prefere-se aquele que já participa da Comissão Interna para Prevenção de Acidentes (Cipa). Uma vez indicado, ele vai para a convenção em que é montada a chapa que concorrerá à eleição para a diretoria.

Nos anos 80, a reestruturação na UPC tinha um caráter seletivo e ocorria em algumas seções. Um entrevistado afirmou que, na seção de soldagem onde trabalhava, quase nada foi alterado nesse período, mas nas seções de ferramentaria e tornearia as mudanças foram mais significativas, o que demonstra o caráter seletivo delas, uma característica da reestruturação desse período.

Nos anos 1990, a empresa começou a implantar programas mais sistêmicos de organização e controle do processo de produção, que envolveram novas estratégias de gestão de recursos humanos, de forma a estimular o compromisso e a participação do trabalhador nas metas definidas. Nesse período, o processo de reestruturação foi intensificado, implicando a drástica redução do número de funcionários. Assim como na USPB, o programa mais utilizado foi o *kaizen*. Segundo um sindicalista entrevistado:

---

12 Além de Campinas, pertencem à região as cidades de Americana, Indaiatuba, Nova Odessa, Hortolândia, Monte Mor, Paulínia, Valinhos e Sumaré.

> [...] eles avaliaram o tempo que o companheiro levava para fazer a peça. Depois eles fizeram um trabalho com os trabalhadores [...]. O cara está pegando uma peça com jeito meio irregular, às vezes tem que levar a peça para o outro cara dar uma arrumada. Então, eles diziam: "Nós vamos arrumar isso para você; você não precisa perder todo esse tempo". Passava-se a idéia para o trabalhador de que ele iria trabalhar com mais tranqüilidade, mais segurança, com mais qualidade sem ter um desgaste físico maior. Eles trabalhavam muito a idéia de que o *kaizen* iria melhorar as condições do trabalhador. Então, o processo começou a ser avaliado e com os dados obtidos começou a eliminação dos postos de trabalho (entrevista com sindicalista membro da Cipa: 15/12/2000).

Juntamente com o *kaizen* foi introduzido o trabalho multifuncional. Segundo o entrevistado, a empresa enfatizou o aspecto da elevação do nível de qualificação do trabalhador. Entretanto, o que ocorria na prática era um acúmulo de funções para os que permaneciam no posto de trabalho e a demissão para os que se tornavam excedentes. Os primeiros trabalhadores atingidos pela reestruturação foram aqueles do setor de controle de qualidade. Questionado sobre como o movimento sindical encaminhava essa questão, ele respondeu: "[...] é difícil, tem sempre a questão do desemprego envolvida, a gente tenta de uma forma não muito declarada dentro da empresa, um trabalho clandestino" (entrevista com sindicalista membro da Cipa: 15/12/2000).

Vale dizer que, para fazer parte da diretoria do sindicato, é necessário ser um militante na fábrica. No entanto, as dificuldades de fazer militância na fábrica têm sido grandes hoje, devido a toda a política de envolvimento da empresa e por causa das demissões. Diante disso, a militância é construída pela formação de grupos clandestinos: organizações de base dentro da fábrica que procuram articular reuniões, chamando novos companheiros para o sindicato.

No caso da UPC, em 1995 houve uma proposta da empresa para formar uma comissão de fábrica, como estava ocorrendo na UPSB, mas foi recusada pelo sindicato, posto que haveria intervenção da empresa, caracterizando uma parceria entre empresa e trabalhadores. A questão da parceria foi uma das maiores críticas que os entrevistados fizeram à comissão de fábrica da UPSB:

> [...] ela deixa muito a desejar porque em algumas situações eles negociam com a empresa, eles autogerenciam também com a empresa, têm um lado parceiro. A gente aqui não tem esse conceito. Para nós, há um divisor de classe mesmo, trabalhador está de um lado e o patrão está de outro, e a gente não tem nada que negociar, tem mesmo é que buscar o que é nosso. Por isso mantemos a questão do grupo clandestino (entrevista com representante da Cipa e com diretor de fábrica do sindicato: 31/3/2001).

Os entrevistados destacaram que há uma série de divergências quanto ao encaminhamento interno na UPC de determinadas questões, por causa das diferentes visões do movimento sindical na região de Campinas e em São Bernardo. Uma questão bastante discutida foi o banco de horas, que foi implantado na UPSB, mas não na UPC. Segundo os entrevistados, a gerência da UPC costumava ressaltar os "avanços" que estavam ocorrendo na UPSB e o "atraso" da UPC devido à presença de um sindicato "radical".

Em 1993, a UPC anunciou a demissão de 1200 funcionários. Os motivos foram a reestruturação da empresa e a perda de mercado para um concorrente, o que levou à necessidade de reduzir a produção. Segundo os entrevistados, a UPC havia já avançado na sua reestruturação, envolvendo a substituição de equipamentos e a reorganização dos cargos e tarefas. Em setembro de 1995, a empresa informou que, por causa de um corte no pedido do cliente, teria que demitir quinhentos funcionários. Segundo o entrevistado:

> [...] para nós foi um golpe, a empresa só comunicou o corte e não ofereceu benefícios. Então, nós entramos em greve para tentar garantir os postos de trabalho que estavam sendo cortados. Ficamos aproximadamente vinte dias em greve, acampados na fábrica, e conseguimos algumas coisas. Alguns salários a mais de benefício e a abertura do voluntariado, porque a gente sabia que tinha gente que queria ir embora, estava para se aposentar. Foi uma briga dura (entrevista com representante da Cipa e com diretor de fábrica do sindicato: 31/3/2001).

Uma outra greve ocorreu na UPC em 1996. Os funcionários estavam em férias coletivas quando a empresa comunicou a demissão por carta. Aproximadamente 2 mil funcionários foram demitidos nesse período. Os movimentos grevistas foram iniciados pelo grupo clandestino. O grupo considerou que uma greve fora da fábrica inviabilizaria a mobilização porque havia outras empresas no espaço físico da UPC, em regime de sublocação. Não seria possível o controle da entrada dos funcionários da UPC porque poderiam estar misturados aos trabalhadores das outras empresas.

No início de 2000, a empresa anunciou que estava suspendendo todas as atividades de produção na UPC e transferindo-as para a UPSBC. Segundo os entrevistados, a empresa procurou o sindicato para um acordo de transferência:

> [...] o processo de transferência foi ruim porque foram perdidos os postos de trabalho aqui. Aqueles que concordaram em ir tiveram algumas vantagens financeiras, mas muita gente ficou desempregada mesmo. Dos quatrocentos trabalhadores da produção, aproximadamente 80% aceitaram a transferência por medo de ficar sem emprego. Quem não aceitou ficou desempregado aqui em Campinas (entrevista com representante da Cipa e com diretor de fábrica: 31/3/2001).

Conclusão

Pode-se afirmar que os trabalhadores da UPC em Campinas, apesar das dificuldades, têm valorizado estratégias de resistência ofensivas e de confronto com o capital diante do processo de reestruturação produtiva, entendendo a relação entre capital e trabalho como uma relação de classes opostas, com interesses diferentes no processo de trabalho. Já na UPSB, a comissão de fábrica vem priorizando estratégias que possibilitem uma maior negociação com a unidade produtiva diante da reestruturação. Se ambas as estratégias constituem formas de resistência da classe trabalhadora, vale destacar que a adoção de práticas mais colaboracionistas está longe de constituir um avanço nas relações entre capital e trabalho, na medida em que os trabalhadores tendem a assumir o discurso da lógica do capital e da necessidade da adaptação, perdendo seus vínculos de classe e de oposição ao modo de produção capitalista.

Capítulo 9

A REESTRUTURAÇÃO NEGOCIADA NA VOLKSWAGEN São Bernardo do Campo*

Luci Praun

Introdução

A Volkswagen é uma empresa de origem alemã que incorpora as seguintes marcas: VW, Seat, Skoda, Audi, Bentley, Bugatti, Lamborghini e VW Comerciais. O grupo, atualmente, conta com 45 fábricas distribuídas em 19 países, empregando em torno de 320 mil trabalhadores[1]. Em 1999, passou a ocupar o terceiro lugar no *ranking* da produção mundial de veículos, posição anteriormente ocupada pela Toyota. Em 2002, comercializou 4,9 milhões de veículos no globo, número que lhe garante uma fatia de 12,1% do mercado mundial de carros de passageiros[2].

Responsável pela primeira fábrica da empresa no exterior, a VW do Brasil instalou-se no país em março de 1953, incentivada pela política de industrialização do governo local e, particularmente, por fatores relacionados à concorrência internacional. A partir de 1956, durante o governo de Juscelino Kubitschek, com a progressiva proibição da importação de peças para montagem de automóveis e com os conseqüentes investimentos no setor, foram iniciadas as obras para a construção da fábrica situada em São Bernardo do Campo (SP), que ficou conhecida como planta Anchieta por sua localização à beira da rodovia com o mesmo nome.

---

* Esta pesquisa é parte da dissertação de mestrado da autora, intitulada *A teia do capital: reestruturação produtiva e "gestão da vida" na Volkswagen do Brasil/planta Anchieta*, IFCH/Unicamp, 2005, sob a orientação do Prof. Dr. Ricardo Antunes, com bolsa da Capes.

1 Para a informação sobre a quantidade de funcionários ligados ao grupo mundial, número de veículos comercializados e fatia do mercado global: *1953-2003. Volkswagen 50 anos*, 2003, p. 27-8.

2 Para informação sobre a terceira colocação no *ranking* mundial de produção de veículos, a fonte utilizada foi o seguinte documento: Volkswagen, dez. 1998, p. 18.

Visando fazer frente à enorme demanda interna reprimida, assim como à do conjunto de países da região, a unidade erguida no ABC paulista foi moldada a partir de dimensões gigantescas que lhe valeram, até dez anos atrás, a denominação de *Cidade Volkswagen*. No auge de seu funcionamento com base no fordismo/taylorismo, na década de 1970, a fábrica de São Bernardo chegou a aglomerar sozinha cerca de 40 mil trabalhadores, reunidos num terreno[3] com 2 milhões de metros quadrados, cuja área construída era de aproximadamente 1,1 milhão de metros quadrados.

Em 1976, em ritmo de expansão, mais uma unidade fabril foi erguida no Brasil: a planta VW Taubaté, localizada no interior do Estado de São Paulo, que, inicialmente, teve por objetivo, segundo a empresa, aliviar a demanda da unidade Anchieta (VW, 2003, p. 9).

No entanto, será a partir da década de 1990 que a empresa ampliará qualitativamente sua presença física e capacidade produtiva no país. Tal ampliação ocorre a partir de duas frentes de atuação inter-relacionadas: a abertura de três novas plantas[4] e a intensificação do processo de reestruturação nas duas unidades mais antigas, a Anchieta e a Taubaté.

O caso da planta Anchieta

As primeiras medidas de reestruturação da produção na planta Anchieta datam do início dos anos 1980. A década começa com 9841 demissões (Barbosa *apud* Rais/Dieese, 2002, p. 87), que já fazem parte do processo de "ajuste" da força de trabalho à concorrência e da retração do mercado mundial. Ainda em 1981, os trabalhadores passaram a ter contato com o CCQ (Círculo de Controle de Qualidade). No entanto, o projeto de implantar o CCQ, que dependia de um maior envolvimento dos trabalhadores no processo produtivo, não conseguiu decolar. Vale ressaltar que as iniciativas da empresa nos anos 1980 aconteceram concomitantemente ao fortalecimento do movimento sindical brasileiro, cujo pólo principal se encontrava justamente nos metalúrgicos do ABC. Dessa maneira, até mesmo pelas características do movimento que ficou conhecido como "novo sindicalismo", os espaços para implementação de mudanças que de alguma forma dependessem da colaboração entre trabalhadores e patrões eram bastante restritos.

No final da década, em 1987, a Volkswagen e a Ford criam a Autolatina Brasil. Durante sete anos, os dois grupos funcionaram numa parceria que se encerrou em 1994. Foi, portanto, a partir desse momento, na busca por firmar-se num mercado cada vez mais competitivo, marcado pela abertura comercial crescente, que a Volkswagen, em 1995, deu início a um articulado projeto de reestruturação de suas duas unidades fabris até então existentes: a Anchieta e a Taubaté. O que veremos a seguir é o desenrolar desse processo recente na unidade de São Bernardo do Campo.

1 Os anos 1990 e a construção das bases para a mudança

É difícil apontar uma ação específica cuja importância a coloque em posição de destaque no primeiro ano de implantação do projeto de reestruturação da planta Anchieta.

3 Para o dado relativo ao tamanho do terreno e área construída, VW, 1999, p. 58.

4 Planta Resende (RJ), inaugurada em 1996 que conta com a experiência de organização da produção em base ao consórcio modular; Planta de São Carlos (SP), inaugurada no mesmo ano e voltada para a produção de motores; e a Planta de São José dos Pinhais (PR), inaugurada em 1999.

No entanto, podemos afirmar que, naquele ano, na medida em que as discussões em torno da reestruturação foram chegando ao chão de fábrica, elas estiveram sempre mediadas pela estratégia de *construção de um clima da necessidade da mudança*. Esse é o fio condutor das primeiras medidas, naquele momento impulsionadas diretamente pelo departamento de Recursos Humanos (RH)[5], que adquiriram um tom mais ofensivo a partir do segundo semestre de 1995 e de 1996 em diante.

O pontapé inicial foi dado em março de 1995. O mês encerrou-se com a realização de um *workshop* entre a Volkswagen, representantes da comissão de fábrica, cipeiros e Sindicato dos Metalúrgicos do ABC (Barbosa, 2002, p. 93) (*Tribuna Metalúrgica do ABC*, 29/3/1995, p. 3). O objetivo do encontro, que deu início a um processo de negociação denominado "Construindo o Futuro", foi *debater* e, ao contrário do que ocorreu na ocasião da tentativa de implantação dos CCQs, *envolver* as entidades representativas dos trabalhadores na reestruturação da planta.

Ainda no decorrer de 1995, outras práticas foram instituídas pela VW. Uma delas foi a da participação dos funcionários de RH nas informais "reuniões de cafezinho", na busca por uma maior aproximação com os trabalhadores (RH 2000, nº 2, 31/7/1995)[6]. As equipes de RH passaram também a operar no interior das principais alas da fábrica. As medidas visaram, por um lado, a estreitar relações e conhecer melhor os trabalhadores do setor produtivo, detectando comportamentos que estivessem em contradição com os novos imperativos da empresa e buscando medidas para adequá-los, e, por outro, evitar o deslocamento destes até o RH central, reduzindo assim o desperdício de tempo na produção (RH 2000, nº 5, 3/10/1995).

No mesmo ano, objetivando a reorganização da área produtiva, uma consultoria internacional especializada, a Roland Berger[7], foi contratada. Entre outras metas, a proposta para a reestruturação da manufatura nos anos seguintes, segundo a fábrica, foi reduzir pela metade as 60 horas gastas para a produção de um veículo (RH 2000, nº 2, 31/7/1995).

Para fazer frente a parte dos desafios colocados para a empresa, o departamento de RH, em unidade com o setor de comunicação, passou também a coordenar alguns veículos de comunicação interna, entre os quais a Rádio Interna Volkswagen e o jornal *O Parceiro*. No caso específico deste, que circulou mensalmente até o ano 2002 encartado no *Jornal da Volkswagen*, sua pauta, particularmente nos primeiros anos, esteve sempre voltada para as demandas diretas ou indiretas do processo de reestruturação. Abrangendo temas que iam desde a flexibilização da jornada/banco de horas, passando pelas células de produção e debatendo a concorrência entre as empresas no mercado globalizado, o jornal atuou como um importante instrumento de difusão de conceitos e valores relacionados às necessidades do Grupo VW.

A empresa, dessa forma, "politizou" o universo da fábrica, por meio de um discurso que visava a mudar a percepção do trabalhador não só sobre a fábrica,

---

5 O RH foi dirigido por Fernando Tadeu Perez entre 1995-2000. Perez foi funcionário da Ford. Com o fim da Autolatina e a separação entre Volks e Ford, em 1995, assumiu o cargo de diretor de RH da Volkswagen Anchieta.

6 VOLKSWAGEN/RECURSOS HUMANOS. *Efetivo por local*. São Bernardo do Campo. Em: http://vwbintranet/recursos.humanos/public/005eftlc.htm. Acesso em set. 2000.

7 A Roland Berger é atualmente a "quinta maior consultoria do mundo para estratégia e gestão do setor automobilístico" (*Folha de S.Paulo*, 8/1/2005, Caderno Dinheiro, p. B8).

apresentada como parte de um sistema econômico mundializado e concorrente, mas também sobre eles, trabalhadores, como parte desse processo, apresentado como inevitável, sem retorno, que independia da vontade não somente da Volkswagen, mas também deles. Aos trabalhadores não restaria outra saída a não ser se integrarem, tornando-se co-responsáveis pela posição da empresa no mercado e, conseqüentemente, em "senhores do seu emprego".

Uma outra dimensão da ofensiva na *construção do clima favorável às mudanças* esteve relacionada às horas dedicadas ao treinamento e à formação profissional. Dados de 1996 revelam que os programas de treinamento daquele ano, em todas as plantas, totalizaram 1.365.882 horas, envolvendo 265.327 participações e perfazendo uma média de 46,1 horas de treinamento por trabalhador (*O Parceiro*, nº 16, fev. 1997). Nos anos seguintes, o número de horas individualizadas de treinamento chegou a ser maior, como, por exemplo, em 2003, cuja média foi de 56,1. No entanto, tanto o foco como o impacto no decorrer dos anos foram diferenciados, conforme expressa o trecho abaixo, reproduzido da circular nº 14 do RH, integrante de uma série denominada "Quem está no barco... é para remar".

> Criamos um ambiente favorável para que cada empregado busque o aprendizado e o desenvolvimento de todas as suas habilidades, que cada um influencie efetivamente os processos da área, que participe ativamente das melhorias e que se sinta co-proprietário. [...] Crescerão e terão maiores oportunidades aqueles profissionais que tiverem respostas certas, *just-in-time* (na hora certa), e só as terão aqueles que conviverem em excelentes termos com o conhecimento e a atualização. [...] É imprescindível e insubstituível no processo de desenvolvimento profissional o treinamento *on-the-job* (no próprio local de trabalho), criando uma atmosfera que poderíamos chamar de "escolar", onde todos devem estar aprendendo o tempo todo (20/6/1996).

O maior peso atribuído inicialmente aos treinamentos voltados diretamente para alterações comportamentais esteve relacionado à dimensão das mudanças pretendidas e à necessidade de desmonte de hábitos e valores solidificados pelas relações entre capital e trabalho no período anterior. Daí a necessidade de que as alterações organizacionais fossem mediadas mais fortemente num primeiro momento por um treinamento cujo foco principal fosse a construção de uma "nova" percepção dos trabalhadores diante das transformações em curso no globo e, conseqüentemente, a alteração do comportamento no dia-a-dia na fábrica. Nos anos seguintes, já com as primeiras medidas de alteração da forma de gestão da produção implantadas, o peso dos treinamentos técnicos aumentou, apesar de não eliminar a articulação anterior.

Além disso, mais que um envolvimento limitado ao trabalhador com vínculo empregatício com a fábrica, o processo desencadeado visou ainda a abarcar a família, estendendo-se do espaço fabril para o doméstico e refletindo deste para a fábrica. Fizeram parte dessa estratégia permanente da empresa o programa de visita à fábrica, as cartas da empresa entregues no local de trabalho ou remetidas via serviço de correio para o funcionário e familiares, publicações regulares no *Jornal da Volkswagen* de reportagens sobre o trabalhador e sua família, assim como os programas Coração Valente e Coração de Líder.

Esses programas foram treinamentos complementares que, do ponto de vista da visibilidade e impacto, fizeram parte do auge da ofensiva da empresa na sua estratégia de *construção do clima favorável à mudança*.

O Coração Valente, com duração prevista para meio período, era destinado ao conjunto dos trabalhadores, independentemente do nível hierárquico. Já a etapa denominada Coração de Líder foi realizada fora das dependências da empresa por um período de dois dias, "em hotel com ambiência ecológica", e se constituiu num programa em formato de "seminário co-participativo" voltado para membros da diretoria média e alta gerência, líderes e encarregados (VW, dez. 1998, p. 210-3).

Construído, segundo a empresa, para se converter em "experiência inesquecível", impactante para o público-alvo e inovadora no formato, o projeto Coração Valente, executado na planta Anchieta[8] durante os meses de fevereiro a agosto de 1999, envolveu a montagem de um castelo medieval no interior da fábrica e a encenação de uma peça interativa baseada na lenda do rei Arthur (Ibidem).

A história, representada por atores caracterizados, buscou traçar o paralelo entre os contratempos enfrentados por Arthur e os Cavaleiros da Távola Redonda em defesa de sua comunidade e dos "seus princípios e valores", com as dificuldades da Volkswagen no "mercado globalizado" e a necessidade do resgate da "cultura Volkswagen" e do "orgulho em pertencer" ao grupo que, segundo a empresa, foi abalado pelo período da Autolatina.

Conforme André, em entrevista realizada no dia 12/8/2004, que participou das atividades do Coração Valente, as reações dos trabalhadores, apesar de contraditórias, num primeiro momento eram na maioria favoráveis aos objetivos do projeto:

> Os atores vinham caracterizados. Tinha o rei Arthur, tinha a princesa, eles contavam [a história], passavam aquelas cenas. Aí eu não sei te dizer direito da lenda, é como se dissesse: o rei Arthur era bom, você tem que vestir a camisa pelos seus ideais. Comparava com a Volkswagen, que se os funcionários não vestissem a camisa [...] a gente faz parte de um barco só, se a Volkswagen não for para frente todos não irão. Sabe aquelas coisas? Para mim foi uma lavagem cerebral porque muitos saíam de lá de dentro dizendo: "Vamos! Agora, depende só da gente". "Vamos fazer o nosso aqui. Vamos dar nossa produção. Tá difícil! Vamos!" (André, manutenção da linha do Gol).

No entanto, apesar do relatado acima, é possível observarmos que o processo de adesão dos trabalhadores à política da empresa foi, de fato, bastante contraditório e relativo. Vale salientar que o programa ocorreu exatamente no ano de 1999, cujo último trimestre foi marcado pela reação contrária dos trabalhadores à manutenção da semana de quatro dias e à redução salarial, numa ação que atropelava até mesmo a direção sindical. A própria empresa, analisando o momento político que envolvia as negociações da data-base de novembro daquele ano, em reunião entre a diretoria e executivos, realizada no segundo semestre, já apontava para elementos da realidade que podiam desencadear um processo grevista: "vontade política"; "perda do poder aquisitivo"; "guerra fiscal"; "movimento programado pelas centrais sindicais reivindicando das automobilísticas e autopeças, salários

[8] O programa, quando chegou à Planta Anchieta, já havia sido executado na Planta Taubaté. Também fazia parte da programação sua execução nas demais plantas da companhia no segundo semestre de 1999.

nacionais e redução de jornada, entre outras reivindicações"; "crescimento das oposições"; "novas lideranças" (VW, 1999, p. 123).

Nesse sentido, apesar de a greve não ter se efetivado – entre outras razões porque era fruto da ação contrária da direção –, à medida que as condições materiais dos trabalhadores foram se deteriorando – e o ano de 1999 foi bastante exemplar nesse sentido, com o crescimento do desemprego, o aprofundamento das perdas salariais e as crescentes pressões e exigências no interior da fábrica –, as representações ideológicas construídas pelos programas de treinamento foram abaladas, abrindo caminho para a contestação.

2 O Masterplan

Apesar de em curso desde 1995, o processo de reestruturação da planta Anchieta ganhou um importante impulso a partir de setembro de 1997, com o projeto denominado pela empresa de Masterplan[9]. Com a estratégia de adequar a fábrica aos moldes do que foi chamado pela VW de "PQ-24"[10], o projeto desenhou as primeiras medidas necessárias para o desenvolvimento de todas as dimensões dos *Sistemas de Produção e Qualidade VW*, do *Condomínio de Terceiros* e das demais variantes correlatas, passando a operar em consonância com os treinamentos que buscavam a adesão dos trabalhadores aos objetivos da empresa. O *Masterplan* objetivava abrir o caminho para que unidade Anchieta se dotasse das condições organizacionais e técnicas para iniciar a produção do carro mundial.

Tais condições, segundo a empresa, envolviam desde a melhora qualitativa dos níveis de produtividade, por meio da reorganização do processo produtivo e inserção de tecnologia avançada, até o redirecionamento da atividade da empresa para sua área de especialização: desenvolvimento de novos produtos, produção de veículos, venda e assistência técnica (VW, 1999, p. 55, 69).

Dimensionado a partir de quatro módulos (produtividade, *outsourcing/insourcing*, custo logístico e energia), que, segundo a empresa, objetivavam a "organização e melhoria dos processos", o Masterplan Anchieta deu início também a uma série de reformas físicas no interior da planta. A primeira delas, iniciada em 1998, resultou na demolição de 37 prédios de menos de 5 mil m² (Oliveira e Ferreira, *IstoÉ Dinheiro*, 20/2/2002, p. 49), destinando-se parte do terreno ocioso à venda. Todas as medidas tiveram como foco principal, do ponto de vista imediato, a economia de tempo, componente importante dos índices de produtividade.

De conjunto, o processo de reestruturação se direcionou para a redução dos custos finais de manufatura. Para tal, outros dois procedimentos práticos ganharam peso especial: a implantação dos Sistemas de Qualidade e de Produção VW e a flexibilização e diminuição de gastos com a força de trabalho.

Os Sistemas de Qualidade e de Produção VW[11] tiveram como base fundamental para sua implantação a disseminação das células produtivas no interior da planta. A célula, estrutura essencial da nova organização do trabalho, foi, portanto, a expressão miniaturizada do funcionamento que se pretendia para o conjunto da unidade fabril. Nela encontravam-

9 Masterplan é a denominação dada pela empresa para o projeto que deu impulso às primeiras modificações realizadas na manufatura visando reestruturar as plantas Anchieta e Taubaté.

10 Denominação dada ao projeto que resultaria na linha de montagem do modelo de carro conhecido como Pólo.

11 Sistema de Produção Volkswagen (VWPS) e Processos Padronizados de Qualidade (PPQ)

se expressos os conceitos e valores essenciais ao capital que, aos poucos, com sua disseminação e a introdução do conjunto dos procedimentos dos Sistemas de Qualidade e de Produção, projetaram-se para a totalidade das relações no interior da empresa. Foram eles: diminuição de níveis hierárquicos, trabalho em equipe, disciplina, polivalência, flexibilidade, padronização de procedimentos, qualidade total e produtividade. O passo seguinte, inter-relacionado à implantação das células, foi o da adoção paulatina do processo padronizado de qualidade (PPQ).

O PPQ, segundo a empresa, além de padronizar procedimentos para o conjunto da fábrica, facilitando o deslocamento de trabalhadores para diversificadas áreas, criou parâmetros de comparação do rendimento entre as células, favorecendo a identificação de possíveis falhas no processo produtivo, das medidas de correção e, conseqüentemente, dos níveis estáveis do fluxo de produção. Constituiu-se ainda em importante instrumento de aferição e obtenção das metas de qualidade e produtividade preestabelecidas (VW, *Processos Padronizados de Qualidade/Manual*, p. 7.8/ 7.9, 10/9/2000).

3 Redução de gastos com a força de trabalho e resistência

Segundo a Volkswagen, um dos pressupostos para a manutenção de suas unidades produtivas é a competitividade. Mas qual o real significado dessa concepção comum à indústria automobilística, particularmente no caso das plantas como a da empresa, instaladas no ABC paulista?

Na região, no decorrer do processo de reestruturação, as medidas que visaram a cortar gastos com a força de trabalho assumiram uma dimensão particular. Se por um lado, a partir das políticas voltadas para o envolvimento e a adesão dos trabalhadores, a VW almejou desmontar ao máximo possível a herança da atuação sindical classista e contestadora nascida ao final dos anos 1970, por outro, como elemento decorrente, buscou arrancar o conjunto das conquistas obtidas por meio das lutas sindicais desenvolvidas na região no decorrer da década de 1980.

Nos anos 1990, com o crescente processo de descentralização das plantas produtivas e com a instalação de unidades já "modernizadas" em áreas de pouca ou nenhuma organização sindical, o custo da força de trabalho industrial brasileira, já bastante baixo, mesmo no ABC, se comparado aos níveis salariais praticados nas matrizes, reduziu-se ainda mais. Em 1999, enquanto o salário médio do operário das montadoras no ABC girava em torno de R$ 1,5 mil, na Fiat de Betim, por exemplo, pagava-se em média R$ 800. Em Juiz de Fora, local onde se instalou uma planta da Mercedes-Benz, a média era ainda menor, em torno dos R$ 600.

Será, portanto, nesse cenário, mediado pela crescente instabilidade de um mercado cada vez mais mundializado e pela necessidade urgente de os grandes grupos empresariais transnacionais reorganizarem sua forma de acumulação, que, partindo de novos parâmetros de comparação interna, o capital objetivou, por meio da *reestruturação negociada* e da flexibilização das relações de trabalho, virar o jogo, assumindo um papel ofensivo na busca pela reversão dos ganhos, mesmo que relativos, obtidos pela luta dos trabalhadores da região no período anterior.

Nesse marco assume especial importância, para a compreensão do processo desencadeado na planta, a negociação desenvolvida ao longo dos últimos anos entre empresa, sindicato e comissão de fábrica local, que culminou na assinatura de diversos acordos coletivos cujo objeto central foi a reestruturação da planta.

4 A reestruturação negociada e os limites do processo

De janeiro de 1996 a 1997, as medidas negociadas entre sindicato, comissão de fábrica e VW estiveram focadas na flexibilização da jornada por meio da instituição do banco de horas, cuja forma de funcionamento foi sendo "aperfeiçoada" à medida que os acordos eram renovados. Podemos dizer que essa foi a fase na qual as medidas estiveram, apesar de gerarem perdas salariais para os trabalhadores, voltadas predominantemente para a adequação às primeiras mudanças organizacionais já em curso, como, por exemplo, a implantação das células produtivas.

No entanto, ao final de 1997, motivada pelo avanço das medidas de reorganização da manufatura e pelo crescimento da presença da Fiat no mercado nacional de veículos, a empresa indicou claramente sua intenção de aprofundar rapidamente as medidas de reestruturação da planta, cuja ênfase passou a estar direcionada de maneira mais direta à redução de custos com força de trabalho.

Já na primeira semana de outubro daquele ano, a VW promoveu mais um *workshop* da série "Construindo o Futuro"[12]. O evento, que contou com a presença do Sindicato dos Metalúrgicos do ABC, do Sindicato de Taubaté e de membros das comissões de representação interna dos trabalhadores das duas plantas, resultou na assinatura de um "protocolo de intenções" no qual foi firmado "o compromisso de através de grupos, compostos por representantes da Empresa e dos trabalhadores, desenvolver o mais rapidamente possível alternativas para aumentar a competitividade das fábricas Anchieta e Taubaté" (*O Parceiro*, out. 1997).

O protocolo foi também a materialização de uma política sindical que foi sendo delineada com clareza ao longo dos anos 1990, cuja expressão máxima pode ser identificada, no início da década, no advento das Câmaras do Setor Automotivo de 1992 e 1993, momento no qual a reestruturação negociada do setor ganha impulso. Segundo a lógica da entidade sindical explicitada claramente a partir daquele evento, "o problema não [estaria] no crescimento da produtividade, mas na forma desigual de sua apropriação (que é praticamente toda ela realizada pelo capital)" (Sindicato dos Metalúrgicos de São Bernardo do Campo e Diadema[13], março de 1992, p. 22). Dessa forma, ainda para o sindicato, caberia ao movimento sindical uma intervenção negociadora que garantisse uma melhor distribuição dos ganhos oriundos da crescente produtividade das empresas:

> O aumento da produtividade, desde que devidamente negociado, é um dos fatores que possibilita ao movimento sindical lutar não apenas por reposições, mas também por aumentos efetivos de salários, que possam ser respaldados pela estrutura econômica, permitindo a saída de um longo período de avanços temporários (e curtos) dos salários sobre a renda nacional, geralmente sucedidos por arrochos salariais violentos (Ibidem).

---

[12] Conforme citado anteriormente, em março de 1995 ocorreu o primeiro *workshop* "Construindo o Futuro".

[13] Razão social do Sindicato dos Metalúrgicos do ABC antes de 1993.

Converge para essa concepção geral de negociação, entre outras importantes medidas, a já mencionada instalação na Volkswagen do sistema de banco de horas a partir de janeiro de 1996 e sua ampliação para o banco de dias dois anos depois. Tanto o banco de horas como o de dias operam, é verdade, no sentido do aumento da produtividade. A jornada, antes fixa, passa a ser exercida à mercê das necessidades da empresa em face das demandas do mercado, proporcionando ao capital uma utilização bem maior do tempo de trabalho. No entanto, ao contrário de gerar vantagens para os trabalhadores, a jornada flexível, além de desorganizar a parca vida familiar e social da classe, conta ainda com outra face: a redução salarial, já que nos períodos de aumento da produção o grosso das horas ou dias que excedem a jornada regular deixa de ser pago com base no previsto na CLT (em dinheiro e com seus devidos adicionais). Portanto, não se trata apenas de flexibilizar a jornada de trabalho de acordo com a demanda. A medida se constitui ainda num dos importantes passos da década no sentido da desregulamentação da legislação trabalhista vigente, com vistas a cortar gastos com força de trabalho por meio da intensificação da acumulação capitalista.

A assinatura do primeiro acordo de flexibilização da jornada na VW ainda guarda outra particularidade: antecipa em dois anos o que mais tarde seria regulamentado pela Lei nº 9.601/98. Segundo o Sindicato dos Metalúrgicos do ABC (SMABC), com base na lógica da *reestruturação negociada*, a justificativa para tal procedimento encontra sustentação na seguinte análise:

> O ajuste por meio da utilização maior ou menor das horas-extras representava um custo adicional correspondente ao adicional de 50% superior às horas normais. Esta saída, no novo contexto de reestruturação produtiva, imposta pela instabilidade dos mercados e da produção, nesta década de 90, já não era tão satisfatória, especialmente num contexto de constante redução de custos. A Constituição de 1988 – que reduziu a jornada anual de 48 horas para 44 horas semanais – não permitiu ainda uma intensificação da flexibilidade da jornada de trabalho. Só recentemente – três anos após as primeiras negociações entre capital e trabalho – foram se verificando as primeiras medidas governamentais de adaptação da legislação à nova realidade (out. 1997, p. 15).

Em concordância com o discurso da direção sindical de "adaptação da legislação à nova realidade", a Volkswagen passou também a desenvolver uma prática de negociação sustentada com base no argumento da necessidade urgente de diminuição de custos, condicionada à viabilidade de o Grupo VW manter ou não a planta na região. Como veremos, a contrapartida – vinda de novos produtos para a unidade e da manutenção dos níveis de emprego, diversas vezes divulgada pela empresa e pelo sindicato como importantes conquistas do processo de negociação – não se concretizou, pelo menos no que diz respeito aos postos de trabalho.

Vale ainda salientar que os primeiros acordos de flexibilização negociados entre empresa e sindicato ocorreram justamente no período no qual o país assistiu ao *boom* de crescimento da produção e faturamento líquido[14], não somente na VWB, mas do conjunto

---

[14] Faturamento líquido (em milhões de dólares) x produção (em milhões de unidades): 1995 – US$ 14.011/1.629 unidades; 1996 – US$ 15.136/1.804 unidades; 1997 – US$ 16.596/2.070 unidades; 1998 – US$ 15.916/1.586 unidades. Os valores de faturamento não incluem o setor de máquinas agrícolas automotrizes (Anfavea, *Anuário estatístico da indústria automobilística brasileira 2004*).

das empresas do ramo, que significaram a utilização quase que total da capacidade produtiva do setor. Ou seja, num dos períodos em que o setor mais lucrava, os trabalhadores se viram abrindo mão de direitos.

Tal situação, portanto, questionou abertamente a concepção de atuação sindical que foi se consolidando naquela década, e que parte do entendimento de que a democratização do país, conquistada a partir da queda do regime instaurado em 1964, alterou qualitativamente as relações entre capital e trabalho, conforme podemos observar em entrevista concedida por Lula e Luiz Marinho à imprensa local:

> A relação capital-trabalho na década de 70 era mais conflitiva. [...] A relação capital-trabalho não estava civilizada como hoje. [...] Em 1980, estávamos cassados e a Volkswagen tentou criar uma comissão de fábrica para destruir a representatividade da diretoria do Sindicato. Tivemos que passar um ano indo na porta da Volkswagen, desrespeitar os acordos que a empresa fazia com a comissão de fábrica. O Marinho, na época era companheiro de fábrica, era peão de fábrica. [...] Hoje a Volkswagen mantém uma relação extraordinária com o Sindicato (Lula, *Livre Mercado*, abr. 1998, p. 79).

> Quando se conquista a democracia no institucional e na relação capital-trabalho, constrói-se uma relação como a de hoje. Antigamente era preciso fazer greve para iniciar uma negociação. Hoje há alguns canais de diálogo, principalmente a partir da conquista das comissões de fábrica, dos delegados sindicais. Há negociação cotidiana no chão de fábrica, no dia-a-dia, para evitar que o acúmulo de problemas acabe gerando conflitos na relação capital-trabalho. [...] Costumo dizer que o Sindicato passou por um processo de evolução extraordinariamente grande (Luiz Marinho, idem).

Essa alteração nas relações, apontada por Luiz Marinho e Lula, passa ainda, no entendimento das lideranças sindicais metalúrgicas do ABC, a possibilitar uma minimização dos efeitos da reestruturação sobre os trabalhadores, assim como a melhor distribuição dos ganhos oriundos da crescente produtividade das plantas, fruto da intervenção sindical negociadora nos processos em curso, fato que, como veremos, não vem se concretizando.

5 O avanço da reestruturação negociada e as "contrapartidas"

Em novembro de 1997, em resposta à crise financeira do Sudeste Asiático, cujos reflexos puderam ser sentidos na economia mundial, o governo Fernando Henrique lançou mão de medidas econômicas e fiscais[15] cujo efeito imediato foi a retração do consumo e o aumento do desemprego.

Foi, portanto, nesse marco, mediado pela situação da economia nacional e das necessidades de mudanças estruturais na unidade fabril, que a Volkswagen, omitindo as reais razões do corte, desencadeou sua primeira e grande ofensiva contra os trabalhadores na década, anunciando o corte de 10 mil postos de trabalho.

[15] Fazia parte do pacote fiscal do governo federal o aumento do IPI (Imposto sobre Produtos Industrializados), que a partir de novembro de 1997 teve sua alíquota para carros populares alterada de 8% para 13% (Dias, *Diário do Grande ABC*, 12/11/1997, Caderno Economia, p. 1).

Segundo a proposta anunciada, das 10 mil demissões pretendidas, 7 mil poderiam ser revertidas caso os trabalhadores aceitassem a redução de jornada e salários na ordem de 20%. Os 3 mil restantes seriam transferidos para uma empresa de serviços a ser criada pela Volkswagen (*Folha de S.Paulo*, 3/12/1997, Caderno Dinheiro, p. 2).

Apesar das "contas simples" da empresa, os trabalhadores reunidos em assembléia não tinham razões para entendê-las. As montadoras fecharam o ano de 1997 com lucratividade recorde. No caso da Volks, em particular, nos dois anos anteriores a empresa havia encabeçado a lista das "Maiores e Melhores", elaborada pela revista *Exame*, com um faturamento, em 1996, de US$ 9,2 bilhões, 24,8% superior ao do ano anterior (Nogueira, 1997, p. 3). Em 1997, apesar da queda da produção nos últimos meses do ano, ninguém melhor que os próprios trabalhadores para saber que os índices de produtividade e lucratividade seriam ainda maiores. Por unanimidade, a assembléia rejeitou a proposta de acordo da empresa.

Após mais de quinze dias de pressão diária dentro e fora da fábrica (a cobertura da imprensa sobre as demissões foi diária), as primeiras cláusulas do acordo começaram a ser delineadas.

Diante do avanço das negociações, a VW foi mudando o discurso, já não intencionava demitir: "O avanço é tão grande que fica cada vez mais distante o fantasma do desemprego", declarou Fernando T. Perez, negociador da Volks, à imprensa em 18/12/1997 (*Folha de S.Paulo*, Caderno 2, p. 1). De fato, a empresa não precisava mais demitir. O acordo, cujas negociações se estenderam até janeiro de 1998, garantia a demissão de aposentados[16] "constantes do cadastro de pessoal em 02 de janeiro de 1998"[17], assim como a abertura de programa de demissão voluntária (PDV)[18] para os que não se enquadrassem na condição anterior. Outro item contemplado foi o do sistema de banco de dias, ampliando-se ainda mais a flexibilidade da jornada já propiciada pelo banco de horas. O acordo instituiu também o regime de trabalho 6x1, no qual a jornada passou a ser distribuída de segunda a sábado. Estabeleceu a redução do adicional noturno de 30% para 25%. Aplicou, respectivamente, reajustes de 34% e 60% nos descontos de alimentação e transporte. Vinculou a participação nos lucros e resultados (PLR) ao volume de produção. Possibilitou a terceirização "prioritariamente na ala 3 e parte da ala 5", deixando em aberto a discussão para outras alas. Abriu caminho para a implantação de política salarial diferenciada, "adequada ao mercado", para "cargos não ligados a atividades fins da empresa". Enfim, ficava claro, portanto, o verdadeiro fundamento das medidas.

Quanto às denominadas "contrapartidas" ou "cláusulas de concessão", conforme denominação dada pelo negociador da Volkswagen[19], o acordo estabelecia "as seguintes premissas": direcionamento do PQ-24 para as plantas Anchieta e Taubaté, "como parte da estratégia que visa garantir o futuro destas unidades a curto, médio e longo prazo", e o compromisso de, no decorrer de 1998, "caso ainda persista excedente de pessoal [...],

---

16 Os aposentados demitidos receberam em suas rescisões o "incentivo financeiro" previsto para o PDV.

17 Cláusula 5.1 do acordo coletivo assinado em 16/1/1998.

18 Apesar de aprovado em assembléia em janeiro de 1998, a abertura de adesão ao PDV foi feita ainda em dezembro de 1997. O objetivo inicial de empresa era de, somadas as demissões de aposentados e adesões ao programa, reduzir 4.062 postos de trabalho, dos quais 3.594 na planta Anchieta.

19 Cf. *Diário do Grande ABC*, 11/1/1998, Caderno de Economia, p. 3.

mantida a atual situação de mercado [...] absorvê-los dentro de seu processo produtivo" ou "criar uma empresa de serviços ou uma divisão para absorção deste excedente" (acordo coletivo, 16/1/1998).

Apesar de não terem sido efetuadas demissões que fugissem ao que ficou acordado, a estabilidade prevista no acordo e defendida como uma conquista pela direção sindical era, como é possível observar, bastante relativa. Mantinha inclusive a proposta inicial da Volkswagen de criar uma empresa para absorção da força de trabalho excedente. Por outro lado, a outra contrapartida, também saudada pela direção sindical[20] e utilizada pela empresa como demonstração de interesse em manter a planta a partir do direcionamento de novos projetos, não tinha nenhuma relação com "avanços" no processo de negociação. A vinda do PQ-24 já fazia parte do Masterplan, projeto posto em execução antes das medidas do governo federal.

A empresa havia se valido da crise e do crescimento do desemprego para avançar nos seus projetos de reestruturação da planta, na busca por reduzir "de forma contundente os custos de manufatura" e, conseqüentemente, cortar despesas com força de trabalho, conforme previsto no Masterplan (VW, 1999, p. 55).

A negociação que culminou com o acordo de janeiro de 1998 guardou ainda outra particularidade. Se, por um lado, rompia mais uma vez com os limites sobre quais direitos são ou não negociáveis, aprofundando ainda mais a flexibilização da jornada de trabalho e aumentando a margem de não-pagamento de horas extras, por outro, alterava ainda de maneira qualitativa a dinâmica do processo. A negociação passou a ser tomada pela entidade sindical como mecanismo de preservação da planta produtiva na região e acabou tendo por finalidade última dotar a fábrica, por meio da *reestruturação negociada*, de capacidade de competir no mercado, possibilitando a vinda de novos projetos. Atrair novos projetos se converteu, portanto, em tática privilegiada, segundo essa lógica de negociação, de manutenção do emprego. O sindicato, portanto, se investe de um novo papel.

6 Final de 1998: Volkswagen anuncia mais 6500 demissões na Anchieta

Ao final de 1998, o agravamento da situação interna no país e a queda da produção, mais uma vez, serviram de base para nova ofensiva da fábrica. A proposta da "semana de quatro dias", acompanhada da suspensão do pagamento do 13º, abono de férias e PLR, como formas de compensar em termos salariais a jornada reduzida, é apresentada pela VW ao sindicato em novembro. Sua não-aceitação pelos trabalhadores, conforme a empresa, implicaria 7500 demissões (6500 na unidade Anchieta e 1000 na Taubaté).

Levada para a apreciação dos trabalhadores em 1º de dezembro, a assembléia, por maioria, não somente rejeitou a proposta como também desautorizou a representação sindical a negociar concessões em troca da garantia de emprego. Parte dos trabalhadores, que já acumulava um crescente saldo devedor no banco de horas e dias, não estava disposta a se sacrificar ainda mais em troca da "garantia de emprego".

Criado o impasse, diversas medidas passam a ser adotadas pela fábrica, apoiadas na divisão existente entre os trabalhadores. Logo após o dia da assembléia, a empresa lançou

20 "Ao final, além da garantia de emprego por um ano, os trabalhadores conseguiram 'arrancar' também da empresa o compromisso com o direcionamento para a Planta Anchieta, de uma base da plataforma mundial de produção do modelo de automóvel que foi batizado com o nome de 'Novo Pólo', como parte de um compromisso em assegurar um futuro para esta planta" (Barbosa, 2002, p. 101).

mão de uma edição do jornal *O Parceiro*, que, entre outros questionamentos para "reflexão" dos trabalhadores perguntava: "[...] quando você estiver desempregado, aquelas pessoas que hoje lhe pedem para resistir à proposta da companhia estarão ao seu lado e o apoiarão em tudo o que você e sua família precisarem?".

As "pessoas" às quais a empresa se referia faziam parte de um núcleo de oposição sindical que começava a atuar de forma organizada no interior da planta Anchieta, em torno de um boletim denominado *Ferramenta de Luta*. Um desses boletins, lançado logo após assembléia que rejeitara a proposta da empresa, buscava disputar a opinião dos trabalhadores, atacando a proposta da VW e denunciando seu objetivo estratégico de "enxugamento" do contingente de trabalhadores:

> Como se tivéssemos cometido um crime, a Volkswagen está ameaçando, através do tal *O Parceiro* e nas reuniões de setores dentro da fábrica, que se não aceitarmos a redução de 20% do salário vai demitir 6500 trabalhadores. Não vamos aceitar sacanagem. No ano passado já foi aprovado um acordo que cortou benefícios [...] e mais de 4 mil postos de trabalho. Já fizemos muitos sacrifícios. Além disso, sabemos que a empresa quer operar com 9 mil trabalhadores na planta Anchieta. Por isso, já anunciou que vai cortar 50% dos 3500 aposentados, 844 calendarizados, 900 trabalhadores temporários, além do novo PDV (dez. 1998).

Fizeram parte ainda da tática da Volks, na disputa pela opinião favorável dos trabalhadores, as reuniões setoriais, conforme citado pelo boletim do grupo de oposição e o anúncio de novas férias coletivas[21] a partir de 18 de dezembro daquele ano. Segundo Sinval (Sassá)[22], membro da comissão de fábrica da Volks e integrante da oposição sindical, a fábrica, nas reuniões com os trabalhadores, sempre destacava o momento difícil, de crise, que o país estava atravessando, ressaltando que aquela proposta de negociação era a única saída para evitar demissões.

Do ponto de vista da direção do sindicato, as discussões sobre a implantação da "semana de quatro dias" já vinham sendo realizadas desde novembro, pelo menos uma semana antes da abertura oficial do processo de negociação, por meio de um seminário entre comissões de fábrica dos trabalhadores da Volkswagen da Alemanha, Brasil e Argentina, cujo objetivo foi "discutir a experiência dos trabalhadores da Alemanha com o Sistema da Semana de Quatro Dias". Ainda durante o seminário, a direção do sindicato tomou conhecimento, por meio dos sindicalistas alemães, da nova vinda ao Brasil, do executivo da Volks responsável pela implantação do sistema na Alemanha, Peter Hartz, com quem, na semana seguinte, os sindicalistas brasileiros sentaram para conversar (Barbosa, 2002, 104).

Por ocasião da segunda assembléia, no dia 7/12, quando, revendo a posição anterior, a maioria dos trabalhadores[23] decidiu autorizar a volta das negociações, os debates sobre a "semana de quatro dias", ao menos no universo da direção sindical, já se encontram

21 Segundo Barbosa, essa foi a terceira vez, durante o segundo semestre de 1998, que os trabalhadores foram postos em férias coletivas (2002, p. 103).

22 Sinval Maria dos Santos, conforme entrevista concedida em 13/5/2003.

23 Segundo Sinval, conforme entrevista realizada em 13/5/2003, cerca de 95% dos trabalhadores votaram a favor da continuidade da negociação.

bastante amadurecidos. Em 10/12, o acordo foi finalmente aprovado por nova assembléia dos trabalhadores.

Como parte integrante da proposta de "semana de quatro dias", a jornada e o salário foram reduzidos em 15%[24]. Contemplando a clara indicação dada pelos trabalhadores desde a primeira assembléia (1/12) de que não aceitavam nenhuma proposta que ameaçasse o 13º ou o abono de férias, a redução não incidiu sobre esses benefícios. A empresa também retirou da proposta a idéia de aumentar as taxas de alimentação, transporte e convênio médico, inaceitável para os trabalhadores. Foram criados, a partir da fragmentação da PLR e do abono de 2,98%, os mecanismos para que os vencimentos mensais não diminuíssem. O acordo previa ainda a instalação de PDV por três meses, anualmente, nos cinco anos seguintes; demissão de aposentados; conversão dos contratos por tempo determinado para vencer em janeiro de 1999 em contratos por prazo determinado; remuneração menor para novos contratados nas áreas de proteção ao patrimônio e alimentação, entre outras.

Anunciado pelo sindicato como vitorioso, particularmente por barrar as 6500 demissões e implantar a redução da jornada de 42 para 40 horas semanais para trabalhadores horistas, o acordo, na verdade, consegue avançar exatamente nos pontos críticos já apontados pela assembléia como inaceitáveis. Quanto à redução da jornada dos horistas para 40 horas semanais, a ser implantada, conforme o acordo, "quando 50% ou mais dos empregados da produção desta fábrica passem a trabalhar 40 horas ou mais por semana para atender a demanda de vendas ou em julho de 2000", acreditamos que se fazem necessárias algumas considerações. A redução, além de ocorrer num período no qual a jornada regular dos trabalhadores já se encontra bastante reduzida, abaixo das 40 horas semanais, ocorreu simultaneamente ao aprofundamento do processo de flexibilização da jornada. Outro elemento, não menos importante, diz respeito ao ritmo de trabalho/produtividade da planta, que, fruto dos avanços das mudanças organizacionais e automação, havia sido bastante ampliado, não possibilitando a criação de um único posto de trabalho novo. Se não bastassem esses elementos, a efetivação da jornada de 40 horas partia ainda do compromisso, expresso no acordo, de negociação futura para compensação do aumento do custo/hora da redução. Enfim, apesar de figurar como contrapartida da empresa, na verdade a cláusula estava longe de poder ser considerada como incorporação ao acordo de uma das "bandeiras históricas do sindicalismo", conforme apontou o sindicato (SMABC, 28/7/1999)[25].

7 As greves batem às portas da Volkswagen em 1999

O primeiro semestre na fábrica é marcado pela eleição de trabalhadores da oposição para o Comitê Sindical de Empresa[26]. Apesar de o acordo de dezembro de 1998 ter sido

---

24 Jornada com limite mínimo de 35 horas e 42 minutos para horistas e 34 horas para mensalistas (acordo coletivo).

25 Disponível em: http://www.smabc.org.br/acordovw.htm. Acesso em 28 jul. 1999.

26 O Comitê Sindical de Empresa é um organismo de base vinculado à estrutura geral do Sindicato dos Metalúrgicos do ABC, cuja eleição é realizada, em cada fábrica, por meio da montagem de chapas. Em março de 2002, na ocasião da renovação do comitê, a Chapa 2 obteve 32,2% dos votos. No entanto, como é necessário um terço dos votos (33,3%) para poder compor o comitê, a oposição não conseguiu garantir sua presença no organismo. Um outro órgão de representação interna dos funcionários é a comissão de fábrica, que é formada a partir de candidaturas individuais nas diferentes alas da fábrica. Para esse organismo, o grupo ligado à oposição nas eleições de 2001 elegeu dez trabalhadores. Em agosto de 2004, quando ocorreram novas eleições para a comissão, a oposição obteve 47,46% dos votos válidos, ampliando sua presença.

aprovado por ampla maioria, em 1999, esse será o marco do descontentamento dos trabalhadores com a empresa, com reflexo direto na atuação da direção sindical.

Nas eleições, realizadas em abril, com uma plataforma de campanha contrária ao banco de horas, à semana de quatro dias e à flexibilização de direitos, fazendo uso do slogan "Chega de parceria. Sindicato é pra lutar!", a Chapa 2, de oposição à diretoria do sindicato, obteve 42,55% dos votos, elegendo 10 dos 23 membros do comitê.

No segundo semestre de 1999, em meio a um crescente desgaste do governo e um crescimento das mobilizações[27], fruto, entre outros fatores, do aumento do desemprego e da queda do poder de compra dos trabalhadores, numa inflexão à esquerda, a direção dos metalúrgicos, tanto a abrigada sob a CUT como sob a Força Sindical, tomou a iniciativa de uma ação conjunta. Denominada "Festival de Greves", a campanha ganhou peso entre setembro e outubro, quando ocorreram algumas paralisações de 24 horas e manifestações em plantas produtivas localizadas em diferentes estados, cuja reivindicação central era o contrato coletivo de trabalho e o estabelecimento de um piso nacional de R$ 800 nas montadoras. No Estado de São Paulo também houve manifestações e uma paralisação em 8/10 (*Tribuna Metalúrgica*, 8/10/1999, p. 3). No entanto, a proposta de piso nacional, que atingia em cheio um dos importantes instrumentos de pressão das montadoras, a comparação entre os diferentes salários pagos, somada à constante ameaça de fechar unidades "não competitivas", foi categoricamente rejeitada pela Anfavea. Apesar de positivas, as ações, baseadas em atos e paralisações alternadas de 24 horas para pressionar a abertura de negociações, não foram suficientes para dobrar o setor patronal. Ao longo do ano seguinte, a campanha pelo contrato coletivo nacional acabou desarticulando-se.

No mês de novembro, por ocasião da renovação da convenção coletiva dos metalúrgicos do ABC, diante da resistência patronal em reajustar os salários de acordo com a inflação, novamente a greve bateu às portas da empresa. O clima na Anchieta, refletindo o processo de mobilizações externo e agravado pela experiência de quase um ano de salários reduzidos em 15%, passou a preocupar a Volkswagen. A "semana de quatro dias" corria risco de ser rejeitada pelos trabalhadores.

Tais condições fizeram com que a empresa adotasse medidas que visavam a evitar uma possível greve: passou a orientar "todas as lideranças da companhia, de forma intensiva, a empreender um trabalho de conscientização aos seus subordinados" sobre as conseqüências negativas de uma possível greve (VW, 1999, p. 124). Agregada às ações das lideranças, a empresa atuou ainda em outras frentes:

> RH, por sua vez, fará um trabalho neste sentido junto às lideranças sindicais, tanto da situação como da oposição; utilizará dos instrumentos de comunicação junto aos empregados para este trabalho de conscientização e atuará junto ao Sinfavea[28] e diretorias das demais montadoras para, na medida do possível, podermos transpor esta fase de negociações com o mínimo de problemas trabalhistas (Ibidem).

---

27 A paralisação dos caminhoneiros, por quatro dias no mês de agosto, contra o aumento dos pedágios e do óleo diesel foi com certeza a mobilização de maior impacto do semestre, tanto pela novidade e grau de adesão como pelo poder de pressão sobre o governo federal, que acabou cancelando os reajustes previstos.

28 Sindicato Nacional dos Fabricantes de Veículos Automotores.

Enviou também cartas aos familiares dos trabalhadores. Utilizou-se do painel 8 Passos[29] e publicou, estampada na capa do jornal *O Parceiro* de novembro de 1999, a suposta carta de um trabalhador que refletia sobre as implicações negativas de uma possível greve.

A assembléia realizada pelos metalúrgicos no dia 16 de novembro, na rua do sindicato, chegou a aprovar a greve da categoria para o dia 22 (*Tribuna Metalúrgica*, 17/11/1999, p. 3). No entanto, aos poucos, os acordos por fábrica foram sendo fechados e a greve ficou restrita a empresas mais resistentes a negociar.

No caso da Volks, do reajuste de 10,5% acordado para todas as montadoras, seriam descontados os 2,98% antecipados como forma de abono no acordo anterior para complementar os salários reduzidos. O acordo, que reafirmava o anterior, com vigência de dois anos, regularizou a jornada de 40 horas semanais até então não aplicada pela empresa; renovou as cláusulas da "semana de quatro dias"; parcelou a PLR em 12 vezes para complementar vencimentos; manteve o banco de horas e, entre outras, estabeleceu formas, por meio de incentivos financeiros, para a antecipação das demissões já calendarizadas de aposentados.

8 Ano agitado na montadora: 2001

Desde o final de 2000, momento de discussões para a renovação do acordo da "semana de quatro dias", os trabalhadores davam sinais claros de descontentamento com os salários reduzidos e o sistema de banco de horas, conforme esclarece Barbosa:

> Por ocasião da renovação do acordo, no final do ano 2000, diferente das conjunturas de 1997 e 1998, a produção do setor automotivo tinha voltado a entrar num acentuado processo de recuperação. Nestas condições, a parcela dos trabalhadores insatisfeita com o acordo não tinha interesse na sua renovação. Em realidade, a renovação do acordo só teria sentido na medida em que houvesse entendimento da grande maioria sobre a importância de se manter um instrumento de garantia do emprego frente a situações de crise. Entretanto, o elevado sentimento de rejeição registrado durante os dois primeiros anos de vigência contribuiu para que a proposta de renovação do acordo fosse recusada na assembléia dos trabalhadores. Logo em seguida, o acordo do banco de horas foi igualmente rejeitado (2002, p. 110).

Como podemos observar, o preço que os trabalhadores vinham pagando pela "garantia do emprego", fundado nas constantes pressões, aumento do ritmo de trabalho, flexibilização da jornada e redução salarial, já não era tido pela maioria dos trabalhadores como compensador. É nesse marco que a manutenção da "semana de quatro dias" é, naquele ano, rejeitada pela assembléia dos trabalhadores.

Crescia ainda o descontentamento com a direção sindical, expresso, em março de 2001, ocasião da eleição para a comissão de fábrica, pela posse de dez membros da oposição no organismo.

No entanto, no final de outubro, novamente as discussões sobre a "semana de quatro dias" e o banco de horas voltam para a assembléia por iniciativa do sindicato. Segundo Barbosa, a empresa havia procurado o sindicato para anunciar que, fruto de quedas nas

[29] O 8 Passos é uma forma ágil de comunicação interna na qual a mensagem da empresa é divulgada a partir de oito frases articuladas.

vendas, a planta se encontrava com um excedente de 3 mil trabalhadores. A saída apresentada pela empresa era a da volta dos acordos de flexibilização (2002, p. 111).

Para o sindicato, que defendeu a retomada das negociações dos acordos de flexibilização, "na ausência de crescimento econômico a dimensão estrutural colocava-se como um dos aspectos centrais do problema da Volkswagen", e como a instalação da linha de montagem do Pólo (PQ-24), considerada "contrapartida" dos acordos do final de 1997 e 1998, já "estava em fase adiantada de instalação", seria importante buscar o compromisso por parte da empresa de novos investimentos na planta como forma de garantia do emprego. Desse modo, com base nesses argumentos, o sindicato obteve o "sinal verde" da assembléia para a abertura de negociações (ibidem, p. 112).

O problema é que a Volkswagen não queria apenas retomar os acordos do banco de horas e da "semana de quatro dias" nos moldes anteriores. A proposta da empresa previa uma flexibilização ainda maior da jornada de trabalho, organizando-a a partir da flexibilização individualizada, por trabalhador. Além disso, mais medidas de corte da força de trabalho precisavam ser adotadas, colocando o sindicato numa verdadeira saia-justa:

Consciente do desgaste infrutífero que significaria a defesa da proposta na assembléia, o sindicato não a defendeu, acontecendo o que já era esperado tanto pela fábrica como pela entidade sindical: a proposta foi rejeitada.

A Volkswagen sabia das dificuldades que envolviam as negociações. Em novembro, em meio às discussões sobre o acordo, o então diretor de RH da planta Anchieta, Enrique Lozano, em entrevista à imprensa local, reconheceu as dificuldades da direção sindical em encaminhar as propostas de flexibilização ante o crescimento da oposição sindical:

> Certamente é complicado para ele [Luiz Marinho] e as fagulhas acabam atingindo a empresa. A gente entende isso, compreende a situação dessa liderança sindical. Conseguimos com essa liderança madura uma série de êxitos no passado. Compreendemos a situação dele em sentar numa mesa de negociação e aceitar algo que não é popular. Ele sabe que tem oposição forte aqui na Anchieta. [...] Ninguém consegue vender aquilo que não é popular. Sabemos disso. Tenho certeza que ele, pessoalmente, e o grupo que está em torno dele entendem a situação, mas não encontram meios práticos para levar isso para frente e convencer a base (Lima, 2001, p. 35-6).

No entanto, em resposta à votação da assembléia, como forma de pressionar para o acordo, dois dias depois a empresa dá início à distribuição dos 3 mil telegramas de demissão.

As negociações, reatadas após as demissões, culminaram com a ida de Luiz Marinho para a Alemanha, onde finalmente a proposta de acordo foi finalizada. A ida para a Alemanha, aprovada por assembléia dos trabalhadores no dia 14/11, ocorre em meio a uma greve que havia sido iniciada em 12/11. Barbosa, que também participou das negociações com a VW na Alemanha, salienta o papel da entidade sindical no que diz respeito ao ponto crítico do processo: as demissões. O sindicato, ao perceber que a empresa, mesmo com a aceitação das cláusulas de flexibilização, não recuaria de setecentas demissões, fez a seguinte proposta, posteriormente incorporada ao acordo:

> [...] Luiz Marinho explicou então que a nova proposta era constituída de três partes: em primeiro lugar as demissões deveriam ser suspensas na totalidade. [...] após a suspensão seriam

> colocados em licença remunerada, até o final de janeiro de 2002, 1500 trabalhadores que a empresa pretendia desligar do total de 3075. Neste período, a empresa abriria um programa de demissões voluntárias para toda a fábrica, com o objetivo de atingir uma meta de desligamento de 700 trabalhadores; ao pessoal da licença remunerada que aderisse ao programa, a empresa pagaria uma indenização extra em dinheiro no valor de R$ 3.000,00 sem prejuízo dos demais incentivos previstos para o desligamento voluntário (2002, p. 132).

Enfim, o sindicato havia criado uma proposta que auxiliava a empresa a demitir, contemplando inclusive uma margem superior de trabalhadores a serem postos em licença de maneira a facilitar os setecentos cortes! Além dos mecanismos que contemplaram o desligamento de setecentos trabalhadores[30], o acordo, assinado em 25/2/2002, previa ainda: semana de quatro dias/redução salarial de 15% com recomposição dos vencimentos por meio de banco de horas, PLR, abono; PLR de 2002 equivalente a R$ 2.800; férias individuais somente de trinta dias; salário de ingresso diferenciado (a. redução média de 28% para atividades *non-core*; b. acréscimo de dois níveis salariais anteriores ao piso atual, que geram uma redução média de 30% para salário de ingresso em atividades *core*; c. tempo de progressão salarial aumentado em 18 meses); terceirização de atividades; demissão de aposentados ou trabalhadores com direito à aposentadoria após 36 meses da aquisição do direito; demissão por PDV, que passou a ficar aberto três meses por ano, nos cinco anos seguintes; demissão por problemas disciplinares; demissão por baixo desempenho (Acordo Coletivo, 2001).

Como "contrapartida" da empresa, o acordo previa investimento de R$ 500 milhões para a produção do Pólo Hatch; alocação para a Anchieta da produção do Pólo Sedan (produto voltado à exportação para Europa); destinação para a planta Anchieta da produção de modelo adicional "caso o Grupo Volkswagen decida pela sua produção no Brasil" (Ibidem). Ou seja, a empresa, mais uma vez e contando com a colaboração do sindicato, conseguia avançar nos seus projetos de enxugar gastos com a força de trabalho.

9 Em 2003 avançam as terceirizações

A terceirização de força de trabalho, conforme indicam diversos estudos, tem sido uma prática comum aos processos de reestruturação produtiva desenvolvidos nas mais diversas localidades do globo. No Brasil essa prática assume especial peso nos anos 1990.

Em que pesem as diferentes gradações da transferência das atividades anteriormente desenvolvidas diretamente pela empresa, que vão desde o uso do trabalho domiciliar à adoção de parcerias com empresas fornecedoras que utilizam tecnologia avançada, passando ainda pela articulação dos diferentes níveis de subcontratação, a terceirização tem se mostrado como eficiente mecanismo empresarial de desarticulação, por meio da fragmentação das lutas dos trabalhadores e da redução de custos com a força de trabalho. No caso específico da Volkswagen, conforme levantamento do sindicato publicado em fevereiro de 1993, a terceirização na unidade Anchieta abrangia basicamente as chamadas áreas de apoio, afetando cerca de quinhentos trabalhadores (SMABC, fev. 1993, p. 63). No entanto, data de dois anos antes a assinatura de um termo no qual sindicato, comissão

30 O PDV não obteve a adesão de 700 trabalhadores e o número foi completado com cerca de 400 demissões, segundo nos informou Sinval em 13/5/2003.

de fábrica e Volkswagen estabeleceram o compromisso de negociação de "eventuais implantações de 'outsourcing' na Fábrica Anchieta" (ibidem, p. 66). Fundada na concepção da *reestruturação negociada*, tal postura se baseia no entendimento de que a terceirização faz parte do processo de modernização industrial e de que seus efeitos sobre os trabalhadores podem ser diminuídos por meio da "negociação prévia" e, conseqüentemente, do controle do sindicato sobre o processo (ibidem, p. 51-2).

Como decorrência dessa concepção, os processos de terceirização ocorridos na década de 1990, como parte integrante da reestruturação da planta, passaram a fazer parte dos acordos coletivos firmados entre o sindicato e a Volkswagen, conforme cláusulas de dois acordos coletivos abaixo citadas:

a) **Cláusula 12 do acordo coletivo assinado em 16/1/1998:**
"PROGRAMA DE 'OUTSOURCING'
No intuito de viabilizar e incrementar a fabricação de novos produtos, as partes concordam que se faz necessária a implementação de programa de 'outsourcing', prioritariamente na ala 3 e parte da ala 5 da unidade Anchieta.
Oportunamente a Empresa informará aos Sindicatos e Representações Internas dos Empregados o detalhamento das ações de 'outsourcing' a serem implementadas, voltadas aos novos produtos".

b) **Cláusula 9 do acordo coletivo assinado em 25/2/2002:**
"TERCEIRIZAÇÕES
As atividades de Fundição, 'primer' de peças pequenas denominado 'KTL', motoristas de testes e motoristas observadores da Qualidade Assegurada serão terceirizados em prazo a ser divulgado pela Empresa e os respectivos empregados serão transferidos para outras áreas da fábrica".

Um terceiro acordo, assinado em 15/4/2003, é quase inteiramente voltado para as práticas de *outsourcing*. Com o processo de reestruturação já muito avançado, com a linha do Gol já bastante reestruturada e a linha do Pólo (PQ-24) em pleno funcionamento desde 2001, a empresa conseguiu avançar substancialmente no projeto de terceirização de parte da planta Anchieta com base no argumento da necessidade de investir em "novos projetos", conforme explicitado em seu "preâmbulo":

> Considerando a necessidade de novas abordagens e soluções para assegurar a viabilidade do negócio e nível de emprego na região, face a uma disputa de mercado cada vez mais acirrada, a *Volkswagen do Brasil Ltda., o Sindicato dos Metalúrgicos do ABC e a Representação Interna de Empregados*, conscientes desta realidade e voltados ao objetivo de assegurar ao Complexo Industrial Anchieta as melhores condições de competitividade e sustentação operacional, através de soluções socialmente responsáveis, *acordam a concretização das ações abaixo indicadas, que garantem a produção, na Fábrica Anchieta da Volkswagen do Brasil, dos volumes destinados ao mercado de exportação do modelo VW249* (Acordo Coletivo, Preâmbulo, 14/4/2003).

Intitulado "Acordo para Produção do VW Tupi Europa na Fábrica Anchieta", as cláusulas firmadas previram a terceirização de 1897 postos de trabalho em diferentes áreas da planta. O acordo ainda estabeleceu o fim dos regimes de trabalho 6 x 3 e 6 x 4 e a criação de nova faixa salarial "16% inferior em relação ao step inicial atual de todos os graus e um período de progressão automática de 9 (nove) meses" (Acordo Coletivo, abril de 2003). A "contrapartida" da empresa foi a destinação do modelo Tupi Europa para a planta de São Bernardo do Campo.

A defesa do acordo pela direção sindical, portanto, fez parte da política que já vinha sendo desenvolvida ao longo do processo de reestruturação, objetivando dotar a unidade de São Bernardo de competitividade e, conseqüentemente, manter empregos. Segundo o jornal da comissão de fábrica dos trabalhadores da Volkswagen,

> ao entrar na disputa pelo Tupi Europa os trabalhadores entenderam a política do Sindicato de pensar no futuro e não se acomodar. Na análise de Helinho, coordenador da Comissão de Fábrica, os trabalhadores poderiam não disputar o novo produto, pois têm garantia de emprego até 2006, independente de crises. [No entanto] "o pessoal está antecipando o futuro e olhado para um horizonte maior, além de 2006, disse ele" (*Jornal da Comissão*, nov. 2002, p. 1).

No entanto, é interessante observar que o preâmbulo do acordo não fala em manutenção do nível de emprego da unidade VW Anchieta, mas sim do "nível de emprego na região" e, quando se refere à questão da competividade da unidade, novamente utiliza um jogo de palavras, remetendo "ao objetivo de assegurar ao Complexo Industrial Anchieta as melhores condições de competitividade e sustentação operacional". É bom lembrar que o "Complexo Industrial Anchieta", em 2003, já inclui a existência do Condomínio de Terceiros em funcionamento para atender as linhas mais modernizadas da planta, responsáveis pela fabricação dos modelos Gol e Pólo.

Outra questão a ser ressaltada é que a forma como o processo de terceirização foi sendo implementado na VW acabou revestindo de certa invisibilidade a ligação entre terceirização e enxugamento de postos de trabalho na unidade. As cláusulas que tratam da terceirização de serviços vêm sempre acompanhadas de medidas que prevêem a transferência da força de trabalho excedente para uma nova área da empresa. Dessa maneira, passa a se construir a idéia de que o fato de terceirizar os serviços de uma determinada *ala* não tem por desdobramento a demissão.

Há todo um ritual no caminho do enxugamento de postos de trabalho. Primeiro se transfere para outros setores o trabalhador das áreas atingidas pela terceirização. Lá, dependendo da função que o funcionário vá exercer, ele passa por "treinamento técnico operacional, período de integração e adaptação nas áreas de destino", processo esse "acompanhado pela Representação Interna dos Empregados" (cláusula 9.1 do acordo coletivo firmado em 25/2/2002). Evidentemente, esse processo cria cada vez mais um número de trabalhadores considerados "excedentes" . A solução adotada para a eliminação desses postos de trabalho, constantemente anunciada pela empresa, como pudemos acompanhar até aqui, passa pela demissão direta, como as que ocorreram no início de 2002, ou pela adesão nem sempre tão voluntária ao PDV, a exemplo do que occorreu no início de 2002, quando 1500 dos 3 mil trabalhadores que haviam recebido o telegrama de demissão foram colocados em licença remunerada para aderir "voluntariamente" ao plano. Cientes de que constam da lista de possíveis demissões, a melhor alternativa acaba sendo aderir e receber os incentivos financeiros do pacote. Nem sempre a ligação entre as duas medidas é percebida pelos trabalhadores. E às vezes, quando percebida, é alimentada pela concepção de que se ele trabalhar de acordo com o que a empresa espera, pode manter seu emprego em outro setor. Com isso, os acordos firmados entre empresa e sindicato, além de mascararem as demissões, acabam servindo de instrumento de triagem dos trabalhadores que a empresa pretende manter em seus quadros e dos que, entre outras razões por "baixo desempenho"[31], não interessam mais.

10 É também o ano do Autovisão

Poucos meses após a assinatura do "Acordo para Produção do VW Tupi Europa na Fábrica Anchieta", em julho, a Volkswagen anunciou mais 3933 postos de trabalho considerados "excedentes", dos quais cerca de 2 mil localizavam-se na planta do ABC.

O projeto da VW[32] denominado Autovisão consistiu inicialmente no desligamento compulsório de 1923 trabalhadores de suas atividades na empresa, por meio de cartas enviadas pelo RH, os quais foram transferidos para um centro de treinamento e capacitação – Centro de Formação e Estudos (CFE). Diante da reação dos trabalhadores, que entenderam a atitude adotada pela empresa como um mecanismo de demissão e entraram em greve, a medida foi suspensa e abriu-se um processo de negociação que, em outubro daquele ano, culminou com um acordo que mantinha as 1923 transferências, mas abria espaço para que esses trabalhadores pudessem optar entre ir para o CFE, aderir ao PDV ou permanecer em casa recebendo salário até 2006, ano previsto para o fim do acordo de estabilidade no emprego (Rodriguez, 2003, p. 1; Farias, 2003, p. 2).

Quanto à produção do Tupi Europa na planta Anchieta[33] (contrapartida da VW para avançar no processo de terceirização de força de trabalho), no final de 2004 a empresa passou a produzir os "carros pré-série" na planta de São José dos Pinhais. Numa clara demonstração de ter dado um passa-moleque na direção sindical, que não só defendeu o acordo, como conseguiu aprová-lo, a empresa expôs ainda, de maneira clara, as contradições de uma política sindical que, sustentada na idéia de democratização das relações entre capital e trabalho, visa a construir projetos comuns no longo prazo. Na medida em que avançou qualitativamente na redução dos custos e na flexibilização da força de trabalho, a aparente democracia do processo foi esvaziada.

Considerações finais

A idéia de "negociação para valer", defendida por Marinho e hoje predominante na CUT, conforme vimos, está relacionada ao projeto que concebe que as relações entre capital e trabalho, nos anos 1990, se democratizaram, possibilitando, ao contrário do período anterior, conquistas de longo prazo. Sindicato e comissão de fábrica, antes localizados no campo da defesa de interesses considerados antagônicos aos do capital, se converteram em importantes instrumentos de promoção da pactuação dos interesses.

---

31 A demissão por baixo desempenho consta do acordo negociado ao final de 2001 (assinado em 25/2/2002).

32 O projeto Autovisão foi inspirado na experiência realizada na planta Volkswagen na cidade de Wolfsburg, para diminuir o impacto das demissões feitas pela empresa nos anos 1990.

33 A produção do modelo tinha previsão de início em 2005.

Além disso, de forma implícita, a ação passou a ser construída considerando-se a inevitabilidade do processo em curso, cabendo à representação sindical buscar, no marco da ordem vigente, por meio da negociação, mecanismos que amenizem os efeitos da reestruturação sobre os trabalhadores. É nesse marco que tem funcionado o sistema de "contrapartidas" das negociações entre sindicato e VW, ilustrado pelas negociações do projeto do PQ-24, Tupi Europa e pelo caso da disputa pela produção de um câmbio, em 1998, conforme relatamos a seguir.

Em 1998, logo após o fechamento do acordo (assinado em janeiro de 1999), o SMABC e a comissão de fábrica da VW lançaram uma campanha que visava a atrair para a planta a produção de um câmbio que constava dos projetos da empresa. A ação do sindicato buscou envolver o conjunto dos trabalhadores da unidade Anchieta. Na época foram confeccionados dois adesivos[34] que vinculavam a vinda do câmbio à manutenção de empregos na planta. Um ofício tratando do assunto, encaminhado pelo sindicato à presidência da VW do Brasil e protocolado pelo RH em 30/1/1998, é exemplar, conforme podemos verificar abaixo:

> Em conversa que já mantivemos, manifestamos nossa preocupação com o futuro do emprego na região do ABC, particularmente na fábrica Anchieta da Volkswagen.
> A transparência que permeia nossas relações, nos deixa bastante à vontade para solicitar à Volkswagen informações sobre os novos projetos de produção de transmissões.
> Somos conhecedores de alternativas da produção de transmissões ser feita em Córdoba.
> Reafirmamos nosso interesse na implantação dessas atividades produtivas na unidade de São Bernardo do Campo.
> Pedimos que nos deixe saber qual é a condição de custo que viabiliza este novo projeto na Anchieta, para que possamos estudar e oferecer-lhes as condições necessárias.
> Solicitamos, ainda, que esta prática seja adotada para todos os próximos projetos a serem desenvolvidos. Certamente isto representará um claro sinal de continuidade do processo de revitalização da Volkswagen em nosso país, principalmente na região do ABC.

Naquele momento, conforme menciona o ofício, a empresa tendia a realizar a produção do câmbio na sua unidade de Córdoba, Argentina, o que finalmente ocorreu. Porém, mais do que o debate sobre a adesão das entidades dos trabalhadores (sindicato e comissão) ao discurso concorrencial da empresa, a prática de disputar novos produtos para a planta remete ainda a outras questões não menos importantes. Uma delas diz respeito ao fato de que, na lógica da empresa, não basta disputar um novo produto. É necessário estar em condições de recebê-lo. Tais condições, conforme apontamos anteriormente, partem ainda da comparação entre as plantas que, com o avançar do processo de reestruturação, passam a contar com condições similares de desenvolvimento tecnológico. O diferencial, portanto, com o avanço da reestruturação, reside cada vez mais no grau de custo e disciplinarização da força de trabalho (produtividade e níveis de qualidade aferidos). E é exatamente nesse momento que as contradições históricas entre capital e trabalho se explicitam de maneira evidenciada, pondo em xeque um dos principais

---

34 Nos adesivos assinados pelo sindicato e pela Comissão da VW, que continham a imagem da peça, havia as seguintes frases: "ESSA PEÇA VALE 10.000 EMPREGOS. ESSE CÂMBIO TEM QUE SER NOSSO"; "VW. Você conhece. Você confia nos metalúrgicos do ABC. Este câmbio tem que ser nosso!".

argumentos do *sindicalismo propositivo*: a manutenção do emprego. As *condições de custo que viabilizam novos projetos* passam, portanto, cada vez mais pelos diferentes mecanismos de diminuição de gastos com a força de trabalho: flexibilização, demissões, terceirizações, corte de direitos e benefícios etc. É nesse marco que, no curto prazo, o processo de *reestruturação negociada* se torna vítima de si mesmo, conforme nos indicam os números relativos aos postos de trabalho na Anchieta, que caem quase pela metade entre 1997 e 2004. Aliás, vale salientar que dos 5394 postos cortados no período no Grupo VW do Brasil, 4592 se efetivaram na unidade do ABC, planta na qual a *reestruturação negociada* foi experimentada a fundo.

Diminuição de postos de trabalho na planta Anchieta[35]

Ano	1997	1998	2000	2004
Trabalhadores	23.500	19.500	17.022	12.430

Outra questão relacionada ao debate sobre essa prática de negociação sindical é o papel do sindicato enquanto promotor da solidariedade de classe. Em que medida a ação sindical, fundada nos acordos por empresa e objetivando dotar plantas produtivas de competitividade, acaba se convertendo em instrumento de desmantelamento da solidariedade e da identidade de classe dos trabalhadores? A lógica concorrencial, instituída pela empresa e abraçada pelo setor majoritário do sindicalismo cutista, na prática, acaba dificultando qualquer ação coletiva dos trabalhadores, inclusive no âmbito restrito das plantas da Volkswagen, que competem entre si por novos projetos, deixando a classe refém dos interesses do capital. Significa, portanto, atuar num terreno movediço, completamente desvinculado dos interesses históricos dos trabalhadores. Um terreno no qual as grandes montadoras, como o caso da VW, ao contrário da direção sindical, atuam com bastante habilidade.

O horizonte que se projeta para o futuro, fruto da lógica própria de funcionamento do sistema, é de mais ataques aos trabalhadores da VW, impondo-lhes imensos desafios. Em que pese a empresa, em 2003, tentando diminuir o impacto das possíveis demissões que ainda pretende realizar, ter conseguido desligar da fábrica cerca de 2 mil trabalhadores por meio do projeto Autovisão, os mais de 12 mil postos de trabalho atualmente existentes superam em pelo menos 3 mil o número anunciado pela montadora em 1998 como "ideal" para o funcionamento da planta. No entanto, enfrentar os novos ataques do capital passa, necessariamente, pela ruptura com as amarras colocadas por uma prática sindical que, impulsionada a partir da direção, fragmenta a luta dos trabalhadores, restringindo-as ao universo das plantas produtivas, priorizando a participação institucional em detrimento da organização da luta direta, e se abstém da denúncia constante e regular da exploração capitalista.

Contrariando as análises que remetem a ausência de lutas mais gerais e intensas na categoria metalúrgica a uma mudança no perfil do operariado, que, mais jovem, com maior nível de escolarização e ameaçado constantemente pelo desemprego, não estaria

---

[35] Fonte: para 1997 e 1998 (Barbosa, 2002, p. 103). Para 2000, dado referente a julho, vwbintranet/recursos.humanos/public/005eftlc.htm. Para 2004, assessoria de imprensa da Volkswagen em entrevista realizada em 3/12/2004.

mais tão interessado em enfrentamentos diretos com o capital, estando mais receptivo aos limites impostos pela negociação, não foram raros os momentos em que ao longo da década os trabalhadores da Volkswagen deram demonstrações de combatividade.

Normalmente manifestadas a partir do crescimento das medidas de arrocho salarial, como na ocasião das negociações sobre a semana de quatro dias, ou ainda nas mobilizações que ocorreram nacionalmente pela instituição do piso salarial unificado para o setor automobilístico, tais lutas se não questionaram mais direta e conscientemente os mecanismos de exploração engendrados pelas novas formas de acumulação do capital, em grande medida são fruto do papel desempenhado pela direção sindical. A luta da Ala 21, em 2002, dirigida pela oposição sindical contra a terceirização, foi uma demonstração clara de que onde há direção disposta a encaminhar a mobilização as condições de vida se encarregam de germiná-la. O problema é que, no marco da situação atual, mesmo considerando a enorme importância desse tipo de luta, o seu isolamento impõe limites aos resultados.

O desafio proposto, portanto, não somente para os trabalhadores da Volkswagen, mas para o conjunto da classe trabalhadora, passa pela unificação cada vez maior de suas lutas e, ainda, pela retomada de uma prática sindical sustentada num projeto ideológico de classe, que supere os limites da atuação institucional, rompendo com a lógica concorrencial do mercado e indo além do projeto fundado na lógica da sociedade produtora de mercadorias.

O projeto fundado nas propostas "viáveis" e "realistas", que acaba assumindo o papel de auxiliar o capital na gestão dos seus negócios, conforme pudemos observar, não tem se demonstrado satisfatório sequer para os trabalhadores do âmbito restrito das plantas produtivas, muito menos para a proteção da economia nacional, convertendo-se em instrumento de propagação das medidas neoliberais e de ampliação da precarização do nível de vida da classe trabalhadora.

Em um período marcado pela ofensiva do capital, como o aberto nos anos 1990, a prática sindical desenvolvida a partir do sindicalismo do ABC desarticula e enfraquece ainda mais a resistência dos trabalhadores.

Capítulo 10

CICLOS CURTOS E REPETITIVOS DE TRABALHO
o caso de uma fábrica de metais

Ada Ávila Assunção

Trabalho repetitivo: quatro definições

Estudar o caráter repetitivo das tarefas nos ambientes industriais configurou-se, nos últimos vinte anos, um eixo das pesquisas interessadas em compreender a elevada prevalência de problemas musculoesqueléticos na maioria dos países industrializados.

O controle da produção pelos gestores e a fragmentação das tarefas conformam o cenário do trabalho repetitivo, que se expressa num ritmo de trabalho ditado pela pressão derivada da exigência de cotas de produção por unidade de tempo, como será evidenciado a seguir, ou pela implantação da linha de montagem, que facilita a redução do tempo de deslocamento dos homens, da matéria-prima e dos objetos e diminui a porosidade no decorrer da jornada.

Para os profissionais do campo da saúde e trabalho, o trabalho repetitivo apresenta ciclos de 30 segundos que podem variar, ao longo da jornada, a até 120 segundos. Entende-se por ciclo de trabalho a duração do tempo entre o início da operação e a mesma operação que será realizada na seqüência, sem interrupções importantes.

Embora a noção de ciclo seja bastante prática e utilizada, não é suficiente para abordar todas as situações possíveis. A complexidade da investigação do caráter repetitivo do trabalho e de seus componentes vem exigindo definições específicas e mais adaptáveis às situações reais.

O trabalho repetitivo seria aquele em que os componentes de trabalho se repetem mais de 15 vezes por minuto e que mobilizam mais de um sétimo da massa muscular corporal. A literatura sugere ainda, como parâmetro, a existência de um ciclo mais curto que dois minutos, o qual é repetido durante a jornada.

Encontra-se, também, uma definição que leva em conta a dinâmica do movimento dos membros superiores, considerando-se repetitivo o trabalho que, ao exigir força durante os movimentos das regiões distais dos segmentos superiores, para acionar uma parafusadeira pneumática sobre objetos dispostos numa linha de montagem, por exemplo; aumenta, inevitavelmente, a carga estática dos músculos dos ombros e do pescoço. Sob esse preceito, a repetitividade pode designar a solicitação contínua de um mesmo grupamento muscular durante a realização de uma tarefa.

Para a norma sueca de ergonomia, trabalho repetitivo equivale a trabalho monótono, sendo aquele que envolve uma ou poucas tarefas com movimentos de trabalho muito similares que se repetem continuamente, num período considerável da jornada.

As primeiras proposições, que têm como parâmetro o ciclo de trabalho, são úteis para o caso de trabalho em linha de montagem, em que o trabalhador permanece fixo em um ponto e a esteira movimenta-se, expondo a cada operador o objeto a ser transformado, que pode ser uma peça de automóvel, parte de uma ave ou de um suíno na indústria de alimentos, ou um artigo no caixa de um hipermercado etc.

Existem, porém, situações que não podem ser avaliadas utilizando-se como referência o ciclo ou solicitação do mesmo grupo muscular. No caso do trabalho do soldador da manutenção, por exemplo, a penúltima proposição, que considera a dinâmica do movimento do membro superior, sob sincronia das regiões proximais (ombro e cintura escapular) e regiões distais (punhos e dedos), é bastante útil. Embora não existam peças que se movimentam em uma esteira, para manter o peso da pistola e fixar o ponto da peça que deverá ser aquecido e permitir a fusão do material de duas estruturas metálicas, solicita-se esforço estático do segmento superior. A musculatura do antebraço, geralmente, mantém a pistola firme e fixa no ponto preciso, à custa de um esforço muscular estático, concomitante, e, de maneira contínua, à contração da musculatura cervical e do ombro, mobilizada para sustentar o antebraço.

Trabalho repetitivo: o gesto sem sentido

Os efeitos dos trabalhos manuais na indústria não são os mesmos dos trabalhos manuais artísticos. O corpo é o primeiro e o mais natural instrumento do homem. Os gestos são mais do que encadeamentos musculares eficazes e operatórios; são atos de expressão da postura psíquica e social de um sujeito para o outro.

As atividades artísticas, as artesanais e certas atividades esportivas são o resultado de uma elaboração mental anterior, de um projeto interno ao indivíduo, constituindo-se num agir expressivo. Nelas, o corpo é mobilizado expressando para o outro aquilo que vive internamente, a emoção.

Vários estudos evidenciaram os efeitos psíquicos derivados do gesto sem sentido em trabalho industrial, pois, em um quadro temporal rígido, o componente "expressão da postura psíquica" do gesto estaria cerceado.

Na linha de montagem, a intensidade do ritmo de trabalho e a simplicidade de operações não permitem a expressão da imaginação, gerando um conflito. De um lado, o pequeno leque de possibilidades de criação; de outro, a intensidade da atividade motora requerida. Sob esse ritmo, o trabalhador fica exposto, ao mesmo tempo, à insuficiência de estimulação e à hipersolicitação de movimentos.

Sobre a repetição do trabalho industrial, o debate não é recente. Diderot e Adam Smith, no século XVIII, expuseram os efeitos positivos e negativos do trabalho repetitivo*. Diderot acreditava que a rotina no trabalho podia ser igual a qualquer outra forma de aprendizado por repetição, um *professor necessário*; já Smith defendia que a rotina embotava o espírito. Diderot tentou explicar como o ator ou atriz explora as profundezas de um papel repetindo as falas sem parar, e esperava encontrar essas mesmas virtudes da repetição no trabalho industrial. Para o filósofo, fabricar papel, por exemplo, não seria algo bruto. Por analogia às artes, acreditava que essa rotina estava em constante evolução, à medida que os trabalhadores aprendiam como manipular e alterar cada estágio do processo de trabalho. A seu ver, o "ritmo" de trabalho significa que, repetindo uma operação em particular, descobre-se como acelerar ou moderar a atividade, fazer variações, manejar os materiais, desenvolver novas práticas, assim como um músico aprende como controlar o tempo, ao executar uma peça musical.

Contrariamente, o pensador político Adam Smith defendia, naquela época, que a rotina industrial ameaçava degradar o caráter humano. Ele explicita sua contraposição à comparação do trabalho operário com a plástica do ator que teria autodomínio na sua atividade. Utilizando-se do exemplo da fábrica de alfinetes, Smith argumentava que o operário não controla o seu trabalho, tornando-se, nos seus dizeres, uma criatura estúpida e ignorante no correr da fragmentação do trabalho, que bloquearia o que Diderot chamava de "a unidade mental e manual" no trabalho.

Trabalho repetitivo: parâmetros de análise

Estudando-se ambientes que expõem os trabalhadores à realização seqüenciada de operações formalmente idênticas ao longo de uma jornada de trabalho, foi possível elaborar um plano de análise do trabalho repetitivo, que será apresentado a seguir.

Os parâmetros para a análise do trabalho repetitivo podem ser classificados em três grupos: biomecânicos e ergonômicos e psicossociais. Os primeiros levam em conta: a) o tempo, medido em termos de duração dos ciclos e do ciclo básico durante a jornada de trabalho; b) a solicitação de esforço muscular estático prolongado; c) a postura do corpo, que pode ser avaliada comparando a postura neutra com a do início do movimento até a postura extrema; d) o padrão dos movimentos do tipo: elevação, flexão/extensão dos braços, desvio ulnar e radial dos punhos.

Para a ergonomia, referencial para a investigação na fábrica de metais, objeto deste capítulo, os parâmetros para avaliar o trabalho repetitivo têm como foco a flutuação da tarefa que depende da complexidade dos instrumentos tecnológicos, da diversidade das situações enfrentadas pelos trabalhadores no seu cumprimento, da formação e da trajetória dos trabalhadores. O pressuposto é a tripla limitação das tarefas prescritas que, na realidade, são: *incompletas*, pois todos os cenários não podem ser previstos, como o desgaste das placas; *incoerentes com o contexto*, como a ausência de ferramentas apropriadas; e *implícitas*, porque nem sempre é possível antecipar-se ao que vai acontecer, visto que inúmeros fatores contribuem para fazer variar o processo físico-químico na fabricação de folhas de metal.

---

* O leitor interessado nesta polêmica poderá buscar informações adicionais em Sennett (1999, p. 35-51).

Apesar de repetitivos, os ciclos da tarefa não se apresentam de maneira idêntica ao longo da jornada. Por isso, a ergonomia estuda os diferentes mecanismos desencadeados pelo operador para responder às dificuldades apresentadas que deverão ser contornadas em tempos exíguos. A organização taylorista do trabalho tenta reduzir a participação mental do operador, apresentando-lhe rotinas calculadas e tarefas idealmente idênticas, exigindo respostas calculadas, também, idênticas. Ao contrário, os resultados das análises mostram que, mesmo em um quadro temporal rígido, é requerido dos trabalhadores um funcionamento intensivo para antecipar-se às perturbações do processo e aos incidentes e garantir a qualidade dos objetos produzidos.

As características da organização do trabalho, que influenciam a saúde das pessoas por meio de mecanismos psicofisiológicos conhecidos, são consideradas exigências psicológicas ou fatores psicossociais. Mesmo referindo-se a diferentes aspectos de situação de trabalho, utilizando-se de instrumentos particulares a cada estudo, com resultados que compõem um leque variado de problemas de saúde, está certo haver um efeito direto dos fatores psicossociais sobre o sistema musculoesquelético.

A forma como o trabalho é estruturado e gerenciado inclui práticas de supervisão e de produção e influencia o uso que o trabalhador faz de si para cumprir os objetivos da produção. Seus componentes são: horários, pausas, duração da jornada, horários extremos, concepção da produção, complexidade, necessidade de habilidades e esforços, controle, relações interpessoais, perspectivas de carreira, estilo de gestão, características e cultura organizacional.

O caso da fábrica de metais

Os resultados do estudo das condições ergonômicas de trabalho no setor de eletrólise de uma empresa metalúrgica serão apresentados nesta seção. As condutas, em face ao adoecimento musculoesquelético dos trabalhadores, geraram divergências internas e provocaram a demanda por um estudo científico, visando a esclarecer os elementos envolvidos no surgimento e na evolução das queixas.

Realizou-se a análise ergonômica do trabalho, observando-se diretamente o desenvolvimento das atividades. Durante as observações, sem interferir no curso da atividade, foram registradas as verbalizações simultâneas, buscando-se compreender as razões dos modos operatórios, levando-se em conta as características da população, as metas da produção e os meios disponíveis.

Uma vez estudado o funcionamento geral do setor, por meio de entrevista e análise dos documentos disponíveis sobre a história da empresa e a situação atual do mercado, iniciou-se a fase das observações sistemáticas e, posteriormente, a análise fina dos dados obtidos, para a qual se utilizou o programa Kronos. À análise quantitativa, articulou-se uma abordagem qualitativa das características dos gestos e movimentos.

Os fatores de risco para problemas musculoesqueléticos foram evidenciados e, ao final, foram recomendadas medidas de prevenção. O estudo de campo permitiu, ainda, descrever os riscos químicos, seus efeitos e as medidas de proteção ambiental necessárias. Para efeitos de clareza, apenas uma parte dos resultados obtidos será apresentada.

Elaborou-se a hipótese da existência de fatores de risco de adoecimento originados na teia das relações entre mercado internacional, política empresarial e estrutura organizacional.

Não seria possível estabelecer uma relação imediata entre o valor do metal no mercado internacional e os sintomas musculoesqueléticos, mas as evidências de mudanças organizacionais nos últimos anos, provocadas pelos determinantes econômicos, anularam o principal argumento utilizado pela empresa para explicar o aumento da prevalência de diagnósticos em um curto período de tempo. Adquiriu força na investigação a seguinte verbalização de um dos interlocutores da empresa: "Está se buscando escala para baixar o custo por tonelada produzida".

O preço do metal produzido é regulado pela bolsa de valores e é inconstante. Segundo a gerência, os custos tornaram-se progressivamente incompatíveis com o preço do mercado e a saída encontrada pelos gestores foi minimizar o valor homens/horas trabalhadas por tonelada, implicando uma política que visava a reduzir o efetivo e incrementar a produção via incorporação tecnológica. Houve um investimento em energia e automatização.

Os antigos funcionários entrevistados, aposentados ou afastados do trabalho, alegam que essa tendência da empresa está na origem do adoecimento, pois, aos poucos, o efetivo foi diminuindo para atender as metas do número de homens e suas horas trabalhadas por tonelada de metal produzida. Para confirmar, registra-se o contraste entre a atual população de 650 operários e o efetivo de 2500 no passado.

As evidências da reestruturação da produção na empresa enfraqueceram a hipótese dos organizadores da produção sobre a *nova sala* automatizada, que teria provocado pânico de desemprego entre os trabalhadores da antiga sala de eletrólise, os quais a inovação tecnológica não eliminou totalmente. Sob esse raciocínio, a empresa entendia o surgimento do adoecimento naquele grupo de trabalhadores. Seria algo de *cunho psicológico*; a doença, uma *desculpa* para não perder o emprego.

Buscou-se, nos fatores que justificaram a construção da nova sala, a explicação de uma possível mutação no trabalho que teria reduzido os tempos de produção com a implementação de cotas de produtividade por homem.

1 O trabalho na eletrólise

O processo de eletrólise é uma transformação físico-química do minério beneficiado, depositado em tanques com solução ácida e outros elementos. No momento do estudo, o setor de eletrólise contava com um efetivo de vinte trabalhadores, sendo, normalmente, assim distribuídos: doze trabalhando, seis de folga e dois em rodízio de férias.

Existem quatorze postos de trabalho, ocupados diariamente por doze operadores que retiram as folhas de metal depositadas sobre as placas suspensas em um extrator. Cada extrator suspende 18 ou 21 placas de alumínio, o qual é transportado mecanicamente pelo acionamento manual de um dispositivo.

1.1 A tarefa

O objetivo da tarefa analisada é retirar manualmente a folha resultante da adesão dos metais à placa durante o processo de eletrólise. Com uma espátula, ferramenta de ferro utilizada pelos operadores para "fofar" a folha de zinco, empunhada na mão dominante, eles realizam gestos em direção à placa com o objetivo de deslocar a extremidade superior da folha. Na maioria dos casos observados, o operador dirige a ferramenta na extremidade superior a sua esquerda. Uma vez deslocada a extremidade superior, o operador, com a mão contralateral, puxa a folha em direção a seu corpo. Sendo bem-sucedido, ou seja, obtendo o completo deslocamento da folha, lança-a na pilha formada em sua frente. Caso contrário, o operador pode utilizar o membro inferior para golpear com o pé, de maneira firme e precisa, a extremidade inferior da folha.

A empresa buscou padronizar os movimentos e a sua duração. Amparado no argumento de especialistas em fisioterapia preventiva e em cronoanálise, o modo operatório prescrito pela empresa, apresentado no quadro a seguir, teria o objetivo, ao estabelecer o uso de ambos os membros superiores, de distribuir simetricamente a força aplicada pelas articulações, minimizando os efeitos musculoesqueléticos.

Modo operatório do processo de eletrólise

Modo operatório do processo de eletrólise
Iniciar o deslocamento das placas de cátodo do lado 1 – direita para esquerda
Fixar a espátula na primeira placa do lado 1 para fazer a retirada dos cátodos do lado 1
Segurar a folha com as duas mãos na parte superior lateral da placa
Puxar a placa com as duas mãos sincronizadas, mantendo os cotovelos juntos ao corpo
Trazer a placa em direção ao corpo
Dobrá-la levemente para baixo em forma de arco para deslocamento na parte inferior
Retirar a placa e colocá-la na pilha
Iniciar o deslocamento das placas do lado 2 – esquerda para direita
Colocar a espátula no copo apropriado ao lado da banca

Independentemente do modo operatório real ou daquele idealizado pela empresa, não está garantida a redução do estresse mecânico sobre as articulações dos membros superiores e sobre a região toracolombar. Em ambos os modos operatórios, os movimentos estereotipados e repetitivos estão presentes. A necessidade de manter ombros e cotovelos elevados, a extensão excessiva do punho com desvio radial ou ulnar, a inclinação e rotação do tronco, além do uso de força, são constantes na realização das operações.

Em cada viagem, ou seja, o tempo entre o momento que o operador aciona a ponte rolante, que suspende o extrator com as placas que estavam mergulhadas no tanque, até o momento em que as placas, sem as folhas de metal, são devolvidas ao tanque, o operador retira 21 ou 18 placas do tanque. Cada placa pesa 16 quilos e porta duas folhas de metal, e cada folha pesa entre 7 e 8 quilos. Para os seis operadores observados, o tempo da viagem variou entre nove e treze minutos.

A fase de retirada das placas, propriamente dita, dura, na maioria dos casos observados, cinco minutos. Então, o operador manipula nesse tempo 294 quilos (42 folhas x 7) ou 252 quilos (36 folhas x 7), o que equivale a, mais ou menos, mil gramas por segundo. O tempo de retirada de cada folha, um ciclo operatório, é de sete a oito segundos.

Os ciclos da tarefa repetem-se na mesma seqüência e a duração variou de quatro a sete minutos, sendo que a maioria realizou em cinco minutos. O tempo para a retirada do metal varia entre 35% a 46% da duração total da viagem para os seis trabalhadores observados.

No conjunto, peso manipulado e ciclos curtos de trabalho explicam os sintomas musculoesqueléticos que provocaram a demanda do estudo ergonômico.

1.2 Variabilidade no estado dos equipamentos e materiais

As variações podem ser explicitadas pelos fatores que serão enumerados adiante. Viu-se, por exemplo, o operador interromper a retirada das folhas para levar as placas que estavam em mau estado de conservação para o setor específico, onde ficam depositadas, aguardando a empresa responsável pela reparação.

As ferramentas desgastam-se com o uso. Por exemplo, a espátula perde o fio de corte, sendo constantemente amolada pelos operadores para facilitar o "fofar" da folha de metal. Do contrário, "a espátula fica grossa", dificultando o corte na linha de perfil de depósito do metal. Nessa situação, aumenta-se o número de movimentos do membro superior dominante necessário para alcançar o objetivo desejado, ou seja, desprender a folha de zinco: "A espátula tem que ser boa... teve umas que vieram, era só a gente bater que quebrava... aí você tem que brigar com o metal e com a espátula".

As placas, depois dos inúmeros golpes para a retirada da folha, tornam-se rugosas, permitindo aglomeração heterogênea do metal, o que dificulta a retirada da folha, pois, segundo os operadores, o metal fica excessivamente aderido à placa. Além disso, podem ocorrer perturbações no processo físico-químico, alterando o estado das folhas, o que aumenta a dificuldade no descolamento com maior exigência de força dos membros superiores. Por sua vez, os golpes alteram o estado da placa, que, na seqüência, aumenta a adesão do metal e um ciclo vicioso se instala.

Caso o lixamento das placas, previsto para cada catorze dias, não puder ser cumprido, o processo de formação da folha de metal na placa se deteriora. Nesse estado, a operação exigirá maior força e maior número de movimentos. Conseqüentemente, aumenta o tempo operatório: "o trabalho atrasa". Se o trabalhador, mesmo assim, desfrutar da pausa a que tem direito, não será possível completar a cota nos tempos devidos.

Na extremidade inferior de cada placa de alumínio, há um friso para impedir a união das folhas das duas bandas da placa. Quando as canaletas que protegem o friso se desgastam, segundo relatos dos operadores, é necessário retirar a placa do extrator, colocá-la no chão e agir com os pés para alinhá-la, e, daí, conseguir a pega para fazer a extração com a ferramenta manual. Outras vezes, eles suspendem a placa, retirando-a da bancada para conseguir o bom ângulo.

A inadequação do ajuste das canaletas deve-se ao afrouxamento da borracha, principalmente nas extremidades, causado pelo desgaste progressivo. À medida que a canaleta se afrouxa (fica *desbeiçada*), o operador corta a sua extremidade. A retirada de parte da canaleta acarreta prejuízo, pois, diminuindo o seu comprimento, restará uma zona da placa que ficará desprotegida e excessos de metal serão depositados, gerando imperfeições na folha. Os operadores usam também do artifício de golpear a placa para denteá-la, facilitando, desse modo, a fixação da canaleta. O ciclo recomeça, ou seja, com o tempo, para compensar as alterações na canaleta, os operadores efetuam alterações na placa que, por sua vez, deixarão o metal passar de um lado para outro da placa durante o processo eletrolítico, provocando a formação de pontos de união entre as folhas.

1.3 Organização do trabalho

O controle de produtividade se dá pelo peso total de folhas retiradas. Por dia, produz-se uma tonelada e setecentos quilos de metal. Existe uma regra explícita que estabelece um peso mínimo aceitável de produção, tendo o trabalhador que escrever um relatório, caso permaneça abaixo desse peso mínimo durante dois dias consecutivos.

A jornada tem duração de seis horas, iniciando-se às 6 horas da manhã com uma pequena reunião e ginástica laboral. Além das pausas regulares de 10 minutos, a cada 50 minutos trabalhados, existe uma pausa para lanche, de 20 minutos. As observações evidenciaram que os operadores utilizaram parte da pausa para tarefas anexas ou para compensar pequenos atrasos provocados pelos fatores aleatórios já descritos. De acordo com os operadores, o esquema de pausas pode falhar, devido às dificuldades imprevistas durante a retirada das folhas. A exigência da cota de produção não é diminuída nos casos de interrupção do processo para efetuar a manutenção. Outro fator que interfere na duração da pausa regular é o atraso no início do turno, por qualquer motivo que provoque o prolongamento da reunião.

Assim, os trabalhadores estabelecem, para garantir a meta, mecanismos informais de autocontrole que são: restrição da pausa regular e o objetivo de realizar quatro viagens a cada cinqüenta minutos, provocando hiperaceleração dos movimentos. Os relatos dos trabalhadores aposentados enfatizam o caráter insidioso do adoecimento: "Comecei trabalhando na eletrólise... iniciei como ajudante, depois fui classificado como operador para transportar as talhas e executar a tarefa sozinho. Aí, comecei a sentir dor na coluna e pedi afastamento...".

O ambiente é contaminado por névoas ácidas. Os EPIs disponíveis não oferecem a proteção necessária. Importante relatar que as pesquisadoras sofreram os efeitos dessa exposição, apresentando, durante a pesquisa de campo, rinite e sinusite. Os operadores tentam compensar a ineficiência das máscaras para garantir a proteção necessária: "A gente traz saco plástico também... é para não cair poluição... na máscara. Mas tem hora que cai água, molha, aí tem que trocar o filtro".

Alguns operadores trocam as luvas diariamente, pois, segundo eles, as "luvas ficam muito cortadas, então, a mão pode ficar molhada e a pele fica soltando".

O pagamento por tarefa, somado à nocividade do ambiente, entre outros (são conhecidos os casos de perfuração de septo nasal devido à exposição aos ácidos integrados ao processo de eletrólise), explica o adoecimento registrado no setor: "Mas muita gente mesmo deu conselho. Falou: 'o máximo que você pode ficar aí nessa empresa, nesse setor de serviço seu, é, no máximo, cinco anos, mas achava que era história... hoje está nessa situação que eu estou hoje'".

Em suma, evidenciaram-se os riscos para os problemas musculoesqueléticos registrados, dados as características e os tempos em que são realizadas as operações, e houve perturbações importantes nas vidas dos trabalhadores: "Falaram [serviço médico] que é normal sentir no tempo de frio... essas... essas dores, só que eu nunca tinha tido... tinha tido isso não antes!".

Discussão

As situações de trabalho repetitivo não são inéditas, pois os seus componentes são a base da organização capitalista do processo de trabalho em suas três características fundamentais: controle hierárquico, divisão entre trabalho intelectual e trabalho manual, fragmentação/desqualificação do trabalho. Seria reducionismo atribuir a inquietante e progressiva prevalência de problemas musculoesqueléticos em escala mundial – para a qual as medidas clássicas de controle de risco e as políticas de proteção social têm se mostrado frágeis – à fragmentação recente das tarefas.

Uma das evidências da posição nuclear do tempo na inauguração da sociedade atual é a disseminação e o sentido do relógio nos últimos três séculos. Os povos primitivos mediam o tempo em relação à duração do ciclo de trabalho e das tarefas domésticas, do tipo: o tempo mensurado em "credos"; o tempo "da cozedura de um ovo", os monges levantavam-se, na Birmânia, "quando havia luz suficiente para ver as veias das mãos". Para algumas culturas, a pressa era encarada como uma falta de decoro combinada com uma ambição diabólica.

A tensão pelo controle do tempo de trabalho esteve presente desde os primórdios do capitalismo. Quando os braços são alugados para o trabalho, a orientação temporal passa a se fazer pelo relógio, de forma que a história do relógio se confunde com a história do capitalismo industrial disciplinado. Foi a partir do século XIV que os relógios dos monumentos públicos começaram a se espalhar. Em 1674, o maquinismo do relógio de bolso é aperfeiçoado. No final do século XVIII, os relógios foram encarados como artigo de necessidade e não de luxo.

Quando a nova disciplina dos horários começou a ser imposta, os trabalhadores começaram a lutar pela redução de suas jornadas de trabalho; no final do século XVIII algumas profissões foram bem-sucedidas nessa luta.

A fragmentação e a desqualificação são inerentes ao processo de trabalho capitalista, o qual visa a obter funções de trabalho que sejam rotinas calculáveis, padronizáveis, porque esse trabalho deve ser executado à velocidade máxima e com o mínimo de "porosidade". Viu-se, no caso estudado, que nem as pausas regulares são respeitadas.

As abordagens que não consideram as bases e as etapas do desenvolvimento do processo de trabalho capitalista reduzem o problema da repetitividade ao considerá-lo uma característica de situações inéditas de trabalho.

A divisão trabalho intelectual/trabalho manual refere-se àquela existente entre dois pólos: o primeiro é configurado pelos que produzem ou aplicam conhecimento científico e tecnológico no projeto de sistemas de produção e na resolução cotidiana dos problemas envolvidos na operação do sistema; o segundo é formado por aqueles cuja relação com o sistema de produção é calculada, padronizada e especificada previamente pelos organizadores da produção, com o objetivo de produzir, na quantidade estabelecida e flutuante de acordo com o mercado, um produto que seja previamente conhecido.

As cotas e a diminuição do efetivo na fábrica de metais reproduzem a tendência histórica da produção: introduzir novos métodos de gestão na busca de incrementar a imposição de velocidades e intensificações das tarefas, e controlar a disciplina nos locais de trabalho. A administração científica do trabalho, proposta por Frederick Taylor e aprimorada por Henry Ford no início do século passado, continua sendo o paradigma da organização da produção na atualidade. Para Taylor, que estudou de maneira sistemática a divisão dos tempos e movimentos elementares de cada operação, a tarefa é o que deve ser feito e como fazê-lo nos tempos exatos de acordo com a concepção para a execução. O fordismo, ao introduzir a linha de montagem, operacionalizou o encurtamento dos espaços e a eliminação dos deslocamentos que roubavam tempo da produção. As escolas que se sucederam, como a de Henry Fayol, que concebeu uma estrutura organizacional pautada na hierarquia, e, mais recentemente, o toyotismo, que buscou, no Japão, enriquecer cargos e diminuir a parcelização das tarefas, mantêm o princípio da diminuição dos tempos de execução. O modelo *just-in-time*, inaugurado pelo toyotismo, amplia esse conceito, ao pretender eliminar os tempos não produtivos, reduzindo os deslocamentos e os estoques.

Nos ambientes industriais, as rotinas de trabalho já foram tão completamente desqualificadas e fragmentadas, que podem ser recombinadas e, ainda assim, permanecerem rápidas, calculáveis e controláveis e exigirem pouco treinamento. Alguns autores mostram que o setor de serviços introduz a fragmentação de tarefas, sob controle dos tempos e com progressiva desqualificação do trabalho.

A organização científica do trabalho, tal como a concebeu Taylor, tem como parâmetro fundamental, para a organização das atividades no processo produtivo, a fragmentação da tarefa a fim de otimizar as suas etapas no curso do tempo.

O sistema de poder das indústrias define e faz valer os limites dentro dos quais o trabalhador é obrigado a agir. O planejamento e a execução dos sistemas e as instalações físicas constituem-se na materialização do poder que tem o capital de fazer valer seus objetivos sobre o trabalho. Por isso, a gestão pode até prescindir de relações diretas de poder face a face, como evidenciado nas situações em que o próprio trabalhador decide não usufruir das pausas regulares e previstas para compensar o tempo utilizado na recuperação do processo.

Uma leitura rápida, sem considerar o conteúdo teórico preciso desses conceitos, entende a divisão entre trabalho intelectual e trabalho manual como sinônimo da divisão entre funções mentais e físicas do organismo humano. Ora, todo trabalho humano envolve mente e corpo. O trabalho manual envolve percepção e cognição; o trabalho mental não é possível sem as funções corporais.

O modelo taylorista, tendo como base que o trabalho é apenas uma seqüência de soluções já calculadas pelos gestores, guarda uma coerência interna, ao julgar não existir problema a tratar pelo trabalhador. Basta, então, seguindo o seu paradigma, encontrar o *homem certo* para o *lugar certo*.

Os resultados do estudo da fábrica de metais, ao contrário, mostram as flutuações nas tarefas e como os trabalhadores mobilizam os seus recursos próprios, força e paciência, para compensar a ausência de ferramentas, as perturbações do processo físico-químico e os efeitos de suas dores físicas e da decepção com o valor atribuído ao trabalho. A previsibilidade exaustiva concernente ao trabalho humano na fábrica de metais vai de encontro aos achados que explicitam como o trabalhador, no curso de sua atividade, se depara com aquilo que o faz pensar e se experimentar.

O trabalho repetitivo tem origem histórica. Mas, devido à sua magnitude na atualidade, que é associada às práticas gerenciais derivadas da reestruturação produtiva, recomenda-se recuperar os conceitos apresentados a fim de tentar formular meios de transformação das situações patogênicas de trabalho.

Capítulo 11

A REESTRUTURAÇÃO DO TRABALHO NOS BANCOS*

Nise Jinkings

Introdução

Os bancos têm sido objeto de um intenso processo de reorganização operacional e do trabalho, que visa a adequá-los ao modo pelo qual se desenvolve o capitalismo mundial, marcado por movimentos de liberalização econômica, desregulamentação e mundialização do capital. Tais movimentos implicaram a constituição de um novo sistema monetário-financeiro mundial e converteram o sistema financeiro internacional em um imenso e ininterrupto mercado de dinheiro, o que resultou em desestabilização dos sistemas bancários nacionais. A propósito, Plihon (1999) analisa a natureza especulativa do sistema financeiro internacional e sua frágil relação com a esfera produtiva, assinalando que tal dinâmica provocou uma forte queda da participação dos bancos no financiamento das economias, tanto em países industrializados quanto naqueles situados na periferia do capitalismo mundial. Os estudos de Chesnais (1996a e 1997) seguem na mesma direção, quando ele denomina "regime de acumulação mundial predominantemente financeiro" o modo pelo qual o capitalismo se reproduz em nossos dias. Nesta nova realidade, diz o autor, os bancos não são mais as instituições dominantes, mas sim os grandes investidores institucionais e organizações financeiras não-bancárias – tais como os fundos de pensão e as sociedades de investimento coletivo –, que lideram as transações nos mercados monetários mundiais.

Para enfrentar esse atual ambiente financeiro e a intensificação da concorrência nos mercados nacionais e internacionais, reestruturam-se os sistemas bancários em diversos

* Esta pesquisa é parte de tese de doutorado da autora, intitulada *Trabalho e resistência na "fonte misteriosa": os bancários em face da reestruturação capitalista*, IFCH/Unicamp, 2000, sob orientação do Prof. Dr. Ricardo Antunes, com bolsa da Fapesp, publicada no livro *Trabalho e resistência na "fonte misteriosa": os bancários no mundo da eletrônica e do dinheiro* (Campinas, Editora da Unicamp, 2002). O texto incorpora também elementos de investigação realizada entre março de 2001 e fevereiro de 2004, com Bolsa de Recém-Doutor do CNPq, para desenvolvimento do projeto "Desregulamentação financeira e privatização: a reorganização do trabalho no sistema bancário brasileiro".

países do mundo capitalista. Por um lado, esse processo estimula a concentração e a centralização de capital no setor, ao promover liquidações, privatizações, fusões ou incorporações de bancos. Por outro, implica uma redefinição do perfil operacional das instituições bancárias, que se voltam para os mercados de capital, desenvolvendo atividades puramente especulativas, diversificando serviços e produtos, utilizando novos instrumentos financeiros. Nos locais de trabalho, um processo de reorganização produtiva altera de maneira drástica as relações laborais e implica precarização do emprego e intensificação do trabalho para amplos contingentes de assalariados bancários.

O SISTEMA BANCÁRIO BRASILEIRO EM FACE DA FINANÇA MUNDIAL DESREGULADA

No Brasil e em outros países da América Latina, a reestruturação dos sistemas financeiros nacionais desenvolveu-se no contexto do "ajuste" de suas economias à realidade mundial criada pela ampla difusão de princípios e programas neoliberais. A adoção de medidas de liberalização comercial, desregulamentação financeira e privatização da economia na região, desde a segunda metade da década de 1980, permitiu uma significativa ampliação dos fluxos de capitais estrangeiros, atrelando cada vez mais as políticas econômicas e monetárias desses países aos dinamismos das economias hegemônicas e inserindo-os de modo subordinado nos movimentos da mundialização financeira.

Freitas e Prates (1998, p. 185-6) assinalam que nos anos 1990 observou-se uma forte expansão de grupos financeiros estrangeiros na América Latina, viabilizada pelas políticas de abertura econômica e estimulada pela pressão concorrencial nos mercados financeiros mundiais. Esse processo fortaleceu o grande capital privado transnacional nos sistemas bancários de países da região e aumentou significativamente a participação estrangeira nesses sistemas. Ao mesmo tempo, verificou-se um recrudescimento da concentração e da centralização de capital no setor e o desenvolvimento de programas de privatização de instituições bancárias estatais.

No sistema bancário brasileiro, o crescente poder do capital privado transnacional evidencia-se nos dados contidos em relatório do Banco Central sobre a evolução do sistema financeiro nacional. Segundo o relatório, em dezembro de 1997 os bancos com controle estrangeiro no Brasil respondiam por 12,82% dos ativos totais do sistema bancário nacional, enquanto no final de 2003 esse percentual alcançava 20,73% (Bacen, 2004).

A crescente participação externa no sistema bancário brasileiro decorreu, em grande medida, da aquisição e/ou incorporação de bancos privados nacionais e de instituições estatais. Esse fortalecimento do capital estrangeiro foi acompanhado de um encolhimento do segmento estatal, cuja participação no total de ativos do sistema recuou de 50,05% em dezembro de 1997 para 35,23% em dezembro de 2003 (Bacen, 2004). Essa participação permanece relativamente elevada, apesar do intenso processo de privatização e de liquidação de instituições que reduziu de modo drástico o sistema estatal bancário[1], em razão da presença do Banco do Brasil e da

[1] De 32 bancos federais e estaduais componentes do sistema bancário estatal brasileiro em 1995, restavam 14 em dezembro de 2003, de acordo com dados do Banco Central (Bacen, 2004). Em fevereiro de 2004, mais um banco seria privatizado: o Banco do Estado do Maranhão, adquirido em leilão pelo Bradesco. O desmonte do sistema resultou na privatização de 12 bancos entre 1997 e 2004, enquanto outros foram liquidados ou transformados em agências de fomento.

Caixa Econômica Federal, que representam aproximadamente 30% do total dos ativos do setor bancário.

A Medida Provisória nº 1.514/96 e o Programa de Incentivo à Redução do Setor Público Estadual na Atividade Bancária (Proes), criado em fevereiro de 1997, possibilitaram a utilização de recursos do governo federal para reestruturar os bancos públicos estaduais considerados deficitários e prepará-los para a privatização.

O maior banco estadual do Brasil, Banco do Estado de São Paulo (Banespa), havia sofrido intervenção do Banco Central em dezembro de 1994, por meio do Regime Especial de Administração Temporária (Raet), junto a outras cinco instituições bancárias estaduais. Após a criação do Proes, o banco foi federalizado, incluído no Programa Nacional de Desestatização[2] e vinculado ao Ministério da Fazenda, nos primeiros meses de 1998. Nesse mesmo ano e nos posteriores, o governo federal tentou privatizar o banco, seguidamente impedido por medidas judiciais impetradas pelo Sindicato dos Bancários de São Paulo e por procuradores da República do Distrito Federal. Durante o processo de "ajustes" para a preparação do Banespa para a privatização, medidas de reestruturação resultaram em profunda mudança nas condições de trabalho e emprego no banco, tendo sido eliminados cerca de 41% do seu quadro funcional entre 1990 e 1997. No mesmo período, aproximadamente 40 de suas agências foram fechadas (A. Rodrigues, 1999).

Um movimento contínuo de resistência dos banespianos contra a privatização do banco, organizado pelo Sindicato dos Bancários e pela Associação dos Funcionários do Banco do Estado de São Paulo (Afubesp), dificultou a concretização do projeto governamental, finalmente realizado em novembro de 2000, quando a instituição foi adquirida em leilão pelo grande grupo financeiro estrangeiro Santander Central Hispano. Dirigentes sindicais creditam o longo processo de privatização do Banespa a duas razões básicas: em primeiro lugar, ao seu peso no sistema financeiro e à importância para o Estado de São Paulo e, em segundo, à organização e capacidade de mobilização dos bancários, por meio de seus sindicatos e da Afubesp. Como assinalam os sindicalistas, encontrava-se no Banespa uma das maiores forças dos sindicatos de bancários do Estado de São Paulo. Trabalhando em um banco com agências em praticamente todos os municípios do Estado, os 22 mil banespianos tinham considerável representação nos sindicatos e uma destacada organização sindical nos locais de trabalho[3].

O movimento de reorganização do sistema bancário, que fortalece o grande capital privado e enfraquece seu setor estatal, segue diretrizes governamentais como a Nota Técnica 20, de 13 de julho de 1995, que trata da atuação dos bancos federais e suas funções. A nota, elaborada pelo Ministério da Fazenda, critica o conteúdo social que justifica a existência dos bancos públicos e ressalta as disfunções e os problemas administrativos dessas instituições:

> Criados historicamente para funções específicas, os atuais seis bancos federais vêm apresentando ao longo do tempo um quadro de superposição de funções, concorrência

---

2 O Programa Nacional de Desestatização – PND (Lei nº 8.031/90)–, que visava à privatização em larga escala e promovia o começo do desmonte do setor estatal da economia brasileira, foi criado nos primeiros meses do governo Fernando Collor (1990-1992).

3 Entrevistas realizadas pela autora com o presidente da Afubesp e um diretor da Federação dos Trabalhadores em Empresas de Crédito do Estado de São Paulo, em junho de 2002.

prejudicial entre eles, rede de agências autofágica e ineficiente, dependência de tratamentos excepcionais para manutenção de precário equilíbrio econômico-financeiro, pesadas estruturas administrativas e funcionais. Justificaria em parte esta situação, para alguns, aquilo que equivocadamente denominam de ônus de "banco social", figura inexistente na doutrina e na prática. Função social é autárquica, fundeada no orçamento fiscal. Banco é banco, seja público ou privado. Deve gerar resultados, lucro.[4]

As diretrizes da Nota Técnica 20 seriam explicitamente adotadas no Banco do Brasil e em outros bancos estatais federais que foram palco de um intenso processo de reestruturação na segunda metade dos anos 1990. Tal processo vem redefinindo seu perfil operacional e modificando radicalmente as relações e condições de trabalho que tradicionalmente se desenvolviam nesses bancos, nos quais a conquista de concurso público para ingresso e a estrutura burocratizada estabeleciam uma certa lógica quanto a políticas salariais e de carreira. As novas condições e relações de trabalho baseiam-se em estratégias, programas e medidas institucionais que atingem duramente os bancários a eles vinculados e direcionam as instituições para estratégias empresariais do capital privado, aproximando-as cada vez mais da racionalidade de mercado e de capital (Jinkings, 2001).

O Programa de Fortalecimento das Instituições Financeiras Públicas Federais (Profif), criado em junho de 2001 por medida provisória, consolidou o processo de esvaziamento dos bancos federais como instrumentos da política econômica e social do país e impôs a essas instituições as mesmas regras de funcionamento dos demais bancos comerciais, direcionando suas operações aos critérios mercadológicos do capital privado.

A mudança na estrutura do sistema financeiro nacional e no perfil de suas instituições, que marcou a década de 1990, produziu um intenso processo de concentração e centralização de capital no sistema. Conforme dados de dezembro de 2003, os dez maiores bancos controlam 67,21% dos ativos totais do segmento bancário. Considerando-se os vinte maiores bancos, o percentual sobe para 81,26%. Isso significa que um reduzido número de instituições exerce um considerável controle sobre o volume total de recursos que circula pelo sistema (Bacen, 2004). É um fenômeno que acompanha os movimentos mundiais de reorganização nos sistemas financeiros nacionais, onde se verifica um intenso processo de concentração e de centralização de capital, como resultado de fusões e incorporações e de privatizações envolvendo grandes capitais privados na Europa, nos Estados Unidos e na América Latina.

Em análise das implicações da expansão do capital privado sobre a representação de classe do empresariado financeiro, Minella (2002) assinala que o grau de concentração de recursos no país sob controle de alguns grandes grupos financeiros privados confere a esses grupos não apenas o poder econômico de gerenciar um gigantesco fluxo de capital, mas também poder político quanto à definição de políticas macroeconômicas. Seguindo na mesma direção, Gonçalves (1999) relaciona a concentração de poder econômico e político com a concentração de capital e o crescimento dos fluxos de capital estrangeiro no Brasil, especialmente durante o governo de Fernando Henrique Cardoso (1995-2002), quando o país experimentou um processo veloz e profundo de privatização e de desnacionalização da economia.

---

4 Ministério da Fazenda/Secretaria Executiva, *Nota Técnica nº 20/SE-MF*, Brasília, 23/7/1995.

> A maior presença de empresas estrangeiras na economia brasileira significa uma mudança na correlação de forças políticas nos *fronts* interno e externo. Essas empresas têm fontes externas de poder que lhes fornecem uma "alavancagem política", distinta em termos quantitativos e qualitativos da situação das empresas privadas nacionais. Uma vez que o capital estrangeiro utiliza o seu Estado nacional como um instrumento político-diplomático-econômico de pressão para alcançar seus objetivos econômicos, a desnacionalização aumenta a vulnerabilidade externa do Brasil e compromete a soberania nacional (Gonçalves, 1999, p. 197).

A reestruturação do sistema bancário brasileiro aprofundou-se especialmente após a implementação do programa de estabilização monetária conhecido como Plano Real, em meados dos anos 1990[5]. De modo semelhante aos processos desencadeados nos países capitalistas centrais ao longo da década de 1980, no Brasil os "ajustes" no sistema bancário direcionam-se para a redução de custos operacionais – apoiada na intensificação tecnológica e na terceirização – e a concepção de novas estratégias mercadológicas, baseadas na diversificação e sofisticação de produtos e serviços. Tais movimentos de reorganização operacional e do trabalho nos bancos afetam dramaticamente o emprego bancário e hipertrofiam uma população trabalhadora excedente no setor. Dos cerca de 1 milhão de bancários que em meados da década de 1980 compunham a força de trabalho dos bancos, restam hoje aproximadamente 400 mil.

A aplicação da ciência e da tecnologia na produção, mediada pelo capital, desenvolve-se historicamente orientada pelo princípio da substituição de força de trabalho pela máquina, da redução do trabalho vivo e ampliação do trabalho morto, conforme os imperativos do sistema capitalista e da sua lógica expansiva. Nos bancos, submetido à mesma lógica, o uso generalizado da automação resulta em taxas crescentes de desemprego no setor, além de tornar mais intensificadas as condições de exploração do trabalho. Com o suporte teleinformático, desativam-se os grandes centros de processamento de dados, de serviços e de compensação dos bancos, que reuniam numerosos contingentes assalariados nas décadas de 1960, 1970 e 1980. Paralelamente, o movimento de migração do tradicional atendimento nas agências bancárias para o atendimento eletrônico – por meio de centrais telefônicas, caixas automáticos, Internet e sistemas de *homebanking*[6] – e a progressiva substituição do papel-dinheiro pelo cartão magnético convertem as agências em lojas informatizadas de "produtos" e serviços financeiros.

As mudanças nas condições de trabalho repercutem também nos traços constitutivos dos bancários enquanto categoria profissional. As medidas de reestruturação dos bancos excluem, com maior freqüência, os trabalhadores considerados menos qualificados ou não adaptados aos princípios empresariais da "qualidade total" e da "excelência" do atendimento ao cliente. Vão sendo demitidos, prioritariamente, os bancários responsáveis por tarefas de infra-estrutura de apoio ou de atendimento simplificado, postos de trabalho que são continuamente substituídos por máquinas automatizadas ou por trabalhadores subcontratados pelos processos de terceirização. Simultaneamente, são valorizados os profissionais com capacidade de gerenciamento, hábeis em vendas e capazes de

---

5 Para um maior detalhamento da reestruturação no sistema financeiro brasileiro dos anos 1990, consultar Minella (1998).

6 Sistemas eletrônicos que permitem a conexão do computador do cliente ao do banco.

compreender os movimentos do mercado financeiro, aptos a um atendimento personalizado aos clientes preferenciais dos bancos, com alto rendimento e potencial investidor.

Uma "nova qualificação" para os bancários vem sendo demandada por dirigentes do setor, diante da ênfase dos bancos na "excelência" do atendimento como forma de diferenciação mercadológica e na venda de "produtos" e serviços financeiros como importante mecanismo de rentabilidade. Nesse quadro, redefine-se a identidade profissional do bancário alocado nas agências, postos e centrais de atendimento, que se converte em bancário-vendedor. Seja compondo equipes, seja atuando individualmente, os bancários-vendedores são compelidos a vender títulos, seguros, aplicações e todos os demais "produtos" e serviços disponibilizados, mediante metas impostas pela administração dos bancos (Izumi, 1996; Jinkings, 1999).

Nas instituições bancárias que se mantêm estatais, como foi assinalado, as medidas de reestruturação destinam-se a convertê-las em empresas lucrativas, adaptadas ao cenário da mundialização financeira e atraentes ao capital privado transnacional. São medidas que se sustentam em inovações tecnológicas e gerenciais e promovem ajustes operacionais e organizativos que extinguem postos de trabalho, reduzem o porte de unidades e de pontos de atendimento, disseminam o medo, a competição e a ansiedade nos locais de trabalho. Em particular, a implementação de programas de pressão pela aposentadoria ou demissão – Programa de Desligamento Voluntário (PDV) – e as transferências arbitrárias de bancários converteram-se em instrumento importante de redução da força de trabalho ali empregada e do desmonte do setor bancário estatal no país.

Simultaneamente a inovações tecnológicas e organizacionais, desenvolvem-se modificações importantes nas relações de poder estabelecidas nos ambientes laborais dos bancos. No contexto da emergência de um novo padrão produtivo na era da chamada "acumulação flexível" (Harvey, 1992), as instituições financeiras praticam formas de controle e gestão do trabalho que tentam obter a adesão dos trabalhadores ao projeto contemporâneo de reprodução capitalista.

Os atuais mecanismos do poder organizacional nos bancos instituem artifícios diversos para disciplinar e intensificar o trabalho, mascarando seus instrumentos coercitivos por meio de programas de "qualidade total" e de "remuneração variável". O estabelecimento de metas e a premiação salarial por produtividade, a criação de equipes "de qualidade" nos locais de trabalho para supostamente estimular a participação dos bancários em decisões relativas ao processo de trabalho, as campanhas de vendas de "produtos", além do desenvolvimento de um sistema intenso e sofisticado de comunicação banco-trabalhador, são estratégias concebidas para aperfeiçoar as condições do controle e da dominação do trabalho nos dias de hoje.

As novas determinações da exploração do trabalho nos bancos

À rígida disciplina nos locais de trabalho e à opressão aberta do regime de acumulação de capital fundado no taylorismo e no fordismo, a acumulação flexível contrapõe uma aparente democratização das relações de trabalho, instituindo formas sofisticadas de dominação que tornam menos visíveis os mecanismos de controle do trabalho. Com efeito, o modo contemporâneo de gestão e controle do trabalho recria padrões de dominação de classe que tentam construir um tipo de trabalhador integrado ideologicamente ao capital. Como assinalam Aubert e Gaulejac (1991, p. 84), não é somente na mobilização dos corpos, exigida pelo sistema taylorista, ou do coração, como defendiam os princípios da Escola de Relações Humanas[7], que se baseiam as atuais estratégias gerenciais: "é a mobilização total do indivíduo que se deseja obter; é não somente sua energia física e afetiva, mas também sua energia psíquica que se procura captar".

A disciplina e o controle do trabalho ficam obscurecidos por meio dessas políticas de gestão, chamadas de "participativas", que se apresentam como instrumentos de democratização dos ambientes laborais. De fato, as novas práticas gerenciais buscam construir uma aparente identidade de interesses entre capital e trabalho e perseguem a adesão absoluta do trabalhador às estratégias mercadológicas das empresas. O discurso patronal, cotidianamente difundido nos órgãos de comunicação interna das empresas ou nos programas de treinamento, ressalta os desafios da concorrência e requisita a colaboração e a mobilização de seus assalariados em face dos projetos empresariais.

Por meio da constituição de equipes de trabalhadores vinculadas aos programas de "qualidade total" – cuja principal incumbência seria conceber formas produtivas mais racionais –, do treinamento de trabalhadores instrutores da "qualidade" e de seus princípios, da criação de concursos e campanhas para premiação de idéias e sugestões inovadoras relacionadas ao processo e às relações de trabalho, as novas práticas gerenciais visam a incorporar o saber prático acumulado no cotidiano laboral, usando-o em proveito do capital. Ao mesmo tempo, objetivam eliminar resistências, buscando assegurar a obtenção da eficácia e da produtividade máximas do trabalho.

É nessa perspectiva que novos atributos são incorporados à qualificação do trabalho no movimento contemporâneo de reestruturação produtiva, que introduz processos laborais mais integrados e formas sistêmicas de organização do trabalho. Conforme Bruno (1996), nos setores mais dinâmicos da economia mundial a classe trabalhadora apresenta qualificações mais genéricas e são valorizados conhecimentos e habilidades não requeridos sob a lógica taylorista de utilização da força de trabalho. Novos conceitos difundidos no mundo empresarial ressaltam a necessidade de uma formação geral e polivalente no âmbito da empresa flexível e remetem a uma redescoberta da "valorização do trabalhador". Entretanto, como analisa Hirata (1999), elementos implícitos, informais, adquirem muitas vezes proeminência sobre componentes formais da qualificação, relativos à educação escolar e profissional, instalando-se nos ambientes laborais um estado de insegurança e instabilidade no qual a valorização de atributos como colaboração, mobilidade e engajamento orienta políticas de admissão, treinamento, promoção e demissão[8].

Estudos sobre as condições de vida e trabalho da classe assalariada em diversas regiões do mundo capitalista têm constatado uma degradação dessas condições[9]. É o caso do ensaio de Wacquant (1996), que analisa a insegurança salarial nos Estados Unidos e constata que metade da população do país vive sob o constante medo da

---

[7] O movimento consubstanciado na Escola de Relações Humanas, que se desenvolveu como reação às idéias tayloristas de gerência, teve em Elton Mayo (*Human problems of an industrial civilization*, 1933) seu principal idealizador. Para uma análise crítica desse movimento, ver Tragtenberg (1989).

[8] Uma análise crítica das concepções contemporâneas de educação e formação da força de trabalho encontra-se também em Frigotto (1996).

[9] Um tratamento mais detalhado dos agravos da atual reestruturação produtiva do capital à saúde dos trabalhadores encontra-se em Huez (1997) e Seligmann-Silva (1994).

perda do emprego. E também dos estudos desenvolvidos por Gollac e Volkoff (1996), baseados em pesquisas de 1984 e 1991 em países da Europa, que destacam a intensificação do trabalho, mediante o grande aumento da pressão sobre o ritmo das tarefas, como fator essencial de agravo das atuais condições laborais. Os autores analisam as técnicas de gestão da força de trabalho no interior das empresas, que vinculam as atividades a serem realizadas e seu ritmo às flutuações e exigências do mercado consumidor, como "o coração dos novos métodos de gerenciamento". Ao mesmo tempo, constatam que se mantém a tradicional pressão decorrente da organização do trabalho e de seus mecanismos burocráticos, assinalando que "o ritmo de trabalho tende a ser determinado por normas, controlado pela hierarquia e legitimado pelas exigências da clientela".

Nos bancos, como em outros segmentos da classe trabalhadora, a pressão por produtividade apresenta-se diluída e mistificada pelas "leis" do mercado e exigências atribuídas à concorrência interbancária e aos clientes. Da mesma forma, como já foi destacado, os mecanismos de dominação entranhados nos programas de "qualidade total" e "remuneração variável" atuam para mascarar e intensificar a exploração capitalista do trabalho nos ambientes bancários. Pois, criando equipes de qualidade, organizando campanhas de vendas de "produtos" e serviços, determinando metas de produtividade individuais e coletivas, estabelecendo um sistema complexo de premiações e punições, esses programas constituem-se em importante instrumento da gestão do trabalho nos bancos.

Como outros conglomerados financeiros privados, o Itaú tem adotado estratégias gerenciais baseadas nos pressupostos da "qualidade total", desde o início da década de 1990. Em julho de 1991, perseguindo uma maior "competitividade" no mercado bancário, o Itaú criava o "Programa Eficácia 92 – Em Sintonia com o Mercado". Por meio do programa, o banco desenvolvia formas diferenciadas de atendimento ao cliente, incentivava o auto-atendimento e estabelecia metas e prêmios de produtividade, com o objetivo de conquistar a adesão de seus funcionários aos procedimentos de reorganização produtiva implementados. Em publicação dirigida aos funcionários, a administração do banco assim apresentava as novas diretrizes do programa:

> Estamos vivendo uma fase de profundas e rápidas mudanças. A competição é a palavra de ordem, em todas as situações da vida, e mesmo as grandes empresas como o nosso Itaú precisam se modificar para ser mais competitivas. Inovações importantes estão sendo implantadas no Banco Itaú. Elas envolvem todos e também estão presentes no Programa Eficácia 92 – Em Sintonia com o Mercado. Um novo e decisivo passo será dado com a nossa reestruturação operacional.[10]

O desenvolvimento do Programa Eficácia 92 daria origem ao "Ação Gerencial Itaú para Resultados" (Agir), por meio do qual a empresa instituía mecanismos rígidos de controle do trabalho. O programa consistia no estabelecimento de metas de produtividade para o conjunto de sua força de trabalho, buscando incrementar a venda de produtos. Ao mesmo tempo, criava um complexo sistema de controle dos níveis de produtividade dos

10 Cartilha *Programa Eficácia-92*, Banco Itaú, São Paulo, 1992.

funcionários e, simultaneamente, estimulava a intensificação do trabalho, via remuneração e premiação associadas ao desempenho individual e coletivo.

O controle burocrático tem sua importância reduzida nesse cenário, no qual predominam a ansiedade e o medo, a sobrecarga de trabalho, bem como os artifícios gerenciais para fragilizar a luta sindical e os laços de solidariedade entre trabalhadores. As "chefias intermediárias" – responsáveis diretas pelo controle e supervisão do trabalho nas diversas seções dos bancos – eram elementos centrais nas relações de poder ali estabelecidas durante a década de 1980. Enquanto personificação do poder organizacional no local de trabalho, constituíam-se na expressão inequívoca da autoridade patronal. A imprensa sindical do período registra milhares de denúncias relativas a situações de arbitrariedade nas relações entre chefias e trabalhadores, bem como às formas despóticas de controle e supervisão do trabalho, manifestadas em práticas administrativas repressivas nos ambientes laborais.

Nos dias de hoje, a disciplina e o controle do trabalho bancário não dependem mais primordialmente das ações repressivas das chefias intermediárias. À supervisão burocrática, sobrepõe-se a autoridade do mercado, à qual o banco, suas unidades e sua força de trabalho devem submeter-se incondicionalmente. O discurso institucional vincula o desempenho da força de trabalho aos resultados obtidos pela empresa na concorrência interbancária, responsabilizando os trabalhadores pela sobrevivência do banco num contexto de competição acirrada. Ao mesmo tempo, atribui às "exigências do mercado" e aos desejos dos clientes a pressão por ritmo intenso de trabalho e qualidade das tarefas executadas.

Outra fonte de pressão por produtividade e de intensificação do trabalho que se sobrepõe à supervisão burocrática é o sistema de remuneração "variável". De fato, ao individualizar os rendimentos, promovendo diferenças salariais em função do cumprimento de metas por trabalhador, por unidades ou equipes de trabalho, esse sistema maximiza a exploração do trabalho e conduz a atitudes pouco solidárias nos ambientes laborais.

Em uma conjuntura nacional de altos índices de desemprego e subemprego, a reestruturação nos bancos e suas medidas de ajuste, que reduzem drasticamente a quantidade de força de trabalho, são também fatores de maior intensidade do trabalho e de fragilização das práticas coletivas de resistência. De um lado, por potencializarem a submissão, diante da ameaça diária da demissão; de outro, por aumentarem a sobrecarga de trabalho e as exigências de cumprimento de metas aos que permanecem empregados.

O modo como as atuais estratégias gerenciais afetam o cotidiano bancário e tensionam as relações de trabalho é explicitado em depoimento de uma bancária detentora de cargo de gerência média no Banco do Brasil:

> Cada vez mais a gente está exigindo dos colegas que trabalhem as seis horas contratadas, porque senão alguém vai trabalhar por ele. Isso faz com que um funcionário fique em cima do outro. [...] O que eles querem é que tudo o que for repetitivo a máquina faça e libere o funcionário para vender. E você vai ter que pagar o seu salário, hoje em dia é assim. Eles estão fazendo o funcionário se conscientizar disso, o gerente também. Foi-se o tempo em que o gerente ficava atrás da mesa e não corria atrás de cliente. O gerente agora é cobrado também.[11]

[11] Entrevista com gerente de expediente do Banco do Brasil, realizada pela autora em outubro de 1997.

No jargão empresarial interpretado pela gerente bancária, "pagar o salário" significa aderir incondicionalmente aos critérios de rentabilidade e lucro da empresa. Nos bancos, sob o discurso da "qualidade do atendimento" e "busca da excelência de serviços e produtos", o bancário que vende sua força de trabalho ao capitalista financeiro é constrangido também a incorporar o ideário do capital e suas determinações de produtividade. É necessário que ele se represente, como elemento do processo produtivo, não mais como encarnação do trabalho assalariado que se defronta antagonicamente com o capital, mas como o próprio capital personificado.

Ainda que mascarado por novos mecanismos de dominação do trabalho, o controle burocrático persiste nos ambientes laborais bancários, agora legitimado pelas exigências do mercado consumidor. A expressiva redução das chefias intermediárias nos bancos – de 16% em 1986 para 12% uma década mais tarde (A. Rodrigues, 1999) – não implicou a superação da pressão advinda da divisão hierárquica do trabalho. Entretanto, a ela somam-se relações de poder apoiadas nas possibilidades da teleinformática e sustentadas pelo sistema político-ideológico que se difunde por meio de programas de ação neoliberais e apresenta como soberanas as forças do mercado capitalista, em âmbito local e mundial.

A tradição despótica inspirada nos métodos tayloristas de trabalho vai sendo pouco a pouco suplantada, à medida que se disseminam nos bancos os princípios de gestão constitutivos da reestruturação contemporânea do capital. À autoridade do capital personificada na figura do chefe sobrepõe-se uma outra forma de autoridade, da qual são portadoras as metas de produtividade e de vendas impostas pelas direções dos bancos. Mais difusa, todavia concreta nos mecanismos de quantificação do trabalho executado, essa nova forma de autoridade conjuga-se, harmoniosamente, à autoridade das leis do mercado para garantir a dominação capitalista sobre o trabalho.

Nessa forma de autoridade do capital mistificada pela mediação intensa dos valores de mercado, um instrumento gerencial adquire proeminência e garante as relações de hierarquia no local de trabalho: a avaliação de desempenho funcional, efetuada em geral por gerentes responsáveis pelo trabalho em determinada seção ou divisão da empresa, com periodicidade anual ou semestral. Nela é mensurada a produtividade do trabalhador e qualificada sua atuação, conforme requisitos e metas exigidos, determinando rendimentos advindos de programas de remuneração variável e possibilidades de carreira.

Mecanismos importantes do poder organizacional nos bancos, as avaliações de desempenho sintetizam os atuais conceitos dos bancos relativos à qualificação da força de trabalho, expressos nos critérios qualitativos e quantitativos de avaliação do trabalhador. Atributos, habilidades e modos de comportamento considerados fundamentais à eficiência do trabalho e à competitividade da empresa são analisados no processo de avaliação, juntamente com o desempenho em relação a metas de produtividade estabelecidas e a campanhas de vendas de "produtos". O perfil de cada bancário é construído, pela empresa, a partir da conjugação desses elementos e atributos incorporados à noção contemporânea de qualificação, os quais se constituem nos alicerces da avaliação de desempenho funcional.

Nos ambientes bancários, em face das atuais estratégias de dominação e disciplina do trabalho, tolhidos pelo medo do desemprego, muitos trabalhadores intensificam seu trabalho e tentam seguir os critérios patronais de competência e as exigências de produtividade, com sérios agravos às suas condições de saúde. Especialmente nas agências bancárias e centrais de atendimento, a determinação de metas nas vendas de "produtos" e serviços centraliza e tensiona as relações de trabalho. Complexos mecanismos de poder controlam o trabalho nas centrais onde se realizam as atividades de telemarketing no atendimento bancário à distância, via telefone e computador. Apoiados na teleinformática, esses mecanismos compõem uma "arquitetura do controle" nesses espaços laborais, atuando para que se exacerbe o "olhar hierárquico", muitas vezes invisível na atualidade. É o que assinala Venco (2003), ao relacionar as estratégias de dominação do trabalho ali desenvolvidas à análise de Foucault (1994) sobre a construção do poder disciplinar.

A utilização de cartões magnéticos como via de acesso às diversas unidades de trabalho, possibilitando à empresa controlar e registrar a entrada e saída dos trabalhadores, além de sua locomoção no decorrer da jornada laboral, é um instrumento importante do poder disciplinar nas centrais de atendimento dos bancos. Ao mesmo tempo, o *software* que organiza e controla o trabalho – distribuindo chamadas telefônicas entre os operadores, orientando procedimentos, mensurando o tempo de duração do atendimento, emitindo relatórios de produtividade, registrando interrupções do trabalho, gravando todas as ligações telefônicas – constitui-se também em ferramenta essencial do olhar hierárquico ali instaurado. Papel de relevo nos procedimentos para disciplinar o trabalho exerce, igualmente, a distribuição espacial das centrais. O ambiente físico é segmentado em reduzidos compartimentos com um terminal de computador e um *headphone* (fone de ouvido), onde o operador, separado dos companheiros de trabalho por divisórias laterais e sob intensa concentração, realiza sua atividade. A denominação "baias"[12], conferida a esses compartimentos, é expressiva do seu significado controlador e "adestrador", na medida em que determina o espaço de cada trabalhador, isola-o e limita seus estímulos visuais e auditivos (Venco, 2003, p. 53-9).

Venco ressalta as contradições do discurso e das exigências empresariais relativas ao trabalho dos operadores, que, de um lado, enfatiza a importância da qualidade do atendimento e, de outro, pressiona pelo contato ágil e objetivo, em busca de maior produtividade. Os operadores são instruídos a realizar o atendimento em um tempo mínimo de trinta segundos e máximo de dois minutos, de modo objetivo, conforme normas de conduta estabelecidas e transmitidas nos programas de treinamento do banco. Mecanismos de controle como o *timer* – que sinaliza "tempo excedido" sempre que o atendimento ultrapassar os dois minutos determinados –, o *software* – que permite ao coordenador da unidade acesso simultâneo a todas as ligações recebidas e sua interferência quando o atendimento extrapolar o tempo máximo desejado –, a indicação intermitente no monitor de computador da "fila" de clientes aguardando atendimento, assim como a gravação das ligações – como "medida de segurança" e "subsídio a treinamentos", no discurso gerencial –, constituem efetivos instrumentos da dominação do capital nos ambientes laborais de telemarketing (Venco, 2003, p. 69-75).

Para os trabalhadores que exercem a função de caixa nas agências bancárias e têm na fila de clientes – como presença visível – um objeto cotidiano de pressão, a produtividade é mensurada pela quantidade de autenticações[13] efetuadas, registradas na fita do terminal de computador. A intensa automatização do atendimento bancário não implicou menos

12 O termo é utilizado para denominar o compartimento ao qual os animais são recolhidos nas cavalariças ou estábulos.

13 O termo "autenticação" refere-se a cada uma das operações efetuadas pelo bancário-caixa no processo de atendimento, ou seja, depósitos, pagamentos, entrega de talonários, saldos etc.

trabalho para os caixas, que passaram a acumular diversas funções antes realizadas na "retaguarda" das agências, desde a difusão do sistema *on-line*, na década de 1980. Nos anos 1990, no contexto de intensificação dos movimentos de reestruturação dos bancos, com a redução drástica de assalariados no setor e a sobrecarga de trabalho nos ambientes laborais, os bancários-caixas sofrem, como antes, a dupla pressão derivada da fila de clientes, de um lado, e dos mecanismos patronais de controle do trabalho, de outro. Um comportamento cortês e servil ao cliente é exigido desse trabalhador, que, todavia, deve seguir normas (muitas vezes extremamente rígidas) relativas a tempo de atendimento e exigências de produtividade.

A qualidade do atendimento alardeada nos documentos institucionais do sistema financeiro nacional não atinge a porção amplamente majoritária de clientes e usuários dos bancos nem significa mudança qualitativa nas condições do trabalho bancário. A implementação de políticas que segmentam a clientela bancária elitiza o atendimento e restringe o uso das sofisticadas inovações propiciadas pela teleinformática às frações da população que detêm maior poder econômico, os clientes preferenciais. Aos segmentos com pequena capacidade de consumo dos "produtos" dos bancos, estão destinados os serviços simplificados de auto-atendimento e o caixa tradicional, onde se mantêm grandes filas de clientes e usuários.

A jornada diária dos bancários-caixas segue marcada pela sobrecarga de trabalho e pela tensão permanente expressa no medo de "diferenças de caixa", assim como pela forte pressão de supervisores e gerências quanto ao cumprimento de metas relativas à quantidade de autenticações e à venda de "produtos". O depoimento a seguir relata as condições de trabalho em uma agência bancária:

> Quando eu entrei no banco, em 89, era uma loucura. Naquela época, o banco vivia cheio, todos os dias. Depois amenizou um pouco isso, com a automação. Agora, eu acho que a gente está sobrecarregada. Porque tem toda essa evolução do sistema, mas também saiu muita gente do banco. Se a gente parar para pensar, quando eu entrei no banco, trabalhava numa agência menor, e éramos cento e poucos funcionários. Hoje estou numa agência maior, que tem menos da metade do quadro de funcionários. [...] As filas continuam imensas. E tem muita pressão por parte da chefia, da gerência. Você vai conseguir trabalhar legal com alguém ali atrás te pressionando? [...] Uma moça teve uma diferença de 1200 reais e um rapaz também, no mesmo dia, de 1000 reais. Na semana seguinte eles tiveram que pagar. Ou paga ou vai embora.[14]

A fração feminina da força de trabalho nos bancos, que representa mais de 40% do total de bancários no país, vive relações de dominação e de exploração mais duras, quando comparadas às condições do trabalho masculino. Apesar de seu alto nível de escolaridade e de se verificar um aumento gradual da presença feminina em postos de gerência e de supervisão, as mulheres seguem preenchendo, sobretudo, cargos hierarquicamente pouco relevantes na estrutura ocupacional dos bancos, relacionados a atividades simplificadas e repetitivas. Como assinala Segnini (1998)[15], a inserção das mulheres no trabalho bancário

[14] Entrevista com bancária-caixa do Bradesco, realizada pela autora em dezembro de 1998.

[15] Sobre os processos de segregação ocupacional que marcam a divisão sexual do trabalho, ver também: Oliveira e Ariza (1997); Hirata (1995); Hirata (2002).

reafirma tendências observadas em diversos outros países, nos quais uma série de mecanismos sociais de discriminação – que marcam historicamente as relações de gênero e se reproduzem nos ambientes laborais – constitui assimetrias importantes nas possibilidades profissionais e salariais de homens e mulheres.

As profundas transformações nos padrões de trabalho, que degradam condições laborais e de emprego, afetam duramente também o segmento da força de trabalho nos bancos, vinculada ao sistema financeiro estatal ou aos bancos privatizados, como já foi assinalado. As relações de trabalho nas instituições estatais diferenciavam-se nitidamente daquelas estabelecidas nos bancos privados, caracterizadas pela arbitrariedade e diversidade nas condições de contratação, carreira e demissão. O sistema de concurso público como meio de ingresso e a constituição de quadros de carreira orientando as decisões sobre promoção e remuneração constituíram critérios regulamentados de ascensão profissional e uma condição (implícita) de estabilidade do emprego nas instituições estatais.

Essas desigualdades na situação de trabalho entre os assalariados de bancos privados e os de estatais, que constituíram distintos perfis profissionais e produziram experiências de organização e ação sindical diferenciadas entre bancários[16], perdem importância no cenário da atual desmontagem do sistema bancário estatal e dos programas de reestruturação, que imprimem traços característicos de empresa privada aos bancos que permanecem públicos. Com suas possibilidades de resistência reduzidas, os assalariados desses bancos assistem à perda de direitos, conquistados nas lutas sindicais desde o início do século passado. O crescente índice de suicídios de assalariados de bancos estatais, nos anos 1990[17], é revelador dos custos sociais do atual processo de reorganização do capital e de suas formas de destruição da subjetividade do trabalho.

No Banco do Brasil, os planos e programas destinados a "racionalizar" e "otimizar despesas de pessoal" negam as relações de trabalho constituídas, particularmente a condição de estabilidade e de previsibilidade na carreira profissional que tornava sólidos os vínculos do trabalhador com a instituição. Um dos bancários entrevistados recentemente, com mais de quinze anos de tempo de trabalho, assim analisa a nova realidade do banco:

> O banco quebrou algo que toda empresa quer ter, que é a cumplicidade do seu empregado com a empresa. O banco quebrou isso e hoje você tem três tipos de funcionários: aqueles que estão no final de carreira e analisam o mercado de trabalho (e no nosso mercado com mais de quarenta anos você fica de fora) e optam por esperar a aposentadoria, se não mudarem a previdência; tem aqueles que estão esperando o tempo de sair, analisando assim: "Eu tenho tanto tempo aqui para me preparar para sair lá fora". E tem aquele que diz: "Para mim tanto faz quanto tanto fez". E isso é desesperador para a própria empresa.[18]

No contexto de precarização social e desregulamentação da economia, o cotidiano laboral de grandes contingentes de bancários é marcado pela insegurança, pela ansiedade e pelo medo. O sofrimento psíquico de muitos desses trabalhadores, derivado do controle, da pressão, da intensidade do trabalho, do medo de erro e da demissão, das relações tensas

[16] Um tratamento mais detalhado dessas distintas experiências é oferecido em Jinkings (2002).

[17] A esse respeito, consultar Xavier (1998).

[18] Entrevista com escriturário do Banco do Brasil, realizada pela autora em maio de 2002.

e competitivas nos ambientes laborais, desgasta a saúde mental, "contaminando" o tempo livre de trabalho. As lesões por esforços repetitivos (LERs) – essa síndrome do mundo produtivo na era da eletrônica – atingem grande número de bancários, degradando suas condições físicas e repercutindo na vida psíquica e social.

Para a ampla maioria dos bancários brasileiros e grandes parcelas da classe trabalhadora em todo o mundo, a reestruturação capitalista contemporânea destina formas modernas de exploração – apoiadas na tecnologia microeletrônica e na teleinformática – que convivem com formas mais antigas e limitadas, baseadas no prolongamento da jornada laboral. As estratégias contemporâneas de acumulação de capital elevam os níveis do desemprego estrutural, ampliam a precarização do trabalho e racionalizam violentamente os ambientes produtivos, criando sofisticadas táticas para intensificar e controlar o trabalho. Nos ambientes laborais dos bancos, uma forte ofensiva ideológica persegue o envolvimento e a adesão dos trabalhadores ao ideário patronal e aos projetos mercadológicos das empresas, de tal modo que eles se representem como o próprio capital personificado.

Análise de Pochmann (2000)[19] sobre a situação recente dos trabalhadores brasileiros revela que o desemprego em massa significou o ingresso adicional de quase 600 mil novos desempregados por ano na década de 1990, ao mesmo tempo em que se verificava uma expansão da jornada laboral no Brasil. De acordo com o autor, em 1988 havia aproximadamente 12,5 milhões de trabalhadores que faziam horas extraordinárias de trabalho, enquanto dez anos depois, em 1998, cerca de 27,2 milhões trabalhavam além da jornada estabelecida de 44 horas semanais. Pochmann atribui esse aumento de sobretrabalho a fatores derivados da política macroeconômica brasileira nos anos 1990 – que disseminou a insegurança e o medo do desemprego entre a população, dificultando a resistência nos locais de trabalho –, assim como à queda na participação dos rendimentos da classe trabalhadora na renda nacional. Com efeito, ele estima em 20% a redução da renda do trabalho na década de 1990 e verifica a existência de uma crescente parcela de trabalhadores que possuem mais de uma ocupação, para ter sua sobrevivência assegurada.

A resistência do trabalho em refluxo

As possibilidades das lutas de resistência da classe trabalhadora ficam mais reduzidas no contexto da reestruturação produtiva do capital, sob transformações que destroem as mediações coletivas das relações de trabalho. Os padrões de dominação de classe recriados nos locais de trabalho, mascarados sob o discurso institucional do "trabalhador compromissado e empreendedor", da "competitividade" e da "qualidade total", aperfeiçoam as condições da intensificação e disciplina do trabalho, debilitando a prática sindical. As tendências recentes de queda nos níveis de sindicalização e na quantidade de movimentos grevistas em países capitalistas centrais e periféricos são expressões da atual fragilização da organização política e sindical dos trabalhadores e do refluxo de suas ações conflituais. Seja pelas condições sociais, políticas e econômicas que marcam a realidade mundial das últimas décadas, seja pela intensa mudança organizacional, tecnológica e gerencial nos ambientes produtivos, as organizações constitutivas dos movimentos de rebeldia da classe trabalhadora (sindicatos, partidos, associações) enfrentam maiores obstáculos e se

[19] Ver também Pochmann (2001).

defrontam com novos impasses e desafios diante da ofensiva do capital e do Estado neoliberal contra o trabalho.

No Brasil, diante de sindicatos debilitados pela reestruturação capitalista, um conjunto de medidas vem sendo adotado para criar novas modalidades de trabalho precário e possibilitar retrocessos nos direitos trabalhistas, enfraquecer as negociações coletivas e esvaziar o papel social das entidades sindicais. A legalização do contrato temporário de trabalho, que reduz drasticamente os encargos das empresas com a força de trabalho; a introdução do chamado "banco de horas", com o objetivo de flexibilizar a legislação sobre horas extras, permitindo que a jornada de trabalho varie de 36 a 60 horas semanais, conforme os interesses patronais; o estímulo à contratação através de "cooperativas" de força de trabalho, nas quais os "sócios" são trabalhadores autônomos, sem vínculo empregatício e nenhum direito trabalhista assegurado, são algumas dessas medidas, regulamentadas durante o governo de Fernando Henrique Cardoso por medidas provisórias, emendas constitucionais ou portarias do Ministério do Trabalho, compondo pouco a pouco um modelo neoliberal para o trabalho no país.

O sindicalismo bancário expressa os limites e as dificuldades do movimento sindical nos dias de hoje e experimenta um momento de refluxo, atuando defensivamente diante da reestruturação produtiva do capital. A ação sindical nos ambientes laborais não tem sido capaz de impedir seus efeitos lesivos para as condições de vida e trabalho dos bancários. A luta coletiva dos anos 1980, que mobilizou grande quantidade de bancários em assembléias, passeatas e greves, em todas as regiões do país, dá lugar a atividades com participação mais restrita de uma base sindical tolhida pelo medo do desemprego ou integrada ideologicamente às estratégias patronais.

As atuais transformações produtivas e suas políticas de gestão, que cultuam o individualismo nos locais de trabalho, que coagem os trabalhadores a aderir incondicionalmente às estratégias de lucratividade das empresas, abalam as possibilidades de resistência e de organização sindical nos bancos. Nas agências bancárias, o funcionário é constrangido a vender títulos, cartões de crédito, seguros, aplicações e todos os demais "produtos" e serviços oferecidos pelos bancos, submetido aos princípios e determinações dos programas de "qualidade total" e remuneração variável. Nesse cenário, no qual predominam a pressão e a sobrecarga de trabalho, a ofensiva ideológica neoliberal revela-se de modo concreto nas táticas de poder que conduzem a relações laborais de tensão e competição. A noção de coletivo se esgarça nesse quadro, agravado com a fragmentação dos trabalhadores promovida pela terceirização, a desativação de locais que concentravam enormes contingentes de bancários nos anos 1980, como as centrais de serviços, compensação e computação, a redução do emprego e a transformação das grandes agências bancárias em espaços mais reduzidos e automatizados.

Há cerca de vinte anos, centenas de bancários conviviam nas grandes agências e nos centros de compensação, serviços e computação dos bancos. Nesses locais, a reunião de muitos trabalhadores, em condições de trabalho e salariais semelhantes, tornava facilmente perceptíveis seus interesses comuns e encorajava a ação coletiva de resistência. Como assinalou Marx (1989), é a consciência dessa situação em comum que impele a união dos assalariados e as lutas em defesa de seus interesses de classe. Portanto é no convívio, pelo trabalho, que se desenvolve a autoconsciência do trabalhador.

No ambiente laboral fragmentado e instável, criado pela informática e pelas atuais inovações organizacionais e gerenciais, o desenvolvimento dessa autoconsciência fica obstaculizado. Nas agências bancárias, dominadas pelas máquinas automatizadas e "ajustadas" para a busca da máxima produtividade ao menor custo, um contingente reduzido de trabalhadores tenta cumprir as exigências e determinações patronais. As centrais de atendimento eletrônico, onde são realizados os serviços de telemarketing, convertem-se nos locais de trabalho bancário com maior concentração de trabalhadores. Entretanto, essa aglomeração de assalariados não estimula relações de solidariedade e a criação dos elementos necessários a sua organização como fração de classe com interesses comuns. O depoimento de uma sindicalista sobre os obstáculos à organização sindical no ambiente de trabalho de incertezas, isolamento e competição ilumina e torna concreto o refinamento da alienação humana nos dias de hoje:

> Uma coisa era quando, num banco, trabalhava aquele monte de escriturários numa mesa, fazendo compensação. Ali a idéia estava rolando, o papo estava rolando, a brincadeira. Hoje, cada um trabalha na sua baia, em frente ao computador, com o fone de ouvido na orelha. Quer dizer, o contato é mínimo. Então, numa mesa de trabalho, dentro de uma brincadeira ou outra, um assunto sério ou outro, surgia a reivindicação. Um fazia um questionamento, outro concordava e aí a coisa ia crescendo. Eu estou simplificando bem, mas era assim que surgia um núcleo mínimo de organização. Hoje em dia você não tem um ambiente de trabalho que propicie isso. Onde você tem ambiente de trabalho de muitas pessoas, todas estão com o fone de ouvido; são os setores de telemarketing, que são os únicos setores dos bancos com muita gente no local de trabalho, atualmente. Cada trabalhador com um fone de ouvido. Quando a gente entrava numa seção de digitação, eram milhares de pessoas. Compensação, idem. Hoje, esses setores são mínimos. As agências diminuindo também, o padrão europeu de agência chegando.[20]

Em particular a desmontagem recente do sistema financeiro estatal atingiu diretamente a capacidade organizativa do sindicalismo bancário, que se sustentava em grande medida na mobilização e organização dos bancários dos bancos públicos. Os trabalhadores de bancos federais e estaduais, nos anos 1980, exerceram papel fundamental nos movimentos de resistência do trabalho, em nível nacional. Por se constituírem em segmento preponderante da categoria na maioria dos Estados brasileiros, a mobilização desses bancários era suficiente para viabilizar grandes manifestações de massa e paralisações também no setor privado, com menor capacidade de organização sindical.

Note-se que nos anos 1980 os bancários dos bancos estatais conquistaram, nos seus acordos salariais específicos, o direito de representação por local de trabalho, elegendo delegados ou comissões sindicais nas diversas regiões do país. Nos bancos privados, as relações laborais pautadas por formas mais explícitas e diretas de controle e os altos índices de rotatividade do emprego impediram a criação de instrumentos sindicais nos locais de trabalho. Ali, ainda que precariamente, havia o que alguns sindicalistas chamam de "militante voluntário", que, discretamente, apoiava a ação sindical no seu local de trabalho.

---

20 Entrevista com secretária-geral do Sindicato dos Bancários de São Paulo, funcionária do Banespa, realizada pela autora em dezembro de 1998.

Na atualidade, em face das políticas de desmontagem do sistema financeiro estatal e suas repercussões nas condições e relações de trabalho das instituições bancárias, o sistema de representação por local de trabalho, conquistado nos bancos públicos, praticamente inexiste de fato.

A política de privatização desmontou, portanto, a base fundamental de sustentação do sindicalismo bancário. Sob um contexto de crescente precarização social, que enfraquece as práticas reivindicativas e de luta dos sindicatos nos diversos setores da economia, o extenso programa de desestruturação do setor estatal debilita e restringe a ação sindical nos bancos. Ao mesmo tempo, atinge as condições de trabalho que diferenciavam positivamente os bancários dos bancos públicos do conjunto dos trabalhadores do setor. Com sua capacidade de resistência reduzida, a força de trabalho dos bancos estatais assiste à perda de direitos conquistados ao longo das lutas sindicais bancárias, desencadeadas desde as primeiras décadas do século.

A violência do desmonte do setor bancário estatal é exemplar no Banco do Brasil, no qual planos e programas destinados a "racionalizar" e "otimizar despesas de pessoal" sucedem-se, de modo mais intenso, desde a segunda metade da década de 1990. Tal processo de reestruturação conduz a uma transformação radical do perfil operacional do banco, convertendo-o em empresa impulsionada pela racionalidade de mercado, que atua cada vez mais sob a lógica de expansão das grandes empresas privadas. Essa lógica privatista se expressa de maneira inequívoca nas relações laborais ali estabelecidas, que reproduzem as táticas gerenciais de controle e intensificação do trabalho praticadas nos grandes grupos bancários privados. É desse processo de mudança drástica na organização do trabalho no Banco do Brasil e de suas conseqüências destrutivas para os trabalhadores que trata o capítulo a seguir.

Capítulo 12

A FACE PRIVADA DE UM BANCO PÚBLICO
os experimentos flexíveis no Banco do Brasil*

Jair Batista da Silva

Introdução

O objetivo deste texto é apresentar o cenário das principais mudanças provocadas pela reestruturação capitalista no Brasil, observando especialmente seus impactos sobre o setor e a categoria bancária. Para tanto, discutiremos o intenso processo de racionalização[1] presente no processo de trabalho em bancos, as práticas mais difundidas e as reações dos trabalhadores. Procuraremos investigar como se apresentam, no principal banco público nacional, as práticas que configuram as formas flexíveis de gestão, tais como a qualidade total e a terceirização; além disso examinaremos a manifestação do desemprego no setor bancário, mediante a análise do plano de demissão voluntária (PDV). Pretendemos mostrar, assim, como o desmonte do sistema bancário estatal (Jinkings, 2000) significou não só a privatização de bancos públicos, mas também a adoção de práticas e procedimentos característicos de empresas privadas nas suas formas de gestão. Ressaltaremos, ainda, que experimentos dessa natureza operam sob o signo da perversão, construindo, de modo astuto, os objetivos, as iniciativas e as conseqüências de interesse da empresa como se fossem necessidades e interesses dos trabalhadores bancários.

---

* Este texto é parte da dissertação de mestrado do autor, intitulada *A perversão da experiência no trabalho: os bancários em face do Programa de Ajustes do Banco do Brasil*, IFCH/Unicamp, 2002, sob orientação do Prof. Dr. Ricardo Antunes, com bolsa da Capes.

1 Racionalização é entendida aqui como incremento de tecnologias e formas de gestão flexíveis que empregam de modo cada vez mais intenso a ciência no cotidiano de trabalho. Não pretendemos discutir aqui se essa forma de racionalização pode eliminar a irracionalidade constitutiva e necessária à acumulação capitalista em sua totalidade.

Quem é que não gosta de qualidade?[2]

Mais recentemente, a palavra "qualidade" passou a fazer parte de nosso cotidiano como sinônimo de moderno, eficiente, produtivo etc. Emprega-se o termo para os mais variados fins: desde bandeira de luta dos movimentos sociais (docentes, estudantes, trabalhadores) até signo para convencimento de consumidores em estratégias de marketing, as quais valorizam a obtenção de certificados de "qualidade" do tipo ISO 9000, ISO 9002 etc. Mas parece-nos que o emprego desse termo tem servido, especialmente, a objetivos políticos.

Políticos porque, além de as recorrentes abordagens sobre qualidade estarem circunscritas à lógica da produção e ao consumo de mercadorias e serviços (portanto da qualidade dos produtos e do trabalho nas empresas), objetivam criar, antes de mais nada, uma identidade de interesses entre trabalhadores e empresas e propagar uma imagem de harmonia no ambiente de trabalho.

Mas essa é apenas uma abordagem possível, e poderíamos classificá-la como restrita; outra abordagem possível, que chamaríamos de ampla, possui um conteúdo político diferente – salientado por algumas lideranças sindicais e estudiosos – e busca estender a qualidade para os salários, as condições de vida, de trabalho, de moradia, de alimentação, de transporte e, obviamente, para a produção e o consumo de produtos cada vez melhores.

Desse modo, podemos dizer que o conteúdo, ou melhor, o uso social do termo e seu significado, está em disputa pelos vários sujeitos políticos. Portanto, é nesse cenário de disputa que buscaremos investigar, mais especificamente, qual o entendimento de empresários e trabalhadores do setor bancário acerca dessa questão.

Os programas de qualidade têm apelado, também, para a mudança de atitudes, comportamentos e valores dos trabalhadores, no sentido da construção de uma nova cultura nos locais de trabalho, mediada por maior cooperação, harmonia, confiança, alinhamento e total identificação com a empresa. A finalidade é estimular a valorização de aspectos comportamentais, tais como: dedicação, esforço, cooperação e identificação com valores empresariais. O objetivo político desses programas é constituir um ambiente de trabalho cada vez mais hostil e indiferente à atividade sindical autônoma, instituindo, em seu lugar, um sindicato de forte caráter colaboracionista. Um exemplo desse tipo pode ser encontrado na modalidade japonesa de sindicalismo, da qual o "sindicato-casa" é a maior expressão. A rejeição à ação coletiva articula-se ao incremento do individualismo no interior dessa "nova" cultura das relações de trabalho, instituindo novos desafios e possibilidades à construção de uma consciência de classe. Nesse sentido, os programas de qualidade total (PQTs), junto com as formas de remuneração variável, constituem-se, não exclusivamente, é claro, como instrumentos de disputa de hegemonia[3] e representam uma ofensiva do capital e seus agentes no sentido de pacificar os locais de trabalho, pois

---

2 Expressão retirada da entrevista com uma liderança sindical bancária, realizada pela Profª. Maria da Graça Druck: ver Gomes (1997).

3 Hegemonia, entendida de acordo com Gramsci, implica a constituição de uma nova racionalidade, uma nova visão de mundo que uma classe fundamental autonomamente seja capaz de realizar. Dessa forma, a hegemonia "caracteriza-se pela combinação da força e do consenso, que se equilibram variadamente, sem que a força suplante muito o consenso, ou melhor, procurando obter que a força pareça apoiada no consenso da maioria" (Gramsci, 1989, p. 116).

esses dois mecanismos sofisticados de "controle da força de trabalho [...] perseguem sua máxima disciplina e eficácia através da tentativa de interiorização, em cada bancário, da ideologia empresarial" (Jinkings, 2000, p. 84).

Alguns estudos têm procurado mostrar que os trabalhadores rejeitam, em certos momentos e em alguns pontos, os programas de qualidade, na medida em que comparam aquilo que lhes é exigido àquilo que lhes é oferecido em termos de condições de trabalho e de qualidade de vida: "no decorrer do tempo, os participantes esperam, para além de gratificações simbólicas, retribuições tangíveis (termos de formação, remuneração, de evolução na carreira, de promoção). Quando estas expectativas não são atendidas, os círculos se desmobilizam" (Lojkine, 1999, p. 165-6)[4]. Assim, podemos dizer, primeiro, que a lógica dos PQTs se baseia em uma formulação ideológica e persuasiva cujo principal objetivo é a adesão irrestrita e inquestionável do trabalhador; segundo, que a ênfase em elementos essencialmente cooperativos e integradores tem como objetivo a anulação do senso crítico e a redução da resistência dos trabalhadores (Larangeira, 1997). Visto que a qualidade total é utilizada como instrumento de identificação com o capital e o processo de reprodução deste, ela deve estar circunscrita à dinâmica cada vez mais flexível e volátil da acumulação, pois,

> Quanto mais "qualidade total" os produtos [e, acrescentaríamos, os serviços] devem ter, *menor deve ser seu tempo de duração*. A necessidade imperiosa de reduzir o tempo de vida útil dos produtos, visando aumentar a velocidade do circuito produtivo e desse modo ampliar a velocidade da produção de valores de troca, faz com que a qualidade total seja, na maior parte das vezes, o *invólucro*, a *aparência* ou o aprimoramento do *supérfluo*, uma vez que os produtos devem durar pouco e ter uma reposição ágil no mercado. A "qualidade total", por isso, não pode se contrapor à taxa de utilização decrescente do valor de uso das mercadorias, mas deve adequar-se ao sistema de metabolismo socioeconômico do capital (Antunes, 1999, p. 50).

Esse processo de obsolescência programada requer o uso predatório de "matéria-prima, energia" e força de trabalho, com sérias conseqüências aos trabalhadores e ao meio ambiente, isso porque a produção segue as necessidades destrutivas e insaciáveis do capital, que, em suma, visa a: "submeter a vida física dos valores de uso, que servem de suporte a seu movimento de 'valor em processo', ao ritmo deste último, de destruí-los periodicamente para lhe permitir reproduzir-se indefinidamente" (Bihr, 1998, p. 129). É nesse contexto que a inovação e a criatividade aparecem como elementos fundamentais à acumulação, pois a volúpia de produzir bens com nova aparência confere um relevo cada vez mais acentuado às atividades de criação e inovação nos locais de trabalho.

Deve-se sublinhar, ainda, que nesse processo as formas de dominação possibilitadas pelos programas de qualidade total, combinadas com as formas de remuneração variável, se tornam complexas, elevando a um novo patamar político os mecanismos de controle da força de trabalho, como se pode perceber nesta síntese:

---

4 "A mesma desmobilização caracterizou a experiência dos grupos de expressão direta (GED): na ausência de resultados substanciais em todos os domínios considerados prioritários pelos assalariados (empregos, salários, condições de trabalho etc.), os GED irradiaram desilusão e desinteresse" (Lojkine, 1999, p. 166).

> À autoridade do capital, personificada na figura de chefias e gerências, sobrepõe-se uma outra forma de autoridade, submetida às "leis" do mercado e concretizada em metas de produtividade impostas aos trabalhadores. Diante dessas relações de poder mistificadas pela mediação do mercado, os bancários são compelidos a aderir incondicionalmente às estratégias de rentabilidade dos bancos e têm seu desempenho avaliado segundo novos requisitos de atributos, habilidades e modos de comportamentos (Jinkings, 2000, p. 335).

Assim, a imposição dessas estratégias de rentabilidade, cuja adesão é obtida à força, mas com aparência de consenso, permite aos bancos mobilizar, não só neles, a experiência-trabalho[5] dos bancários, de acordo com suas necessidades e estratégias de lucratividade. Aos trabalhadores é exigida a participação ativa na construção de sua própria dominação, como forma de garantir o emprego, o salário, os benefícios e a ascensão na carreira.

É a partir dessa perspectiva que analisaremos os programas de qualidade nos bancos, cujo primeiro experimento foi o projeto de qualidade em atendimento da Federação Brasileira dos Bancos (Febraban).

O Projeto de Qualidade da Febraban

No sistema financeiro nacional, a experiência de adoção de programas de qualidade parece ter sido iniciada nos bancos estrangeiros, estimulados pelas matrizes, o que aparentemente confirma a tendência, presente nas indústrias, de subordinação às matrizes das respectivas filiais sediadas no Brasil (Ely, 1996).

A Febraban apresentou, por meio da sua Comissão de Organização e Método[6], o projeto de qualidade em atendimento, que visa a resolver os problemas de qualidade do atendimento dos serviços bancários, marcados sobretudo pelas enormes filas, número insuficiente de funcionários para atender o público – o que se agrava em períodos de pagamentos, em que um contigente maior de pessoas procura as agências para efetuar saques e pagamentos –, e preconiza a divisão das agências em quatro ambientes ou plataformas: 1) plataforma para atendimento personalizado; 2) plataforma para atendimento pessoal; 3) plataforma para auto-atendimento; 4) plataforma operacional (*O Bancário*, 1994)[7].

Esse projeto não só objetiva transformar a qualidade do atendimento e dos serviços bancários, mas configura-se como uma proposta de alteração que trará conseqüências também para os clientes, pois a principal meta do plano é buscar a fragmentação da clientela bancária.

---

5 Experiência-trabalho "[...] se define pela articulação dos saberes (que não se resume ao conhecimento profissional), práticas, valores, costumes, linguagens que têm nos locais de trabalho seu espaço social de realização" (Silva, 2002, p. 159).

6 Até essa época, a comissão era composta pelos seguintes bancos: América do Sul, Bamerindus, Banorte, Bradesco, BCN, Bemge, Econômico, Geral do Comércio, Mercantil de Descontos, Nacional, Real, Sudameris Brasil, Nossa Caixa Nosso Banco, Antônio Queiroz, Bandeirantes, Boa Vista, da Bahia, do Brasil, Banespa, Francês e Brasileiro, Itaú, Mercantil de São Paulo, Multiplic, Noroeste, Caixa Econômica Federal e Unibanco (Dieese, 1993).

7 O boletim do Sindicato dos Bancários da Bahia, *O Bancário*.

Segundo a Febraban, esse projeto tem como meta modificar totalmente a estrutura das agências bancárias desde seu *layout* até a forma como são organizadas as atividades das agências, passando pela redefinição do conteúdo das funções de algumas profissões tradicionais do sistema bancário como, por exemplo, os caixas. O projeto prevê, ainda, maior qualificação dos funcionários dos bancos, na medida em que estes devem conhecer os vários produtos oferecidos pela empresa aos clientes. O objetivo em concentrar as atividades de atendimento provoca, paralelamente, a imposição de novas exigências ao trabalhador bancário, diluindo sua antiga identidade profissional, ao mesmo tempo em que procura transformá-lo em bancário-vendedor, responsável pela oferta ampla de produtos e serviços aos clientes (Jinkings, 2000)[8].

Segundo o Dieese (1993), o projeto busca segmentar a clientela para dar um atendimento preferencial aos grandes clientes, além de, obviamente, diferenciar o tratamento dispensado ao cliente e ao não-cliente. Para tanto, visa a atingir três grandes linhas: 1) atendimento direto: emprego de processamento eletrônico de dados, eliminação de contas de serviços públicos (água, luz, telefone etc.), mudança no *layout* das agências, redirecionamento dos clientes não preferenciais para o auto-atendimento; aumento do número de tarefas dominadas pelo funcionário (multitarefa) etc.; 2) possibilidade de autoserviço: caixa opcional, caixa automático/terminais específicos. Para viabilização desse ponto, no entanto, é necessário que o cliente esteja minimamente familiarizado ou possua condições de aprender a usar rápida e seguramente os serviços oferecidos pelo auto-atendimento, ou seja, é necessário que esse cliente tenha habilidade ou "cultura técnica" para lidar com os equipamentos eletrônicos que são utilizados no auto-atendimento; 3) canais alternativos de atendimento: utilização dos correios e lotéricas pelos não-clientes, atendimento em domicílio para os grandes clientes, centrais de atendimento telefônico, *home banking*, fax, postos de arrecadação e pagamento etc. (Dieese, 1993).

No caso particular do Banco do Brasil, os programas de qualidade total têm sido utilizados não só para alcançar a qualidade de atendimento anunciada pela direção do banco, mas também para aproximar a empresa dos parâmetros de gestão, produtividade e lucratividade definidos pelos bancos privados (Jinkings, 2000; Ramos, 2002).

A qualidade e o sindicato

Analisando os boletins da categoria e a entrevista com a principal liderança dos bancários, encontramos as respostas do organismo de representação dos trabalhadores acerca do projeto da Febraban. Na concepção do sindicato, o projeto tem como característica fundamental dar um tratamento preferencial aos grandes clientes (*O Bancário*, 1994), ou seja, visa a direcionar o atendimento para os clientes com maior poder aquisitivo (maior renda, mais dinheiro em conta etc.), que têm maior possibilidade de adquirir os "produtos" e serviços oferecidos pelo banco (cartões de crédito, seguro de vida, de saúde, de carro, de casa, aplicações financeiras etc.). O objetivo do programa é expulsar os não-clientes das agências e deslocar o pequeno cliente para o auto-atendimento, além de reduzir

[8] Obviamente essa orientação para atividades predominantemente comerciais requer mudanças substanciais na forma de recrutamento e treinamento da força de trabalho, isto é, a valorização de novos atributos e habilidades para o ingresso e desempenho do trabalho bancário.

o número de vezes em que ele vai à agência, emite cheques, isto é, diminuir a quantidade e a freqüência em que são "acionados" diretamente os trabalhadores das agências. Portanto, o projeto tem um caráter marcadamente elitista, na medida em que visa a segmentar a clientela para dar um atendimento de melhor qualidade aos clientes preferenciais, aqueles de maior renda, expresso por meio da divisão espacial entre os clientes considerados especiais e os outros clientes do banco.

A principal abordagem e ação dos sindicatos em face dos programas de qualidade diz respeito ao seu conteúdo ideológico (Ely, 1996), pois, para os ativistas sindicais, esse discurso é utilizado como justificativa da intensificação do arrocho salarial, aumento do ritmo de trabalho, a negligência com as precárias condições de trabalho etc., tanto assim que a retórica da qualidade lembra, para esses ativistas, os abusos cometidos pela diretoria de uma instituição bancária (*O Bancário*, 1995). No entanto, mesmo o movimento sindical assumindo diversas posições acerca dos programas de qualidade, não se configurou uma postura homogênea em relação aos limites e potencialidades presentes nesses programas (Ely, 1996).

Dessa forma, os programas de qualidade têm sido alvos de atitudes e posições de desconfiança por parte dos dirigentes sindicais. Para eles, essas práticas não passam de "lavagem cerebral" (*O Bancário*, 1996). Afirmam que o principal objetivo dos programas de qualidade que os bancos vêm pondo em prática é aumentar a produtividade do trabalho bancário, ou seja, visam a aumentar a lucratividade das instituições financeiras; nas palavras de um deles: "essa onda da qualidade total [...] é mais uma forma, cujo objetivo é maximizar o lucro patronal, sem preocupação com o trabalhador"[9].

As relações de poder e a estrutura hierárquica apenas superficialmente são afetadas, visto que,

> [...] tanto quanto os círculos de qualidade ou os [grupos de expressão direta] GED, as experiências de enriquecimento do trabalho dos operadores chocam-se, desde que o processo começa a ganhar amplitude e a ultrapassar seu domínio original, com uma estrutura de poder intocada ou muito reticente (Lojkine, 1999, p. 168).

Ainda segundo o dirigente sindical, a implantação do programa de qualidade em uma instituição bancária, além de ter sido imposta – isto é, a adoção não contou com a participação e discussão com os funcionários do banco –, teve como conseqüência o aumento do número de doenças ocupacionais, de suicídios, de atendimentos psiquiátricos etc.

Vale destacar, como apontamos acima, que os programas de qualidade constituem-se em verdadeiros instrumentos de disputa de hegemonia, na medida em que buscam orientar a atuação dos funcionários a partir das atitudes, valores e cultura moldados pelas empresas, o que não exclui, obviamente, o uso da repressão, da violência, da ameaça. Ainda segundo o ativista sindical:

> [...] de um lado os caras cooptam os funcionários através da propaganda da qualidade, [isto é] ganhar o funcionário do ponto de vista mais ideológico, [...] utilizando esse método e,

[9] Entrevista concedida por Álvaro Gomes, 1997. O nome desse dirigente sindical aparece completo e não por pseudônimo por tratar-se de liderança bastante conhecida na cidade de Salvador. Não se justifica, portanto, a utilização de um nome fictício, como fizemos em outros depoimentos deste estudo.

> por outro, utilizando, mesmo a violência, a repressão, a ameaça, a pressão, enfim ou trabalha ou é demitido.[10]

Outra característica dos programas de qualidade é a desconsideração pelos organismos de representação dos trabalhadores, pois, na medida que há uma identidade entre os objetivos do trabalhador e da empresa, os sindicatos de cunho classista perderiam razão de existir. Essa idéia é defendida, sobretudo, a partir da crença de que o funcionário, empregado, trabalhador é coisa do passado; agora ele é um colaborador. Aqui o viés ideológico, expresso por meio da retórica da colaboração, fica mais evidente, pois preconiza o universo do trabalho como desprovido de conflito, onde as relações entre capital e trabalho são marcadas pela harmonia, identidade e solidariedade.

No caso do Banco do Brasil, os programas de qualidade pretendiam articular uma demanda presente no discurso sindical, isto é, a questão da qualidade de vida. Nesse banco, a crença de que a falta de qualidade de vida implica falta de qualidade no trabalho vai orientar a direção da empresa no sentido de procurar integrar as demandas dos trabalhadores, tanto as relativas à esfera profissional quanto as referentes à esfera privada do bancário. Os problemas individuais, experimentados em outras dimensões da vida social, são discutidos "em reuniões entre a administração e os funcionários, uma vez que problemas desse tipo certamente interferem no rendimento de cada um dentro do processo produtivo" (Ramos, 2001, p. 13). Aqui se realiza aquilo para o que Gramsci (1989) havia chamado a atenção em relação ao fordismo, nos Estados Unidos: "os novos métodos de trabalho estão indissoluvelmente ligados a um determinado modo de viver, de pensar e de sentir a vida; não é possível obter êxito num campo sem obter resultados tangíveis no outro" (Gramsci, 1989, p. 396).

Como se observou, nos bancos no Brasil não seria diferente, pois o impulso inicial era buscar uma melhor qualidade de atendimento, aliada, obviamente, com as altas taxas de lucratividade – uma das maiores do mundo –, competitividade e produtividade. É dentro desse quadro que os PQTs passam a fazer parte, de forma cada vez mais intensa, do cotidiano bancário, procurando ora incorporar, ora manipular a experiência-trabalho dos bancários. Empregando, para isso, quer seja a coerção, quer seja o consenso, em um evidente contexto de disputa de hegemonia entre banqueiros, bancários e movimento sindical.

A terceirização no setor bancário

A terceirização, prática de gestão que faz parte da reestruturação produtiva, largamente utilizada no Japão, difundiu-se pelo mundo a partir do sucesso da via japonesa e seu padrão de relações industriais e constituiu-se como uma das formas de gestão mais utilizadas pelo empresariado brasileiro, como forma de reduzir custos operacionais (Druck, 1995; Marcelino, 2004). Os empresários brasileiros afirmam que adotam a terceirização para concentrar-se naquelas atividades que seriam o centro dos seus negócios. Entretanto, a terceirização das atividades-fim, das atividades centrais da empresa, tem-se tornado uma prática comum tanto nas indústrias quanto nos serviços. Essa transferência de atividades pode assumir várias

[10] Entrevista concedida por Álvaro Gomes, 1997.

formas de acordo com o setor, a empresa, a região etc.: do trabalho em domicílio no período da Revolução Industrial às cooperativas, atualmente, passando pela rede de subcontratadas de autopeças no complexo automotivo ou, ainda, a terceirização dos serviços de apoio e, mais recentemente, a terceirização das áreas produtivas ou das atividades-fim, para constituir, por fim, a quarteirização, que significa a formação de empresa(s) terceira(s) apenas para administrar os "contratos com as terceiras" (Druck, 1997a)[11].

A terceirização no setor bancário seguiu um percurso semelhante aos outros ramos da economia. Primeiro, terceirizou-se as atividades consideradas de apoio, como vigilância, limpeza, restaurante, transporte de valores; ou seja, o argumento patronal expressava a necessidade das instituições financeiras concentrarem-se em suas atividades-fim, no caso do setor bancário: o atendimento ao cliente. Nessa direção, fazia-se necessário desvincular-se de qualquer atividade que não significasse o centro dos negócios bancários; assim, os bancos deveriam terceirizar todas as atividades que não estivessem ligadas à prestação de um bom atendimento à clientela.

Contudo, ao contrário da retórica empresarial, as atividades consideradas tipicamente bancárias também têm sido terceirizadas, tais como: processamento de dados, microfilmagem, atendimento, cobrança, compensação de cheque, transporte de valores etc. (Jinkings, 2000).

Cabe sublinhar que a terceirização no setor bancário tem apresentado uma gama diferenciada de formas: 1) empresas criadas pelo próprio grupo econômico, 2) força de trabalho temporária, 3) estágios, 4) franquias, 5) contratações de terceiros. Pelo primeiro tipo – são empresas criadas pelo próprio grupo econômico – entende-se a terceirização aqui quando um banco constitui uma empresa, controlada por ele mesmo, "para prestar serviços ao banco" ou ainda, cujo objetivo primordial seria tentar "burlar direitos trabalhistas sob a máscara da diminuição tributária" (Blanco, 1994, p. 77), onde os serviços terceirizados são: as tarefas executados nos CPDs, os serviços de digitação, o desenvolvimento de sistemas e o serviço de compensação. Mais recentemente, os serviços altamente qualificados de análise de sistemas têm sido terceirizados; com isso, os bancos eximem-se dos custos de contração e treinamento de uma força de trabalho bastante qualificada (L. Souza, 1997; Jinkings, 2000).

O segundo tipo de terceirização processa-se devido à demanda de serviços bancários que geralmente se intensifica no início do mês, pois

> a maior parte dos títulos vence [neste período] e se o volume a ser processado, digitado, preparado, for muito grande, os bancos contratam força de trabalho temporária para esse período e depois os trabalhadores voltam para as empresas prestadoras de serviços (Blanco, 1994).

No caso particular do Banco do Brasil, a direção da empresa admitiu que contrata trabalhadores terceirizados para a realização de serviço de digitação por um período de

[11] Mais recentemente, as cooperativas como mecanismo de intermediação da força de trabalho têm sido difundidas por todo o país e, segundo analistas, acompanhado o crescimento do desemprego: "As cooperativas estão se alastrando pelas mais diversas atividades, especialmente nos últimos cinco anos [...] A expansão das cooperativas no ramo de trabalho, segundo advogados, economistas e cooperados, é resultado do desemprego e da inclusão na CLT [...], em 1994, de um artigo que permite que o cooperado preste serviço a uma empresa sem vínculo empregatício" (*Folha de S.Paulo*, 7/4/2002, p. B1).

um ano; esses contratos, geralmente, são renováveis de acordo com as necessidades do banco (Rodrigues, 2001).

O terceiro tipo é o emprego de estagiários. A rigor é um tipo particular de terceirização, pois significa transferir atividades não para uma empresa terceira, mas para um indivíduo, além de representar um trabalhador de baixo custo para as empresas[12]. Os estagiários realizam atividades, na maioria dos casos, distantes da formação profissional recebida em escolas ou faculdades. No caso do Banco do Brasil[13], o comportamento tem sido este:

> Quando um estagiário chega numa empresa os piores serviços você bota para o estagiário fazer, ele nunca faz nada inerente ao curso que ele fez na faculdade. Bota lá para atender cliente chato, atender bêbado, bater carimbo. Para fazer qualquer coisa que o funcionário não quer fazer; [então], bota o estagiário para fazer.[14]

Contra esse tipo de prática, parece que o sindicato tem procurado estimular a participação de estagiários nas campanhas e mobilizações dos trabalhadores do Banco do Brasil: "Já conseguimos do banco o abono das faltas dos estagiários, em decorrência das greves no mês de julho. É isso aí, o sindicato tem que se interessar pelos problemas dos estagiários, para que esses participem do movimento dos funcionários" (*O Bizouro*, 1988).

Isto é, a ação sindical, no âmbito jurídico, tem como finalidade proteger os trabalhadores diretamente ligados ao banco e aos interesses estagiários:

> O sindicato firmou convênio com escritório de advocacia [...] com o fito de salvaguardar os interesses, enquanto trabalhadores explorados, dos "estagiários" em instituições financeiras. A princípio serão atendidos os "estagiários" ou "ex-estagiários" do Banco do Brasil, onde a modalidade de exploração é mais evidente. Depois virão os da CEF e do Baneb (*O Bizouro*, 1992).

O quarto tipo, as franquias, caracterizar-se-ia pelo uso da marca de um grande banco, para execução do chamado "lixo bancário" – "recolhimento de seguros, pagamento de pequenas contas, condomínios, captação de pequenas poupanças etc." (Blanco, 1994, p. 78); esse tipo de atividade requer muita força de trabalho e é considerado de baixa rentabilidade (Souza, 1997). Mais recentemente, tem-se verificado a transferência às casas lotéricas de serviços anteriormente realizados em agências bancárias, tais como pagamento de contas de serviços de água, luz, telefone; em alguns casos, efetuando-se serviços bancários propriamente ditos como saques em conta-corrente. Isso leva ao questionamento da

---

12 Nas reivindicações para a campanha salarial de 1988, isso já era motivo de ação do sindicato: "fim dos serviços temporários, através da mão-de-obra e de estagiários. Entendemos que esta é uma forma de treinar funcionário a custo zero para a rede privada, além de ser uma ameaça ao quadro de carreira" (*O Bizouro*, 1987).

13 Particularmente no Banco do Brasil, em 1993, os estagiários representavam 19,08% da força de trabalho concursada, lotada na carreira administrativa, e significavam 16% do total de bancários em atividade na carreira administrativa (Rodrigues, 2001).

14 Entrevista concedida por Augusto, caixa, em 9/1/2002.

especificidade do trabalho bancário, bem como das condições de trabalho e remunerações dos trabalhadores das lotéricas, visto que esses executam trabalho bancário, mas são representados pelo sindicato dos comerciários e estão sujeitos à convenção coletiva dessa categoria, que, como se sabe, tem condições de trabalho e remuneração inferiores às dos bancários.

O quinto e último, a contratação de empresas terceiras, que significa a "transferência de atividades para terceiros" (Blanco, 1994). Esse último tipo traz à tona o problema do sigilo bancário, pois o que se está terceirizando não são mais as atividades de apoio dos bancos (limpeza, vigilância, transporte), mas sim as atividades-fim, como: microfilmagem, compensação, atendimento ao público (trabalho de caixa)[15], pondo em xeque a confiabilidade do sistema, bem como a lei do sigilo bancário. Ora, se algumas das atividades tradicionalmente associadas ao setor bancário, como o trabalho de caixa, são realizadas por trabalhadores de lotéricas, qual a especificidade do trabalho bancário em caixas? Os trabalhadores em lotéricas têm as mesmas prerrogativas conquistadas pelos bancários nas campanhas salariais, tais como: jornada de trabalho, remuneração, participação nos lucros e resultados etc.? Essas mudanças, de um modo geral, parecem tornar complexa e heterogênea a construção da identidade de bancário e aumentam os desafios dos sindicatos, principalmente os de caráter político-organizativo, dificultando ainda a manutenção de direitos duramente conquistados e configurando um quadro de crescente precarização das condições de trabalho dos bancários.

Desse modo, esse processo de racionalização – que implica o incremento das práticas de terceirização, da qualidade total e do trabalho em equipe –, aliado à intensificação da automação, parece ter como conseqüência a incorporação da experiência-trabalho, visto que

> [...] hoje muitas coisas do banco, que eram feitas na agência, são feitas ou no computador ou ao nível de superintendência ou já vêm prontas. Então, não existe mais aquela necessidade do funcionário saber o que tá sendo feito ali. Eu até essa semana perguntei: [...] para a esposa, que é bancária, como é que tá o balanço? Ainda é como era? Ela me disse: não [...], hoje o sistema faz tudo, não precisa ninguém vir mais, nem para o banco. Eu me lembro, quando ingressei no banco, quando se falava em 30 de junho e 31 de dezembro, eu já cheguei a virar noite no banco trabalhando por causa do balanço. Então, quer queira, quer não, você via como é que acontecia, e de que forma ele acontecia e o que podia dar errado se alguma coisa tivesse errada. Hoje, o funcionário, ele não sabe disso.[16]

Essas transformações racionalizadoras potencializam, simultaneamente, a incorporação da experiência-trabalho constituída pelos coletivos de trabalhadores e a capacidade "destrutiva" sobre os postos de trabalho, intensificando, portanto, a insegurança, por meio do aumento do desemprego.

[15] Mais recentemente, tanto bancos privados quanto bancos públicos têm oferecido serviços por meio de redes de loterias (Caixa Econômica Federal) ou por meio dos Correios (Bradesco).

[16] Entrevista concedida por Nicolau, gerente, em 3/1/2002.

O EMPREGO E O DESEMPREGO NO SETOR BANCÁRIO

O desemprego tem se constituído, mais recentemente, no principal problema que o conjunto da classe trabalhadora tem enfrentado no seu cotidiano. Esse é um fenômeno que tem afetado os mais variados países, desde as nações de capitalismo avançado até países do Terceiro Mundo, no qual o Brasil se enquadra. Mas o desemprego não tem afetado da mesma forma os diversos grupos sociais, pois é maior entre as mulheres, negros, jovens e idosos. É resultado de uma multiplicidade de causas que vão desde a introdução de inovações tecnológicas e organizacionais em determinado setor da economia, passando pelo nível de crescimento econômico que uma nação experimenta, à crise econômica. Desse modo, o desemprego possui uma série de condicionantes, que são de ordem econômica, política, social etc. No entanto, seu traço marcadamente contemporâneo é sua natureza estrutural, em que o incremento da atividade econômica não significa necessariamente aumento do número de empregos[17].

No setor bancário brasileiro, o desemprego possui, até aqui, ao menos, duas características gerais: primeira, aumentou ou diminuiu de acordo com a variação dos índices de inflação; o que se observa, na realidade, é o incremento do estoque de emprego em períodos em que os níveis de inflação são altíssimos; segunda, as ondas de demissão têm um caráter nacional; isso se explica pelo fato de os bancos se constituírem em conglomerados de atuação em todo o país (Druck, 1997b), nos quais os ajustes sobre a força de trabalho afetam a estrutura do emprego de toda a empresa, sendo visto como uma espécie de "variável de ajuste estrutural" pelo capital financeiro brasileiro (Dieese, 1996).

No entanto, ao lado desses traços mais amplos, associam-se outros mais específicos. Se tomarmos como referência os dados abaixo (ver tabela a seguir), vamos observar que o emprego no setor bancário apresentou uma tendência de queda, seja tomando-se como referência o número de empregos em nível nacional, seja considerando-se o quadro regional. A automação, durante a década de 1990, contribuiu para reduzir o número de bancários, na medida em que suprimiu a ação direta do trabalhador numa série de atividades que caracterizam o processo de trabalho em bancos (Dieese, 1998). Ao lado da automação, a difusão das novas formas de organização e gestão do trabalho e a terceirização contribuíram para a diminuição do nível de emprego entre os bancários (Dieese, 1998).

O processo de fusões e incorporações – processo esse impulsionado pela iniciativa institucional do governo através do Proer – tem possibilitado corte de empregos, pois "a junção de duas ou mais estruturas permite eliminar os segmentos responsáveis por tarefas realizadas em duplicidade pelas instituições (p. ex., contabilidade, recursos humanos, marketing etc.)" (Dieese, 1998, p. 4). A redução de postos de trabalho também cresce devido ao desrespeito à jornada de trabalho da categoria, visto que a "realização indiscriminada de horas extras e o comissionamento de empregados diminui o número efetivo de empregos mantidos pelos bancos, *vis-à-vis* aquele que seria registrado se a jornada de trabalho fosse cumprida" (Dieese, 1998, p. 5).

---

17 Essa tendência de crescimento da produtividade do trabalho e da expansão das atividades produtivas das empresas não se faz acompanhar pelo aumento do número de trabalhadores: "Os investimentos para expansão da capacidade produtiva das indústrias [e não só elas, é bom ressaltar] não devem resultar em aumento expressivo no número de empregos" (*Folha de S.Paulo*, 3/2/2002, p. B3).

É preciso considerar que, ao lado da dinâmica própria do setor bancário, os planos de estabilização da economia provocam impactos sobre o nível de empregos entre os bancários. Entre os anos de 1990 e 1991, após a adoção do Plano Collor, que provocou a efêmera queda no índice inflacionário, os banqueiros reduziram em 15% a força de trabalho dos bancos, o que significou em termos absolutos a eliminação de 124 mil empregos. Nos dois anos seguintes, 1992 e 1993, a tendência prosseguiu, só que em ritmo mais brando, com uma redução em torno de 4% no período.

Com a implementação do Plano Real, no ano de 1994, o desemprego no setor volta a crescer, pois, "no período de três anos e meio entre o início do Plano Real e o final de 1997, foram eliminados 183 mil empregos nos bancos (–28%)" (Dieese, 1998, p. 5). Nesse contexto, os bancos públicos adotam programas de reestruturação que provocam eliminação de postos de trabalho. Por exemplo:

> Apesar da contratação de 2951 funcionários, o BB [Banco do Brasil] eliminou 4037 postos de trabalho. Estes dados revelam o decréscimo de 5,3% do número de funcionários comparativamente a 1997 [a analogia é com o ano de 1998]. O número de funcionários por agência reduziu-se de 27,5 em 1997 para 25,7 em 1998... Nos últimos 4 anos foram fechados 47.030 postos de trabalho, representando um corte de 39% no quadro de pessoal, em relação a dezembro/94 (Dieese, 1998, p. 5).

Estoque estimado de empregos no setor financeiro* — 1989-1997

	1989	1990	1991	1992	1993	1994	1995	1996	1997
RS	54.131	52.463	50.571	49.627	48.684	47.461	43.464	38.498	34.617
SC	24.183	23.353	20.944	19.749	19.540	19.304	17.835	16.026	14.661
PR	73.634	73.459	69.805	67.618	66.866	66.050	63.037	58.596	55.168
Região Sul	151.948	149.275	141.320	136.993	135.089	132.814	124.335	113.121	104.447
SP	296.829	282.120	254.770	239.305	233.340	225.444	206.242	185.818	172.999
MG	62.005	62.280	57.092	56.228	56.152	53.760	48.505	43.001	38.579
RJ	101.908	96.887	87.069	82.695	78.891	74.892	67.820	56.503	47.783
ES	11.273	11.935	11.348	10.930	10.819	10.666	9.911	8.869	7.851
Região Sudeste	472.015	453.222	410.279	389.157	379.202	364.762	332.478	294.191	267.212
BA	31.214	31.270	28.736	27.450	27.538	26.634	23.872	21.100	19.675
SE	4.776	4.820	4.589	4.525	4.508	4.439	3.921	3.210	2.760
AL	5.544	5.302	4.837	4.584	4.484	4.221	3.779	3.365	2.652
PE	23.276	22.811	20.679	18.586	17.910	17.194	15.484	12.100	10.225

PB	6.472	6.297	5.722	5.002	4.593	4.543	4.239	3.700	3.326
RN	5.356	5.157	4.737	4.470	4.345	4.240	3.777	3.206	2.960
CE	13.297	13.085	11.854	11.302	11.763	11.367	10.225	9.333	8.045
PI	3.905	3.845	3.485	3.216	3.167	3.040	2.714	2.330	2.145
MA	6.956	6.976	6.368	5.961	5.976	5.931	5.514	4.879	4.026
Região Nordeste	100.797	99.563	91.006	85.096	84.282	81.609	73.525	63.223	55.813
PA	10.471	10.033	8.927	8.283	8.139	7.924	7.255	6.246	5.698
AP	510	453	371	351	345	337	303	270	233
AM	5.273	5.363	4.871	4.421	4.279	4.170	3.709	3.286	3.053
RR	652	613	542	521	518	527	504	478	419
AC	1.665	1.601	1.409	1.352	1.362	1.312	1.230	1.019	894
RD	4.008	3.599	2.855	2.644	2.627	2.563	2.286	2.001	1.875
Região Norte	22.579	21.662	18.974	17.573	17.270	16.833	15.287	13.299	12.171
MT	10.841	10.613	9.605	8.976	9.051	9.123	8.428	7.745	7.174
MS	7.821	7.446	6.304	5.624	5.350	5.137	4.523	3.796	3.286
GO	15.955	16.248	15.035	14.194	13.996	13.916	13.478	12.426	10.615
TO	2.024	1.861	1.486	1.223	1.187	1.186	1.166	1.081	987
DF	18.473	18.683	18.168	18.424	18.822	18.156	16.703	15.432	14.440
Região Centro-Oeste	55.114	54.851	50.598	48.441	48.406	47.518	44.298	40.480	36.502
Brasil	802.451	778.573	712.178	677.260	664.249	643.536	589.922	524.313	476.144

Fonte: MTb-Caged (Lei nº 4.923/65)
Elaboração: Dieese – Linha Bancários
(*) Os valores são estimativas. A base de cálculo é o estoque em 31/12 da Rais 1995.
(Dieese, 1998).

No caso particular do Banco do Brasil, o resultado da intensificação das políticas voltadas para a maior inserção no mercado bancário significou a implantação, em 1995, do plano de demissão voluntária (PDV), cujo resultado foi a demissão de mais de 13 mil trabalhadores bancários.

Se o desemprego significa a exclusão do mercado formal de trabalho e a limitação de acesso ao consumo, o que levaria um indivíduo a pedir demissão num momento em que os níveis de desocupação estavam em crescimento, não só no setor bancário (tabela 1), mas também na economia de um modo geral? De quais estratégias esses indivíduos lançam mão após o ingresso no PDV?

Para responder a tais questões, trabalhamos com as seguintes hipóteses: 1) a elaboração e execução do PDV significa a mobilização da experiência-trabalho; 2) o PDV está inserido em um projeto de reestruturação mais amplo do Banco do Brasil, que visa à crescente privatização das suas atividades, ou melhor, mostra como um banco público se submete aos imperativos e à dinâmica próprios de uma empresa privada.

A seguir, partindo da investigação acerca do PDV, pretendemos evidenciar essa inflexão privatizante na trajetória do banco, destacando as contradições e os agentes presentes no programa de ajustes realizado pelo Banco do Brasil.

A PERVERSÃO DA EXPERIÊNCIA

Cabe neste momento mostrar, mesmo que brevemente, a finalidade do PDV da ótica da instituição, tentando articular a adoção dessa medida com o processo de reestruturação do banco. Nessa perspectiva, buscaremos expor, por meio de documentos – jornais, revistas e da cartilha sobre o PDV da própria empresa – e de entrevistas com ex-bancários e sindicalistas, como nesse processo o Banco do Brasil perverteu uma situação que deveria ser, *a priori*, de sua iniciativa e a transformou numa prerrogativa dos bancários. Desse modo, pretendemos argumentar que o plano em questão tinha como fundamento essa intrínseca inversão de perspectiva. Tal procedimento fundamenta-se na capacidade de a direção do banco ser capaz de manipular e mobilizar a experiência-trabalho dos bancários.

O PDV pretendia atingir cerca de 107 mil trabalhadores, dos quais 55 mil foram considerados elegíveis. Isto é, praticamente metade da força de trabalho do banco foi considerada apta a aderir (Rodrigues, 2001).

Ao longo da década de 1990, como resultado das políticas de racionalização de sua estrutura administrativa, aposentadorias, terceirização, informatização e planos de demissão voluntária, o Banco do Brasil foi reduzindo sua força de trabalho de modo acentuado; por exemplo, a empresa possuía em todo o país 72.350 funcionários – enquanto em 1995 tinha aproximadamente 115 mil –, dos quais 25.323 eram mulheres, representando 35% do total de trabalhadores, e 47.027 eram homens, o que significava cerca de 65% da força de trabalho do banco. Do universo feminino, 20% ocupavam cargos de chefia (Dieese, 1999). Na Bahia, o quadro se constituía de 4.175 funcionários; desse total 2.684 eram homens e 1.491 eram mulheres (Banco do Brasil, 1999), sendo 64% e 36% respectivamente no estado, acompanhando a composição por gênero em nível nacional.

A força de trabalho do Banco do Brasil acompanha, em termos de qualificação formal, os outros bancos brasileiros. O nível de remuneração e benefício no banco estudado constitui-se entre os melhores recebidos pela categoria bancária[18]. Assim, o *locus* da pesquisa

[18] Vale lembrar que, devido ao intenso processo de degradação salarial experimentado pela força de trabalho no país, e do Banco do Brasil em particular, durante a década de 1990, os níveis de remuneração e benefício conquistados pelos trabalhadores desse banco se aproximam cada vez mais daqueles pagos por outras instituições financeiras.

é uma instituição que tem um perfil singular em relação aos demais bancos do sistema financeiro nacional, primeiro pelos elementos citados acima, segundo por tratar-se de um banco público, estando à mercê das ingerências políticas de quem exerce o poder estatal no momento e, o mais importante, por ter sido palco de uma experiência singular para um segmento expressivo da classe trabalhadora brasileira, o PDV.

Assim, a dinâmica dos acontecimentos que conformaram o PDV deve ser vista no quadro de mudanças que vinham sendo adotadas no interior do banco desde o início da década de 1990. As medidas que modificavam o clima interno à empresa configuravam um ambiente de trabalho tenso, no qual as expectativas e ansiedades em relação ao futuro da empresa e da carreira individual de cada trabalhador acirravam o sentimento de insegurança e medo.

O objetivo aqui é realçar e compreender essa processualidade tensa e contraditória, como práticas fundadas em ideais de colaboração e de parceria adotadas nos locais de trabalho, buscando, em casos extremos, como nos processos de demissão, mobilizar a subjetividade dos trabalhadores para fazer convergir, ou melhor, subsumir, os desejos, necessidades, expectativas e interesses dos trabalhadores bancários nos interesses e necessidades da empresa. Cremos que essa ofensiva presente nos processos de demissão dessa natureza baseia-se na lógica da perversão[19]; a lógica imanente do processo de demissão desse tipo opera sob o signo da inversão. Sublinhamos, desde já, que a idéia de perversão adotada não se resume à conotação moral de maldade e/ou depravação, mas tem o sentido de mostrar como o banco buscava inverter e realizar a mudança que era de seu interesse como uma iniciativa de proveito e ganho dos trabalhadores[20].

O Programa de Ajustes do Banco do Brasil

Em 1986, depois da campanha das Diretas-Já, o Banco do Brasil perde a conta-movimento. Com essa conta, o banco tinha a possibilidade de usar os recursos do governo federal – "uma espécie de caixa do governo" (Rodrigues, 2001) para investir em programas sociais, especialmente o financiamento agrícola. A perda da conta-movimento trará sérias implicações administrativas e de gestão, cujo desfecho será redefinir toda a "cultura organizacional" da instituição[21], seus objetivos como banco público, sua relação com os bancários, com o Tesouro Nacional, com o Banco Central e com a clientela. Assim define um ex-bancário quando indagado sobre as modificações sofridas pelo banco naquele período: "[...] eu diria que a principal delas [as modificações], o que transformou o banco

---

19 Na psicanálise, perversão, na maioria das vezes, é definida desta forma: "Desvio em relação ao ato sexual 'normal', definido este como o coito que visa a obtenção do orgasmo por penetração genital, com uma pessoa do sexo oposto. [Deste modo] é difícil conceber a noção de perversão sem ser em relação a uma norma" (Laplanche e Pontalis, 1970, p. 432). No entanto, a perversão deve ser vista, antes de mais nada, como a fixação numa determinada fase do desenvolvimento da sexualidade (ibidem); ver ainda Doron e Parot (1998, p. 588), Durozoi e Roussel (1993, p. 361-2). O sentido que pretendemos atribuir a esse termo, como se verá adiante, é outro.

20 A idéia de perversão aqui não se resume à conotação moral de maldade e/ou depravação, mas tem o sentido de inversão, ou seja, de realizar a mudança que é de interesse de uma instituição e construindo isso como uma iniciativa, uma contribuição dos sujeitos que seriam afetados pela transformação levada a cabo pela empresa.

21 Como salienta Rodrigues (2001): "as instituições [ao contrário das organizações] se constituem em espaços específicos onde se produz, mesmo que minimamente, um consenso em torno de realizações que têm como fim a coletividade" (ibidem, p. 219, 267).

no que ele é hoje foi a perda da conta-movimento. Tudo que desencadeou depois foi em função da perda desta conta"[22].

A partir desse momento, o banco passa a disputar fatias do mercado como qualquer outra instituição financeira. Essa guinada comercial teve como decorrência a adoção de uma série de práticas e condutas típicas de bancos privados. A perda da conta-movimento, portanto, acentuou a dupla função das atividades do banco: quer atuando como empresa privada, condicionada pelos imperativos de lucratividade determinados pela concorrência entre os bancos, quer atuando como empresa pública cuja racionalidade e cujos objetivos sociais nem sempre se coadunam com a dinâmica mercantil. Essa situação aparentemente ambígua tem sido terreno, tanto dentro quanto fora do banco, de debates e disputas sobre os rumos mais adequados às suas atividades, ou seja, se deve ser aprofundada sua face privada ou pública (Rodrigues, 2001)[23]. Parece, todavia, que o processo de racionalização de sua estrutura administrativa e, posteriormente, o programa de ajustes adotado priorizaram uma ação claramente mercantil para o Banco do Brasil, visto que impulsionou a "trajetória de perda de funções nas finanças públicas e a progressiva redução do seu papel como instrumento de política econômica nacional" (Jinkings, 2000, p. 284).

Em 1989, aprofundando o processo de racionalização, o banco lançou o programa "Novo Rosto"[24], uma tentativa de adequar a instituição aos padrões de concorrência estabelecidos pelo mercado. Buscava-se internamente diminuir o número de cargos comissionados de nível médio e reduzir as gerências das agências (Rodrigues, 2001), além de introduzir a idéia de suporte zero "que significava deslocar para dezenas de Cesecs [Centro de Serviços e Comunicações][25], que seriam criados, todos os serviços de retaguarda que eram realizados nas agências, com ganho de escala e dispensa de mão-de-obra" (Neves, 1998, p. 371). Externamente, a meta era diluir de modo crescente a imagem de banco social, atuando como uma instituição comercial.

Convergindo para essas transformações e avançando o processo de racionalização administrativa, foi lançado o NMOA (Novo Modelo Organizacional de Agências), cujo objetivo era segmentar as agências em dois níveis: suporte e atendimento cujas finalidades eram focalizar a ação no cliente, a partir de quatro elementos: 1) valorização do cliente; 2) interação com as comunidades onde o banco estava inserido; 3) valorização do funcionário;

22 Entrevista concedida por Nicolau, gerente, em 3/1/2002. Em outra entrevista, a perda da conta-movimento é definida como um evento marcante, mas que não recebeu a devida atenção da instituição e dos trabalhadores do banco (Manoel, 15/1/2002). Os entrevistados serão identificados apenas por nomes fictícios. Isso se faz necessário para não expor de modo inoportuno essas pessoas, devido à natureza dos depoimentos que nos foram concedidos e das relações que algumas delas ainda mantêm com o banco.

23 "O Banco do Brasil é uma instituição que se apóia com um pé no mercado e o outro na sociedade, e que não pode, portanto, levar em conta apenas os critérios do mercado para fazer suas mudanças" (Souza, 1995; ver ainda Gushiken, 1995).

24 Essa iniciativa é vista como o grande tropeço entre a instituição e os funcionários, o momento em que talvez se tenha iniciado o processo de ruptura da confiança entre o banco e os funcionários (Ibidem).

25 "Os Cesecs eram centros de processamento de dados e de serviços criados na década de 1980, que [...] haviam se tornado unidades semelhantes a grandes fábricas, que atendiam os serviços de várias agências valendo-se de um modelo fordista-taylorista de divisão do processo de trabalho, o que produzia uma forte economia de escala" (Rodrigues, 2001, p. 186).

4) autodesenvolvimento organizacional (Pereira, 1996; Ramos, 2002). Esse "novo modelo", o NMOA,

> [...] trouxe um "novo rosto", uma nova organização onde se pensava numa maneira diferente de se distribuir as cargas de trabalho, de se distribuir a estrutura das agências. Eu acho que foi uma mudança que tentou, mas não conseguiu [...] conscientizar o funcionalismo, conscientizar as administrações principalmente e fazer uma administração mais participativa. Houve muita tentativa, acho que mal direcionada, e realmente não atingiu o objetivo. Filosoficamente eu achava excelente, como resultado eu achei que... foi uma coisa que se gastou muito, mas com pouco resultado; [a relação] – custo benefício não foi compatível.[26]

O depoimento descrito acima foi colhido de um funcionário que ocupava um importante cargo na estrutura da instituição (auditor) e foi um dos idealizadores e implementadores desse programa. Assim, explica-se o "tom" favorável à "filosofia", mesmo que, simultaneamente, ele não deixe de reconhecer as contradições, a resistência dos trabalhadores e a necessidade de sua adesão para que a nova proposição obtivesse êxito. No entanto, ele não cita a principal finalidade do NMOA: este "buscava a racionalização dos serviços. Pouco interessava, talvez, aos gestores do banco, a racionalização dos serviços. De repente criaram esse novo modelo organizacional de agência", cuja meta era "trabalhar de uma forma que a eficiência seja prioritária. Então, lançou-se esse projeto. Aquilo que eu fazia, por exemplo, e usava dez minutos tinha que fazer usando dois, três e com qualidade e com competitividade". Nesse sentido, o objetivo do NMOA era "racionalizar serviços, maximizar resultados [...] ter o melhor resultado possível, reduzir custos. Os objetivos do NMOA eram diversos" (Edgar, caixa, 24/1/2002), além de identificar e fechar as agências e serviços considerados deficitários.

Avançando o processo de reestruturação no banco, ocorre, em 1995, o PDV[27], visto como uma das principais mudanças realizadas nas formas de gestão do banco, pois permitiu que a instituição reduzisse seu quadro de pessoal, até então diminuído apenas por meio de aposentadorias. O que estimulou o banco a adotar tal relação com seus funcionários em sua "nova" forma organizacional foi a necessidade de garantir a sobrevivência da instituição e, sobretudo, a sua permanência como banco comercial. O resultado foi traumático: "quebrou uma relação muito afetiva", houve, portanto, a "transformação da relação profissional" (Silva, 1999). Nesse processo, o banco perdeu quadros técnicos nos quais havia investido em (re)qualificação por meio de cursos e treinamento, o que representou a perda de "muitos bons funcionários" (João, gerente, 22/1/2002).

Assim, o PDV pode ser visto também como um empobrecimento da "cultura tecno-organizacional" da empresa. Ao mesmo tempo em que procurava reduzir o número de trabalhadores do seu quadro e o impacto da folha de pagamento sobre seus custos, o banco anunciou o fechamento de agências e o fim de operações consideradas deficitárias, além de ter iniciado um processo de transferência de funcionários como forma de adequar o seu tamanho, o volume de trabalho nas suas dependências ao número de trabalhadores.

---

26 Entrevista concedida por Manoel em 15/1/2002.

27 Na *homepage* do banco na internet, no item sobre sua história, o PDV aparece como o principal acontecimento de 1995.

Nesse contexto de profundas mudanças, são adotadas práticas de gestão como qualidade total e terceirização, nas quais são transferidos os serviços de digitação, processamento e consultoria ["o PDV foi feito por consultoria" (João, gerente, 22/1/2002)][28].

O motivo que levou à utilização da terceirização foi o princípio da redução de custos, pois "um digitador terceirizado é mais barato que um do próprio banco" (Silva, 1999). Porém, a partir da transferência desses serviços detectaram-se queda na qualidade dos serviços e problemas de relacionamento entre estagiários e funcionários, já que estes não confiavam nas informações fornecidas por aqueles[29].

Simultaneamente à reengenharia[30], aprofundando as transformações organizacionais, o banco adota os programas de qualidade total (PQT's). A implementação dos programas de qualidade foi realizada, no caso da Bahia, com instrutores da Universidade Federal da Bahia, a ação conjunta com universidades parece ter caracterizado, em grande parte, o processo de adoção destes programas no interior do banco: "O Programa de Qualidade Total do Banco do Brasil (PQTBB) foi lançado em 15 de agosto de 1992, a partir de um trabalho desenvolvido pela Universidade de São Paulo (USP), por intermédio da Fundação Carlos Alberto Vanzolini, vinculada àquela Universidade" (Ramos, 2002, p. 7). O objetivo do programa de qualidade do banco[31] estava voltado para atuação competitiva e a obtenção do reconhecimento pela comunidade da sua ação como instrumento de desenvolvimento social e econômico. Isso seria atingido se a empresa conseguisse satisfazer as necessidades dos seus clientes, porém a adoção desse programa também tinha como finalidade alcançar as "premiações vinculadas às certificações estabelecidas pela norma 'ISO 9004'" (Ibidem, p. 10).

A motivação para adoção dos PQTs no banco era obrigar os funcionários a cumprir as normas e metas. No entanto, os problemas identificados foram diversos: os recursos financeiros que poderiam ter sido alocados em outros projetos, o não-envolvimento dos funcionários com os programas, visto que a adesão ao PQT não se deu de maneira espontânea. A participação dos trabalhadores nos programas ocorria muito mais pelo medo de que a recusa em contribuir com estes "pudesse ser interpretada como falta de compromisso com a empresa e ser o fato utilizado para futuras punições" (Rodrigues, 2001, p. 476). Como pudemos constatar, nos programas de qualidade no setor bancário, não obstante a pretensão do envolvimento ativo dos trabalhadores, as empresas utilizam mecanismos de coerção de modo igualmente intenso (Jinkings, 2000).

Aprofundando o processo de racionalização, no pós-PDV, por meio da criação do programa de adequação de quadros (PAQ), cuja finalidade era adequar o volume de serviços das unidades ao número de trabalhadores considerado ideal pela administração do banco,

---

28 Em entrevista com um bancário que ingressou no PDV, ele ressaltou que três dias antes de aderir ao plano tinha acabado de fazer um curso de administração, tipo MBA, na USP. Ele refere-se à contratação, sem licitação, da empresa Drake Bean Morin por R$ 2 milhões pela diretoria do Banco do Brasil (*Folha de S.Paulo*, 6/7/1995).

29 Essa relação de desconfiança talvez possa ser explicada pelo excessivo número de estagiários nas dependências do banco, eles representavam: 67,99% nos Cesecs, 31,76% nas agências e 0,25% nos órgãos regionais (Rodrigues, 2001).

30 Esta era assim apresentada: "Falava-se de *reengenharia* do Setor Público, sobretudo de privatizações, vistas essas como opções de modernidade e avanço em direção ao futuro" (Rodrigues, 2001, p. 399).

31 Segundo Ramos (2002), a implementação do programa de qualidade ficou a cargo da Diretoria de Recursos Tecnológicos (Ditec).

previu-se a transferência e estabeleceu-se ainda a demissão de funcionários em condições inferiores àquelas oferecidas no PDV de 1995. Esse programa foi implementado ao mesmo tempo em que se intensificava a informatização no interior da empresa. Desse modo, as unidades de atendimento que apresentavam número insuficiente de pessoal para atendimento tiveram uma nova redução do universo de trabalhadores, devido, nesse momento, à automação (Rodrigues, 2001).

No mesmo instante em que racionalizava sua estrutura administrativa, a direção do banco estabeleceu uma nova estrutura de cargos e salários, estimulando as formas de remuneração variável baseadas em metas de produtividade. Isso teve como decorrência a racionalização do salário, articulando a remuneração ao desempenho estipulado para o trabalhador, ou seja, o bancário passa a ser responsável pelo salário que recebe, operando-se, em tal caso, uma completa inversão, ou melhor, perversão, de seus rendimentos mensais. Essa inversão realiza-se em detrimento, vale ressaltar, da própria remuneração, pois os ganhos alcançados por meio de metas de produtividade não são incorporados aos salários para efeito de aposentadoria, férias, verbas de rescisão (Jinkings, 2000; Rodrigues, 2001).

O programa de reestruturação do Banco do Brasil e o plano de demissão voluntária

De acordo com textos, entrevistas e documentos da direção do Banco do Brasil, o plano de demissão voluntária faria parte de um amplo processo de saneamento da instituição, que, naquele momento, apresentava prejuízo. Esse processo de ajuste previa alguns passos. Primeiro, a cobrança das dívidas que a União, as instituições públicas[32] e as empresas privadas tinham com o banco. Segundo, um redimensionamento do número de empregados, isto é, adequar o número de trabalhadores a uma "realidade de mercado", dimensionar o banco "nos moldes de uma empresa privada": "o programa de demissão voluntária é a segunda etapa do plano de reestruturação feito pelo atual presidente do BB, Paulo César Ximenes. Começou com a cobrança de dívidas atrasadas dos caloteiros do banco e deve incluir o fechamento [...] de 104 agências" (*Veja*, 5/7/1995). Terceiro, fechar agências e operações consideradas deficitárias. Quarto, um redimensionamento do quadro de trabalhadores no interior da instituição por meio de transferências "voluntárias", em um primeiro momento, e compulsórias posteriormente.

Como salienta Rodrigues (2001), essa orientação para o mercado, que caracterizou a gestão do presidente do Banco do Brasil à época, nem sempre deixou de ser dúbia. Pois, logo após ter tomado posse na presidência do banco, Paulo César Ximenes afirmou que pretendia dar maior liberdade à empresa e ampliar o espaço de atuação da instituição por meio de um contrato de gestão. Essa perspectiva foi imediatamente deixada de lado, acentuando-se, a partir de então, as atividades e concepções típicas de bancos comerciais, tais como: busca de lucratividade, fechamento de agências consideradas deficitárias, redução de custos com a força de trabalho e a adoção de demissões como um elemento das relações de trabalho – como o plano de demissão voluntária.

Rodrigues (2001) defende a tese de que o plano não tinha como objetivo apenas reduzir o quadro de funcionários, mas também transformar a "cultura" no interior do

32 "União só pagará parte da dívida ao BB" (*Folha de S.Paulo*, 8/6/1995).

banco. Nesse sentido, seria fundamental desmontar um dos valores sobre o quais estava construída a identidade funcional dos trabalhadores do banco: a estabilidade. Compreende-se, assim, o significado de afirmações como estas: "para o presidente do BB, 'está na hora de acabar com a estabilidade do banco', uma garantia que o funcionário nunca teve de direito, segundo ele, mas teve de fato" (*A Tarde*, 12/7/1995) e a reação resignada de um funcionário do banco: "É duro estar levando a vida crente que tínhamos estabilidade no emprego e ver tudo desmoronar de uma hora para outra", afirmou um funcionário da agência da Pituba [bairro de classe média de Salvador], onde é grande o número de clientes que manifestam solidariedade (*A Tarde*, 8/7/1995). Esta tese – a mudança da "cultura organizacional" – converge com a avaliação do dirigente sindical que, em entrevista, assim se posicionou:

> O próprio plano de demissão voluntária foi colocado no Banco do Brasil [...], foi gestado de cima para baixo, no qual o banco tinha interesse de "quebrar" uma cultura do Banco do Brasil, no qual se tinha uma relação cordial, entre o funcionário e o banco. Uma relação fraterna entre o funcionalismo com a administração da empresa, isso foi arrebentado no momento que foi colocado o PDV.[33]

A mudança na "cultura organizacional" – isto é, a transformação das práticas processualmente cristalizadas no interior do banco – mediante a "quebra" da estabilidade, tinha dupla conseqüência política. Internamente pretendia diluir um dos valores que reforçavam a identidade e a trajetória dos trabalhadores. Externamente mostrava à sociedade que a "quebra" da estabilidade, um dos elementos fundamentais da reforma do Estado implementada pelo governo FHC, era um sinal de modernidade e progresso que se pretendia adotar no país. Para alcançar esse objetivo, foram empregados vários mecanismos de convencimento e de coerção[34], com amplo apoio dos meios de comunicação onde os funcionários (públicos) em geral, e os trabalhadores do Banco do Brasil, em particular, eram caracterizados como privilegiados, corporativistas e "dinossauros burocráticos" (Rodrigues, 2001).

Desse modo, podem-se compreender as mudanças e reestruturações realizadas em empresas públicas, tais quais as ocorridas no Banco do Brasil, como parte integrante da reforma do Estado que as forças políticas articuladas em torno do governo FHC pretendia impor ao país (Rodrigues, 2001).

O processo de reestruturação do banco apontava em duas direções: mostrando a inevitabilidade das mudanças[35] e a necessidade de reduzir os gastos com a folha de pagamento. De fato, entre os 25 pontos que faziam parte do programa de ajustes, as primeiras iniciativas foram direcionadas à redução de gasto com a folha de pagamento (Rodrigues, 2001). De acordo com Paulo César Ximenes, presidente da instituição na época:

---

33 Entrevista concedida por Gregório, em 23/3/1999.

34 Como forma de reter as iniciativas de resistência dos funcionários públicos contra as propostas da reforma administrativa e "mostrando a determinação de deter as mobilizações no setor público e estatal, o governo, através de projeto do ministro Bresser-Pereira, propôs a proibição de greves de funcionários públicos" (Rodrigues, 2001, p. 406).

35 " [...] 'o ajuste é inevitável, terá que ser feito de qualquer maneira', admitiu o diretor de Recursos Humanos, João Batista de Camargo" (*Correio da Bahia*, 30/6/1995).

O Banco do Brasil gasta muito com pessoal. A despesa do BB com seus funcionários chega a representar 82% de todos os gastos do banco. São R$ 450 milhões por mês. Com uma despesa tão alta, o BB não consegue a eficiência e a produtividade necessária para competir em igualdade com as demais instituições do mercado (Ferreira, 1995).

O objetivo era gastar em torno de 60% a 65% com a folha de pagamento e, além disso, reorientar a atuação do banco no sentido de dar lucro, pois, como foi anunciado na cartilha que a instituição distribuiu à época da adoção do PDV, ele "está cada vez mais se colocando como 'banco de mercado'" (Banco do Brasil, 1995). Ainda nas palavras do presidente do banco:

Mudamos a maneira do banco atuar, buscando o lucro e acabando com os pontos que causam déficit – disse, acrescentando que a obrigação do banco é ser eficiente. [...] o BB busca ter um gasto com a folha de pessoal entre 60% a 65% em relação às despesas administrativas (*A Tarde*, 6/7/1995).

A direção sabia que o avanço do processo de racionalização – mudanças organizacionais e tecnológicas – adotado pelo banco, na medida em que se baseava nos princípios de lucratividade e competitividade, tenderia à redução do número de bancários:

[...] a empresa vem acumulando enormes prejuízos, e a folha de pagamento – que consome mais de 6 bilhões por ano com salários, encargos e aposentadorias – é um dos fatores de agravamento desse desempenho. *Em paralelo, diversos programas de automação e agilização de processos farão o banco prescindir de expressivo número de funcionários* (Banco do Brasil, 1995a, grifo nosso).

O banco procurou ainda fechar agências, transferir funcionários[36], eliminar procedimentos considerados deficitários e fechar centros de processamento, pois a meta era "reduzir de 10 para 3 os centros de processamento de dados [...], [e] extinguir 800 cargos técnicos altamente qualificados" (*A Tarde*, 4/7/1995). Ao mesmo tempo, a transferência de funcionários, como política administrativa do banco, tinha como finalidade deslocar 7500 funcionários entre suas unidades. O procedimento anunciado tinha a mesma lógica do PDV: primeiramente haveria um período de transferências "voluntárias", para posteriormente o banco realizá-las de modo compulsório: "[...] o banco iniciou a transferência de funcionários das agências fechadas ou de Estados onde considera excessivo o número de bancários. As transferências estão sendo feitas a pedido. A partir de 7 de agosto serão compulsórias" (Souza, 1995; ver ainda: *Correio da Bahia*, 3/8/1995; Rodrigues, 2001). De acordo com a pesquisa encomendada pela Anabb, o programa de transferência do Banco do Brasil foi realizado de forma autoritária, no qual os espaços de negociação e iniciativa eram mínimos, pois para os trabalhadores esse programa apresentava-se "como fato consumado e ao participante restou a 'necessidade' de se adaptar da melhor forma possível" (WHO, 1996a, p. 12).

36 "O banco iniciou um grande movimento de transferências de funcionários, como parte do programa de redução de quadros nas agências e os excedentes em todo o país foram convidados a buscar colocação nas agências onde houvesse vagas e se transferir para as localidades no prazo de uma semana" (Rodrigues, 2001, p. 112).

Como esse processo de racionalização estava baseado nos números considerados ideais pelos bancos privados, "caso o quadro de cada dependência não [fosse] adequado, com preenchimento das vagas ou transferências dos excedentes, a diretoria [passaria] para a fase seguinte, que [seria] a mudança compulsória de uma agência para outra" (*Correio da Bahia*, 29/7/1995)[37].

Uma indagação deve ser feita neste momento: como reagiram os funcionários do banco? O questionamento não era necessariamente contra as mudanças em si, mas contra as formas e os procedimentos praticados: "[...] não sou contra o programa de ajuste da instituição, pois toda empresa decide o seu futuro, mas condeno os critérios adotados" (*A Tarde*, 16/7/1995), disse uma funcionária do banco do Rio de Janeiro. E esse programa de ajuste previa uma nova conduta em relação aos seus funcionários e devedores, na qual seria realizada uma campanha que "estimulará seus funcionários, através da concessão de prêmios e viagens, a cobrar dos inadimplentes os R$ 6 bilhões devidos à instituição" (*Correio da Bahia*, 7/8/1995; *A Tarde*, 29/8/1995). Essa conduta adotada pelo banco em relação aos clientes exigia, ao mesmo tempo, um novo comportamento e novas práticas de seus trabalhadores:

> Ele [o gerente] me tirou da minha carteira fixa e me mandou para trabalhar na rua. Porque o índice de inadimplência estava perigoso [...] Ele me botou para fazer uma coisa que ninguém faz, eu não conheço casos no Banco do Brasil. Para fazer cobrança "tête-à-tête": ir lá, você está devendo, chegar na sua casa e, as vezes, isso me botava numa condição muito difícil. Porque eu tinha que ir "pegar" o cara meio-dia ou então à noite. Eu tinha que chegar lá conversar, negociar a dívida. Você não pode ir meter a "faca" e dizer: "eu quero o dinheiro".[38]

Ao mesmo tempo em que promovia transferências e demissões, o banco passava a exigir um nível mínimo de renda que, em muitos casos, é bem superior ao exigido por bancos privados, o que já representava um aprofundamento da orientação para o mercado, pois, como se sabe, os agentes deste operam de modo seletivo, atuando onde é mais lucrativo; na verdade, essa orientação buscava se concentrar nos segmentos de maior renda, operando especialmente sobre uma fatia da clientela ainda mais elitizada. Nesse sentido, a distância entre os objetivos sociais e os de mercado vão progressivamente aumentando:

> A reestruturação por que passa o Banco do Brasil (BB) não está restrita à desativação de agências e ao enxugamento do quadro de pessoal. Criado sob a alcunha de banco social, o BB também vem fechando o cerco à clientela de baixa renda, a exemplo do que já acontece há mais tempo na rede bancária privada. Os donos das chamadas contas deficitárias – que apresentam baixo movimento e cujas receitas não cobrem os custos de administração – estão sendo informados de que poderão perder o direito ao talonário de cheques, caso não melhorem o perfil do seu relacionamento com o banco (*A Tarde*, 18/7/1995).

---

37 Segundo pesquisa encomendada pela Anabb, o perfil dos trabalhadores era de: homens (74%) e mulheres (26%), com idade acima de 36 anos (64%) ou entre 25 e 35 anos (39%); em relação à escolaridade, 59% tinham terminado o segundo grau ou cursado, e não concluído, um curso superior; 37% possuíam diploma de curso superior (WHO, 1996a).

38 Entrevista concedida por Hugo em 6/1/2002.

No seu programa de reestruturação, o fechamento de agências adquiriu também importância estratégica. Nesse processo, à medida que anunciava o plano de demissão voluntária, o banco planejava fechar 104 agências. Na Bahia, estado mais afetado por tal política, a previsão era paralisar as atividades de 29 agências, sete delas em Salvador, das quais três estavam localizadas em bairros pobres, tais como: Paripe (subúrbio ferroviário), São Caetano e São Cristóvão. Enquanto as outras agências estavam localizadas em bairros considerados comerciais ou tidos como de "classe média".

Na Bahia, a extensão das mobilizações talvez se deva ao número significativo de agências que seriam fechadas e aos impactos que trariam às comunidades atingidas. Em Queimadas, município com população pouco superior a 50 mil habitantes, por exemplo, a mobilização contra as medidas adotadas pelo Banco do Brasil, especialmente a redução do número de funcionários da agência local, era coordenada pelo prefeito da cidade (*Tribuna da Bahia*, 21/7/1995):

> O prefeito de Queimadas, Edivaldo Caires, que vem coordenando um movimento de protesto – deve inclusive ir ao governador Paulo Souto [PFL] pedir sua intervenção para reverter a decisão tendo em vista que "a pretensão do Banco do Brasil é um crime contra a população, principalmente, contra aposentados e pensionistas" (Ibidem).

O prefeito foi solicitar ajuda e intervenção a quem era aliado e agente político na Bahia do projeto que vinha sendo adotado em nível nacional, e parecia esquecer voluntária ou involuntariamente, sobretudo, que esse mesmo governo – do grupo político de Antonio Carlos Magalhães – estava fazendo o mesmo com os bancários do Banco do Estado da Bahia (Baneb).

No momento em que anunciou o plano, a diretoria do banco distribuiu entre os funcionários uma cartilha explicando os motivos que o levaram a adotar uma prática até então inédita em sua história, pois, de acordo com o documento: "desligar funcionário não faz parte da tradição do Banco e por isso pode causar perplexidade" (Banco do Brasil, 1995a). O que levou a direção do banco a adotar tal medida foi sua crença de que a instituição estava mudando, visto que é assim que inicia a cartilha: "O banco está mudando" (Banco do Brasil, 1995a)[39].

Todavia, alguns questionamentos são necessários: está mudando para que e para quem? Por quê? Como está mudando? Quem está realizando essa mudança? Para onde está mudando? O objetivo, pela leitura da documentação consultada, é sobreviver e continuar com os empregados que são essenciais ao desempenho lucrativo do banco:

> Ao contrário de apenas incentivar suas atividades como um banco estatal, *a ordem é tornar sua estrutura o mais ágil e competitiva possível*, procurando mantê-lo útil à população, mas, ao mesmo tempo, *exigindo que sua postura empresarial, bem como seus produtos e serviços, estejam no mesmo nível dos concorrentes da iniciativa privada* (Ferreira, 1995, grifo nosso).

Essas palavras do presidente do banco já apontam, naquela ocasião, o caminho por onde deviam ser conduzidas as mudanças. E mais adiante, no texto, diz: "[...] *espera-se poder desonerar um pouco mais o governo*, de forma que possa concentrar o

---

39 Sobre o uso impreciso e ideológico do conceito de mudança (Rodrigues, 2001, p. 115-27).

direcionamento de seus recursos para as áreas de maior prioridade social, em vez de precisar custear investimentos em empresas públicas" (Ferreira, 1995, grifo nosso). Observa-se que uma primeira inversão ou perversão já é operada aqui. Se atentarmos para a notícia veiculada acima (*Folha de S.Paulo*, 8/6/1995), era o governo que onerava o banco, e não o banco ao governo. Segundo essa mesma fonte, a dívida da União (leia-se governo federal) era de R$ 3,75 bilhões[40]. Vale lembrar que um dos motivos para implementação do PDV seria o prejuízo de R$ 1,7 bilhão, em maio de 1995 (Banco do Brasil, 1995a). Essa forma astuta de inverter as situações ocorrerá outras vezes, como mostraremos. No entanto, quem o banco desejava atingir? Quais eram os bancários

Condições do PDV de 1995

	Períodos e incentivos
Adesão	3/7 a 14/7/95 (duração de 11 dias)
Rescisão	31/7/95
Salários/ano	Até 15 anos: 30% do vencimento padrão (VP) + anuênio + gratificação por ano. Entre 16 e 20 anos: a indenização anterior e 50% por ano do tempo excedente+ de 20 anos: a indenização anterior e 100% por ano do tempo excedente
Indenização	Saque de 98% da PreviVerbas legais de rescisão imotivada do contrato
Outros	Para funcionário com + de 15 anos, prorrogação das contribuições patronais e funcionais à Previ por até 60 meses, para efeito de complementação de aposentadoria. Prorrogação por 18 meses (da data de rescisão) da assistência médica, para titular e dependente. Licença-prêmio proporcional de 1,5 dia por mês trabalhado. Orientação profissional para os desligados
Elegibilidade	Funcionário nas seguintes condições: posto efetivo a partir de 12 anos de banco. Caixa executivo e comissionados de execução a partir de 14 anos. Gerência média e administradores: gerente de suporte e chefe adjunto de Cesec com 17 anos ou mais. Serviço técnico-científico e serviços auxiliares com qualquer tempo de trabalho. Funcionários que não se encontrarem em situação de estabilidade ou em processo administrativo de demissão

Fonte: Dieese, 1997b (modificado).

[40] Do total dessa dívida, o governo só reconhecia R$ 2,2 bilhões.

que deveriam colaborar para que a instituição se tornasse "ágil e competitiva"? A resposta está no quadro da página ao lado.

Observa-se no quadro que os potenciais "premiados" eram os funcionários[41] que, segundo a direção do banco, possuíam mais de doze anos de trabalho na instituição e não conseguiram fazer carreira na empresa. Entretanto, ao mesmo tempo, não é dito que os critérios de promoção, em muitos casos, obedeciam a considerações meramente políticas[42], portanto não é sustentável o argumento de que a ascensão no interior da empresa dependia tão-somente do esforço individual do trabalhador, mas essa parece ser a crença do presidente da instituição na época: "Ximenes disse que o funcionário 'tem que fazer, perseguir a carreira'" (*A Tarde*, 6/7/1995).

Aliás, parece que a percepção da instituição administrada a partir da lógica do favor encontrava eco fora do banco:

> A política de redução de pessoal do BB também pretende romper com a tradição de os bancos estatais serem usados como cabide de emprego pelos políticos. Entre 1993 e 1994, no governo de Itamar Franco, o Banco do Brasil contratou mais de 9000 funcionários, o equivalente a cinco vezes o quadro de empregados do Citibank no país (*Veja*, 5/7/1995).[43]

Cabe sublinhar, por um lado, que a contratação de funcionários é realizada mediante concurso público e, por outro, que a analogia não faz sentido pelo simples fato de comparar um banco estatal – caracterizado por uma rede espalhada por todo o país e, portanto, com necessidade de uso mais intensivo de força de trabalho – com um banco privado estrangeiro que na ocasião ainda não podia expandir suas agências devido às restrições constitucionais, além de conduzir uma estratégia de mercado privilegiando os segmentos sociais de maior renda.

Portanto, parece que a direção do banco, com a finalidade de conseguir legitimidade perante a sociedade, contribuía para difundir a crença de que os funcionários e as empresas públicas são demasiadamente ineficazes e condescendentes com trabalhadores pouco aplicados.

O respaldo político concedido pelo presidente da República ao processo de reestruturação do banco e às ações da diretoria permitia que esta utilizasse a ameaça para pressionar os trabalhadores que porventura estivessem em dúvida em aderir, pois, por mais de uma vez em vários jornais e revistas (*IstoÉ*, 19/7/1995; *Folha de S.Paulo*, 25/7/1995; *Tribuna da Bahia*, 14/7/1995), reiterava-se que, se não fosse atingida a meta inicialmente estabelecida, entre

---

41 O banco se reservou o direito de analisar o pedido de demissão de 41 funcionários, pois estes haviam realizado mestrado e/ou doutorado financiado e não tinham completado o prazo mínimo de carência requerido pela instituição (*Correio da Bahia*, 25/7/995; *Folha de S.Paulo*, 25/7/1995).

42 Os critérios de promoção calcados em escolhas políticas traziam descontentamento e revolta, precipitando a saída de alguns deles: "O banco estava promovendo pessoas que não tinham o perfil adequado em detrimento daquelas que eram capacitadas, isso gerou insatisfação" (Ivan, 29/7/1999). No mesmo sentido, aponta este bancário: "Influências externas. O Banco do Brasil tem um estatuto onde está definido os seus objetivos e suas funções. O [banco] começa a deferir créditos por conta de pedidos políticos, quando, na realidade [...] tem que definir a liberação dos créditos são os técnicos" (Eduardo, gerente, 23/7/1999).

43 "O programa atingiu um número estimado, à época, de 107.000 funcionários e desses, 55.000 foram considerados pela empresa como elegíveis, ou seja, aptos a participar do programa. Cerca de 13.500 funcionários aderiram à proposta" (Rodrigues, 2001, p. 2).

15 mil e 16,5 mil funcionários, o banco faria demissões compulsórias: "[...] se a economia esperada não for obtida com as demissões voluntárias, o BB vai promover, a seguir, demissões por conta própria" (*Correio da Bahia*, 30/6/1995; 12/7/1995). No mesmo sentido dessa afirmação: "[...] se o número de adesões ao programa [PDV] não atingir a marca de 15 mil, haverá demissões" (*Folha de S.Paulo*, 2/7/1995). O presidente FHC dizia, aprovando a iniciativa da direção do banco: "É claro que é preciso reduzir o tamanho do funcionalismo, se não o Banco entra no vermelho e quem paga é o povo" (*Correio da Bahia*, 13/7/1995)[44].

O comentário acima, tão pobre quanto incorreto, pois busca identificar os prejuízos da instituição com o número de funcionários, estigmatiza estes e revela, ao mesmo tempo, a faceta demagógica do presidente sociólogo, ou melhor, procura inverter as responsabilidades políticas e econômicas sobre os caminhos do banco sobre os trabalhadores. Ao mesmo tempo, FHC procurava veicular a impressão de que se importava com os trabalhadores do banco: "[...] segundo o presidente, o programa de parceria entre o Banco do Brasil e o Serviço de Apoio à Micro e Pequena empresa (SEBRAE) é de fundamental importância para não deixar o funcionário desamparado" (*A Tarde*, 13/7/1995). Esse programa tinha como objetivo orientar na abertura de novos negócios os trabalhadores que pediram demissão, mas especialmente expressar para os bancários e a sociedade que a direção da empresa e o governo não estavam abandonando esses trabalhadores. Desse modo, os cursos tinham como finalidade amenizar uma possível sensação de abandono e, aparentemente, abrandava a radicalidade da medida adotada (Rodrigues, 2001).

A mesma inversão é empregada aqui:

> A opção é sua. Aceitar o desligamento pode viabilizar a realização de um sonho. Encare o programa dessa forma. O desligamento voluntário é um procedimento que se tornou usual em empresas que precisam reduzir seus quadros e querem fazê-lo em condições altamente respeitosas para com seus colaboradores (Banco do Brasil, 1995a).

A colaboração como ideal é aqui mobilizada para que os funcionários concedam sua contribuição à empresa. A inversão expressa-se por meio de um discurso em que a demissão de interesse do banco é veiculada como realização primeira dos desejos e expectativas dos trabalhadores, visto que "optar pelo desligamento é um ato de vontade do funcionário. Trata-se de exercer sua cidadania. Vai ser *bom* para a Organização e *pode ser muito bom* para o funcionário e para sua família" (Banco do Brasil, 1995a, grifo nosso). Obviamente essa perversão apenas obtém sucesso na medida em que faz convergir os desejos e expectativas dos trabalhadores com os interesses da empresa; no entanto, não se deve perder de vista que são esses interesses, como foi dito, da "organização" que condicionam todo o curso das ações e dos acontecimentos em processos como esses.

A situação na Bahia

Na Bahia, o Banco do Brasil possuía 270 agências e, aproximadamente, 6 mil funcionários. O objetivo no estado era, além de reduzir o número de trabalhadores,

[44] Não se deve desconsiderar que tanto o governo federal quanto a direção do banco não tenham recuado dos seus propósitos devido a "certa antipatia do público" pela condição de funcionário do Banco do Brasil (Nicolau, gerente, 3/1/2002; Rodrigues, 2001).

diminuir em torno de 10% o número de agências bancárias, cerca de 29, à semelhança do que preconizava a reestruturação do banco em nível nacional. De acordo com o boletim da categoria foram realizadas 631 adesões no estado (*O Bancário*, 7/11/1995) e foram fechadas 29 agências[45]. Como já foi salientado, o estado foi o mais penalizado na reestruturação, pois possuía muitas agências que o banco considerava deficitárias, as quais em algumas localidades disputavam a clientela com o Banco do Estado da Bahia (Baneb).

O clima, na Bahia, parece não ser diferente do encontrado em outras dependências do banco pelo país: o ambiente nas dependências da empresa era de muito sofrimento, angústia e ansiedade: "[...] agonia, desolação e muita apreensão. Este é o clima entre os quase seis mil funcionários das 270 agências do Banco do Brasil na Bahia, após o anúncio do 'programa de desligamento voluntário'" (*A Tarde*, 8/7/1995). Esse ambiente emocionalmente "carregado" era reconhecido pela superintendência do banco no estado: "[...] ele [Carlos Roberto Alvarenga][46] admite que a nova determinação gerou grande desconforto entre os funcionários, uma vez que não fazia parte da cultura do banco, os problemas que envolvem demissões e desemprego. Ele [...] faz a diferença entre desligamento voluntário e demissão" (*Tribuna da Bahia*, 5/1995).

No entanto, a conduta do superintendente, marcada pelos princípios de racionalidade, tende a caracterizar esse quadro de sofrimento como uma espécie de mal menor. Como disse um bancário: "[...] a idéia dos empregados é resistir. *O banco que assuma o ônus da demissão, dizem*" (*A Tarde*, 8/7/1995, grifo nosso). Nessa passagem os trabalhadores percebem que o banco procurava transferir para eles a responsabilidade pela demissão, ou seja, é percebida a inversão que o banco buscava lhes impor. Dessa forma, a experiência vivida nesse caso coincide com a experiência percebida (Thompson, 1984)[47], ou seja, a experiência vivenciada, no cotidiano, é sentida, é motivo de reflexão e de posicionamento crítico. Desse modo, o bancário, no depoimento acima, também deixa claro que os prejuízos tomados com a medida deveriam ser de responsabilidade do banco, buscando operar, portanto, uma contra-inversão.

O trabalho no banco como missão social

Quem analisa os documentos, as entrevistas com lideranças sindicais e ex-bancários, e com os atuais trabalhadores do banco, se ve diante de uma imagem recorrente, por certo uma imagem que norteava, para os trabalhadores, o significado atribuído do seu trabalho. Essa espécie de imagem integradora diz respeito ao comprometimento social das atividades desempenhadas no banco. No entanto, essa representação sobre a finalidade social não era algo homogêneo entre os trabalhadores, assumindo sentidos diversos ao longo da história da empresa e da trajetória e a posição do bancário no interior do banco (Rodrigues, 2001).

45 O movimento sindical bancário, diante da ameaça de fechamento de agências, "mobilizou os prefeitos do interior e realizou uma reunião com a Superintendência do banco [no estado], com a presença de 12 prefeitos" (Neves, 1998, p. 375).

46 Superintendente do Banco do Brasil na Bahia, no momento da realização do PDV.

47 Nem sempre a experiência vivida coincide com a percebida. Se a primeira é condição da segunda, nem sempre esta é condição imediata daquela.

Essas pessoas acreditavam, e talvez acreditem até hoje, que sua atividade profissional não se esgota na tarefa bancária simplesmente, ela possui algo transcendente e essa transcendência reside na finalidade do seu trabalho e nos benefícios que traz à vida de milhares de pessoas; e parece que essa idéia se difundiu para além do universo dos trabalhadores do banco. Essa imagem, como já foi apontado, de banco social adquiria diversos contornos e significados entre os trabalhadores do banco, mas é preciso dizer também – o que não é dito – que essa tarefa de desenvolvimento social beneficiava determinados grupos sociais em detrimento de outros. A impressão que se têm é que as tarefas desempenhadas pelo banco eram marcadas pela igualdade, cujo objetivo primordial era promover o desenvolvimento de toda a nação. Como se pode observar nestas afirmações: "[...] a discussão quanto à reformulação do Banco do Brasil significa discutir também a retomada do desenvolvimento do país" (*Tribuna da Bahia*, 5/8/1995).

Essa imagem não era, tão-somente, cultivada dentro do banco, mas também fora dele. Especialmente, era uma representação reproduzida ao longo do tempo, como está expresso nesta circular de 1932:

> Os funcionários do Banco têm de dar aos concidadãos, de fora do estabelecimento, a impressão de correção completa em seu procedimento social; a impressão de que nos cargos que exercem há alguma coisa de superior ao simples ganho pecuniário (Circular do Banco do Brasil nº 385 – RJ, 12/6/1932 *apud* Canêdo, 1978, p. 43).

Afastar-se dessa missão social representava uma dupla traição: primeiro, assumia uma conotação de deslealdade com os trabalhadores (WHO, 1996); segundo, com o próprio país.

Essa idéia de um trabalho que não se limita a ele mesmo, muito menos se restringe a dar lucro, como nos bancos privados, também se nutre de uma idéia contrária, isto é, de uma espécie de negativo que reforça esta autopercepção do trabalho desenvolvido no Banco do Brasil; essa espécie de negativo-complemento se encontra na atividade do maior banco privado nacional: o Bradesco[48]. É recorrente nas entrevistas a associação, quase sempre negativa, com este banco para ressaltar aquilo no que o Banco do Brasil estava transformando-se e não poderia estar acontecendo[49]. De acordo com a presidente do sindicato dos bancários de Brasília, Érica Juca Kokai: "[...] 'querem transformar o BB em um Bradesco público'[...]" (*A Tarde*, 15/7/1995). No entanto, quase sempre se esquece de que no Bradesco existem bancários que lá trabalham; desse modo, o estigma em torno desse banco pode conduzir à naturalização das relações de trabalho que lá se estabelecem e pode, portanto, dificultar a constituição de laços de solidariedade devido justamente a esse estigma.

Essa representação sobre a natureza das atividades desempenhadas em bancos privados, especialmente no maior banco privado nacional – o Bradesco – talvez esteja fundada na distinção entre instituições públicas e privadas no sistema financeiro brasileiro. Essa diferenciação engendrou uma categoria bancária articulada em dois universos com formas de ser particulares, com características e objetivos profissionais distintos, que proporcionaram experiências de organização e luta sindical diferenciadas (Jinkings, 2000).

48 Sobre o Bradesco e a constituição de uma força de trabalho obediente e disciplinada, ver Segnini (1988).

49 O Banco do Brasil "era um banco que não visava a captação, então por isso facilitava um trabalho, eu diria assim: mais digno. Enquanto que os concorrentes: Bradesco, Itaú, esses bancos privados, [...], a meta deles era 'pegar' o dinheiro do cliente" (Hugo, gerente, 6/2/2002); ou ainda: "O banco [Banco do Brasil] se 'abradescou'" (Manoel, 15/1/2002).

Experiências que podem favorecer clivagens no interior da categoria, dificultando a constituição de identidade de classe; as greves de 1986 e 1987, por exemplo, são emblemáticas dessas dificuldades. Essas greves, "que resultaram em cláusulas salariais diferenciadas para bancários do banco públicos e de estatais, podem ter se constituído em experiências problemáticas para o fortalecimento de uma identidade de classe entre esses trabalhadores" (ibidem, p. 280).

Contudo, com as profundas mudanças que vem experimentando o Banco do Brasil, a identidade com a nação e com a instituição parece querer dar lugar à identidade prioritariamente com a "organização":

> O banco vem recorrendo a conceitos importados e instrumentos das modernas técnicas de administração de pessoal, como os CCQs ou TQC, buscando estabelecer o "compromisso" de cada funcionário, *"convencendo" cada um de que seu esforço representa "o crescimento e a sobrevivência" da empresa* (*O Bizouro*, 2/8/1993, grifo nosso).

Essas mudanças, se não representam a completa corrupção da idéia de missão social, tal como estava antes estruturada, significam que a empresa buscava diluir os traços de identidade antes estabelecidos, impondo aos trabalhadores novos conteúdos e desafios na constituição de elementos que possibilitavam a construção de identidades coletivas, circunscrevendo e manipulando essa identidade cujos significados estavam estruturados a partir dos interesses da empresa. Nesse sentido, a diluição da antiga missão representava o acento paulatino e cada vez mais intenso das operações articuladas ao mercado. Portanto, a nova missão significava reduzir as atividades de natureza social associadas ao passado – que deveria ser superado –, bem como o incremento das ações tipicamente mercadológicas, representantes do futuro e modernidade da empresa. Não é sem razão, pois, que 50% dos ex-bancários tenham afirmado que o banco se afastava da "sua missão social original" (WHO, 1996a).

É nesse sentido que o plano de demissão voluntária pode ser visto como um terreno de possibilidades: positivas para alguns e dolorosas e negativas para outros, pois ele pode ser concebido tanto como um momento de passagem (Rodrigues, 2001) e de reconfiguração da própria identidade quanto como a finalização de uma missão, o que representaria conferir novos sentidos, interesses e projetos à própria vida, mas, ao mesmo tempo, pode deixar marcas profundas e não superadas:

> Então comecei a pensar: "[...] minha missão já estava cumprida dentro do banco. Se eu sair, me afastar do banco, o que vai acontecer? Eu já cumpri minha missão [...] e vou dar um outro rumo na minha vida. O banco passa a ser uma página virada" (Mário, gerente, 7/1/2002). O sentimento foi de uma mágoa, de uma mágoa muito grande, acho que foi uma ingratidão muito grande o que o banco fez com a gente. O banco [...] não é o banco, são as pessoas que estão lá, [pois] o banco é formado por funcionários, por pessoas (Augusto, caixa, 2002).

Conclusão

Entre as novas políticas de gestão do trabalho que têm por objetivo a racionalização, como é o caso da terceirização e da qualidade total, vem crescendo a prática dos planos de demissão voluntária (PDVs). Estes, inicialmente usados em empresas e bancos públicos, têm sido empregados por grandes empresas privadas, nos mais variados ramos da economia. Esses planos são uma forma de "inverter" ou "transferir" a responsabilidade de enxugamento do quadro da empresa ou instituição para os próprios trabalhadores. Uma política extremamente perversa na medida em que o "autodemitir-se" passa a ser uma prática de gestão participativa dos empregados, transformando a sua demissão, a perda do emprego, na "sua" colaboração para manter a instituição rentável e competitiva.

No Banco do Brasil, em particular, os mecanismos coercitivos foram vários: ameaça de transferências para os locais distantes do lugar onde a família residia anteriormente; a ameaça e a realização, no pós-PDV, de demissões compulsórias. Os mecanismos de persuasão empregados foram e têm sido diversos: os programas de qualidade total, que buscam manipular a experiência-trabalho dos bancários para constituir um ambiente e um processo de trabalho mais eficiente, produtivo e lucrativo à empresa; ao mesmo tempo, que procuram esvaziar as entidades de representação de classe, como os sindicatos. As formas de remuneração variável têm sido eficiente instrumento de desmobilização política dos bancários, mais recentemente em bancos públicos, na medida em que individualiza, responsabiliza e penaliza o trabalhador por seus rendimentos (Jinkings, 2000). Desse modo, realiza-se, no maior banco público brasileiro, uma disputa de hegemonia (Gramsci, 1989) que visa a persuadir os trabalhadores da necessidade e inexorabilidade da orientação mercantil nas atividades do banco.

O programa de ajustes, no qual se insere o plano de demissão voluntária, pode ser visto como uma forma de mobilizar a experiência-trabalho dos funcionários do Banco do Brasil a partir sobretudo dos interesses da empresa; daí o sentimento de não- pertencimento, de frustração, de raiva, de decepção, de medo que permeou todo esse processo, no qual a "adesão" ao plano foi construída como um ato de cidadania e sacrifício em favor dos colegas. Daí por que a dificuldade dos sindicatos de articular-se politicamente tanto dentro quanto fora da categoria.

Dessa forma, o plano de demissão voluntária do Banco do Brasil deve ser percebido como parte de uma política/prática de gestão implementada na empresa que leva a uma cultura e prática privatista no interior da instituição. Os trabalhadores entram no PDV pressionados pelas mudanças na "cultura organizacional" do banco, levando a uma ruptura de sua identidade como "bancário do Banco do Brasil", que exige e impõe uma "nova" postura, para constituir um "novo" profissional, uma "nova" qualificação, sustentada, antes de mais nada, numa cultura privatista de banco comercial.

Pelas entrevistas foi possível apreender que a ofensiva do Banco do Brasil sobre os trabalhadores, além de pretender incorporar e manipular sua experiência sobre o processo de trabalho, busca construir um trabalhador parceiro e colaborador, capaz de – através de seu sacrifício de autodemitir-se – manter a empresa funcionando por meio da imposição da dinâmica capitalista no interior do banco.

No entanto, pelas histórias narradas (Silva, 2002) foi possível identificar formas de resistências, ações de confronto e de contradição com a dinâmica privatista que a direção vinha impondo no Banco do Brasil. Foi possível verificar que as experiências vividas ascendiam, em alguns casos, à condição de experiências percebidas e possibilitavam ações com contornos de classe (Thompson, 1984). Foi possível constatar ainda que a pretensão ao domínio político engendrado por programas de qualidade e remuneração variável abre brechas para a criação de mecanismos de resistência contra-hegemônicos construídos pelos bancários. Pois os trabalhadores comparam aquilo que lhes é exigido por tais práticas e as imposições e despotismos vividos no cotidiano dos seus locais de trabalho.

Capítulo 13

O MUNDO VIRTUAL E REIFICADO DAS TELECOMUNICAÇÕES
o caso Sercomtel*

Simone Wolff e Sávio Cavalcante

Introdução

O objetivo deste estudo é proceder à análise da reestruturação produtiva em voga a partir de uma empresa de telecomunicações, a Sercomtel S.A. Telecomunicações, pertencente ao município de Londrina (PR), particularmente no que se refere à percepção dos trabalhadores envolvidos quanto à informatização de seus processos de trabalho e às novas formas de gerenciamento, adotadas, entre outras finalidades, para otimizar essa reestruturação.

Tal reestruturação efetivou-se no bojo da modernização tecnológica, advinda da maciça aplicação das novas tecnologias da informação ao processo de produção das grandes empresas e, no caso de uma de telecomunicações, especialmente da substituição da comutação analógica pela digital. Igualmente, isso se deu em meio a um contexto político nacional e internacional marcado por pressões privatistas sobre o setor de telecomunicações no país, que se concretizam no governo de Fernando Henrique Cardoso, em 1998.

Insuflada pela modernização empresarial já sentida nas empresas nacionais desde o final dos anos 1980 e preparando-se para o cenário altamente competitivo que nasceria do quadro de privatização e da conseqüente quebra do seu monopólio, a Sercomtel começa sua reestruturação em 1993. O primeiro passo para tal empreitada foi a implementação dos programas de qualidade total, os quais, a partir da disseminação de uma nova "cultura

* Esta pesquisa é parte da tese de doutorado de Simone Wolff, intitulada *O espectro da reificação em uma empresa de telecomunicações: o processo de trabalho sob novos parâmetros gerenciais e tecnológicos*, IFCH/Unicamp, 2004, sob orientação do Prof. Dr. Ricardo Antunes, com bolsa Capes. Sávio Cavalcante, mestrando em Sociologia pelo IFCH/Unicamp, colaborou neste presente artigo como parte das atividades desenvolvidas como bolsista de Iniciação Científica do CNPq, sob a orientação do Prof. Dr. Ricardo Antunes.

empresarial", buscaram tanto uma maior adesão dos trabalhadores aos novos interesses da empresa quanto alterações organizacionais mais condizentes com a flexibilidade da nova tecnologia.

Uma vez consolidadas as mudanças de cunho gerencial e comportamental, a Sercomtel inicia, em 1997, a segunda fase de sua reestruturação, de caráter mais estrutural, chamada "Projeto de Transformação Empresarial". Foi nessa etapa que a Sercomtel se constituiu sob a forma de empresa-rede, caracterizada pela completa informatização de seu processo produtivo e por uma administração inspirada na gestão por processo. E, ainda, pela introdução de uma perspectiva mercadológica que mudou radicalmente seu antigo perfil de companhia pública prestadora de serviços de qualidade em telefonia para a comunidade para o de uma empresa voltada para a obtenção de lucro, ainda que permaneça municipal. Perspectiva que, juntamente com a completa digitalização de sua planta em meados de 1999, viria a transformá-la em uma empresa de multisserviços.

Em um primeiro momento, a pesquisa buscou examinar como essas transformações incidiram concretamente no processo de produção da empresa estudada. Para tanto, foram realizadas entrevistas com grande parte do quadro gerencial, com o intuito de entender a maneira pela qual as mudanças foram absorvidas em cada área da empresa e, em particular, nos seus processos de trabalho.

Assim, foram delimitadas para análise cinco categorias profissionais cujos processos de trabalho foram os mais atingidos pela reestruturação produtiva da empresa. A tendência comum que se observou foi a emergência de um novo tipo de reificação do trabalho que, embora se apresente e atue de diferentes formas de acordo com as especificidades de cada processo analisado, acarretou uma simplificação e conseqüente desvalorização do trabalho técnico e operacional.

Essa tendência não difere em nada daquelas evidenciadas nas reestruturações das empresas privadas de um modo geral e das privatizadas em particular. A permanência da Sercomtel na órbita estatal representa uma contradição no interior do panorama político-econômico atual, mas isso apenas prova que o capital, enquanto *relação social*, não corresponde necessariamente nem à sua figura jurídica nem às suas contingências conjunturais, mas sim à sua reprodução contínua.

A seguir, consideraremos a peculiaridade da reestruturação produtiva da empresa que nos serviu de caso. Posteriormente, será apresentada a maneira pela qual os novos parâmetros gerenciais e tecnológicos estão operando um novo tipo de exploração do trabalho vivo, dentro da realidade específica de uma empresa de telecomunicações, para então aduzir e analisar os efeitos desse processo sobre a percepção de seus trabalhadores.

O caso Sercomtel

> "Você é o nosso melhor cliente, mas não o vá dizer a seu vizinho,
> traçava com descaro irônico o diagrama relacional em que
> se consumava a cumplicidade inconsciente da cidade
> com o enganamento consciente que a manipulava
> e absorvia" (Saramago, 2002).

Fundada em 1968, substituindo, por subscrição de linhas telefônicas, a Companhia Telefônica Nacional (CTN) em Londrina, a Sercomtel sempre teve como traço mais marcante a prioridade em investimentos em tecnologias de ponta no que se refere à engenharia de teles. Essa característica deve-se, em grande medida, à sua condição de autarquia[1], que vigorou até 1993, a qual sempre lhe conferiu autonomia para administrar suas receitas e investimentos sem maiores obrigações para com o município, a não ser a oferta de serviços de qualidade em telefonia para sua população. Daí a possibilidade de constituir-se historicamente como uma empresa de ponta, intensiva em tecnologias avançadas.

A reestruturação produtiva que a Sercomtel atravessa há mais de uma década veio a aprofundar ainda mais sua tradicional posição de empresa de ponta. Diante da conjuntura de privatização que se impôs no país em meados da década passada, a Sercomtel, mesmo que majoritariamente constituída de capital público, optou por se adequar aos novos padrões gerenciais e tecnológicos que marcam as empresas privadas contemporâneas. O objetivo era garantir sua competitividade diante da possibilidade concreta de ver seu restrito, e até então exclusivo, mercado invadido pelas grandes transnacionais de telecomunicações após a privatização do setor no país.

O primeiro passo para enfrentar os tempos, e termos, dessa privatização foi abrir seu capital. Com isso, poderia comercializar suas ações na bolsa de valores e emitir papéis para captação de recursos no mercado. Ademais, essa mudança abriria caminho para uma possível privatização, algo que nunca foi completamente descartado pelas administrações municipais desde o programa de desmonte das estatais inaugurado na era Collor.

Assim, em 1993, após um longo e polêmico debate na câmara municipal, a Sercomtel é transformada em sociedade anônima de economia mista de capital aberto, sob o controle acionário do município de Londrina. Sob essa nova juridicidade, a autarquia é avocada como sociedade anônima e a empresa passa a se chamar Sercomtel S.A. Telecomunicações.

As políticas neoliberais e as discussões sobre o processo de privatização no país determinaram não só uma nova configuração jurídica, como também o início da primeira etapa de sua reestruturação produtiva: a implementação dos programas de qualidade total (PQTs) na Sercomtel. A primeira medida para tanto foi a inauguração do projeto "Mudança, Participação e Qualidade", ordinariamente chamado "MPQ". Tal projeto marcou a fase denominada "aculturamento" do seu quadro de pessoal, que visou a conquistar sua adesão para as transformações que essa e outras estratégias, que viriam para se adequar à nova realidade econômica, trariam para a estrutura organizacional da empresa (Feldman, 1998).

A segunda etapa da referida reestruturação foi inaugurada em fevereiro de 1997 com o "Projeto de Transformação Empresarial", o chamado PTE. A meta basilar desse projeto era a obtenção da certificação ISO 9002, que viria no final daquele ano. Se o MPQ pretendeu forjar toda uma cultura empresarial, no sentido de deixar o quadro funcional devidamente preparado para as transformações de feição mais estrutural pelas quais a empresa teria de passar para se firmar no novo cenário, o que se pretendeu com o PTE foi a efetiva realização dessas mudanças, tanto no plano organizacional quanto no tecnológico.

---

1 Entidade estatal autônoma, com patrimônio e receita próprios, criada por lei para executar, de forma descentralizada, atividades típicas da administração pública.

Para essa empreitada, a Sercomtel contou com o apoio de uma renomada empresa internacional de consultoria, contratada, entre outras finalidades, para orientar e adequar essas mudanças às normalizações ratificadas pelos PQTs, conforme exigência regimental da ISO. A certificação ISO viria em dezembro de 1997 de uma forma excepcional: a Sercomtel foi a primeira empresa de telecomunicações certificada em todos os seus processos (às outras teles, o certificado só havia sido dado para o quesito atendimento). Consolida-se, assim, o processo de reestruturação produtiva na empresa estudada, o qual, dada a competitividade atual e as incessantes inovações tecnológicas que dele resultam, terá caráter permanente e inconcluso.

O PTE trouxe, ainda, duas outras novidades radicais para a Sercomtel: a instituição do organograma em rede – que trouxe em seu bojo um novo tipo de administração, a gestão por processo – e a ascensão de uma nova visão empresarial, agora notadamente mercadológica. Desde essa perspectiva, a principal preocupação da Sercomtel sofre uma mudança essencial: o principal investimento passa a ser em "gestão de pessoas", e tecnologias voltadas para a integralização de seus processos e a ampliação do seu mercado. Daí o categórico dispêndio com as novas tecnologias da informação (NTIs), visto que são estas que possibilitam a diversificação e o desenvolvimento de novos produtos e serviços, bem como a conexão de sua base produtiva. Inovações essas que se revelam cruciais para a manutenção da capacidade competitiva das empresas desde o agressivo mercado instaurado pela conjuntura neoliberal.

Estrutura Organizacional – Sercomtel S.A. Telecomunicações

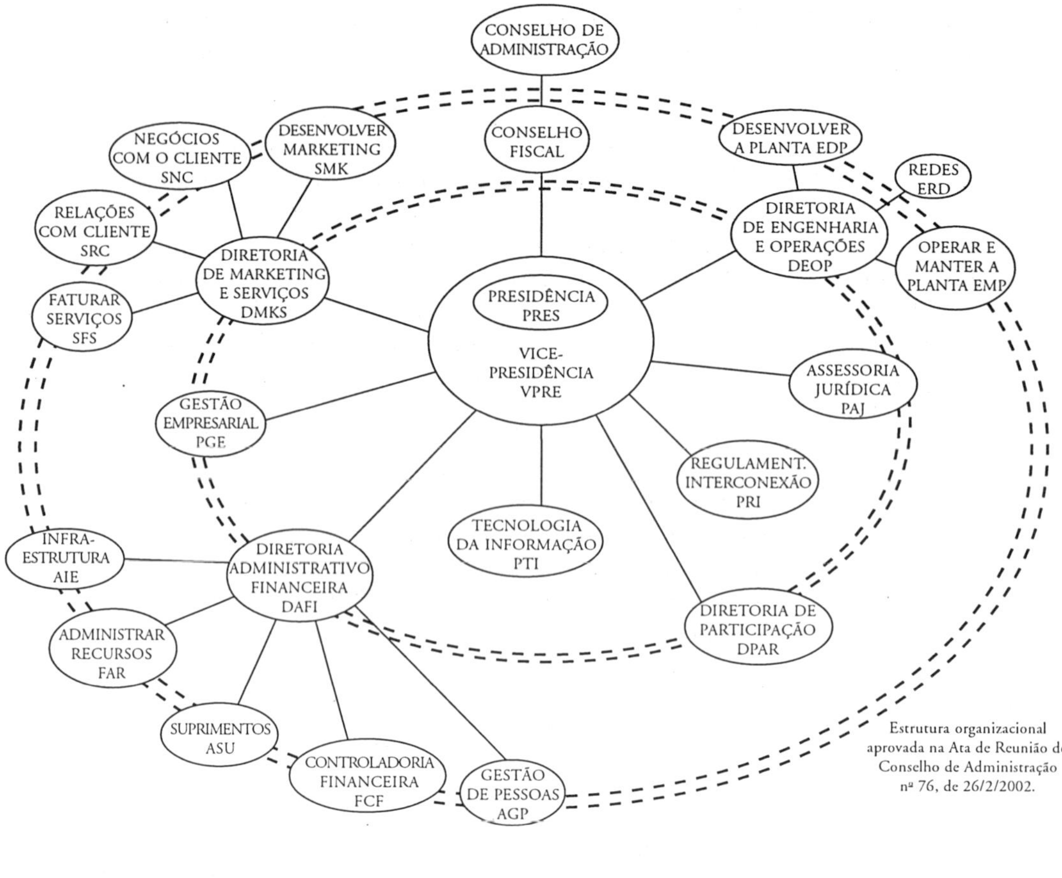

Estrutura organizacional aprovada na Ata de Reunião do Conselho de Administração nº 76, de 26/2/2002.

Com isso, o discernimento para venda passa a preponderar tanto quanto a formação técnica nos eixos de carreira da empresa, na mesma medida em que a tecnologia analógica cede lugar às de base digital, própria das NTIs, dentro do seu processo produtivo. Sendo assim, investimentos constantes em NTIs passaram a representar a principal arma competitiva da empresa.

Em 1999, os primeiros resultados dessas mudanças começaram a aparecer. Em julho desse ano, 100% de sua planta é digitalizada; feito alcançado seis anos e meio antes da meta estabelecida pela Agência Nacional de Telecomunicações (Anatel). A completa digitalização de sua planta, além de proporcionar-lhe novos sinais de áudio, vídeo e comunicação de dados, possibilitou a ampliação e diversificação de seus produtos e serviços. Foi graças a isso que a Sercomtel se transformou, para além de uma mera prestadora de serviços de telefonia, em uma empresa de multisserviços em telecomunicações.

No início de 2000, seguindo a tendência das grandes corporações, a Sercomtel consolida-se como *holding* de outras empresas constituídas para operar como suas satélites: a Internet by Sercomtel, provedora de serviços de internet; a ASK!, companhia de *call center*, prestadora de serviços de atendimento ao cliente; e a SMTV, empresa de TV a cabo. É assim que a Sercomtel se converte em um complexo corporativo.

Com a visão mercadológica instituída pelo PTE, o marketing, antes relegado a segundo plano, torna-se uma estratégia fundamental na Sercomtel. Com o objetivo de pensar a concorrência, foi criada a área de marketing da empresa. Primeira área a funcionar totalmente sob a estrutura de processos, já nasce *top* dentro da empresa, posição até então ocupada apenas pelo setor de engenharia de teles. Nomeada Diretoria de Marketing e Serviços (DMKS), essa área foi erigida com as mesmas prerrogativas da Diretoria de Engenharia e Operações (DEOP). Enquanto tal, substituiu a Diretoria Administrativo-Financeira (DAFI) como área estratégica da empresa, posto que, com a reestruturação do setor, muito mais que a gestão financeira e investimentos em uma planta de última geração, a elaboração de novos serviços, planos de pagamentos, promoções e outras estratégias mercadológicas é que possibilitarão a ampliação e a manutenção do mercado em que a empresa atua.

A partir do novo organograma estabelecido pelo PTE, portanto, além das diretorias de Marketing e Serviços (DMKS), Engenharia e Operações (DEOP) e Administrativo-Financeira (DAFI), foi contemplada, ainda, uma quarta diretoria, a Diretoria de Participação (DPAR), responsável pelas empresas coligadas da Sercomtel. A DAFI, que até então era considerada diretoria estratégica, passou a ser entendida como diretoria de suporte para os negócios da empresa, ficando sob sua responsabilidade apenas os setores relativos à administração e manutenção de recursos financeiros, suprimentos, infra-estrutura e pessoal.

O caráter mercadológico da nova estrutura organizacional inaugurada pelo PTE determinou como foco principal da empresa quatro grandes áreas, todas sob a responsabilidade da DMKS: "Faturar Serviços" (SFS), "Negócios com Cliente" (SNC), "Relações com Clientes" (SRC) e "Desenvolver Marketing" (SMK). Com esse escopo, o eixo fundamental para engrenar essas áreas ficou a cargo da DEOP, que, como suporte tecnológico da empresa, agrega três áreas de ordem técnico-operacional: 1) "Redes" (ERD), que provê a interconexão dos cabos de telefonia; 2) "Desenvolver a Planta" (EDP), área de P&D da empresa, trata do desenvolvimento e planejamento da planta e de novos produtos e serviços[2]; e 3) "Operar e Manter a Planta" (EMP), composto pelas subáreas 3.1) "Comutação", que cuida da implantação e manutenção dos novos hardwares e softwares desenvolvidos pela EDP, e 3.2) "Centro de Supervisão Integrada" (CSI), que faz a supervisão da planta além de efetuar reparos, habilitações e implantação de novos serviços para os clientes da empresa.

Afora as quatro diretorias, o PTE fixou, ainda, mais quatro setores que, por seu igual teor estratégico, ficaram subordinados diretamente à presidência. São estes: "Assessoria Jurídica" (PAJ); "Regulamentação e Interconexão" (PRI), que trata das relações entre Sercomtel e Anatel; "Gestão Empresarial" (PGE), responsável pelos assuntos ligados às normalizações da empresa: ISO, qualidade total e "Tecnologia da Informação" (PTI), responsável pelos softwares que viabilizam a padronização de todos os procedimentos burocráticos necessários para a operacionalização dos novos serviços da empresa, tais como novas faturas e ordens de serviço, e a integralização destes por meio da informatização dos sistemas internos de informação.

Uma outra transformação promovida no PTE foi um significativo enxugamento dos quadros da empresa. No caso da Sercomtel, que, por sua condição de empresa pública, comporta uma tradição de estabilidade para o seu quadro de pessoal, a solução para tanto foi a redução e o remanejamento do quadro gerencial e, em menor medida, de funcionários visando a suprir carências e solidificar os processos que envolvem relações com clientes, os quais passaram a ser os carros-chefe na nova estrutura organizacional. Foi dessa reestruturação que decorreram os planos de aposentadoria e demissão incentivadas, patrocinados pela empresa entre os anos de 1998 e 1999. Com esses planos, em pouco mais de um ano a empresa conseguiu reduzir seu quadro de pessoal de 988 para 753 funcionários (*Jornal Mural*, 7/10/1998).

A terceirização do seu processo de atendimento ao cliente também foi outra estratégia do PTE para efetivar o enxugamento de pessoal. Com vistas a esse objetivo foi criada a ASK!, que passou a se responsabilizar por todo o serviço de mediação do cliente com a empresa. Atuante na ASK!, ao mesmo tempo como sua proprietária e sua cliente, a Sercomtel possui uma subárea especialmente para fiscalizar o desempenho desse serviço: a de Relações com Cliente (SRC), vinculada à Diretoria de Marketing e Serviços (DMKS).

Com o PTE, portanto, o processo produtivo geral da Sercomtel constituiu-se da seguinte forma:

1. "Desenvolver Marketing" (SMK)/DMKS – 1.1. Planejamento de Estratégias de Negócios; 1.2. Desenvolvimento de Estratégias de Mercado: levantamento, análise e avaliação da viabilidade da oferta de novos produtos e serviços.

2. "Desenvolver a Planta" (EDP)/DEOP – Desenvolve novos produtos e serviços, a partir das análises e avaliação dos processos acima.

3. "Relações com o cliente" (SRC)/DMKS – Venda de serviços: promove e distribui os produtos e serviços no mercado. O processo final dessa área tem relação direta com os serviços de telemarketing e atendimento ao cliente, os quais passaram a ser terceirizados.

[2] Nesta última especialidade, a partir de acordo de exclusividade tecnológica estabelecido com a Ericsson, transnacional fornecedora de equipamentos de hardware para a Sercomtel.

4. "Call Center" (SRC)/DMKS – Mantém contato com os clientes e coleta informações para melhor atendê-los. Objetivo: fidelização e ampliação do mercado. Área terceirizada para a ASK!.
5. "Comutação" e "Centro de Supervisão Integrada" (EMP)/DEOP – Manutenção da planta e implementação, habilitação e reparos de novas linhas, produtos e serviços.
6. "Gestão de Pessoas" (AGP)/DAFI – Administra e treina o quadro de pessoal para adequá-lo aos objetivos e negócios da empresa.

O PTE implantou ainda um novo plano de carreira, em que novos atributos passaram a ser considerados para o enquadramento de pessoal. São estes: "Utilização de Dados/ Informações", "Participação/Aprimoramento do Projeto do Processo Produtivo", "Resolução de Problemas" e "Tomada de Decisão" (Plano de Carreira e Remuneração por Competência, Resolução nº 078/99). Atributos altamente otimizadores das formas de aplicação das NTIs em uma grande empresa.

O parâmetro adotado para tais avaliações foi o chamado "modelo de competência" compreendido dentro dos moldes da gestão por processo e entendido pela empresa como o "nível de entrega para a organização" pelos funcionários (Plano de Carreira e Remuneração por Competência, Resolução nº 078/99). Conforme esclarecimento da gerência da Área de Gestão de Pessoas (AGP), o "nível de entrega" traduz-se pela inteiração do funcionário com os negócios da empresa e pelo investimento em seu "autodesenvolvimento", ou seja, o "'colaborador' deverá buscar aperfeiçoamento da língua inglesa, formação acadêmica e conhecimento de informática, entre outros". É assim que se formaliza, na empresa estudada, um novo perfil de trabalhador mais afinado com a reestruturação empresarial e tecnológica em voga.

Outra mudança refere-se ao modelo de gerenciamento, que sofre novas alterações para integrar toda a empresa em torno dos mesmos objetivos e metas. Sobressai uma "nova Política da Qualidade" com o lema "fazer a gestão empresarial pela qualidade" (*Jornal Mural*, 4/6/1999). A qualidade total, assim, deixa de ser entendida como um diferencial competitivo da Sercomtel e passa a representar "uma obrigação", concepção que a torna estrutural para a manutenção da capacidade competitiva da empresa.

Em maio de 2002, em entrevista ao jornal da empresa, o presidente da Sercomtel na época aproveita o ensejo para angariar mais envolvimento dos funcionários nas novas perspectiva e propostas da empresa, especialmente com relação ao novo perfil de trabalhador demandado: "Cada um de nós deve vestir a camisa da Sercomtel e reforçar o time de vendedores, buscando mais e mais clientes para a nossa empresa" (*Jornal Mural*, 16/6/2002). Nessa nova leitura preponderantemente mercantilista de empresa, todos os funcionários, inclusive o corpo técnico e operacional, foram convertidos em vendedores em potencial.

A trajetória percorrida pela Sercomtel até chegar à posição e às transformações apresentadas pode ser vista como uma história bastante peculiar comparativamente às demais empresas de telecomunicações do país, sobretudo pelo fato de a Sercomtel nunca ter deixado de ser uma estatal municipal, inclusive operando de forma independente do antigo sistema Telebrás. Não obstante as pressões exercidas pelo regime militar, a concorrência com a Telepar[3] e, posteriormente, a privatização do setor, a Sercomtel tem conseguido garantir, de certo modo, este seu *status*.

No entanto, tudo indica que esse êxito caminha na proporção inversa às condições de trabalho de seu quadro de pessoal. Em 1992, um ano antes de a Sercomtel dar os primeiros passos rumo à sua reestruturação, a empresa contava com um quadro de cerca de 1100 funcionários; hoje esse número caiu para 474. Apesar dessa drástica redução, o trabalho aumentou em aproximadamente 76%. Em 1992, havia 12,9 empregados efetivos por 1000 terminais fixos instalados. Em setembro de 2002, a proporção se reduziu a 3,08 por 1000 terminais em serviço, contabilizando-se os funcionários da Sercomtel Fixa e da Sercomtel Celular.

Em 15 de maio de 1998, não sem contestações, o município de Londrina anuncia a venda de 45% das ações da Sercomtel, no valor de R$ 186 milhões, à Copel, empresa de energia elétrica do Estado do Paraná. Outra originalidade dessa empresa: ser parcialmente privatizada por outra estatal, permanecendo, ainda assim, totalmente estatal.

É nesse período que começa a se delinear uma situação diferenciada em relação à oferta básica de seus serviços, a qual lhe possibilitou aumentar seu campo de ação em um grau sem precedentes, em comparação com o resto do país. A Sercomtel passa a readquirir, por meio de compra, as linhas dos próprios usuários com o intuito de disponibilizá-las à população de baixa renda. Era uma forma de acabar com a excessiva especulação vigente no setor, característica do período de inflação galopante que marcou a pós-ditadura. A proposta era equiparar o serviço de telefonia aos serviços de infra-estrutura básica, como água e eletricidade, de modo que aquele, tal como estes, pudesse ser acessível mediante pagamento de uma taxa mensal. Tal fato permitiu que a empresa estabelecesse uma espécie de monopólio comercial de telefonia no município e na região. Uma estratégia que lhe garantiu previamente uma considerável vantagem competitiva em face da abertura de mercado no setor e, ainda, relativamente às prescrições da Anatel.

É assim que a Sercomtel se mantém não só pública, mas competitiva, contrariando todo um discurso depreciativo das empresas estatais, que emergiu e proliferou nos anos 1990 e ressalta a inabilidade da administração pública para enfrentar os desafios colocados pela liberalização da economia capitalista, para, assim, justificar suas privatizações. Enfim, a Sercomtel conforma-se como estatal, local e lucrativa, em contraposição direta com as tendências privatistas da economia capitalista contemporânea.

Contudo, se formos ao âmago do modo de produção capitalista, isto é, àquilo que nele permanece independente das flutuações histórico-conjunturais que o revestem, notamos que, paradoxalmente, no momento em que a Sercomtel mais se distingue formalmente da nova ordem mundial imposta para as empresas, especialmente do ramo de telecomunicações, mais se harmoniza com o que há de mais essencial na maneira como as relações capitalistas de produção se estruturam: a exploração da força de trabalho visando primordialmente ao lucro.

Como constatamos em nossa pesquisa, nunca a lógica da produção capitalista esteve tão presente na Sercomtel, que, embora ainda pública, só consegue assim se manter na medida em que está seguindo exemplarmente os ditames mercadológicos próprios do capitalismo atual. Como tal, de uma produção que cada vez mais prescinde do trabalho

[3] A Telepar era a estatal do ramo de telefonia do Estado do Paraná.

vivo ao mesmo tempo em que, por isso mesmo, aprofunda qualitativamente a exploração daquela força de trabalho que continua necessária nesse processo.

É o fenômeno da reificação do trabalho, proveniente dessa nova forma de exploração, bem como as metamorfoses que este sofreu em razão das mudanças operadas pelas NTIs no interior de seu processo produtivo que procuramos delimitar, caracterizar e analisar na ulterior evolução de nosso trabalho. Para executar tal análise, faz-se necessário antes apresentar o modo pelo qual os novos parâmetros gerenciais e tecnológicos característicos da atual reestruturação produtiva vêm atuando na realidade específica de uma empresa de telecomunicações; agora, da perspectiva do trabalhador.

O PROCESSO DE TRABALHO SOB OS NOVOS PARÂMETROS GERENCIAIS E TECNOLÓGICOS

Em tempos de mundialização do capital, a inovação, seja de processos, produtos e serviços, seja com publicidade, tornou-se a chave para assegurar a competitividade das empresas. É pela digitalização das plantas de telecomunicações que toda a sorte de informações de cunho mercantil, isto é, aquelas relativas às últimas tendências de consumo e tecnologias de produção, podem chegar mais rapidamente de todos os cantos do mundo em empresas que hoje, igualmente, se encontram sediadas nos mais diferentes pontos do planeta.

São as empresas de telecomunicações que, devidamente digitalizadas, propiciam a constituição de redes teleinformáticas capazes de centralizar, de forma rápida e sistemática, essas informações nas mãos das grandes empresas. Essa centralização possibilita sua conversão em dados estratégicos que posteriormente, e também com o auxílio da tecnologia digital, contribuirão para jogadas de marketing e/ou para a elaboração de novos produtos e serviços. As informações assim operadas resultam em dados que vão servir de base para a produção de mercadorias que, postas no mercado, ampliarão a receita das empresas. Em outras palavras: o advento das NTIs (e sua aplicação na produção) trouxe em seu bojo a possibilidade de manipular e transformar informações tal como outrora se fazia com as matérias-primas advindas de matéria bruta.

Logo estamos falando de um novo tipo de mercantilização: a mercantilização da informação; processo tornado exeqüível pela automação flexível procedente da base informática. A transformação da informação em mercadoria pressupõe sua quantificação, pois somente assim esta pode ser objetivada em valor de troca, único valor capaz de tornar algo passível de ser mercantilizado. A quantificação do valor presume a abstração dos aspectos qualitativos de certo produto de modo que nele permaneçam objetificados apenas aqueles elementos que interessam para venda. Somente o que se quantifica pode se tornar coisa e, assim, mercadoria. Por conseguinte, o procedimento que transforma a informação em mercadoria incorre em sua coisificação/reificação.

Em suma: a *mercadorização* da informação resulta em sua reificação, expressa na forma de dados, que nada mais são que o produto do tratamento e organização de uma miríade de informações com vistas a reter, no final desse processo, tão-somente aquelas voltadas para finalidades mercantis. Quando esse tratamento é realizado por intermédio da tecnologia informática, essas finalidades dizem respeito não só à sua circulação, mas à otimização do processo produtivo, visto que essa tecnologia também permite que os dados sejam trabalhados para fins de automação e racionalização dos processos de trabalho.

Ao permitir que um sem-número de dados seja rapidamente convertido em inovações produtivas, com relação tanto ao produto final quanto aos processos de trabalho, a automação de base flexível efetivou uma maquinaria que transcende a mera função de transformação no interior do processo produtivo, agregando a esta uma qualidade organizativa. Por isso, *a informatização da produção é um processo de reificação da informação* tanto no que se refere ao *resultado* quanto à *operação* do processo produtivo. É nesse último sentido que a informatização da produção leva a cabo uma igual reificação daqueles que operam tal processo.

Inaugurada pela introdução da maquinaria no processo produtivo, a reificação operária diz respeito à inversão que ocorre entre o sujeito e a ferramenta de trabalho na produção capitalista, de tal forma que a racionalização do trabalho vivo e o aumento da produtividade que disto deriva passam a ser determinados pela supremacia da máquina sobre o homem no interior desse processo (Marx, 1984, 1978, 1986). Dotadas da vantajosa peculiaridade de poder conduzir o processo de trabalho em detrimento da intervenção humana, as máquinas tornaram-se, desde então, a ferramenta de trabalho por excelência da produção capitalista avançada.

Tal inversão facilitou de forma decisiva o controle do capital sobre o trabalho, sendo por isso entendida como uma subsunção real do trabalho ao capital, processo possibilitado pela incorporação do antigo saber operário nas máquinas (Marx, 1986). Com efeito, sob esse tipo de subsunção, o processo de trabalho é racionalizado menos pela especialização do que pela simplificação do trabalho vivo. A perda do saber-fazer operário incide diretamente sobre a autonomia do trabalhador, que, doravante, se vê obrigado a seguir o ritmo e os procedimentos ditados pela maquinaria. Tal subsunção do trabalho vivo ao *modus operandi* das máquinas transmutou-o de agente ativo em mais um "fator" (coisa) de produção, ali posto apenas para amplificar as potencialidades lucrativas delas; agora as reais depositárias da complexidade do processo produtivo.

Ao permitirem a reificação da informação, as NTIs representam a última manifestação dessa subsunção real do trabalho ao capital. Em vista disso, colocam-se como uma ferramenta imprescindível para a lucratividade das empresas contemporâneas, já que tal processo viabiliza um incremento qualitativo da mais-valia que atende, em grande medida, ao novo patamar de acumulação determinado pela mundialização do capital.

Uma das principais expressões dessa reificação da informação é a relevância que a marca e, sem dúvida, o marketing assumiram nas atuais estratégias empresariais. De fato, a volatilidade informacional necessária para a transnacionalização do capital não poderia vingar com tamanho êxito se não se assentasse na dupla dimensão da marca: fixidez e instantaneidade, ambas de caráter imaterial.

É a marca que, por seu conteúdo etéreo e facilmente dispersivo, confere a permanência e a longevidade tão essenciais para a manutenção das grandes empresas no mercado transnacional, altamente incerto, disputado e diversificado que caracteriza a economia atual; características essas que dão uma fugacidade e transitoriedade inéditas aos bens de consumo na história do capitalismo. Em um ambiente tão efêmero e com tantas opções de consumo, uma marca bem sedimentada no mercado outorga às empresas uma credibilidade fundamental para fixar sua existência na memória do consumidor. Ou seja, é principalmente por meio da marca que as empresas se consolidam no mercado competitivo engendrado pela mundialização do capital.

Por outro lado, tal fixidez da marca é bastante peculiar, pois distinta pela instantaneidade que sua essência imaterial lhe proporciona. Sem dúvida, o caráter imaterial e, por isso, fluido da marca concede uma aceleração sem precedência, inclusive em eficiência, na esfera da circulação da economia capitalista que maximiza extraordinariamente o seu aquecimento. Devido à sua imaterialidade e fluidez, a marca pode chegar primeiro do que os bens de consumo até o consumidor, convertendo-o em um cliente potencial das empresas e possibilitando formar nichos de mercado antes mesmo que seus produtos comecem a ser comercializados. Conseqüentemente, investir na marca otimiza a capacidade de previsão das empresas. Feito que se revela especialmente vantajoso para a diminuição dos riscos de não-aceitação de suas inovações no mercado. Essa é a razão pela qual, cada vez mais, a marca é fabricada e passa a circular anteriormente ao produto.

Sob a mundialização do capital, portanto, para além de uma coisa tangível, a concepção de mercadoria se alarga e consubstancia-se em idéias e imagens que podem se materializar tanto em novas mercadorias quanto em estratégias de marketing. Esta é a grande novidade do capitalismo de hoje: a exploração de mercadorias em um plano não só material, mas também imaterial. Nesse contexto, o conhecimento e uma ágil troca de informações figuram como pilares mestres para a manutenção da competitividade empresarial. É por esse motivo que as NTIs, igualmente, são cruciais para a lucratividade das grandes empresas, tanto no seu aspecto organizacional, isto é, relativo às redes telemáticas, quanto como ferramenta de produção e instrumento de trabalho.

Sob a égide das NTIs, emergem novas formas de organizar a produção e de proceder ao processo de trabalho. A temporalidade acelerada e o caráter versátil e flexível dessa nova tecnologia demandam igual flexibilidade e rápida capacidade de adaptação das empresas, e dos trabalhadores a elas vinculados, às constantes inovações de processos, produtos e planos de comercialização. A conjuntura marcada pela informatização e mundialização do capital não tolera morosidade. A velocidade é uma condição *sine qua non* para que o caro investimento com as novas tecnologias não seja subaproveitado e, no limite, gere antes prejuízo do que lucratividade para as empresas.

Como vimos, esses novos ditames exigiram mudanças radicais no setor de telecomunicações e, sem dúvida, nas empresas desse ramo. Nestas, afora o propósito maior de sua transformação em empresa-rede e fornecedora de infra-estrutura de comunicação para os grandes conglomerados transnacionais, a adoção das novas tecnologias redunda, ainda, em duas particularidades: a digitalização de sua planta e a substituição do sistema de comutação analógico pelo digital. Essa troca de tecnologia impôs novas demandas de qualificação do quadro funcional como um todo e do técnico-operacional em especial.

Desse modo, o modelo rede de empresa supõe duas ordens fundamentais de mudança, uma de natureza material e outra subjetiva, a saber: uma estrutura organizacional integrada, flexível e enxuta, e uma nova cultura no trabalho aberta a mudanças e afeita a participar desse processo por meio do compartilhamento de informações/idéias pertinentes à melhoria da produtividade da empresa que o emprega. Esse último aspecto fica a cargo da chamada "administração participativa", via de regra introduzida nas empresas por meio dos programas de qualidade total.

Como vimos, apesar da peculiaridade de ter permanecido pública nesse contexto, a Sercomtel não fugiu a essas tendências. Nessa empresa, tal reestruturação iniciou-se pela implantação da "administração participativa", mediante a promoção de uma cultura organizacional por ela nomeada de "aculturamento". Esta visou a preparar a subjetividade do seu quadro de pessoal para as mudanças estruturais que viriam com a informatização do seu processo produtivo e com a adoção do modelo rede de empresa, efetivada com o chamado "Projeto de Transformação Empresarial". Para tanto, foi fundamental desmontar a antiga estrutura organizacional vigente, de inspiração taylorista, extremamente estanque e hierárquica, assim como a cultura paternalista advinda de sua condição de estatal.

Por exigir um modelo de gestão empresarial eminentemente integralizado, o modelo rede de empresa pressupõe a gestão por processo, que privilegia mais a fluidez dos processos produtivos do que suas hierarquias. Essa integralização colide com a tradicional estrutura organizacional compartimentada e estanque que influenciava as grandes empresas até então. Ao quebrar o hierarquismo e promover a integralização das áreas, a gestão por processo faculta a "administração participativa", já que desobstrui e torna mais fluente o fluxo de informações na empresa. Foi este o sentido do "aculturamento" na empresa estudada: instituir a qualificação de selo generalista necessária para conformar um perfil de trabalhador adequado à configuração de rede propiciada pela informatização da produção, nos moldes da gestão por processo e da certificação ISO.

Com relação à qualificação técnica, para além desse ideário mais geral, demanda-se também uma qualificação que praticamente descarta o saber operário obtido sob a tecnologia analógica de base automática. As NTIs permitiram a expropriação e a corporificação desse saber no novo maquinário digital, que, assim, passou a exercer funções operárias antes manualmente desempenhadas pelo trabalho vivo. A alienação desse saber-fazer prático determinou uma qualificação referente à dimensão cognitiva da força de trabalho, a qual engendrou um novo tipo de reificação operária.

Assim, longe de essa nova qualificação representar uma ruptura com a lógica de simplificação do trabalho inaugurada pelo maquinismo, o novo maquinário digital resulta em uma continuidade da reificação do trabalho vivo de uma forma qualitativamente acrescida, isto é, não mais com referência à sua destreza manual, mas às suas capacidades cognitivas. Esta diz respeito à subsunção da capacidade de abstração, de lidar com símbolos (comandos de computador), de prever e se antecipar a problemas, em detrimento das habilidades de cunho empírico e sensorial. Uma subsunção que igualmente remete à expropriação e reificação do saber tácito operário, isto é, aquele nascido da experiência cotidiana na produção e, dessa forma, mais competente para gerar idéias relevantes à otimização da produtividade.

Com a relevância do saber tácito, a rígida divisão hierárquica entre trabalho de concepção e trabalho de execução, fundada pelo taylorismo, foi eliminada, dando lugar a um tipo de gestão em que todos os trabalhadores são entendidos como passíveis de conceber informações importantes para a produtividade. Ainda que essas informações contenham uma hierarquia própria, e jamais comportem a possibilidade de atuar de forma revolucionária em face da tecnologia fornecida pelas grandes transnacionais, permitindo-se unicamente sua incrementação, todos aqueles que lidam diretamente com a nova maquinaria passam a ser entendidos como fontes de informação para as máquinas.

Todavia, a retórica da participação, com seu suposto abrandamento da hierarquia gerencial pela valorização das sugestões operárias sobre as questões da produção, finca novas barreiras ideológicas para os trabalhadores implicados nesse processo. Barreiras que dificultam a percepção da atual reestruturação produtiva como um novo tipo de reificação e, pois, exploração e controle do capital sobre a força de trabalho.

A necessária dominação inerente a essa relação revela-se menos explícita por causa de todo um fetichismo implícito nesse discurso que coloca a tecnologia como a grande e exclusiva salvadora das empresas no mercado competitivo a que se assiste hoje. O fetiche da tecnologia torna invisível, aos olhos dos trabalhadores partícipes da reestruturação em questão, os danos que sua aplicação capitalista traz ao trabalho assalariado, entre os mais notórios: os cortes de pessoal – mais de 50% na empresa estudada –, a estagnação salarial para aqueles que permanecem nas matrizes, a redução dos salários causada pelo movimento de terceirização possibilitado pela simplificação das atividades produtivas, assim como a intensificação do ritmo de trabalho que essa simplificação possibilita.

O fetiche da tecnologia agrava-se tanto mais pelo fetiche da empresa posto no referido discurso, que, ao designar o trabalhador como "cliente" de seu empregador e de seus colegas de trabalho, descaracteriza-o da sua condição de classe na mesma medida em que o leva a se identificar com os ideais da empresa. Uma designação que mercantiliza e, assim, distorce tanto mais a contraditória e antagônica relação entre capital e trabalho, uma vez que praticamente apaga o papel do trabalho vivo como fator fundamental no processo de produção. Sem dúvida, na percepção do trabalhador persistem apenas o capital e a tecnologia como agentes da produção. Essa situação é agravada pela obrigação de manifestar idéias que otimizem a nova tecnologia, levando o trabalhador a se sentir responsável pela competitividade da empresa na qual trabalha e transformando-o em capataz de si mesmo.

Na empresa estudada, essa situação é exacerbada pelo fato de ela ter permanecido pública e, portanto, destoante do cenário político-ideológico em que a privatização é compreendida como fundamental para a manutenção da competitividade das antigas estatais.

É assim que o controle e a conformação do trabalhador para fins da lucratividade empresarial continuam atuando, agora, mediante a disseminação desse fetiche. O resultado desse processo é um controle mais sutil do que o despotismo taylorista das fábricas, o que torna a empresa contemporânea um *locus* mais eficiente para modelar as aspirações dos trabalhadores em consonância com os objetivos do capital. Tal fetiche dissimulador foi difundido de maneira contumaz na empresa estudada por meio do dito "aculturamento", que visou a preparar a subjetividade de seu quadro de modo a deixá-la mais receptiva à informatização de seu processo produtivo, bem como a colaborar para sua otimização.

Transcorrida ao longo de dez anos, tal reestruturação caracterizou, na Sercomtel, a passagem da forma fábrica, construída sob um conceito de organização e subordinação da força de trabalho baseado nas noções de disciplina e confinamento, para a forma empresa, que prevê um controle de tipo espectral, fundamentado na instantaneidade modular das redes; ou seja, um tipo de controle só possível de ser plenamente realizado pela total informatização do local de trabalho.

A conformação da Sercomtel em empresa-rede representou, ademais, a precedência e o predomínio do marketing sobre as atividades de engenharia. A partir disso, os principais investimentos estratégicos da empresa, antes concernentes exclusivamente à área de engenharia, passaram a ficar subordinados às suas estratégias de marketing. Com isso, a técnica colocou-se a reboque da marca. Lógica essa em que a prestação de serviço, de um objetivo final, se tornou um meio de angariar lucro para a empresa.

Logo, no âmbito interno das empresas de telecomunicações, a informação atua, ao mesmo tempo, como insumo e resultado final do processo de produção. Nesse sentido, mais do que qualquer outra empresa de ponta, as relações de produção nesse tipo de empresa são, simultaneamente, relações de informação, o que torna seu processo produtivo intensivo de inovação, e tanto mais essencial o novo tipo de reificação do trabalho. Ora, considerando-se que o único fator de produção capaz de gerar informação é o trabalho vivo, a expropriação do saber tácito operário e a materialização de suas capacidades cognitivas nessas empresas são primordiais. Não por acaso, o novo modelo de gerência ditado pelos PQTs, a "administração participativa", se refere aos trabalhadores como "colaboradores". Afinal, quanto mais estes colaborarem, isto é, compartilharem o seu conhecimento tácito com a empresa, mais esta acumulará a mais nova matéria-prima da produção capitalista: a informação. Por conseguinte, mais poderá inovar.

Do mesmo modo, não é uma eventualidade o fato de a gestão por processo contemplar uma gestão da informação que prevê maior interação entre as diversas áreas da empresa. É a partir dessa interação que os funcionários podem ter uma visão sistêmica e maior conhecimento dos negócios da empresa, o que permite a concepção de idéias mais sintonizadas com os seus interesses de lucratividade. Por sua vez, a "administração participativa" igualmente vem ao encontro desses propósitos ao motivar sistematicamente nos trabalhadores o despertar de uma visão mercadológica com relação ao seu trabalho, que faculta a participação e colaboração deles nesse sentido. Donde se infere que a informática reifica o trabalho vivo pela mediação desses parâmetros gerenciais inspirados na "administração participativa" recomendada pelos PQTs, bem como da gestão por processo no âmbito da gestão empresarial.

Essa foi a preocupação central deste estudo ao objetivar a análise da percepção operária na empresa estudada. O questionamento que norteou tal análise foi o seguinte: como os trabalhadores mais atingidos por esse processo, ou seja, aqueles que têm na informática sua principal ferramenta de trabalho, estão percebendo, participando e respondendo às profundas mudanças aqui apresentadas?

O espectro da reificação

Foi dos trabalhadores que estão sofrendo o novo tipo de reificação viabilizada pela informatização do trabalho que este estudo se ocupou. O objetivo foi procurar na percepção dos trabalhadores que vivenciaram a reestruturação produtiva, acima descrita, os termos e os efeitos concretos desse novo tipo de exploração do trabalho vivo.

Assim, a delimitação dos trabalhadores foi feita mediante a observação das categorias de profissionais mais atingidas pela informatização da empresa estudada. Ao todo, foram selecionadas cinco categorias de profissionais, três de ordem operacional e duas de planejamento, todas enquadradas pela empresa no cargo de "profissional tecnológico", variando apenas de nível.

Dessa perspectiva, foram esquadrinhadas cinco áreas que preencheram os quesitos necessários para a obtenção de nossos objetivos dentro da Sercomtel; três delas incorporam atividades técnicas de nível operacional e duas, atividades técnicas de planejamento.

Duas dessas áreas encontram-se vinculadas à Diretoria de Engenharia e Operações (DEOP), a primeira exercendo função de planejamento e a outra, operacional. São elas:

"Desenvolver a Planta" (EDP). Trata-se de uma espécie de centro de P&D (pesquisa e desenvolvimento), responsável pelo planejamento e implementação dos novos produtos e serviços comercializados pela empresa. Esse trabalho tem a informática como ferramenta, na medida em que lida com o desenvolvimento de softwares que vêm incorporados aos hardwares dos fornecedores tecnológicos contratados da Sercomtel e que são passíveis de serem transformados e inovados pelos técnicos da área.

"Manter a Planta" (EMP). Essa área agrupa duas subáreas: a) o Centro de Comutação, onde a central-mãe da empresa é monitorada, isto é, o equipamento que processa e efetiva a transmissão das informações para as centrais remotas que atendem cada uma de suas regiões consumidoras e, ainda, onde se realiza a implementação dos novos serviços desenvolvidos pela EDP; e b) o Centro de Supervisão Integrada (CSI), que, além de supervisionar os equipamentos das centrais remotas, atende às solicitações dos clientes da empresa no que se refere à implantação de novos serviços e habilitações e à resolução de eventuais problemas que podem ocorrer nesse processo.

A terceira área pesquisada, também de planejamento, foi a de Tecnologia da Informação (PTI), que, por seu teor eminentemente organizacional, vincula-se diretamente à presidência da empresa. É a PTI que desenvolve o conjunto dos processos automatizados que compõem a base técnica da empresa. Ou seja, é a área que desenvolve os softwares que viabilizam a operacionalização dos novos produtos e serviços na empresa, as chamadas "telas de serviço", tais como novas faturas, ordens de serviço, bilhetes de defeito etc., bem como os sistemas de informação que formam o elo de ligação do processo produtivo da empresa.

Finalmente, o quarto processo e a quinta categoria selecionados para a pesquisa vinculam-se à prestadora de serviços de atendimento ao cliente da empresa, entendido este como um trabalho operacional na estrutura da Sercomtel. É executado pela ASK!, que faz parte da *holding* Sercomtel. A ASK! é responsável pelo trabalho de marketing (o chamado telemarketing), bem como pelo encaminhamento de solicitações relativas à implantação de novos serviços, habilitações etc., e reclamações sobre falhas e defeitos advindas dos clientes. Nesse último sentido, a ASK! também guarda uma relação imediata com o CSI.

Os critérios utilizados para a seleção dos entrevistados foram fundamentados a partir de uma das raras características, se não a única, que a Sercomtel manteve com relação ao seu antigo perfil de instituição pública: a preservação da tradicional estabilidade de seus quadros. Por isso, quase todos os trabalhadores da Sercomtel vivenciaram sua reestruturação produtiva desde o início, o que acabou por criar um critério natural para a análise: a comparativa.

Excetuando-se os operadores da ASK!, cuja empresa foi criada recentemente e que, portanto, já nasceu informatizada, e os técnicos do processo da Área de Tecnologia da Informação (PTI), que, pelo teor de seu trabalho na empresa, sempre tiveram a informática como instrumento de trabalho, os outros trabalhadores entrevistados atuaram tanto sob a tecnologia analógica quanto sob a digital. Sobretudo com relação aos entrevistados da área técnica, esse critério foi especialmente interessante, uma vez que o fato de terem operado sob os dois paradigmas tecnológicos dá-lhes uma dimensão mais precisa das transformações que a nova tecnologia trouxe para os seus processos de trabalho.

Diante disso, a delimitação dos entrevistados foi feita pela discriminação entre os funcionários mais antigos e os mais novos[4] dentro de cada área e categoria profissional selecionada. Quando coincidia haver mais de um funcionário nessas condições, a escolha ocorria de modo aleatório. No caso dos processos relativos à área de Engenharia e Operações (DEOP), respectivamente, "Desenvolver a Planta" (EDP) e "Operar e Manter a Planta" (EMP), essa delimitação também foi balizada entre os operadores que atuaram sob os dois paradigmas tecnológicos, o analógico e o digital, e aqueles que atuaram apenas sob o paradigma digital. Para os desígnios deste estudo, acreditamos que tal distinção foi bastante interessante para a análise do nível de dificuldade de adaptação e conformação desses profissionais à nova ferramenta de trabalho.

A amostragem fixada para a realização dessa etapa do estudo empírico foi de 10% do quadro funcional de cada área investigada. Como a pesquisa foi de ordem qualitativa, as entrevistas foram feitas com base em um roteiro de questões semidirecionadas segundo os temas, problemas e preocupações expostos ao longo deste trabalho; todos fundamentalmente relacionados com a percepção sobre a informatização da produção e dos seus processos de trabalho.

Além de exercerem as funções de planejamento e operacional da Sercomtel e, por isso, lidarem diretamente com as diversas facetas das NTIs em seus processos de trabalho, as áreas apresentadas também foram selecionadas por fazerem parte do processo produtivo relacionado exclusivamente ao negócio da empresa, qual seja, a transmissão de dados, imagem e voz, desde seu tratamento técnico até sua chegada ao consumidor final, sendo, portanto, as demais diretorias e áreas tidas como suporte para o andamento ótimo desse processo.

Todo esse processo é realizado mediante uma rede informatizada de comunicação, que, além de viabilizá-lo e agilizá-lo dentro da empresa, alimenta-o e retroalimenta-o de informações pertinentes à sua otimização. Essas informações são relativas à explicitação de problemas e/ou sugestões para a melhoria tanto dos produtos e serviços quanto dos processos de trabalho necessários para levá-los a efeito – o que geralmente passa por algum tipo de solução informática. Essas idéias podem vir dos próprios clientes; porém, na maioria das vezes, vêm dos operadores partícipes desse processo, posto que são estes que vivenciam o cotidiano da produção e, pois, têm mais recursos para subsidiá-lo.

Portanto, é nessas áreas que as idéias criativas se fazem mais necessárias e onde os propósitos da "administração participativa" recomendada pelos PQTs, assim como a última tendência de gestão empresarial indicada pelas mais recentes versões da ISO, a gestão por processo, revelam-se extremamente relevantes. Como vimos, essa relevância traduz-se, entre outras coisas, por essas novas políticas de gestão empresarial e do trabalho se mostrarem extremamente compatíveis com os desígnios de expropriação dos resultados da capacidade cognitiva do trabalho vivo;e, do mesmo modo, com a decorrente necessidade de organização da informação que esse novo patamar de exploração do trabalho determina à produtividade empresarial.

A pesquisa empírica levou-nos a perceber que o que apareceu como novidade nos novos métodos de gestão empresarial e organização do trabalho implantados na empresa

4 O entrevistado mais novo entrou na empresa em 1992, um ano antes de ela começar a primeira fase de sua reestruturação.

nada mais configurou do que uma roupagem mais adequada para potencializar o novo tipo de reificação originária da informatização da produção. Do mesmo modo, essa reificação se delineia como um espectro por todo o processo de produção/informação da empresa estudada, assumindo diferentes facetas de acordo com cada área investigada. Seu resultado final, porém, é sempre o mesmo: a reificação das capacidades cognitivas do trabalho vivo pela automação flexível característica da tecnologia da informação. Da mesma forma, o veículo desse espectro são sempre as redes informáticas, guiadas pelos novos métodos de gestão do trabalho inspirados nos PQTs, e de gestão empresarial baseado na gestão por processo.

Por onde passa, o espectro da reificação opera uma simplificação do conteúdo do trabalho que incide sobre o ritmo das atividades produtivas, ora intensificando-as alucinadamente, ora impondo um estressante estado de alerta. De qualquer maneira, ambas as determinações implicam uma perda da capacidade de agir autonomamente sobre a temporalidade do processo de trabalho. Essa perda incutiu um sentimento de vulnerabilidade nesses profissionais, o que os leva a se perceber como meros instrumentos desse processo e, assim, desvalorizados, a temer por seus empregos. Os efeitos dessa percepção reificada diferem entre as categorias analisadas gerando, muitas vezes, reações paradoxais. Vejamo-las.

1 As áreas de planejamento

1.1 Os "profissionais tecnológicos" da área de Tecnologia da Informação (PTI)

No que concerne às áreas de planejamento – os processos de Tecnologias da Informação (PTI) e de "Desenvolver a Planta" (EDP) –, esses efeitos geraram, respectivamente, uma subjetividade perturbada e apreensiva com as novas e crescentes demandas provenientes da perspectiva mercadológica e outra mais competitiva e afinada com a mentalidade privatista e mercantil incutida desde o início do processo de "aculturamento" para a qualidade total na Sercomtel.

No caso da PTI, à medida que as redes de informação e os processos de trabalho básicos da empresa foram completamente informatizados, a área passou, cada vez mais, a voltar-se para o trabalho de manutenção e melhoria desses sistemas em detrimento do seu caráter de criação, que passou a ser exercido, preponderantemente, por fornecedores e terceirizados. Além de mais rotineiro, o trabalho na PTI também se tornou urgente, dado que as constantes inovações facultadas pelos multisserviços em aliança com a perspectiva mercadológica exigem recorrentes adaptações nos processos de trabalho de toda a empresa. Da mesma forma, com a integralização da empresa proporcionada pelas redes informáticas, a paralisação dos sistemas de informação pode prejudicar a empresa em sua totalidade, exigindo uma manutenção muito mais diligente.

Assim, não obstante dizer respeito a um trabalho de planejamento, também na PTI o caráter cada vez mais complexo do trabalho morto em detrimento do trabalho vivo pela expropriação de seu conhecimento se fez sentir. Os avanços das tecnologias da informação atingiram igualmente o trabalho de programação ali desenvolvido, visto que este se tornou grandemente determinado por softwares previamente disponibilizados pelos fornecedores tecnológicos externos. Determinação que leva a uma "rotinização" do trabalho de programação:

> [...] com as recentes inovações em equipamentos de automação flexível e de controle da manufatura, módulos de programação são usados para incorporar progressivamente os conhecimentos à memória dos equipamentos, fazendo com que o posterior uso das mesmas funções prescinda desses conhecimentos. O trabalho de programação tende a ser substancialmente simplificado e sistematizado (Tauile, 2001, p. 124).

Tendo sido a precursora das mudanças estruturais na empresa e, portanto, considerada a área mais estratégica no seu prelúdio, durante a primeira fase da reestruturação seus profissionais usufruíram um *status* privilegiado que, à medida que o trabalho de manutenção prevalecia sobre o de criação, desapareceu inteiramente, dando lugar a um sentimento de frustração e impotência. Os depoimentos dos técnicos da PTI revelam-nos de forma muito pertinente como tal fenômeno é experimentado na Sercomtel:

1) Antigamente nós éramos responsáveis pelas soluções, hoje em dia as pessoas vêm de fora, desvalorizando nosso trabalho. O fornecedor chega lá na empresa e fala assim: "Olha eu tenho um produto tal, com passe melhor, mais rápido, mais barato, esses teus funcionários aí não prestam". É uma deslealdade muito grande, eu sinto uma falta de valores, sabia?
2) A empresa saiu, buscou resultados, e enfiou garganta abaixo as soluções. Antes, a área de informática era responsável por isso, mas os diretores saíram e buscaram soluções de fora. Só que de repente aquele software atende só um pouquinho das necessidades da empresa. Às vezes a empresa gastou uma grana legal num software, daí ela vinha até a área: "A gente vai mudar isso aqui!". Ah! Mas não somos a gente que dá manutenção nisso aí. A empresa comprou, então ela tem que se entender com o fornecedor (técnicos da PTI).

Assim é que os técnicos da PTI têm suas atividades cada vez mais reduzidas ao simples trabalho de manutenção. Porém, dadas as constantes alterações que os processos administrativos e de marketing requerem da empresa, em razão das inúmeras inovações possibilitadas pela digitalização das suas redes, longe de essa simplificação ter facilitado seu trabalho, este se intensificou: "O pouco planejamento que eu tenho que fazer já vem com as atividades definidas, e já com a pressão feita" (técnicos da PTI).

O enfraquecimento do conteúdo criativo de suas atividades em favor de uma entediante atividade de manutenção, a urgência e a sobrecarga de trabalho engendradas pela perspectiva mercadológica e, ainda, a redução de um terço de seu quadro decorrente da reestruturação da empresa originaram um anticlímax entre seus técnicos.

Aos poucos, o entusiasmo presente nos primeiros momentos da reestruturação foi sendo substituído pela decepção diante da constatação de que a área de TI foi o carro-chefe das mesmas transformações que, posteriormente, desvalorizaram seu trabalho.

1) Às vezes me sinto incompetente. Eu não tenho condições de mudar essa situação, me sinto impotente.
2) É, infelizmente, se você olha para dentro do setor de informática, você vê pela redução do quadro, e mais, pela redução da quantidade de programação

para se fazer, que a informática foi perdendo o prestígio dentro da Sercomtel. A empresa começou a buscar soluções de fora, e a PTI se limitou a só ficar dando manutenção dos sistemas antigos e em atender telefone: "Ah, vocês estão com problemas não sei onde? Ah, tá. Fulano, o sicrano tá com problema, vai lá dar manutenção".

3) A gente é muito mais peça dentro da maquinaria ali, uma peça que pode ajudar a empresa a produzir, a mover sua engrenagem. E antes eu não era isso, mas era uma pessoa que fazia isso. Hoje a gente não faz mais, a gente é apenas uma fonte de lucro para a empresa (técnicos da PTI).

No entanto, a gerência participativa exerce uma influência escamoteadora sobre essa subjetividade. A suposta valorização da sua participação no processo produtivo da empresa, própria do discurso desse tipo de gestão, encontra solo fértil em um trabalhador que se sente cada vez mais reificado/desvalorizado. Contraditoriamente, esse discurso é igualmente eficiente no que se refere ao aprofundamento dessa reificação, ao incitar esses trabalhadores tanto a expropriar quanto a explicitar seu saber tácito para sua apropriação informática pela organização.

Técnico da PTI: "Esse negócio de participação surgiu nos EUA e teve bastante idéias no Japão e tal. A importância dessa parte de sugestões eu percebi a partir de uma reunião com o diretor administrativo lá da Sercomtel. Eu enxerguei isso como uma excelente ferramenta que realmente faria as pessoas serem reconhecidas pelo conhecimento delas. Com isso, elas se sentem parte do processo, parte da empresa. Porque o que acontece com muitas pessoas é que elas se dedicam a uma atividade que elas são quase que obrigadas a fazer, coisas que elas não gostam de fazer. Mas, quando elas vislumbram outras coisas dentro da empresa, elas gostam de ver a empresa bonita, elas gostam de ver as coisas funcionando, elas gostam de ver a empresa vendendo, sendo melhor que a concorrência, as pessoas gostam de ver a empresa com uma bela propaganda, as pessoas têm esse carinho ali dentro".
Pesquisadora: "Então você acha que o MPQ dentro da informática funcionou sobretudo por promover esse compartilhamento de idéias?".
Técnico da PTI: "Exatamente! Foi fantástico dentro da informática".

As contradições postas pelo embate entre a reificação do trabalho na PTI e o fetiche advindo do discurso da participação, próprio da "administração participativa" que rege os processos da Sercomtel, paradoxalmente, acabam por gerar sentimentos antagônicos e de resistência. Assim, ao mesmo tempo em que vimos aflorar todo um fetiche que os leva a contribuir com o processo de valorização da empresa em detrimento do seu próprio processo de trabalho, quando questionados sobre a nova perspectiva mercadológica em vigor, da qual o novo modelo de gestão é parte integrante, evidencia-se um claro conflito interior. Este é causado pela perda de referenciais proveniente dos novos valores que o novo perfil de empresa estabeleceu, que colide frontalmente com os valores existentes quando prevalecia a lógica do público sobre o privado na Sercomtel. São valores com os quais esses técnicos ainda se identificam, como se pode notar pelos depoimentos a seguir:

1) Eu vejo que a empresa se tornou menos humana, ela era muito mais social, tinha-se uma visibilidade de que ela tinha que gerar lucros, mas que também tinha que dar o retorno para a sociedade. Antigamente, havia muito mais respeito com as pessoas, desde diretores até zeladoria. Eu vejo que, com essa mudança de visão da empresa, a empresa agora só sobrevive de lucro. Claro que tem que ter lucro para sobreviver. Mas hoje ela está totalmente baseada nisso, e eu vejo que a empresa tem perdido muito em valores éticos.
2) Eu cheguei a fazer uma coisa que me deixou muito triste quando eu fiz. Eu me lembro que foi em um final de semana. Eu olhei a marca Sercomtel na entrada do prédio, observei o logotipo ai pensei: "Puxa vida! Essa empresa não é mais a mesma. Onde estão os valores humanos, o que aconteceu?". Isto é uma maneira de desabafar comigo mesmo, é uma válvula de escape. A gente se encontra nos corredores. Esta é a mesma opinião dos colaboradores que são mais antigos de casa.
3) Eu tenho uma briga de valores interna. Uma identidade minha de valor com o mundo lá fora e os valores da empresa. Tem um pessoal que perde a ética em prol daquele negócio da concorrência. A empresa diz que você tem que produzir, mas tem que manter a qualidade de vida. Mas eu já trabalhei que nem um condenado aqui, me sacrifiquei! Então a gente tem que pôr um limite, senão desequilibra a balança, e a gente acaba perdendo a família, o contato com seu filho. A gente tem que tentar buscar esse equilíbrio. Tem uma briga interna com relação a essa pressão que eu tenho, e com os valores que eu tenho internamente. Eu vejo que não tem que ser desse jeito. Eu tinha uma identidade com a Sercomtel que está se acabando.
4) A empresa trabalha com um conceito que joga para você uma série de informações, e você acha que ela está sendo legal com você, quando, na verdade, ela está manipulando dados (técnicos da PTI).

Decerto, esses sentimentos não aparecem na relação desses funcionários com a empresa, que, junto com o discurso "valorizador" da participação, procura mesclar o terror do desemprego, o que obsta significativamente a que as contradições sentidas no plano individual se manifestem de uma forma coletiva. Afinal, esse terror é bastante premente para um quadro técnico que sabe muito bem o potencial substitutivo de trabalho vivo que as novas tecnologias carregam.

> Eu acredito que em muitos treinamentos que nos foram dados o enfoque era: "Vocês poderão ser descartáveis". Não digo aquele treinamento específico sobre o nosso processo [PTI]. Falo dos treinamentos sobre qualidade total que tiveram na empresa. Eles eram direcionados para que o cara não fosse muito brigão. Não acho que foi para valorizar e mostrar que a gente tem potencial. Acho que foi para nós darmos menos trabalho na hora da mudança acontecer e a gente ser deslocado, quem sabe até para fora da empresa (técnico da PTI).

A impressão que fica é que os efeitos precarizantes que a reestruturação da PTI vem causando no plano da subjetividade de seus trabalhadores são todos vivenciados de modo eminentemente individualizado. Isso, ademais, confirma o diagnóstico de Linhart (2000) sobre o poder dos novos parâmetros organizacionais e tecnológicos de desestruturar o potencial de classe dos trabalhadores em favor de uma internalização de sua sublevação no espaço da empresa. Como conseqüência, ocorre uma particularização dessa resistência, que, ao ser exprimida dessa maneira, sem dúvida fragiliza sua dimensão contestatória em face das recentes estratégias ofensivas do capital para com o coletivo de trabalhadores assalariados.

Logo a a visão mercadológica, insistentemente propagada pelo "aculturamento", assinalou uma fuga individualizada de tais transtornos, percebida pela forma isolada com que seus técnicos vivenciam a precarização de seu trabalho. O potencial de resistência que a decepção e a frustração poderiam fecundar foi solapado pelo constrangimento de que isso pudesse denotar uma possível não-adequação de seu perfil aos novos ditames da empresa. Assim, em vez de se unificarem em prol de uma via opositiva a essa nova ordem, os profissionais entrevistados oscilam entre uma imponderada ansiedade de atender a todas as pressões advindas das mais diferentes áreas da empresa, um descaso pelo conteúdo e papel de seu trabalho e uma reprimida indignação por se verem obrigados a se adequar a esse estado de coisas.

1.2 Os "profissionais tecnológicos" da área de Desenvolver a Planta (EDP)

Com relação ao pessoal da EDP, ocorre exatamente o contrário do que foi visto entre os técnicos na PTI. Como vimos, com a reestruturação da empresa, essa área passou a ocupar uma função de preeminência só precedida pela Área de Marketing (DMKS). Como responsáveis pelas inovações diferenciais dos produtos e serviços da Sercomtel no mercado, os técnicos da EDP passaram a ter um papel de destaque para a competitividade da empresa. Com isso, o *status* outrora desfrutado pelos técnicos de TI foi transferido para os profissionais da EDP, o que subsidiou de maneira categórica a conformação de uma subjetividade extremamente competitiva e propícia aos propósitos mercadológicos que passaram a predominar na empresa. Essa consonância foi bastante potencializada pela mediação do fetiche da tecnologia, tão propalado na fase do "aculturamento", levando esses técnicos a se identificar com os objetivos da empresa bem mais que os da PTI.

> De agora em diante eu vou trabalhar na linha que a empresa está. Infelizmente a empresa tem uma influência política, mas agora, com essa linha de abrir novos mercados, eu estou fazendo todo o possível dentro da minha área para atender os anseios da empresa no que diz respeito a ampliar mercados. Ou seja, procurar ter mais clientes com menos custo possível de investimento, garantido o serviço de qualidade. Mas, dentro dessa linha, eu vou procurar mostrar a qualidade do meu trabalho, tentar fazer com que essa qualidade apareça, tentar fazer um diferencial para que isso proporcione, de repente, um crescimento ainda maior dentro da empresa para mim. Eu vou poder fazer alguma coisa pela *nossa* empresa, mas eu quero que o meu nome apareça. Foi a Sercomtel, mas o nome de quem fez tem que aparecer, entendeu? Eu não sou egoísta, mas, se você ficar ali a vida inteira se escondendo, ninguém consegue saber quem é você. Foi dentro dessa linha que eu consegui alguma coisa na empresa. Então eu sou um cara que me vejo assim, que dentro dessa linha que a empresa está trabalhando, de mercado, eu posso procurar atender a empresa, posso procurar soluções que venham a atingir seu objetivo, fazer com que a empresa atinja esse objetivo (técnico da EDP).

Essa identificação com a empresa encobre o fato de que, de acordo com o novo perfil e objetivos da Sercomtel, simplesmente não há perspectiva de crescimento para seus técnicos, pois o predomínio do mercado e de sua principal ferramenta, a tecnologia digital, na empresa, obsta qualquer esperança de ascensão do trabalho vivo em seu processo produtivo. Como alerta Bianchetti, essa situação consubstancia-se na seguinte contradição:

> [...] se os trabalhadores não decifrarem e solucionarem os problemas que causam a interrupção da prestação dos serviços (no caso específico das telecomunicações) são "devorados" do posto ou setor de trabalho; decifrando, e resolvendo as imponderabilidades, o seu saber, com o tempo, é "devorado" e transforma-se em trabalho objetivado nos equipamentos, restringindo o espaço de presença dos trabalhadores [...]; temos de enfrentar a evidência manifesta de que é a própria presença dos trabalhadores no processo de trabalho – na forma como predominantemente se constitui hoje – que está em risco, deslocando o eixo do conflito da polarização entre capital e trabalho, para o da inclusão versus exclusão e a decorrente fragilização de solidariedade intraclasse (Bianchetti, 2001, p. 18).

Assim, ao conceber as novas tecnologias como o agente causal da perseverança da empresa no mercado privatizado, o "aculturamento" infundiu uma noção de "desafio" nos técnicos da EDP, a partir da qual advém a idéia de que o aprendizado das novas tecnologias representa a oportunidade única para se manterem relevantes à empresa em particular e ao mercado de trabalho de uma forma geral. A conseqüência foi o nascimento de um sentimento de gratidão pela empresa, que, ao seu ver, lhes proporciona tal "oportunidade".

Um outro aspecto a se considerar no trabalho da EDP é que essa área, mais do que qualquer outra, o tempo do mercado prevalece. Por conseguinte, a agilidade proporcionada pelos equipamentos digitais é apropriada pela empresa de uma forma intensiva. Desse modo, determina e prevalece peremptoriamente sobre o trabalho vivo. Essa determinação do trabalho morto sobre o tempo e o *modus operandi* do processo de trabalho, ou, em poucas palavras, essa reificação do trabalho vivo, além de uma patente intensificação do seu trabalho, produz uma temporalidade descontínua, fragmentada, inopinada. O tempo digital transformado em tempo do mercado é um tempo alucinante, pois ao mesmo tempo acelerado e desconexo, o que impede que o trabalhador consiga visualizar a totalidade do seu processo de trabalho.

Contudo, o sentimento de gratidão pela empresa derivado do "aculturamento", juntamente com o *status* que esses profissionais passaram a ter dentro da empresa, faz com que, a despeito de toda a perturbação que o tempo descontínuo, confuso e estressante que a informática trouxe para o ritmo de seu trabalho, eles se esforcem para extrair da nova tecnologia todo o cabedal de inovações possível.

Essa manobra exprime o sentimento de "desafio" que brota da sua relação com a nova tecnologia, cuja inovação é vista como uma dificuldade a ser superada. A cada novo "desafio" superado, fica uma sensação de conquista que, aliada à postura competitiva incutida pelo "aculturamento" e ao sempre presente medo do desemprego, conforma sua subjetividade em prol do crescimento da empresa em detrimento do seu próprio.

1) O trabalho diário é para mim um desafio! Porque todos os dias eu tenho um desafio novo. Tenho tecnologia nova, relatório que eu tenho que fazer sobre o que eu atendi no dia anterior. É muito gratificante, porque você vai estudando, acrescentando soluções para a empresa. É isso o que eu mais gosto do meu trabalho: o desafio das novas tecnologias que, quando você começa a pesquisar, você vê que é sempre diferente do que você aprendeu. Você tem que pesquisar mais do que havia pesquisado. É um caminhar, é sempre um desenvolvimento.
2) Os mais novos, que era o meu caso e mais alguns colegas, queríamos mexer com a Central Digital porque nós éramos mais arrojados, de querer buscar os desafios e tal. O pessoal consolidado ali na área, já estabelecido, dando conta do recado daquela [antiga] tecnologia ali, tipo assim, eles estavam seguros ali, com aquela tecnologia que eles dominavam, estava bom para eles, então eles não queriam. Porque, agora tem pessoas que estão conhecendo bem mais do que eles aqui, eles têm que entrar lá por baixo. E nós não, nós estávamos mais ou menos em uma fase intermediária, então aquilo ali era um desafio para a gente. Eu estou aqui, eu acho que pelo menos a gente tem que retribuir, se esforçar para poder render mais e desenvolver mais.
3) Dentro dessa linha, eu passei a trabalhar no diferencial, sem querer passar por cima dos colegas, mas eu sabia que eu tinha que fazer muito mais que os outros para poder conseguir alguma coisa, e a Central Digital me deu essa oportunidade, de poder explorar e trabalhar um pouco mais (técnicos da EDP).

É assim que o fetiche da tecnologia encobre o fato de que, longe de esses trabalhadores terem se tornado competitivos no mercado de trabalho, o conhecimento adquirido com as novas tecnologias na empresa será de pouca valia fora dali. De fato, por conta dos contratos de exclusividade tecnológica com fornecedores transnacionais que as empresas de ponta costumam firmar, a qualificação obtida pelo aprendizado com novas tecnologias só poderá ser integralmente utilizada na órbita da empresa. Ou seja, é um conhecimento que se configura praticamente supérfluo fora dos limites e das especificidades de seu empregador. Ademais, revela quanto a oferta de qualificação pelas empresas nada tem de altruísmo e abnegação; antes é uma medida imprescindível para manter a competitividade da empresa em detrimento da de seus funcionários.

2 As áreas operacionais

Ainda que sob uma outra problemática, a superfluidade do conhecimento técnico é verdade, sobretudo, para as áreas operacionais, seja porque o esvaziamento do antigo saber técnico reduziu o trabalho a mero vigia das máquinas, como no caso dos operadores de comutação digital, seja porque é por elas vigiado, como ocorre com os operadores da ASK!; ou, ainda, por causa da descaracterização e da desvalorização do seu perfil técnico, como ocorre com o pessoal do Centro de Supervisão Integrada (CSI).

Entretanto, essa patente precarização do trabalho operacional não encontrou oposição no quadro da empresa-mãe. Antes, levou a uma insegurança que marcou um tipo de engajamento contraditório em seus técnicos. Na medida em que a estabilidade ainda é tradicionalmente garantida aos empregados que permaneceram na empresa-mãe, por mais que se sintam ameaçados, somente o medo do desemprego não explica a adesão tão contundente desses trabalhadores ao seu novo perfil.

Com certeza, esse engajamento foi fruto não só da apreensão causada pela drástica redução do quadro de pessoal total da Sercomtel, mas também do intenso processo de "aculturamento" promovido pela empresa. Ao atrelar a continuidade no emprego à permanência da empresa no mercado, o "aculturamento" criou uma subjetividade operária angustiada que, para enfrentar tal conjuntura, entra em conflito com seus próprios interesses de classe pela introjeção dos objetivos da empresa. Em vista disso, tal como os técnicos da TI, esse sentimento é geralmente vivenciado de maneira individualizada na área operacional.

2.1 Os "profissionais tecnológicos" de comutação

Entre o pessoal de comutação, a substituição do paradigma analógico pelo digital diminuiu significativamente o número de trabalhadores na área. Se antes era o saber desses técnicos que se fazia fundamental para o bom andamento da empresa, com a reificação do seu saber técnico nos computadores, essa relevância foi transferida para a nova maquinaria. Desde então, de um trabalho executado de uma maneira interventiva para o desempenho das funções de comutação, suas atividades reduziram-se à mera vigilância das máquinas, agora os verdadeiros agentes desse processo, assim como a dar comandos previamente prescritos nos manuais dos fornecedores dos hardwares para sanar eventuais problemas, também tornados virtuais.

> Na Central Analógica tinha-se um corpo-a-corpo com o equipamento, você enxergava ouvindo a troca de informações entre as máquinas, o que os equipamentos estavam conversando, a linguagem do equipamento. Hoje, as pessoas não passaram por essa fase. Quem foi direto para o sistema digital são pessoas que se formaram em informática e aprenderam, pura e simplesmente, essa tecnologia digital, mais superficial. É claro que sabem operar a planta, mas, como ali existe muito mais facilidade, eles só comandam, é só software mesmo (técnico de comutação digital).

Essa inversão reificante operada pelos equipamentos digitais, em que o trabalho vivo já não é um sujeito ativo *na* máquina, mas antes um informativo *para* a máquina, associada à perspectiva mercadológica que passou a imperar na empresa, levou a uma desvalorização das áreas operacionais em prol da área mercadológica. Isso denotou uma perda de *status* entre esses operadores, que, como tentativa de compensá-la, procuram agregar às suas funções algumas atividades de desenvolvimento, algo tornado possível pela imprecisão que o paradigma digital introduziu entre o trabalho de operacional e o trabalho de planejamento na empresa.

Apesar de essa possibilidade revelar um nivelamento por baixo na qualificação do trabalho técnico, tanto que muitos dos antigos operadores de comutação analógica hoje se encontram na EDP, as atividades desta área ainda são relativamente mais criativas, ou senão, pelo menos, mais ativas e, dentro do atual perfil mercadológico da empresa, com certeza mais valorizadas do que as atividades de comutação. Assim é percebida esta faceta da reificação de seu trabalho por um dos técnicos entrevistados:

> A dinastia do corpo técnico já acabou. Quando entrei aqui o profissional técnico era muito valorizado e tinha toda uma mística sobre ele. Todos tinham interesse sobre

> esse profissional, principalmente quando a central era analógica. Depois, com a entrada da central digital, diria até mais, com a entrada das novas tecnologias tudo ficou mais fácil, houve uma simplificação demasiada. As funções ficaram mais simples. E aquela mística decaiu em razão disso, e também por causa do mercado. Agora não se precisa mais de gente que domina a tecnologia, mas sim de gente que vende serviço (técnico de comutação digital).

De resto, essa anexação por certos operadores de comutação do trabalho de planejamento às suas atividades coloca-os, muitas vezes, em situação de confronto com os técnicos da EDP, o que, mais uma vez, vem confirmar o fato de que a forma como as novas tecnologias vem sendo aplicadas no interior das empresas enseja uma individualização do trabalho vivo bastante comprometedora do seu senso de classe.

2.2 Os "profissionais tecnológicos" do Centro de Supervisão Integrada (CSI)

O sentimento de desvalorização do seu trabalho também ocorre entre os entrevistados do CSI, que, por isso, tal qual os técnicos de comutação com relação aos da EDP, ambicionam um posto na Comutação – por eles entendido como mais relevante do que suas funções –, visto se tratar da área onde fica o "coração da empresa". Um sonho impossível quando se tem em conta que esse "coração" agora bate artificialmente e que os avanços tecnológicos tendem a prescindir cada vez mais da mediação humana para o seu funcionamento.

O que mudou efetivamente com a informatização do trabalho dos operadores do CSI foi a ferramenta e a quantidade de trabalho. Com efeito, dado seu papel de mediador entre a empresa e o cliente, e a ampliação de serviços agregados possibilitados pela digitalização da planta, foi no CSI que a intensificação do ritmo de trabalho pelas novas tecnologias mais se fez sentir. O que antes era passado por papel, fichas, formulários hoje é transportado por computador. Com isso, todo o trabalho do CSI passou a ser realizado em telas que aparecem no computador e se abrem conforme o código do serviço a ser executado. Essas telas são interfaces de fácil acesso e muito mais precisas no encaminhamento dos problemas a resolver do que quando isso era feito em papel, o que conferiu a agilidade necessária para a incorporação dos novos serviços e tarefas derivados da completa substituição da Central Analógica pela Digital.

> Com o dinamismo e a evolução da informática, e as implementações dos terminais de computadores e das telas de serviço, o trabalho foi fluindo melhor, a gente fica mais rápido, porque é um sistema que se comunica via web, via rede, entre o seu comando e a central. Tudo é feito sozinho. Isso veio a somar para agilizar o serviço. Podemos dizer que simplificou o trabalho (profissional tecnológico – CSI).

Com certeza, suas tarefas não poderiam ter sido tão acrescidas se, além da sua simplificação, as tais telas não tivessem operado, também, a apropriação do ritmo das atividades produtivas. Cada vez que uma tela se abre, significa uma tarefa a cumprir. Ocorre que tais telas se abrem vertiginosamente, independentemente de qualquer comando humano, ao sabor das demandas do mercado. Conforme os clientes vão ligando, as atendentes da ASK! enviam suas solicitações pelas redes da empresa. Diferentemente das outras áreas até agora analisadas, portanto, a pressão no CSI vem mais dos assinantes do que do pessoal interno da empresa.

Ocorre que a mediação do fetiche da tecnologia introjetada pelo "aculturamento" induz esses técnicos a ver na causa de sua precarização, isto é, a terceirização e a automação, a grande saída para escaparem da reificação de seu trabalho e deixar suas atividades menos insípidas. A falta de uma perspectiva de crescimento pessoal na empresa, a constante ameaça que o interminável processo de reestruturação representa para o seu emprego – sobretudo para o "profissional tecnológico", uma vez que as incessantes inovações da tecnologia se materializam em interfaces cada vez mais "amigáveis", isto é, fáceis, o que ocasiona a desvalorização do seu trabalho; enfim, toda a instabilidade que esse quadro gera, somado ao fetiche que o "aculturamento" introjetou nele, imprime nesse profissional uma personalidade mercantilista. Assim um entrevistado nos respondeu quando indagado sobre sua perspectiva de futuro na empresa:

> Técnico CSI: "Bom, essa função que eu exerço no CSI me proporciona um leque de informações, até de produtos da empresa, eu acho que eu posso dissertar sobre qualquer produto que a empresa vende, eu sei falar sobre o produto, eu sei vender o produto, sei dizer como funciona, para o que ele serve...".
> Pesquisadora: "E o que isso te proporciona?".
> Técnico CSI: "Satisfação, porque eu estou trabalhando, eu posso falar e dissertar com os colegas sobre o produto que a empresa vende".

Ao insistir no que ele esperava desse tipo de conhecimento no sentido de seu crescimento na empresa, a resposta foi surpreendente e deixou à mostra a evidente desvalorização do seu trabalho:

> Técnico CSI: "A idéia que a gente tem aqui no CSI é terceirização. Porque tem muito serviço no CSI que é padrão, sabe? Então, se é padrão, dá para estar montando um programinha que detecte e arrume o defeito. E, de repente, a gente pode terceirizar esses serviços, porque hoje precisa de muita mão-de-obra no CSI para poder dar conta desse monte de defeitos que surgem. Se terceirizar esse serviço, a gente pode ter menos tarefas para poder se especializar mais nas atividades da Comutação. A perspectiva que a gente tem é estar mais inteirado do serviço de comutação, de transmissão, e nós mesmos ir lá resolver o problema. Veja, ninguém faz estágio no CSI, só vai fazer com o pessoal da Comutação".
> Pesquisadora: "Mas existe essa demanda? Porque, pelo que eu observei no processo de comutação, parece que não existe essa possibilidade, pois a tendência lá é automatizar cada vez mais".
> Técnico CSI: "Existe essa possibilidade, tem que ter essa possibilidade...".

Ou seja, sua perspectiva de futuro erige-se sobre tudo aquilo que pode levar seu trabalho a ser ainda mais desvalorizado e, adicionalmente, se reverter em mais desemprego para si mesmo e/ou seus colegas de trabalho: terceirização e automatização. Certamente, essa mística é oriunda do fetiche da tecnologia que também atua no sentido de aluir a solidariedade de classe e corroborar para a precarização de seu trabalho. Isso no momento em que esses profissionais pensam ser a automação e a terceirização das suas atividades rotineiras a solução para abrandar o ritmo tresloucado que a digitalização impôs ao seu trabalho.

Essa distorção não os deixa perceber que a forma exclusivamente capitalista com que a tecnologia vem sendo aplicada na empresa torna-a antes a fonte do que a supressão da insipidez e da precipitação das suas atividades produtivas. Obviamente, tal ampliação e velocidade somente são possíveis em um trabalho eminentemente simples e rotineiro, o que o torna necessariamente bastante similar ao trabalho de atendimento ao cliente da empresa. Ou seja, justamente o tipo de trabalho sobre o qual os entrevistados do CSI tanto depõem, o trabalho terceirizado.

Apesar de o trabalho no CSI basicamente equivaler ao dos terceirizados de atendimento ao cliente, uma vez que estes não usufruem a mesma condição de estabilidade que os primeiros, nem passaram por um processo tão intenso e longo de "aculturamento", o fetiche entre esses operadores não encontra um solo tão fértil para atuar.

2.3 Os operadores de call center

De fato, a Sercomtel mantém uma relação bem mais autoritária com seus terceirizados do que com os operadores que estão sob sua contratação – fato esse confirmado pelos entrevistados da área gerencial da ASK!. A excessiva preocupação com a padronização do atendimento em sua terceirizada, tida como a "linha de frente" da sua produção, acaba por impor um grau de vigilância jamais presenciado entre seus próprios trabalhadores. Os operadores sofrem um constante e duplo monitoramento. Constante porque tem como meta cobrir 100% dos operadores durante todo o seu expediente, muitas vezes por meio de procedimentos *on-line* (em tempo real). E duplo porque tal monitoramento é efetuado tanto pela ASK! quanto pela Sercomtel.

Muitas vezes a possibilidade do "poder panóptico" dada pelo monitoramento informático também é aproveitada para selecionar aqueles operadores que podem melhor servir aos propósitos da empresa-mãe; essa determinação acaba por resultar em uma gerência bastante arbitrária e despótica na empresa terceirizada:

1) Tudo é a Sercomtel: "Sercomtel te monitorou e não gostou disso. Nós vamos te mandar embora porque seu perfil não cabe mais para a Sercomtel". Então, em tudo eles usam o nome da Sercomtel. Eu não acredito que isso seja verdade, não é possível jogar tudo na Sercomtel! Eles [os supervisores] fazem isso por conta própria. Porque da Sercomtel mesmo você não vê nenhuma reclamação por escrito.
2) Até algum tempo atrás eu acreditava que existia essa pressão por parte da Sercomtel com a ASK!, mas eu percebi que realmente não existe. Quando a ASK! quer alguma coisa, ela sempre coloca que é a Sercomtel. A gente pode identificar isso em alguns treinamentos que temos. Percebemos que, às vezes, a Sercomtel valoriza muito mais a gente do que a própria ASK!. A ASK! cobra muito mais da gente do que a própria Sercomtel.
3) Eles não deixam a gente conversar com os colegas dos outros projetos, a gente tem que mostrar que a empresa trabalha, que o funcionário está ali para trabalhar. Então, eles impedem que você converse, que você fale alguma

> coisa. Eles acham que se você conversar um pouco, aquilo vai ficar uma baderna, vai ficar todo mundo conversando e não vai sair nada (operadores da ASK!).

Esse tipo de despotismo está relacionado com uma grave contradição apontada por Heloani (1997) nas formas modernas de gerenciamento, principalmente nas empresas terceirizadas. Conforme esse autor, a excessiva simplificação, característica do trabalho terceirizado, enseja a oportunidade de a empresa, sob o argumento de que seu trabalho é "plenamente substituível", submeter esses trabalhadores a uma constante ameaça de desemprego. Tal intimidação impugna frontalmente a tentativa de aliciamento dos trabalhadores para "vestirem a camisa da empresa", uma das principais metas da gestão da qualidade total. Porém essa dissociação entre o discurso da empresa e as práticas gerenciais cotidianas para se conquistar uma maior produtividade operária – ou, nas palavras de um dos operadores, esse "envolvimento pressionado" – resulta em uma ambigüidade na rotina de trabalho desses operadores, a qual causa um estado de insegurança altamente estressante. De acordo com Heloani:

> [...] mantêm[-se] o discurso da importância de "jogar no mesmo time", mas, ao mesmo tempo, mostram que, na prática, vale mesmo é o "salve-se quem puder". [...] A dupla mensagem não é gratuita: faz parte de uma lógica inversa e perversa – a lógica do capital e da sedução. Quando a organização ordena: envolva-se, dedique-se, aproxime-se de mim, ao mesmo tempo está implicitamente sinalizando para a possibilidade da demissão. [...] Dentro da lógica empresarial é perfeitamente normal... Na lógica do trabalhador é doentio, desumano (Heloani, 1997, p. 150).

Assim, ao contrário do que acontece com os profissionais da Sercomtel, o duplo monitoramento de suas tarefas, aliado ao fato de lá vigorar uma gerência que, a despeito de ser fundamentada nos PQTs e assinalada como participativa, é indubitavelmente mais tirânica do que aquela presenciada na empresa-mãe, contribuiu sobremaneira para produzir operadores mais revoltados do que fetichizados com a empresa onde trabalham.

Por certo, a reificação do trabalho vivo é muito mais sentida e percebida na empresa terceirizada. Além do duplo monitoramento, e de uma supervisão muito mais rígida do processo de trabalho dos operadores, no caso específico do telemarketing ativo – a categoria delimitada para a pesquisa – a reificação é expressa pelo uso de *scripts*, que praticamente anulam qualquer manifestação de autonomia do trabalho vivo em suas atividades. Tolhidos de sua autonomia e fortemente controlados em seu trabalho, esses operadores se convertem em máquinas de comunicação, meros receptores-transmissores de informações e digitadores de dados, pertinentes à empresa-mãe.

A extrema padronização gerada pelo *script*, combinada ao monitoramento – que, tal qual um "controle remoto", obriga os operadores a cumprir corretamente suas determinações sob pena de advertência e, no limite, demissão –, acarreta uma circunstância em que esses operadores se sentem teleguiados em seu trabalho. Essa sensação chega ao ponto em que eles se percebem como as próprias máquinas.

1) Para mim, não houve crescimento no aspecto profissional. Se eu sair dessa empresa e procurar outro emprego, só vou conseguir em outra empresa de telefonia, porque não agregou muito conhecimento nisso não. Tem uma hora que você não está mais nem lendo o script, você está falando sem ler. É muito "decoreba", mesmo. Por isso o "receptivo" é muito melhor, você fica mais à vontade para falar com o cliente.
2) Não tem nada difícil ali no "ativo". É tudo muito fácil. Se eu tivesse trabalhando em outro setor, podia ser, mas ali, com telemarketing e *script*... O que você tem que falar já está tudo pronto, você só tem que falar. Eles só usam a sua voz, porque o seu conhecimento não é exposto.
3) Você vai seguindo aquele *script* ali, no seu dia-a-dia, vai decorando o que você tem que fazer... A gente vai ficando bitolado só no *script*. Eu me sinto "robotizada" com isso, parecemos uma máquina! (operadores da ASK!).

Adicionalmente aos *scripts*, esses operadores ainda têm toda uma fraseologia padrão para conversar com os clientes, que vem a aprofundar ainda mais esse sentimento de robotização:

> A fraseologia que eles querem que você obtenha, você fica mais mecânica ainda. Então, você fica tentando conversar com o cliente de modo natural, normal para não ficar uma coisa mecânica e é onde às vezes você acaba errando muito, porque você usa a fraseologia que você tem no dia-a-dia. E eles não gostam muito, não. Tem que andar como eles querem (operadora da ASK!).

A revelação dessa percepção robotizada vem ao encontro da observação de Rebecchi sobre os efeitos da informatização do trabalho sobre a subjetividade operária, qual seja, esta caminha "[...] em direção ao enrijecido, ao não-vivente: um homem que é esvaziado de seu ser vital, *um homem coisificado, reificado*. Nessa imagem, prevalecem as coisas mortas sobre as vivas, a morte sobre a vida" (Rebecchi, 1990, p. 17, grifo nosso).

Ocorre que a reificação gerada pela excessiva padronização e controle das atividades desses operadores conflita com a imprevisibilidade própria do telemarketing de tipo "ativo" – isto é, aquele em que são os operadores que procuram os clientes em vez de estes procurarem a empresa, tal como acontece no telemarketing de tipo "receptivo". Na medida em que o comportamento do cliente não é passível de sofrer o mesmo tipo de padronização por que passa o trabalho operacional, muitas vezes sucede de os operadores receberem respostas que não se ajustam às prescrições fixadas nos *scripts*. Nesses momentos, a "robotização"/ reificação decorrente da grande prevalência do trabalho morto sobre o trabalho vivo, que ali se efetiva, colide com a desconformidade das questões dos clientes, obrigando-os a "sair do *script*".

Quando isso acontece, o medo de repressão causado pelo monitoramento deixa-os profundamente temerosos por seu emprego, o que agrava ainda mais o sentimento de reificação. Por outro lado, a alternativa de continuar dentro do *script* não deixa de ser igualmente angustiante, pois é recorrente que isso resulte em mais incongruências por parte dos clientes acionados, que, segundo os entrevistados, costumam se sentir irritados diante da impressão de estarem falando com "robôs".

1) Às vezes você quer conversar com o cliente. Não é que eles [os supervisores] impedem você de fazer isso, só que a Sercomtel cobra... E às vezes a gente tem que conversar com um cliente... Eu acho que se eu conversar com um cliente num "telemarketing ativo", a empresa vai ganhar muito mais do que se eu ficar que nem um robô ali, falando. O cliente me pergunta uma coisa e eu respondo outra, porque eu tenho que seguir o *script*.
2) Eu tenho que finalizar o *script* com o 0800 da empresa, e muitas vezes o cliente desliga, muitas vezes ele não quer responder... Para a gente que tem que abordar os clientes já é chato, imagine para eles que são abordados ter que ficar respondendo coisas por telefone para um robô!
3) Não se tem liberdade para conversar com o cliente. Temos que seguir um roteiro, se fugirmos daquilo, com certeza, alguém chamará sua atenção. E aquilo, tem-se um *script* a seguir, pode-se até passar de forma diferente, mas as informações estão definidas, não se pode fugir daquilo. Então com esse controle ficamos submissos àquilo no momento de passar as informações (operadores da ASK!).

Essa ausência de criatividade em suas atividades, combinada com a ubiqüidade panóptica do duplo monitoramento, que faz tais atendentes se sentirem verdadeiros robôs teleguiados por controle remoto, causa um misto de apatia e sublevação no desempenho de suas funções. Tal quadro acaba por redundar em uma profunda indiferença desses operadores por seu trabalho, em geral manifesta por uma perspectiva provisória com relação à sua estada na empresa.

> Futuramente, eu estou buscando uma outra profissão para mim, eu não quero ficar lá, não. Porque querendo ou não é muito desgastante, é muita reclamação, e, na realidade, é pouco mérito, é pouco ganho para aquilo que você vive. Eu me vejo como uma funcionária aqui da empresa que se sair amanhã não fará diferença, nada vai mudar. Eu sou só um número para a empresa, só isso (operadora da ASK!).

O resultado desse processo, portanto, é um total descomprometimento com os negócios da empresa, justamente por parte daqueles trabalhadores que deveriam estar mais inteirados e empenhados nas suas transações. Em outras palavras, a robotização/reificação verificada no trabalho de *call center* produz um efeito oposto àquele pretendido pela empresa-mãe, cuja perspectiva mercadológica tem no serviço de telemarketing seu principal expediente estratégico.

Conclusão

Em síntese, o que fica da análise comparativa efetuada entre os diferentes tipos de trabalho técnico-operacional presentes no processo de produção da Sercomtel é que, sem a mediação do "aculturamento", e mesmo de alguns resquícios do antigo padrão cultural próprio do modelo estatal que persistem no núcleo efetivo desta empresa – tais como a tradição de estabilidade e, ainda, a identificação dos interesses da empresa com os da comunidade, decorrente da permanência de sua condição de instituição pública –, a percepção operária decerto teria expressado mais resistência ao novo tipo de reificação encetada pelo atual processo de reestruturação produtiva, tal como foi constatado entre os operadores da terceirizada.

Sem dúvida, o fato de a maioria dos operadores da empresa-mãe ter vivido sob uma estrutura organizacional tradicional (de tipo taylorista) e estatal característica da Sercomtel antes de sua reestruturação, que contrasta fortemente com a radical lógica privada e mercadológica que veio a substituí-la, suscitou a necessidade de se recorrer a artifícios mais aliciantes de sua subjetividade para conquistar sua anuência e adesão ao novo perfil de empresa. Em que pese a questão do receio do desemprego, seguramente o "aculturamento" e o fetiche da tecnologia dele derivado concorreram de modo decisivo para conformar uma subjetividade operária mais obediente aos novos imperativos da produção capitalista.

Em contrapartida, a maneira injuntiva pela qual os operadores da empresa terceirizada são gerenciados, associada à instabilidade e à precarização de seu emprego em face dos da empresa-mãe, gerou uma subjetividade mais pertinaz e resistente aos novos ditames empresariais, assim como mais consciente do novo tipo de reificação do trabalho inaugurada pelas NTIs do que aquela verificada entre os operadores efetivos da Sercomtel.

Disso se depreende que, paradoxalmente, a eficácia dos novos parâmetros organizacionais e tecnológicos em abalar a resistência do trabalho vivo para adaptá-lo ao atual patamar de exploração e acumulação capitalista encontra um terreno mais favorável em espaços que experimentaram os métodos tradicionais de controle do trabalho e a estabilidade própria de uma empresa pública. Quando a hierarquia rígida e o autoritarismo do taylorismo mais clássico são confrontados com as metodologias da "administração participativa", a aparente autonomia e valorização da cooperação operária, insidiosamente enunciada por esta última, acaba por velar a compreensão disso como um novo meio de expropriação do saber operário.

Por outro lado, para aqueles trabalhadores que não vivenciaram outros parâmetros de gerenciamento, como é o caso dos atendentes da terceirizada de *call center*, em sua maioria novatos na função, a ausência de comparação permite que a crua realidade da exploração e reificação de seu trabalho fique mais evidente, e, por conseguinte, mais gritante a insatisfação dos atendentes.

Por certo, a "administração participativa" revela-se um método bem mais apropriado para operar o novo tipo de reificação do trabalho proporcionado pela aplicação capitalista das NTIs aos processos de produção e trabalho das empresas de ponta. Contudo, é igualmente verdadeiro o fato de que, nem por isso, sua implementação ocorre sem contradições e de maneira tão harmônica como a pretendida por esse método; o que indica, afinal, que o embate entre capital e trabalho permanece bem longe de estar resolvido.

Capítulo 14

A FEMINIZAÇÃO DO TRABALHO NO MUNDO DO TELEMARKETING*

Claudia Mazzei Nogueira

A EMPRESA SEGUNDO O IDEÁRIO PATRONAL[1]

A Atento-Brasil é uma empresa tida como líder na prestação de serviços de relacionamento entre as instituições e os seus clientes por meio de *contact centers* ou plataformas multicanal (telefone, internet, SMS etc.). Iniciou suas operações em abril de 1999, na cidade de São Paulo, com pouco mais de mil funcionários. Em novembro desse mesmo ano, agregou à sua rede outra empresa de *call center*, com uma importante presença na região Nordeste do país, e, no ano seguinte, em março de 2000, criou mais uma instituição desse segmento, assumindo assim a liderança do mercado de *contact centers* no Brasil. Consta que, no final de 2003, a companhia contava com uma equipe de 29.434 profissionais, dos quais 28.960 realizavam funções relacionadas diretamente com as operações, além de ter gerenciado 489 milhões de chamadas nesse ano. Esses números, conforme indica o site, levaram a Atento-Brasil a ser uma das maiores empresas privadas do país em contratação de força de trabalho.

Essa instituição compreende hoje treze *contact centers* distribuídos em seis grandes cidades brasileiras (São Paulo, Rio de Janeiro, Belo Horizonte, Porto Alegre, Salvador e Brasília) e, segundo o site, oferece ao mercado tanto produtos especializados de grande valor agregado quanto serviços automatizados, fornecendo assim uma prestação de serviços que lhe permite uma grande redução de custos, em decorrência da ampliação do processo de terceirização da força de trabalho e conseqüentemente de uma maior *precarização da*

* Este trabalho é parte da tese de doutorado da autora, intitulada *O trabalho duplicado: a divisão sexual no trabalho e na reprodução: um estudo das mulheres trabalhadoras no telemarketing*, sob a orientação da Profa. Dra. Maria Lúcia Barroco, defendida na PUC-SP, no programa de pós-graduação em Serviço Social. Essa tese foi publicada com o mesmo título pela editora Expressão Popular, São Paulo, 2006.

1 Todos os dados utilizados nesta descrição foram obtidos no *site* da referida empresa, que os utiliza como instrumento de marketing e propaganda ideológica.

trabalhadora. Em 2003, a empresa também investiu na "qualidade": um objetivo que permitiu a obtenção do certificado ISO 9001 e a conquista de vários reconhecimentos na ótica do mercado, seguindo o receituário patronal de "empresa exemplar".

Segundo pesquisas desse setor, o Grupo Atento consolidou sua liderança nos mercados de línguas hispânica e portuguesa, iniciando também seu desenvolvimento no mercado francês, atendido por sua subsidiária no Marrocos. Também, no ano de 2003, uma instituição bancária investiu capital na matriz do Grupo Atento, fortalecendo dessa maneira toda a rede. No fechamento do ano passado, a participação do banco alcançou 8,65% do capital do Grupo Atento, continuando, no entanto, como principal acionista uma grande empresa da área de telecomunicações. O aporte de capital efetuado pelo banco permitiu à Atento reforçar sua presença comercial no setor financeiro, tanto na Espanha quanto em importantes países da América Latina. Nesse mesmo ano, o faturamento do grupo ficou em 496,6 milhões de euros, 13,4% menor que no ano anterior. A queda deveu-se fundamentalmente ao efeito do câmbio, já que, sem levar em conta o impacto da inflação, a redução de faturamento foi de apenas 2,2%.

No final de 2003, o Grupo Atento já dispunha de uma rede internacional de 51 *contact centers* ou plataformas multicanal (telefone, fax, internet etc.), com mais de 27.700 posições de atendimento a clientes e uma folha de pagamento total de 54 mil pessoas.

A Atento detém as mais novas tecnologias na gestão de ligações por sistemas de reconhecimento automatizado de voz (IVR), com o objetivo de oferecer "aos seus clientes uma maior eficiência". Ao prestar um serviço especializado, reduz custos e flexibiliza as atividades de atendimento para as empresas e, ao mesmo tempo, intensifica a exploração e o controle sobre a força de trabalho. Na perspectiva patronal, esse serviço é positivo porque possibilita ajuste e mensurabilidade, evitando que as instituições façam grandes investimentos com resultados incertos de extração de mais-valia. O Grupo Atento se converte assim em "sócio estratégico" das empresas e fonte de extração de sobretrabalho. O marketing telefônico tem um "rateio de sucesso" superior ao de outros instrumentos convencionais como os catálogos telefônicos, o fax e o correio. As bases de "dados relacionais otimizam a efetividade" de qualquer campanha comercial. Segundo a empresa, "um cliente satisfeito é sempre mais rentável".

Ainda baseadas no receituário patronal, as organizações que contam com os serviços prestados pelo Grupo Atento trabalham e operam em setores muito diversos, às vezes competindo entre si. Mas há um denominador comum: "[...] trata-se de companhias na vanguarda dos métodos de gestão e na vanguarda empresarial". Essas empresas são "perfeitamente conhecedoras dos benefícios que significa trabalhar com especialistas e terceirizar atividades secundárias para eles, melhorando assim a eficiência e a rentabilidade" (Atento, 2005)[2].

O Grupo Atento, segundo o site, desde a sua criação tem gerado um número acentuado de empregos. A sua folha de pagamento total elevou-se de 32.776 a mais de 54 mil pessoas em um período de três anos. Já a Atento-Brasil conta com 12.500 postos de atendimento, 22 mil operadores, totalizando 24.800 funcionários. Tem seu atendimento dividido em 50% URA (unidade de resposta audível) e 50% com atendentes, seu *turn-over* (rotatividade) é de 5,4%, com um absenteísmo de 3,5%, atendendo um volume de

2 Atento. Em: <http://www.atento.com.br/portugues/inicio2.htm>. Acesso em 8 jul. 2005.

mais de 650 milhões de ligações por ano[3]. Adicionalmente, segundo a propaganda ideológica feita pela empresa, "essa é uma das companhias mais importantes para a obtenção do primeiro posto de trabalho, assim como uma das principais instituições que permitem compatibilizar os estudos com a inserção no trabalho", já que a jornada básica nos PAs (postos de atendimento) é de seis horas diárias, entretanto, como veremos a seguir, marcada por uma acentuada exploração da força de trabalho. Cabe lembrar, também, que a folha de pagamento do Grupo Atento-Brasil é composta em mais de 70% por mulheres, confirmando-se como um espaço de trabalho predominantemente feminino[4].

A percepção das mulheres trabalhadoras do telemarketing

A principal característica das empresas de telemarketing, incluindo a pesquisada, é a prestação de serviços por meio do atendimento telefônico. Esse serviço abrange diversos objetivos, entre eles solucionar dúvidas, fornecer informações, orientar os clientes na utilização ou compra de um produto.

Dessa forma, para desenvolver o seu trabalho, a operadora de telemarketing fica de 85% a 90% de sua carga horária diária sentada e com atenção total no visor do microcomputador, no teclado e no *headset* (fone de ouvido). Vejamos a experiência da ex-teleoperadora Ignez:

> [...] Eu trabalhava das 2 às 8 da noite, eu ficava seis horas sentada, só tinha quinze minutos pra tomar café e ir ao banheiro. O resto era tudo chamada, caía uma chamada atrás da outra, você não tinha como ficar levantando mais, ou você ia nesse meio espaço no banheiro ou você não ia mais, eram seis horas sentada recebendo ligação direto.

E, ao ser questionada sobre se gostaria de trabalhar novamente em uma empresa de telemarketing, a resposta foi negativa com a seguinte justificativa:

> [...] Eu não quero ficar sentada num lugar seis horas por dia sem você poder se movimentar. Aqui, pelo menos onde eu estou hoje, eu posso me movimentar, sair, voltar, atender um telefone, sentar em outra mesa, conversar com alguém sem ter que ficar monitorada toda vez e, ainda, ter de ficar seis horas sentada.

A isso se acrescenta o fato da presença da supervisora cobrando aumento de produtividade e de controle do TMO ou TMA (tempo médio operacional ou tempo médio de atendimento) das teleoperadoras, o que pode levar a trabalhadora a contrair mais rapidamente algumas doenças profissionais. Em relação a essa questão, a teleoperadora Luiza nos contou:

> Existe muita cobrança, muita gente cobrando [...]. Assim, por exemplo, um te ouve, depois outro te ouve e outro, sabe assim, muita escuta para pouco tempo também que você fica falando. Você acaba atendendo mal o cliente porque você fica com medo de falar alguma

---

3 Esses dados são referentes ao ano de 2000, computados em 2003.

4 Em: <http://www.atento.com.br/portugues/inicio2.htm>. Acesso em 8 jul. 2005.

coisa que não é o que eles querem [a empresa] que você fale e ainda acaba levando uma advertência.

E complementou:

[...] Você tem uma meta, quando você vai passar uma informação, você fica atenta ao seu TMO [tempo médio operacional], tempo médio para passar as informações, por exemplo, eles pedem 29 segundos e tem pessoas que não querem só aquela informação, eles querem falar mais alguma coisa então nisso você acaba atendendo mal aquela pessoa. Por exemplo você não vai dar atenção a ela porque você sabe que o seu TMO está subindo, então, é isso que deixa a gente tensa no serviço. E mais, eles também ficam falando que a produtividade caiu e por isso nem a parada particular[5] nós podemos fazer. Porque eles falam: gente vamos abaixar o TMO. Vou abaixar o TMO como? As pessoas querem as informações, as pessoas não querem um robô, se elas quisessem um robô então era só ligar e ouvir: a informação é tal, a informação é tal, a informação é tal, só isso.

Outra trabalhadora, chamada Fernanda, declarou:

[...] Eles não vêem também o clima em que você trabalha. Uma coisa é a pessoa que fica andando na sala falando: "Vamos baixar o tempo, vamos baixar o tempo", outra coisa é você que está atendendo. Eles não vêem que atender é diferente. E ainda eles querem que você atenda com qualidade, que você fale seu nome de um jeito que o cliente entenda, porque teve amigas minhas que já levaram advertência porque a monitoração [a escuta] disse que os clientes não entendiam os nomes delas.

Fernanda ainda lembra que:

Eu voltei de férias faz duas semanas! Eu falei que eu não ia chorar. Lá é muito estressante. Por exemplo, eu tive uma dúvida no meu atendimento e fui pedir auxílio para a minha supervisora e sabe como ela me respondeu? "Kelly, o seu TMO está altíssimo!" E o nosso tempo médio de atendimento é de 29 segundos, eu estava em 35 segundos. Que para eles é um absurdo.

Quer dizer, além de terem que atender bem, elas têm um tempo mínimo para isso?

Isso, na verdade, é determinação até da Anatel. A Telefônica tem que atender a um determinado número de chamadas e o cliente não pode ficar na linha esperando. Por exemplo, no 102 são 10 ou 9 segundos. Não pode ficar mais do que isso esperando. Então eles fizeram a média, pra gente atender um determinado número de chamadas, então a gente tem que ter esse tempo médio de atendimento. Por isso existe tanto controle do nosso TMO.
O controle funciona assim: o nível é de acordo com o tanto de ligação que a gente está atendendo. O ideal é ficar em 99% porque se estiver 100%, quer dizer que tem muitas pessoas ociosas no atendimento e isso também não pode acontecer. Então o ideal é 99. Se

[5] Parada particular são os cinco minutos que a teleoperadora tem para ir ao banheiro em uma jornada de trabalho de seis horas.

chegar no 98%, o nível já está no vermelho, o nível não pode chegar em 98 ou 97, se não já ficam tudo desesperada atrás da gente. E isso fica sinalizado em um gráfico monitorado pela supervisora, a gente não tem acesso a esse gráfico. Mas você tem como ver o nível da máquina [computador] que você está e também tem o painel eletrônico daí da máquina que de vez em quando dá tempo de você olhar o seu nível lá.

A teleoperadora Gisele comenta:

E tem mais, cada supervisora tem a sua equipe, então ela tem que controlar a equipe dela, então cada equipe tem que estar naquele TMO, se não estiver alguém tem que fazer um TMO mais baixo pra segurar quem está mais alto. Por isso, quando o trabalho é difícil e você está explicando para o cliente, a teleoperadora pode estar lenta e isso vai dar uma média ruim para a equipe, então você também tem que ficar atenta nos seus colegas. E ontem nós ainda ouvimos assim: "Ah!, mas a culpa é de vocês que o TMO da equipe está alto. Vocês tem que correr atrás. E o cliente muitas vezes acaba não entendendo o que você fala".

O controle do trabalho é intenso e, em grande medida, facilitado pela avançada tecnologia presente nesse segmento. A máquina, por sua vez, torna-se tão absorvente que a possibilidade da existência de relações interpessoais é quase nula. Fernanda contou que:

[...] É engraçado quando as pessoas chegam, uma olha pra cara da outra e tchau! Não dá tempo pra gente conversar. Você tem que conversar antes de entrar, porque depois que você entra não se consegue mais conversar. E quando acaba a nossa jornada a gente está tão exausta que você entra no elevador e fala: "Mais um dia"; e o outro só consegue responder: "Mais um dia".

O controle do tempo é extremamente rígido, aliás, um controle funcional para a sobrevivência do modo de produção capitalista, uma vez que se constitui num mecanismo de extração do sobretrabalho, fator imprescindível para a acumulação de capital. Toda essa intensificação da jornada de trabalho é um tempo sem liberdade impingido ao trabalhador em proveito de um fim específico de acumulação de capital.

Como disse Marx (1988, vol. I, p. 181):

Onde quer que parte da sociedade possua o monopólio dos meios de produção, o trabalhador, livre ou não, tem de adicionar ao tempo de trabalho necessário à sua autoconservação um tempo de trabalho excedente destinado a produzir os meios de subsistência para o proprietário dos meios de produção.

Não é por acaso que aos padrões rígidos de controle do tempo, da produtividade e da qualidade do trabalho estejam também incluídos os *scripts* e nos fluxogramas de atendimento. Muitas empresas de telemarketing padronizaram os diálogos objetivando facilitar o trabalho das teleoperadoras, por meio da prescrição de uma norma de comportamento que direciona inclusive a entonação da voz, já que a resposta dada ao cliente é muitas vezes aceita ou não dependendo da tonalidade da voz das teleoperadoras, mas, sem dúvida, o central desse padrão é garantir as metas de produtividade e, dessa forma, obter a segurança da acumulação de capital.

Segundo Vilela e Assunção (2004, p. 1077), ao citar Borsoi et al. (1995),

> A linguagem é expressão do agir humano e, dessa forma, é sempre portadora de significados e também de afetividade que pode se expressar em palavras, em gestos ou na própria entonação da voz. No trabalho da telefonista, a linguagem toma, literalmente, o caráter de instrumento de trabalho. A empresa preconiza a expressão da afetividade como tática de aproximar o cliente aos serviços prestados. O afeto é controlado e até moldado em acordo com as exigências de gentileza com o cliente sem, entretanto, encorajá-lo a permanecer na linha além do estritamente necessário.

Nesse caso Gisele comentou:

> [...] Gente, você repetir seu nome seiscentas vezes, chega uma hora que nem você sabe mais o que você está falando: – Gisele. Bom dia. Tem hora que não sai mesmo. Quando eu entrei na empresa você gravava o seu nome, então quando entrava o cliente, já entrava o seu nome gravado. Agora não. Você tem que repetir, além de falar seu nome siescentas vezes, você tem que falar tudo o que o cliente falou de novo. Por exemplo, o cliente fala: "Maternidade de Campinas"; aí, pra registrar lá você repete: "A informação é Maternidade de Campinas?".

E Fernanda complementa:

> É, depois que eles mudaram o sistema, eles acham que está o máximo. Só que a gente que está ouvindo o cliente sabe que o cliente não está satisfeito. Não está! E qual era a intenção da mudança do sistema? Era diminuir o número de funcionários e a gravação atender o cliente. Só que não se pode dar um pio durante a gravação que o sistema já não entende, ele transfere pra gente. Então, o que adiantou? Nada. No fim, eles continuaram com o mesmo número de funcionários porque a gravação não presta pra nada e eles acham que está o máximo. E ainda quando entra aquela gravação – Diga a informação que deseja –, ela está gravando tudo que o cliente está falando e depois passa para uma teleoperadora. Então, se você cair comigo eu já sei o que você quer, ou já sei o "xingo" que você falou.

O controle das emoções da teleoperadora pela empresa é outro fator importante de ser abordado, já que mostra claramente como esse espaço de trabalho mexe profundamente com os aspectos emocionais da trabalhadora. Isso configura não só a necessidade de autocontrole da teleatendente, já que, muitas vezes, é preciso que se revertam situações de agressividade, de falta de educação e até de assédio, como também implica a capacidade de escuta e de comunicação.

A experiência que a teleoperadora Fernanda nos relatou ilustra bem essa situação:

> [...] Uma senhora queria falar no 103 [consertos e reclamações], ela tentava e não conseguia: ela falou que tentou várias vezes e não conseguiu. E isso deixa o cliente irritado. Deixa qualquer um irritado. [...] Aí ela já gritou na linha: "Escuta aqui seu bando de vacas". É

assim: seus "vagabundos!". Vocês estão aí fazendo o quê? O xingamento é automático, acontece sempre. E isso de te chamar de vagabundo te choca. E ela continuou gritando: "Ah, não quero saber, agora você vai me ouvir". Aí eu já penso: "Meu Deus, meu tempo". E ela continua: "Agora eu vou falar" e ela fala tudo que queria falar, tudo o que ela tinha que falar com a menina do 103, que ela não conseguiu. Aí eu falo: "Mas senhora..., a senhora teria que estar...". Mas ela me interrompe e diz: "Não, eu quero falar". Aí eu vou pedir orientação com a supervisora, aí ela fala: "Pede pra ela retornar depois". Aí a gente volta com a maior cara de tacho, sabendo que vai dar problema. É, mas vai fazer o quê?

Independentemente da forma agressiva com que um ou outro cliente poderá tratar uma teleoperadora, ela deverá manter o padrão de atendimento, tanto no que se refere ao tom da fala quanto também ao *script* predeterminado.

Foi exatamente nessa direção que seguiu o depoimento de Gisele:

Quando cai o sistema você se ferra do mesmo jeito, porque aí você tem que atender cliente por cliente, falar uma fraseologia enorme: "Desculpe-nos, mas no momento nosso sistema está indisponível, por favor retornar sua ligação após trinta minutos ou acesse o site da Telefônica; www.telefonica.com.br". Aí o cliente desliga na sua cara, aí vai o outro, daí: "Desculpe-nos...", e assim vai, você tem que falar uma fraseologia enorme e o cliente não aceita, não entende.

Robotizando e rotinizando os sujeitos do trabalho (as trabalhadoras), as empresas de telemarketing não determinam apenas a fraseologia para cada serviço, mas também a entonação de voz, tendo como objetivo impedir manifestações emocionais da teleoperadora, demonstrando que a linguagem é somente um simples instrumento de trabalho e moldando o afeto do indivíduo para ser gentil sem permitir o prolongamento do diálogo (Vilela e Assunção, 2004, p. 1074).

Todo esse controle passa por uma hierarquia, que pode ser representada da seguinte forma: os diretores cobram os gestores (coordenadoras), que cobram as supervisoras, que por sua vez cobram as teleoperadoras. É de imaginar que o adoecimento psicológico da trabalhadora nesse espaço de trabalho seja realmente intenso. O depoimento da supervisora Deborah foi o seguinte:

O meu relacionamento com as teleoperadoras é dentro daquilo que eu considero bom, mas tem dia que é complicado, você mal pisa e já vêm as cobranças dos gestores, mas eu até entendo que eles também são cobrados. E aí eu tenho que cobrar o meu pessoal também, e aí vai. É como um sanduíche, um vai apertando o outro e na hora que você vê está todo mundo prensadinho lá. Você chega bem, mas aquele clima te joga pra baixo.

A cobrança na Atento está presente em todos os setores de trabalho, o controle não ocorre só com as teleoperadoras. Uma outra funcionária, chamada Antônia, que não trabalha mais como teleoperadora, mas com outra função, nos deu o seguinte relato:

Tem uma das minhas gerentes, que ela é assim, tudo pra ela é pra ontem, tudo. Para ela falar comigo ela estala os dedos, eu estou na minha mesa, ela quer um copo de água, ela quer um café, ela estala os dedos. Para mim atender o telefone dela, estrala o dedo. Tem outro, que fica do lado da sala dela, que também é assim. Ele só fica estralando e mandando fazer as coisas, na hora em que eu peço um momento, Nossa Senhora, a casa cai. Ficam de cara feia, perguntam o que é que eu tenho.

E continua o relato:

Eu não sei falar não, isso que é meu mal! Eu não sei falar não! Eu peço um momento, vou verificar, daí nisso eu já tomei a iniciativa de fazer, de procurar, de ir atrás. Tudo liga pra mim e fala: "Faz pra mim". Chegam, vêm visitar a empresa aqui e falam: "Oh! Aqui está meu nome, você pode fazer pra mim?". E eu vou falar não? A Antônia vai lá e faz bonitinho. Me pedem até para fazer os depósitos bancários particulares dos gerentes e se demora o dinheiro pra cair na conta, Nossa Senhora! "Antônia, o que você fez que não caiu meu dinheiro, está demorando? Eu preciso receber, não tenho um tostão." Eu penso: "Caramba, eu recebo muito menos. Muitas vezes eu saio chorando porque sinto que não está dando mais, só que eu preciso do emprego".

Outra situação que indica que o trabalho no segmento de telemarketing é extremamente precarizado é o controle existente nos intervalos de descanso. Ao entrar na empresa para um trabalho com jornada de seis horas, a trabalhadora é informada de que nesse espaço de tempo ela tem quinze minutos de pausa para lanche (para se alimentar e beber algo), *que são compensados no fim da sua jornada*, e cinco minutos de pausa particular, que é o tempo permitido para utilizar o banheiro. Em um primeiro momento, esses intervalos já nos parecem um traço forte de desumanização desse tipo de trabalho. Mas vejamos algumas respostas que obtivemos em nossas entrevistas. A teleoperadora Luiza respondeu:

Os intervalos são pouquíssimos. São cinco minutos assim para ir ao banheiro, que eles chamam de pausa particular, e o almoço seria o intervalo de uns quinze minutos, quer dizer que quem traz comida ou coisa assim não mastiga, engole. Porque não dá. Muitas vezes eu não consigo fazer a pausa particular, eu tento conter, mas tem pessoas que não conseguem, porque têm esse negócio de retenção urinária ou que tomam remédio. Então é difícil, é difícil e eles lá não tem assim respeito, tem pessoas que precisam ir ao banheiro e não podem, tem que esperar; sabe, então tem essas coisas lá também.

Carla também dá o seu depoimento:

Você tem cinco minutos de pausa particular numa jornada de seis horas e quinze minutos pra lanche, então numa jornada de seis horas você tem vinte minutos de pausa, por isso a gente leva uma garrafinha pra nossa estação de trabalho, assim você pode tomar água a hora que você quiser, porque, com duas vezes que você levanta pra tomar água, já foram os seus cinco minutos de pausa particular e você acaba ficando sem ir ao banheiro.

Kátia, que é supervisora, também confirma toda essa realidade: "Então é assim, nós temos direito a quinze minutos de pausa lanche e cinco minutos de pausa particular, mas, como o trabalho é muito corrido, geralmente a gente não pára nenhum minuto, nem para ir ao banheiro".

No caso de Antônia, que tem uma jornada de trabalho de oito horas, ela teria em princípio uma hora de intervalo para o almoço, mas o depoimento mostrou que sua realidade não é bem essa.

> Na verdade não tem esses intervalos. Eu estou dizendo assim, para que você possa ter uma idéia: – Teve um tempo, agora não porque eu estou dando uma parada porque eu tive até problema médico mesmo, tive que procurar um médico, porque nem ir ao banheiro eu podia, porque uma das minhas gerentes não admitia que meu telefone tocasse e eu não atendesse. Aí ela começou a implicar que não podia deixar o telefone tocar. Que se eu saísse da minha sala, ou era pra eu pôr "siga-me" pro meu celular ou pôr o "siga-me" para alguém de responsabilidade. Mas eu já tive problema, porque eu coloquei o "siga-me" do meu ramal para uma colega de trabalho atender o meu telefone e ela não atendeu. O meu chefe ligou. Nossa Senhora! Que eu não cumpri a ordem, que eu não atendi o telefone, não pus "siga-me" no meu ramal.

E complementa:

> A hora de almoço, por exemplo, eu quase nunca faço, porque pra eles eu tenho que estar ali 24 horas, praticamente, atendendo. No começo eu não saía para o almoço de jeito nenhum, nenhum dia, não saía. Aí comecei, por causa de ficar muito nervosa, comecei com dor de estômago direto. Aí eu falei, não! Vou almoçar. Pra quê?! Os primeiros dias que eu falei vou almoçar a minha chefe virou e falou assim: "Ué, mas você almoça?". Eu escutei isso: "Você almoça?". Aí eu falei: "Que eu saiba eu tenho uma hora de almoço, não é?". Ela respondeu: "Tá bom!". Como se fosse um favor e não um direito meu.

Maria, que é teleoperadora, também fez questão de falar:

> Aqui os intervalos são divididos em quinze minutos para o lanche, eles falam aqui que é lanche, mas seria o tempo para a gente estar se alimentando, comendo alguma coisa, mesmo porque comer aqui não teria como, não daria pra você estar fazendo a digestão. E cinco minutos seria a pausa particular para ir ao banheiro. Eu tento fazer essa meta deles de quinze minutos lanche e cinco de particular, eu faço o possível, mas sempre eu não consigo. Às vezes, como a gente é mulher, a gente tem que utilizar mais o banheiro. Mas as supervisoras não gostam. Quando a gente comenta que precisa ir mais vezes ao banheiro, elas acham ruim porque elas falam pra gente que tem cinco minutos, então são nesses cinco minutos que você tem que se virar. Eu, por exemplo, já deixei diversas vezes de fazer a pausa particular.

Essa realidade apresentada pelos depoimentos coletados nos faz recordar novamente Marx (1988, vol. I, p. 196-7):

> O capital constante, os meios de produção, só existem, considerados do ponto de vista do processo de valorização, para absorver trabalho e com cada gota de trabalho um quantum proporcional de mais-trabalho. Na medida em que não fazem isso, constitui sua mera

> existência prejuízo negativo para o capitalista, pois, durante o tempo em que estão ociosos, representam adiantamento inútil de capital, e esse prejuízo torna-se positivo tão logo a interrupção exigir gastos adicionais para o reinício do trabalho. O prolongamento da jornada de trabalho além dos limites do dia natural por noite adentro serve apenas de paliativo, apenas mitiga a sede vampiresca por sangue vivo do trabalho. Apropriar-se de trabalho durante todas as 24 horas do dia é, por conseguinte, o impulso imanente da produção capitalista.

Assim, o monitoramento da duração dos atendimentos feito em tempo real pelas supervisoras (e também pelas empresas contratadas especificamente com esse enfoque de controle) não só com o objetivo de garantir que as chamadas sejam atendidas dentro do padrão de dez segundos, como também a forma do atendimento, é mais um dos mecanismos de controle e de redução de custos das empresas de telemarketing, já que com esse procedimento, em grande medida, se evita a contratação de um número maior de trabalhadoras e, conseqüentemente, um investimento adicional.

Kátia, uma das supervisoras, nos confirmou essa realidade em seu depoimento:

> É a gente tem que ouvir a pessoa, ouvir a chamada, o atendimento, a ligação. Eu não sou monitorada, eu faço o monitoramento porque sou supervisora. Mas as teleoperadoras têm, a gente entra na linha da pessoa para poder ouvir o que o cliente está dizendo e o que ela responde.

Nesse sentido, a ABT distribuiu no mercado, em 1996, o Código de Princípios de Conduta Ética para Telemarketing, revisado em 2003. Consta desse código que "A gravação para fins de monitoria não necessita da ciência do interlocutor e só deve ser usada para este fim". E indica também algumas diretrizes para o uso da monitoração telefônica:

- Deve ser usada como um instrumento para assegurar a qualidade das chamadas;
- Visa melhorar o desempenho individual dos operadores;
- Pode ser feita em tempo real ou através de gravações de ligações;
- No contrato de trabalho de cada operador deve haver um item específico, deixando empregador e empregado cientes da política de monitoração da empresa;
- Deve haver um documento escrito informando os motivos para realização da monitoração e as condições e prazos (o mais breve possível) para avaliação individual e conjunta das ligações monitoradas e/ou gravadas;
- Cada ambiente de telemarketing deve ter telefones disponíveis separados (públicos ou gratuitos) que nunca são monitorados e/ou gravados, garantindo a privacidade dos operadores durante conversas pessoais.

Mas a realidade no enfoque da trabalhadora é outra. Ao questionarmos as teleoperadoras sobre essa vigilância efetiva, as respostas seguiram sempre um mesmo padrão. Maria respondeu:

> Depois que contrataram algumas empresas para estar monitorando a gente, todo dia estão monitorando, tem outros supervisores de outros sites supervisionando também, fora ainda a qualidade da Telefônica que também fica monitorando a gente; então eu acho que piorou o ambiente de trabalho. É muita cobrança, é muita coisa, eles exigem muito da gente, a gente se sacrifica bastante pela empresa e a empresa não reconhece, não dá incentivo. Lá é assim.

Já Ignez fez o seguinte comentário:

> Somos monitoradas 24 horas. Tem câmera, mas a gente não sabe se funciona ou não, muitas coisas foram pegas lá, principalmente de madrugada, à noite, mas a gente não ficou sabendo direito, nunca vimos nada, mas monitoramento por telefone pra ver como você atende o cliente, se você está desesperada, se você está sem paciência ou se passa informação errada, logo vem a sua resposta e quem passa é a supervisora pra você.

E Gisele confirmou:

> Tem os supervisores que escutam você, tem uma empresa contratada pela Telefônica para escutar a gente, então eles ficam uma, duas, três horas, o dia inteiro na linha escutando o que você está fazendo. E agora tem o pessoal de São Bernardo do Campo que tem um site lá e fica escutando a gente também. Aí, se você fizer alguma besteira, eles já mandam advertência.

Outro controle ligado ao comportamento das teleoperadoras é efetuado na Atento: os atrasos e o absenteísmo das trabalhadoras. Nesse caso, campanhas são desenvolvidas pela empresa para incentivar a disciplina das teleoperadoras.

Havana nos relatou o seguinte:

> Esse mês mesmo a gente está tendo, a *Jornada*... eu nem lembro qual é o título mesmo, mas é assim, se você não falta, se você não chega atrasada, você concorre no final do mês a bicicleta, a um DVD, televisão, celular. Então isso é um incentivo pra gente não estar faltando, porque tem muito atestado então o povo está dando esse incentivo.

Beatriz nos informou que, quando não estão com campanhas contra o absenteísmo, o controle da freqüência ocorre da seguinte forma: "Agora a empresa tem uma fichinha que a funcionária tem que preencher, explicando por que faltou, por que se atrasou... Tem que pôr tudo".

Gisele nos mostrou um outro lado. Além da campanha, ocorre um controle grande dos atrasos e das faltas das trabalhadoras:

> Quando eu faltei sem justificativa, eu avisei que eu faltaria e ela me deu uma advertência verbal. Mas o procedimento seria uma advertência escrita. Atestado é aquela coisa, você

> tem que estar assinando um papelzinho porque você faltou, por que motivo, para a empresa saber o que pode fazer para não acontecer mais a falta. Atraso é a mesma coisa, você tem que preencher um formulário dizendo porque você chegou atrasada, tem uma tolerância de cinco minutos. Até cinco minutos, depois disso você tem que preencher um formulário. Você morre mas não pode faltar. Teve uma amiga que teve LER e também não pôde faltar. Na verdade eles não gostam que você falte, chega um atestado eles não gostam, e se você não leva atestado, você falta sem justificativa. Então a gente leva atestado. Fazer o quê?

Luiza nos informou que tem até chantagem psicológica para que a trabalhadora não falte.

> Se a gente falta para ir ao médico, você tem que trazer o atestado, mas se você não levar nada é advertência na certa. Você é obrigada a assinar uma advertência. E agora tem uma supervisora pondo medo falando que se você teve advertência vai dar justa causa. Eu acho um absurdo isso de começarem a pôr medo nas pessoas, falando que dá justa causa, e é mentira isso daí. Quem conhece a lei mesmo é quem sabe.

E Antônia complementa:

> Quando você chega atrasada ao trabalho, você tem que preencher o papel de justificativa ou descontar do banco de horas ou, às vezes, você paga doze minutos, você sai às 4h12, por exemplo. Alguma coisa assim. Ah! Ultimamente eles não querem aceitar muito qualquer justificativa de falta ou atraso. Na verdade, mesmo eles não estão aceitando nada, porque tudo o que você faz, eles falam: "Ah! Mas você não podia fazer isso". Eles sempre acham um caminho, uma coisa para falar, para penalizar.

Maria vai além em seu depoimento:

> Vamos supor, você não pode ficar doente na empresa, você tem sempre que estar normal, assim, com a saúde perfeita, não pode faltar. Se você está doente, tem que avisar um mês antes pra conseguir ir ao médico. Porque você tem que descontar do banco de horas para ir ao médico. Atestado a gente leva, mas sempre ficam com a cara feia, então é uma briga. Às vezes quando a pessoa falta e for uma coisa justa, no caso um falecimento na família, então essa falta pode ser descontada do banco de horas, mas dependendo do caso muitos faltam e então recebem advertência.

Em relação ao banco de horas – essa é uma prática apontada por todas as trabalhadoras da Atento –, não existe pagamento em espécie das horas extras feitas, nem mesmo quando é um pedido da própria empresa. E tudo indica que esse fato não é eventual. Ignez deu seu depoimento sobre esse assunto:

> Lá eles não pagam hora extra, pagavam banco de horas. Então às vezes você ficava com muito banco de horas, e você queria tirar no final de semana e não podia. Lá você trabalha um sábado ou um domingo. E quando você queria tirar no dia que você precisasse você não

podia. Tinha que ser no dia que eles queriam. Então não compensava, eu acabei não fazendo mais porque ou eu receberia em dinheiro ou eu queria tirar no dia que eu quisesse, no dia que eu estava precisando, mas não funciona desse jeito. Além do mais eles brigam um pouco, exigindo que a gente faça hora extra, porque está tendo muita chamada em tal horário, era bom fazer. Muitas das vezes a gente era obrigado a ir, mas eu não faço mais não, eu não quero.

Antônia nos deu mais elementos sobre esse assunto em seu depoimento:

> Está calmo no atendimento, eles viram pra você e falam assim: "Você não quer tirar umas horas de banco?". Quer dizer você saiu da sua casa pra trabalhar e de repente você está lá trabalhando e falam pra você ir embora., Se você fala "quero", você vai embora. Se você fala que vai ficar, aí você já sabe...

Carla, que é teleoperadora, acrescenta:

> Aqui nós não fazemos hora extra não. Se você trabalha no feriado, é banco de horas e, se aceita trabalhar depois do expediente, é banco de horas. E tem mais: você não pode tirar as suas horas quando quer, o banco de horas é assim planejado, tipo assim, você tem que ir com antecedência de no mínimo uma semana e falar: "Olha, tal dia eu vou precisar descontar banco de horas", ou se você quer sair uma hora mais cedo e descontar do banco de horas, você tem que ver se o bendito nível está legal se você pode ser liberada, se não não tem jeito.

Mais um elemento importante para o trabalho de telemarketing, na visão patronal, são as campanhas que estimulam a produtividade, que são geralmente promovidas pelo setor que garante a qualidade. Essas campanhas, conhecidas como "incentivo motivacional", costumam estimular a competitividade entre as funcionárias de um mesmo setor, tendo como estratégia patronal aumentar a produtividade por meio da intensificação do ritmo de trabalho, utilizando-se inclusive mecanismos que podem dificultar a consciência desse objetivo por parte das trabalhadoras.

Em seu depoimento, a supervisora Joana nos deu fatos para confirmarmos essa realidade no telemarketing:

> Aliás, eu atuo assim muito nesse sentido. Sempre faço campanhas de qualidade no atendimento, para conscientizar as pessoas da importância do trabalho delas para a vida delas pessoal e para a empresa. Realmente, como um todo, eu procuro sempre conscientizar, faço sempre reuniões de equipe, muita reunião de grupo realmente, para que elas entendam a importância de tudo isso na vida delas. A empresa não paga bem, então eu procuro sempre conscientizar as minhas funcionárias para que elas valorizem o seu trabalho e atuem com qualidade, entendeu? Então é sempre assim tipo, eu dou doce, dou uma balinha, uma pipoquinha, coisas assim, realmente para estar incentivando sempre, para estar valorizando o que ela faz. E sempre dá retorno, uma bala elas já gostam.

Kátia também afirmou que existem premiações de incentivo ao atendimento com qualidade:

A gente sempre faz campanhas para obter um atendimento com qualidade ao cliente, e as melhores a gente premia com bicicletas ou *discman*, a semana passada a gente deu uma passagem para Porto Seguro com direito a acompanhante.

E Carla completa observando que:

Tudo pra eles é baseado na qualidade... Então nós somos monitoradas pelos supervisores, pela qualidade telefônica, por uma outra empresa que chama Publicard, que presta monitorias só para controlar a qualidade de atendimento. Então é assim, muita regra mesmo, você tem que seguir aquilo, tem que falar aquilo.

Mas a campanha de qualidade não se restringe somente ao atendimento, abrange também outros aspectos: entre eles, reuniões constituídas por grupos de trabalhadoras que são instigadas pelas supervisoras a discutir seu trabalho e desempenho, com vistas a melhorar a produtividade da empresa, convertendo-se num importante instrumento para o capital apropriar-se do *savoir-faire* intelectual e cognitivo do trabalho (Antunes, 1999, p. 55).

Gisele nos deu um exemplo disso:

Com relação à nossa satisfação, aí eles fazem pesquisa, pesquisa de clima, esse tipo de pesquisa que nunca dá em nada porque a gente sempre responde a mesma coisa, responde que o lanche é horrível, e sempre continua o mesmo lanche. Agora ainda piorou, porque tinha hambúrguer, agora não tem mais. Ai, eu odeio aquele lanche! Eles incentivam a gente a escrever o que pensa e tal, mas não tomam providências. Ah, sim! Até já colocaram aquelas urnas na sala de café, se você tiver alguma coisa pra escrever, escreve e põe lá. Mas é aquela coisa: sempre as mesmas queixas e sempre as mesmas respostas; tem sempre uma resposta prática pra resolver o assunto. No fim, você é sempre o culpado pelo que está acontecendo de errado, entendeu? Você que não tem força de vontade, você que não quer melhorar, você que..., depende de você o seu sucesso profissional, entendeu? Então a coordenadora faz reunião, reúne a gente na salinha do lanche e pergunta: "Você precisa de alguma coisa?". É uma pressão psicológica. E aí ela completa: "Porque eu preciso", ela fala, "eu preciso do meu emprego".

A supervisora Déborah também dá o seu depoimento sobre essa questão:

Nós trabalhamos muito com a qualidade. É o nosso enfoque, no caso por ser um serviço *call center*, um atendimento, tem que estar focado na qualidade aos nossos clientes e não só dos clientes, mas também das nossas funcionárias. Para isso temos um pessoal da Cipa, que vai diretamente conversar com as teleoperadoras, temos caixas de sugestões que elas também colocam as sugestões delas e isso é levado para a diretoria, eles analisam e depois dão um parecer: "Olha isso é possível e isso não é possível por isso...". E anexam no quadro para todos lerem. Elas não precisam nem por o nome, é só escrever e colocar a sugestão.

A teleoperadora Carla trouxe outro dado desse controle:

> Eu sou assim, multiplicadora da qualidade do grupo, então assim, tem algumas coisas, certas normas, que quando a supervisora não pode passar, sou eu que passo. Como eu sou uma das mais antigas do grupo, então cabe a mim, então eu passo... eu chego mais cedo, se tem novidade, alguma orientação nova, por exemplo, sobre qualidade, quando o pessoal vai chegando, já vou falando: "Abre o *book*, tem orientação nova".

Outro aspecto ligado à qualidade está na preocupação das empresas em adquirir as certificações relacionadas com a qualidade. Como, por exemplo, as certificações do tipo ISO[6], que impõem padronização rígida para formas de atendimento. Assim, a empresa procura difundir entre as funcionárias valores e regras padronizados, incentivando o merecimento, a busca incessante pelo resultado da produtividade e pela excelência da qualidade por meio da adequação das informações transmitidas.

O enfoque patronal é garantir o sucesso dos processos de qualidade, pois, além da busca da chamada "qualidade total", a globalização da economia força a competitividade e provoca a busca da eficiência. Com isso, ainda segundo a lógica patronal, muda-se radicalmente a forma de atender o cliente, mas a verdadeira mutação dentro das organizações só pode ocorrer se houver uma "perfeita harmonia" entre a alta tecnologia e a "valorização das pessoas".

Já na visão das trabalhadoras, a certificação do ISO tem outro sentido. Fernanda comentou o seguinte:

> Na realidade eles pedem qualidade no atendimento, que é para receber a tal ISO 9000, mas eu nem sei direito o que é, mas tem lá.

Luiza já conseguiu explicar um pouco mais sobre a certificação:

> É quando eles vão mudar de ISO sempre tem a participação da gente. Você tem que ficar pesquisando no *book* os negócios, as informações. Ele funciona assim, seriam as qualidades da empresa. Nunca sei o que quer dizer aquilo lá, mas seria a qualidade da empresa. Então, quando eles vão renovar o ISO da empresa, eles vêm e explicam o significado de cada item da qualidade, para eles conseguirem o ISO. Vêm sempre pessoas perguntar para as funcionárias assim escolhidas de *status* maiores para responderem às perguntas sobre a qualidade. Aí eles treinam todos os funcionários também por precaução, de repente também vão ser escolhidos. Todas as empresas fazem isso pra dizer que a qualidade da empresa é ótima em tudo, então eles nos treinam uns dois ou três dias pra dizer: nossa a empresa é ótima.

E Maria complementou:

---

6 A International Standards Organization, mais conhecida como ISO, é o organismo que estabelece os padrões internacionais de trabalho e de garantia de qualidade nas empresas. Desde 1987 foi criada uma série de normas, conhecidas como ISO 9000, que deram início a um sistema de gestão da qualidade. A ISO 9000, que muitos acreditam tratar-se do nome do certificado, na verdade apenas estabelece as orientações básicas para a correta seleção e uso das normas, tanto que seus objetivos são esclarecer as diferenças e inter-relações entre os principais conceitos da qualidade e fornecer diretrizes para seleção e uso de normas que servem para gestão da qualidade interna (ISO 9004) e para garantia da qualidade externa (ISO 9001, 9002 e 9003) (Abes – Associação Brasileira das Empresas de Software. Em: <http://www.abes.org.br/gruptrab/QUALIDADE/iso9000.htm>. Acesso em 25 nov. 2004.

> Na Atento existe o programa ISO 9000 e o 9002, e eles estão sempre fazendo assim: quando está chegando próximo à época de renovar o certificado sobre a qualidade, uns três dias antes eles vêm pra conversar com a gente, pra gente dar um atendimento bom, pra quando o pessoal da qualidade for estar verificando, assim eles vão ver naquele momento que a gente está fazendo todo o trabalho certinho, corretamente.

Portanto, lembrando Antunes (1999, p. 53), trata-se de fato "de um processo de organização do trabalho" que resulta na "intensificação das condições de exploração da força de trabalho", reduzindo muito ou eliminando tanto o trabalho considerado ocioso quanto suas formas assemelhadas, especialmente nas atividades de manutenção e acompanhamento. Reengenharia, *lean production*, *team work*, eliminação de postos de trabalho, aumento da produtividade, qualidade total, certificações, fazem parte do ideário (e da prática) cotidiana da "empresa moderna".

Outra questão, que de certa forma está envolvida com todos os elementos aqui apresentados e não pode deixar de ser apontada, é a saúde da teleoperadora. Conseguir preservar a saúde nesse segmento de trabalho é, no mínimo, muito difícil, principalmente em razão da intensidade da precarização sofrida pelas trabalhadoras.

Quando abordamos o assunto referente à saúde da teleoperadora, imediatamente pensamos em como essas profissionais são capazes de alcançar as metas de produtividade impostas pelas empresas, já que as demandas são variadas e, em especial, as condições materiais de trabalho, para o desenvolvimento das tarefas laborais, são inadequadas, como, por exemplo, o ruído, o mobiliário, o espaço físico etc.

Segundo o enfoque patronal,

> Já é visível a preocupação dos empresários com a saúde dos profissionais que trabalham em *contact centers*. A atividade de atendimento telefônico é muito desgastante e exige compensações que garantam a qualidade de vida do profissional e a conseqüente produtividade desejada (http://www.luminescere.com.br).

Ainda na lógica patronal, para garantir a qualidade de vida das teleoperadoras, existem médicos e outros especialistas que atuam com medicina do trabalho, que estão à disposição das funcionárias no ambulatório da empresa. De acordo com as coordenadoras da Atento, todo esse investimento tem como resultado "profissionais motivados", "apaixonados pela empresa" e "muito bem de saúde". Até hoje, foram pouquíssimos os casos comprovados de LER/DORT[7] (doença profissional causada por esforço repetitivo).

No entanto, os depoimentos colhidos com as trabalhadoras da Atento não confirmam essa fala patronal. Elaine, que é a responsável pela limpeza, contou:

> O problema que eu tenho é do braço. Ele dói muito, principalmente quando o tempo muda, mas isso aconteceu de tanto eu fazer esforço repetitivo. Eu já fui no médico, ele ainda não disse que é LER/DORT, essas coisas, ele falou para fazer a fisioterapia, mas eu não

7 Vale a pena lembrar que anteriormente essa doença profissional era somente denominada como lesão (LER) e isso implicava inúmeros direitos sociais. Há alguns anos, essa doença foi definida não mais como uma lesão, e sim como um provável distúrbio, passando a ser denominada LER/DORT, o que implicou grandes perdas de direitos sociais legais de toda a classe trabalhadora.

consigo marcar a fisioterapia porque não tem vaga, aí tem que ficar na fila e só tem em dois hospitais da cidade. E aí eu continuo fazendo o meu trabalho e vai piorando cada vez mais. Ele [o médico] nem pediu uma licença médica pra mim, o que ele passou foi só injeção para mim e pronto. Eu já até tomei as cinco injeções e aliviou a dor. Só que volta tudo de novo.

Quando questionada sobre a reação da empresa com a sua saúde, Elaine respondeu:

Eu nem comentei nada com a empresa. Porque a empresa não quer nem saber do funcionário. Quer saber se ele está bem de saúde pra trabalhar. E se você fala que não está bem de saúde, muitas vezes você acaba perdendo o emprego. Já aconteceu coisa parecida com outras colegas minhas. Elas conseguiram o afastamento médico, só que sem comentário, e pode ter certeza que quando elas voltarem para trabalhar elas vão ficar já sendo olhadas meio de lado. E é por isso que a gente acaba até tendo receio de falar para a empresa.

Ignez, ex-teleoperadora, comentou:

[...] Normalmente a pessoa agüenta um ano como teleoperadora; mais que um ano já começa a dar LER ou problema na coluna, [...] então eu pedi pra sair, aproveitei a época que tava mandando o pessoal embora e eu pedi pra saí, mas se pudesse voltar eu não voltaria mais não.

Já a teleoperadora Luiza afirmou:

A partir do momento que eu entrei na empresa, eu fiquei com tendinite, mas agora no momento eu estou bem, mas eu fiquei com isso deles, mas agora eu estou bem graças a Deus. Eu não fiz nenhum tratamento. A tendinite por enquanto é uma coisa muito fraquinha ainda, mas é uma dor um pouquinho incômoda, mas não é uma coisa assim que eu ache que precisa de um tratamento. Não chegou ainda nesse ponto. Ultimamente parou, assim, um pouco. Agora, eu acho que é de tanto *stress*, muita correria então eu acho que eu já acostumei.

Gisele também confirma que tem problemas de saúde:

A minha saúde hoje está imprestável. Eu estou com bastante dor no braço, na mão, principalmente quando a gente tem que diminuir o tempo. Daí acaba mesmo, você começa a forçar, forçar, forçar... e você vê que não está dando, aí você começa aquele estresse, aquele nervoso e aí, pronto! Já começa a doer o braço, o ombro...

Fernanda, outra teleoperadora, nos deu um depoimento impressionante sobre essa questão:

Começa que na verdade pra você conseguir uma licença você tem que ir diretamente no médico. Antes você conversava com o médico até que ele te dava a licença, hoje você tem que implorar, se não ele fala: "Não, está bom, você está bem! Vai trabalhar assim mesmo". Tem isso também. Se a empresa vê que o tal médico tá dando muito atestado, eles cortam ele! Praticamente tiram ele do convênio. Teve caso de amiga minha ter de trabalhar com o dedo trincado por causa que o médico falou que estava bom para trabalhar. Estava bom daquele jeito! Ela ia trabalhar um dia e não agüentava, voltava no médico, ele dava um dia pra ela, ela voltava no outro dia. "Você não está vendo que a pessoa digita, que a pessoa precisa?" Você está sem voz, você vai no médico, o médico dá um dia só, quando dá.

E Fernanda complementa:

Já aconteceu também da empresa ter um médico e esse médico conhecer o médico que está tratando de uma funcionária que está afastada. Essa pessoa volta imediatamente a trabalhar! É complicado, eles são uma máfia. É tudo em função deles. Você vai no médico da empresa, aquele periódico deles que o médico nem chega perto de você. O médico: "Faz assim com o braço". "Ah! Tá!" "Sente dor?" "Sinto." "Ah! Mas não é pra sentir. Na verdade o trabalho não é pra dar LER, não é pra dar tendinite, é pra pessoa não ter nada. Tem os apoios, eu vou pedir pra alguém verificar a sua posição, porque não é pra você sentir dor." Eles chegam a insinuar que é frescura sua. Eu já ouvi a coordenadora falar: "É impossível você ter LER, impossível". Na minha cara! Eu falei: "Mas o médico falou que tem que estar fazendo fisioterapia!" "Não, imagina! Tem gente que trabalha aqui já faz três anos comigo e não tem nada!"

Ainda seguindo com Fernanda:

Quando a gente entrou na empresa tinha ginástica laboral, eles tiravam a gente quinze minutos para fazer ginástica. Agora, vai falar de ginástica laboral pra eles! Eles morrem do coração! Você não pode nem ir ao banheiro, quanto mais ficar quinze minutos fazendo ginástica. Antes, quando eu tive esse problema no braço, de uma em uma hora eu podia tirar uma pausa. E isso a gente achou lá que era por lei. Mas tudo a empresa dá um jeito de burlar. Eles tiram, eles têm que ter uma desculpa: "Ah! Não pode porque não é lei não". Na verdade eu não sei se é lei, mas eu já ouvi falar que tem trabalho, que tem direito a parar cinco minutos por hora, pra poder descansar.

O que nos permite lembrar que se denomina LER o conjunto de doenças causadas por esforço repetitivo. A LER envolve tenossinovite, tendinite, bursite e outras doenças. Embora conhecida há mais de cem anos, as LER tornaram-se, a partir da década de 1990, muito freqüentes em decorrência do advento da informática e dos computadores. Já o DORT, que significa distúrbio osteomuscular relacionado ao trabalho, é exatamente igual à LER, porém identifica claramente a origem do problema: o trabalho. AS LER/DORT podem ser causadas por esforço repetitivo, em decorrência de má postura, estresse ou trabalho excessivo, como é o caso das teleoperadoras[8].

Existem, ainda, outros fatores que facilitam o adoecimento das trabalhadoras do telemarketing em telefonia. Por exemplo, a infra-estrutura física de onde é realizado o trabalho. O "Código de Princípios de Conduta Ética para Telemarketing" da ABT aponta como básica a seguinte estrutura:

---

8 Em: <http://www.aergonomiaquefunciona.com.br/>. Acesso em 13/7/2005.

A empresa deve possuir infra-estrutura que permita o atendimento à demanda estimulada, além de mobiliária e de equipamentos que atendam às condições de ergonomia da Norma NR 17 e outras (como ventilação, iluminação, acústica etc.) do Ministério do Trabalho, propiciando um ambiente adequado ao trabalho das operadoras" (ABT – Associação Brasileira de Telemarketing).

No que se refere aos postos de trabalho, mais especificamente ao mobiliário, vejamos o que as teleoperadoras entrevistadas afirmaram vivenciar.

Ignez falou em sua entrevista:

> As condições de saúde da gente estão sempre afetadas porque tem os móveis quebrados; se você continua sentado numa cadeira quebrada, você vai ficar torta da coluna ou ter algum problema.

Maria também confirmou que existem problemas físicos no trabalho:

> Na parte física tem problemas: todas as cadeiras, a maioria das cadeiras da empresa estão quebradas, a mesa, o lugar do teclado também; tem vezes que não levanta ou não abaixa, então está sempre com problemas sim.

A resposta de Luiza não é muito diferente:

> Na parte do mobiliário, das cadeiras, tem umas que são péssimas. Acontece que algumas mesas estão sempre quebradas, a parte da manivela que você sobe e desce a mesa estão quebradas; as cadeiras, o encosto também está quebrado. Então vêm as pessoas que cuidam da parte da postura, da segurança do trabalho, então você nunca vai estar de acordo com eles porque as mesas estão sempre quebradas, as cadeiras quebradas, tem teclado faltando tecla; então como é que você vai trabalhar com uma coisa assim? Como é que eles querem ter uma empresa de última geração? Eles teriam que investir mais nos produtos da empresa, aí sim seria uma empresa de última geração, uma empresa pra atender tanto os funcionários para trabalharem bem como também os usuários que usam o serviço, ter qualidade. Se é uma coisa que não tem qualidade...

E continua Luiza:

> Eles falam assim: "Ah! Eu já abri chamado, já foi solicitado reparo". Mas é uma coisa assim, as coisas estão direto quebradas. É já foi pedido, mas nunca ninguém vem. Tem vezes que você senta numa mesa, você tem que sentar quase no chão porque a mesa não sobe, tem umas coisas assim. Então faz mal pra coluna, a tendinite acaba se agravando, as pessoas que já têm acabam agravando mais ainda. Por quê? Por causa dos materiais e fora a pressão que você tem lá dentro. Então se junta tudo, acaba com a sua saúde.

Quando indagado às entrevistadas com que freqüência elas trabalhavam com algum desconforto físico e ambiental, as respostas recebidas foram as expressas conforme o quadro a seguir:

DORES MUSCULARES
Antônia: Eu tenho assim, não freqüente.
Beatriz: Todos os dias.
Fernanda: Todos os dias.
Gisele: Todos os dias.
Havana: De vez em quando.
Ignez: Todos os dias.
Kátia: Todos os dias.
Luiza: Poucos dias.
Maria: Em poucos dias.

DORES DE GARGANTA
Antônia: Não.
Beatriz: Não é uma dor de garganta, a voz dá uma sumida, daí tem que dar aquele puxão pra voz sair de novo! É de falar demais, tenho todo dia.
Fernanda: Em poucos dias.
Gisele: Poucos dias.
Havana: Muito pouco.
Ignez: Não, é difícil. A gente toma muita água, tem que tomar água, senão... A gente fala muito, mas não é com muita freqüência que tenho dor de garganta, é difícil.
Kátia: Não.
Luiza: Na maioria dos dias, eu vivo rouca.
Maria: Na metade dos dias.

DORES DE OUVIDO
Antônia: Tenho. O meu telefone não pára de tocar! Então tem hora que assim, o meu ramal são de três linhas e tem outro com mais três que colocaram. Então são seis... eu fico... é muito rápido!!! Eu tenho que atender todas as ligações. Então tem dia que eu fico até assim, né? Meia de lado, assim... coceira no ouvido.
Beatriz: Dor de ouvido, não. Não freqüente, não é muito. O fone tem que tá sempre trocando de lado.

Fernanda: Todos os dias.
Gisele: Todos os dias.
Havana: Não.
Ignez: Ah, mais ou menos, as pessoas reclamavam muito de dores no ouvido porque normalmente os fones ou estavam muito alto ou tava muito baixo; então aí tem os aparelhos lá embaixo que você pode estar reclamando também e você pode fazer audiometria. Aí você pode reclamar com o médico.
Kátia: Não.
Luiza: Poucos dias.
Maria: Em poucos dias.

POEIRA SUSPENSA NO AR
Antônia: Não, isso eu não tenho problema lá.
Beatriz: Poeira no ar, eu acho que sim. Porque na hora que eu entro eu sinto diferença, parece que tampa as vias respiratórias, resseca o nariz.
Fernanda: Todos os dias.
Gisele: Graças a Deus, eu não tenho muito essa sensibilidade. Poucos dias.
Havana: Não.
Ignez: Não.
Kátia: Não.
Luiza: Nossa, todos os dias.
Maria: Na maioria dos dias.

MAU CHEIRO
Antônia: Tem uns probleminhas num certo banheiro de lá que quase deixa a gente louca...
Beatriz: Sim.
Fernanda: Todos os dias.
Gisele: Poucos dias.
Havana: Nenhum dos dias.
Ignez: Não.
Kátia: Não.

Luiza: Na metade dos dias, que eles fazem limpeza lá então.
Maria: Na maioria dos dias. Quando a gente chega de manhã, tem lugar que tá lotado e outro que é perto do banheiro; então, geralmente como o banheiro é muito utilizado, eu sinto um pouco de mau cheiro. E também até a limpeza... Como na limpeza eles usam produtos químicos com cheiro forte, então acaba deixando um cheiro que, no meu caso, acabo ficando com dor de cabeça.

MÁ ILUMINAÇÃO
Antônia: Em cima do meu micro. O pessoal da segurança, eu pedi até pra tomar alguma providência porque a luz que bate direto no meu micro é muito forte! Eles fizeram até um teste com um aparelho para medir e está muito alto! Justo no meu assim. Nossa... dá reflexo... daí o que é que faço? Fecho as janelas, desligo a luz. Aí meu chefe vem e acende a luz. Ele acende! Aí até o engenheiro de segurança falou que a luz do meu micro tá muito forte. Daí ele fala assim: "Não, mas isso aqui fica parecendo um breu, tudo apagado, tem que acender!". Falo então: "Ah! Então deixa tudo aceso... aí eu deixo quieto...".
Beatriz: Não.
Fernanda: Não. Nenhum dia.
Gisele: Nenhum dia.
Havana: Nenhum dos dias.
Ignez: Não.
Kátia: Não.
Luiza: Na metade dos dias.
Maria: Em poucos dias.

MÁ VENTILAÇÃO
Antonia: Ah! Com certeza... só fica aquele ar-condicionado ligado 24 horas na minha orelha. Porque as janelas são trancadas.
Beatriz: O ar-condicionado às vezes deixa a gente na mão.
Fernanda: Na maioria. No início do dia você passa calor, no meio do dia você passa frio.
Gisele: Poucos dias.
Havana: Ai, o ar-condicionado é horrível.
Ignez: Uma hora tá muito calor, eles subiam muito o ar-condicionado, na outra hora tava muito baixo e você morria de calor. Então às vezes a gente reclamava, e eles: "Ah,

mas se aumentar aqui, no outro lado diminui". E então você nunca sabe, eles falam que pode deixar muito.
Kátia: O ar-condicionado às vezes deixa meio abafado. É muita gente.
Luiza: Ah! Isso daí na maioria dos dias.
Maria: Todos os dias.

BARULHO EXCESSIVO
Antonia: Ah! Tem o barulho do ar-condicionado.
Beatriz: Bastante.
Fernanda: Na metade dos dias.
Gisele: Alguns dias.
Havana: Nenhum dos dias.
Ignez: Não.
Kátia: Não, a gente procura falar baixo lá.
Luiza: Na maioria dos dias.
Maria: Todos os dias.

TEMPERATURA ALTA
Antônia: Não, até que ultimamente tá regulado.
Beatriz: Quando o ar tá quebrado, sim!
Fernanda: Na maioria dos dias.
Gisele: Todos os dias.
Havana: É, tem dia que o ar-condicionado é uma loucura, tá um gelo lá dentro, e a gente sai aquele calor, mas é na metade dos dias mesmo, na maioria dos dias tem essas elevações de temperatura.
Ignez: Na maioria dos dias.
Kátia: O ar-condicionado nunca está muito bom, ou é calor demais ou frio demais.
Luiza: Todos os dias.
Maria: Na maioria dos dias.

TEMPERATURA BAIXA
Antônia: Não.
Beatriz: Quando o ar está quebrado.
Fernanda: Na maioria dos dias.
Gisele: Todos os dias.
Havana: É, tem dia que o ar-condicionado é uma loucura, tá um gelo lá dentro, e a gente sai aquele calor, mas é na metade dos dias mesmo, na maioria dos dias tem essas elevações de temperatura.
Ignez: Na maioria dos dias.
Kátia: O ar-condicionado nunca está muito bom, ou é calor demais ou frio demais.
Luiza: Todos os dias.
Maria: Na maioria dos dias.

UMIDADE DO AR
Antonia: Tranqüilo.
Beatriz: Razoável.
Fernanda: Não.
Gisele: Nenhum dia. Você entra, é um calor; aí você fica bem quentinho. Aí quando você está bem, vem o ventinho e eles põem frio. Aí você continua frio, você congela de vez. Aí então eles não ligam o ar, você fica passando calor. Eu acho assim, essa coisa do ar, as pessoas pedem: "Dá pra abaixar?". Mas você sabe que tem que trazer blusa, porque é máquina. É máquina, os computadores estão lá.
Havana: Não.
Ignez: Normal.
Kátia: Eu julgo que é normal, não sei.
Luiza: Ah, é seco assim. Tem dia que você nem consegue respirar, então é na maioria dos dias
Maria: Na metade dos dias.

Obs.: Esse questionário não foi aplicado às funcionárias Joana, Elaine, Déborah e Carla.

A fragilidade na saúde da trabalhadora nos parece muito plausível em um ambiente de trabalho com tanto desconforto como o apresentado acima. Tudo indica que o nível da precarização é realmente muito acentuado. Os mecanismos de controle do trabalho apresentados no decorrer deste capítulo, ou seja, o controle do tempo de trabalho, das pausas para descanso, do comportamento emocional, do esforço mental e afetivo para que haja o cumprimento das metas de produtividade dentro do tempo imposto, facilitam sobremaneira o adoecimento das trabalhadoras.

Nesse sentido, o depoimento da teleoperadora Carla ilustra muito bem essa situação:

> Há dois meses atrás eu fiquei completamente afônica, fiquei uma semana sem falar! Foi de tanto eu utilizar a minha voz. Sabe, eu utilizo muito a minha voz no trabalho.

Maria também depôs nessa mesma direção:

> A saúde, no meu caso, é muito afetada sim, pois, com o fato da tela do computador estar muitas vezes com problemas, faltando pedaços, dá dores de cabeça constantes e um pouco de irritação nos olhos, na vista. Isso afeta um pouco a saúde, pelo menos no meu caso.

Déborah, uma supervisora que se conteve em suas respostas praticamente durante toda a entrevista, nessa questão sobre a saúde acabou se soltando mais e contou:

> Eu tenho intervalo de quinze minutos, só que tem o meu serviço, sou supervisora, tem dia que eu não consigo tirar esses quinze minutos. Hoje mesmo foi um dia desses, eu não consegui. Agora que eu estava indo embora, que eu fui tomar um suco, nem água, nem banheiro, nem nada. E, com certeza, isso prejudica muito a saúde, eu não poderia estar fazendo isso. Eu tinha que parar e ir. Eu já tive infecção de urina por estar segurando, prendendo, por não estar podendo realmente ir ao banheiro, me deslocar e ir. Porque às vezes só eu estou ali e como que eu vou? Sabe, a empresa é meio que parcial. Eles sabem que está errado, teria que pôr mais uma supervisora pra estar trabalhando junto, mas aí entra a contenção de despesas, não tem... e, como todos precisam trabalhar, nós estamos sujeitos a passar por isso para ter um emprego.

Joana, que é supervisora, em seu depoimento afirmou que também já teve problemas de saúde:

> A minha saúde até já afetou. Eu tive um problema renal no ano passado, fiz tratamento por um ano. Exatamente por isso, porque eu me cobro muito. Eu sou o tipo de pessoa que tem que ter a equipe mais certinha. [...] Eu tive enrijecimento muscular no corpo inteiro e também o problema renal. Agora que eu estou melhor. É por isso até que eu procuro agradar a minha equipe [...], porque não é fácil, não.

Certamente a saúde física das trabalhadoras de telemarketing está sendo afetada. Na unidade da Atento onde realizamos a nossa pesquisa, de um contingente de 1.863 trabalhadores(as) – 396 são homens e 1.467 são mulheres –, encontram-se afastados do trabalho por doença ou acidente de trabalho cerca de 136 funcionários(as), ou seja, aproximadamente 7,5% do total de trabalhadores; desses 136 funcionários, somente seis (1,5%) eram do sexo masculino. Evidencia-se que toda essa realidade de alguma forma precipitou efeitos psicológicos, entre eles, o esgotamento, o estresse, o cansaço etc., especialmente no trabalho feminino.

Segundo Vilela e Assunção (2004, p. 1077), o desgaste mental individual das trabalhadoras favorece um comportamento condicionado propício à produção. O sofrimento mental surge como intermediário necessário para a submissão do corpo. Quem explica é Dejours (1987): "[...] tornar dócil um corpo não é coisa simples, pois ele, normalmente, está submetido a seu chefe natural, chamado 'personalidade'".

Os depoimentos a seguir ilustram exatamente como a trabalhadora do segmento de telemarketing se sente. Antônia declarou o seguinte:

> O meu emocional afeta muito. Ai, já sou uma "Maria chorona", como dizem, desde pequena; então, assim, eu vou guardando muito, vou guardando, guardando... aí chega uma hora que... você olha pra mim e não precisa nem falar nada e eu já estou chorando. Já tive que tomar remédio, me cuidar, tal... E assim afeta sim! E não é só a minha, a dos meus colegas também. Porque você está na rua, você encontra com funcionários que trabalham lá. Todo mundo fala: "Puta, não agüento mais, eu estou estressada!". Você encontra pessoas na rua que já trabalharam lá, que saíram de lá: "Gente, vocês não sabem o peso que a gente tira das costas quando a gente sai. Parece que tirou mil quilos das suas costas, porque você não tem aquela cobrança, todas aquelas coisas que eu sentia, que eu vivia no médico... tudo... acabou! Sabe?". Daí você pára pra pensar: "Será que o que eu recebo está valendo a pena? Minha saúde está lá embaixo, será que vale a pena?". Às vezes eu mesma paro e penso: "Será que vale a pena tudo isso?".

Fernanda também acha que o seu emocional está sendo afetado:

> Eu acho que a minha saúde não anda boa, eu estou muito abalada! O emocional eu acho que não está legal! Eu percebo que estou conversando com a pessoa, daqui a pouco eu estou gritando! Não quero explicar mais de duas vezes. E isso acaba acontecendo na Atento. Tem que explicar muito! Então, se pergunta mais que duas vezes, eu já estou berrando.

Conclusão

Podemos afirmar que a empresa explora, em seu limite mais profundo, a força de trabalho presente nesse segmento, alegando garantir a "satisfação do cliente", mas de fato visando a atingir a meta de produtividade, dentro dos tempos e padrões impostos pela empresa, em seu processo de acumulação do capital. Há uma evidente rigidez no cumprimento das metas fixadas por meio de seus mecanismos de controle, desconsiderando-se uma série de elementos que acabam prejudicando as trabalhadoras da empresa.

Como o valor de troca é o único valor presente na empresa – conforme nos ensinou Marx, ao tratar do *modus operandi* da totalidade das empresas –, fica evidente que as teleoperadoras (que atualmente têm sido denominadas "consultoras"[9]), para além de

---

[9] O depoimento de Gisele indica por que as teleoperadoras são agora chamadas de consultoras: "É por isso que eles mudam os nomes da função da gente. Tipo consultora, ao invés de teleoperadoras, para não ter já essa de ser enquadrada no segmento. É porque se chamar você de forma que identifique como telefonista vão ter que pagar um piso de R$ 700, R$ 800 pra gente, e eles não querem. Então nós somos consultoras. É, eles dão sempre um jeitinho".

seus dois objetivos aparentes, quais sejam, "garantir a qualidade dos atendimentos" e, acima de tudo, a "satisfação do cliente", vivem de fato um significativo processo de exploração da sua força de trabalho, visível quando se pesquisam as suas condições de saúde, tempo, "qualidade", "motivação", alienação, heteronomia do processo de trabalho, entre tantos elementos que os depoimentos nos mostraram de forma abundante[10].

[10] Um aprofundamento dessa discussão poderá ser encontrado em Nogueira (2006).

Capítulo 15

A PRECARIZAÇÃO DO TRABALHO IMATERIAL
o caso do cantor do espetáculo lírico*

Juliana Coli

A MATERIALIDADE DO TRABALHO IMATERIAL

O espaço por excelência do exercício da atividade profissional do intérprete/cantor erudito é o teatro lírico. Como em outros setores da economia, o setor do espetáculo, especificamente do espetáculo lírico, compreende uma complexa rede de relações de trabalho que envolve artistas, técnicos, dirigentes, empresários e agentes promotores dos espetáculos (Biase, 1997).

O teatro lírico, ou espetáculo lírico, não se resume somente ao espaço físico da apresentação, o teatro ou a sala em si, mas se constitui de uma verdadeira instituição administrada pelo poder público, muitas vezes com o patrocínio de empresas privadas. O teatro lírico, então, volta-se para as diversas manifestações artístico-musicais, como concertos, óperas, operetas e recitais de música de câmara – entre as quais, sem sombra de dúvida, a mais complexa é a ópera.

Mas, afinal, o que vem a ser a profissão do cantor lírico e em que o teatro lírico se diferencia de outras formas de manifestação artística? Essas perguntas de cunho técnico possuem muita relevância para a compreensão das particularidades dessa atividade de trabalho que representa uma mercadoria com um alto grau de conteúdo cultural, isto é, de conhecimento e informação prévia.

O teatro lírico refere-se à produção de um gênero específico de manifestação musical: a ópera. O adjetivo "lírico", unido à ópera ou teatro, pode também ser sinônimo de

---

* Esta pesquisa é parte da dissertação de doutorado da autora, intitulada *Vissi d'arte por amor a uma profissão: um estudo sobre as relações de trabalho e a atividade do cantor no teatro lírico*, IFCH/Unicamp, dezembro de 2003, sob orientação do Prof. Dr. Ricardo Antunes, com bolsa do CNPq e da Capes.

"musical", indicando a presença ou prevalência da música em relação aos outros componentes do espetáculo (palavra, ação, cena etc.) (Le Garzantine, 2001). Antes de mais nada, a voz do cantor lírico é um instrumento muito bem treinado, capaz de criar impressionantes efeitos musicais, belos e dramáticos. Assim, "a ópera é um dos poucos lugares onde você pode ouvir um canto 'honesto', sem nenhuma amplificação [...] tal proeza requer uma habilidade inata, longo treinamento e intensa concentração" (Digaetani, 1986, p. 62-3).

As especificidades mencionadas pelos autores citados tornam o canto lírico uma atividade de trabalho que requer um grande investimento inicial, devendo acompanhar toda a vida do cantor.

Assim como a atividade do cantor revela-se um alto investimento em formação, do mesmo modo a ópera é um empreendimento de altos custos. Mas quais seriam as especificidades do espetáculo lírico enquanto mercadoria?

Podemos começar por definir o produto do espetáculo lírico como um produto cultural parte da economia do entretenimento que abrange os seguintes setores da cultura: cinema, televisão, rádio, editora, *mass media*, internet, música, jogos de azar; além das artes performáticas (teatro e dança), os bens culturais, os parques temáticos, o esporte (Salvemini e Soda, 2001)[1].

A ópera oferece um tipo de produto especial, que age sobre a esfera emocional graças aos sentidos da visão e da audição. Trata-se, assim, de um produto que tende a satisfazer muito mais um estado psicológico do que físico, sendo seu consumo algo muito próximo do insólito ou volátil. De outra parte, esses produtos relacionados à arte da *performance* estão ligados ao tempo livre, ou seja, ao momento em que os seres humanos não estão trabalhando – disso decorre a necessidade de enfatizar que não se trata de um tempo exclusivamente físico, mas também psicológico.

Portanto, do ponto de vista econômico, o teatro lírico é um tipo de atividade produzida para o tempo livre do espectador e consumida por ele durante esse mesmo tempo, representando, em relação a outros setores produtivos, os escassos recursos advindos do poder público ou do setor privado com os quais as companhias de ópera ou os teatros devem planejar seus custos.

A ópera nasce também como uma empresa multinacional, por meio do monopólio do mercado internacional dos espetáculos exercido pelas companhias italianas. A ópera italiana difundiu-se em todo o mundo como uma forma de espetáculo e entretenimento lucrativo para os empresários dos séculos XVIII e XIX. Mas não apenas isso. Estimulava, ainda, o comércio, o turismo e a circulação da moeda; propiciava trabalho não apenas ao pessoal dos teatros (só em Milão, em 1889, estima-se que foram empregadas cerca de 3 mil pessoas), mas também aos dependentes das indústrias subsidiárias como aquelas de tecido (roupas), calçados, ornamentos e estética, maquinaria de palco, iluminação, cenários etc. (Rosselli, 1985).

Ainda hoje, o espetáculo lírico continua a agregar uma grande quantidade de trabalhadores diretos e indiretos que têm crescido com o fenômeno das tecnologias *mass media*. Nos dias atuais, existem mais trabalhadores envolvidos com a difusão do espetáculo como marketing, ou como veículo de informação.

---

1 "Produto cultural" é um termo que define todos os produtos de alto conteúdo cultural (de informação/ conhecimento), geralmente consumidos no tempo livre e em grau suficiente para agir sobre a esfera emocional das pessoas, em sua dimensão de mercadoria.

Em termos de organização do trabalho geral, a produção no teatro lírico, em especial a ópera, é gerada por um conjunto de trabalhadores em ritmo empresarial e traduz-se como um produto coletivo que conta principalmente com produtores (responsáveis pela administração geral dos teatros e captação dos recursos), realizadores (trabalhadores/músicos) e destinatários (público). Entre os produtores e os realizadores de um espetáculo lírico, contamos com uma grande quantidade de força de trabalho:

- corpo administrativo do teatro: diretor do teatro e diretor artístico;
- corpo fixo do teatro: o coro lírico, o balé e a orquestra;
- corpo flexível: os solistas, cantores que normalmente são contratados por temporadas;
- diretores de orquestra e seus assistentes;
- trabalhadores técnicos: de palco, de figurino e de cenário;
- diretor artístico e diretor cênico.

A forma de contratação desses trabalhadores e a forma de organização dos teatros ocorrem de um modo muito diverso de país para país.

Essa força de trabalho coletiva, que visa à reprodução e à difusão de obras musicais, conta com a cooperação entre trabalho intelectualizado (no qual se concebe o trabalho por meio da *re*-criação ou interpretação do trabalho dos compositores, cantores, regentes e diretores de cena) e trabalho mecanizado (execução direta de trabalhos para a realização da concepção da obra – trabalhadores de palco, costureiras, esteticistas, maquiagem e cabelo, iluminação, marcador do ponto, assistente artístico geral e aqueles que ensaiam os cantores e ajudam no trabalho indireto da produção final).

Para uma melhor compreensão da atividade musical erudita, é importante considerar a idéia de mediação. E aqui, por "forças produtivas" não se entende somente a produção, considerada no senso musical restrito (como, por exemplo, a composição), mas também o trabalho artístico vivente nos reprodutores e o complexo da técnica, organizado internamente de modo não homogêneo: a técnica de composição intramusical, a possibilidade de execução dos reprodutores e os procedimentos de reprodução mecânica, que hoje assumem importância fundamental.

As relações de produção são constituídas pelas condições ideológicas e econômicas nas quais se coloca cada som, e a reação de alguns desses sons em confronto com os outros (Adorno e Horkheimer, 1980). Na Idade da Indústria, também a mentalidade musical e o gosto dos espectadores são aspectos das relações de produção.

A atividade do cantor lírico congrega os dois últimos momentos do processo geral do trabalho musical: a reprodução por meio das gravações, constituindo uma forma de difusão, e a *performance* ao vivo, que também é uma forma de reprodução musical, nos teatros, salas de concertos e igrejas, veiculando a música em recitais, óperas e concertos em geral.

Existe no trabalho do cantor um duplo fenômeno (de reprodução e difusão musical) que hoje é aprofundado pela mediação da tecnologia da *mass media*. Essa interferência tecnológica amplia as possibilidades de veiculação da música clássica, antes restrita aos teatros, salas de concertos, rádios e tevês, criando um novo mundo virtual do ambiente musical, totalmente digitalizado e artificial, por meio da internet.

Considerando o desenvolvimento material do espetáculo lírico em suas relações de forças de produção e consumo, localizamos sua configuração inicial na Itália do século XVII, como espetáculo de corte.

O espetáculo de corte é, acima de tudo, uma reprodução ideológica de si mesma e conta com trabalhadores estáveis como músicos, engenheiros, artesãos, arquitetos, pintores, costureiras etc. Essa forma de espetáculo configura-se como atividade oficial de entretenimento, à qual é destinado o pessoal que regularmente recebe estipêndios do príncipe, voltado primeiro para o próprio príncipe (*commitente*) e os espectadores das classes mais elevadas e cultas, capazes de decifrar o conteúdo ideológico, político do espetáculo (Piperno, 1987).

Nesse mesmo contexto, a ópera passa a assumir um caráter mais empresarial e se caracteriza como um produto de corte replicado em escala industrial e colocado à disposição de um público mais vasto e composto. Esse tipo de espetáculo nunca negou as origens nobres e prestigiosas; ao contrário, sustentou-as com objetivos publicitários.

A passagem do espetáculo operístico para uma dimensão comercial e a emergência dos sistemas produtivos de gestão do tipo empresarial rendem-lhe uma rápida difusão: aquilo que antes era ocasional, privado e não passível de repetição, depois da instituição da primeira forma de pagamento no teatro em Veneza de 1637, torna-se sistemático, público e replicável (Piperno, 1987).

As trupes, companhias itinerantes, representam uma fase intermediária no processo de especialização do sistema de produção do espetáculo operístico, da ópera de corte realizada pelos "assalariados" do príncipe à organização coletiva itinerante, até a especialização individual do livre mercado de cantores, cenógrafos, músicos de orquestra que será plenificada a partir da segunda metade do século XVII. A proliferação e prosperidade das instituições locais e estáveis, a gestão empresarial e a constituição de circuitos teatrais fixos e aptos à reprodução do repertório aceleraram o declínio das companhias nômades.

O teatro de ópera empresarial encontrou na cultura urbana da segunda metade do século XVII uma nova forma de expressão ideológica da classe burguesa nascente e do governo. Do ponto de vista da força de trabalho, o mercado público do teatro de ópera significou, para alguns operadores, a criação de determinados postos de trabalho, ainda que *precários e instáveis*, e, para outros, segundos empregos – cujo rendimento vinha somar-se aos salários pagos pelas instituições ou provenientes das profissões ligadas às artes e aos trabalhos comuns. Era muito comum, por exemplo, verem-se libretistas que exerciam a profissão de advogados, cenógrafos que eram arquitetos e engenheiros civis e militares, cantores e compositores já comprometidos com o serviço privado de nobres e de capelas eclesiais (Piperno, 1987).

Essa situação de dupla jornada de trabalho denota a situação instável e flexível das profissões ligadas às artes do espetáculo lírico em suas origens. Isso seria aprofundado em nossos dias, com as mudanças no mundo do trabalho em geral resultantes do processo de acumulação flexível de capital, especialmente depois de 1990.

As condições de trabalho do músico do teatro lírico da Itália do século XIX eram condicionadas pelas temporadas líricas. Assim, mesmo que um músico tivesse um emprego fixo em alguma igreja, poderia estar, ao mesmo tempo, à frente de diversos contratos de trabalho (Rosselli, 1992). A situação concreta desses trabalhadores, porém, significava também trabalho intenso e, muitas vezes, precário.

Esse acaba sendo um belo exemplo de como o ritmo de trabalho empresarial das companhias de ópera, nesse novo contexto mercadológico, assume um caráter de precarização e intensificação das condições de trabalho.

Para o trabalho do cantor, mais do que para os outros músicos, a ópera de repertório dos séculos XIX e XX representa *intensificação do trabalho*, pois, até a metade do século XVIII, ele deveria estudar e aprender as partituras muito mais velozmente do que antes, ainda que cada nova ópera fosse precedida por um período de provas intenso, como vimos. Agora, cada cantor passa a ter um repertório de óperas confirmado, as quais deveriam ser exibidas depois de um ou dois ensaios, ou então de nenhum.

Ao mesmo tempo, todo esse novo contexto de mercado apresenta para os solistas uma mudança de *status*. O cantor deve, primeiro, ser músico, e possuir um grande talento para se tornar *star*. O poder dos diretores e empresários é maior do que o dos músicos. O músico ganha, então, maior representatividade profissional, devida à difusão dos conservatórios e teatros subvencionados e controlados pelo Estado, que colocam no mercado cantores com maior conhecimento sobre música, gerando maior competição no mercado musical.

A expansão de uma sociedade de massas beneficiou também os empresários italianos no novo mercado dos circuitos de temporadas da América do Sul, que compreendiam fundamentalmente as principais cidades da Argentina, Uruguai, Brasil e Chile. Por outro lado, o advento da sociedade de massa e seus conflitos sociais integram outras formas de legislação social, tais como as sindicais, momento que coincide com a consolidação do fascismo na Itália (Rosselli, 1992).

Interessante é notar que a origem da indústria da ópera instala um paralelo com a Revolução Industrial, pois também contou com a exploração da força de trabalho de crianças. Como bem descreve Rosselli (1992), existia uma concorrência entre grupos de professores-empresários que recrutavam força de trabalho infantil (de 1870 até a Primeira Guerra Mundial). Essas crianças, encontradas nas famílias mais pobres que necessitavam de um ganho a mais, eram preparadas para apresentações na Itália e nas Américas.

A concorrência ocasionada por cantores estrangeiros no século XX gera mais uma mudança no mercado de trabalho do cantor. De 1960 em diante, surge uma onda de aspirantes a cantores, principalmente ingleses e americanos, exibindo-se na Itália gratuitamente, em busca de experiência e publicidade, elementos de vital importância na carreira de qualquer cantor. Essa invasão de estrangeiros em busca de uma carreira sólida e reconhecida aprofunda-se nos dias de hoje (a julgar pelo número de concursos internacionais na Itália, com a presença de pelo menos metade dos concorrentes estrangeiros), no contexto da mundialização das relações sociais e culturais, como reflexo de um processo mais amplo de expansão real do capital propiciada pelas tecnologias de informações introduzidas nos diversos setores da indústria em geral.

Esse novo contexto de reorganização da ópera, com subvenções e controle estatal, não foi um fenômeno exclusivamente italiano, difundindo-se por toda a Europa, sobretudo porque nas economias mais avançadas o custo da ópera cresce rapidamente em relação às previsões de entradas nos caixas dessas organizações.

No caso italiano, a situação do profissional como funcionário estatal e as condições dos trabalhadores do espetáculo no começo do século XX sofrem melhoras com a consolidação da lógica assistencial do Estado no contexto da política cultural fascista (Nicolodi, 1987; Trezzini, 1998). Com a sociedade do bem-estar, o *boom* econômico e o aumento da renda, a prevalência dos consumos essenciais diminui, enquanto a demanda cultural aumenta.

Das mãos do mecenas individual para o mercenário empresarial, o teatro operístico apresenta também novas formas de contratações de trabalho. Hoje, o corpo fixo dos teatros líricos (coros e orquestras) é parte do funcionalismo público, e os cantores solistas pertencem ao contexto flexível de contratação de trabalho.

Mudanças no processo de trabalho

As condições sociais e econômicas gerais implicam uma interferência direta no mercado de trabalho para os músicos eruditos, sejam estes funcionários do Estado ou "autônomos".

Com o neoliberalismo e a falência do Estado no que se refere ao bem-estar social, o mercado de trabalho musical tornou-se ainda mais instável. No Brasil, é comum que regentes saiam indiscriminadamente em busca de patrocínio para vender um concerto ou o trabalho de uma orquestra, restando aos músicos tornarem-se polivalentes na busca de complemento dos seus salários, tocando em eventos de naturezas diversas tais como casamentos, batizados, festas, ou até mesmo em eventos políticos.

Assim, como parte dessa lógica de mercado, também os conflitos sociais entre os músicos eruditos e agentes e produtores são mais constantes e apontam para o fim de uma estrutura rígida de hierarquização social no campo das artes. Isso é verificável quando orquestras fazem greve por melhores salários e condições de trabalho.

Ainda, denotando parte do momento da crise do modo de produção capitalista contemporâneo, em geral, observamos fenômenos como a "invasão" de músicos do Leste Europeu na América Latina, com grande capacidade musical. Dispostos a qualquer tipo de trabalho, trazem maior concorrência para os músicos brasileiros, que já não se encontram bem no mercado de trabalho.

A lei da concorrência no mercado musical erudito passa muitas vezes pela consagração restrita às instâncias mais limitadas das academias, conservatórios, teatros e crítica musical. Mas a relação entre a produção erudita e o sistema de indústria cultural, cuja submissão a uma demanda externa caracteriza-se pela posição subordinada dos produtores culturais em relação aos detentores dos instrumentos de produção e difusão, obedece aos imperativos da concorrência pela conquista do mercado, gerando uma espécie de "arte média" para um público heterogêneo e indiferenciado socialmente (Attali, 1977; Bourdieu, 1996).

Desse modo, como em outras formas de trabalho – salvo no caso das "grandes estrelas" da mídia –, o musical sofre mudanças na sua estrutura ocupacional, eliminando postos, substituindo força de trabalho por computadores e tornando frágeis e precárias as condições de sobrevivência do músico erudito.

A CONCRETUDE DAS "NOVAS" ESTRATÉGIAS DE REESTRUTURAÇÃO DO TRABALHO IMATERIAL: O CASO DO CANTOR LÍRICO[2]

> [...] em 1995, começou um processo de reestruturação. Foi a pior época da minha vida. Eu acordava com vontade de morrer só de imaginar que tinha de encarar um trabalho que antes me dava o maior prazer. A gente só trabalhava sob ameaça de demissão, sem que ninguém informasse quais eram os critérios para manter uns e dispensar outros. O discurso era cruel. "Vamos mudar, enxugar, melhorar a qualidade, aumentar salários. Mas não com vocês, que são uns incompetentes." O trabalho de todos era desrespeitado, depreciado. Era humilhação e arbitrariedade todos os dias. Comecei a ficar doente, não pelo que acontecia comigo, mas também pelo que via acontecer à minha volta. Tinha insônia alternada com um sono incontrolável, que me impedia de levantar da cama. Minha resistência física acabou. Vivia gripada e cheguei a pegar pneumonia. O *stress* foi tanto que de repente me vi sem voz. Da composição original do coral, hoje só restam 24 pessoas.[3]

O depoimento exposto apresenta um processo particular de reestruturação produtiva no trabalho imaterial, com um discurso bastante similar aos processos de reestruturação que ocorrem nos setores materiais de produção tradicionalmente estudados pela sociologia do trabalho. Sem dúvida, tais mudanças no trabalho musical erudito, no teatro lírico, não ocorrem sem o desencadeamento de conflitos, especialmente por parte da denominada virtuosa *canaglia*, termo utilizado por alguns empresários e, muito freqüentemente, ex-cantores, ou ex-bailarinos, cujo tom depreciativo (significando também "ingratos" ou "infames") referia-se às lutas dos músicos de orquestra por melhorias nas suas condições de trabalho, depois da crise de 1929.

A evolução das relações de trabalho dos grupos de orquestra e de coros italianos passou por um contexto similar ao das lutas trabalhistas dos operários fabris. A formação da organização dos músicos era a única arma contra a excessiva exploração e usufruto da força de trabalho. É importante evidenciar, também, como as precárias condições de trabalho dos músicos de orquestra e de coro, antes da Segunda Guerra, fazem-se ainda presentes no contexto da mesma classe, no Brasil dos dias de hoje, com uma grande tendência de flexibilização dos direitos trabalhistas conquistados pelos europeus.

Toda essa situação de instabilidade profissional presente na história das orquestras e dos coros líricos europeus muda, com a instauração dos contratos coletivos e o reconhecimento de todos os direitos trabalhistas dos músicos, depois da Segunda Guerra, como fruto das lutas sindicais e de uma maior conscientização musical dos italianos e das novas configurações dos chamados "entes líricos".

Lamentavelmente, as relações de trabalho que se estabelecem no teatro lírico brasileiro de hoje apresentam condições de exploração e ausência de regulamentação específica para o trabalho musical, sendo similares ao período da gênese do capitalismo e ao período de pré-organização das classes dos músicos descrito acima. Por isso, a análise da situação do trabalho instável e as suas várias configurações híbridas de trabalho formal e informal

---

2 Uma das fontes de dados para este item baseia-se na entrevista feita com um ex-coralista do Teatro Municipal de São Paulo, que atuou no Coro Lírico entre 1989 e 1991.

3 Entrevista com ex-corista do Coral Lírico Sinfônico e ex-diretora/presidente da Associação dos Cantores do Coral Sinfônico do Estado de São Paulo (Accosesp), publicada na revista *Veja*, de 31 de outubro de 2001.

(por parte do cantor lírico – os solistas – e dos corpos estáveis) significam uma tendência à precarização da força de trabalho no contexto mais geral de reestruturação produtiva – é o que deveremos aprofundar neste item.

De modo geral, o trabalho do cantor lírico, bem como dos músicos da orquestra, é uma espécie de "prestação de serviços", contratação essa que, no limite, permite o desligamento a qualquer instante dos artistas por parte da direção dos teatros. Os contratos são renovados a cada período de dois ou três meses, o que definitivamente não caracteriza o reconhecimento do vínculo empregatício, bem como do direito a férias, 13º salário etc.

No contrato nada era estabelecido sobre o tempo de trabalho do cantor, restringindo-se às notificações sobre os ensaios, atrasos em apresentações etc., ou seja, era um contrato que, segundo todos os entrevistados, beneficiava o empregador e, no caso, a pessoa diretamente responsável pelo trabalho dos coristas: os regentes.

Os conflitos começam a surgir justamente porque muitas apresentações são marcadas sem consulta prévia aos coristas e nenhuma consideração por um tempo hábil para que organizem sua vida particular. Afirmam os entrevistados que o maestro lhes fala desta forma: "Vocês têm de fazer; se não estiverem aqui no dia e no horário estipulados, rua!".

Numa profissão que exige alto grau de qualificação, como é o caso do cantor lírico, o rendimento do coro lírico parece não ser suficiente para cobrir todos os compromissos com os gastos do artista e de sua família – algo que resulta concretamente em jornadas diferenciadas de trabalhos informais em mais de três atividades, como regência de coros amadores, aulas de canto, trabalhos extras em espetáculos avulsos e eventos[4].

O pagamento sob a forma de cachês para os trabalhos extras serve de incentivo para que o regente possa obter a adesão do corista; porém, paralelamente a essa forma de incentivo, domina o mais alto grau de autoritarismo. Para os entrevistados, a forma de contratação informal acarreta exigências de um trabalho regular; o usufruto do artista é, então, muito maior no campo que muitos denominam "informalidade dentro da formalidade", uma saída encontrada pelo poder público para cortar gastos e beneficiar cargos políticos de regentes e administradores.

A flexibilização da força de trabalho dos artistas dos coros estáveis, que se inicia em meados da década de 1980 e intensifica-se no final da de 1990, além de trazer um saldo negativo para as condições dos próprios cantores (que devem desdobrar-se em outras atividades, sem na verdade estarem seguros em nenhuma), revela uma dupla fragilidade na organização dos artistas e na luta por seus direitos: primeiro, o caráter individualista do próprio trabalho, fruto de uma alta concorrência interna (entre os próprios cantores) e externa (as restrições qualitativas do mercado de trabalho); segundo, o medo experimentado pelo corista de, a qualquer momento, ser dispensado do coro.

A Ordem dos Músicos do Brasil (OMB), criada de acordo com a Lei nº 3.857, de 22 de dezembro de 1960, deveria ter a função de regulamentar o exercício da profissão do músico. A legislação da OMB reconhece o exercício profissional de "cantores de todos os gêneros e especialidades", e não a particularidade do intérprete lírico, muito menos em situação de "informalidade" ou como "autônomo".

A situação de "informalidade na legalidade", bem como as demissões sumárias, representam parte de um maquinário geral, enquanto estratégias para a flexibilização dos

4 Com exceção dos professores de canto das universidades, todos os cantores entrevistados trabalham em uma média de três a cinco atividades informais, relacionadas à música, mas sem nenhuma garantia e em locais diferentes.

processos e da força de trabalho imaterial. Parte do projeto de reestruturação produtiva, na música erudita, é realizada pelas demissões dos músicos de orquestra, vindo a se tornar um marco para o desencadeamento dos posteriores conflitos e reforçando a tendência não somente local, mas internacional, de flexibilização e "racionalização" calcada no discurso de obtenção de maior "qualidade" no trabalho com as organizações musicais.

De algum modo, o contexto da virtuosa *canaglia* parece ser reinventado pelo atual processo de reestruturação produtiva que contou com um plano de demissões com vistas à redução do quadro de seus integrantes de 68 para 48 pessoas, para redução nos custos. Aqueles que resistem a este processo são vítimas de muitas formas de pressão psicológica e "assédio moral", que compõem a moderna trajetória de confronto à nova virtuosa *canaglia*.

A condição de informalidade apresentada na condição atual dos corpos estáveis ligados ao espetáculo lírico, ou à música erudita em geral, dá margem a "acertos" vários nos processos de contratação, deixando o músico sem referências institucionais quando precisa buscar seus direitos. Na verdade, a informalidade no campo da música torna ainda mais submissa a força de trabalho em relação aos superiores e aos regentes, com o agravante das possibilidades sutis de "pressão psicológica", sofrida pelos músicos que não se subordinam facilmente.

O processo de reestruturação no campo musical atinge concretamente as condições objetivas de contratações, resultando numa intensificação do exercício do trabalho e no gradativo aumento da jornada, ou seja, em flexibilização:

> Inicialmente nós tínhamos três ensaios por semana: terças, quintas e sextas, de três horas, sendo que, quando havia concertos, a gente fazia também um ensaio com a mesma duração na manhã do concerto... E a gente tinha uma média de concertos, que depois aumentou com o passar dos anos, e a carga horária de trabalho foi aumentando com as viagens para fora do estado. Mas o salário não aumentou, não tínhamos mais 13º, férias, plano de saúde, nada. Simplesmente nada (depoimento de um ex-corista entrevistado).

Muito mais do que as condições objetivas, o alvo da flexibilização nas atividades artísticas parece ser o próprio coração do processo de trabalho eminentemente criativo do qual depende o bem-estar do cantor, que compreende a subjetividade do artista na interpretação e tem como produto final a "obra de arte":

> Numa manhã, o relógio despertou às 7h, como de costume, mas eu não consegui levantar da cama. Os músculos pareciam imóveis e as tentativas para me erguer não surtiam efeito. As pernas não me obedeciam, numa sensação semelhante ao desmaio. Tinha tremores a cada esforço. O terror durou trinta minutos, até ficar em pé. Então surgiram as dores de estômago, o vômito e um terrível acesso de choro. Era uma crise nervosa fulminante, que me levou ao afastamento do trabalho por trinta dias, mas também o ápice do sofrimento causado por seis anos de humilhações constantes. Estava entrando em falência física.

Esse relato de uma das nossas entrevistadas, ex-corista do Coral Sinfônico do Estado de São Paulo, é apenas uma amostra, entre tantas outras, das condições de exploração do trabalho do cantor – remetendo-nos aos primórdios da Revolução Industrial, que marcaram a precária condição da classe trabalhadora no final do século XVIII e início do XIX.

A origem do pesadelo encoberta pelo próprio discurso de "qualidade", "redução dos custos" e "racionalização do trabalho artístico" era a própria estratégia de reestruturação produtiva aplicada ao contexto do espetáculo erudito ao vivo, encarnada na figura do regente: "[...] dizia o tempo todo que planejava diminuir o número de cantores e que certas pessoas não mereciam estar ali", afirma-nos uma das entrevistadas.

A "desqualificação" – ou "assédio moral" – sofrida pela corista, nos casos específicos por nós relatados, significa uma forma de ataque às resistências do trabalhador; e isso se torna mais evidente quando o ato é direcionado às fontes de resistências internas representadas pelas associações dos coros e orquestras. Para o cantor, essa se revela uma arma mortal para que o artista incorpore uma idéia de "incompetência" e, com isso, sinta-se incapacitado para reagir.

Todo esse quadro de exploração nas relações de trabalho gera um aspecto de grande sofrimento para o artista e, de modo geral, todos os que se encontram em situação de risco de emprego demonstram descontentamento e ansiedade, sinalizando um gradual processo de perda de resistência para reação física e psicológica. Embora muitos dos cantores tenham tido "ganho de causa" em seus processos trabalhistas na Justiça, ainda não foram indenizados.

No Brasil, a discussão sobre o "assédio moral" só muito recentemente tem ocupado espaço na imprensa e em diversos estudos.

As pesquisas sobre a psicopatologia do trabalho de Christophe Dejours (1987) oferecem-nos relatos sobre as diversas formas de exploração do sofrimento no trabalho, principalmente em relação aos trabalhos repetitivos e de comportamento condicionado:

> Nas tarefas repetitivas, os comportamentos condicionados não são unicamente conseqüências da organização do trabalho. Mais que isso, estruturam toda a vida externa ao trabalho, contribuindo, deste modo, para submeter os trabalhadores aos critérios de produtividade. A erosão da vida mental individual dos trabalhadores é útil para a implantação de um comportamento condicionado favorável à produção. *O sofrimento mental aparece como intermediário necessário à submissão do corpo* (Dejours, 1987, p. 96, grifo nosso).

As análises sobre a exploração do sofrimento mental e a submissão da própria subjetividade do trabalhador também estão presentes nos trabalhos de alta qualificação e que dependem de critérios diferenciados de outras formas de trabalhos, como é o caso do imaterial, artístico. Assim, como em outras atividades, o trabalho artístico apresenta-se como uma forma específica de alienação e, em paralelo com o conceito marxista, "no sentido psiquiátrico também, de substituição da vontade própria do Sujeito pelo Objeto. Nesse caso, trata-se de uma alienação, que passa pelas ideologias defensivas, de modo que o trabalhador acaba por confundir com seus desejos próprios a injunção organizacional que substitui seu livre-arbítrio" (Dejours, 1987, p. 137).

Apesar de altamente qualificada e do conteúdo prévio dado pelo *know-how* do saber, a profissão do cantor, bem como a do músico em geral, quando está ligada a alguma estrutura mais industrial de produção (como é o caso da produção do espetáculo ao vivo e da produção na indústria fonográfica e da mídia), padece do mesmo processo de alienação.

O esvaziamento dos conteúdos de defesa contidos no trabalho qualificado mediante as várias formas de "assédio moral" torna o trabalho artístico, em boa medida, mecanizado, evidenciando um processo subjetivo de auto-exploração da parte do artista. Para obedecer, é preciso antes sujeitar-se, e obedecer significa abstrair-se da vontade própria e do controle do trabalho final, e, no caso do artista, visa a controlar a natureza reflexiva que é própria da personalidade artística. A descaracterização do trabalho "artesanal" ocorre quando este se torna mercadoria descartável e, a qualquer momento, substituível no âmbito do mercado, como testemunham as entrevistas que fazem menção às ameaças de demissões constantes, acenando para a facilidade da substituição em um trabalho não mais considerado especial.

Esse quadro de "terror", ocasionado pelo acirramento da competição do mercado de trabalho com as estratégias de reestruturações produtivas, deixa o terreno propício para diversas formas de autoritarismo, em um campo em que a autoridade do regente é ambígua, por revelar-se um "mal necessário". A função de autoridade do regente, facilmente confundida com autoritarismo, transforma-o, com a flexibilização produtiva e o processo de fragilização do músico, em uma espécie transfigurada de "mago" do despotismo absoluto:

> Ele é o símbolo do domínio também em relação a como se apresenta o mundo, assim, um senhor, e junto os nossos servos [...] A transposição da natureza de chefe na distância do espaço estético consente ao mesmo tempo equiparar o diretor de orquestra com qualidades mágicas que não teria à luz da realidade: como é de fato a capacidade de fascinação (Adorno, 1971, p. 130-1).

Os conflitos entre maestro e músicos (coristas ou regentes) refletem o contexto dos conflitos sociais da sociedade, e por isso adquirem a intensidade dos conflitos presentes na reestruturação de outros setores produtivos do trabalho material. Na base desses processos estão o acúmulo de tarefas e a maior pressão por um aumento da produtividade, além da própria representatividade pessoal do regente enquanto novo "guardião" do capital cultural e defensor da política econômica vigente, por estar atrelado a uma condição particular em relação aos países europeus e aos Estados Unidos, de "cargo de confiança" do secretário ou do governador do estado, ou mesmo do ministro da Cultura etc.

Com base nos relatos, observamos que a reestruturação produtiva no campo musical, por meio da flexibilização da força de trabalho, é cruel e retoma concretamente elementos de subordinação formal do trabalho ao capital. As mudanças que afetam os cantores ocorrem em sentido objetivo – eliminando as suas condições objetivas de trabalho – e subjetivo – atuando como elemento de "pressão", "medo" e absoluta sujeição da vontade própria à vontade alheia.

O caráter "não-produtivo" do trabalho artístico em sentido estrito, que contradiz a produção do valor no âmbito geral da informalidade, torna-o produtivo. O trabalho artístico deixa de ser complexo e artesanal quando, objetivamente, dá-se sob condições sujeitas à vontade do outro; mesmo como autônomo, o trabalhador da música é cercado pelas condições do mercado que possuem leis, sujeitando-se à vontade do contratador. Mas em que medida o trabalho do músico é alienado?

Embora sendo dono de sua voz e de seu treinamento, portanto da emissão, não possui as "condições objetivas do trabalho" que resultam no complexo da interpretação da partitura, guiado pelo trabalho do instrumentista, de outros músicos ou mesmo do regente.

O cantor não tem o controle absoluto sobre o que faz, porque depende da produção, que é coletiva e dirigida, fazendo com que sua interpretação passe necessariamente pelo acordo com os outros.

O cantor possui os meios primários, mas não os secundários, o que implica dinheiro para o treinamento, estudo, compra das partituras e acesso a bons professores. Ao mesmo tempo, não possui as condições gerais de controle da produção, que estão nas mãos do regente ou do produtor musical etc., o que é próprio do trabalho coletivo, e, com a flexibilização da produção, fica totalmente vinculado aos fatores dinheiro, patrocínio e empresário, o qual faz os acertos e contratos. *A dependência do capital faz com que o cantor seja um artesão/assalariado em condições objetivamente precárias.*

A disciplina taylorista presente em uma estrutura vertical não significa somente o relógio, mas também o "doce" som do chicote para os "músicos rebeldes". Sendo muito maior no âmbito da informalização e flexibilização do trabalho artístico, as formas de submissão à autoridade que impõe a disciplina têm por objetivo sujeitar a ação criativa diferencial do trabalho artístico e a força de "trabalho complexa" dos músicos, ao eliminar todo foco de resistência aos abusos que ocorrem em todos os âmbitos dessas relações.

Muitas vezes, os elementos das relações mais imediatas de produção afetam os meandros da própria estética, na criatividade performática da obra de arte, onde o cantor torna-se um trabalhador mecânico, produtor de som, mas sem absorver o sentido que passa pela sua autopercepção e que, a partir dela, deveria manifestar-se no trabalho de grupo. A negação da subjetividade pelo medo, pela pressão, torna o cantor um "autômato" da voz e, finalmente, aprofunda os aspectos de alienação do músico em relação ao próprio trabalho, porque este já não se reconhece como parte da produção final.

Formas híbridas de "assalariamento" do cantor

Talvez o espetáculo ao vivo seja a forma de mercadoria mais imaterial e etérea de todas as artes, porque significa o som consumido ao mesmo tempo em que é produzido. O trabalho imaterial não significa uma oposição ao trabalho material, mas é associado a uma tendência de configuração do trabalho no "pós-fordismo", enquanto parte das estratégias dos processos de acumulação flexíveis que, sob a forma de reestruturação produtiva, diminuiu os postos de trabalho no setor industrial e elevou o número de trabalhadores desempregados do setor de serviços, tornando as relações trabalhistas precárias em todos os setores (Lazzarato, 1997, p. 8-10).

As descrições das formas de "contratações" de trabalho no espetáculo lírico nos levam a detectar *variantes híbridas* de relações trabalhistas flexíveis no universo de trabalho do cantor. Concretamente, pode-se falar de duas formas de trabalho: o *autônomo* e as *formas diretas e indiretas de assalariamento.*

No entanto é importante dizer que todas essas formas de trabalho do núcleo das atividades produtivas transitam entre configurações de trabalho realmente capitalistas e as formas de trabalho pretéritas, em que o capital em sua forma madura não se faz presente, mas sim elementos de formas pré-capitalistas combinadas às propriamente capitalistas. Todo esse complexo de formas de trabalho adquire uma superfluidade contraditória para o próprio sistema vigente, já que esta se revela uma tendência presente não somente no trabalho material, mas também no imaterial.

Partindo da idéia de que a representação mediante pagamento pressupõe a venda de um serviço, enquanto enunciado da equivalência da produção de música com outra atividade comercial e não mais doméstica que coloca a música na troca generalizada, abstrata, podemos inferir a tendência a uma transformação das atividades de serviços nas formas concretas de "assalariamento", expressas pela atividade do cantor lírico. Isso nos levará de modo imprescindível a uma análise da produtividade e improdutividade dessa atividade no processo de valorização em geral.

O trabalho do cantor apresenta duas formas de trabalho: o trabalho autônomo, ou informal, e o assalariado direto ou indireto do capital, apresentando-se, muitas vezes, como formas híbridas (assalariamento e trabalho autônomo) na mesma relação. Uma terceira forma remeteria, ainda, ao serviço direto ao consumidor que, embora dentro do modo de produção capitalista, pertence a formas pretéritas e transitórias de relações de trabalho, que não se configuram como formas assalariadas nem como genuínas de "prestação de serviço".

Em que medida se pode considerar o trabalho do cantor um serviço? Vejamos uma importante definição: "[...] serviço não é em geral mais do que uma expressão para o valor de uso particular do trabalho, na medida em que este não é útil como *coisa* mas como *atividade*. Dou para que faças, faço para que faças, dou para que dês" (Marx, 1986, p. 118, grifo nosso).

Ao frisarmos as palavras "coisa" e "atividade", podemos buscar uma diferenciação essencial entre o trabalho material e imaterial. O serviço geralmente não se configura em matéria, em um produto palpável, mas sim em atividade que, ao ser produzida, é consumida pelo comprador. As atividades de trabalho do teatro lírico e a representação da forma de trabalho do cantor representam exatamente a imaterialidade da prestação do serviço. Enquanto algo abstrato, o serviço pode ser relacionado ao trabalho improdutivo. Mas, concreta e historicamente, podemos observar no desenvolvimento das forças produtivas – e na atual conjuntura da flexibilização produtiva – a reanimação de formas de trabalho precárias e fadadas à extinção, que, sob a aura do serviço autônomo, adquirem um sentido maior de fetiche nas relações capitalistas de produção.

Algumas das formas arcaicas que se configuram no período pré-capitalista são os "serviços" prestados diretamente ao consumidor, sem passar pelo processo de valorização do capital. Enquanto forma de trabalho improdutivo, este assume uma forma de concretude no "serviço de corte", em que a atividade do músico se enquadra, porque, evidentemente, não se trata de produção de valor.

Marx define o trabalho produtivo como:

> [...] uma expressão concisa que designa a relação no seu conjunto e o modo como se apresentam a força de trabalho e o trabalho no processo de produção capitalista. Por conseguinte, ao falarmos de trabalho produtivo, falamos pois de trabalho socialmente determinado, de trabalho que implica uma relação nitidamente determinada entre o comprador e o vendedor de trabalho [...] o produto específico do processo capitalista de produção, a mais-valia, apenas é gerado por intercâmbio com o trabalho produtivo (Marx, 1986, p. 114).

O trabalho improdutivo não é trocado por capital, mas por renda, e "o intercâmbio de trabalho objetivado por trabalho vivo não é suficiente nem para construir por um lado o capital, nem por outro o trabalho assalariado" (Marx, 1978, p. 426). O intercâmbio entre valores de uso é parte do processo de circulação simples, do qual fazem parte todas as esferas de serviços domésticos; as profissões liberais, proprietários – lavradores, artesãos, artífices, comerciantes, todos os demais por conta própria – enquadram-se nessa definição de trabalhadores não produtivos, porque *seu trabalho não é trocado por capital e não contribui diretamente para aumentar o capital.*

Concretamente, a condição do músico, antes do capitalismo, configurado como serviçal (compositor/intérprete) do rei e da Igreja, estava baseada na troca por um "salário", significando a renda paga pelo seu mecenas a fim de que suas necessidades básicas (objetivas e subjetivas) fossem supridas. É assim que Marx exemplifica os trabalhos do lapidador de diamantes e do cantor de ópera como trabalho improdutivo ou trabalhos secundários em sua natureza primeira (como valor de uso), podendo e sendo transformados em valor de troca quando estes se transformam em dinheiro e em capital:

> Diamante e canto, ambos os trabalhos realizados, podem – como todas as mercadorias – ser transformados em dinheiro e, enquanto dinheiro pode ser transformado em capital. Mas nesta transformação do dinheiro em capital é feita uma dupla distinção. Todas as mercadorias podem ser transformadas em dinheiro, e, enquanto dinheiro, em capital, porque, na sua forma de dinheiro são extintos o seu valor de uso e a sua particular forma natural. Esse é trabalho objetivado na forma social em que isso é trocado com outro trabalho real, assim, convertido em cada forma de trabalho real (Marx e Engels, 1974, p. 136).

A renda sob a forma de salário define o caráter improdutivo do trabalho e de sua forma originária enquanto trabalho serviçal. Como mero "prestador de serviços" da corte, o trabalho do músico caracteriza uma forma de trabalho improdutivo e externo à atividade produtiva, mas, ao ser gradativamente absorvida pelas relações capitalistas de produção, essa atividade sofre uma metamorfose enquanto força de trabalho colocada à venda como mercadoria. Estabelece-se assim, inicialmente, uma convivência ambivalente entre formas de trabalho, pretéritas e futuras, no contexto de evolução do trabalho assalariado produtivo[5].

O trabalho, como venda de trabalho objetivado, estabelece-se como troca na relação da circulação simples de mercadoria. Ou seja, Marx reconhece que no interior do modo de produção capitalista existem certas atividades que continuam a ser executadas de forma semelhante aos modos de produção precedentes, "em que a relação entre o capital e o

---

[5] Marx verifica uma tendência a que, "com o desenvolvimento da produção capitalista todos os serviços se transformam em trabalho assalariado e todos os seus executantes em assalariados, tendo por conseqüência essa característica em comum com o trabalhador produtivo, o que induz tanto mais em confusão entre uns e outro quanto é um fenômeno característico da produção capitalista e por esta gerado" (Marx, 1978, p. 112). Porém, tal tendência não elimina a reabsorção de formas de trabalho próprias das relações pré-burguesas que convivem com o modo de produção especificamente capitalista: "Esporadicamente aparecem trabalhadores livres cuja prestação de serviços não se compra com vistas ao consumo, senão com vistas à produção; porém primeiro, ainda que em uma escala maior, só para a produção de valores de uso diretos, não de valores; e segundo, se por exemplo o nobre emprega um trabalhador livre junto aos seus serviços, vende inclusive parte de seu produto e o trabalhador livre desta forma lhe proporciona valor, este intercâmbio terá lugar unicamente com vistas ao excedente, ocorrerá somente no campo do supérfluo, do consumo do luxo. No fundo, trata-se tão somente de uma compra encoberta de trabalho alheio para o consumo direto ou como valor de uso" (Marx, 1986, p. 431).

trabalho assalariado ainda não existe de fato, de modo que não lhes são de maneira nenhuma aplicáveis as categorias de trabalho produtivo e trabalho improdutivo, características do ponto de vista capitalista" (Marx, 1986, p. 113).

No capitalismo, a atividade do músico como "trabalhador improdutivo" configura-se concretamente quando o intérprete *oferece seus "serviços" diretamente a um consumidor*; em troca, é pago em dinheiro e este não se converte absolutamente em capital. Assim, seu consumo é também improdutivo, porque visa somente a satisfazer a uma necessidade imediata – como, por exemplo, o caso do músico ou cantor que presta serviços em casamentos, batizados ou qualquer festividade, contratado somente com vistas à utilização de sua atividade no aspecto qualitativo, como valor de uso.

Os casos intermediários na relação entre capital *versus* trabalho referem-se àqueles que não trabalham diretamente para o capital e recebem um salário que é resultado de uma nova divisão dos rendimentos; estas são consideradas, ainda, formas de trabalho mediadas por outros processos, como aqueles que ocorrem no âmbito da circulação do capital.

O trabalho do cantor que não é assalariado dos teatros municipais ou das universidades e escolas de música estatais e municipais, como atividade autônoma que é oferecida diretamente ao consumidor, caracteriza a "prestação de serviços"[6] a "particulares" em festas e eventos. Podemos dizer, no limite, que esse trabalho é "improdutivo" porque: 1) não está no processo imediato de produção e valorização do capital, sendo externo da esfera de produção; e 2) não configura a venda da força de trabalho, mas a venda do próprio trabalho, estabelecendo uma relação que – no imediatismo do processo de circulação do capital de troca de valores de uso – significa troca de trabalhos objetivados entre vendedores de mercadorias. Aqui, o dinheiro não se converte em capital por trabalho vivo, mas conta a atividade do serviço prestado[7].

Apesar de não estarem submetidos diretamente ao processo de produção imediato do capital, "mesmo assim, a maior parte destes trabalhadores, do ponto de vista da forma, apenas se submetem formalmente ao capital: pertencem às formas de transição" (Marx, 1978, p. 115).

A conclusão de Marx aponta para um processo de subsunção formal do trabalho ao capital. Contudo, aquilo que representava um processo transitório, sujeito à extinção, converte-se em real tendência devido às formas de "externalização" da força de trabalho do processo de produção imediato. De qualquer modo, observa-se que mesmo os trabalhadores autônomos estão, em última estância, contemplados formalmente no processo de produção mais geral do capital.

---

6 O professor de canto particular também é um trabalhador improdutivo, porque presta serviços diretamente ao consumidor. "Um mestre-escola que ensina outras pessoas não é um trabalhador produtivo. Porém, um mestre-escola que é contratado com os outros para valorizar, mediante o seu trabalho, o dinheiro do empresário da instituição que trafica com o conhecimento (*knowledge mongering institution*) é um trabalhador produtivo" (Marx, 1986, p. 115).

7 Aqui, ambos, "comprador e vendedor" de mercadorias, como proprietários autônomos, trocam trabalho objetivado, e o "trabalho objetivado que serve de meio para um novo trabalho" (Marx, 1978, p. 196). O contexto onde "vendedor e comprador" de mercadorias aparecem no âmbito do mercado como proprietários privados na relação de troca é o contexto de "lei da apropriação", tal como ela se apresenta na circulação simples de mercadorias. A mercadoria, no caso o serviço, apresenta-se como trabalho vivo trocado por trabalho objetivado (dinheiro, renda e não capital). Desta lei extrai-se a vigência, no âmbito da aparência, de um reino de "liberdade e igualdade" burguês, fundado no princípio da reciprocidade harmônica preestabelecida entre os proprietários das mercadorias (Rosdolsky, 1978, p. 212).

No entanto, as relações de prestação de serviços que se estabelecem entre músicos e consumidores já não se caracterizam como puras relações de serviço de autônomos, porque contam com a figura do agenciador-intermediário, que compra a força de trabalho do músico e a vende ao consumidor, extraindo, desse processo, lucro. Nossas pesquisas atuais apontam para uma forma de prestação de serviços que, mesmo com vistas ao consumidor direto, configura-se como uma teia de relações indiretas entre agentes e agências de artistas, por meio das famosas agências de eventos e produções artísticas. O âmbito da "informalidade" do mercado musical moderno conta com muitas formas de agenciamento mediante empresas que utilizam maneiras diversas de subcontratação dos artistas na produção de um evento[8].

Assim, na atividade que se configura como prestação de serviço, os trabalhadores "são agenciados por parte do mais-valor, a renda do capitalista" (Rosdolsky, 1978, p. 430). Desse modo, mesmo quando um músico é chamado para cantar em uma festa de empresários, ou em uma festa de banqueiros, e é pago com a *renda* do capital, ainda assim é improdutivo, porque o que ele ganha não é o excedente do capital, mas uma renda que advém desse excedente do capital.

A primeira forma da atividade do cantor *não se configura como trabalho assalariado e é "improdutiva"*. Mas o atual processo de "racionalização dos serviços" não permite que qualquer relação de trabalho, mesmo informal, não seja permeada por relações mercantis que visem pelo menos à rentabilidade, ou meramente à relação direta com o usuário (Lojkine, 1995, p. 288).

Existe também o caso do trabalhador assalariado que troca a sua *força de trabalho com o capital, mas que trabalha fora do processo imediato de produção*, isto é, aqueles que trabalham para o capital comercial e o capitalista "a juro". Esses trabalhadores são considerados por Marx "improdutivos", já que não estão vinculados diretamente ao processo produtivo, ou seja, ao capital industrial. Assim, são considerados "indiretamente produtivos", ou "improdutivos"; improdutivos no interior da esfera do processo global de produção, mais precisamente no *interior da circulação*. Os outros improdutivos são exteriores a esta esfera (Fausto, 1987, p. 222-3).

O agente obtém seus lucros com a renda intermediária do trabalho produtivo e, ao mesmo tempo, como empregado do capital, torna-se um "assalariado de si mesmo"[9]. A "renda" do agente, que advém da compra direta da força de trabalho do cantor para o capitalista, torná-lo-ia um trabalhador improdutivo se esta não se convertesse em "lucro" ou em forma de enriquecimento através da *venda* do potencial de mais-valia para o capital,

8 Por meio de nossas entrevistas, pudemos entender que, mesmo na informalidade das relações de compra e venda da força de trabalho dos cantores por parte das empresas de eventos e produções, o mercado é muito restrito. Isso quer dizer que, mesmo no âmbito informal, o mercado conta com uma racionalidade própria, que, nas "franjas" do processo produtivo, gera ao menos a extração indireta da mais-valia do cantor, ou simplesmente a compra de mais trabalho que gera o lucro do agente. Não é permitido a um cantor que queira cantar em casamentos, por exemplo, fazê-lo sem entrar no "círculo" ou na "agenda" dos agentes, que muitas vezes são os próprios músicos ou pessoas muito próximas ao trabalho musical que atuam muito mais como "trabalhadores de si mesmos" do que propriamente como empresários.

9 O conceito de "assalariado de si mesmo" refere-se à posição ambígua e contraditória do "pequeno produtor" que, segundo Marx, é uma fase de transição para o assalariamento. Observamos também a contradição da função do agente que, enquanto explorador da força de trabalho do cantor, não se configura ainda enquanto empresário, porque, como agente (pessoa física ou sob a nova forma de agências de músicos), é apenas o intermediário entre o trabalhador e, muitas vezes, o empregador direto (patrocinador, representante do capital) (Teixeira, 1995).

no processo de produção imaterial. Sua condição de "assalariado" pode ser ainda mais evidente quando tais agentes são os próprios músicos, com um grande conhecimento do mercado musical.

Nas atuais agências de produção cultural, as contradições presentes na relação de agenciamento de cantor, em bases mercantis e informais, tornam-se ainda mais mistificadas porque são aprofundadas. Ao substituir o agente, a empresa de eventos culturais que agencia artistas extrai o excedente, que se converte em lucratividade, terceirizando a força de trabalho do cantor no mercado; tudo acontece no âmbito da circulação[10], afirmando a *produtividade indireta* de uma atividade que vende ou repassando mais-valia e que, por isso, agrega valor de informação ao processo de produção do capital.

A venda da força de trabalho do cantor para o agente remete-nos também ao conceito de "trabalho livre" como sinônimo de pauperização[11]. A "autonomia" dos cantores que não estão vinculados a um empresário coloca-os na mesma condição precária de um trabalhador informal, sujeitos a maior exploração, já que o valor da compra de sua força de trabalho é camuflado pelo "salário por peça"[12].

Portanto, enquanto no discurso a aparência especial do "trabalho do artista" determina que se reivindique a especificidade do trabalho do cantor (como força de trabalho, vista sob os aspectos qualitativos, e como serviço cultural à comunidade ou ao consumidor da arte), o mercado, em sua essência, inverte a relação; na negociação de compra e venda de força de trabalho, o que acaba contando são os mesmos critérios de extração de mais-valia do trabalho material, baseado no sobretrabalho e na intensificação de suas atividades.

Trata-se de uma espécie de trabalho que suporta relações sociais contraditórias: enquanto possuidor dos meios de produção, este poderá até ser considerado capitalista, mas um "capitalista precário", mais próximo das condições do trabalhador "assalariado de si mesmo" ou "assalariado indireto do capital". Ao mesmo tempo, a forma de assalariamento através do intermediário, ou das agências de produções culturais, torna o cantor um trabalhador *produtivo*, porque a venda da sua atividade de trabalho visa ao lucro para o seu comprador (o agente) e *indireto*, dada a sua condição de produtor de bem imaterial, que estabelece na relação de serviço, a essência de sua atividade produtiva, estando, portanto, fora do circuito imediato de produção do capital.

O fato de o cantor ser o possuidor dos seus meios de trabalho (a voz) e ter destreza na arte de seu canto não o torna possuidor das *condições objetivas* necessárias para sua sobrevivência. Ter a capacidade para a realização do trabalho não é o suficiente para assegurar os meios de subsistência; os músicos podem ser considerados como não-

10 Atualmente, a função de uma agência de produção cultural é tornar a força de trabalho do cantor mais "vendável", como produto que vale a pena ser comprado pelo patrocinador.

11 "No conceito de trabalhador livre está já implícito que o mesmo é *pauper*: pauper virtual. Tendo em conta suas condições econômicas, é mera *capacidade viva de trabalho*, por cujo motivo também está dotado de necessidades vitais. Qualidade de necessitado em todos os sentidos, sem existência objetiva como capacidade de trabalho para a realização da mesma" (Marx, 1978, p. 110).

12 "A lógica do 'salário por peça' está presente não somente nas indústrias que implantam técnicas do modelo japonês ou do toyotismo, forçadas a isso pelas mudanças nos padrões de competitividade e qualidade, mas também na extensa rede de serviços e de subcontratações. Assim, essa lógica se coloca concretamente nas relações de produção, no padrão de acumulação flexível, a partir da venda do trabalho objetivado" (Colli, 2000, p. 85; Teixeira, 1995, p. 32).

proprietários dos meios de produção, visto que "não basta ter um controle dos meios de trabalho em sentido estrito, é necessário ter um domínio dos meios de trabalho em sentido amplo, além do objeto sobre o qual se trabalha" (Jardim e Cavalcanti, 1986, p. 232).

A potencialização do processo de reestruturação do trabalho abstrato, como produção flexível, "se apresenta como um acúmulo de modos de produções que compreendem também formas de trabalho servis e pré-capitalistas" (Lazzarato, 1997, p. 11) e leva ao limite a exploração do trabalhador por si próprio, em um contexto em que a mais-valia é ainda mais velada, porque "se esconde sob a ilusão de uma sociedade de produtores independentes de mercadorias, uma sociedade de vendedores de trabalho materializado. Uma sociedade sem vendedores de força de trabalho, posto que o contrato de compra e venda da força de trabalho está metamorfoseado num contrato de fornecimento de mercadorias" (Teixeira, 1995, p. 34).

Mas independentemente do nível de relação, direta ou indireta, de produção de mais-valia, o mais importante no processo de análise do trabalho artístico consiste em localizar as particularidades das formas de exploração, que não se apresentam mais de maneira tão visível no conjunto das relações de produção, no qual os trabalhos privados se equacionam de modo formalmente diferente daqueles de "coletividade produtiva" – que alarga os conceitos de "produtividade"/"improdutividade"[13].

O cantor autônomo, potencialmente improdutivo, partindo das premissas do próprio Marx, pode tornar-se um "assalariado produtivo", um "trabalhador produtivo independente de objetos imateriais" do capital, desde que a operação de troca incida sobre a força de trabalho e, no limite, no próprio objeto imaterial, sob a forma de compra do bilhete de ingresso que representa a materialidade do espetáculo.

As formas de "assalariamentos" dos serviços, por meio das diversas subcontratações, encontram-se "externa" ou "internamente" ao processo imediato de produção capitalista e representam, no limite, uma expansão do trabalho imaterial[14], podendo ser caracterizadas como uma nova tendência de conversão do trabalho improdutivo em produtivo (Lojkine, 1995, p. 282).

A exploração do aspecto intelectual do trabalhador, no capitalismo contemporâneo, é uma afirmação da existência de uma "subjetividade produtiva", relativamente diferente da "subjetividade operária" (Lazzarato, 1997, p. 104). Trata-se, pois, da própria tendência de integração do valor intelectual do trabalhador, que se apresenta concretamente dissolvida nas redes imateriais de fluxos e informações que cooperam entre si nas diversas estratégias de externalização da produção ao processo de valorização do capital. *Nesse processo geral, o trabalho imaterial antes "improdutivo" torna-se, hoje, "produtivo".*

---

13 "E de fato se o ato de venda enquanto ato de venda se torna puramente formal (mas há um ato prévio de venda, é a produção que no fundo se torna formal), se a mercadoria é produzida enquanto mercadoria-para-a-venda, não há mais diferença essencial entre os que produzem esse produto-para-a-venda e os que vendem esse produto-para-a-venda. A produção é agora um todo que não é mais a totalidade do capitalismo clássico em que o momento da produção era de qualquer modo o primeiro. A totalidade poderia ser chamada agora tanto produção como circulação. Se isto é verdade, o trabalho improdutivo se torna produtivo (ou a diferença desaparece), assim como o 'tempo livre' se torna produtor de 'valor'" (Fausto, 1987, p. 281).

14 "Todas as características da economia pós-industrial (presente tanto na indústria como no terciário) são acentuadas na forma de produção imaterial propriamente dita. A produção audiovisiva, a publicidade, a moda, a produção de software, da gestão de território, etc., são definidas através da relação particular que a produção entretém com o seu mercado e seus consumidores [...] são exemplos perfeitos de integração do consumo na produção. Aqui o distanciamento do modelo taylorista é levado ao máximo" (Lazzarato, 1997, p. 41).

O trabalho do cantor, especialmente em sua atividade no espetáculo lírico, é altamente qualificado e cooperativo. Assim, a especificidade que a forma de organização desse fazer artístico assume na atual conjuntura produtiva coloca-o ainda mais à mercê da tendência à "produtividade" de suas atividades, mesmo daquelas que não se encontram no processo de venda imediato da força de trabalho ao capital, mas que o fazem indiretamente por meio de formas de agenciamento no mercado informal. No atual contexto de flexibilização produtiva, os "processos imateriais de produção" tornam-se, no processo de produção em geral, a expressão máxima de como as formas de trabalho "pretéritas" e mercantis submetem-se aos novos modos de controle e valorização do capital.

Ao falar sobre as especificidades da produção imaterial, Marx considera que, principalmente em relação àquelas que se refere às artes, as relações capitalistas são limitadas[15]. Certamente, em seu tempo, Marx não poderia vislumbrar o significado do desenvolvimento posterior das atividades artísticas, especialmente do desenvolvimento da indústria cultural, através dos meios de comunicação de massa. A grande novidade que a forma de reestruturação do trabalho abstrato apresenta encontra-se na expansão e "recriação" de muitas dessas relações "formais" de trabalho, a partir da conjuntura da realidade de desenvolvimento tecnológico aplicado ao processo produtivo em geral[16].

A forma de "assalariamento" da profissão do cantor lírico, à qual se refere Marx em seus escritos, que remonta às origens do próprio teatro lírico, em que o sistema empresarial era vigente, visava tão-somente ao lucro para o empresário, vindo a se constituir em uma complexa e grande empresa cuja mercadoria imaterial objetiva fazer "rir e chorar" o consumidor. A cantora só é produtiva quando é diretamente assalariada pelo empresário[17].

A citação de Marx esclarece também sobre a função dos outros trabalhadores do espetáculo lírico (técnicos vários, figurinistas, costureiras etc.) *como assalariados produtivos*. Mas e o regente e seus assistentes? Estes são também trabalhadores produtivos, na medida em que também acumulam a função de "vigia do capital", uma espécie de *manager* do

---

15 Quando efetuada exclusivamente com vistas ao intercâmbio e valorização, a produção imaterial se apresenta de duas formas: 1) quando ela resulta em mercadorias que existem separadamente do produtor, e assim podem circular como mercadorias no intervalo entre a produção e o consumo como livros, quadros, todos os produtos artísticos que são diferentes da atividade artística do artista que a executa; e 2) quando o produto não é separável do ato de produzir (Marx, 1986, p. 119). Nos dois casos, observa Marx, as relações capitalistas apresentam-se de forma ainda muito limitada, porque se trata de artistas que trabalham para um capital comercial, constituindo-se em uma forma de transição para o modo de produção apenas formalmente capitalista.

16 Podemos encontrar outras passagens referentes ao trabalho específico do artista enquanto assalariado direto do capital, o que o caracteriza como produtivo: "Um ator, por exemplo, ou mesmo um palhaço, são, pois, operários produtivos, se trabalham ao serviço de um capitalista (de um empresário) a quem dão mais em trabalho do que o que recebem em forma de salário, enquanto que um remendão vai a casa do capitalista para lhe arranjar as calças, fornece-lhe apenas um valor de uso e não passa de um operário improdutivo. O trabalho dos primeiros é trocado por dinheiro, o do segundo por um lucro [...] A distinção entre trabalho produtivo e improdutivo é feita aqui apenas do ponto de vista do detentor de dinheiro, do capitalista, não do operário". Assim "Um escritor é um operário produtivo, não por produzir idéias, mas porque enriquece o editor que se encarrega da impressão e da venda dos livros, isto é, porque é o assalariado de um capitalista" (Marx e Engels, 1979, p. 76-7).

17 "Deste modo Milton, que escreveu *O paraíso perdido*, era um trabalhador improdutivo. Ao contrário, o escritor que trabalha para o seu editor, como um assalariado da indústria, é um trabalhador produtivo. Milton escreveu *O paraíso perdido* como o bicho-da-seda faz seda. Era uma manifestação da sua natureza. O poeta vendeu mais tarde seu trabalho por 5 libras esterlinas. Mas o escritor proletário de Leipzig que, sob a direção do seu editor, fabrica livros (por exemplo, manuais de economia política), é um operário produtivo, visto que a sua produção está, desde o início, subordinada ao capital e só se realiza para seu lucro" (Marx e Engels, 1979, p. 65).

espetáculo lírico no que diz respeito à organização direta da produção do espetáculo como uma produção coletiva.

Assim, é muito claro observar que, inicialmente, o cantor relacionava-se *diretamente com o comprador de sua força de trabalho, o empresário como personificação do capital.* O processo histórico já descrito das relações de trabalho entre o cantor solista e o seu empresário representa, nesse contexto, a forma mais "pura" de assalariamento no complexo do espetáculo lírico.

O modelo liberal de *laissez-faire* que se aplicava no campo das relações econômicas do século XIX tratava a cultura como coisa privada, sem relação alguma com o domínio público. Nesse momento, o sistema de empresários nos teatros de ópera se fortalece. Especialmente depois da Segunda Guerra Mundial, o modelo social-liberal confere ao espetáculo lírico o caráter misto de gestão que absorve simultaneamente os recursos do capital público e privado (Almeida e Da-Rin, 1992).

Assim, as bases políticas do modelo social-democrata que se consolida em meados do século XX transformam a atividade do teatro lírico, nos países europeus, em uma questão de Estado; é dessa forma que os trabalhadores ligados aos teatros convertem-se em *funcionários públicos.* O funcionário público também não se situa diretamente na concepção tradicional de "classes sociais", mas atua como a fração social que "garante" o funcionamento do sistema[18].

Por isso, como professor universitário, o cantor é "*improdutivo*", já que vive da renda do Estado; mas, ao atuar no "mercado informal" e ao vender-se a um agente para prestar serviço ao consumidor direto, torna-se "*produtivo indireto*", e, ainda mais: poderá tornar-se *produtivo direto* quando vende a sua força de trabalho a um empresário que estabelece com ele um contrato, ainda que temporário, pois está produzindo mais-valia que será expropriada pelo seu comprador de venda de trabalho. Este também ganha dinheiro no conjunto da produção de um recital, ou de uma ópera, envolvendo ainda a exploração de outras formas de atividades.

O caso dos nossos trabalhadores dos coros líricos de São Paulo agrega mais uma contradição; esta se fundamenta na aparência de uma forma de contratação que, no limite, torna-os "*autônomos*", já que, do ponto de vista formal, não são "funcionários públicos", mas sim "prestadores de serviço"[19]. A ambigüidade gerada pela particularização da posição desses trabalhadores "públicos informais", no contexto brasileiro, consiste no fato de que, do ponto de vista formal, são "autônomos" porque não possuem vínculo empregatício com as instituições para as quais "prestam serviços", mas, contraditoriamente, essa condição de "externalização informal" recria, sob novas bases, uma estrutura de poder despótica e altamente hierarquizada no interior das relações de produção, que insere regras rígidas de

---

18 "Economicamente eles recebem uma porção do produto-valor, porção que provém de um fundo constituído por uma redistribuição desse produto, de uma distribuição de segundo grau, que atinge – ainda que sob espécies diversas (mas da mesma forma, imposto) e em quantidades variáveis – todas as classes da sociedade capitalista" (Fausto, 1987, p. 241).

19 Podemos recordar os casos citados em que os cantores dos coros líricos que foram mandados embora sem justa causa, e que se sentiram lesados, ao buscarem seus direitos trabalhistas na Justiça, puderam adquirir a percepção de sua condição real na posição social do conjunto das relações de trabalho, que significava, mais do que a autonomia, a "informalidade" e o total desamparo das leis em processo avassalador de racionalização em uma estrutura formal, institucional, como é o caso dos teatros municipais ou das instituições musicais institucionalizadas pelo estado ou município.

disciplina e intensificação do trabalho, levando, aqui, ao extremo, a dissolução do conceito de improdutividade.

A grande questão é que a forma de contratação por "prestação de serviços" reivindica para si o conteúdo de "prestação direta ao consumidor". É como se o cantor do Theatro Municipal fosse pago diretamente por quem usufrui a récita, isto é, o público pagante. A aparência da "prestação direta" de serviço seria verdadeira se os empresários dos cantores, as empresas que criam os figurinos, palcos e o *capital privado*, por meio do patrocínio dos eventos, não estivessem ganhando nada com isso.

Ao conceder o teatro e os corpos estáveis ao concessionário, ou ao produtor cultural, o Estado estabelece uma relação mercantil que não visa a oferecer o espetáculo a um público, gratuitamente, como forma de "prestação de serviço" à sociedade – isto seria negar a própria essência do capitalismo. Mesmo no contexto do Estado de bem-estar, as relações entre o Estado e o empresário de ópera não significam meramente o "acordo entre cavalheiros" na prestação de serviço ao público. Aqui, a relação mercantil configurou-se como a complexa máquina do trabalho coletivo do espetáculo lírico, por meio de suas relações de subcontratações, que acontecem no microcosmo desse ambiente específico de troca.

A extração de mais-valia é uma realidade no trabalho imaterial no espetáculo lírico, e esta assume diversas formas de "assalariamentos híbridos" na atividade do intérprete/cantor: como "autônoma" ou independente, quando se relaciona como prestador de serviços ao consumidor direto; como forma de "assalariado improdutivo", quando a sua atividade de serviço é vendida ao agente/intermediário, mas ainda em um âmbito de contratação não regulamentada ou informal, em que a venda de sua força de trabalho se dá indiretamente ao capital; como forma híbrida das duas acima citadas, que representam a dupla jornada de trabalho, e ainda; como assalariado do Estado ou em sua configuração híbrida de "autônomo" (quando presta serviços ao consumidor direto ou indireto) e como forma de "*assalariamento informal*" que caracteriza a vinculação informal da atividade formalizada como "prestação de serviços" em uma estrutura altamente hierárquica, como acontece com os trabalhadores dos corpos estáveis dos teatros municipais e os professores das escolas mantidas pelo poder público.

No contexto do trabalho material, o contrato trabalhista não estabelece uma relação imediata entre "produtividade" e "improdutividade"; ao contrário, estabelece novos parâmetros para a exploração da força do trabalho vivo, que hoje é redimensionado por novas formas de controle do capital, essencialmente a partir de sua subjetividade criativa e participativa no processo de produção. Em dimensão não inédita, no caso do artista em geral, especificamente do cantor lírico, altamente qualificado, isso se aprofunda por meio de elementos como a intensificação do trabalho, a precarização das relações de produção no interior das instituições às quais prestam serviços. Em resumo, um trabalho que já dependia da subjetividade produtiva do trabalhador resulta, no atual processo de estratégias de mudanças no trabalho produtivo, em profunda sujeição da subjetividade do artista aos meios e controles do capital.

O trabalho do cantor lírico, seja no mundo do espetáculo lírico, seja em outras atividades artísticas, sempre é resultado de um trabalho *coletivo altamente qualificado*. Sempre foi assim, levando-nos a localizar a indústria da ópera, hoje, como uma forma "reposta" de organização do trabalho imaterial em relação ao que se propaga como "novo" e "inédito" nos processos de produção material.

As estratégias da racionalização na gestão e no investimento do espetáculo lírico

A partir de 1980, estabelece-se um marco histórico que delimita, no contexto da reestruturação produtiva, seus reflexos nas formas de gestão das políticas culturais em relação ao teatro lírico brasileiro.

Desaparece o tipo de empresa de base familiar[20], fundada em valores que não explicitavam o lucro, mas, acima de tudo, a "personalidade" e a "imagem" do empresário, o empreendedor *lato sensu*, para quem a honra da empresa é mais importante do que o próprio dinheiro[21]. A era da gestão dos espetáculos líricos pelos empresários de ópera, no Brasil, termina em 1980 e passa a ser determinada por uma explícita concepção da cultura como produto/marketing, elementos ativos de um novo processo de valorização do produto cultural perfeitamente ajustado às determinações do mercado neoliberal[22].

A partir da década de 1990, a marca pessoal do empresário de ópera na produção do espetáculo lírico foi substituída pela empresa que agencia a carreira do cantor lírico por meio das agências de produções artísticas, como é o caso de empresas que agenciam exclusivamente cantores líricos no Brasil[23].

A *racionalização da organização produtiva no espetáculo lírico atinge também a sua forma de gestão empresarial*, que estabelece uma nova forma de concepção do espetáculo lírico como "produto cultural vendável". Por isso, a figura do produtor cultural remete ao intermédio entre o investidor e o consumidor final. A figura do produtor, antes concentrada na personalidade do próprio artista que organizava a produção do espetáculo, é substituída pelo profissional especialista no mercado cultural e técnico nas leis de captação de recursos[24]. O empresário que se envolvia com o projeto com vistas a buscar recursos nas empresas por intermédio de seu mérito artístico é substituído

---

20 Podemos assim ressaltar, essencialmente, três elementos da antiga forma de gestão da ópera que são, ao mesmo tempo, típicos da personalidade do empresário enquanto representação alegórica: 1) a "flexibilidade" que o próprio mercado dos eventos líricos exige; 2) a "imagem passional" pautada no envolvimento subjetivo com o espetáculo, o que confere ao empresário um caráter de homem de negócios que tem na arte o seu primeiro objetivo; 3) as formas de contratações que se mesclam com a informalidade e a afetividade em relação aos artistas, típicas da relação mercantil de "bazar".

21 O sr. Roberto Gagliotti Filho foi um dos últimos empresários de ópera a atuar no circuito dos teatros brasileiros até 1980.

22 Assim a indústria cultural, o mais inflexível de todos os estilos, revela-se justamente como a meta do liberalismo, ao qual se censura a falta de estilo. Não somente suas categorias e conteúdos são provenientes da esfera liberal, tanto do naturalismo domesticado quanto da opereta e da revista: as modernas companhias culturais são o lugar econômico onde ainda sobrevive, juntamente com os correspondentes tipos de empresários, uma parte da esfera da circulação já em processo de desagregação. Aí ainda é possível fazer fortuna, desde que não se seja demasiado inflexível e se mostre que é uma pessoa com quem se pode conversar (Adorno e Horkheimer, 1985, p. 123).

23 Em 1999, surge a representação exclusiva de cantores líricos no Brasil, por meio de uma agência operante na cidade de São Paulo. Alguns dos nomes que a empresa representa hoje são: Cláudia Riccitelli, Andréa Ferreira, Céline Imbert, entre outros talentos que têm despontado no mercado lírico.

24 Por isso, em oposição à antiga forma de "empresariar" o espetáculo lírico que vigorou até 1980, a agência de espetáculos supre duas facetas do que se pode chamar de "mercado lírico": 1) o próprio agenciamento do profissional cantor, que deve ter um perfil mais consciente de sua carreira no mercado nacional e internacional; 2) a venda da "imagem" do cantor, bem como do espetáculo lírico, enquanto mercadorias a ser negociadas no mercado musical.

pelo profissional com certo grau de noção administrativo-financeira e *tecnicamente instruído* na legislação brasileira[25].

Gerir o espetáculo lírico no Brasil dos dias de hoje implica um diálogo técnico e político com o Estado, principal investidor em cultura no país, e o mundo empresarial, que se beneficia duplamente das leis de incentivos fiscais, transformando ações culturais em marketing empresarial[26].

Assim, com a racionalização da organização da cultura erudita, busca-se um salto do investimento que ressalta a marca pessoal do empresário para um processo de visibilidade da marca da empresa que agrega um valor ao produto por meio do "marketing cultural"[27].

A mudança na concepção do espetáculo lírico como um produto cultural rentável, e da força de trabalho do cantor como uma forma de investimento, ambos como uma nova forma de se "fazer lucro" através do marketing, do trabalho imaterial, torna a função das agências culturais muito mais determinadas no mercado musical erudito[28].

A antiga companhia de ópera é transformada em um empreendimento que tende a se horizontalizar, pois conta com a concessão dos corpos estáveis e do local, por parte do Estado, e com as agências de produção culturais. Estas funcionam como os "braços externos" da produção do espetáculo, intermediando a terceirização das contratações dos artistas e dos trabalhadores técnicos da produção e os captadores de recursos privados[29]. Sua atual característica é hoje empresarial, porque o espetáculo "ópera" é visto como um produto. Com isso, as características pessoais do antigo empresário de ópera, visto como amigo e, ao mesmo tempo, "vilão" de muitos cantores, transmutam-se na figura do agente

25 Hoje em dia, o produtor cultural precisa conhecer as leis de incentivo fiscal (principais formas de captação de recursos no Brasil), possuir certo grau de conhecimento em administração e leis. A racionalização da produção trouxe para a gestão empresarial do espetáculo a figura do tecnocrata.

26 "Não mais nos assusta observar que dos mais de R$ 1,6 bi investido em leis de incentivo à cultura, desde a sua existência até 2001, cerca de 85% foram aplicados na região Sudeste. As dez empresas que mais utilizam a lei costumam abocanhar 60% do valor destinado à renúncia fiscal. A concentração do dinheiro público em mãos de tão poucos é coisa séria e precisa ser revista urgentemente, sob a pena de cair em descrédito. A lógica que move o sistema de incentivo é perversa, pois permite que empresas recebam apoio do governo para transformar ações culturais em marketing empresarial, contrariando um importante movimento universal de repúdio ao controle da cultura pelas grandes marcas" (Brant, 2002, p. 58).

27 "A razão última do marketing cultural é justamente dar qualidade e sofisticar as ações tradicionais entre patrocinador e patrocinado. A meta é fazer com que, no final, o patrocinador dê os parabéns e pergunte pelo próximo evento do produto. Que diga: 'gastamos muito, mas deu um bom resultado'" (Almeida e Da-Rin, 1992, p. 16).

28 Um dos fenômenos do canto lírico no século passado, Maria Callas talvez tenha sido uma expressiva representante desses mecanismos de mercado da indústria cultural nas décadas de 1960 e 1970. A trajetória de sua carreira abarca um maior processo da intensificação de atividades combinadas entre a televisão, a quantidade de sua atuação em papéis diferentes e gravações em estúdios. O mesmo fenômeno da atualidade é o tenor Plácido Domingo, que possui uma extensa agenda de eventos em todo o mundo e, atualmente, atua também como diretor de orquestra e diretor de dois grandes teatros dos Estados Unidos. A expressividade da carreira de um cantor lírico nos dias de hoje passa não somente por suas participações em papéis importantes, mas exige uma certa coerência em seu percurso profissional. Porém, no Brasil, pensar em termos de uma coerência de percurso vocal dos cantores é algo muito difícil, porque a falta de um mercado onde estes possam atuar durante o ano coloca-os em uma situação precária em relação aos artistas europeus, que contam com uma ampla programação cultural e uma legislação que lhes é mais favorável.

29 A agência pode também negociar diretamente a vinda de uma montagem de ópera de outro país. Nesse caso, é a agência que se responsabiliza pelos contatos com o teatro onde a montagem foi estreada e com os detalhes para a locação do material cenográfico, figurinos e os técnicos responsáveis pela montagem do material.

empreendedor e profissional que domina toda a complexidade do mercado. Assim, os processos de exploração da força de trabalho do cantor tendem a se revestir de conceitos como "seriedade" e "profissionalismo", largamente utilizados para fazer menção a uma forma de organização *do espetáculo produtiva e eficiente, palavras-chave do processo de racionalização do trabalho também em sua dimensão imaterial.*

Em essência, o espetáculo lírico continua o mesmo; assim, as formas de racionalização de sua organização nada mais fazem do que criar roupagens ainda mais "atrativas" para as velhas mercadorias, auxiliando na criação de um ambiente ideologicamente mais adequado ao consumo de mercadorias de luxo, porque nesse processo

> O novo não é o caráter mercantil da obra de arte, mas o fato de que, hoje, ele se declara deliberadamente como tal, e é o fato de que a arte renega sua própria autonomia, incluindo-se orgulhosamente entre os bens de consumo, que lhe confere o encanto da novidade (Adorno e Horkheimer, 1985, p. 147).

E é nesse novo contexto da produção imaterial que o marketing assume fundamental importância no processo geral de valorização.

Capítulo 16

ACORDES DISSONANTES
assalariamento e relações de gênero em orquestras

Liliana Rolfsen Petrilli Segnini

INTRODUÇÃO

O objetivo deste texto é analisar as formas que assumem as relações salariais em duas orquestras reconhecidas como referências prestigiosas em seus respectivos países – Brasil e França. Também serão analisadas as diferenças entre a inserção de homens e de mulheres nessas orquestras, privilegiando-se assim dupla dimensão – divisão internacional e sexual do trabalho – na reflexão sobre o assalariamento nesse campo profissional.

O trabalho do artista é freqüentemente analisado privilegiando-se sua *performance* ou obra, expressões resultantes de processos de trabalho que possibilitam a interpretação e a criação. No entanto, as relações de trabalho e profissionais, implícitas nesses processos, são pouco analisadas e contextualizadas (Manger, 2002; Lehmann, 2002; Ravet, 2000). A obra é revelada e a organização do trabalho que a elabora é silenciada, embora se inscreva em múltiplas relações sociais, tais como classe, gênero, etnia, geração. Como se formam e se profissionalizam os artistas? Como se inscrevem no mercado de trabalho? Quais relações sociais estabelecem na realização do trabalho e no desenvolvimento das carreiras artísticas? Quais contradições e ambigüidades podem ser observadas em uma análise sociológica sobre as distâncias entre as formas manifestas de trabalho e sua essência? (Segnini e Souza, 2003).

A formulação dessas indagações requer também a delimitação do objeto; são múltiplas as singularidades no processo de produção da arte. Mesmo considerando-se tão-somente uma única de suas expressões – a música –, são vastos e heterogêneos os espaços e as formas de trabalho do artista músico, conforme seja ele instrumentista, compositor, arranjador ou regente. "O auto-emprego, o *free-lancing* e as diversas formas atípicas de trabalho (intermitentes, tempo parcial, vários cachês) constituem as formas dominantes da organização do trabalho nas artes", ressalta Manger (2002, p. 68).

O trabalho de músicos em orquestras vinculadas a teatros públicos no Brasil – Theatro Municipal de São Paulo – e na França – Théâtre de l'Opéra de Paris – constitui o objeto de pesquisa desta análise. Portanto, neste texto, são analisadas duas formações orquestrais que pertencem aos denominados corpos estáveis (ou *permanents*) nesses teatros, ou seja, corpos compostos por profissionais artistas com vínculo empregatício assalariado.

Nesse sentido, esse objeto privilegia relações de trabalho em prestigiosas instituições (possivelmente entre outras), tanto em São Paulo quanto em Paris, buscando a compreensão das relações de trabalho assalariadas, que possibilitam direitos vinculados ao trabalho em instituições públicas. Portanto, trata-se de músicos assalariados no quadro da função pública, aos quais é atribuído elevado grau de prestígio, considerados elites profissionais em seus respectivos países. Para tanto, lhes é exigido longo percurso de formação profissional para desenvolver tanto a arte quanto a técnica de produzir e combinar sons; submeter-se a processos seletivos em audições individuais, concursos competitivos durante toda a carreira, avaliação permanente realizada pelos pares, regentes, crítica especializada e público. Disciplina nos estudos individuais e coletivos e respeito estrito à hierarquia caracterizam suas trajetórias, conforme informam os profissionais entrevistados.

Quais especificidades é possível analisar no âmbito do assalariamento, em instituições públicas referentes ao trabalho de músicos profissionais considerados altamente qualificados? Em que medida esses espaços e formas de trabalho que representam o máximo de direitos e de qualificação, em seus respectivos contextos, informam singularidades e contradições referentes aos mercados de trabalho nos dois países ou à organização da própria profissão? Como as relações sociais de sexo se constituem nessas formações orquestrais e possibilitam a compreensão de especificidades relativas a diferenciações entre homens e mulheres?

A análise das questões acima apontadas é realizada considerando-se, inicialmente, o contexto da pesquisa, no qual as mudanças relativas às formas de racionalização do trabalho também são observadas nesses teatros e nessas orquestras. Posteriormente, analisa-se a relevância histórica dos teatros – objetos desta pesquisa – nos países selecionados, para, finalmente, discutir as formas que assumem os contratos de trabalho e o assalariamento dos músicos, considerando-se as relações sociais de sexo.

Para tanto, foram sistematizados dados institucionais referentes aos dois teatros e suas orquestras; foram realizadas entrevistas, no período 2003-2004, com membros da direção dos dois teatros (dois na França e quatro no Brasil), regentes (um na França e dois no Brasil), inspetores de orquestra (um em cada país), dirigentes das associações das orquestras (um em cada país), músicos do sexo masculino e feminino (sete na França e doze no Brasil). Foram também entrevistados sindicalistas na França, dois representantes da Confédération Générale du Travail (CGT) vinculados à Ópera de Paris[1]. As observações dos ensaios e de espetáculos ocorreram nos dois países, em maior número de horas no Brasil (68 horas) do que na França (16 horas), em

[1] Polêmica relação é observada entre os músicos e o Sindicato dos Músicos do Estado de São Paulo e a Ordem dos Músicos do Brasil, que os representam. A complexidade dessa relação, considerada não-legítima pelos músicos em decorrência da história e atuação dessas instituições, é objeto de análise em outro texto desta pesquisadora. Representantes das duas instituições no Brasil se recusaram a conceder entrevista.

decorrência da facilidade de acesso e aprovação da direção do teatro à pesquisa. Os ensaios foram registrados em cadernos de campo e fotografados, possibilitando-se a sistematização de relevantes fontes de pesquisa, ainda em desenvolvimento (Segnini e Souza, 2003).

Contexto da pesquisa

A importância, a singularidade e a complexidade dos setores culturais das artes e dos espetáculos também são submetidas às mudanças econômicas e sociais no processo de expansão das políticas liberais, no qual o mercado e sua lógica financeira e comercial assumem importância jamais observada na história.

Bourdieu alerta para os riscos observados no campo da cultura desse processo que continua ainda a se intensificar.

> Mas o que acontece hoje, no conjunto do mundo desenvolvido, nos universos de produção artística, é algo verdadeiramente novo e sem precedente: com efeito, a independência, conquistada com dificuldade, da produção e da circulação cultural em relação às necessidades da economia, se vê ameaçada, em seu próprio princípio, pela intrusão da lógica comercial em todos os estágios da produção e da circulação dos bens culturais. [...] A cultura está ameaçada porque as condições econômicas e sociais nas quais ela pode se desenvolver estão profundamente afetadas pela lógica do lucro (Bourdieu, 2001).

Os teatros – Municipal de São Paulo e Ópera de Paris – se inscrevem em histórias nacionais diferenciadas e têm orçamentos quase incomparáveis[2]; no entanto, apresentam algumas similitudes em termos de adequações ao contexto caracterizado pela lógica financeira.

O Estado representa, nos dois países e teatros, o principal suporte financeiro para a concretização das atividades artísticas; no entanto, nos últimos dez anos, a presença do capital privado – patronos ou *mecenat* – é cada vez mais relevante na constituição das suas respectivas receitas. O orçamento anual da Ópera de Paris é de 148,07 milhões de euros, subdividido entre subvenção estatal, que equivale a 90,11 milhões de euros (61%), e "receitas próprias", 57,96 milhões de euros (39%). Na última década, um duplo movimento realiza-se nos dois teatros, expressando uma das formas recorrentes das políticas liberais, ou seja, cresce a participação do capital privado nas produções dos espetáculos, enquanto os subsídios estatais se reduzem. No período de 1996 a 2002, registrou-se um crescimento de 110% nas contribuições oriundas do *mecenat* (patronos), entre os quais se encontram empresas como Saint-Gobain, Euronext, Moët & Chandon, France Télécom, entre outras; bem como o Club Entreprise de l'Arop (Association pour le Rayonnement de L'Opéra de Paris), que representa 155 empresas (Opéra National de Paris, 2002). Assim, os números acima indicados revelam que a subvenção estatal por assento decresceu: de 230 euros em 1989, momento da criação da Opéra Bastille, para 104,9 euros em 2002 (Opéra National de Paris, 2002a).

---

2 Théâtre de l'Opéra de Paris: 148 milhões de euros em 2002; Theatro Municipal de São Paulo: 5,3 milhões de euros no mesmo período.

Os dados referentes à Ópera Nacional de Paris são públicos, encontram-se disponíveis nos programas e no seu site[3]; no entanto, o mesmo não ocorre com a instituição enfocada no Brasil, apesar de que o mesmo movimento é evidenciado nas entrevistas já realizadas, sintetizadas na freqüente palavra de ordem – reestruturação –, que significa um conjunto de ações de diferenciados conteúdos, realizadas em nome da qualidade da música, com severas implicações para o trabalho dos artistas, inclusive, no caso do Brasil, demissões. Em 2003, sete músicos foram demitidos da Orquestra Sinfônica de São Paulo. Conforme entrevista com o regente Ira Levin:

> Desde o princípio [2002] eu não tinha ilusões quanto ao trabalho muito grande que tinha que ser feito. Foi um choque para mim constatar que o teatro possuía, nos seus corpos estáveis, recursos muito bons que estavam sendo subutilizados. Decidi mudar o repertório que vinha sendo apresentado, intensificar a disciplina de trabalho, fazer o planejamento antecipado de nossas atividades. E sem transição: as coisas precisavam ser feitas da noite para o dia. [...] Quando alguns contratos venceram, os músicos tiveram a possibilidade de se apresentar para uma audição. Os próprios *spallas* de cada instrumento indicaram aqueles que deveriam ser submetidos à audição. À exceção dos harpistas, foram feitos testes para outros. Alguns não apareceram, outros fizeram audições ruins, não foram reaproveitados. Quando os músicos perceberam que, para permanecer na orquestra, precisavam manter o padrão que se esperava deles, passaram a se aplicar mais (Concerto, 2003).

A participação crescente de patronos no Theatro Municipal de São Paulo[4] mobiliza empresas de diferentes setores da economia como bancos, televisão, indústria, bem como pessoas físicas – Associação dos Amigos da Ópera. O atual diretor musical – regente Ira Levin – é patrocinado pelo Banco Santos, assim como vários músicos também o são, sobretudo por empresas que comercializam ou fabricam seus respectivos instrumentos.

Outra dimensão do mesmo fenômeno – a prevalência da lógica financeira – que atinge as duas instituições teatrais, com intensidade diferenciada, significa a busca constante pela maior eficácia dos recursos, competitividade. Nesse sentido, novamente os dados do Ópera de Paris estão disponíveis e são elucidativos; informam o crescimento de 15% do número de espetáculos produzidos (inclusive ensaios) na Opéra Bastille e 27% na Opéra Garnier, considerando-se o período de 1996 a 2001 (Opéra National de Paris, 2002a). O crescimento do público, no mesmo período, foi de 11%, significando um total de 39 milhões de euros e 725.885 espectadores (Opéra National de Paris, 2002a). Dessa forma,

---

3 Em: <www.opera-de-paris.fr>. Acesso em 31/7/2005.

4 Estatuto da Associação – Patronos do Theatro Municipal de São Paulo. "Capítulo I – Da denominação, sede e finalidade: Artigo 1º – A ASSOCIAÇÃO Patronos do Theatro Municipal de São Paulo, fundada em 26 de fevereiro de 1991 por prazo indeterminado, é uma entidade civil sem fins lucrativos, com sede e foro na capital de São Paulo, inscrita em 01 de março de 1991, no 3º Registro Pessoas Jurídicas, sob o nº 159.615. Artigo 2º – A ASSOCIAÇÃO tem por finalidade colaborar com a administração do Theatro Municipal de São Paulo visando: promover o aprimoramento e o desenvolvimento de atividades artísticas; auxiliar na manutenção de seu acervo patrimonial; *incentivar ou subvencionar os corpos estáveis do Theatro, a exclusivo critério da Diretoria*; colaborar com o poder público, à critério da Diretoria, em benefício da educação artística e cultural da coletividade; incentivar a formação e aperfeiçoamento de artistas jovens de reconhecido valor, nacionais ou radicados no país, dando-lhes também, oportunidade de apresentação pública; promover eventos com o objetivo de incentivar e aprimorar a criação e divulgação de obras artísticas de autores nacionais; *arrecadar recursos financeiros, destinados ao cumprimento de sua finalidade social*" (grifos nossos).

traduz-se em números a intensificação do trabalho explicitada de forma recorrente nas entrevistas com músicos e sindicalistas no âmbito desta pesquisa. A redução dos custos de funcionamento, como corolário do contexto exposto, possibilita polêmicas relativas às condições de trabalho e à segurança do público espectador (Frétard, 2003, p. 28).

A "intrusão da lógica comercial em todos os estágios da produção e da circulação dos bens culturais", conforme salienta Bourdieu, é bem sintetizada na resposta de um dos membros da direção do Ópera de Paris, que, quando indagado, em entrevista para esta pesquisa, em 2002, sobre qual é o objetivo do teatro, informou: "vender lugares, divulgar espetáculos".

As ações racionais, no sentido weberiano do termo, ou seja, "da lógica intrínseca que comanda o encadeamento dos significados das ações" (Weber, 1995) que organizam a produção dos espetáculos, na França ou no Brasil, são submetidas, cada vez mais, à lógica comercial e industrial, ou seja, a lógica dos custos e receitas, na perspectiva do capital privado, e não da prestação do serviço público, cuja racionalidade seria vinculada ao bem público, à cultura, à arte. No entanto, são instituições estatais, submetidas às decisões formuladas pelas políticas públicas. Essa ambigüidade expressa implicações tanto no âmbito estético, quanto nas relações e condições de trabalho.

Anaya refere-se à "estética da incerteza" ao analisar as mudanças observadas quando as ações racionais fundadas no Estado do bem-estar foram questionadas, sobretudo a partir dos anos 1970. Após esse período, uma nova forma de racionalização pouco a pouco se impõe, privilegiando a lógica financeira (Anaya, 1999). Por meio de outros argumentos, Anaya reafirma Adorno em sua clássica análise a respeito do fetichismo na música, fenômeno observado à medida que esta se metamorfoseia em mercadoria, em valor de troca. "A modificação da função da música atinge os próprios fundamentos da relação entre arte e sociedade. Quanto mais inexoravelmente o princípio do valor de troca subtrai aos homens o valor de uso, tanto mais impenetravelmente se mascara o próprio valor de troca como objeto de prazer" (Adorno, 1983, p. 166-91).

As implicações desse contexto são observadas tanto para "os consumidores" quanto para "os produtores" da arte – os próprios trabalhadores artistas –, colocando em questão o reconhecimento de que os "microcosmos relativamente autônomos no interior dos quais a cultura é produzida devem garantir, junto com o sistema escolar, a produção dos produtores e dos consumidores" (Bourdieu, 2001).

Os países enfocados evidenciam similitudes quanto ao sentido das mudanças em curso – "relativa subordinação às leis de uma economia que se mundializa e pretende maior eficácia e competitividade"[5]. Assim, tornam-se relevantes estudos comparativos

5 Ver maiores detalhes no projeto de pesquisa "Mudanças na organização do trabalho, relações profissionais *e* formação". Acordo Capes Cofecub nº 305/00, período 1999-2003, instituições participantes: Laboratoire Travail et Mobilités – Université Paris X – Nanterre – Centre National de la Recherche Scientifique (CNRS) e GERS – Groupe d'Études Genre et Rapports Sociaux – Institut de Recherche sur les Sociétés Contemporaines (Iresco) – CNRS, ambas na França; – Departamento de Ciências Sociais Aplicadas à Educação (Decisae), Faculdade de Educação, – Universidade Estadual de Campinas; Programa de Pós-Graduação em Educação e Nete – Núcleo de Estudos sobre Trabalho e Educação – Faculdade de Educação – Universidade Federal de Minas Gerais, ambas no Brasil. O projeto é coordenado na França pela Profa. Dra. Lucie Tanguy e, no Brasil, pela Profa. Dra. Liliana Rolfsen Petrilli Segnini (2000-2001, 2003) e Profa. Dra. Lucília Machado (2002). O objetivo deste acordo de cooperação é enfocar, em diferentes subprojetos, as mudanças no mercado de trabalho, nos processos de trabalho e na formação profissional em diferentes setores no Brasil e na França. Esta pesquisa é parte integrante do acordo referido.

internacionais que analisam as características comuns e as singularidades observadas nas formas de regulação e racionalização do trabalho em países com trajetórias históricas diferenciadas como França e Brasil. Em ambos, observam-se um apelo generalizado às "reestruturações e parcerias" e adequação dos custos aos planejamentos financeiros, feitos em nome da excelência profissional e da qualidade dos espetáculos.

As relações salariais, objeto deste texto, serão enfocadas considerando-se o contexto social e econômico referido e as histórias singulares desses teatros e suas orquestras, nos dois países.

Dois teatros e suas orquestras em dimensão única: prestígio

A criação do Théâtre de l'Opéra National de Paris – Palais Garnier –, em meados do século XIX, bem como a do Theatro Municipal de São Paulo, no início do século XX, expressam o desejo político, em momentos históricos específicos, de transformar essas duas casas de espetáculo, em seus referidos países e diferenciados contextos, em símbolos do poder econômico e do processo de modernização, no interior do qual o poder do Estado e da burguesia se fortaleceram. Ambos foram construídos pelo Estado; desde o início são instituições públicas; portanto, é legítimo deduzir que os trabalhadores-artistas inscrevem-se no estatuto da função pública – funcionários. Não é essa, porém, a condição contratual observada nesta pesquisa.

1 Théâtre de l'Opéra National de Paris

Napoleão III, imperador da França, concebe o Ópera de Paris como um dos mais importantes edifícios a serem construídos no conjunto de mudanças modernizadoras de Paris. Em 1860, Haussman, prefeito no período de 1853 a 1870, coordena esse processo, abrindo avenidas e criando condições para o crescimento da capital francesa, a fim de abrigar a também crescente população parisiense (Guermès, 2002). A Nova Ópera, como era então denominada, juntamente com outros edifícios-monumentos neoclássicos do período, deveria expressar a grandiosidade e a efervescência do século XIX, marcado pelo fortalecimento do Estado republicano, pela expansão das cidades, pela industrialização e pelo crescimento do poder político e econômico da burguesia.

A resistência de trabalhadores aos problemas políticos e sociais vivenciados no período foi freqüente. A Comuna de Paris, em 1871, marco na história das lutas proletárias, por exemplo, foi um dos significativos movimentos sociais que retardaram a inauguração do teatro. O projeto premiado de Charles Garnier só foi inaugurado em 1875, com 1979 lugares.

Desde então, o Théâtre de l'Opéra de Paris é uma das mais prestigiosas instituições de espetáculos da França, reconhecida mundialmente pela exuberância arquitetônica e pela qualidade dos trabalhos artísticos que apresenta a um público crescente.

Em 1989, um século depois, é inaugurado o segundo teatro pertencente à instituição Ópera Nacional de Paris, no contexto de um novo processo de modernização da cidade, no período do governo François Mitterrand. Polêmico e moderno, o projeto foi elaborado pelo arquiteto uruguaio-canadense Carlos Ott, selecionado entre 750 propostas, por concurso. A Opéra Bastille tem 2703 lugares. Portanto, desde então, a Opéra National de Paris representa 4682 lugares disponíveis na platéia.

Três corpos estáveis pertencem a esse teatro francês: Ballet da Ópera Nacional de Paris, com 154 bailarinos; Coro da Opéra National de Paris, com 102 cantores; e Orquestrada Opéra National de Paris, com 172 músicos, subdivididos em duas formações que correspondem aos edifícios Garnier e Bastille, ambos em Paris.

2 Theatro Municipal de São Paulo

O Theatro Municipal de São Paulo foi inaugurado em 1911, pela prefeitura do município de São Paulo, concretizando uma das aspirações da burguesia cafeeira e industrial, no período de consolidação da República e expansão da urbanização. O ciclo econômico da borracha já havia possibilitado a criação do Theatro Amazonas, em Manaus, em 1896; da mesma forma que o açúcar havia criado condições econômicas e políticas para a construção do Teatro Santa Isabel, em Recife, em 1850 (Versacci, 1991).

São Paulo, com 350 mil habitantes no final do século XIX, procurava se afastar das heranças do período imperial e concretizar um processo de modernização, a exemplo do que já ocorria no Rio de Janeiro, então capital da República. A Europa e sobretudo a França eram consideradas modelos a seguir (Dimas, 1983). O grande afluxo de imigrantes italianos, alguns já enriquecidos nos primórdios do século XX, constituía uma nova burguesia em ascensão e demandava um espaço oficial para óperas.

Com a inauguração do Theatro Municipal, em 12 de dezembro de 1911, foi criado um espaço cultural considerado à altura da "capital artística do Brasil", com o objetivo de ser uma casa teatral com características similares às melhores do mundo (Martins, 2001)[6]. O espetáculo selecionado para a estréia – a ópera *Hamlet*, de Ambrósio Thomas – dividiu os críticos e o público em dois grupos: aqueles que propunham um espetáculo brasileiro e os que acreditavam na importância de óperas estrangeiras já consagradas, sobretudo francesas e italianas.

O escritório de Francisco Ramos de Azevedo, encarregado do projeto e construção em colaboração com os arquitetos-cenógrafos italianos Cláudio Rossi e Domiziano Rossi, imprimiu à arquitetura do teatro, com 1580 lugares, os modelos culturais europeus desejados pela elite econômica e política na época. Durante um longo período, o Municipal recebeu inúmeras companhias estrangeiras, sem formar grupos próprios e estáveis de artistas, seja de música, seja de dança ou ópera.

Na atualidade, os corpos estáveis vinculados ao Theatro Municipal de São Paulo são: Orquestra Sinfônica Municipal, com 115 músicos; Balé da Cidade de São Paulo, com 38 bailarinos; Orquestra Experimental de Repertório; Coral Paulistano, com 148 músicos cantores; Coral Lírico Municipal, com 104 músicos cantores, e Quarteto de Cordas[7].

A construção do vínculo salarial nas orquestras

O salário expressa relações sociais, assim como o próprio capital (Marx, 1986). Inscreve-se em uma longa trajetória de formas dominantes nas relações de trabalho e

---

6 Trata-se da polêmica e, possivelmente, irônica expressão cunhada por Sarah Bernhardt sobre São Paulo, formulada em uma das suas temporadas na cidade, quando, indo do Rio de Janeiro para Buenos Aires, aceitava convites dos acadêmicos da Faculdade de Direito da São Francisco e dos enriquecidos fazendeiros.

7 Theatro Municipal de São Paulo. Coordenadoria dos Corpos Estáveis (2003).

destas com a sociedade, observada desde a Revolução Industrial até o presente momento histórico (Castel, 1998).

A generalização da condição salarial é uma das características do século XX. Restrita ao operariado nascente no século XIX, pouco a pouco essa condição se estende para outras categorias no mundo do trabalho como agricultores, funcionários, profissionais. Nesse processo, o assalariamento informa, historicamente, relações sociais estabelecidas entre o Estado, o capital, instituições sindicais e os próprios trabalhadores (incluindo funcionários e profissionais), freqüentemente organizados em movimentos sociais, sindicatos, associações de classe e profissionais.

Indagar as formas que assume o contrato de trabalho assalariado nas duas orquestras, em teatros públicos, contribui para a compreensão das singularidades das relações sociais presentes nas trajetórias históricas observadas no processo de construção do assalariamento em cada país. Possibilita também questionar as relações entre assalariamento e trabalhos altamente qualificados, que demandam longa formação e acirrada competição; bem como as múltiplas possibilidades de relações de trabalho em instituições vinculadas ao Estado, ainda consideradas um espaço seguro de trabalho em termos de direitos, mesmo que ameaçados (Friot, 2003). Interrogar as relações sociais estabelecidas nas orquestras articulando-as com as relações sociais de sexo possibilita a compreensão de novas articulações que informam diferenças e hierarquias entre os membros de um grupo social não homogêneo.

Orquestra, palavra de origem grega, significa "lugar de dançar" (*orkestra*). No teatro grego indicava o espaço semicircular em frente ao palco onde o coro cantava e dançava. As origens das orquestras, como conjunto organizado de instrumentos de cordas com arco, sopro e percussão, remontam ao século XVI, aos conjuntos de instrumentos afins nas cortes principais (*Dicionário Grove de Música*, 1994, p. 685). Mudanças históricas, culturais e tecnológicas configuram a orquestra sinfônica típica desde o final do século XIX até o presente.

1 Orquestra Sinfônica Municipal de São Paulo: em nome da qualidade, instabilidade

A Orquestra Sinfônica Municipal de São Paulo foi criada pela Lei nº 3829, de 28 de dezembro de 1949, em vigor até o presente momento, com o objetivo de possibilitar estabilidade à orquestra, já então existente desde 1921, denominada Sociedade de Concertos Sinfônicos de São Paulo. Dessa forma, criava condições para um trabalho de qualidade, condizente com a função atribuída ao Municipal em um período de modernização do país, de fortalecimento da democracia (1945 a 1964), ainda que a tutela populista e a hegemonia das elites continuassem evidentes (Weffort, 1980). Desde então, assim como o próprio teatro e os outros corpos estáveis que o compõem, a orquestra esteve sempre vinculada à Prefeitura de São Paulo, é parte integrante da Secretaria da Cultura do Município de São Paulo[8]. Portanto, seus funcionários, inclusive os artistas músicos, foram considerados estatutários naquele período, com direitos vinculados ao trabalho na função pública, tais como salário em um emprego estável, regulamentado, e aposentadoria integral.

[8] Trata-se do conjunto de instituições que formam a Prefeitura de São Paulo, tais como as secretarias da Educação, do Trabalho, Saúde e outras. O teatro enfocado é parte integrante da Secretaria da Cultura.

Naquele momento reconhece-se, no espírito da lei, que o trabalho dos músicos (assim como outros trabalhos artísticos) representa duas faces opostas do trabalho, freqüentemente valorizadas nos discursos empresariais na atualidade (Manger, 2002, p. 6). Referimo-nos às exigências de conhecimento e de formação, de um lado e, de outro lado, à criatividade. O serviço público era compreendido como um espaço seguro do "livre jogo das faculdades individuais, fora da tirania subserviente dos fins utilitários" (Ibidem)[9].

Menos de cinco anos depois essa situação começa a mudar.

O prefeito de São Paulo Jânio da Silva Quadros, indignado com o número de horas de trabalho dos músicos da orquestra no espaço físico do teatro, na época três horas diárias, determina que todos os artistas vinculados à função pública cumpririam uma jornada de trabalho de oito horas semanais, assim como todos os outros funcionários, reafirmando uma terceira dimensão do trabalho assalariado, artístico ou não: o controle do tempo de trabalho. Polêmicas intensas foram criadas em torno das especificidades do trabalho do músico, como número de horas de estudos individuais, realizadas fora do teatro, períodos de intensificação do trabalho nas temporadas, ensaios de naipes[10] etc. A solução política encontrada naquele momento foi a aprovação da lei municipal que determinava que, a partir de então, todos os cargos vitalícios de músico na orquestra que ficassem vagos por morte ou aposentadoria teriam outro estatuto – admitidos –, contrato equivalente ao CDI (*contrat à durée determiné*), na França.

Por um lado, essa lei reconhecia que o trabalho artístico é portador de especificidades não comparáveis aos de outra natureza, como o burocrático, por exemplo. Por outro lado, "privilégios" do assalariamento na função pública lhe foram negados, tornando legalmente possível a demissão dos músicos a qualquer tempo e impedindo a estabilidade no trabalho. A justificativa maior para tanto foi elaborada com os mesmos argumentos que legitimaram a lei anterior, em 1949, ou seja, a mesma argumentação que possibilitava acesso à estabilidade no emprego – a relação entre formação, qualidade do trabalho musical e condições de trabalho. No entanto, as considerações sobre essa relação eram construídas (e ainda são) de forma diametralmente oposta: "O músico estável se acomoda, não tem estímulo" (diretoria do Theatro Municipal, 2003).

O Theatro Municipal, porém, é uma das instituições da Prefeitura do Município de São Paulo e, a partir de 1988, data da publicação da nova Constituição da República Federativa do Brasil, houve uma nova alteração nos contratos de trabalho dos músicos, cuja vigência permanece até o presente momento. De acordo com o artigo 37 – Da Administração Pública –, o Estado só pode contratar funcionários por meio de concurso público, em conformidade com os direitos e deveres previstos na carreira dos funcionários públicos. O que parecia uma conquista para os trabalhadores músicos tornou-se, mais uma vez, em nome da qualidade no trabalho e do risco de não-atualização permanente, mais uma razão de instabilidade[11].

---

9 O autor refere-se a Kant nessa afirmação.

10 Grupo de músicos que tocam o mesmo instrumento, em ensaios dirigidos pelo solista, antes dos ensaios gerais da orquestra.

11 Existe uma grande resistência por parte de todas as gestões municipais (de "direita" ou de "esquerda"), da década de 1990 até o presente momento, em transformar o Theatro Municipal, instituição da administração direta, em

A partir de 1989, o Theatro Municipal de São Paulo, assim como outras instituições públicas, passou a ser gerido segundo o critério das "dotações orçamentárias", que subdividem o orçamento do município, atribuindo às secretarias e às instituições que a elas se vinculam um valor determinado. Diferentes rubricas o compõem, entre elas, "verbas de terceiros", na qual se inscrevem os "prestadores de serviços temporários", caracterizando o trabalho temporário. Desde então, os músicos da orquestra são contratados nessa condição, que os inscreve em uma situação extremamente instável.

O que a condição de prestadores de serviços representa nas relações de trabalho na orquestra? Em primeiro lugar, 60% dos contratos de trabalho dos músicos são renovados (ou não) a cada seis meses, dentro de um período de onze meses por ano. Durante o mês de janeiro, férias de verão do Theatro Municipal de São Paulo, eles não recebem salário; os outros 40% dos componentes da orquestra ainda se inscrevem no contrato de trabalho denominado "admitidos", direito adquirido anteriormente que garantia estabilidade no trabalho.

Assim, as relações empregatícias nessa orquestra estabelecem um diálogo estreito com o crescimento das formas precárias de trabalho, ao mesmo tempo que reafirmam a exigência de formação permanente, do virtuosismo, da criatividade, conforme observado nas entrevistas realizadas. No presente momento, apesar das precárias condições contratuais, é considerada "uma das melhores, se não a melhor orquestra de São Paulo" (músico instrumentista, contrabaixo, novembro de 2003).

A Orquestra Sinfônica do Theatro Municipal de São Paulo é composta de 115 músicos, 85 homens e 30 mulheres, conforme tabela a seguir.

Orquestra Sinfônica Municipal de São Paulo
Distribuição dos músicos por instrumentos e sexo

Instrumentos	Homens	Mulheres	Total
Primeiros-violinos	11	05	16
Segundos-violinos	11	05	16
Violas	09	05	14
Violoncelos	06	06	12
Contrabaixos	08	01	09
Flautas	02	03	05
Oboés	04	01	05
Clarinetes	04	01	05

autarquia, por considerá-lo um "cartão de visita político da prefeitura". "Visitas estrangeiras à prefeitura? Organiza um concerto no Municipal! Comemoração de conquistas políticas? Organiza um evento no Municipal! Festas da prefeitura? Jantar no Municipal, e assim vai...! Além disso, existem os camarotes do governador, da prefeita, referências políticas" (diretoria do Theatro Municipal, 2003).

Fagotes	05	-	05
Trompas	08	-	08
Trompetes	04	01	05
Trombones	05	-	05
Tuba	01	-	01
Tímpanos	01	-	01
Percussão	06	-	06
Harpa	-	01	01
Piano e celesta	-	01	01
TOTAL	85 (74%)	30 (26%)	115 (100%)

Fonte: Theatro Municipal de São Paulo. *Festival 92 anos*. São Paulo, 2003.

As mulheres entraram mais recentemente na orquestra, sobretudo nos anos 1990, em sua maioria inseridas nos contratos "serviços de terceiros". Várias estratégias possibilitaram a elas romper as barreiras desse espaço de trabalho predominantemente masculino: audições atrás de biombos, com o objetivo de ocultar a identidade do músico nos processos seletivos; outras vezes, pertencimento a reconhecidas famílias de músicos ou indicação de prestigiados músicos ou regentes (Ravet, 2000)[12]. Hoje as mulheres representam 26% dos músicos da orquestra. As dificuldades que enfrentaram e ainda enfrentam para ingressar na orquestra são injustificáveis, de acordo com as entrevistas realizadas, sintetizadas na fala de um regente brasileiro:

> É uma grande questão, principalmente se a gente comparar o número de intérpretes femininas com intérpretes masculinos, por exemplo, um instrumento tradicionalmente estudado por mulheres é o piano. Ao longo do desenvolvimento histórico do instrumento, muito mais mulheres estudaram piano do que os homens, entretanto, os grandes pianistas sempre foram, na sua esmagadora maioria, homens. Da metade do século 20 em diante surgem grandes mulheres, que eu imagino sempre existiram, mas não tinham possibilidade de carreira, a mesma coisa na composição. Onde estão as grandes compositoras? Elas existem, a irmã do Menius era uma compositora gigantesca, e muitas peças dela foram publicadas com o nome do irmão. Clara Schumann, mulher do Schumann, era uma compositora de talento, existe um dicionário com milhares de nomes que a gente não conhece. Eu entendo que seja uma questão de mercado mesmo, orquestra sinfônica como um ambiente tipicamente masculino, essa barreira quebrada aos poucos, as próprias mulheres não se sentiam confortáveis no começo do século para se candidatarem a uma orquestra sinfônica. É quase, mal comparando, ir trabalhar numa borracharia, onde só há homens trabalhando; na orquestra só havia homens trabalhando. Mas eu não vejo nenhuma

12 A autora analisa processos sociais semelhantes que dificultam ou possibilitam a entrada de mulheres nas orquestras por ela analisadas, inclusive a orquestra do Ópera de Paris.

> justificativa do ponto de vista artístico, físico, não é?, para fundamentar isso. Eu imagino que seja absolutamente social (regente, outubro de 2003).

O reconhecimento de que não se trata de um problema de formação profissional ou de qualificação artística, nem mesmo físico (peso do instrumento), mas de uma questão social, que separa e hierarquiza o trabalho de homens e mulheres[13], não minimiza, tanto no Brasil quanto na França, as dificuldades por elas encontradas para ingressar nas orquestras até mesmo como *tuttistes*[14], intensificadas quando se trata dos prestigiosos postos de solistas.

No Brasil, entre as trinta mulheres instrumentistas, somente quatro ocupam o cargo de primeiro-solista, nos instrumentos viola, flauta, harpa e piano; na França, entre as 44 mulheres na orquestra, somente três ocupam o cargo de primeiro-solista (segundo-violino, flauta e piano), seis o de segundo-solista (contrabaixo, duas flauta, duas oboé, fagote) e três se inscrevem na posição de terceiro-solista (violino). Todas as outras 26 profissionais, no Brasil, são *tuttistes*; bem como as outras 32 na orquestra da Ópera de Paris.

Essa diferenciação, que reescreve desigualdades já observadas em outros setores, vincula-se a um substrato material concreto, inscrito na escala salarial e nas condições de trabalho. No Brasil, assim como na França, os postos de solistas estão nos patamares mais elevados dos salários.

Os dados referentes ao Brasil não são precisos. Entrevistas com músicos e direção do teatro informam que os salários variam entre 1000 e 2000 euros. Na França, conforme informações publicadas para a inscrição de audições para concurso de ingresso na orquestra, os salários variam de acordo com a tabela abaixo.

Orquestra da Ópera Nacional de Paris – Salários de ingresso

Categoria	Hierarquia	Salário
A	Supersolista	3.829,78 euros
B	Primeiro solista	3.567,41 euros
C	Segundo solista	3.330,43 euros
D	*Tuttistes*	3.089,21 euros

Fonte: Opéra National de Paris. *Auditions Orchestre et Choeurs*, Paris, 2003.

[13] Segundo Kergoat (2002): "A relação social pode ser assimilada a uma '*tensão*' que perpassa a sociedade; tensão esta que se cristaliza, paulatinamente, em *desafios* em torno dos quais, para produzir sociedade, para reproduzi-la ou 'inventar novos modos de pensar e agir', os seres humanos estão em confronto permanente. Esses são os desafios constituintes dos grupos sociais. Estes últimos não são dados de antemão, criam-se em torno desses desafios pela dinâmica das relações sociais. Finalmente, as relações sociais são múltiplas e nenhuma delas determina a totalidade do campo que estrutura. Juntas tecem a trama da sociedade e impulsionam sua dinâmica: elas são *consubstanciais*...".

[14] Músicos de fila (*tutti*).

No entanto, qualquer que seja o ângulo da análise – possibilidade de acesso, salário, condições de trabalho (solistas ou *tuttistes*) –, é relevante salientar que as mulheres, em qualquer um dos países enfocados, rompem as barreiras sociais de ingresso nas orquestras por meio da mesma via: a qualificação. Assim, pouco a pouco, mesmo que ainda de forma insuficiente, inscrevem-se no trabalho em formações orquestrais de grande prestígio, mesmo que tenham vivenciado dificuldades às vezes ainda não narráveis, como informou uma das primeiras instrumentistas a ingressar na Ópera, que rejeitou o convite para relatar sua trajetória profissional: "Eu não quero dizer tudo o que passei com meus colegas. Hoje são meus colegas" (instrumentista, 2003).

2 Orquestra da Ópera Nacional de Paris

A orquestra da Ópera foi criada em 1669 – Academia da Ópera – com catorze músicos; desde 1672, o processo seletivo para ingresso foi e ainda é por concurso. No momento da inauguração do Palais Garnier, em 1798, a orquestra já era composta por 95 músicos, organizados em *pupitres* (naipes).

Na atualidade, a orquestra é descrita no Programa da Ópera, elaborado pelo serviço de imprensa, em 2003, como "uma formação de elite rejuvenescida e feminizada nos últimos dez anos. Os solistas estão sempre engajados na vida cotidiana da Ópera de Paris, no ensino de mais alto nível, na vida musical francesa e internacional". A Orquestra da Ópera Nacional de Paris é composta por 159 músicos, subdividos em duas formações orquestrais – a Bleue e a Vert –, existentes desde a criação da Ópera Bastille, em 1990. Ambas são orquestras de fosso, acompanham balé ou ópera, o que determina um número menor de músicos quando se compara com orquestra sinfônica, como a analisada no Brasil. Portanto, em cada formação é contratado um número aproximado de oitenta músicos.

A duplicação do número de músicos em curto espaço de tempo possibilitou a "feminização e o rejuvenescimento" da orquestra, em decorrência de diferentes aspectos, tais como o crescimento da participação das mulheres nos conservatório superiores, sobretudo o de Paris, onde são formados, predominantemente, os músicos da orquestra (entrevista com violinista, 2002).

Orquestra da Ópera Nacional de Paris – Distribuição dos músicos por instrumento e sexo

Instrumento	Homens	Mulheres	Total
Primeiros-violinos	18	11	29
Segundos-violinos	11	13	24
Violas	14	4	18
Violoncelos	11	2	13
Contrabaixos	7	4	11
Flautas	4	3	7

Instrumento	Homens	Mulheres	Total
Oboés	5	2	7
Clarinetes	7	—	7
Fagotes	5	1	6
Trompas	9	—	9
Trompetes	6	—	6
Trombones	7	—	7
Tuba	2	—	2
Tímpanos	3	—	3
Percussão	4	1	5
Harpa	1	2	3
Piano	1	1	2
TOTAL	115 (72%)	44 (28%)	159 (100%)

Fonte: Opéra National de Paris. *Vivez l'Opéra*, Paris: Service de Presse, 2002.

As relações de trabalho na orquestra francesa significam um elevado grau de organização, sobretudo se comparada com a orquestra enfocada no Brasil. Isso quer dizer que, após seleção em concurso, os músicos passam a fazer parte de um coletivo organizado por regulamento interno, elaborado em conformidade com o Code du Travail, convenção coletiva assinada em 1993 por federações e sindicatos de trabalhadores presentes na Ópera de Paris, que define obrigações e direitos relativos aos profissionais músicos assalariados[15]. No entanto, apesar da vinculação com um teatro público, não são trabalhadores da função pública, da mesma forma que seus colegas brasileiros.

> A Ópera de Paris é uma empresa pública, mas uma forma particular, a terminologia exata é Epic – Empresa Pública de Caráter Industrial e Comercial. Isso quer dizer que somos uma empresa pública porque recebemos subvenção do Estado. [...] Veja, é isso o que nos diferencia de outras empresas públicas que não têm essa dimensão comercial, nós dependemos do direito privado. Isso faz uma grande diferença, nós dependemos do direito privado; quer dizer que os músicos da orquestra, os assalariados da Ópera de Paris não são funcionários. Eles têm um contrato de duração indeterminada, mas eles podem ser demitidos. Nós podemos decidir suspender seus contratos, se existir um grande problema; se houver um grande problema, podemos encerrar seu contrato (Opéra National de Paris, 2002)[16].

15 Convention Collective des Employés e Artistes de l'Opéra National de Paris.

16 "L'Opéra de Paris est une entreprise publique, mais qui a une forme un petit peu particulière puisque la terminologie exacte c'est Epic. Ça veut dire Entreprise publique à Caractère Industriel et Comercial – Epic; ça veut qu'on est une entreprise publique. Voilà... entreprise publique parce que nous recevons des subventions de l'État. [...] Voilà, donc c'est ce qui fait un petit peu cette difference, et nous dépendons du droit privé. C'est-à-dire que les musiciens de l'orchestre, les salariés de l'Opéra de Paris ne sont pas fonctionnaires. Ils ont un contrat

As razões que justificam a contratação desses profissionais músicos em uma forma de contrato de duração indeterminada, é verdade, mas sem os direitos relativos aos funcionários públicos, reafirmam a relação entre qualidade artística e a necessidade de permanecerem em constante processo de avaliação, no qual se inscreve a possibilidade de demissão. Essa situação trabalhista desmerece a dimensão profissional desses músicos, tanto para homens quanto para mulheres.

No entanto, para as mulheres, essa orquestra "feminizada e rejuvenescida" possibilita a observação de que as dificuldades vivenciadas são ainda mais intensas, se comparadas com seus colegas homens.

Os concursos são abertos já se definindo os postos de trabalho, como informado antes – supersolistas, primeiro-solista, segundo-solista, *tuttistes*. As mulheres estão, sobretudo nos postos de *tuttistes*, descritos por um dos músicos da orquestra da Ópera como "o chão-de-fábrica", demandando disciplina maior no interior dos *pupitres* e respeito estrito às decisões artísticas dos solistas e regentes. Após longa formação individualizada, os músicos *tuttistes* tendem a se sentir menos estimulados do que os colegas solistas, que vivenciam a possibilidade de tocar solos, desafio que lhes possibilita demonstrar virtuosismo. Além do mais, isso significa maiores salários e prestígio.

No entanto, os músicos *tuttistes*, quando elaboram formas de resistência ao cansaço ou ao tédio, têm a possibilidade de "enlever les archets", conforme entrevista com violoncelista francesa, ou ainda negociar substituições com colegas, respostas individuais impossíveis de ser concretizadas pelos solistas.

Conclusão

A opção metodológica desta pesquisa privilegiou relações de trabalho em prestigiosos teatros públicos, em São Paulo e Paris, estabelecendo uma análise comparativa internacional, na qual a dimensão das relações de gênero se articula com a das relações de assalariamento. A hipótese norteadora, no primeiro ano de pesquisa, era que a função pública possibilitava aos músicos condições de trabalho estáveis, necessárias para o desenvolvimento de um trabalho especializado, altamente qualificado, submetido a avaliações constantes sob a forma de ensaios de novas obras e espetáculos. Sabia-se que o prestígio é a marca que singulariza esses músicos, nos seus contextos específicos.

No entanto, foi possível observar que, mesmo considerando-se as diferenciações e as singularidades das trajetórias históricas de cada um dos países no que se refere à construção da sociedade salarial e à relevância do trabalho no âmbito da cultura, a relação salarial em teatros públicos possibilita menores direitos aos trabalhadores músicos. A qualidade do trabalho artístico é invocada para justificar a necessidade de permanente instabilidade, possibilidade de demissão a qualquer tempo. A busca pela qualificação permanente justifica, nos dois países, os contratos temporários que se renovam semestralmente (em alguns casos há dez anos) no Brasil e os CDI (*contrat à durée indeterminée*), na França, vinculados ao direito privado, não ao direito público.

Aponta-se no âmbito deste trabalho a singularidade da relação entre qualificação e condições de trabalho, no contexto da função pública, interditada aos músicos a estabilidade

---

à durée indéterminée, mais ils peuvent être licenciés. On peut décider d'arrêter leur contrat, s'il y a un gros problème, s'il y a un grave problème, on peut décider d'arrêter leur contrat" (tradução nossa).

por meio do argumento de que seria um risco para a qualidade da música que produzem, dos espetáculos de que participam – "eles se acomodam" –, argumento citado tanto no Brasil como na França. Dito de outra forma, é necessário que eles possam ser demitidos a qualquer tempo, como acontece com freqüência, no momento de reestruturação da orquestra no Brasil. Portanto, o elevado patamar de qualificação não possibilita, nesses casos, acesso a situações estáveis de trabalho, como freqüentemente se apregoa em análises que vinculam emprego e qualificação sem mediações.

As relações sociais de sexo reafirmam a reelaboração de outra dimensão no interior da mesma problemática. É verdade que graças à qualificação as mulheres estão rompendo as barreiras sociais que impediram, até recentemente, o seu ingresso em formações musicais prestigiosas. No entanto, analisando-se o trabalho daquelas que venceram preconceitos, observa-se que há ainda muito a ser conquistado, tanto em termos numéricos quanto em posições a serem alcançadas no interior dessas orquestras, nas quais elas são sobretudo *tuttistes*, raramente solistas.

Capítulo 17

PRODUÇÃO E DESREGULAMENTAÇÃO NA INDÚSTRIA TÊXTIL E DE CONFECÇÃO*

Isabella Jinkings e Elaine Regina Aguiar Amorim

Introdução

Nesta pesquisa vamos analisar a situação na indústria têxtil e de confecção, bem como os impactos desse processo de reorganização sobre a força de trabalho. Ela está dividida em três partes. A primeira trata de toda a cadeia têxtil, caracteriza os diferentes setores que a compõem e analisa a crise econômica que a atingiu em âmbito nacional no decorrer da década de 1990. A segunda parte discute particularmente a indústria têxtil de Santa Catarina com base em uma ampla pesquisa realizada a partir do levantamento de diversos indicadores estatísticos e de entrevistas feitas com dirigentes dos sindicatos dos trabalhadores das indústrias têxteis de três cidades do estado (Jaraguá do Sul, Blumenau e Brusque) e com trabalhadores e representantes dos setores de recursos humanos das empresas pesquisadas. Na última parte, analisa-se um dos ramos da cadeia têxtil, a indústria de confecção. Para tanto, baseia-se em diferentes estudos realizados no Brasil e em outros países sobre a reestruturação do setor, como também em uma pesquisa sobre a multinacional Levi Strauss do Brasil, localizada em Cotia (SP), que era filial de uma das maiores produtoras mundiais de calças jeans.

---

* Esta pesquisa é parte da dissertação de mestrado de Isabella Jinkings, intitulada *Reestruturação produtiva e emprego na indústria têxtil catarinense*, CFH/UFSC, 2002, sob orientação do Prof. Dr. Fernando Ponte de Sousa, com bolsa do CNPq, bem como da dissertação de mestrado de Elaine Regina Aguiar Amorim, intitulada *No limite da precarização?: terceirização e trabalho feminino na indústria de confecção*, IFCH/Unicamp, 2003, sob a orientação da Profa. Dra. Angela Maria Carneiro Araújo, com bolsa da Fapesp.

A INDÚSTRIA TÊXTIL

O complexo produtivo da cadeia têxtil envolve o beneficiamento de fibras, a fiação, a tecelagem e malharia, o acabamento de fios e tecidos e a confecção. Cada etapa tem como resultado o principal insumo da etapa seguinte. As fibras podem ser químicas (sintéticas ou artificiais) ou naturais. A principal distinção que podemos fazer em relação às fibras sintéticas e artificiais é que as segundas são produzidas a partir da celulose, por isso são conhecidas também como fibras celulósicas. Exemplos de fibras artificiais são a viscose e o acetato. Já as fibras sintéticas são originadas da indústria petroquímica. As principais fibras sintéticas são o poliéster, o acrílico e o polipropileno. Portanto, o setor têxtil tem sua base na pecuária (produção de lã) e na agricultura (produção de fibras naturais como o algodão, linho, juta), estando interligado também com a fabricação de fibras e produtos químicos (corantes, amaciantes, botões plásticos, embalagens) e metalúrgicos (zíperes, alfinetes, botões de metal) e, finalmente, com a indústria de bens de capital.

O setor têxtil se inicia com a fiação – ou beneficiamento – das fibras. É quando as fibras se transformam em fios de diversas espessuras. As máquinas de fiação a rotor (os rotores), chamadas de *open-end*, vêm substituindo as de tecnologia mais antiga, os fusos a anéis. Elas produzem mais em menor espaço, geram menos resíduos, eliminam algumas tarefas mais árduas da fiação convencional, reduzem custos com energia elétrica e têm uma relação custo-benefício superior ao processo convencional (Dieese, 1997). Há, ainda, o filatório a jato de ar, conhecido como *jet-spinner*, que tem alta produtividade em relação aos anteriores, mas que não é muito difundido no Brasil, já que é de desenvolvimento recente e seus custos considerados muito altos.

Com o fio pronto, a fase seguinte da atividade têxtil é a tecelagem de tecidos planos ou a malharia. Na tecelagem de tecidos planos, os teares com lançadeira vão dando lugar aos sem lançadeira, progressivamente. As inovações tecnológicas substituem os teares convencionais com lançadeiras por teares sem lançadeiras a projétil, pinça, jato de ar e jato de água. Estes aumentam a velocidade produtiva de 200 batidas por minuto (bpm) nos teares tradicionais, para 300 bpm nos teares a projétil e pinça, 800 bpm nos teares a jato de ar e 1000 bpm nos a jato de água.

Tais inovações permitem que os operários possam operar um número maior de máquinas, reduzindo os custos de produção e incrementando sobremaneira a produtividade do trabalho. Assim, os teares sem lançadeira são mais rápidos, fazem a trama em mais cores – teares com lançadeira utilizavam quatro cores, enquanto os sem lançadeira fazem tecidos em doze e até dezoito cores – e diminuem o ruído e o custo de produção. Aqui, não encontramos nenhum tipo de limitação na substituição dos teares antigos pelos mais novos, como vimos no caso da fiação.

Na malharia são utilizados os teares circulares, que são muito mais produtivos que os teares de tecidos planos. Um tear circular moderno produz cerca de 450 kg de tecidos por dia, enquanto um tear a jato de ar – ou seja, sem lançadeira, de tecnologia nova – produz somente 100 kg.

A atividade chamada de "acabamento" consiste na preparação do tecido com o objetivo de eliminar suas impurezas. Nessa etapa são realizados o alvejamento, a mercerização (dá aspecto sedoso e aumenta a resistência do tecido) e a flambagem (extração de penugens do tecido de algodão, conferindo ao produto uma aparência mais homogênea). A etapa seguinte é a tinturaria, cuja função é, obviamente, colorir o tecido. Posteriormente, vem a lavagem, que objetiva retirar os fortes produtos químicos utilizados nos processo de tinturaria e alvejamento.

Após a elaboração do tecido, ele é encaminhado para o setor de corte e, em seguida, para o setor de confecção. Aqui, a novidade tecnológica é a introdução de um sistema em CAD/CAM[1] que integra o setor de estilismo e a máquina de corte do tecido. Trataremos desse sistema mais adiante, ao analisar sua utilização na indústria têxtil de Santa Catarina. No caso do não-tecido, nenhuma das fases anteriores é realizada, e o produto sai direto da indústria química para a fase de corte e confecção. Os não-tecidos são muito utilizados para produtos descartáveis como fraldas, absorventes, panos de limpeza e, mais atualmente, até calcinhas descartáveis. Sua utilização para vestuário, contudo, ainda é muito recente e poucas empresas desenvolveram tecnologia suficiente para atingir os padrões de qualidade exigidos pela indústria do vestuário.

A confecção é a última fase do processo produtivo têxtil e se constitui na atividade menos automatizada desse processo, aqui ainda é muito intensivo o uso de força de trabalho. Com efeito, na costura, diferentemente de outros setores da indústria têxtil, é menor o uso de tecnologia substituta de trabalho humano.

Uma outra etapa do processo produtivo têxtil é a impressão das estampas nos tecidos. A realização dessa atividade pode ser por meio de um sistema de moldura rotativa – com a utilização de quadros, como na serigrafia –, ou sistema de *transfer*, com a aplicação da estampa em alta temperatura. Ou, ainda, por meio do setor encarregado dos serviços de bordado. Por fim, o produto têxtil passa pela fase de "terminação". Aqui, são utilizadas diversas técnicas que têm como função melhorar a resistência do tecido (Dieese, 1997).

O SETOR TÊXTIL NACIONAL

Nos anos 1990, as políticas brasileiras de abertura econômica indiscriminada, de desregulamentação financeira e de privatizações repercutem drasticamente na indústria nacional. Com efeito, desde os primeiros anos da década de 1990, com o governo Fernando Collor (1990-1992), são implementadas medidas de liberalização comercial e financeira que desestruturam diversos segmentos do sistema produtivo no país, gerando uma política de substituição de produção nacional por produção importada. Tal processo ocasionou o fechamento de linhas de produção inteiras, acarretando um desemprego estrutural que se agravaria com a intensificação dos programas neoliberais no Brasil, a partir de 1995, com o governo Fernando Henrique Cardoso. A política econômica do governo FHC, fundada em uma estabilização monetária que se sustentou na sobrevalorização cambial e em elevadas taxas de juros (só em 1995 as importações cresceram mais de 50%), agrava esse processo de desestruturação produtiva (Tavares, 1999).

A indústria têxtil foi um dos setores da economia nacional que mais sofreram com a abertura econômica e a sobrevalorização cambial ocorridas principalmente a partir da implantação do Plano Real em julho de 1994. Segundo dados do BNDES[2], houve uma queda de 53% no nível de emprego na indústria têxtil nacional, entre 1989 e 1994. Os técnicos do BNDES afirmam que a introdução de novas tecnologias no período foi a maior

1 *Computer aided design/computer aided manufacturing.*

2 BNDES, s.d.

responsável por essa retração do emprego. Contudo, há inúmeras pequenas e médias empresas que não têm acesso às novas tecnologias da mesma forma que as empresas maiores.

Note-se, entretanto, que a desvalorização do real, ocorrida em janeiro de 1999, coincidiu com uma retomada dos níveis de crescimento da indústria têxtil no Brasil. Aquele foi o primeiro ano de crescimento do setor após muitos anos de queda[3]. Segundo dados da Associação Brasileira da Indústria Têxtil (Abit), as indústrias têxteis nacionais abriram 40 mil novas vagas e cresceram 5% em relação a 1998.

De fato, a abertura econômica e a sobrevalorização do real trouxeram dificuldades para a indústria nacional, que perdeu em competitividade nas exportações e no mercado interno com a entrada crescente de produtos importados, principalmente dos chamados "Tigres Asiáticos"[4].

Em estudo sobre o setor têxtil, Renato Campos, Sílvio Cário e José Antônio Nicolau, analisam o processo de abertura no setor:

> O setor trafegou de uma situação fortemente protegida até o final dos anos 80, para uma exposição elevada à concorrência externa no mercado doméstico. As alíquotas de importação de produtos têxteis-vestuários foram significativamente reduzidas e sem qualquer plano de reestruturação industrial. Esta ocorrência coincidiu com a forte expansão dos países asiáticos no mercado internacional de artefatos têxteis-vestuários e com quadro recessivo no mercado doméstico [...]. Somente cerca de cinco anos após o processo de abertura, foram tomadas medidas de caráter emergencial, como a elevação parcial de certas alíquotas de importação para produtos concorrentes, redução da tarifa de importação para alguns bens de capital, crédito fiscal para exportação e linha de financiamento específica para reestruturação setorial (Campos, Cário e Nicolau, 2000, p. 29-30).

Em contrapartida, as facilidades para importar aumentaram as possibilidades de importação de equipamentos, já que a quase totalidade das máquinas é produzida fora do país. Assim, as importações de máquinas têxteis quase duplicaram de 1990 para 1995 (de US$ 377 milhões para US$ 738 milhões), caindo em 1998 e mantendo-se praticamente estáveis até 2000, em US$ 450 milhões em média, mas ainda mantendo-se bem acima dos valores de 1990[5].

Apesar do crescimento das importações de máquinas, os parques de fiação, tecelagem e de confecção brasileiros são velhos. Os fusos têm, em 1999, uma idade média de quase dez anos, enquanto os rotores (*open-end*), bem mais novos, têm, em média, três anos. Contudo, a idade desses equipamentos teve expressiva queda desde 1990, quando os fusos tinham mais de quinze anos e os rotores quase seis anos de idade média. O parque de tecelagem também é predominantemente de tecnologia ultrapassada. Os teares com lançadeira são cerca de 74% do total. Entretanto, sua idade média vem caindo e eles estão sendo substituídos progressivamente pelos modelos mais avançados desde 1990: os teares a jato de água cresceram quase cinco vezes, os a jato de ar, cerca de quatro vezes, os a pinça, aproximadamente 45% e, finalmente, os de projétil, 30%. O parque de confecção também apresenta forte queda na

3 Ver *Gazeta Mercantil* de 17/12/1999.

4 BNDES, *Malharias*, dez. 1994.

5 Fonte: Secex e Abit.

idade média das máquinas. As máquinas de costura reta, overloque, interloque e corte tinham, em 1990, oito anos em média. Esse número cai para dois anos. Adicionalmente, os quatro tipos de máquinas crescem em número de unidades para o mesmo período[6].

Contudo, se a abertura econômica propiciou avanço tecnológico, implicou a entrada maciça de produtos manufaturados têxteis de outros países, que passavam a concorrer com os brasileiros, como já foi assinalado. A evolução da balança comercial têxtil indica claramente o que foi uma tendência generalizada na economia brasileira, com a abertura comercial. Era superavitária até 1995 quando, então, atinge um déficit comercial de US$ 846 milhões. Esse déficit alcança a cifra de US$ 1,1 bi em 1997. A partir de 1998 esboça-se uma recuperação: o saldo, ainda deficitário, sobe para US$ 780 milhões. No ano seguinte, o saldo fica em US$ 433 milhões. Em 2000, o saldo ainda fica negativo, em US$ 384 milhões e, somente em 2001, fica positivo em US$ 74 milhões.

Fiação, tecelagem e vestuário em Santa Catarina

O setor têxtil tem forte relevância na dinâmica econômica catarinense, principalmente em termos de produção e geração de empregos. O total de trabalhadores empregados na indústria têxtil catarinense constitui 27% do total assalariado no setor industrial e 9,5% do total geral do estado[7].

Nacionalmente, as empresas de Santa Catarina também têm relevância: a Teka ficou em 363º lugar e a Hering em 385º no ranking nacional da revista *Exame*[8]. Especialmente nos subsetores de cama, mesa e banho e artigos de vestuário Santa Catarina se destaca.

No setor de cama, mesa e banho, as maiores empresas, de acordo com o faturamento em 2001, foram a Teka (R$ 394 mi), a Karsten (R$ 188 mi), a Döhler (R$ 162 mi), a Buettner (R$ 129 mi), a Altenburg (R$ 70 mi) e a Lepper (R$ 54)[9]. Todas elas com sede em Santa Catarina: Teka e Karsten em Blumenau, Döhler e Lepper em Joinville e, finalmente, Buettner em Brusque.

E é justamente esse o subsetor têxtil que mais exporta. Santa Catarina foi o estado que mais exportou em 1997 – US$ 185.272 mil – artigos de cama, mesa, banho e copa-cozinha. Em seguida vem São Paulo, com, apenas US$ 11.458 mil. Os dois estados juntos representaram, em 1997, 96% das exportações totais desses artigos[10].

A balança comercial no setor de cama, mesa e banho, com um saldo extremamente favorável, alcançou US$ 230 milhões em 1993. Em 1997 ficou em US$ 185 milhões[11], o que é coerente com a deterioração dos indicadores econômico-financeiros de grande parte das empresas do setor, que vêm acumulando crescentes déficits desde o Plano Real.

Em relação aos artigos de vestuário, as duas maiores empresas desses produtos também são catarinenses: Hering, que faturou em 2001 R$ 338 milhões, e Marisol, com R$ 218

---

6 Fonte: Iemi, apud Gorini, 2000.

7 Os dados referem-se à base de dados da Relação Anual de Informações Sociais (Rais), do Ministério do Trabalho, alimentada de questionários preenchidos anualmente pelas empresas, 2001.

8 *Exame*, Melhores e Maiores 2002.

9 *Gazeta Mercantil*, Balanço Anual 2002.

10 BNDES, Relato Setorial nº 8, 1998.

11 *Gazeta Mercantil*, Balanço Anual 2002.

milhões[12]. A primeira com sede em Blumenau e a segunda em Jaraguá do Sul. Contudo, é importante lembrar que a Malwee, outra grande empresa de Jaraguá do Sul, tem capital fechado e, portanto, não entra na listagem da revista, mas provavelmente ficaria em terceiro ou quarto lugar.

Outro ponto importante a ser ressaltado é o saldo da balança comercial têxtil catarinense. Os dados estão disponibilizados pelo Sindicato das Indústrias de Fiação, Vestuário e Tecelagem de Blumenau e Região (Sintex) a partir de 1998 até 2001: as importações caíram de um patamar de US$ 200 milhões em 1998 para US$ 78 milhões em 2001. Por outro lado, as exportações não apresentaram grande variação: foram, em 1998, US$ 267 milhões e, em 2001, chegaram a US$ 284 milhões.

Portanto, o saldo da balança comercial têxtil catarinense está em constante crescimento no período citado. Em 1998 foi de US$ 66 milhões, em 1999 cresceu para US$ 102 milhões, em 2000 ficou em US$ 162 milhões e, em 2001, a performance da indústria têxtil catarinense foi ainda melhor: o saldo da balança comercial ficou em US$ 206 milhões.

A característica exportadora da indústria catarinense será, aqui, confirmada se confrontarmos esses dados com os da balança comercial têxtil brasileira, que amargou resultados negativos de 1995 a 2000, atingindo um patamar positivo somente em 2001, de apenas US$ 74 milhões.

1 Indicadores produtivos e financeiros

À primeira vista, o crescimento do número de empresas de 2841, no início da década, para 5740, em 2001, pode parecer paradoxal quando se fala tão exaustivamente da crise sofrida pelo setor no período estudado. Contudo, uma observação mais detalhada revela que esse crescimento ocorreu entre micro e pequenas empresas: que eram 2692 em 1990 e passam a ser 5577 em 2001. As grandes e médias empresas do setor fecharam suas portas ou enxugaram drasticamente seus quadros de força de trabalho (as empresas com mil ou mais trabalhadores eram 22 em 1990 e passam a ser 9 em 2001). Desse modo, em relação ao porte das empresas, podemos observar que houve um encolhimento delas, quando se considera o número de trabalhadores empregados. Sem dúvida, as políticas econômicas dos governos brasileiros dos anos 1990, que desestruturaram diversos segmentos produtivos do país, concorrem de modo efetivo para essa situação[13].

As empresas têxteis com maior poderio econômico mantiveram-se no mercado à custa de intensa reestruturação produtiva. O uso de tecnologia para aumentar a produtividade do trabalho, as novas formas de organização da produção e a introdução maciça da terceirização para reduzir os custos do trabalho resultaram em forte aumento dos níveis de desemprego e subemprego no setor têxtil. Nesse quadro, o crescimento explosivo de micro e pequenas empresas têxteis na década de 1990 pode ser pensado como conseqüência da expulsão de enorme contingente de trabalhadores do mercado formal de trabalho e das tentativas desses trabalhadores de se reinserir no mercado, agora na condição de autônomos.

---

12 Ibidem.

13 Utilizamos a classificação da Fiesc para o tamanho das empresas: de 0 a 19 trabalhadores é micro, de 20 a 99 é pequena, de 100 a 499 é média, e com mais de 500 trabalhadores é grande. A fonte dos dados é a Rais.

Esse contexto fica muito concreto quando se observa o exemplo da Hering, que empregava cerca de 12 mil trabalhadores no início da década e hoje conta com aproximadamente 4 mil. Nessa empresa, a terceirização atingiu gigantescas proporções. Isso se deve ao fato de suas estratégias competitivas estarem mais diretamente ligadas à valorização das marcas da indústria e do varejo dos produtos. Portanto, a Hering atualmente está muito mais próxima do consumidor do que da linha de produção.

Em relação à atividade no setor, os dados da Federação das Indústrias do Estado de Santa Catarina (Fiesc) são esclarecedores. O consumo de energia elétrica pela indústria têxtil catarinense mostra-se crescente ao longo da década, tendo seu ponto alto no ano de 1994, quando atingiu o pico de 795.747 MWh. Nesse ano somente a indústria têxtil foi responsável por mais de 20% do consumo total da energia industrial de Santa Catarina. A partir de 1994, há uma leve queda no consumo energético, o que condiz com o quadro de decréscimo da atividade no setor têxtil. Por seu lado, os dados da utilização da capacidade instalada têxtil mostram que também há um pico em 1994 (85%) e, nos anos posteriores, uma queda nos números com uma retomada a partir de 1998. Em 2000, a utilização da capacidade instalada alcança 86% do parque de máquinas.

Em relação ao crescimento da produção, os dados da Fiesc explicitam que, na maioria dos anos, o setor têxtil de Santa Catarina teve uma performance melhor que a média nacional. No ano de 1997, o setor cresceu 6,48% em Santa Catarina, enquanto no Brasil encolheu 5,47%. Em 1994, cresceu 7,33% e a média brasileira ficou em 3,57%. Contudo, a retomada nacional a partir de 1999 (crescimento de 2,13% em 1999 e de 6,4% em 2000) não se verificou de forma tão intensa em Santa Catarina, que teve índices bem mais baixos (encolhimento de 1,66% em 1999 e crescimento de somente 1,87% em 2000).

Os indicadores econômico-financeiros de algumas das principais empresas (Hering, Teka, Marisol, Döhler, Artex e Buettner) do setor deterioraram-se significativamente no período 1990-2001[14]. Houve expressiva queda do faturamento líquido e o endividamento cresceu assustadoramente (de 45% para 1.361%). É importante notar que a receita líquida da maioria das empresas, que apresentou crescimento em 1990 (28%), caiu em 1995 (– 8%) e 1998 (– 13%), só retomando minimante o crescimento a partir de 2001 (0,64%).

A partir de 1999, observa-se um movimento de recuperação econômica do setor têxtil. No que se refere às empresas catarinenses, a desvalorização cambial de janeiro de 1999 reduziu a entrada dos produtos importados e aumentou as exportações, proporcionando novo ânimo à indústria têxtil. A Karsten, por exemplo, aumentou suas vendas para o mercado interno em 24,6% no ano de 1999 e quadruplicou o seu lucro líquido. Em 2001 teve um incremento nas vendas de quase 10% e um lucro líquido de R$ 8 milhões, alcançando uma receita líquida por trabalhador de R$ 75 mil.

O grupo Marisol, de Jaraguá do Sul, emprega cerca 6 mil trabalhadores nas três plantas fabris (a Marisol Calçados, em Novo Hamburgo-RS, com 900 trabalhadores, a Marisol Nordeste, em Fortaleza-CE, com 1200 trabalhadores e a Marisol de Jaraguá, com 4100 trabalhadores) e na Marisol Franchising, o escritório de franquias, que gerencia as franquias das lojas Lilica & Tigor, com meta de atingir 240 lojas até 2005. A empresa elevou seu lucro líquido de R$ 12,5 milhões, em 1998, para R$ 26,4 milhões, em 1999. Contudo, desde

[14] Dados contábeis do Balanço Anual da *Gazeta Mercantil.*

então, o lucro líquido vem caindo até chegar ao patamar de R$ 11 milhões em 2001. Entretanto, a empresa fez quase mil novas contratações entre o final de 1999 e início de 2000.

Tais contratações visavam à fábrica de Santa Catarina, mas também à recém-inaugurada fábrica da Marisol no Nordeste. Localizada na periferia de Fortaleza, a Marisol pretende, com essa nova planta, estar mais próxima dos mercados nordestino e norte-americano. A estratégia mercadológica é incrementar as exportações da empresa. A nova planta deve exportar cerca de 30% de sua produção. Atualmente, a Marisol tem níveis de exportação extremamente modestos: exporta somente 10% de sua produção.

Mesmo as grandes empresas que apresentaram prejuízo em 1999 parecem seguir um movimento de recuperação. É o caso da Hering. Apesar do prejuízo de R$ 158 milhões em 1999, a empresa aumentou em 15% o seu caixa e reduziu o passivo pela metade: em 1998, este era de US$ 220 milhões, caindo para US$ 120 milhões em 2001. Ao mesmo tempo, alongou o perfil de sua dívida (70% do total da dívida é de longo prazo, contra 56% em 1998) e as suas exportações aumentaram 25%. Em 2001, ainda houve um prejuízo de R$ 58 milhões, mas a empresa reduziu o seu endividamento de US$ 140 milhões para US$ 134 milhões. Além disso, a Hering aumentou em 5% seu quadro funcional, emprega em 2001 cerca de 4200 trabalhadores.

A Buettner, de Brusque, após anos de prejuízos e demissões, voltou a ter lucro em 1999 (R$ 7 milhões) e está operando com toda a capacidade instalada. Em 2001, o lucro ficou em R$ 589 mil, mas a empresa teve um crescimento de 10% nas vendas em relação a 2000. Em 2001, contava com aproximadamente 1500 trabalhadores diretos e criou cerca de cem novos postos de trabalho. Além disso, entre as seis maiores empresas em 2001, foi a que gerou maior receita por trabalhador, cerca de R$ 84 mil. Contudo, o índice de endividamento da Buettner é assustador: a empresa tem quase 7000% de endividamento.

A Teka, de Blumenau, tem cinco unidades fabris: em Blumenau e Indaial (SC), Artur Nogueira e Sumaré (SP) e Passos (MG). Em 2001, além de operar sem capacidade ociosa, fez contratações de trabalhadores para funcionar nos fins de semana. A empresa empregava cerca de 6 mil trabalhadores e gerou 812 novos postos de trabalho em 2001. A produção da Teka, em toneladas, vem crescendo continuamente: em 1997 eram 26 mil toneladas de produtos, número que chega a quase 31 mil em 2001. As vendas cresceram de R$ 291 milhões em 1997 para 441 milhões em 2001. O endividamento, por outro lado, caiu de um nível de US$ 122 milhões em 1997 para US$ 49 milhões em 2001.

2 Estratégia mercadológica do setor

A indústria têxtil de Santa Catarina concentra-se nos ramos de cama, mesa e banho e vestuário de malha. A estratégia do setor é valorização de marcas, inovações crescentes na gama de produtos ofertados e ocupação de nichos de mercado específicos, além de uma focalização da produção.

Grandes empresas que tinham unidades produtivas em atividades paralelas adotaram como estratégia a venda desses setores, com o objetivo de direcionar suas atividades produtivas somente para a área têxtil. São os casos da Hering e da Teka. A primeira controlava a Ceval, a maior empresa de Santa Catarina em termos de faturamento, ligada à produção de derivados de soja, vendida para o Grupo Bunge, da Argentina. A Teka tinha uma unidade de esmagamento de soja, que também foi vendida.

A estratégia de verticalizar a produção foi muito utilizada por ocasião da consolidação dessas indústrias. No caso da Hering, por exemplo, a dificuldade na obtenção do fio de algodão, muito grande no fim do século XIX e início do XX, quando não havia um fornecimento regular de fios, tornava imperioso, para o crescimento da empresa, que fosse instalada uma fiação própria (Hering, 1987).

Atualmente, há um redirecionamento das estratégias mercadológicas da Hering. Não há mais fiação em seu parque de máquinas e existe uma maior valorização do comércio de suas marcas. A valorização das marcas, a busca de nichos de mercado específicos e o investimento em produtos de maior valor agregado, em tendências de moda, adquirem grande importância nessas estratégias. Atualmente, a Hering conta com 96 franquias da Hering Store, 44 unidades da marca dzarm e 11 lojas da PUC. Isso totaliza 151 lojas da empresa no Brasil. Além disso, há mais 57 lojas espalhadas pela América Latina. Ou seja, a Hering tem seus produtos expostos em 208 lojas exclusivas.

No caso do vestuário de malha, há, por parte das grandes empresas, uma crescente diversificação de marcas voltadas para o público infantil, jovem, adulto, masculino e feminino. Em relação aos produtos felpudos e aos de cama e mesa, o desenvolvimento de novos tecidos e estampas, além do investimento em qualidades específicas que diferenciem o produto dos demais oferecidos ao consumidor, tem se destacado como estratégia importante. A Karsten, por exemplo, tem investido em produtos antiácaros buscando seu diferencial no mercado.

Em ambos os ramos busca-se, cada vez mais, agregar valor ao produto em oferta no mercado consumidor. Outra estratégia amplamente utilizada na indústria têxtil catarinense é usar licenças para nomes ou personagens famosos nas estampas. Tem sido assim com a Malwee – que tem contratos para utilizar estampas com Turma da Mônica, Looney Tunes, Animaniacs e Ursinho Puff – e com a Buettner, que usa as marcas Aqualung e times de futebol. A Marisol também estampa em suas roupas personagens famosos como o Snoopy, Gasparzinho, Red Nose, Australia Down South e WWF. A Hering tem como personagens licenciados Mickey, Ursinho Puff, Barbie, Garfield e Senninha.

Além dos produtos fabricados com as marcas licenciadas, há as marcas de cada empresa para ocupar nichos de mercado específicos. A Malwee tem produtos para crianças, jovens e adultos utilizando somente a marca do nome da empresa. Já a Marisol tem marcas específicas para o público infantil: a Lilica Ripilica, para meninas, e a Tigor T. Tigre, para meninos. Além disso, tem a Criativa, direcionada ao mercado feminino adulto, a Maju, masculino adulto e, recentemente, foi lançada a marca Mineral, voltada ao público adulto mais informal. A Hering, além de seu nome, tem a dzarm (segmento jovem feminino), a PUC (infantil) e a Omino (moda adulto básica masculina).

O ramo do vestuário de malha está muito voltado para o mercado interno, enquanto o setor de cama, mesa e banho apresenta-se mais inserido no mercado externo. Observe-se que as empresas com percentuais mais altos de exportação em relação às vendas totais são as do segundo tipo. A Karsten exporta quase metade do que vende, a Teka, a Buettner e a Döhler exportam cerca de um terço de suas vendas totais. Por outro lado, a Hering e a Marisol estão predominantemente voltadas para o mercado interno e seus percentuais de exportação não são tão significativos em relação às vendas totais.

Contudo, com a retomada das exportações, a partir da desvalorização do real em janeiro de 1999, todas essas empresas obtiveram um incremento nas exportações em relação às vendas totais. A Teka tem um aumento de 19% em 1997, para 32% em 2001. A Hering salta de 10% para 18%, quase duplicando suas taxas de exportação. A Marisol, de fato, duplica seu índice de exportação, que sai de 2% para 4%, em 2001. A Karsten, em 2001, passa a exportar mais da metade do que produz.

Os dez produtos têxteis mais exportados por Santa Catarina, em 2000, são roupas de banho e roupas de mesa de algodão. Devem-se destacar, ainda, as importações de algodão e de fios de poliéster, que estão entre os dez produtos mais importados pelas indústrias têxteis catarinenses no ano 2000 (Dieese, 2002a). Nos relatórios da CVM de praticamente todas as empresas selecionadas, há referências sobre a importação de algodão nos últimos anos.

Como a produção de algodão nacional não supre a demanda interna, a indústria têxtil catarinense se vê obrigada a importar grande parte de seus insumos produtivos: basicamente, o algodão. Todavia, esse cenário tende a se alterar no médio prazo, já que a produção de algodão nacional está sendo retomada, principalmente na região Centro-Oeste.

3 Reestruturação na indústria têxtil catarinense

O quadro recente da reestruturação produtiva nas grandes empresas de fiação e tecelagem de Santa Catarina caracteriza-se pela introdução generalizada de novas tecnologias e por drásticas alterações no processo e na organização do sistema produtivo. Baseada em intensa inovação tecnológica de maquinário e de gestão, a reestruturação introduz formas de flexibilização do trabalho que reduzem custos operacionais e aumentam o lucro das empresas. As máquinas automatizadas introduzidas recentemente no processo produtivo têxtil compreendem (Campos, Cário e Nicolau, 2000, p. 21):

- na malharia, os teares circulares automáticos com controle computadorizado (CC);
- máquinas novas com dispositivos eletrônicos na caldeiraria e tinturaria;
- na peluciadeira, máquina com CC (esta máquina faz o moletom ficar mais grosso, com a pelúcia na parte de dentro do tecido);
- no corte de malhas, máquina de estender e amontoar o tecido para o corte automatizada e uma máquina de corte com CC;
- sistema de CAD/CAM no setor de estilismo que passa diretamente para a máquina de corte com CC;
- setor de bordado com sistema de CAD/CAM;
- nas tecelagens de tecidos lisos estão os teares sem lançadeira e, mais recentemente, são usados os teares a jato de ar com componentes de microeletrônica que efetua e controla a seqüência de cores, ligamento do tecido, quantidade de batidas no comprimento do tecido, local de rompimento de fios, reparação da trama rompida, alteração da densidade da trama, sistema de lubrificação.

É nesse sentido que a indústria têxtil, principalmente nas etapas de fiação, tecelagem e acabamento, tornou-se muito mais intensiva em capital, necessitando cada vez menos de trabalhadores nestas etapas (Campos, Cário e Nicolau, 2000, p. 22).

Simultaneamente à mudança tecnológica, novos padrões organizacionais e gerenciais vão sendo experimentados nos locais de trabalho. Surgem os programas de qualidade total e o sistema *just-in-time*. Os círculos de controle de qualidade já fazem parte do cotidiano do trabalhador têxtil catarinense desde a década de 1980. Todas essas inovações visam a um incremento na produtividade do trabalho, com a redução do "tempo morto" no processo produtivo e a busca da adesão do trabalhador à ideologia empresarial. Com efeito, as atuais políticas de gestão e de controle do trabalho tentam mobilizar o trabalhador a aderir integralmente aos objetivos de lucratividade das empresas. O trabalhador deverá assimilar e praticar o discurso empresarial de "competitividade", "eficácia" e "qualidade" na sua atividade cotidiana (Aubert e Gaulejac, 1991; Frigotto, 1996).

A reorganização espacial das fábricas e a implantação de células de produção, principalmente no setor de confecção, têm se consolidado como mais um elemento do complexo de reestruturação produtiva no setor têxtil. Esse novo modo de organizar o trabalho gera um ambiente de competição entre as trabalhadoras (no setor de confecção as mulheres são maioria esmagadora), no qual cada uma se encarrega de cobrar o trabalho da colega, buscando uma maior qualidade, rapidez e produtividade.

Essas células geralmente têm metas de produtividade e o trabalho das costureiras é parcelado. Nas células de costura de uma empresa visitada, onde as trabalhadoras costuram os roupões, uma faz os cintos, outra as mangas, e assim por diante. Dessa forma, o controle sobre a qualidade do produto recai diretamente sobre a trabalhadora: se o cinto não ficou dentro dos parâmetros de qualidade impostos, sabe-se exatamente qual a operária responsável por isso.

Segundo o depoimento de um trabalhador:

> [...] em outro setor, a máquina está trabalhando e o operador está olhando. Se ele sai, outro dá uma olhadinha, a máquina funciona sozinha. [...] Daí se começa a flexibilizar o horário da refeição e fazer revezamento de grupos de trabalhadores para vigiar as máquinas. A costureira não, ela tem que estar ali presente. Saiu da máquina, a máquina dela pára. Por isso que é forte a cobrança dentro do grupo. Porque pelo fato do corpo dela não estar ali, presente no local, a máquina dela está parada (Dieese, 1997, p. 98).

Os ritmos pessoais de trabalho não são respeitados e as operárias são obrigadas a nivelar-se pelas mais rápidas, na busca por atingir as metas de produtividade impostas. Na indústria visitada, existe um controle diário da produtividade de cada célula (que fica afixado no mural do setor) e são concedidos prêmios, em forma de remuneração participativa, para as trabalhadoras das células que sobressaem em termos de produção e qualidade. O principal elemento motivador da organização do trabalho em células pode ser considerado a falta de tecnologia para enxugar a força de trabalho do setor. Como conseqüência, as indústrias, implantando o sistema de células de produção, adotam uma estratégia de maximizar a produtividade das trabalhadoras.

Os métodos flexíveis de contratação da força de trabalho, com a disseminação dos processos de terceirização, são também elementos importantes da reestruturação produtiva nas fábricas têxteis. Tais processos são observados nas grandes tecelagens de Blumenau, onde se incentiva a implantação de pequenas e microempresas por seus ex-funcionários. O sistema de trabalho em domicílio, que objetiva um menor custo do trabalho por parte da empresa, também é bastante utilizado. Devido a essas novas técnicas de contratação, há uma grande generalização da condição de informalidade e de precarização das relações de trabalho na indústria têxtil.

Apesar das alegações patronais de que os sistemas flexíveis de contratação permitem um aumento dos níveis de emprego, tem crescido o desemprego no setor.

Segundo Osmar Zimermann, presidente do Sindicato dos Trabalhadores Têxteis de Blumenau,

> Em abril de 94 nós tínhamos 32.200 trabalhadores na categoria; em 31 de dezembro de 97 havia 20.076 trabalhadores. Foram fechados 12 mil postos de trabalho em menos de quatro anos. Os empresários alegam que ou a gente faz alguma coisa para que eles possam manter a produção aqui na região, ou eles acabam transferindo para outras unidades no país [...].[15]

Como já foi dito, a confecção é o setor mais intensivo em força de trabalho do setor têxtil. Portanto, à luz das estratégias de contenção de custos das grandes empresas, é também a área mais terceirizada na linha de produção da indústria têxtil catarinense. É muito comum a constituição de empresas (micro, pequenas e médias) que prestam serviços para as grandes desse setor. É o que se chama de "facção" em Santa Catarina.

Tal processo de desverticalização é explicitado por Magheli (2001), que desenvolverá o conceito de rede interfirmas para explicá-lo. Ele exemplifica o que seria uma rede hierarquizada, por meio de uma grande empresa de vestuário de malha de Blumenau, que reduziu em quase 10 mil seus postos de trabalho diretos, com o estabelecimento de uma rede de aproximadamente 4 mil trabalhadores em trezentas empresas, metade deles localizada no Vale do Itajaí. Tal rede apresenta um caráter precário devido à carência de transferência tecnológica da empresa-mãe às empresas subcontratadas e à ausência de sustentação financeira das faccionadas. Nesse tipo de rede, a empresa-mãe restringe suas atividades às etapas de maior valor agregado e transfere as de baixo conteúdo tecnológico e de trabalho simplificado.

Já segundo Campos, Cário e Nicolau:

> As estratégias das empresas em favor da desverticalização mostram-se distintas por tamanho de empresas e por etapas do processo produtivo têxtil – vestuário. O quadro atual aponta que as grandes empresas, em sua maioria, mantêm-se integradas senão em toda a cadeia, mas em boa parte dela, sendo a confecção o subsegmento onde ocorre forte desverticalização, porém não na totalidade. Neste subsegmento existem grandes empresas que continuam intensificando o processo de desverticalização, enquanto outras acham que em face da produção ser cada vez mais especializada e em diferenciação constante, faccionistas não teriam condições de atender a estas exigências. Neste jogo, as estratégias das grandes empresas continuam em direção da desverticalização, com as relações contratuais sendo aperfeiçoadas em favor do maior controle da qualidade dos produtos terceirizados. Entende-se que as estratégias de desverticalização estão ocorrendo em maior intensidade no final da cadeia produtiva, em face do caráter capital intensivo que assumiram as outras etapas produtivas, as especificidades técnico-produtivas que interligam as fases da cadeia produtiva exigir maior homogeneidade tecnológica entre as partes e a opção do empresariado de aproveitar as condições institucionais oferecidas para reestruturar a planta industrial de forma mais ampla possível (Campos, Cário e Nicolau, 2000, p. 79-80).

---

[15] Entrevista realizada em 11/3/1999 pelas autoras. Os dados citados pelo entrevistado referem-se à base do Sindicato: Blumenau e Região.

De acordo com uma representante do setor de recursos humanos de uma empresa visitada,

> [a empresa] enxugou há mais ou menos seis, sete anos atrás. Teve uma reestruturação e ela terceirizou muito. Nós temos inúmeras facções que prestam serviços para a gente. Hoje se pode dizer que, juntando o que tem fora com o que tem aqui dentro, temos o mesmo número [de trabalhadores] que tínhamos antes.

A terceirização, como regra geral – e o setor têxtil não é exceção – reduz postos de trabalho. Isso foi bem demonstrado em pesquisas anteriores[16]. Além disso, ela tem significado grave precarização do trabalho. As costureiras que trabalham por facção têm jornadas maiores, não têm nenhum tipo de proteção laboral, recebem salários inferiores aos das trabalhadoras contratadas formalmente, entre outros problemas. Sobre isso Osmar Zimermann, então presidente do STI Fiação e Tecelagem de Blumenau, comenta:

> A empresa-mãe sabe quanto custa aquela peça para ela produzir e, nesse custo, está envolvido o trabalho da costureira, os encargos, tudo aquilo. Ao contratar uma terceira, é lógico que ela vai reduzir esse custo em uns 30%. A terceira vai reduzir ainda mais para a costureira, então se torna uma cascata que, lá na frente, entre a empresa e aquela pessoa que vai produzir vai dar uns 50% de diferença. O empregador terceiro vai pagar para o empregado uns 20 a 30% a menos do que ele contratou com a empresa-mãe. No fundamental, todo esse circuito resulta no não-pagamento de encargos sociais e outros impostos. A costureira não é registrada no INSS, não ganha os benefícios que ganhava na empresa-mãe. O salário dela na empresa oscila entre R$ 350,00 e R$ 400,00 e, com férias, 13º salário, INSS e outros encargos, chega a uns R$ 700,00 a R$ 800,00 o custo dessa costureira para a empresa. Se [a costureira] trabalha em casa, pode ter algumas compensações: ganha uns R$ 400,00 a R$ 500,00, sem ter registro na carteira, mas tem uma jornada flexível, não gasta tempo com transporte casa-trabalho-casa, não se sujeita às relações rígidas de trabalho nas células, pode realizar as tarefas da empresa e da casa, alternando os tempos, mas ela também trabalha mais porque usa o seu tempo disponível, fazendo longas jornadas na costura. Se monta uma fabriqueta nos fundos da casa, pode sentir-se proprietária e trabalhadora de si mesma e não subordinada a um patrão. No entanto, se o sonho não se realiza, a sua situação, no futuro, quando envelhecer, poderá se agravar. Não adianta querer pagar o INSS porque existe um prazo de carência. Por isso ela não vai poder se aposentar (Dieese, 1997, p. 97-8).

Um trabalhador de uma empresa visitada, ao ser indagado sobre se há pressão para que os ex-funcionários abram suas próprias empresas para prestar serviços, diz: "Ele é convidado. Eles vêem quem tem mais jeito para abrir uma empresa, convidam e dão as condições: 'pagamos isso, oferecemos isso, damos essa assistência'. Aí ele se vira"[17].

Todas essas transformações acarretam mudanças expressivas nas condições de trabalho. Uma brutal redução de tempo no processo produtivo tem incrementado sobremaneira a produtividade do trabalho. Além disso, houve um aumento do número de máquinas controladas por cada trabalhador, ocasionando uma aguda intensificação do ritmo de trabalho. Ressalte-se, ainda, a pressão cotidiana por metas de produtividade,

---

16 Pesquisa Dieese nº 7, 1993, e Estudo Regional nº 1, 1997.

17 Entrevista concedida às autoras em 17/4/2000.

numa conjuntura de insegurança generalizada diante da constante ameaça da perda do emprego. Sob o contexto nacional de altos índices de desemprego, observa-se ainda o surgimento de novas exigências de qualificação do trabalhador por parte da empresa (Corder, 1994).

Com efeito, é unanimidade entre os representantes empresariais a importância de o trabalhador não parar de estudar. Há, entretanto, distinções importantes em termos de política de incentivos. Enquanto uma grande empresa reembolsa 50% dos custos de cursos (superior, mestrado, idiomas, informática) de seus funcionários, outras empresas, também grandes, somente pressionam seus trabalhadores sem que estes tenham possibilidades financeiras mais concretas para buscar maior qualificação. Segundo representante de uma empresa visitada:

> Nós temos uma campanha muito grande para que as costureiras, o pessoal de piso de fábrica, vá estudar. É uma campanha grande, está no jornal, nos cartazes, os supervisores falam. É o tempo inteiro. Nós temos o CEA, que é o Centro de Educação para Adultos, dentro da empresa. Eles vêm até nós.

E mais adiante:

> Treinamento a gente sempre deu, treinamento técnico, [...] no local de trabalho. Nosso grande problema era o nível de qualificação [...]. Porque você coloca tecnologia, você coloca máquinas que exigem mais compreensão, [...] e o pessoal não consegue, [...[porque não estudou. Temos muita gente ainda com o primeiro grau incompleto [...]. Se ele [o trabalhador] tem uma melhor qualidade de vida, [...], está tendo maior facilidade de compreensão, mesmo de dados, certamente que tudo é mais rápido, mais ágil, e especialmente na qualidade a gente sente muita diferença. [...] E o nível de sugestões de melhorias que eles trazem para a gente [é melhor], existe um maior embasamento.[18]

Ainda em relação à qualificação dos trabalhadores, ocorreu no início de 2000 uma situação pouco usual. Com o movimento de recuperação do setor têxtil, já a partir de 1999, as indústrias passaram a encontrar dificuldades em recrutar força de trabalho qualificada. A rapidez das inovações tecnológicas e o fato de o setor haver passado por um período relativamente longo de desaquecimento ocasionaram a formação de uma massa de desempregados têxteis que não teve acesso aos treinamentos com as novas máquinas.

O Senai tem unidades em Blumenau, Brusque e Jaraguá do Sul e oferece cursos de curta duração de costura, modelagem, manutenção, CAD para confecção. Oferece, também, cursos de longa duração em técnico têxtil e técnico em vestuário (Campos, Cário e Nicolau, 2000). Algumas vezes esses cursos são oferecidos em parcerias com as empresas. O presidente da Teka, Frederico Kuenrich, contudo, afirma que somente os cursos do Senai não suprem a demanda por maior qualificação. Ele acredita que o processo de formação do trabalhador deve ser mais amplo[19]. Em Blumenau, ainda são oferecidos cursos de nível superior voltados ao setor têxtil pela Furb: em moda e em química, com profissionalizante de química têxtil (Campos, Cário e Nicolau, 2000).

---

18 Entrevista com gerente de RH de grande empresa de vestuário de Blumenau, realizada em 17/4/2000.

19 *Diário Catarinense*, 18/6/2000, p. 22.

A dirigente sindical de Jaraguá do Sul tem uma clara percepção da relação entre qualificação e emprego formal nas indústrias têxteis. Apesar de parecer pouco crítica sobre a forma como as novas exigências de escolaridade são usadas pelas empresas, muitas vezes de forma excessivamente exigente com o trabalhador, ela demonstra notar a falsa argumentação empresarial do "desemprego desqualificado":

> A falta de qualificação é a maior argumentação das empresas em relação ao desemprego. As pessoas voltam a estudar ou são excluídas do mercado de trabalho. E as empresas têm utilizado isso para penalizar o trabalhador. Os trabalhadores têm sido substituídos por pessoas com uma escolaridade maior. Ou, então, também estão estudando. A pessoa sai do trabalho, vai para a aula e para casa, executar suas tarefas domésticas. [...] Também não avalio isso de uma forma negativa, avalio como sinais dos tempos, mas é uma pena que os trabalhadores mais antigos acabem sendo penalizados. Mas acho que esse é um caminho sem volta.[20]

Às difíceis condições de trabalho explicitadas acima somam-se as jornadas laborais extenuantes e as formas de flexibilização a que estão submetidos os trabalhadores. Nesse contexto, surgiram na indústria têxtil (em Blumenau e em Jaraguá do Sul), como em praticamente todos os setores da economia brasileira, acordos de "banco de horas", por meio dos quais a jornada diária vai sendo determinada pela empresa, conforme a demanda de trabalho. Note-se que a implantação do banco de horas gera, em muitos casos, turnos aos domingos, nas grandes indústrias têxteis. Isso porque a maioria dessas companhias tem produção contínua, ininterrupta. Portanto, em diversas ocasiões, o trabalhador fica desprovido do seu descanso semanal, o que prejudica sua vida social e suas condições de saúde.

Entre os trabalhadores têxteis de Blumenau, o sistema de banco de horas foi implantado em praticamente todas as empresas, desde 1997, sendo, a partir de 2000, recusado em assembléia dos trabalhadores. O impacto desse novo mecanismo da acumulação flexível de capital nas condições de vida e trabalho é assim descrito por um operário de uma empresa visitada:

> Eu sempre me opus [ao banco de horas], acho que é uma maneira errada de conduzir o trabalho dentro da empresa, principalmente porque tira a liberdade do fim de semana. Eu sou muito a favor da convivência com a família, quando possível sair, apreciar os finais de semana. Dentro da empresa a revolta é geral, porque chega o fim de semana e está lá, você preso. Você é um prisioneiro do seu trabalho. Trabalha a semana inteira, chega no final de semana e enfrenta mais dois dias. Lá na frente não nos traz resultado nenhum. Porque, se você trabalha em banco de horas, você não tem retorno financeiro. E quem trabalha, vende a sua força bruta, é a força do trabalho a troco de salário. Essa é a desvantagem do banco de horas: você dá o seu trabalho, vende seu serviço a troco de uma folga, quando possível, a critério da empresa.[21]

O então presidente do STI Fiação e Tecelagem de Blumenau, Osmar Zimmermann, também tem claro que o banco de horas prejudica o trabalhador:

---

[20] Entrevista com Rosane, secretária-geral do STI Vestuário de Jaraguá do Sul, realizada em 18/7/2001.

[21] Entrevista concedida às autoras em 11/3/1999.

> Uma coisa que a gente tem que ter bem claro: os trabalhadores não podem se iludir, é que o banco de horas é muito mais favorável ao empregador do que aos trabalhadores. O empregador tem uma flexibilidade na jornada de trabalho e consegue repassar para os trabalhadores a carência que existe dentro do ciclo produtivo. Então, todo o ônus do ciclo produtivo é transferido para o trabalhador. Para o trabalhador, não tem só desvantagem, o retorno é que ele se torna um pouco mais estável dentro da empresa pelo fato de ela manter uma média produtiva anual igual. Como ela consegue compensar horas trabalhadas, com horas de folga, ela evita que, nos momentos de sazonalidade, quando cai a produção, haja maiores números de demissão. A empresa tem evitado muito mais a demissão.[22]

Os sindicatos de trabalhadores não têm negociado alguns pontos cruciais da reestruturação das indústrias. Nos três casos estudados, os acordos assinados pelos STI Fiação e Tecelagem de Brusque e de Blumenau e STI do Vestuário de Jaraguá do Sul com os respectivos sindicatos patronais, de 1988 a 2002, não contêm nenhuma cláusula sobre implantação de novas tecnologias, por exemplo. Selecionamos as cláusulas sobre emprego, tecnologia, formação e treinamento e organização do trabalho.

A série histórica dos acordos de Blumenau inicia-se na convenção coletiva de 1988-1989. Naquela ocasião, anterior à greve de 1989, a convenção continha essencialmente cláusulas econômicas e de garantias de emprego em determinadas condições – para as trabalhadoras gestantes, trabalhadores em véspera de aposentadoria, em serviço militar ou, ainda, para integrantes da comissão de negociação. Havia uma cláusula que orientava a compensação das horas que deveriam ser trabalhadas aos sábados (adequação da jornada de 44 horas) e outra que tratava da readaptação dos empregados acidentados ou que haviam contraído doenças do trabalho.

Na convenção coletiva de 1990-1991, surge uma cláusula que limita a utilização da força de trabalho de terceiros aos casos de trabalhadores temporários previstos em lei e somente em casos emergenciais. Na convenção assinada em 1995, as cláusulas sobre garantia de emprego estendem-se aos trabalhadores afastados em situação de auxílio-doença até um prazo máximo de 45 dias.

Na convenção coletiva dos trabalhadores têxteis assinada em 1997, a cláusula relativa a banco de horas aparece pela primeira vez. Essa cláusula é estratégica no processo de reestruturação das empresas e tem um impacto significativo na vida do trabalhador têxtil, como já foi demonstrado. Na convenção de 2000-2001, há uma cláusula que desobriga a empresa de pagar as horas despendidas em formação e treinamento, realizados fora do horário normal de trabalho, e não foi renovada a cláusula sobre banco de horas.

Na última convenção estudada de Blumenau, a de 2001-2002, os destaques são a manutenção das garantias de emprego já mencionadas, o fato de não haver cláusula sobre banco de horas e uma cláusula sobre impedimento de uso de força de trabalho terceirizada nas atividades-fim da empresa. Segundo depoimentos dos diretores do sindicato, os trabalhadores recusaram o sistema de banco de horas em assembléias.

Os acordos de Brusque têm início com a convenção coletiva de 1989. Nessa convenção aparecem cláusulas sobre a garantia de emprego à gestante e ao trabalhador que está no serviço militar, além de uma cláusula de adequação da jornada de 44 horas.

22 Entrevista concedida às autoras em 11/3/1999.

Em 1994, surge a cláusula de garantia de emprego àqueles trabalhadores que vão se aposentar. A particularidade principal dos acordos de Brusque é a ausência de cláusulas de banco de horas. Naquele município, portanto, as horas extraordinárias de modo geral são pagas, não sendo utilizado o sistema de compensação de banco de horas para o conjunto das empresas. Todavia, as grandes empresas negociam separadamente seus sistemas de banco de horas. A convenção de 2002 não apresenta novidades.

As convenções coletivas assinadas em Jaraguá do Sul têm características parecidas com as anteriores. As cláusulas que se enquadram em nosso recorte são poucas: a garantia de emprego ao operário que vai se aposentar e a adequação da jornada de 44 horas. O sistema de banco de horas está previsto a partir da convenção de 1998-1999, sendo necessário ser aprovado em assembléia dos trabalhadores da empresa proponente do sistema.

Contudo, segundo a dirigente sindical entrevistada em julho de 2001, as grandes empresas pressionam os trabalhadores para que aceitem o sistema de banco de horas. Cerca de dez empresas, das quatrocentas empresas da base do sindicato, têm banco de horas, e as duas maiores empresas de Jaraguá do Sul, Marisol e Malwee, adotaram o sistema. É nessas empresas que, apesar de surgirem as maiores reclamações dos trabalhadores contra o banco de horas, as assembléias têm cerca de 80% de índice de aprovação na renovação do sistema. Isso ocorre, principalmente, por medo de represálias da empresa. A convenção de 2001 não apresenta nenhuma alteração digna de destaque. Segundo a mesma dirigente, torna-se difícil tentar regular a extinção de postos de trabalho por novas tecnologias, já que seria "ir contra o progresso". Sobre o processo de negociação:

> A retirada de direitos tem dificultado a negociação, principalmente na questão salarial. Porque os dissídios eram utilizados pelos sindicatos, já que a Justiça do Trabalho entendia um pouco mais o ponto de vista do trabalhador. Agora, entrar com dissídio coletivo é suicídio. Eles têm adotado uma linha padrão e não se tem conseguido grandes conquistas no dissídio. O que a nossa federação, a Fetiesc, orienta, é que se evite entrar com dissídio coletivo, porque as perdas são muito grandes. No nosso caso temos cláusulas sociais que afetam diretamente o bolso do trabalhador, como o auxílio-farmácia ou o adicional noturno, que é de 25%, enquanto o de lei é 20%. Então, temos algumas cláusulas que, se formos para dissídio coletivo, vão ser retiradas da nossa convenção.[23]

Sobre a experiência de Blumenau com o dissídio coletivo, Osmar Zimmermann afirma:

> Em 96 entramos com dissídio coletivo e, no julgamento, eles deram menos do que os empresários ofereciam na mesa. Foi tão cômico, que nós discutíamos um reajuste de 14,22%, a inflação do período, os empregadores ofereceram 10% e o Tribunal deu 7%. Menos do que os empregadores. E tiraram todas as conquistas. Em 97, nós reconquistamos na mesa a nossa convenção coletiva. Por isso, em 98, nós não entramos com dissídio coletivo. E não entraremos mais, porque entendemos que a Justiça do Trabalho, através dos seus tribunais, está a serviço do empregador, tirando as conquistas dos trabalhadores.[24]

---

[23] Entrevista com Rosane, secretária-geral do STI Vestuário de Jaraguá do Sul, realizada em 18/7/2001.

[24] Entrevista concedida em 11/3/1999.

4 Políticas públicas

Em 30 de maio de 2000 foi lançado o Fórum de Competitividade do Setor Têxtil. O presidente da Associação Brasileira da Indústria Têxtil (Abit), Paulo Skaf, representou a cadeia produtiva têxtil no encontro que reuniu diversos empresários do setor com o ministro Alcides Tápias. Segundo os jornais *Gazeta Mercantil* e *O Estado de S. Paulo*, ambos de 31/5/2000, foram estabelecidas metas de geração de emprego (470 mil até 2005), de incremento das exportações (dos atuais US$ 1 bi para US$ 4,3 bi, ou seja, 1% do mercado mundial, até 2005), de crescimento da área plantada de algodão, de aumento da produtividade em torno de 20% e de maiores investimentos em modernização e expansão.

Em contrapartida, o governo deve melhorar o acesso ao crédito, fiscalizar de modo mais atuante os produtos importados e diminuir impostos sobre importação de bens de capital e de peças de reposição, assim como reduzir toda a carga tributária sobre a cadeia produtiva, além de isentar de imposto de renda as remessas para pagamento no exterior na participação de eventos comerciais.

Anteriormente, houve a retomada do Programa de Apoio à Comercialização do Algodão Brasileiro, impulsionado por uma linha de crédito de US$ 222 milhões e do Programa de Financiamento às Exportações (Proex), que financia 85% do valor exportado (Lombardi, 2001).

Em Santa Catarina, em julho de 1997, foi aprovado o Prodec Têxtil (Programa de Desenvolvimento Catarinense Têxtil) pela Assembléia Legislativa. Essa era uma reivindicação antiga dos industriais têxteis catarinenses, desde que avaliaram a indústria nacional como ameaçada pelos produtos importados provenientes da Ásia. O principal argumento centralizava-se no fato de outros estados já oferecerem incentivos fiscais. O programa prevê a postergação do pagamento do ICMS por até cinco anos.

Além disso, há programas (o Programa de Desenvolvimento Tecnológico Industrial – PDTI, do Badesc, que dá incentivos fiscais) dos bancos de desenvolvimento regionais (Badesc – Banco de Desenvolvimento de Santa Catarina e BRDE – Banco Regional de Desenvolvimento) que financiam as empresas em sua expansão e modernização.

A evolução dos desembolsos do BNDES à cadeia têxtil, entre 1990 e 2000, mostra-se crescente: saindo de US$ 120 milhões, tem em 1998 o seu pico, com US$ 368 milhões e, em 2000, ficou em US$ 226 milhões. É interessante lembrar que o BNDES, entre maio de 1996 e julho de 1998, promoveu o Programa de Apoio à Modernização do Setor Têxtil, voltado para investimentos no imobilizado das empresas (Campos, Cário e Nicolau, 2000).

Ainda em relação ao BNDES:

> No âmbito do Programa de Apoio ao Setor Têxtil, desenvolvido pelo BNDES, o Estado de Santa Catarina constituiu o principal demandador de recursos em nível nacional. Foram 39 operações de crédito envolvendo recursos da ordem de US$ 64.914 mil. Estes valores são expressivos se comparados com os estados de Minas Gerais e São Paulo, considerados dois dos principais pólos têxteis-vestuários do país, que demandaram recursos da ordem de US$ 47.931 mil e US$ 37.711 mil, respectivamente. A participação de 29,84% do total dos recursos indicou que as empresas têxteis-vestuários existentes em SC, e principalmente as situadas no arranjo produtivo em estudo, recorreram a financiamentos para reestruturação

produtiva com o intuito de aumentarem as condições competitivas de forma a melhor se posicionarem no mercado concorrencial (Campos, Cário e Nicolau, 2000, p. 82-3).

As instâncias organizativas do empresariado, têxtil, regionalmente são o Sindicato da Indústria de Fiação, Tecelagem e Vestuário de Blumenau (Sintex) e a Associação Comercial e Industrial de Blumenau (Acib). De âmbito nacional, há a Associação Brasileira da Indústria Têxtil (Abit).

5 Perfil do trabalhador[25]

Em relação aos traços que marcam o perfil da força de trabalho, é interessante observar o predomínio de mulheres no setor. Em 1990, a população formalmente contratada na indústria têxtil catarinense compunha-se de 62,72% de mulheres e 37,28% de homens. Em 2001, os percentuais praticamente não apresentam alteração. A maior participação feminina é coerente com a divisão sexual do trabalho nas indústrias têxteis, onde as mulheres ocupam predominantemente postos nos setores de costura, fiação e embalagem – os quais, principalmente costura e embalagem, empregam mais força de trabalho, por serem setores com menos possibilidades de implantação tecnológica redutora de força de trabalho – e os homens têm participação maior nos setores de tecelagem e transporte de produtos e insumos.

A maior inserção feminina na indústria têxtil catarinense não implica ocupação proporcional de cargos de chefia. As mulheres, tradicionalmente, estão alocadas em postos de trabalho hierarquicamente inferiores na estrutura ocupacional das empresas. É Osmar Zimmermann quem confirma:

> Você tem a mulher que é encarregada de confecção, mas o gerente de confecção vai ser um homem. Ela tem um cargo de chefia, mas é um cargo subalterno, o chefe maior dificilmente vai ser uma mulher. Então, na indústria têxtil você dificilmente vai encontrar uma mulher gerente, a mulher ocupa no máximo os cargos de chefia baixos, é a encarregada, chega no máximo a supervisora.[26]

Ao mesmo tempo, as mulheres são maioria também no trabalho precarizado, que deriva das formas "flexíveis" de contratação. Note-se que o setor mais terceirizado na linha de produção é a confecção, que utiliza o trabalho feminino de modo amplamente dominante. Como já assinalado, as grandes empresas contratam as chamadas facções, que realizam os serviços de costura.

Entre 1990 e 2001, houve um crescimento da participação de trabalhadores com menor remuneração entre o total de trabalhadores têxteis. Em 1990, os trabalhadores concentravam-se mais fortemente na faixa de remuneração até quatro salários mínimos – aproximadamente 62% do total da força de trabalho têxtil de Santa Catarina. Em 2001, esse percentual sobe para assustadores 85%.

Em relação aos valores de remuneração média, portanto, nota-se um movimento de queda: em 1990, o trabalhador recebia 4,19 salários mínimos e, em 2001, seu salário médio fica em 2,91 salários mínimos.

---

[25] Os dados utilizados como base neste tópico são da Rais.

[26] Entrevista concedida às autoras em 11/3/1999.

A situação é ainda mais grave, já que nosso parâmetro, o salário mínimo brasileiro, sofreu forte desvalorização no período estudado: entre janeiro de 1990 e janeiro de 2002[27], o salário mínimo brasileiro perdeu, em termos reais, 22% do seu poder de compra. Em janeiro de 1990, o salário mínimo nacional valia 34,45% do primeiro salário mínimo pago no Brasil, em julho de 1940. Em janeiro de 2002 esse número cai para 26,86%[28]. A disparidade salarial entre homens e mulheres fica explicitada com a maior diferença encontrada na série histórica analisada: no ano de 1990, o salário das mulheres com superior completo equivalia a somente 46% do salário de um homem com a mesma escolaridade. Calculando-se a média, nesse ano as mulheres recebiam 54% do salário de um homem, ou seja, o salário feminino era pouco mais da metade de um salário masculino.

Em 2001, as diferenças salariais entre homens e mulheres se mantêm. A maior diferença, novamente, encontra-se na faixa de trabalhadores com superior completo. As mulheres com o terceiro grau recebem cerca de 43% da remuneração masculina, porcentagem ainda menor que em 1990. Na média desse ano, as mulheres percebem 57% do salário pagos aos homens. Portanto, praticamente não houve alteração, ao longo da década, na discriminação salarial por gênero.

O problema de diferenciais de remuneração entre homens e mulheres é grave e atinge os diversos setores produtivos da economia brasileira. O fato de as mulheres estarem ingressando no mercado de trabalho mais recentemente e, de algumas vezes, não serem chefes de família, tendo uma posição somente de complementar o orçamento doméstico, faz com que elas aceitem trabalhar por salários mais baixos.

Além disso, algumas funções tipicamente femininas são tradicionalmente menos remuneradas. A função de enfermeira, por exemplo, tem remuneração bem menor que a do médico, e ambas requerem curso superior. A ausência de mulheres em cargos de chefia também acarreta uma redução do salário feminino em relação ao masculino. Outro problema enfrentado atualmente é que as mulheres vêm aceitando ocupar funções que requerem escolaridade inferior à que de fato têm devido às dificuldades encontradas no mercado de trabalho.

No caso dos trabalhadores têxteis de Santa Catarina, podemos afirmar que as diferenças salariais entre homens e mulheres estão ligadas a uma divisão sexual do trabalho. Homens e mulheres não ocupam as mesmas funções. Além das mulheres não ocuparem cargos de chefia mais altos, suas funções típicas são menor remuneradas.

Segundo Osmar Zimermann, presidente do STI Fiação e Tecelagem de Blumenau,

> a fiação e a confecção normalmente estão destinadas à mulher. A tecelagem e o acabamento estão destinados ao homem. A fiação era uma função exclusiva do homem, hoje na fiação o homem só desenvolve as funções mais pesadas de transporte de produto, de fardo de algodão, e a mulher é quem faz a operação da máquina. Como eles perceberam que a mulher tinha mais agilidade que o homem, porque ela tem muito mais sensibilidade para fazer o trabalho de operação da máquina, de emendar um fio, eles perceberam que poderiam ter maior produtividade e, ainda por cima, pagando um salário menor. Hoje na fiação paga-se um salário

27 Utilizamos os dados do salário mínimo de janeiro porque os dados da Rais referem-se ao número de trabalhadores em 31 de dezembro.

28 Dados do Dieese.

> bem menor que o de um tecelão e, no passado, fiandeiro e tecelão recebiam um salário igual. Agora, você não vai encontrar na indústria têxtil quem faça os mesmos trabalhos, exceção feita ao pessoal de escritório que pode ser masculino ou feminino. Mas na linha de produção é definido o que é função masculina e o que é feminina. Você tem a mulher que é encarregada de confecção, mas o gerente de confecção vai ser um homem. Ela tem um cargo de chefia, mas é um cargo subalterno, o chefe maior dificilmente vai ser uma mulher [...] a mulher ocupa no máximo os cargos de chefia baixos, é o de "encarregada", chega no máximo a supervisora. [29]

A gerente de recursos humanos de uma empresa visitada assinala as dificuldades femininas de ascensão profissional:

> [...] somos uma empresa eminentemente feminina, nós temos aí 95% de cargos de mulheres. Isso na área de confecção. Mas nós temos a área de beneficiamento, deve dar uns 70% de mulheres. E chefia masculina. Hoje nós temos uma mulher chefiando uma das confecções. Todos os nossos superintendentes são homens. Gerência: nós temos mulheres em engenharia, uma na área de RH. Então, você percebe que quem lidera essa empresa são os homens. E a mulher está conseguindo aos poucos se encaixar. Mas, você vê, você tem dez supervisoras numa unidade X, eles trazem um homem para gerenciar, todas as supervisoras podiam ter sido desenvolvidas para uma gerência. É uma coisa complicada. Eu sinto que existe ainda uma supremacia masculina aqui dentro, em termos de liderança.[30]

Em relação à escolaridade, a grande maioria dos trabalhadores do setor está situada na faixa que vai até a oitava série completa: cerca de 69% em 2001. A análise da década permite verificar uma seletividade de força de trabalho que favoreceu o trabalhador mais escolarizado, já que em 1990 mais de 86% dos assalariados têxteis possuíam apenas o primeiro grau.

De fato, os trabalhadores com níveis de escolaridade até a oitava série incompleta reduziram significativamente sua participação relativa no setor. O total desse segmento era de 68,66% do total dos trabalhadores em 1990. Onze anos depois, esse percentual cai para 39%. Os trabalhadores com segundo grau (completo + incompleto) tiveram expressiva elevação (em 1990, eram 10,95% e, em 2001, ficaram em 27%), assim como aqueles que têm a 8ª série completa que respondiam por 17,65% da força de trabalho em 1990 e, em 2001, sobem para quase 30%. Os demais segmentos (superior incompleto e completo), também seguiram um movimento ascendente, ainda que de modo menos pronunciado.

Quase 10% dos trabalhadores têxteis têm dez anos ou mais de vínculo empregatício. Tal percentual mantém-se praticamente estável ao longo da década, caindo somente cerca de dois pontos percentuais entre 1990 e 2001. Percebemos, ainda, um tênue incremento na faixa de trabalhadores que têm de 5 a 9,9 anos. Eles passam de 11,66% em 1990 para 12,76% em 2001. Desse modo, cerca de 33% dos trabalhadores têxteis estão empregados há três anos ou mais em 2001. Tal porcentagem apresenta queda ao longo da década estudada, já que em 1990 esse número era de quase 40%. Tais dados coincidem com a atual situação do mercado de trabalho de instabilidade e insegurança descrita pelos próprios trabalhadores anteriormente.

---

29 Entrevista com Osmar Zimermann realizada em 11/3/1999.

30 Entrevista com gerente de RH de grande empresa de vestuário de Blumenau, realizada em 17/4/2000.

Já no que diz respeito à movimentação dos postos de trabalho nas grandes indústrias têxteis, pode-se afirmar que eles foram fechados sistematicamente ao longo da década de 1990. Isso é reflexo direto da política econômica do governo e da abertura brasileira aos produtos importados que entraram no país com alto grau de competitividade. Toda essa conjuntura desfavorável às empresas têxteis nacionais resulta em um intenso movimento de reestruturação produtiva, altamente destrutiva para o trabalhador, que arca com o ônus de todas as oscilações das demandas dos produtos.

Em relação ao número de trabalhadores, verifica-se que o emprego no setor teve queda de aproximadamente 8% entre 1990 e 1998. Todavia, tal quadro foi totalmente revertido pela desvalorização cambial de janeiro de 1999, desde quando foram gerados cerca de 26 mil postos de trabalho na indústria têxtil de Santa Catarina. Assim, percebe-se que não houve queda dos postos de trabalho. Entre 1990 e 2001, o número de trabalhadores cresceu cerca de 20%. Todavia, a situação se agrava quando se nota que a população economicamente ativa (PEA) de Santa Catarina era de 2.160.372 em 1990 e subiu para 2.936.660 em 2001[31]. Ou seja, houve um crescimento de 36% na PEA catarinense, enquanto os postos de trabalho apresentaram crescimento de somente 20%.

Interessa observar, ainda, que os trabalhadores estão vinculados a empresas menores, mais enxutas em termos de força de trabalho. Todas as faixas de empresas com até 99 empregados aumentam sua participação no mercado de trabalho. Se, em 1990, elas empregavam 25% da força de trabalho do mercado formal, em 2001 esse número avança para 46%. Por outro lado, as empresas com mil ou mais trabalhadores reduzem sua participação em 22,19%: empregavam, em 1990, 37,68% do total de trabalhadores e, em 2001, empregam somente 15,49% destes.

A terceirização no setor têxtil nacional

Há, aqui, duas tendências que podemos apontar para a ocorrência dessa situação. A primeira delas é o enxugamento de força de trabalho ocorrido ao longo da década de 1990 nas empresas, por meio das reestruturações de seus sistemas produtivos. A segunda tendência está intimamente interligada com a primeira: é a terceirização crescente das atividades das empresas maiores. A ligação entre os dois aspectos citados é clara: as grandes empresas demitem grandes contingentes de trabalhadores e estes, muitas vezes, abrem pequenos negócios que prestam serviços para as grandes empresas. Existem casos extremos de empresas que têm muitos setores terceirizados e outras que só terceirizam os setores de apoio: segurança, limpeza, alimentação.

O setor têxtil nacional, em que pese a grande heterogeneidade das empresas que o constituem, vem passando por intensa transformação na última década. Inovações como a organização do trabalho em células de produção, a implantação de círculos de controle de qualidade e a terceirização de atividades diretamente ligadas à produção estão sendo largamente utilizadas.

Adicionalmente, as novas tecnologias de maquinário imprimem outro ritmo ao trabalho, fazendo com que o trabalhador opere mais máquinas ao mesmo tempo e mais rapidamente. Todas essas inovações adotadas nas empresas têm um único objetivo:

31 Dados obtidos na Pesquisa Nacional por Amostra de Domicílios (Pnad), realizada pelo Instituto Brasileiro de Geografia e Estatísticas (IBGE).

aumentar a produtividade do trabalho buscando um incremento da competitividade de seus produtos no mercado interno e externo.

Marx inicia seu capítulo sobre maquinaria e indústria moderna, em *O capital*, com uma breve citação de John Stuart Mill que diz que é duvidoso que as invenções mecânicas tenham aliviado o trabalho de alguém. Em seguida, ironicamente, Marx completa: de alguém "que não viva do trabalho alheio. As máquinas aumentaram certamente o número dos abastados ociosos" (Marx, 1996, p. 423). Portanto, ele deixa claro que qualquer inovação produtiva no trabalho tem como único objetivo "[...] baratear as mercadorias, encurtar parte do dia de trabalho da qual precisa o trabalhador para si mesmo, para ampliar a outra parte que ele dá gratuitamente ao capitalista. A maquinaria é meio para produzir mais-valia" (Marx, 1996, p. 424).

Por outro lado, com as grandes indústrias têxteis automatizadas, como Hering, Marisol, Teka, Karsten e Artex, coexistem centenas de pequenas empresas que não têm acesso às inovações tecnológicas de forma semelhante, nem implantam mudanças organizacionais com o mesmo ímpeto.

Todavia, seria incorreto minimizar o impacto da reestruturação produtiva no conjunto do setor. O aumento verificado recentemente na quantidade de micro e pequenas empresas, por exemplo, é resultado direto desse processo, já que é a principal conseqüência do forte enxugamento de força de trabalho e da terceirização adotados por praticamente todas as grandes empresas do setor. A intensificação do trabalho e a crescente instabilidade e precariedade do emprego são conseqüências dessas mudanças.

Importa assinalar que a indústria têxtil de Santa Catarina tem um papel de relevo no cenário nacional, sediando as maiores empresas do setor. O setor continua sendo forte empregador, apesar de se observar um declínio dos postos de trabalho desde o início da década que, todavia, foi barrado a partir de 1999 devido à nova conjuntura econômica. Verifica-se também uma deterioração dos indicadores financeiros das empresas, e algumas delas encontram-se numa situação bastante precária, com gigantescos índices de endividamento.

A relação do desempenho do setor com as políticas macroeconômicas adotadas pelo governo ficou clara no estudo sobre as indústrias catarinenses. Não é à toa que a Confederação Nacional da Indústria (CNI) elabora, a cada início de mandato presidencial, um documento que desenvolve suas demandas corporativas de políticas macroeconômicas e legislativas. Em 2002, a CNI adiantou-se na sua publicação: antes mesmo das eleições, dois documentos já estavam prontos. O primeiro, sobre as questões macroeconômicas (2002), disserta sobre política industrial, competitividade, desenvolvimento e inclusão social. A CNI afirma que o foco da política industrial deve ser a inserção competitiva das empresas nacionais no mercado mundial e que os desafios para isso ocorrer passam pelos temas da reforma tributária e trabalhista, do financiamento das empresas, da legislação sobre meio ambiente e infra-estrutura.

O segundo texto (2002a) faz um extenso mapeamento das 125 principais proposições legislativas de interesse do setor industrial, descrevendo brevemente cada uma delas e expondo o posicionamento da CNI e as instâncias em que estão sendo discutidas. Os destaques ficam para as reformas tributária e trabalhista, atualmente pontos centrais nas preocupações do capital nacional.

Portanto, apesar de a desvalorização cambial haver afetado positivamente a indústria brasileira, incluindo o setor têxtil, há diversas outras demandas de políticas macroeconômicas para o setor. A reforma da CLT, a flexibilização das relações de trabalho, do contrato, questões sobre a política salarial, a gestão sindical, o sistema de negociação e a Justiça do Trabalho são temas centrais para o empresariado, que busca, cada vez mais, diminuir custos trabalhistas. Essa flexibilização das relações de trabalho tem como conseqüências diretas a degradação e a precarização ainda maior de um mercado de trabalho já tão fragilizado como o brasileiro.

Em relação ao movimento sindical diante das mudanças produtivas em curso, os sindicatos de trabalhadores têxteis de Santa Catarina que foram estudados comprovam a crise do movimento sindical nacional. Assim como o movimento sindical nacional vem adotando uma postura conciliatória e buscando ser "propositivo" (Antunes, 1997; Santana, 2000), os têxteis de Santa Catarina praticamente abandonaram instrumentos históricos de luta, como a greve, buscando maior espaço de negociação com o empresariado[32].

O fato é que há total falta de participação do movimento sindical têxtil catarinense nos processos de reestruturação das empresas. Na análise das convenções coletivas, praticamente não há cláusulas que regulem os movimentos reestruturantes empresariais. A tradição da colonização germânica pode ser uma das origens do enfraquecimento sindical na região. Rosane, secretária-geral do STI Vestuário de Jaraguá do Sul, diz: "Aqui na região, com a cultura alemã, as pessoas são muito obedientes, se entregam muito ao trabalho sem exigir muito em troca"[33].

Além disso, o contexto atual de forte desemprego, precarização e informalidade do mercado de trabalho prejudica de forma determinante a atuação dos dirigentes sindicais, já que a pressão da massa de trabalhadores desempregados e na informalidade é muito forte sobre os que estão inseridos no mercado formal. Como lembra Antunes (1997, p. 79): "Com o aumento do fosso entre operários estáveis e precários, parciais, reduz-se fortemente o poder dos sindicatos, historicamente vinculados aos primeiros e, incapazes, até o presente, de incorporar os segmentos não estáveis".

Há, ainda, as estratégias empresariais de atrair o trabalhador ideologicamente para o lado da empresa, para os ideais de produtividade e qualidade empresariais, principalmente por meio dos treinamentos e dos programas de qualidade total. E, quando essa adesão espontânea não ocorre, podem ocorrer ameaças veladas à participação do trabalhador no movimento sindical, como lembrou a dirigente de Jaraguá do Sul em relação às assembléias de trabalhadores, que, apesar das crescentes reclamações, sempre aprovam majoritariamente o sistema de banco de horas.

As respostas do movimento sindical têxtil em Santa Catarina passam pelo que se convencionou chamar de sindicalismo assistencialista. Os três sindicatos estudados possuem sedes grandes e oferecem diversos serviços aos sócios: médicos, dentistas, farmácia, cabeleireiro. Além disso, todos têm, também, sedes de campo e promovem festas e bailes. Em Jaraguá do Sul, por exemplo, há a promoção anual do "Baile da Garota Vestuarista", e a diretoria faz sorteios de brindes nas assembléias de trabalhadores. Há, também, uma forte preocupação com a qualificação e a saúde do trabalhador, traduzida na promoção de seminários, atividades e cursos voltados para esses temas.

---

32 Mais sobre a crise do movimento sindical na década de 1990, ver Jinkings (2002).

33 Entrevista realizada em 18/7/2001.

É esse trabalhador que está mudando ao longo da década. Algumas tendências atuais no perfil do trabalhador têxtil catarinense são constatadas. Verifica-se que estão sendo prioritariamente selecionados os trabalhadores mais escolarizados. Além disso, o diferencial da remuneração por gênero apresenta-se como um forte desafio a ser superado. As mulheres recebem menos devido à divisão sexual do trabalho no processo produtivo e à falta de inserção feminina em cargos de chefia. Assim, os postos de trabalho femininos têm, tradicionalmente, menor remuneração na indústria têxtil. Adicionalmente a esse fato, existem maiores dificuldades para a ascensão profissional das mulheres nas empresas, conforme foi verificado pelos depoimentos expostos.

Por outro lado, a queda nos postos de trabalho da indústria têxtil catarinense foi, a princípio, minimizada com a desvalorização do Real e a mudança de conjuntura econômica. Verificaram-se, a partir do início de 1999, novas contratações em praticamente todas as grandes indústrias têxteis catarinenses. Só nesse ano foram gerados quase 8 mil postos de trabalho formais na indústria têxtil de Santa Catarina, de acordo com dados da Rais. O acumulado de 1999 a 2001 dá um total de quase 26 mil postos de trabalho criados nesses anos. Tal fato é revelador de que o desemprego causado pelas políticas macroeconômicas do país é mais relevante que o desemprego oriundo de inovações tecnológicas ou organizacionais.

O crescimento da produção industrial, verificado a partir de 1999, foi fato fundamental na abertura desses novos postos de trabalho. Todavia, nota-se que a queda nos postos de trabalho nas grandes indústrias é reflexo das estratégias empresariais na busca por maiores taxas de lucro no contexto de consolidação dos programas e reformas de cunho neoliberal, na década de 1990.

Assim, é de fundamental importância tentar desvendar dados sobre a qualidade desses postos de trabalho gerados. Com base nos dados da Rais e do Cadastro Geral de Empregados e Desempregados (Caged), explicita-se o caráter de degradação do emprego atual do setor: os salários estão mais baixos, a escolaridade é mais alta, os trabalhadores mais jovens e, cada vez mais, as mulheres ganham participação nesse mercado de trabalho exigente e precarizado. Parece estar acontecendo um distanciamento progressivo entre trabalho qualificado masculino e trabalho desqualificado feminino, e, apesar de as mulheres muitas vezes terem escolaridade superior aos homens, elas nem mesmo alcançam os escalões mais altos na hierarquia da empresa. É nesse sentido que Tânia Mara Fonseca (2000) denomina a força de trabalho feminina como "ideal". Além disso, é nas pequenas e médias empresas que esses trabalhadores estão preponderantemente alocados.

É assim que, apesar do crescimento dos postos de trabalho formais no período estudado, o fato de eles terem sido abertos por micro, pequenas e médias empresas faz com que as condições de trabalho e remuneração desses trabalhadores fiquem extremamente prejudicadas. No caso de microempresas terceirizadas pela empresa-mãe, é muito comum a prática do trabalho em domicílio, principalmente nos casos de facção de costura, com a costureira trabalhando junto com os filhos para aumentar a produção.

No pólo têxtil de Americana, São Paulo, a terceirização atingiu proporções gigantescas. Em relação a esse tema, Juliana Colli (2000) explicita que a dominação de classe se mantém na relação entre a empresa contratante e a contratada, principalmente porque o contratado continua vendendo o produto do seu trabalho, ou seja, "a compra e a venda da força de trabalho [...] ocorre por vias indiretas, metamorfoseadas no contrato de fornecimento de mercadorias" (Colli, 2000, p. 114). O contratado não tem controle sobre a sua produção, que é determinada pela empresa contratante. Assim, o terceirizado têxtil de Americana assume uma identidade contraditória: ao mesmo tempo em que é capitalista, é assalariado de si mesmo, o que o faz se esforçar ao máximo em seu processo de trabalho e se tornar cada vez mais individualista, cindido da identidade de classe.

Sem perder de vista a reestruturação do modelo de acumulação do capital, Colli afirma que:

> O façonismo, que já era uma forma antiga de terceirização, hoje reorganizado a partir de suas bases originais, é uma forma de tentar superar essa crise (do padrão taylorista/fordista) por meio da expulsão do capital fixo de dentro das empresas [...], investindo em novas tecnologias e assim desvalorizando o antigo capital fixo mediante sua obsolescência [...]. Isso significa, em última análise, que as grandes empresas, ou grupos de marketing e griffes, ou seja, o grande capital, encontraram uma forma de centralizar o capital, descentralizando a produção (Colli, 2000, p. 123).

Em extensa pesquisa de campo sobre a cadeia de subcontratação têxtil em Tubarão, Santa Catarina, Fabíola Cordovil (2001) também conclui que são as grandes indústrias que determinam a possibilidade de trabalho de uma grande quantidade de trabalhadores têxteis ligados às facções. Além disso, o estudo também documenta fotograficamente as, de modo geral, péssimas condições de trabalho e moradia desses trabalhadores, que, em sua maioria, são mulheres.

É interessante notar como o problema do trabalho em domicílio, tão atual no setor têxtil brasileiro, já era comentado por Marx, em relação às indústrias têxteis contemporâneas a ele: "A indústria a domicílio se converteu na seção externa da fábrica. [...] o capital põe em movimento, por meio de fios invisíveis, um grande exército de trabalhadores a domicílio" (Marx, 1996, p. 529). E Marx denuncia suas péssimas condições de trabalho:

> [...] o trabalho a domicílio luta por toda parte contra a produção mecanizada ou pelo menos contra a manufatureira; nele, a pobreza despoja o trabalhador das condições mais indispensáveis ao trabalho, o espaço, a luz, a ventilação, etc; a irregularidade do emprego aumenta e, finalmente, neste último refúgio daqueles que a indústria e a agricultura moderna tornaram supérfluos, atinge o máximo, por força das circunstâncias, a concorrência entre os trabalhadores (Marx, 1996, p. 530).

Druck (1999, p. 128) considera a terceirização como elemento central da adoção do modelo japonês no Brasil e enumera suas características: 1) é a prática de gestão de força de trabalho que mais tem se difundido, não só na indústria, mas nos serviços, comércio e setor público; 2) percebe-se uma mudança na intensificação da terceirização, que deixa de estar restrita aos serviços de apoio para se difundir entre as atividades nucleares das empresas; 3) é o movimento que torna mais visível a "desintegração dos coletivos de trabalho"; 4) agrava a situação do mercado de trabalho com a segmentação, fragmentação, desorganização e a informalização dos trabalhadores; 5) suas conseqüências políticas são, principalmente, a fragilização dos sindicatos e da identidade de classe, fortalecendo identidades corporativas.

É assim, portanto, que fica claro que a degradação das condições de trabalho e do mercado de trabalho mostra-se como parte fundamental desse novo padrão de acumulação, já que este tem base justamente no recrudescimento da exploração do trabalho. Desse modo, o trabalho é fundamental nas estratégias de competitividade das empresas, e é nesse sentido que a centralidade do trabalho é cada vez maior, mas encontra-se focada na precarização e no estranhamento de classe.

Conseqüência disso é que as relações entre capital e trabalho apresentam-se cada vez mais contraditórias, numa condição mais desfavorável aos trabalhadores, acentuada no período considerado e refletida na sua própria organização sindical. O capital, embora segmentado, como corpo único está cada vez mais centralizado e, sendo assim, mais fortalecido e organizado quando refuncionaliza os dados negativos de sua crise a seu favor, em sua busca permanente pela dominação e exploração da força de trabalho.

Esta é a realidade da reestruturação produtiva: predeterminar o sentido do trabalho em relação à valorização do capital.

A centralidade da terceirização na indústria de confecção

A terceirização corresponde a uma das práticas de flexibilização da produção mais incorporada pelas empresas brasileiras como parte do processo de reestruturação produtiva. Em contraste com a verticalização e a concentração das atividades produtivas existentes sob o fordismo, no contexto da acumulação flexível a externalização parcial ou total da produção assumiu um papel fundamental como estratégia de obtenção de lucros e de redução dos gastos com insumos e encargos sociais. Mas essa estratégia econômica não foi a única causa do intenso uso da terceirização nos últimos anos, pois esta foi também empregada como estratégia política, que teve como objetivo enfraquecer o poder sindical, fragmentar o conjunto dos trabalhadores e aumentar a flexibilidade do mercado de trabalho (Young, 2000; Druck, 1999).

Em meio à introdução de políticas de gestão da produção e de medidas de cunho neoliberal no decorrer de 1990, verificou-se nos mais distintos setores econômicos a utilização de formas de subcontratação e, em decorrência destas, um aumento significativo de micro e pequenas empresas. No Brasil uma das justificativas apontadas pelos empresários em relação à busca por trabalhos subcontratados e desregulamentados foi o alto custo pago com os encargos trabalhistas e sociais, cujos valores ultrapassam, na visão deles, a folha de pagamento (Nogueira e Ikezaki, 1999).

Segundo Druck e Borges:

> [...] A terceirização pode ser considerada como a principal política de gestão e organização do trabalho no interior da reestruturação produtiva. Isso porque ela é a forma mais visível da flexibilização do trabalho, pois permite concretizar – no plano da atividade do trabalho – o que mais tem sido propagado pelas estratégias empresariais e pelo discurso empresarial: os "contratos flexíveis". Leia-se: contratos por tempo determinado, por tempo parcial, por tarefa (por empreita), por prestação de serviço, sem cobertura legal e sob responsabilidade de "terceiros". Transferir custos trabalhistas e responsabilidades de gestão passa a ser um grande objetivo das empresas mais modernas e mais bem situadas nos vários setores de atividade, no que são seguidas pelas demais empresas (Druck e Borges, 2002, p. 112).

No caso particular da indústria de confecção, o caráter descontínuo do seu processo produtivo e as suas poucas exigências técnicas contribuíram para que a terceirização acompanhasse toda a história desse ramo. Além de a fragmentação das fases produtivas permitir que cada uma delas fosse operacionalizada em tempos e em espaços diferentes, o maquinário básico – a máquina de costura – desse segmento aumentou a possibilidade de terceirizá-las para qualquer empresa subcontratada ou trabalhadora que o possuía. Nesse sentido, essa fragmentação pode ser considerada uma característica estrutural desse ramo de atividade, que contribuiu para o uso de formas de produção consideradas arcaicas em outros setores, como é o caso do trabalho domiciliar.

Apesar de a terceirização ter sido sempre recorrente nesse setor, nas últimas décadas o modo como ela passou a ser empregada alterou-se. Inserida no cenário de reestruturação, a partir de 1990 a indústria de confecção brasileira sofreu algumas modificações, decorrentes principalmente da abertura do mercado nacional aos produtos estrangeiros, cuja entrada maciça no país estabeleceu uma competição com os produtos brasileiros pautada nos baixos preços e na qualidade. Se, por um lado, a incapacidade de concorrer com esses produtos levou inúmeras empresas a abrir falência, a paralisar a produção ou a fechar definitivamente as unidades produtivas, por outro, uma parcela procurou reorganizar a sua produção com o objetivo de garantir a sua permanência no mercado e de resgatar a sua capacidade competitiva.

Como os salários pagos pela indústria de confecção estão entre os mais baixos pagos pelo setor industrial, a terceirização tornou-se a estratégia central utilizada pelas empresas para diminuir ainda mais os gastos envolvidos no vínculo empregatício. Para isso, as empresas revitalizaram o trabalho domiciliar e, em especial, as cooperativas de trabalho – uma nova modalidade de subcontratação, que isenta de forma legal o empregador (no papel de contratante) do cumprimento dos direitos trabalhistas dos trabalhadores[34].

O uso da terceirização pela indústria de confecção não foi modificado somente pelas novas possibilidades de subcontratação, mas também pela radicalização da terceirização por parte das empresas, na medida em que algumas delas repassaram praticamente toda a produção para fábricas subcontratadas e passaram a dedicar-se ao gerenciamento da própria marca. Na verdade, essa externalização completa corresponde a uma radicalização do antigo *putting out*, que, em um contexto de mundialização do capital e de difusão das tecnologias de informação, reaparece sem os limites espaciais enfrentados no passado. Agora, a informatização e as redes de comunicação não só permitem que a externalização da produção seja praticada por empresas localizadas em diferentes países, mas que o andamento do processo produtivo seja acompanhado em tempo real.

O direcionamento dos investimentos para o gerenciamento da própria marca, em detrimento dos empregos e das unidades produtivas, tem sido uma estratégia adotada por algumas empresas do ramo, como, por exemplo, a Sara Lee, instalada nos Estados Unidos (Klein, 2002), e a empresa brasileira Hering. Essas empresas venderam grande parte de suas fábricas para terceiros, que passaram a ser seus fornecedores, pois, segundo Fábio

34 As cooperativas de trabalho geralmente são constituídas por empregadores que demitem seus funcionários e os incentivam a formar uma cooperativa, para a qual passam a transferir a sua produção, ou são formadas como uma modalidade de terceirização que se configura como uma forma de assalariamento disfarçado. Em ambos os casos, as relações de trabalho não se caracterizam pelos princípios do cooperativismo, conforme estão presentes nas cooperativas de produção, por exemplo.

Hering, vice-presidente da Hering ,"[...] hoje não é na manufatura que se pode ganhar ou perder. As tecnologias em confecção são basicamente as mesmas. O que faz a diferença é a força da marca [...]" (Silvestrini, 1999, p. 43).

Em nome da "marca", na década de 1990 a Hering terceirizou 55% da sua produção e diminuiu o número de empregos diretos de 13 mil para 3700, ou seja, 71% da força de trabalho empregada diretamente perdeu os seus postos de trabalho. Com isso compreendemos a afirmação da dirigente sindical Letícia, do STI do Vestuário de Sorocaba e Região:

> Eu acho que a diferença de hoje [...] foi a evolução que a indústria de confecção teve nas formas de contratação e também das plantas. [...] Para nós isso está muito claro hoje, as formas que a indústria encontrou para continuar com o seu ganho de lucro [...] e, inclusive, passando logicamente sempre pela precarização dos trabalhadores. Hoje você pega uma marca, ela não tem fábrica, [...] são fábricas virtuais, entendeu? Virtuais. Por quê? Porque você pega uma fábrica, você pega a Zoomp, que é uma grife e que não tem fábrica (Letícia, 20/5/2002).[35]

Nesse sentido, para compreendermos como a terceirização na indústria de confecção passou a ocorrer sob condições históricas novas, analisaremos nos próximos itens a reestruturação desse ramo no plano internacional e nacional, para tratarmos, em seguida, da Levi Strauss do Brasil, que realizou uma radical reestruturação na década de 1990, ao demitir todas as suas funcionárias e ao transferir a sua atividade produtiva para uma cooperativa, implantada, exclusivamente, para confeccionar os seus produtos.

1 A reestruturação da indústria de confecção: modernização pontual e revitalização de formas de subcontratação

Ao analisarmos a reestruturação levada a cabo pela indústria de confecção, estamos diante de um ramo de atividade exemplar do caráter heterogêneo e desigual do processo de reorganização empreendido a partir de 1970 e do papel desempenhado pelos Estados na economia de suas respectivas nações. Ao mesmo tempo em que observamos o aumento da competitividade dessa indústria, pela incorporação de inovações tecnológicas, percebemos, por outro lado, que de certo modo essas técnicas têm fomentado a difusão da terceirização em diferentes regiões onde o custo da força de trabalho é menor. Isso significa que a modernização realizada por algumas empresas, seja contando com investimentos privados ou com o apoio de políticas industriais protecionistas, tem levado ao uso eficiente do trabalho intensivo em empresas e oficinas subcontratadas.

Em um contexto caracterizado pelas novas formas de acumulação flexível, a indústria de confecção mostrou-se como um dos setores que permitiram a coexistência de dois processos aparentemente opostos. Ao mesmo tempo em que houve o desencadeamento de uma modernização industrial no setor, ocorreu também a revitalização de formas pretéritas de trabalho, como é o caso da terceirização via trabalho domiciliar ou sob a

[35] Para garantir o sigilo da identidade das pessoas entrevistadas e de outras citadas nos seus depoimentos, os nomes utilizados no texto para identificá-las são fictícios.

forma de cooperativas. Na realidade, a oposição é apenas aparente, uma vez que essa revitalização incorporou elementos das novas técnicas de gestão da produção e das tecnologias de informação, ampliando as possibilidades de acumulação nessa indústria. Ademais, a contradição presente no encadeamento desses dois processos parece se constituir como uma característica intrínseca da indústria de confecção, justamente por esta ter se desenvolvido ao longo do século XX com base na incorporação pontual de inovações tecnológicas e na externalização da produção, que era conhecida como *putting out*.

Ao cotejarmos pesquisas desenvolvidas no exterior, especialmente no Reino Unido, no Canadá, nos Estados Unidos, na Indonésia e no México (Lloyd, 1997; Gannagé, s.d.; Gereffi, 1998; Hassler, 2000), observamos como esse duplo processo de *modernização* e de *precarização* está presente também nas empresas de confecção de países de capitalismo avançado, embora nestes os impactos da reestruturação produtiva sobre a classe trabalhadora se diferenciem pelo modo como vem sendo desencadeada e pela intervenção do Estado na regulamentação do mercado de trabalho.

Isso quer dizer que não podemos igualar a deterioração das condições de trabalho e de vida das trabalhadoras da indústria de confecção dos diferentes países, pois alguns destes, ao subcontratarem empresas de outras nações, buscam obter uma lucratividade ainda maior, seja pelos baixos salários pagos, seja pelo uso de contratos ou formas de trabalho instáveis e precários.

Essas diferenças evidenciam-se na análise de Gannagé (s.d.) e de Gereffi (1998). Em seu estudo, Gannagé analisa as principais mudanças desencadeadas no setor de confecção canadense e o papel do Estado no processo de reorganização da produção. Se durante muito tempo a indústria de confecção canadense esteve fortemente protegida contra a entrada de produtos estrangeiros, esse protecionismo foi alterado significativamente a partir dos incentivos oferecidos pelo Estado canadense à integração econômica com os Estados Unidos (North America Free Trade Agreement – Nafta), provocando uma redução de 23 mil postos de trabalho entre 1989 e 1990, um ano após a introdução desse acordo de livre-comércio. Se o processo de reestruturação no setor havia se iniciado entre o final de 1960 e começo de 1970, com a adoção do Nafta ele foi intensificado, alterando profundamente as formas de produção, a estrutura ocupacional e as relações de trabalho, com a introdução de inovações tecnológicas e de novas estratégias gerenciais, por exemplo, expandindo as horas extras, o trabalho em tempo parcial e o trabalho domiciliar.

No bojo dessas mudanças, chamam a atenção os efeitos dos sistemas informatizados empregados pelas empresas canadense na fase de pré-montagem. De um modo geral, as inovações tecnológicas incorporadas pela indústria de confecção têm predominado na fase de pré-montagem, conforme expõem diversos estudos (Gannagé, s.d.; Lloyd, 1997; Gaspar e Versiani, 1999; Gazzana, 1997) e não na costura propriamente dita.

Para se compreender as razões da implantação do sistema computadorizado e as mudanças por ele originadas no setor de pré-montagem, é preciso ter clareza sobre o funcionamento dessa fase do processo produtivo. A pré-montagem representa uma etapa fundamental na elaboração do produto e tem os postos de trabalho mais bem pagos, que geralmente são ocupados por homens. Essa etapa é constituída por alguns estágios que precedem a costura, como, por exemplo: a criação dos modelos; a elaboração de esboços em papel de cada parte desses modelos, a partir dos diferentes tamanhos que se deseja obter; e, por último, o corte do tecido com base nesses esboços.

Com a introdução dos sistemas informatizados, todos esses estágios passam a ser feitos pelo computador, alterando a natureza do processo de produção da pré-montagem, reduzindo o tempo despendido para realizá-lo e os desperdícios no corte dos tecidos. Modelos básicos são convertidos em códigos informatizados, pelos quais novos modelos são criados, levando-se em conta os diferentes tamanhos, o tipo e a estampa dos tecidos que serão confeccionados.

Desse modo, à medida que os sistemas informatizados possibilitaram uma racionalização da produção pelo aumento da produtividade e pela redução do tempo de produção, as empresas pesquisadas por Gannagé passaram a transferir o trabalho de montagem (a costura) para os Estados Unidos, onde os salários pagos eram menores que os canadenses. Com isso, houve um crescimento da subcontratação de empresas estadunidenses e do trabalho domiciliar realizado no próprio país.

Uma enquete feita no Canadá pelo sindicato dos trabalhadores das indústrias do vestuário (International Ladies' Garment Workers' Union – ILGWU), com costureiras domiciliares, mostrou que a maior parte delas era chinesa e ganhava menos de um salário mínimo. A difusão do trabalho domiciliar, associada com a saída de empresas para localidades não urbanas ou para outro país, contribuiu para o enfraquecimento desse sindicato, cuja base havia diminuído em dois terços desde 1986.

Em sua pesquisa, Gereffi (1998) também estudou redes de subcontratação envolvendo empresas do setor do vestuário do México e dos Estados Unidos, fomentadas principalmente com a regulamentação do Nafta. Para isso, Gereffi analisou as complexas relações interfirmas estabelecidas entre grupos varejistas, produtores, fornecedores de matérias-primas e estilistas que compõem a cadeia produtiva (*commodity chain*) do vestuário, criadas com o objetivo de garantir uma maior capacidade competitiva no mercado internacional que a apresentada pelas empresas individualmente.

Apesar de o desenvolvimento industrial do setor e de a integração regional entre as empresas desses dois países terem sido colocados como propósitos subjacentes à constituição dessas redes, observamos, com base no estudo de Gereffi, o surgimento de efeitos distintos para a indústria do vestuário mexicana e estadunidense. Nesta, apesar da diminuição dos postos de trabalho verificada no decorrer da década de 1990, o ramo têxtil e de vestuário destacava-se no final de 1994 entre os maiores setores manufatureiros do país. Com o Nafta, empresas dos Estados Unidos passaram a subcontratar a produção de fábricas instaladas no norte do México (principalmente das *maquiladoras*), usufruindo da liberalização comercial implantada pelo acordo, bem como de leis estadunidenses para proteger a sua indústria.

Em contrapartida, se houve no México a expansão do número de empregos desse setor e da exportação de roupas, ela resultou não só da integração econômica, mas dos incentivos proporcionados às empresas estrangeiras pela desvalorização do padrão salarial mexicano (provocada pela liberalização da economia nacional) e, além disso, pelo grande contingente de trabalhadores nas *maquiladoras*, remunerados com baixos salários. Para exemplificar, em 1992 a remuneração paga por hora a uma trabalhadora do setor do vestuário mexicano correspondia em média a 16% da que era paga a uma trabalhadora norte-americana, ou seja, em valores absolutos, equivalia aproximadamente a US$ 1,43, em contraste com os US$ 9 pagos no país vizinho.

Produzindo em grande escala roupas básicas padronizadas, como jeans, roupas íntimas e uniformes de trabalho, as *maquiladoras* eram impedidas de utilizar insumos nacionais acima do limite de 2 a 4% estabelecido pela lei estadunidense, pois, assim, as empresas dos Estados Unidos estariam isentas das taxas de importação que recaíam sobre os produtos acabados em outros países, quando a porcentagem de insumos utilizada fosse maior que o estabelecido. Tal impedimento evidencia o caráter desigual dessa integração regional, pois ela possibilitou sobretudo o aumento da capacidade competitiva da cadeia produtiva norte-americana, pelo uso de uma força de trabalho barata, majoritariamente feminina, e pela subordinação das *maquiladoras* às decisões dos fabricantes têxteis e do vestuário localizados nos Estados Unidos. Estes, aliás, procurando ampliar o seu controle sobre a cadeia mexicana de vestuário, iniciaram um processo de aquisição de ações das principais tecelagens do México. Conforme Gereffi afirma:

> [...] As montadoras mexicanas voltadas para a exportação estão organicamente ligadas e completamente subordinadas aos produtores de têxteis e de vestuário norte-americanos. Esses fabricantes tendem a ser muito grandes, verticalmente integrados e estabelecidos no sul dos Estados Unidos. [...] [E] estão intimamente ligadas a muitas das maiores confecções norte-americanas, tais como a empresa de capital Levi Strauss and Co., *maior confecção do globo*, com vendas de US$ 6,1 bilhões em 1994 [...]. As empresas transnacionais norte-americanas de têxteis e de fibras estão agindo para controlar os centros estratégicos da cadeia mexicana. Em 1992, a Cone Mills de Greensboro, na Carolina do Norte, maior produtora mundial de brim, adquiriu uma participação de 50% na Compañía Industrial de Parras (Cipsa), uma das maiores tecelagens do México. [...] A Cone é a maior fornecedora de brim da Levi Strauss and Co., principal fabricante mundial de jeans, que tem várias instalações germinadas na área de El Paso e Ciudad Juarez (Gereffi, 1998, p. 118, grifo nosso).

Todavia, a maior parte do volume de importações de vestuário norte-americanas não era proveniente do México, mas sim dos países asiáticos, da América Central e do Caribe, cujos custos com a força de trabalho eram significativamente menores. Segundo dados apontados por Gereffi, no início da década de 1990 a hora de trabalho no setor do vestuário correspondia a US$ 1,08 no México, US$ 0,88 na Costa Rica, US$ 0,64 na República Dominicana, US$ 0,48 em Honduras, em contraste com os US$ 8,13 pagos nos Estados Unidos. No entanto, o menor valor verificado entre estes países pode corresponder ao dobro do que era pago por algumas empresas na China, subcontratadas de grifes famosas, como podemos observar no quadro abaixo:

Salário pago por hora nas fábricas chinesas subcontratadas

Empresa/Etiqueta (contratante)	Fábrica na China	Salário por hora	Horas por semana
EspritLabel (Esprit Group)	You Li Fashion Factory	US$ 0,13	93 (das 7h30 às 24h; 7 dias da semana)

J. C. Penney	Zhong Mei Garment Factory	US$ 0,18	78 (turnos de 11 horas; 7 dias na semana)
Ralph Lauren, Ellen Tracy/ Linda Allard	Iris Fashion	US$ 0,20	72-80 (turnos de 12 a 15 horas; 6 dias da semana)
Adidas Garment	Tung Tat Garment Factory	US$ 0,22	75-87,5 (turno de 12,5 horas; 6 ou 7 dias na semana)
Wal-Mart	Tianjin Yahua Garment Factory	US$ 0,23	60
Cherokee Jeans	Meiming Garment Factory	US$ 0,24	60-70
Sears	Tianjin Beifang Garment Factory	US$ 0,28	60

Fonte: Klein (2002, p. 522), adaptado. Extraído de "Company Profiles/Working Condition: Factories in China Producting Goods for Export to the U.S.", "Made in China: Behind the Label", Charles Kernaghan, do National Labor Committee, março de 1998. Salários em dólares norte-americanos.

De modo semelhante às *maquiladoras* existentes no México, as zonas de processamento de exportação (ZPEs), constituídas inicialmente com o objetivo de promover o desenvolvimento econômico dos países em desenvolvimento (Klein, 2002), tornaram-se áreas nas quais as fábricas instaladas são subcontratadas de empresas sediadas em outros países (como nos Estados Unidos, na Alemanha, no Canadá, na Grã-Bretanha ou no Japão) e, ainda que empreguem um grande contingente de trabalhadores, esses empregos são considerados precários (Gereffi, 1998), devido aos baixos salários, ao não-cumprimento da legislação trabalhista, às longas jornadas de trabalho, aos abusos de poder cometidos por chefias, à proibição de manifestações, de greves ou, até mesmo, da presença dos sindicatos.

Nessas zonas, a repressão contra os sindicatos manifesta-se no fechamento de fábricas, que se transferem para outras áreas, e nas demissões em massa, como agiu, em 1995, uma empresa localizada em El Salvador, subcontratada da grife GAP, "[...] quando do surgimento de um sindicato para protestar contra as péssimas condições de trabalho, tais como 14 horas diárias, salários abaixo do nível de pobreza e abuso sexual" (Gereffi, 1998, p. 116).

Partindo dessa análise sobre a reestruturação no cenário mundial, verificamos na indústria de confecção brasileira uma reorganização produtiva caracterizada principalmente por um movimento de revitalização de formas pretéritas de trabalho, que passaram a ser utilizadas como novas modalidades de subcontratação. Enquanto em outros países a flexibilização da produção via subcontratação foi combinada com uma certa modernização, pelo emprego de inovações tecnológicas, no Brasil ela foi orientada em outro sentido, evitando os investimentos em novos equipamentos e em inovações organizacionais, revigorando, ao mesmo tempo, o trabalho domiciliar.

Desse modo, diversos estudos (J. C. Lima, 1998, 1999 e 2002; Moreira, 1997; Pinheiro e Sampaio, 1994; Amorim e Araújo, 2002) têm apontado a terceirização como elemento central do processo de reestruturação da indústria de confecção. Se a prática regular da externalização da produção contribuiu para que se intensificasse na última década o uso de diversas formas de subcontratação, em um contexto de acumulação flexível ela parece ter se tornado a principal estratégia de redução de custos e, portanto, de maximização dos lucros para o setor estudado. A terceirização consolidou-se, então, como uma prática estratégica para as empresas de diferentes tamanhos e capacidades produtivas, inclusive para as grandes empresas que tinham, de certo modo, críticas ao padrão de qualidade dos produtos confeccionados por empresas subcontratadas ou por trabalhadoras domiciliares.

Como resultado dessas estratégias de reorganização da produção, houve ao longo de 1990 uma alteração na composição industrial do setor de confecção. O uso quase generalizado da terceirização levou à diminuição no número de grandes empresas e ao aumento significativo das médias e pequenas. Conforme análise realizada pelo Instituto de Estudos e Marketing Industrial (Iemi, 1999), a indústria de confecção nacional era composta por 97% de micro, pequenas e médias empresas.

A mudança na composição dessa indústria não foi, entretanto, o único aspecto que a diferenciou. Houve, no período de 1990-2000, um aumento na participação das empresas instaladas nas regiões Nordeste e Norte do país, causado, especialmente, pela deslocalização geográfica das empresas dos estados do Sudeste e Sul, atraídas pelos incentivos fiscais, doação e/ou comodato de terrenos e galpões, linhas de créditos especiais, força de trabalho barata e, além de outros incentivos, pela possibilidade de formar cooperativas contando com o respaldo do estado. Fundadas sob o discurso da "parceria" entre trabalhador e empregador, as cooperativas de trabalho ganharam novos contornos e se constituíram como uma forma de assalariamento disfarçado.

Essas cooperativas de trabalho surgiram em várias regiões brasileiras, mas foi nos estados nordestinos, especialmente no Ceará, que elas começaram a ser implantadas. Como argumenta Lima sobre a estratégia do governo cearense:

> As cooperativas de produção industrial, [...] integravam a estratégia governamental para reforçar e favorecer um fator que já era favorável na atração de empresas para o Ceará: a mão-de-obra barata. Soma-se a esse fator a possibilidade de terceirizar partes do processo ou o processo todo em cooperativas, eliminando custos com obrigações trabalhistas. Mesmo que isso tenha ferido a concepção de cooperativa vinculada à livre organização dos trabalhadores, o modelo possibilitou atrair empresas que, possivelmente, não iriam para o estado e para cidades sertanejas, se tivessem que enfrentar custos com obrigações trabalhistas [...] (J. C. Lima, 2002, p. 56).

Essas cooperativas se difundiram a partir de uma modificação no artigo 442 da CLT, sugerida pelo Movimento dos Trabalhadores Rurais Sem Terra (MST) e encaminhada pelo Partido dos Trabalhadores (PT) com o objetivo de beneficiar os trabalhadores assentados nos projetos de reforma agrária (J. C. Lima, 1998). Com a Lei nº 8.949/94 foi introduzido o parágrafo único no artigo 442, estabelecendo que: "[...] qualquer que seja o ramo de atividade da sociedade cooperativa, não existe vínculo empregatício entre ela e seus associados, *nem entre estes e os tomadores de serviço daquela*" (Nogueira e Ikezaki, 1999, p. 443, grifo nosso).

O problema do parágrafo encontra-se na parte grifada, pois por meio dela não se estabelece o vínculo entre cooperados e contratantes, o que favoreceu o surgimento de cooperativas de trabalho, ou "cooperfraudes", como são denominadas no meio sindical. Estas se tornaram uma forma de subcontratação para empresas que, em busca de redução de custos, passaram a demitir seus funcionários e a recontratá-los por meio de uma cooperativa, mas mantendo as mesmas características existentes no trabalho assalariado, em termos de organização do trabalho e da subordinação às ordens do empregador (contratante).

A estratégia de criação de cooperativas de trabalho difundiu-se significativamente nos últimos anos em regiões desenvolvidas e compostas por uma força de trabalho com experiência e qualificação profissional. Se as mudanças desencadeadas pela reestruturação da indústria de confecção brasileira não se restringem à difusão e aos impactos das cooperativas de trabalho criadas no setor, podemos considerá-las como centrais na redefinição das formas de subcontratação realizadas por este segmento industrial. Como pretendemos mostrar no próximo item, ao analisarmos a reestruturação da empresa Levi Strauss do Brasil, o surgimento dessas cooperativas constituiu uma nova possibilidade de explorar a força de trabalho, inclusive nos estados altamente industrializados, como é o caso de São Paulo.

2 A empresa Levi Strauss do Brasil

A Levi Strauss do Brasil foi implantada no início da década de 1970, quando vigorava no país o regime militar. Atuando no segmento de confecção de jeans, a primeira unidade produtiva brasileira foi instalada em São Paulo e transferida posteriormente para a cidade de Cotia (município da Região Metropolitana de São Paulo), onde ampliou suas instalações.

A implantação da Levi Strauss no Brasil provocou impacto entre as empresas do mesmo segmento existentes no país, pois trouxe consigo o nome de uma marca reconhecida internacionalmente e o aparato tecnológico da matriz. Assim, o padrão de qualidade da maior fabricante mundial de calças jeans acompanhava as inovações tecnológicas repassadas para a nova filial. Esse perfil pode ter sido considerado como sinônimo de competitividade para os empresários brasileiros do ramo, considerados conservadores no que diz respeito a investir em inovações técnicas e gerenciais.

Quando a Levi Strauss expandiu suas instalações na cidade de Cotia, em meados de 1970, caracterizava-se como uma grande empresa, empregando acima de quinhentos trabalhadores, com predomínio da força de trabalho feminina. Na década seguinte, ela cresceu ainda mais, atingindo aproximadamente um total de 1500 funcionários, demonstrando, com isso, o êxito das atividades dessa nova unidade produtiva, provavelmente favorecida pelo baixo custo da força de trabalho brasileira se comparada à norte-americana.

Após a admissão, o critério fundamental para as funcionárias permanecerem na empresa era alcançar um índice de 99% de qualidade e um mínimo de 75% de produtividade. Essa porcentagem deveria atingir, progressivamente, o intervalo entre 90 e 100%, pois, conforme uma de suas ex-encarregadas entrevistada:

> [...] a meta da Levi's sempre foi de noventa a cem por cento. Só que cem por cento era uma meta que poucos funcionários atingiam, porque cem por cento, com a qualidade que a Levi's queria (um por cento de índice de segunda qualidade), era um número muito alto, mas não era um número impossível na empresa (Vera, 1/3/2003).

Para obter esse desempenho, todas as trabalhadoras admitidas passavam por um treinamento de três meses, realizado na própria produção, pelas treinadoras e supervisoras.

À medida que a costureira aumentava o seu índice de produtividade, era distinguida de acordo com três categorias – "A" (mínimo de 75%), "B" (acima de 85%), "Padrão" (acima de 90%) –, nas quais se pautavam os prêmios concedidos para cada trabalhadora.

Para alcançar as metas de produtividade, a produção era organizada de tal modo que facilitasse o aumento do ritmo de trabalho e eliminasse os movimentos desnecessários para a execução da atividade. As costureiras recebiam as peças trazidas em um carrinho por um funcionário (denominado como "*boy*"), ao qual cabia a responsabilidade de garantir o fluxo da produção, transportando entre uma costureira e outra as peças para serem confeccionadas. Desse modo, dois carrinhos ficavam ao lado das costureiras: num deles estava o volume de produtos para serem costurados; o outro carrinho, vazio no início, recebia as peças produzidas ao longo do dia. Reduziam-se, com isso, gestos simples que poderiam desperdiçar tempo de trabalho.

Se essa organização da produção procurava "facilitar" as tarefas das costureiras, pretendia também eliminar possíveis situações que as motivassem a se levantar ou a se distrair, como nos aponta o depoimento da trabalhadora:

> Para você chegar [a] padrão, que era o máximo da costureira, teria que chegar a noventa e cinco por cento. A gente [se] acabava, né? Na época que eu entrei, conforme a gente estava trabalhando, você não podia levantar a cabeça, você estava o tempo todo ali, [...] qualquer coisa que pedisse tinha ajudante [e] pela forma que a gente falava ele já entendia, porque ele não perdia tempo vindo perto da gente, explicando, então era tudo muito corrido. Se você levantasse a cabeça, sem pedir nada, já estava a supervisora: "Você quer alguma coisa?" [...] A gente queria descansar o pescoço, porque queimava você ficar o tempo todinho, o movimento que é muito corrido [...] (Gilda, 31/1/2003).

Aliás, "cuidadosas" e "minuciosas" poderiam ser os adjetivos atribuídos às costureiras da Levi Strauss por garantirem o padrão de qualidade da empresa. Para se ter uma idéia do rigor ao qual as trabalhadoras estavam submetidas, elas costuravam seguindo medidas padronizadas, sem poder se desviar do intervalo milimétrico determinado para cada parte da calça. Após a confecção, os artigos eram inspecionados por uma inspetora de qualidade, responsável pela fiscalização completa de todas as peças – inclusive por medir com uma régua específica o número de pontos das costuras –, e, em seguida, eram fiscalizados por uma auditoria final. Todos esses cuidados com a produção deveriam ser tomados a cada instante que se tinha em mãos uma nova peça e, ao mesmo tempo, deveriam ser feitos com a rapidez necessária para atingir o índice de produtividade.

As metas de produtividade e de qualidade, combinadas com o ritmo intenso das máquinas modernas introduzidas no início da década de 1990, exigiam, além dos esforços mobilizados na execução de cada operação, a capacidade de a trabalhadora disciplinar e adaptar o seu tempo individual ao ritmo do maquinário. Essa adaptação efetivava-se no período de treinamento realizado quando a empregada era contratada, pois não bastava a habilidade para costurar determinada peça: ela deveria ser aperfeiçoada, atingindo a definição e a eficácia consideradas necessárias para os padrões de qualidade e de produtividade.

Para termos uma noção da produção diária e da rapidez dessas costureiras, podemos observar a descrição de uma delas, cuja função era costurar a barra das calças jeans, uma das últimas e mais difíceis etapas da confecção, porque, além de a peça estar mais pesada, a máquina na qual essa tarefa era realizada exigia não só o movimento dos braços e das mãos, mas também das pernas, que controlavam o seu encaixe embaixo da agulha.

> Eu fazia 24, 27 pacotes de 60 peças. Tinha dias que chegava até a 32 pacotes. [...] Eu fiquei quatro anos e pouquinho numa máquina só. Eu não sei por que fiquei doente desse jeito. Eu não sei se foi a produção mesmo. Chegou um moço para medir o movimento que a gente fazia... *era mais de cento e poucos mil movimentos por dia*... porque [em] cada barra a gente fazia 29 movimentos. Quer dizer, uma calça chegava a 58 movimentos. Isso tirando aquele movimento da linha quebrar e trocar a carretilha (Elizabeth, 30/1/2003, grifo nosso).

Se os movimentos feitos pela entrevistada durante a execução da sua tarefa ultrapassavam a quantia de 100 mil, é provável que esse cálculo estava baseado em uma produção média de trinta pacotes por dia, equivalente a 1800 calças ou a 3600 barras. Se dividirmos esse total pela jornada de trabalho (oito horas e trinta minutos), constataremos que, para cada barra confeccionada, essa trabalhadora deveria gastar no máximo oito segundos e meio, isto é, nesse pequeno intervalo de tempo, ela repetia os 29 movimentos, ciclo realizado 104.400 vezes diariamente, com a mesma precisão e qualidade exigidas pela empresa.

Ainda mais rigorosos eram os critérios de qualidade que as trabalhadoras deveriam seguir quando se tratava da confecção dos produtos direcionados para o mercado externo. No início da década de 1990, sob o impacto das mudanças introduzidas na política econômica do país, a empresa criou um setor de exportação. Essa medida procurava dar uma resposta aos efeitos da crise econômica sobre a produção, utilizando-se de condições proporcionadas pela redução das taxas de importação.

Dessa forma, a empresa passou a importar todos os insumos necessários para a confecção da calça jeans "501", considerada o principal modelo vendido nos Estados Unidos, e a exportá-la para esse país. Ademais, direcionou para esse setor as melhores costureiras, justamente para garantir o índice de 100% de qualidade da matriz, cuja porcentagem era acima da brasileira *apenas* 1%, o que correspondia, na prática, a nenhum defeito nas peças. Para as trabalhadoras, essa exigência, bem como aquelas relacionadas às características dos tecidos e dos manequins, revertia-se no aumento da intensidade do trabalho, principalmente porque as metas de produtividade não foram adaptadas ao maior grau de dificuldade envolvido na produção do novo modelo.

A introdução do setor de exportação ocorreu após a demissão em massa de centenas de funcionárias, estando entre elas desde costureiras até supervisoras. O reflexo da queda das vendas no mercado interno pode ser observado no conjunto de medidas adotado pela Levi Strauss com o objetivo de reorganizar a produção: redução da força de trabalho e dos níveis hierárquicos, direcionamento de produtos para o exterior, modernização do aparato produtivo e intensificação da terceirização.

Um dos elementos importantes dessa reorganização foram os cursos/palestras oferecidos às trabalhadoras, voltados fundamentalmente para uma mudança comportamental. O conteúdo deles indicava a nova orientação que a empresa pretendia dar às funcionárias: convencê-las dos problemas enfrentados pela empresa e da importância do envolvimento delas na sua resolução.

Se não houve por parte da Levi Strauss uma preocupação em incorporar elementos do toyotismo na organização da produção e do trabalho, pelo menos os cursos que ela promoveu indicam a incorporação de um elemento fundamental desse modelo produtivo, ou seja, a busca do consentimento ativo da força de trabalho em relação às metas da empresa.

A vulnerabilidade e o medo das trabalhadoras diante da ameaça do desemprego parecem ter levado algumas delas a enxergar esses cursos com naturalidade, convencidas da necessidade de se empenharem pela manutenção do seu posto de trabalho.

Em outros momentos, também se tentou convencer as trabalhadoras da inevitabilidade de demissões, caso não aceitassem as condições que estavam sendo oferecidas para elas. Essa prática ocorreu em meados da década de 1990, quando foram criadas comissões formadas por trabalhadoras para negociar com a direção um aumento salarial. Às propostas das trabalhadoras, a empresa contrapôs um acréscimo menor dos salários, considerando o alto custo destes se comparados com os pagos no Nordeste, inclusive, por fábricas que antes estavam instaladas no Estado de São Paulo. Segundo uma entrevistada que participou em 1996 dessa comissão de aumento:

> Eles passaram para nós da comissão filme de fábricas indo embora de São Paulo para o Nordeste, que lá elas [as trabalhadoras] ganhavam o salário mínimo e trabalhavam mais do que a gente aqui. Eles passaram filme, falaram do negócio da globalização (isso eles também falavam nas reuniões com as pessoas na fábrica), que a Staroup também fabricava para a Levi's dos Estados Unidos e ela cobrava mais barato que a Levi's daqui. Então eles usavam todo esse jogo: que a mão-de-obra do Nordeste trabalhava bastante, fabricava bem e ganhava salário mínimo; se eles mudassem para lá iriam ter mais lucro do que aqui, que pagavam tanto para uma costureira só (Dolores, 31/1/2003).

Nessa ocasião, o reajuste não se concretizou conforme os planos da comissão. Durante as reuniões de negociação, a empresa recusou-se a aceitá-la e deu indícios de que demitiria caso as trabalhadoras não acatassem a sua proposta de reajuste. Contudo, ao relatar o processo de negociação estabelecido pelo sindicato e pelos representantes da comissão, a trabalhadora entrevistada apontou qual foi, na sua opinião, o objetivo da empresa:

> Eu participei de uma comissão de aumento [...]. A gente foi lá com o sindicato, só que eles [empresa] fizeram uma pressão terrível [...]. Eles estavam querendo manipular a gente para não

> dar o aumento. [...] Eles sabiam que entre as meninas da produção que estavam lá [na comissão] a que tinha mais influência com o pessoal lá dentro era eu. Então eles falavam olhando para mim: "Se vocês não aceitarem o aumento que a gente está dando, então nós vamos mandar todas embora". Nas últimas reuniões entrou esse moço [funcionário da parte administrativa] [...], ele falou pra mim: "Você sabia que se a gente quiser nós podemos fazer igual na Argentina, mandar todas as costureiras embora? Lá a gente não tem uma máquina, com uma costureira e lá é a maior produção da Levi's". E foi o que eles fizeram, então eles já tinham o plano, entendeu? [...] De mandar todas as costureiras embora e terceirizar, por isso eles não queriam dar o aumento. [...] Porque senão eles teriam que pagar muito mais (Dolores, 31/1/2003).

Considerando-se que no período das discussões da comissão de aumento deveria estar em curso a elaboração das novas orientações da Levi Strauss para as suas unidades produtivas, é provável que a sua filial brasileira tenha procurado adotar uma medida que não a prejudicasse em longo prazo, caso o encaminhamento a ser dado para a sua produção viesse a ser o mesmo das filiais norte-americanas: a flexibilização total da produção acompanhada do fechamento de suas fábricas.

Essa flexibilização correspondeu a uma reestruturação radical realizada pela matriz com o objetivo de focalizar os investimentos. Segundo a explicação de John Ermatinger (presidente da divisão Levi Strauss Americas), sobre o fechamento de 22 fábricas e a demissão de 13 mil trabalhadores norte-americanos entre novembro de 1997 e fevereiro de 1999, a nova estratégia da empresa era investir no gerenciamento de marca e transferir a sua produção para subcontratadas localizadas em diferentes partes do mundo. De um modo geral, como Ermatinger explica:

> Nosso plano estratégico na América do Norte é focalizar intensamente o gerenciamento de marca, o marketing e o projeto de produto como um meio de atender às necessidades e desejos de roupas informais dos consumidores. Mudar uma parcela significativa de nossa fabricação de mercados americanos e canadenses para terceiros em todo o mundo dará à empresa maior flexibilidade para alocar recursos e capital a suas marcas. Esses passos são essenciais se quisermos continuar competitivos (Klein, 2002, p. 219).

Em maio de 1998, as novas orientações da matriz concretizaram-se na filial brasileira. Esta, do mesmo modo, reorganizou toda a sua produção ao encerrar as suas atividades produtivas e ao demitir todas as suas funcionárias, que nesse período correspondiam a aproximadamente setecentas trabalhadoras. Podemos considerar que a medida adotada pela Levi Strauss do Brasil de externalizar toda a sua produção correspondeu a uma radicalização do *putting out*, acompanhada da revitalização de uma modalidade de terceirização: as cooperativas. Isso significa que, para dedicar-se ao gerenciamento da própria marca, a filial brasileira procurou no "cooperativismo" uma alternativa de baratear ainda mais o custo da força de trabalho. Para isso, repassou toda a sua produção e parte do seu maquinário para uma cooperativa implantada exclusivamente para confeccionar os seus artigos e, ao mesmo tempo, encaminhou suas ex-funcionárias para participarem dos cursos oferecidos pelos responsáveis pela cooperativa.

Nesse sentido, com base nas discussões realizadas até aqui, procuraremos analisar no próximo item a experiência "cooperativista" das ex-funcionárias da Levi Strauss.

3 Cooperativas de trabalho: uma nova modalidade de terceirização

Três meses após o encerramento de suas atividades, a Levi Strauss do Brasil deu início ao uso de uma nova modalidade de terceirização: a subcontratação dos serviços prestados por uma cooperativa. Ela transferiu a sua produção para as instalações da Cooperativa de Trabalho dos Profissionais de Suporte Administrativo e Operacional (Uniop)[36], que se instalou na cidade de Cotia, em agosto de 1998, voltada, exclusivamente, para a fabricação dos produtos da marca Levi's.

Ao constituir a cooperativa, a Levi Strauss tinha certeza da adesão de suas ex-funcionárias e do envolvimento disciplinado que teriam com as exigências de produção. Afinal, mais do que nunca, as trabalhadoras teriam agora de reforçar os seus laços de solidariedade para viabilizar a existência daquela unidade produtiva que estava sendo colocada como sua propriedade e para garantir uma produtividade semelhante ou superior àquela obtida na Levi Strauss, que fosse capaz de lhes assegurar uma remuneração cujo valor compensasse a ausência de benefícios e do registro em carteira.

Segundo o depoimento de uma trabalhadora entrevistada:

> Quando entrei na cooperativa, eu entrei com a expectativa que aquilo lá ia ser muito bom para a gente. Ia ser muito bom porque já era o serviço que a gente conhecia, a gente já ia trabalhar com as máquinas que a gente estava acostumada e [...] com um *apadrinhamento* que era uma Levi's. Quando a gente ficou sabendo que ia trabalhar para a Levi's, a Levi's nunca pisou com a gente, então a Levi's nunca ia pisar com a cooperativa. Só o fato de saber que nosso cliente seria a Levi's, para a gente já foi um incentivo [e] tinha tudo para dar certo (Vilma, 28/2/2003).

Apesar de as trabalhadoras terem tomado uma decisão espontânea ao se filiar à cooperativa, elas foram motivadas a integrá-la pela mediação da Levi Strauss no processo anterior à fundação da cooperativa. Ela preparou os seus engenheiros para acompanhar o treinamento que seria oferecido às ex-funcionárias a respeito do funcionamento de uma cooperativa e para coordenar o trabalho que seria realizado por elas como cooperadas. Além disso, a empresa repassou os dados delas para os responsáveis da cooperativa, facilitando o contato que seria estabelecido entre eles. Dessa maneira, alguns meses após o fechamento da Levi Strauss, as trabalhadoras foram contatadas para participar de um curso sobre cooperativas oferecido por um dos responsáveis da Uniop[37].

Com o decorrer do funcionamento da cooperativa, outras ex-funcionárias da Levi Strauss foram incorporadas mesmo sem terem participado dos cursos oferecidos pouco antes da sua implantação. Aliás, essa participação parecia ter uma importância relativa,

---

[36] A Uniop é uma rede de cooperativas que atua em diversos segmentos, como metalúrgico, confecção, transporte, entre outros. Em 2001, a Uniop tinha em torno de duzentos clientes destes diferentes ramos (Thereza Martins, disponível em <http://pegn.globo.com/edic/ed141/ges_estrateg.htm>. Acesso em 3 abr. 2003).

[37] Esse responsável é mencionado no estatuto da Uniop, escrito em 26 de novembro de 1996, como secretário da cooperativa; no entanto, os depoimentos das trabalhadoras, bem como daquelas que foram interrogadas pelo Ministério Público do Trabalho, indicam que ele tinha um poder de decisão maior ao que compete a esse cargo, na cooperativa implantada em Cotia.

porque o critério fundamental para associar-se era ter trabalhado na empresa e, depois disso, aceitar as novas condições de trabalho.

Grosso modo, as pessoas que foram incorporadas meses depois de a cooperativa ter sido implantada recebiam algumas instruções gerais sobre como ela era organizada, a forma de pagamento e o benefício assegurado (50% do vale-transporte). Ao aderir à cooperativa, a trabalhadora sabia que não seria registrada e que receberia pelo que ela e suas colegas produzissem. Esta última informação criou nessas trabalhadoras, bem como naquelas que haviam ingressado desde o início, a expectativa de que poderiam obter um rendimento acima daquele recebido na Levi Strauss ou em outras indústrias de confecção, já que receberiam por produtividade. Tomando-se como exemplo a experiência de trabalho na Levi Strauss, onde estavam expostas a um ritmo intenso de trabalho, elas não viam como problema manter a mesma meta de produção atingida quando empregadas, ao contrário, afinal, agora eram "sócias" de uma cooperativa.

A perspectiva de estabelecer com o cooperativismo relações de trabalho menos hierárquicas e com um menor grau de subordinação às ordens superiores não foi um motivador comum, compartilhado pela maior parte das cooperadas, principalmente porque a orientação das palestras oferecidas a elas parece ter ressaltado o aspecto econômico do trabalho cooperado, em detrimento do aspecto político. Os depoimentos indicam que muitas delas não tinham clareza sobre o direito de voto igualitário de cada uma nas decisões a serem tomadas, das assembléias como uma instância de discussão e de participação democrática de todos os membros, bem como da existência imprescindível da transparência e do acesso a todas informações a respeito do funcionamento da cooperativa.

Até mesmo a ênfase dada ao papel das trabalhadoras como "sócias" ou como "donas" da cooperativa centra-se na responsabilidade que elas deveriam ter com o cumprimento da produção de acordo com a meta de produtividade e com os prazos de entrega. Não foi à toa, então, que a administração tenha estimulado o controle do ritmo de trabalho das colegas como um comportamento a ser assumido por cada cooperada. O depoimento seguinte mostra como começou esse controle coletivo.

> Eles [administração da cooperativa] falavam assim: "Vocês são cooperadas, vocês também têm o direito de exigir da sua companheira". Dava a oportunidade para que eu pudesse exigir de você e você de mim. "Não, você tem que exigir da sua companheira, afinal de contas a gente é uma cooperada, se você vê que ela está devagar você dá um cheguinha para lá nela." Autoritarismo entrou em todo mundo. [...] Isso subiu pra cabeça do pessoal, entendeu? "Isso aqui é nosso, todo mundo manda." Então, o pessoal perdeu o controle. Eu achava que era a dona, outra achava que era a dona, então todo mundo podia mandar e exigia do outro. "Você faltou ontem por quê? Tá tudo atrasado aí, vê se você faz menos horas de almoço para tirar esse acúmulo aí" (Mercedes, 27/1/2003).

A lógica desse incentivo ao controle destoa da solidariedade, apresentada como um dos elementos do cooperativismo (Rosenfield, 2003), porque procura encorajar entre as trabalhadoras uma postura de vigilância em relação à eficiência produtiva alcançada pelas colegas. No caso daquelas que passaram a se ver como "donas" em potencial ou a considerar a cooperativa um bom empreendimento, é provável que considerassem a fiscalização do trabalho alheio como uma obrigação a ser cumprida. Porém, se assim procederam, não percebiam a própria condição de subordinação diante das decisões da administração. Esta, aliás, demonstrava sob quais princípios a cooperativa se baseava ao dizer "vocês também têm o direito de exigir da sua companheira", porque, apesar de essa fala parecer alertar as cooperadas para os prejuízos que poderiam sofrer com o trabalho insatisfatório de suas colegas, tentava, na verdade, obter o maior desempenho de cada uma.

Por outro lado, a remuneração no valor de quase R$ 700, recebida logo após os primeiros meses de funcionamento da cooperativa, estimulou muitas cooperadas a se empenhar ainda mais em suas tarefas e a confiar no retorno financeiro que essa nova experiência de trabalho poderia lhes possibilitar. Muitas vezes, então, as costureiras eram convencidas a estender a jornada de trabalho para além do horário de expediente e para os fins de semana ou feriados, pois essa extensão era considerada como a "colaboração" delas ao andamento da cooperativa. De acordo com o depoimento de duas trabalhadoras:

> A gente trabalhava e ele [secretário da cooperativa] explicava que a gente só iria receber depois que a lavanderia entregasse e [ele] recebesse. No começo ele pagava, teve meses de eu pegar R$ 700, isso animava a gente... "Nossa, que beleza!" Só que também era assim, se você trabalhasse de segunda a domingo não tinha hora extra, eles não te pagavam esses dias. Se você ficasse lá até oito, dez horas, depois você não recebia porque o negócio era seu, né? No começo foi indo, a gente recebeu direitinho (Vilma, 28/2/2003).

> Se eu saísse sete horas aquilo não era hora extra, aquilo não era nada, aquilo se chamava colaboração. Tinha que trabalhar sábado, domingo e aquilo se chamava colaboração e ai da gente se falasse que a gente queria ganhar hora extra. Para mim, aquilo se chamava exploração. Eles falavam que não, que era colaboração (Irani, 9/2/2003).

É provável que a alta produtividade alcançada com essa "colaboração" tenha sido responsável pela introdução de algumas mudanças na organização da cooperativa, como por exemplo, o aumento do volume da produção, a diversificação dos produtos e a ampliação do espaço produtivo, que inicialmente se restringia ao térreo de um prédio e, posteriormente, se estendeu para um dos galpões da própria Levi Strauss.

Todas essas mudanças influenciaram a incorporação de novas cooperadas, pois a cooperativa iniciou as suas atividades contando com a participação de sessenta mulheres e, ao longo do seu funcionamento, elevou esse número para quase duzentas. Contudo, esse aumento ocorreu especialmente quando a cooperativa começou a confeccionar a calça "501". Considerada o modelo tradicional da marca Levi's por representar o "estilo americano de vestir" (Ferreira, 2002), a produção dela em qualquer filial da Levi Strauss só ocorre mediante um acompanhamento rigoroso da sua fabricação por técnicos especializados e da sua aprovação pela matriz.

O critério fundamental utilizado para avaliar a confecção da "501" é a qualidade. A costura segue uma medição que regula a quantidade exata de pontos que deve ter cada parte da calça – inclusive a filigrana (arqueado costurado nos bolsos traseiros) da marca Levi's –, o local preciso no qual devem ser pregados os botões, os rebites e a quantia de tecido dobrada na sua parte interna (por exemplo, as dobras na barra, no cós e no passante da calça). Todos os pontos costurados na calça são inspecionados e medidos milimetricamente por uma régua, de acordo com a regulagem exigida. Para atingir essa precisão não basta a máquina de costura estar regulada, mas são imprescindíveis a habilidade e a rapidez da costureira no manuseio da peça, na operação da máquina e no olhar atento aos movimentos da agulha.

A licitação realizada pela matriz com a cooperativa e com um ex-gerente da filial brasileira que tinha interesse em tornar-se um subcontratante da Levi Strauss demonstra o êxito do encerramento das atividades da empresa e da terceirização de toda a produção, já que a ela também transferiu a confecção da calça "501", cuja produção estava voltada para o mercado externo. O fato de a cooperativa ter ganhado a licitação explicita como a redução de custos se tornou um critério central nas estratégias de competitividade da empresa, pois nesse caso a Levi Strauss não deu preferência ao seu ex-gerente; ao contrário, preferiu investir na flexibilização completa da produção e das relações de trabalho pelo uso das cooperativas de trabalho.

A combinação de vários elementos parece ter possibilitado o êxito do emprego do "cooperativismo" pela Levi Strauss. Primeiramente, o caráter flexível desse tipo de terceirização, pois, ao transferir os custos com a produção e com a força de trabalho, cabe a esta arcar com todos esses gastos, sem ter a garantia de uma remuneração fixa ou sequer dos direitos trabalhistas assegurados em um contrato formal de trabalho. A instabilidade contínua provocada pela ausência desse vínculo leva as cooperadas a assumir a responsabilidade pela durabilidade do repasse da produção pela contratante e, conseqüentemente, a cumprir as exigências impostas a elas.

Em segundo lugar, algumas trabalhadoras estavam inicialmente convencidas das vantagens que poderiam obter do trabalho na cooperativa, por causa da experiência adquirida na própria Levi Strauss e, sobretudo, da credibilidade desta entre elas. Esse convencimento talvez tenha sido o principal incentivo para muitas dessas trabalhadoras terem se empenhado com a produção e transformado a idéia do "esforço pessoal" numa regra a ser seguida por cada cooperada. Como vimos anteriormente, à medida que algumas delas incorporaram o papel de cooperadas, passaram a controlar o ritmo de trabalho das colegas e a exigir destas o cumprimento das metas de produção.

Para além do caráter econômico dessa estratégia de terceirização, encontra-se também o seu caráter político. Como a tônica dessa apresentação recaiu sobre o aspecto econômico do cooperativismo, ou seja, sobre a rentabilidade que esse trabalho poderia possibilitar, obteve-se a adesão das ex-funcionárias da Levi Strauss, uma vez que a proposta representava uma oportunidade de trabalho diante da situação de desemprego que estavam vivenciando. Se, em um contexto de crise e de desemprego estrutural, os desempregados são levados a aceitar formas alternativas de trabalho como garantia mínima de renda, no caso dessas trabalhadoras a aceitação foi acompanhada pela crença na viabilidade dessa nova experiência e da mudança que proporcionaria na sua condição de trabalhadoras.

Aqui se revela, então, o caráter político dessa estratégia de terceirização, pois se busca a adesão das trabalhadoras a essa nova proposta de trabalho, bem como a incorporação de uma nova identidade que seja capaz de garantir o êxito desse empreendimento. Experiências de "cooperativismo" parecidas com a estudada por nós correspondem não só a um mecanismo de flexibilização da produção, mas a uma forma de assalariamento disfarçado que procura ocultar um novo tipo de exploração e de dominação política, ao eliminar direitos e benefícios trabalhistas, como também ao contribuir com o enfraquecimento da ação sindical.

Se no início do funcionamento da cooperativa algumas cooperadas criaram expectativas e se empenharam para garantir os melhores resultados com a sua nova experiência de trabalho, após alguns meses elas começaram a não receber os valores estipulados como pagamento. Esse problema ocorreu quando o secretário começou a questionar e a criticar a produção mensal das cooperadas, provocando diversos conflitos.

De acordo com uma trabalhadora entrevistada, nos primeiros meses de funcionamento da cooperativa ela recebeu uma remuneração fixa, no valor de R$ 340. Após esse período, a administração suspendeu essa quantia e passou a pagar pela produtividade atingida no mês pelos grupos de trabalho, o que incentivou muitas cooperadas a aumentar o seu ritmo de produção, na tentativa de elevar o rendimento. No entanto, foram questionadas pelo secretário quando atingiram duas vezes consecutivas uma produtividade mensal elevada. Para ele, era impossível que as cooperadas estivessem atingindo 100% de produtividade, por isso passou a não pagá-las conforme o combinado.

Sem a garantia da regularidade da remuneração e sem ter direito aos benefícios comumente existentes em uma relação de emprego, essas trabalhadoras tomavam consciência de que o atraso dos pagamentos e a sua desproporção em relação à produtividade mensal eram algumas das manifestações do caráter da cooperativa e da precarização das suas condições de trabalho. Afinal, a precariedade também se manifestava no próprio ambiente de trabalho, por exemplo, na ausência de um refeitório adequado, onde pudessem fazer as suas refeições e gozar o seu tempo de descanso com tranqüilidade.

> [...] A gente produzia com a qualidade da Levi's, com o maquinário da Levi's, mas a gente trabalhava em situação precária demais. Tinha um refeitório [e] a gente comia tudo sentada no chão, não tinha uma cozinha decente para a gente. [...] Tinha um marmiteiro velho lá, até um dia um cachorro entrou lá e catou umas marmitas do pessoal, uma coisa horrível. Foi uma transformação assim, porque na Levi's nós tínhamos de tudo do bom e do melhor em todos os sentidos e na cooperativa nós não tínhamos nada (Irani, 9/2/2003).

Se a possibilidade de obter um rendimento maior foi um incentivo para muitas mulheres se tornarem cooperadas, aos poucos, essa motivação foi substituída por uma insatisfação causada pela frustração das suas expectativas iniciais e pelas condutas tomadas pela administração da cooperativa, sobretudo, por seu secretário. Este, pelo depoimento de *todas* as entrevistadas, as submetia a situações de humilhação, de desmoralização e de intolerância ao agredi-las com comentários grosseiros e perversos.

A ocorrência e a continuidade de diversos problemas, como a instabilidade dos salários, a falta de acesso às informações sobre o rendimento da cooperativa, a não-realização de assembléias e a conduta negativa do secretário, não só provocaram o desligamento espontâneo de muitas trabalhadoras, mas desencadearam diferentes tipos de ações, individuais e coletivas, entre aquelas que permaneceram trabalhando.

Vivenciando no cotidiano do trabalho o controle e a exploração e estando impedidas de ter contato com as representantes sindicais, as iniciativas de resistência das cooperadas surgiram no próprio local de trabalho, atingindo diretamente o processo de produção. Essa forma de mobilização parece ter sido a alternativa encontrada por essas mulheres para se contraporem aos abusos de poder e ao autoritarismo cometidos pela administração, justamente pela contraditória e particular realidade que elas viviam: como cooperadas não tinham direito à representação sindical, mas sim aos órgãos representativos das cooperativas e, em última instância, ao Ministério Público do Trabalho. Porém, nenhum destes dois últimos tinha para elas a mesma representatividade que o movimento sindical.

É interessante observar a contradição entre o pouco conhecimento das cooperadas sobre o caráter de uma cooperativa e a clareza que tinham a respeito da impossibilidade de o sindicato representá-las. Embora em alguns casos não soubessem apontar a inexistência do vínculo trabalhista como o aspecto jurídico que impedia a representação sindical do trabalho cooperado, muitas delas tinham maior consciência a respeito da ausência dessa representatividade que propriamente sobre o caráter de uma cooperativa. A causa dessa diferença está na maneira como a administração tratou o envolvimento do sindicato com as cooperadas. Além de informá-las de que esse órgão não as representava, tomou o cuidado de impedir o acesso deste a elas.

Esse impedimento ocorreu quando as dirigentes sindicais acompanharam os fiscais do Ministério Público do Trabalho em uma visita à cooperativa, com a finalidade de fiscalizá-la. A administração, após ter proibido a presença dessas dirigentes, preocupou-se em convencer as trabalhadoras sobre a impossibilidade de o sindicato representá-las, pelo fato de elas não serem mais empregadas, mas sim cooperadas. Conforme nos relatou a diretora sindical Fernanda:

> Elas foram tão bem preparadas que nessa visita que nós fizemos com o Ministério do Trabalho, [...] elas [as cooperadas] pediram para que a gente esclarecesse algumas dúvidas, nós fizemos assembléia dentro da empresa [cooperativa], tanto é que eu fui expulsa de dentro dela. [...] A partir daí as trabalhadoras disseram: "Nós não precisamos de sindicato. Nós somos donas e dono não tem sindicato" (Fernanda, 21/8/2002).

A administração procurou, ao mesmo tempo, dificultar o envolvimento das trabalhadoras com o sindicato, colocando sob ameaça a própria existência da cooperativa, caso ocorresse alguma mobilização conjunta. Pelo depoimento abaixo podemos perceber como algumas mulheres silenciaram e evitaram o contato com a organização sindical.

> [...] As próprias funcionárias não aceitavam [o sindicato], porque eram reprimidas lá dentro. O pessoal já vinha da experiência terrível da Levi's que fechou, ficou sem emprego, aí tinha medo de fechar [a cooperativa] e de novo ficar sem emprego. [...] E também as pessoas de lá não procuravam [o sindicato] porque as pessoas que trabalhavam na cooperativa eram muito necessitadas. Porque tem muita mulher que [...] são mães chefes de família. Às vezes ela se submete a tudo aquilo porque não tem opção. A maioria mesmo. Porque não tem opção de emprego e aquele salarinho é o ganha-pão dela, é o meio de sustentação da família (Irani, 9/2/3003).

Por isso, quando começaram a surgir algumas ações contra a administração, elas resultaram da própria organização no local de trabalho. Em algumas circunstâncias, as trabalhadoras passaram a paralisar a produção, a não ter uma freqüência assídua e a recusar-se a participar das reuniões coordenadas pelo secretário. O fato de algumas dessas ações serem tomadas sem um planejamento prévio talvez pudesse acarretar uma volta ao trabalho sem ser atendida a reivindicação em questão. E também poderiam ser ignoradas pela administração, tratadas como atos sem importância.

De um modo geral essas ações eram desencadeadas de forma espontânea, sem a preocupação de transformá-las em uma mobilização maior, que fosse capaz de reverter o assalariamento disfarçado que estava sendo praticado pela administração. Ainda que essa prática tenha sido criticada, a ponto de levar algumas trabalhadoras a retomar posteriormente o contato com o sindicato com o objetivo de denunciar a cooperativa, parece-nos que a principal reivindicação da maior parte dessas mulheres estava relacionada com o cumprimento dos pagamentos. Isso pode nos indicar que dificilmente essas ações surgiriam caso os pagamentos tivessem sido efetuados de modo correto, especialmente se correspondessem a um valor acima do que era pago na Levi Strauss.

Apesar das advertências da cooperativa, o sindicato representante das trabalhadoras das indústrias de vestuário também foi procurado por algumas cooperadas. Quando elas decidiram procurá-lo, este já havia entrado com um processo na Justiça, denunciando que a cooperativa instalada em Cotia era, na verdade, uma unidade produtiva da Levi Strauss.

Com a abertura desse processo, a cooperativa foi fiscalizada pelos auditores do Ministério Público do Trabalho, o que possibilitou averiguar a sua organização e o seu funcionamento enquanto estava em atividade. Ao constatar indícios que comprovavam a denúncia feita pelo sindicato, o Ministério Público do Trabalho determinou a abertura de inquérito contra a cooperativa e realizou a primeira audiência no dia 18 de janeiro de 2001.

Logo após a primeira audiência, a cooperativa fechou, sem comunicar às trabalhadoras o encerramento das atividades. A forma como foi fechada já configura a sua ilegalidade, uma vez que, para aquela unidade ser destituída, seria necessário reunir em assembléia todos os membros que a integravam.

Nessa primeira audiência, a diretora do sindicato e duas cooperadas foram convocadas a prestar depoimento sobre o funcionamento da cooperativa. A caracterização feita por essas trabalhadoras mostra como elas estavam submetidas ao controle e às decisões da administração, expressas, por exemplo, por meio de advertências contra aquelas que entrassem em conflito com os administradores. As declarações colhidas pelo Ministério Público do Trabalho já indicavam alguns elementos contestatórios da natureza daquela cooperativa, como podemos observar nos seguintes trechos:

> [...] na cooperativa tinha horário de trabalho; [...] entrava para trabalhar às 7h e suas supervisoras diziam que ela tinha que ficar trabalhando até as 18h/18h30, para dar conta do trabalho; [...] não podia sair a hora que queria; [...] [se] faltasse ao trabalho seria descontada no seu pagamento; [...] quando o cooperado se revoltava com o valor do pagamento ou tinha qualquer problema de indisciplina ou problemas com o supervisor, esse cooperado era afastado do trabalho, como forma de punição e dificilmente era chamado novamente para trabalhar [...]. Os cooperados já tinham demonstrado disposição para participarem de assembléias, mesmo quando o [...] [secretário] disse que as assembléias ocorreriam em Guarulhos; [...] o [...] [secretário] trouxe a ata da assembléia para que os cooperados assinassem como se tivessem comparecido à assembléia; [...] [ele], nessa ocasião, estava acompanhado de seu advogado [...] os cooperados acabaram assinando a lista de presença; [...] o [...] [secretário] disse que nessa assembléia verificaram que o lucro da cooperativa do ano inteiro era de R$ 5 para algumas e R$ 16 para outras [...].[38]

[38] Depoimento prestado ao Ministério Público do Trabalho por uma ex-cooperada.

O encerramento das atividades da cooperativa ocorreu, então, quando a Levi Strauss decidiu não dar continuidade a essa forma de subcontratação. Ao interromper os pedidos de serviços, provocou a própria destituição da cooperativa. Ao contrário do que imaginaram algumas trabalhadoras, o término do contrato de prestação de serviços não resultou simplesmente das atitudes da administração da cooperativa, mas também, conforme depoimento da advogada do sindicato, do andamento do processo aberto no Ministério Público do Trabalho.

> [...] No momento que a Levi's percebeu que ia ser fiscalizada, ia chegar realmente a verificar que ela estava cometendo um crime, ela retirou o maquinário. Ela retirou e simplesmente demitiu os trabalhadores, acabou com a cooperativa. Se fosse uma cooperativa não tinha nenhum motivo, ela iria sustentar. [...] Que ônus que ela teve pra fechar a empresa, a ponto de enfraquecer suas finanças, a sua reputação no mercado? Até agora ela não teve. [...] Não tem [teria] nenhum motivo. Ela teria se sustentado tranqüilamente (Júlia, 10/3/2003).

Após esses acontecimentos, em nenhum momento a marca Levi's saiu do mercado; ao contrário, a venda de suas calças e jaquetas jeans nunca foi interrompida, mesmo com o encerramento das atividades da filial brasileira instalada em Cotia. Mas, então, se a cooperativa e sua fábrica foram desativadas, quem estaria produzindo no Brasil os produtos da companhia Levi Strauss? Seguindo a estratégia de flexibilização empregada pela empresa, a provável resposta a essa pergunta contempla a continuidade do uso de cooperativas e de empresas subcontratadas; no entanto, não nos responde se essa subcontratação atinge formas de trabalho domiciliar.

O conjunto de dados obtidos ao longo do desenvolvimento deste estudo permitiu traçar o percurso realizado pela Levi Strauss brasileira, desde o momento em que decidiu fechar a sua unidade produtiva e transferir toda a sua produção para a cooperativa (entre maio de 1998 e janeiro de 2001), bem como a sua trajetória posterior (até o início de 2003), quando finalizamos a pesquisa de campo. Durante todo esse período, a orientação seguida pela Levi Strauss confirma o emprego da flexibilização da produção via subcontratação como a estratégia central do radical processo de reestruturação produtiva realizado por esta empresa. O encaminhamento dado à produção após a experiência da cooperativa indica que a escolha da subcontratação não foi apenas circunstancial, mas correspondeu a uma nova tendência a ser posta em prática por um longo período.

A Levi Strauss, mesmo antes de ser fechada, já terceirizava parte da sua produção para empresas subcontratadas. É provável que essa forma de subcontratação tenha permanecido no decorrer do funcionamento da cooperativa, considerando que esta não fabricava todo o leque de produtos da sua marca. Logo que essa unidade produtiva foi desativada – um mês depois (fevereiro de 2001), precisamente –, uma dessas empresas subcontratadas transferiu-se do Estado de São Paulo para Siqueira Campos (PR), onde implantou uma fábrica para a qual a Levi Strauss repassou a sua produção. O motivo dessa transferência de localidade pode ser compreendido pelo trecho abaixo:

> Por quê? Porque no Paraná os custos são mais baixos, a mão-de-obra é mais barata. Quando, hoje, uma costureira ganha R$ 550, que é o salário da costureira, no Paraná ganhava-se

> R$ 200, dois salários mínimos. [...] Então a mão-de-obra no Paraná é uma mão-de-obra mais barata (Vera, 01/3/2003).

Estamos diante de um exemplo da combinação entre subcontratação e descentralização geográfica da fábrica, feita com o objetivo de aumentar a lucratividade das empresas (tanto a da contratante quanto a da subcontratada) pelo barateamento do custo da força de trabalho.

O que se percebe diante desse quadro é que a produção da Levi Strauss pode estar dispersa em várias empresas subcontratadas de diferentes tamanhos. Como estas têm maior facilidade de se transferirem de um local para outro, é ainda maior a dificuldade de serem localizadas. No entanto, pelo menos até 2002, as peças confeccionadas externamente eram enviadas para o prédio da Levi Strauss (em Cotia), no qual continuou funcionando o setor de risco e um departamento de recebimento desses produtos e de distribuição para o mercado externo e interno.

O estudo que procuramos fazer da trajetória da Levi Strauss após o fechamento da cooperativa não se encerra na subcontratação da empresa implantada no Paraná, mas sim na nova fase em que rompe com essa subcontratada e repassa a sua produção para uma cooperativa organizada pela Staroup, em Botucatu (SP). Conforme expôs a ex-encarregada entrevistada:

> [...] Hoje a maior produção da Levi's quem faz é a Staroup. [...]. Desde que nós saímos da Levi's, ela [a Staroup] já estava produzindo para a Levi's e agora fortaleceu mais ainda, dizem que está com a maior produção. Está mudando tudo, até o laboratório da Levi's onde fazem os testes de tecido, mudou tudo para Botucatu (Vera, 1/2/2003).

Seguindo as orientações da matriz de eliminar todos os gastos relacionados com a manutenção física da fábrica e com os custos da força de trabalho, a filial brasileira parece ter encontrado, nas cooperativas difundidas ao longo da década de 1990, a estratégia ideal para aumentar ainda mais a sua lucratividade e competitividade no Brasil.

Como a matriz Levi Strauss procurou focalizar os seus investimentos no gerenciamento de marketing, para isso recorrendo ao uso de empresas subcontratadas em todo o mundo e de uma força de trabalho estrangeira e mais barata, percebemos, com o exemplo da sua filial brasileira, que até mesmo nos países onde os seus gastos com salários provavelmente eram menores (se comparados com os pagos nos Estados Unidos ou na Europa), houve uma tentativa de reduzi-los ao máximo pelo emprego de formas de terceirização ainda mais lucrativas.

Possivelmente a empresa conseguiu obter com essa modalidade de terceirização uma lucratividade muito próxima daquela obtida por quem subcontrata trabalho domiciliar. Porém, talvez este não tenha sido adotado porque deslegitimaria o caráter ético e a imagem de empresa socialmente responsável, caso a sua adoção fosse descoberta. Ademais, como não há controle direto sobre o trabalho domiciliar e este não comporta alguns equipamentos necessários para a confecção de calças jeans, a cooperativa garantiria a produtividade e a qualidade tão importantes para a empresa.

A escolha pela cooperativa como estratégia de flexibilização da produção é também uma estratégia política. Se com a subcontratação de empresas se transferem todas as questões relacionadas à força de trabalho (como os pagamentos, a gestão e, principalmente, as reivindicações, as mobilizações), com a cooperativa elimina-se a figura do sindicato ou, pelo menos, o afasta.

Assim, nesse tipo de terceirização a contratante estabelece um vínculo com as trabalhadoras que perderam os seus postos de trabalho e encontraram no "cooperativismo" uma alternativa para a sua situação de desemprego. Por isso, na condição de cooperadas, passam a se responsabilizar pelos prazos de entrega, pela qualidade da produção e pelos riscos do empreendimento como se nessa relação de subcontratação elas estivessem em condições de igualdade com aquela para a qual prestam seus serviços, como se fossem proprietárias em potencial. Embora sejam tratadas como autônomas, na realidade estão subordinadas às decisões e exigências feitas pela multinacional para a qual trabalham.

Portanto, o rompimento das relações de subcontratação com a empresa instalada no Paraná parece confirmar o plano estratégico da Levi Strauss do Brasil de flexibilizar totalmente a produção pela terceirização de cooperativas. Com isso, a empresa pôde dar continuidade ao radical processo de reestruturação empreendido pela matriz, pelo qual 30 fábricas foram fechadas, mais de 18 mil trabalhadores demitidos e US$ 100 milhões de custos foram reduzidos por ano (Ferreira, 2002), com o objetivo de conferir mais qualidade e distinção à própria marca.

Capítulo 18

A INDÚSTRIA DE CALÇADOS NO TURBILHÃO DA REESTRUTURAÇÃO*

Vera Navarro

Introdução

A produção de calçados é, historicamente, uma atividade tradicional da produção industrial e, apesar de todo o desenvolvimento tecnológico, guarda ainda, principalmente no segmento de calçados de couro, características de trabalho artesanal.

Ruas (1985) afirma que a incorporação do progresso técnico sempre se deu de forma retardada na indústria de calçados e, até o final do século XVIII, a produção de calçados era feita predominantemente de forma artesanal. Segundo o autor, as primeiras máquinas incorporadas àquele ramo industrial foram adaptações da máquina de costura têxtil, conhecidas como "máquinas de Blake", que possibilitaram a mecanização das tarefas ligadas à costura do couro, tecnicamente conhecida como pesponto. Somente em 1878 é desenvolvido um novo processo para a montagem do calçado, denominado Godyear Welt. Nesse mesmo período, é incorporada à indústria de calçados a utilização de energia não humana, por meio do uso de fontes de energia hidráulica e a vapor. No século XX não foram realizadas grandes alterações no ritmo da incorporação de progresso técnico na indústria de calçados montados, à exceção da introdução da esteira mecânica, que passou a ser utilizada, de forma preponderante, nos setores de montagem e acabamento e, de maneira menos intensa, no setor de costura. De acordo com Ruas (1985, p. 36), a grande transformação no setor foi determinada pelo desenvolvimento da tecnologia para a produção de calçados injetáveis de plástico.

O processo produtivo do calçado tem caráter descontínuo e, de maneira geral, se divide nas fases de modelagem, corte, costura, montagem e acabamento. A subdivisão do

---

* Esta pesquisa é parte da tese de doutorado da autora, intitulada A *produção de calçados de couro em Franca (SP): a reestruturação produtiva e seus impactos sobre o trabalho*, defendida na FCL/Unesp/Araraquara, 1998, sob orientação da Profª. Drª. Maria Aparecida de Moraes Silva, com bolsa da Capes.

trabalho em cada fase depende do tipo e do modelo de calçado a ser produzido e das matérias-primas a serem empregadas em sua produção: o couro, o tecido e os materiais sintéticos, que podem ou não estar presentes de forma isolada ou combinada.

Não obstante o grande avanço tecnológico incorporado pelos meios de produção, a fabricação de calçados de couro mantém-se como atividade que demanda muita força de trabalho, permanece intensiva em trabalho vivo, diferentemente da produção de calçados com a utilização de outros materiais, que incorpora, de forma mais rápida, as inovações tecnológicas desenvolvidas para o setor.

A INDÚSTRIA DE CALÇADOS EM ESCALA GLOBAL

Desde o final da Segunda Guerra Mundial, a produção dos chamados bens de consumo não-duráveis, tais como têxteis, vestuário e calçados, em especial os de couro, tende a decrescer nos países mais industrializados e a se realocar nos chamados países "em desenvolvimento", processo determinado fundamentalmente pelos baixos níveis salariais e pelas pequenas conquistas trabalhistas existentes naqueles países que puderam, assim, "[...] apresentar um elevado grau de competitividade no comércio internacional" (Reis, 1992, p. 62).

A produção de calçados também acompanha essa lógica, tem característica migratória e tende a se deslocar para regiões onde a obtenção de força de trabalho não é obstaculizada por salários elevados e pela existência de avançada proteção legal ao trabalhador. Costa afirma que a geografia da produção de calçados, a partir da década de 1970, é altamente sensível e influenciada pelos custos de produção, em especial o da mão-de-obra e da relação câmbio/salários (Costa, 2002, p. 2-3). Assim, esse ramo industrial pode ser caracterizado como "nômade" por se deslocar no espaço geográfico em busca de oferta de mão-de-obra abundante e barata. Ao final da década de 1960, países como o Brasil, Coréia do Sul e Taiwan ingressaram nesse mercado, por possuírem grandes contingentes de força de trabalho disponível e barata. Esse movimento, observado a partir dos anos de 1960, se torna mais nítido nos anos de 1990, com o acirramento do processo de globalização da produção, o que configura uma divisão internacional do trabalho na produção de calçados que permite que um sapato tenha seu *design* elaborado na França ou nos Estados Unidos, que sua matéria-prima, o couro, seja italiana e o seu cabedal (que incorpora mais trabalho vivo) seja confeccionado no Brasil ou na China.

A produção calçadista desses países menos industrializados, porém, está, ao menos em parte, subordinada a empresas de países desenvolvidos, que recorrem a estratégias como "[...] o domínio das atividades de desenho e vendas, contratando a produção a empresas desses países [em desenvolvimento] e à subcontratação de parcelas da produção mais intensivas em trabalho [...]" (Reis, 1992, p. 63). Segundo Costa (2002), tais fatores explicam o declínio e a emergência dos países na produção mundial de calçados, uma vez que a redução de custos tem-se constituído no elemento essencial da estratégia competitiva das empresas. Como exemplo desse comportamento podemos citar Costa e Fligenspan, que afirmam que a importação de calçados pelos Estados Unidos na década de 1960 era insignificante e que, trinta anos depois, aquele país produzia, internamente, apenas 10% da oferta total naquele mercado (Costa e Fligenspan, 1997, apud Costa, 2002, p. 2). De acordo com Reis, as indústrias calçadistas da França, do Reino Unido e da Alemanha, tradicionais produtores de calçados, especialmente os confeccionados em couro, apresentaram desempenho negativo no período de 1979 a 1988, com taxas médias anuais de – 2,2%, – 2,2% e – 4,2%, respectivamente, e passaram de exportadores a importadores de calçados em todos os segmentos do mercado. "O conteúdo dessas importações é tanto o clássico sapato de couro, altamente sofisticado, como o moderno sapato esportivo, inclusive o de preço reduzido" (Reis, 1994, p. 23).

A partir de meados dos anos de 1980, a geografia da produção de calçados no mundo sofreu nova alteração com o ingresso no mercado de um novo grupo de países asiáticos, capitaneados pela China, graças à farta disponibilidade de mão-de-obra e salários baixos (Costa, 2002, p. 3-4). A expansão da participação chinesa no mercado internacional de calçados, na década de 1990, causou preocupação aos tradicionais países exportadores. Batista (1996) afirma que, no Brasil, o "efeito China" levou o país a perder a fatia do mercado exportador de calçados de baixo custo e afetou os exportadores brasileiros com práticas de comércio desleais. Batista avalia que a China concorrerá na atual faixa de mercado em que o Brasil opera no mercado internacional de calçados à medida que aprender a produzir de forma competente sapatos de couro, o que ainda não faz. Ao Brasil então caberá a migração para uma faixa de mercado mais sofisticada, na tentativa de elevar o preço médio do calçado exportado de US$ 10 para US$ 20 ou "impedir que a China continue praticando deslealdade por meio de custos de produção subsidiados e sub-remunerados" (Batista, 1996, p. 13).

Costa destaca ainda outra peculiaridade da produção de calçados: o fenômeno mundial da aglomeração geográfica das indústrias produtoras (Costa, 2002, p. 1). Podemos citar como exemplo a produção de calçados no Brasil, onde grande parte das indústrias calçadistas está localizada na região do Vale do Rio dos Sinos, no Estado do Rio Grande do Sul, e nos municípios de Franca, Jaú e Birigüi, no Estado de São Paulo. Tal tendência também é observada em países como a Itália (nas localidades de Brenta e Marche), México (León e Guadalajara) e Coréia do Sul (Pulsan), entre outras. Tal aglomeração industrial, segundo Garcia, é estimulada pelo caráter artesanal dessa atividade, em especial o segmento calçados de couro, onde "o forte caráter artesanal apresentado pelo processo produtivo de calçados, especialmente de couro, estimula a concentração da produção em regiões geograficamente delimitadas. Esse fenômeno pode ser verificado tanto em âmbito internacional, a partir do caso dos distritos industriais italianos, como na indústria calçadista brasileira, com a presença de algumas regiões que concentram grande parte da produção de calçados no Brasil" (Garcia, 1996, p. 123).

Segundo a Satra/Abicalçados, foram produzidos no mundo, nos anos de 1997 a 1999, aproximadamente 11 bilhões de pares de calçados/ano, com destaque para a produção chinesa, responsável por aproximadamente 50% da produção mundial dessa mercadoria (Tabela 1). Deve-se ressaltar que a produção mundial de calçados, que, até a década de 1960, era atendida principalmente por indústrias domésticas, teve seu eixo transferido para países asiáticos que, em 1999, foram responsáveis pela produção de quase 70% dos calçados produzidos no mundo e por dois terços das exportações mundiais (Tabela 2).

Tabela 1: Principais produtores de calçados — 1997-1999

País	1997		1998		1999	
	x 10^3 pares	%	x 10^3 pares	%	x 10^3 pares	%
China	5252,0	49,7	5520,0	50,3	5930,0	51,9
Índia	680,0	6,2	685,0	6,2	700,0	6,1
Indonésia	527,2	4,8	316,3	2,9	507,0	4,4
Brasil	520,0	4,7	516,0	4,7	499,0	4,4
Itália	460,0	4,2	424,9	3,9	380,9	3,3
México	260,0	2,4	270,0	2,4	275,0	2,4
Tailândia	276,0	2,5	260,0	2,4	257,7	2,3
Vietnã	206,0	1,9	212,7	1,9	240,8	2,1
Paquistão	205,0	1,9	226,8	2,1	240,4	2,1
Turquia	270,0	2,5	276,7	2,5	227,0	2,0
Espanha	207,5	1,9	220,8	2,0	212,9	1,9
Outros	2091,0	19,1	2049,4	18,7	1954,5	17,1
Total	10.954,7	100,0	10.978,6	100,0	11.425,2	100,0

Fonte: Satra/Abicalçados, *apud* Costa (2002).

Tabela 2: Principais exportadores de calçados — 1997-1999

País	1997		1998		1999	
	x 10^3 pares	%	x 10^3 pares	%	x 10^3 pares	%
China	2996,0	47,0	3086,1	49,7	3425,8	52,1
Hong Kong	1258,6	19,7	1025,5	16,5	969,5	14,7
Itália	414,7	6,5	381,8	6,2	346,7	5,3
Vietnã	176,1	2,7	185,5	3,0	221,2	3,4
Indonésia	226,8	3,6	172,7	2,8	217,2	3,3
Brasil	142,0	2,2	131,0	2,1	137,2	2,1
Espanha	152,6	2,4	150,4	2,4	133,3	2,0
Tailândia	156,7	2,5	128,9	2,1	124,1	1,9

País	1997		1998		1999	
	x 10^3 pares	%	x 10^3 pares	%	x 10^3 pares	%
Portugal	93,2	1,5	93,0	1,5	95,2	1,4
México	30,0	0,5	39,0	0,6	83,0	1,3
Outros	728,2	11,4	811,3	13,1	821,4	12,5
Total	6374,9	100,0	6205,2	100,0	6574,6	100,0

Fonte: Satra/Abicalçados, *apud* Costa (2002).

A indústria de calçados é internacionalmente reconhecida por sua capacidade de grande absorção de força de trabalho. Dados da Organização Internacional do Trabalho (OIT, 2000, apud Costa, 2002, p. 5) revelam que em 1998 os vinte maiores países empregadores na indústria de calçados empregavam aproximadamente 2,3 milhões de trabalhadores e que entre aqueles países a China, a Indonésia, o Brasil e a Índia (Tabela 3) concentravam mais de 64% do total de trabalhadores.

Tabela 3: Os vinte maiores empregadores mundiais na indústria de calçados — 1998

Classificação	País	Nº trabalhadores x 10^3	Porcentagem
1	China	923,0	40,2
2	Indonésia	273,1	11,9
3	Brasil	147,5	6,4
4	Índia	134,7	5,9
5	Romênia	86,3	3,8
6	Itália	79,0	3,4
7	Polônia	72,6	3,2
8	Tailândia	58,2	2,5
9	Fed. Russa	57,5	2,5
10	Portugal	54,9	2,4
11	Japão	51,2	2,2
12	Ucrânia	50,8	2,2
13	França	50,2	2,2
14	Espanha	47,6	2,1
15	EUA	42,7	1,9
16	Marrocos	40,7	1,8

Classificação	País	Nº trabalhadores x 10^3	Porcentagem
17	Reino Unido	39,5	1,7
18	Coréia do Sul	33,2	1,4
19	África do Sul	29,2	1,3
20	Hungria	26,7	1,2
Total		2.298,6	100,0

Fonte: OIT. ONUDI, Eurostat e estimativas do OETH.
(*) Estatísticas disponíveis para o ano de 1994, *apud* Costa (2002).

A partir de meados da década de 1980 se observou nos principais países produtores de calçados a aceleração do processo de reestruturação produtiva, em que as empresas, "num esforço para evitar a retração de suas respectivas indústrias de calçados, passaram a estimular a utilização de recursos de microeletrônica e informática [...] objetivando um grau de automação [...] que assegurasse condições de competitividade" (Reis, 1994, p. 8). Observa-se também a tendência de a confecção dos calçados ser realizada em localidades diferentes. Para diminuir os custos da produção, as empresas dos países ricos terceirizam a produção de partes, ou até mesmo de todo o cabedal, para países onde o custo de produção é baixo, tanto pela remuneração da força de trabalho quanto pelo baixo preço da matéria-prima existentes nos países menos desenvolvidos.

A indústria de calçados no Brasil

A produção de calçados no Brasil é um dos ramos mais antigos da indústria nacional e, até o final do século XIX, apesar de já serem observados significativos avanços em seu processo produtivo, mantém-se, segundo Suzigan (1986), como atividade com fortes características artesanais. Para esse autor, a produção de calçados em fábricas, no país, ter-se-ia iniciado a partir da primeira metade da década de 1870. A despeito de toda a inovação tecnológica incorporada pelo setor calçadista brasileiro ao longo de sua história (Suzigan, 1986; Cruz, 1977; Navarro, 1999), podemos afirmar que a confecção de calçados, em especial a de couro, permanece intensiva em trabalho vivo e é dependente de habilidades artesanais dos trabalhadores, adquiridas no exercício da profissão.

No Brasil, a indústria de calçados é um ramo de baixo índice de concentração de capital e heterogêneo no que diz respeito ao porte das fábricas, à tecnologia empregada, ao tipo e à qualidade do produto; é característica também o fato de a força de trabalho ser barata e, em boa medida, especializada.

> A partir destas condições, observa-se que o setor não apresenta grandes barreiras à entrada de novos concorrentes. De fato, exigindo uma quantidade relativamente pequena de capital inicial, produzindo a partir de uma tecnologia relativamente simples e dispondo de uma força de trabalho mais ou menos barata e especializada, a penetração de novos produtores no ramo torna-se um fato nada extraordinário (Ruas, 1985, p. 37).

Para esse autor, a exportação brasileira de calçados, iniciada ao final da década de 1960, teria sido a grande propulsora da expansão e da modernização da indústria brasileira de calçados.

As contradições da política econômica implantada pelo regime militar, a partir de 1964, impulsionaram a busca de mercados externos para produtos manufaturados no Brasil e resultaram na ampliação das exportações brasileiras de calçados, a partir da década de 1970. Fundamentada na compressão dos salários da população trabalhadora, essa política econômica gerou uma industrialização voltada para a produção de bens de consumo duráveis destinados ao mercado interno, ao mesmo tempo em que demandava crescente volume de divisas, em dólar, para pagar as importações de matérias-primas, de meios de produção, de *royalties*, as remessas de lucros e, a partir de 1970, o serviço da dívida externa que se avolumou, gerada pela contradição da produção voltada para o mercado interno, cujo objetivo era remeter para o exterior, em dólares, o produto de suas operações.

O setor agrário, tradicionalmente exportador, mostrou-se incapaz de ampliar sua produção para atender à crescente demanda pelos dólares necessários para ao menos atenuar os desequilíbrios entre a balança comercial e a balança de pagamentos do país.

Resultaram daí a progressiva composição da dívida externa brasileira e o seu paliativo, o chamado "esforço exportador", um conjunto de estímulos oficiais visando à exportação tanto de produtos primários quanto de manufaturados, aos quais se conjugaram, devido à defasagem tecnológica do parque industrial brasileiro, as práticas que incrementaram o arrocho salarial e, concomitantemente, a concentração de um montante significativo da renda nacional em poder de parcelas cada vez menores da população.

Esse conjunto de estímulos oficiais incluía a isenção de impostos, a concessão de créditos e de incentivos fiscais, verdadeiros subsídios às exportações, e uma política de câmbio apoiada em taxas cambiais que desvalorizavam continuamente a moeda nacional aumentando deliberadamente o crédito a ser recebido pelos exportadores.

Entre essas medidas, o setor calçadista incorporou a redução da alíquota de IPI (alíquota zero), a isenção de ICM, de IR para os calçados destinados à exportação, de impostos sobre importação de máquinas, o *draw-back* e outros "[...] impostos menos importantes que incidem sobre os insumos, sobre a produção e sobre o processo de comercialização de exportáveis, como, por exemplo, o IOF – Imposto sobre Operações Financeiras etc." (Reis, 1994, p. 177), subsídios concedidos sob a forma de taxas de juros favorecidas "[...] nos empréstimos às atividades associadas à exportação" (Reis, 1994, p. 179), por meio de créditos fiscais de IPI e ICM e aqueles concedidos pela Comissão de Benefícios Fiscais a Programas Especiais de Exportação (Befiex). Além desses benefícios, os estímulos concedidos às exportações brasileiras incluíam políticas de intervenção governamental cujo objetivo era manter o câmbio favorável às exportações, por meio da administração de sua taxa, da regulamentação do mercado mediante a compra e venda de divisas pelo Banco Central do Brasil e, principalmente, pelo mecanismo de minidesvalorizações cambiais.

Na atualidade, no Brasil, a indústria de calçados é um importante setor da economia por sua grande capacidade de geração de empregos (Tabela 4), por seu volume de produção e por sua expressiva participação na pauta de exportações do país; emprega diretamente cerca de 250 mil pessoas e produz aproximadamente 600 milhões de pares de calçados/ano, dos quais 165 milhões destinados à exportação (2002) para cerca de 70 países, o que gerou, naquele ano, receitas da ordem de US$ 1,45 bilhão.

Tabela 4: Número de estabelecimentos por estrato de tamanho e emprego na indústria brasileira de calçados — 2000

Tamanho	Estabelecimentos industriais		Número de empregados	
	nº	%	nº	%
Microempresa	5317	77,5	24.224	10,1
Pequena	1101	16,0	47.922	19,9
Média	355	5,2	75.658	31,5
Grande	87	1,3	92.588	38,5
Total	6860	100,0	240.392	100,0

Fonte: Mtb/Rais 2000, *apud* Costa (2002).

Apesar de a Associação Brasileira de Calçados afirmar que o volume da produção brasileira de calçados é de aproximadamente 600 milhões de pares/ano, tal cifra não encontra respaldo nas estatísticas do Ministério do Desenvolvimento, Indústria e Comércio Exterior (Midic), que demonstram que aquele volume de produção nunca foi alcançado em anos recentes (Tabela 5) e que a produção média do período de 1989 a 2000 foi de 534,4 milhões de pares/ano, com picos de produção em 1989 e 1993 (592 milhões e 583 milhões de pares/ano, respectivamente); os piores anos do período foram 1990 e 1999 (509 milhões e 499 milhões de pares/ano, respectivamente). Tal produção permite que o país seja auto-suficiente no atendimento ao mercado interno e, segundo dados da Abicalçados (2001), as importações representaram apenas 1% da produção nacional no ano 2000.

Tabela 5: Produção brasileira de calçados — 1989-2000 (em milhões de pares)

Ano	1989	1990	1991	1992	1993	1994	1995	1996	1997	1998	1999	2000
Produção	592	509	468	530	583	541	543	554	544	520	499	530

Fonte: IBGE/SDP-Midic, *apud* Costa (2002).

Os principais estados brasileiros produtores de calçados estão listados na Tabela 6. Dados da Abicalçados[1] (2003) indicam que das quase 7600 indústrias de calçados existentes no país, 66,8% delas estão concentradas nos estados do Rio Grande do Sul (37,5%) e São Paulo (29,3%), que guardam especificidades próprias em sua produção calçadista. O Estado do Rio Grande do Sul abriga as maiores empresas calçadistas brasileiras, cuja produção, majoritariamente de calçados femininos de couro e de materiais alternativos como plástico, atende à demanda do mercado interno e externo; sua produção se concentra em uma região próxima a Porto Alegre, conhecida como

[1] Abicalçados. Em: <www.abicalcados.com.br>. Acesso em 30 nov. 2003.

Vale do Rio dos Sinos ou Vale dos Sapateiros, que abrange 26 municípios, dentre os quais se destacam Novo Hamburgo, Dois Irmãos, Ivoti, São Leopoldo, Campo Bom, Parobé, Igrejinha e Sapiranga; aquela região também abriga aproximadamente 60% da indústria de componentes e 80% da indústria brasileira de máquinas para couros e calçados, enquanto o Estado de São Paulo, segundo maior produtor nacional de calçados, tem boa parte de sua produção realizada no município de Franca, principal produtor e exportador de calçados masculinos de couro do Brasil. No Estado de São Paulo, os municípios de Birigüi, maior produtor de calçados infantis do país, e Jaú, que tem sua produção voltada para a confecção de calçados femininos, destacam-se por sua produção calçadista.

Tabela 6: Estados produtores de calçados no Brasil — número de empresas, de empregados e indicadores de exportação

	RS	SP	MG	CE	SC	PB	BA	Outros estados	Total
nº empresas **	2838	2216	1287	189	285	96	89	559	7.559
% do Brasil **	37,5	29,3	17,0	2,5	3,8	1,3	1,2	7,4	100,0
nº empregados **	130.418	46.372	16.974	36.755	3.998	7.260	11.835	3.920	257.532
% do Brasil **	50,6	18,0	6,6	14,3	1,6	2,8	4,6	1,5	100,0
export. US$ 10^6 *	1317	133	12	106	7	27	9	6	1.617
% do Brasil *	81,4	8,2	0,7	6,6	0,4	1,7	0,6	0,4	100,0
export. 10^6 pares *	121	17	2	22	1	4	1	1	169
% do Brasil *	71,6	10,1	1,2	13,0	0,6	2,4	0,6	0,6	100,0
export. US$ 10^6 **	1165	116	5	111	7	24	17	6	1.451
% do Brasil **	80,3	8,0	0,3	7,6	0,5	1,7	1,2	0,4	100,0
export. 10^6 pares **	115	15	1	24	1	5	3	1	165
% do Brasil **	69,7	9,1	0,6	14,5	0,6	3,0	1,8	0,6	100,0

*2001; **2002
Fontes: Rais/Ministério do Trabalho; Cecex/MDI e Abicalçados.

A produção de calçados em Franca

O pólo calçadista francano é composto do conjunto de atividades que integram a cadeia produtiva do calçado: as indústrias curtumeiras, de calçados, de máquinas e equipamentos para a sua fabricação, de componentes, de solas e solados de couro e de borracha etc., as indústrias e estabelecimentos comerciais e de serviços dedicados à manutenção ou atualização de maquinários e ferramentas destinadas à confecção de calçados ou de seus componentes, a rede de comércio e de serviços que atendem o setor e de instituições voltadas para a pesquisa, difusão de conhecimento e tecnologia, tais como o Instituto de Pesquisas Tecnológicas do Estado de São Paulo (IPT) e o Serviço Nacional da Indústria (Senai). Outra característica é a convivência de empresas de diferentes portes (grandes, médias, pequenas e micro) e uma gama variada de unidades produtivas especializadas na confecção de determinadas partes do calçado, denominadas "bancas". Segundo alguns autores, a estrutura da organização da produção de calçados em Franca é semelhante à de alguns distritos industriais italianos, o que proporciona vantagens competitivas para as empresas: "Pode-se afirmar que a região do Vale do Sinos e a cidade de Franca apresentam uma estrutura em que a organização da produção apresenta semelhanças importantes com as formas de organização de um distrito industrial marshalliano [na Itália] [...]" (Garcia, 1996, p. 123) e "[...] pode-se argumentar que a existência dos pólos produtores de calçados no Brasil propicia vantagens competitivas importantes para as empresas de calçados" (Reis, 1992, p. 132).

O pólo calçadista do município de Franca é composto por aproximadamente 500 estabelecimentos industriais que geram cerca de 20 mil empregos diretos; sua capacidade instalada, de 37,2 milhões de pares/ano, vem sendo subutilizada: nos anos de 2000/2001 ali foram produzidos 32,5 milhões de pares/ano e, em 2002, 30 milhões de pares. Em 2002, Franca exportou cerca de 5,9 milhões de pares de calçados, principalmente para os Estados Unidos, destino de 76% do total das exportações, que geraram receitas da ordem de US$ 97,5 milhões (Abicalçados, 2003)[2].

A indústria calçadista de Franca tornou-se tradicional pela produção de calçados masculinos de couro e produz tanto calçados de baixo custo, voltados para as classes de menor poder aquisitivo, quanto os tradicionais e clássicos calçados sociais, assim como calçados esportivos de qualidade, voltados para segmentos específicos de mercado.

A produção de calçados de couro em Franca, de maneira geral, não faz uso de tecnologias sofisticadas e absorve quantidade significativa de força de trabalho barata, em boa medida especializada, detentora de conhecimentos, habilidades e destrezas manuais ainda imprescindíveis à produção dessa mercadoria; destina-se tanto ao mercado interno quanto ao externo e é realizada nas indústrias, nas "bancas" e em domicílio, envolvendo diferentes formas de relações de trabalho. O processo de produção do calçado de couro envolve muitas operações organizadas em torno de cinco principais etapas: a modelagem, o corte, a costura, que pode ser manual ou à máquina, a montagem e o acabamento. O número de operações em cada uma das etapas varia de acordo com o modelo a ser produzido, o tipo de organização de trabalho adotada, a tecnologia empregada e o porte da empresa.

2 Abicalçados. Em: <www.abicalcados.com.br>. Acesso em 30/11/2003.

1 Antecedentes históricos

Entre os pesquisadores que tematizaram a produção de calçados de couro em Franca, é grande a influência daqueles que consideram que a atividade criatória e a condição de entreposto de sal, ali presentes desde as origens de sua ocupação nas décadas finais do século XVIII, teriam sido decisivas para a importância que a produção de artigos de couro, em especial a produção de calçados, adquiriu naquele município.

> [...] Porém a atividade criatória e o comércio de sal não são suficientes para explicar o surgimento e a expansão da atividade coureiro-calçadista em Franca, da mesma forma que a atividade coureiro-calçadista não explica como Franca tornou-se, nas últimas décadas, o centro nacional da produção de calçados masculinos de couro. Será, pois, a conjugação de vários fatores, dentre os quais destacam-se a expansão da economia de mercado, a proteção tarifária, o desenvolvimento da produção de couros e demais insumos para a confecção de calçados, o acesso a aquisição de máquinas através da importação e mesmo do arrendamento que impulsionou, a partir da década de 1920, a produção calçadista nacional, inclusive aquela dispersa pelos municípios do interior, como Franca, onde, em um primeiro momento, a produção de calçados voltou-se ao atendimento da demanda local e, em especial, à produção de calçados populares destinados ao atendimento de um mercado composto, em sua grande maioria, por uma população de baixo poder aquisitivo (Navarro, 1999).

Até os anos finais da década de 1960, a produção francana de calçados atendia exclusivamente o mercado interno. As empresas calçadistas de maior porte, estimuladas pela demanda crescente, investiram, ao longo dos anos 1960, na aquisição de novas máquinas e equipamentos como as esteiras, em novas formas de distribuição e comercialização do produto e na adoção de novas técnicas organizacionais, com o objetivo de obter ganhos de produtividade. Ampliou-se, a partir da década de 1960, a realização de feiras promovidas pelo setor de calçados do país, destacando-se o importante papel que a Francal desempenhou no desenvolvimento e na consolidação do pólo calçadista francano. A comercialização dos calçados produzidos em Franca no mercado internacional teve início em 1969, quando a Calçados Samello S.A. realizou o primeiro embarque para o exterior.

Aproveitando-se das políticas governamentais de incentivos às exportações e acompanhando o movimento do setor calçadista do país, o calçado produzido em Franca entrou efetivamente na pauta de exportações brasileiras a partir da década de 1970, quando as empresas calçadistas do município começaram a reunir condições de elaborar produtos em conformidade com as especificações do mercado internacional, em especial o norte-americano, embora o volume da produção comercializado no exterior tenha sido suplantado poucas vezes por aquele destinado ao mercado interno.

As exportações tiveram importância também como fator regulador da produção brasileira de calçados masculinos de couro, pois o mercado interno foi, e ainda é, em certa medida, marcado pela sazonalidade do consumo, com suas vendas concentradas principalmente no quarto trimestre do ano, quando as festas natalinas exercem um papel preponderante no apelo ao consumo dessa mercadoria, enquanto o mercado norte-americano possui três grandes picos de venda de calçados para homens.

> As exportações, de certa forma, serviram para regularizar a produção anual de calçados. Antes do início das exportações, a sazonalidade era bem acentuada. No primeiro semestre, produzia-se muito pouco e, no segundo semestre, a produção era muito maior. Então, havia bastante emprego no segundo semestre e, no primeiro semestre, era horrível, com todos os problemas daí decorrentes: desemprego, dificuldades para a empresa tocar os negócios. Com as exportações, as empresas, ainda que com a ocorrência do fenômeno da sazonalidade, passaram a trabalhar mais linearmente. De uma maneira geral, aquelas empresas que exportam mais deixam uma parcela maior do mercado interno para aquelas que não exportam, ocorrendo um certo equilíbrio que, no geral, beneficia todo o mundo, porque o mercado não é estanque.[3]

As exportações francanas de calçados masculinos de couro foram direcionadas, desde o seu início, para o mercado norte-americano, que durante a década de 1970 absorveu, em média, 60% do volume de calçados exportados por Franca. Os calçados exportados para os Estados Unidos diferiam daqueles fornecidos para o mercado interno tanto na modelagem quanto nas matérias-primas utilizadas. De modo geral, os importadores determinavam o *design* dos calçados que encomendavam e, muitas vezes, forneciam a matéria-prima necessária à sua confecção, importada usualmente por meio do sistema de *draw-back*.

> A exportação trouxe um regulamento que não existia no país, que é o *draw-back*. Esse mecanismo permite que você traga matéria-prima do exterior, faça sapato, agregue aquilo [trabalho] num produto que vai ser exportado, ou seja, você traz [a matéria-prima], mas [ela] tem que voltar [...]. O *draw-back* te isenta de todos os impostos, inclusive do ICMS, e dos impostos de importação, que no Brasil de então eram altíssimos – você tinha mercadoria que pagava 170% de imposto de importação. O *draw-back* permite que você traga [a matéria-prima] com taxa zero, sem ICMS, mas você se obriga perante a Receita Federal a provar que ela foi colocada em um sapato e voltou. [...] Chama-se internar a mercadoria. Com esse mecanismo, o pessoal começou a trazer matéria-prima de fora.[4]

A comercialização de calçados destinados ao mercado norte-americano foi intermediada, desde o seu início, pelos agentes de exportação, que representavam no Brasil os grandes compradores, sem os quais, afirmam as empresas exportadoras, era e ainda é quase impossível exportar para os Estados Unidos. As exigências impostas pelos importadores permitiam que apenas as empresas calçadistas francanas de maior porte participassem do mercado internacional.

> [...] No início das exportações de Franca, até as grandes empresas sofreram nas mãos dos importadores. Eles abusavam dos fabricantes no sentido de explorar o preço. A empresa seguia todas as normas, tinha o agente, que era uma espécie de fiscal entre aspas do importador, que olhava, acompanhava e liberava [os calçados] para o embarque. Chegava aos EUA, por exemplo,

---

3 Entrevista concedida por Luiz Gonzaga Gaspar, diretor do Senai de Franca durante o período de 1974-1994, em 4/3/1998.

4 Entrevista concedida por Ivânio Batista, diretor-executivo do Sindicato das Indústrias de Calçados de Franca, em 23/10/1996.

> e eles telefonavam reclamando que o calçado não estava de acordo com o pedido e que iam devolver. Como o produtor teria muita dificuldade para vender aquele tipo de calçado no mercado interno, porque a fôrma era diferente, eles [os importadores] começavam a negociar um preço menor e o produtor acabava aceitando. Houve muitos casos assim (Luiz Gonzaga Gaspar).

Algumas dessas empresas buscaram, durante a década de 1970, estruturar-se como grupos empresariais. Implantaram e intensificaram os processos de "verticalização" da produção, ampliando suas atividades para ramos correlatos à produção de calçados. Essa estratégia traria às grandes empresas calçadistas francanas garantias quanto à qualidade e regularidade no fornecimento das matérias-primas, redução dos custos de produção e ampliação da economia de escala. Expandindo sua área de atuação para os diversos setores produtivos envolvidos na fabricação de calçados de couro, essas empresas, além de suprirem o consumo de suas unidades industriais calçadistas, passaram a atender à demanda de outros fabricantes de calçados instalados no município e em outras localidades do país. Fundamentadas no princípio de que deveriam atuar na produção do maior número possível de itens incorporados à produção de calçados, das fontes de matérias-primas às embalagens, algumas das maiores empresas calçadistas de Franca montaram unidades industriais próprias para a fabricação de saltos e solados de couro e de borracha, de fôrmas e engradados para o transporte dos sapatos, algumas chegando a produzir suas próprias embalagens (Navarro, 1998, p. 117). Houve empresas que chegaram a se expandir em direção a setores de produção e de serviços não correlatos à produção de calçados.

Paralelamente à ampliação de algumas indústrias calçadistas e à constituição de grupos empresariais em Franca, cresceu o número de pequenas e médias unidades produtivas no município dedicadas à produção de calçados direcionados exclusivamente ao mercado interno, muitas das quais confeccionando calçados de qualidade inferior, destinados ao trabalhador de baixa renda. Grande parte dessas unidades produtivas dedicava-se à produção do sapato tipo mocassim, que envolve pequeno uso de máquinas e muito trabalho manual.

Também avolumou, no município, o número de empresas dedicadas ao aluguel e à venda de máquinas novas e usadas para o atendimento das pequenas e médias unidades produtivas, além de um número crescentemente elevado de empresas especializadas na comercialização de variados produtos para a produção de calçados. Cresceu também o número de oficinas para consertos, reparos e adaptações de máquinas utilizadas na produção de calçados, que atendiam principalmente essas pequenas e médias empresas, uma vez que as grandes, de forma geral, dispunham de oficinas e de equipes de trabalhadores para efetuar a manutenção de seu maquinário.

> Houve alguns casos de pessoas que começaram trabalhando como mecânicos autônomos, dando assistência para as fábricas; aos poucos, passaram a vender agulhas e peças para as máquinas; assim surgiram alguns comerciantes de peças para máquinas ou de máquinas. Começaram também a vender máquinas usadas, alguns cresceram e passaram a representar empresas de máquinas novas. Isso tudo nós vimos crescer em Franca a partir dos anos 1970 [...]. As empresas grandes tinham suas próprias oficinas e as pequenas contratavam serviços de terceiros: mecânicos autônomos, eletricistas autônomos. Elas lançavam mão desses profissionais (Luiz Gonzaga Gaspar).

Ainda nos anos de 1970, empresas instaladas em Franca começam a produzir máquinas para a montagem da frente, do "bico" do calçado, e a sua produção local permitiu a difusão de seu uso pelo setor calçadista, até então restrito por causa do alto custo do maquinário importado e das dificuldades para a importação.

Nesse período, o aumento do volume da produção, tanto daquela destinada ao mercado interno quanto ao mercado externo, fez crescer o número de trabalhadores empregados, direta e indiretamente, nas empresas calçadistas francanas.

Tabela 7: Número médio de empregos oferecidos pelas 100 maiores indústrias de calçados de Franca — 1977-1979

Ano	Mão-de-obra direta		Mão-de-obra indireta	
	1º semestre	2º semestre	1º semestre	2º semestre
1977	9420	10.017	1.068	1.061
1978	10.943	11.812	1.174	1.170
1979	11.875	12.103	1.233	1.373

Fonte: Núcleo Tecnológico de Couros, Calçados e Afins, em Franca, 15: 5, *apud* Navarro (1998).

2 A produção calçadista francana sob a égide da reestruturação produtiva – décadas de 1980 e 1990

Na década de 1980, a indústria brasileira de calçados foi um dos poucos setores que conseguiram se expandir em meio à crise vivida pela indústria nacional, que registrava constantes taxas de crescimento negativo, principalmente nos setores produtores de bens de capital e de bens de consumo duráveis. Negri (1996, p. 154-67) lembra que

> [...] durante a década de 1980 a indústria brasileira teve um desempenho considerado sofrível, resultado das políticas de ajuste macroeconômico do início da década e da trajetória da inflação crônica no seu final. A taxa de crescimento do período foi bem inferior à da década anterior [...]. A estrutura industrial pouco se modificou, mas se assistiu a uma pequena redução dos pesos relativos dos setores mais afetados pela crise – bens intermediários e de bens de capital – e aumento dos setores que conseguiram conquistar mercados internacionais para seus produtos, como a agroindústria, siderurgia, calçados etc. [...] As exportações tiveram crescimento excepcional no período 1979/1989 e foram dinamizadas pelos produtos industrializados, amortecendo assim os efeitos da crise.

Nesse período, as exportações brasileiras no conjunto cresceram 2,3 vezes, passando de US$ 15,2 bilhões para US$ 34,4 bilhões, enquanto as exportações somente de industrializados cresceram 2,9 vezes, passando de US$ 8,5 bilhões para US$ 24,4 bilhões, sendo que a participação de produtos industrializados no total das exportações do país passou de 56% para 71%. Há que salientar "que esse aumento foi muito importante para muitas regiões, inclusive para o interior de São Paulo". O autor lembra ainda que nos anos 1980 o decréscimo da produção industrial nos setores produtores de bens de capital e de bens de consumo duráveis foi mais acentuado na indústria paulista.

Tabela 8: Volume da produção brasileira de calçados de couro e outros materiais — 1980-1989 (em milhões de pares)

Ano	Produção total					Mercado interno					Mercado externo				
	couro	couro %	outros mat.	outros mat. %	total	couro	couro %	outros mat.	outros mat. %	total	couro	couro %	outros mat.	outros mat. %	total
1980	165,3	35,5	299,9	64,5	465,2	108,1	26,6	297,9	73,4	406,0	57,2	96,6	2,0	3,4	59,2
1981	272,1	41,6	382,1	58,4	654,2	208,6	35,7	375,8	64,3	584,4	63,5	91,0	6,3	9,0	69,8
1982	269,5	42,0	372,5	58,0	642,0	212,8	36,7	367,8	63,3	580,6	56,7	92,3	4,7	7,7	61,4
1983	223,5	35,5	406,1	64,5	629,6	140,7	26,3	395,0	73,7	535,7	82,8	88,2	11,1	11,8	93,9
1984	239,4	42,0	330,8	58,0	570,2	114,0	26,8	312,0	73,2	426,0	125,4	87,0	18,8	13,0	144,2
1985	252,4	42,0	348,8	58,0	601,2	133,8	28,6	334,8	71,4	468,6	118,6	89,4	14,0	10,6	132,6
1986	291,7	42,0	403,2	58,0	694,9	161,0	29,1	391,8	70,9	552,8	130,7	92,0	11,4	8,0	142,1
1987	280,0	42,0	387,0	58,0	667,0	153,2	29,0	375,1	71,0	528,3	126,8	91,4	11,9	8,6	138,7
1988	274,7	43,1	362,8	56,9	637,5	135,4	27,9	350,5	72,1	485,9	139,3	91,9	12,3	8,1	151,6
1989	242,9	41,5	342,4	58,5	585,3	88,2	21,2	327,1	78,8	415,3	154,7	91,0	15,3	9,0	170,0

Fonte: Associação Brasileira dos Exportadores de Calçados e Afins (Abaex). *Brazilian footwear 96/97*, Novo Hamburgo, Catânia Comunicação e Marketing, 1997, *apud* Navarro (1998).

Nesse período a expansão da produção de calçados no país foi possível devido à ampliação das vendas no mercado internacional e, em determinados momentos, resultou do aumento da demanda no mercado interno, tanto de calçados de couro quanto daqueles fabricados com materiais alternativos. Ainda que tenha sido afetado pela crise econômica que o país enfrentava na década de 1980, o desempenho do setor calçadista brasileiro foi considerado positivo. Segundo Reis,

> [...] boa parte das análises sobre a crise brasileira dos anos 80 têm qualificado o período como "década perdida". Para a indústria de calçados, especificamente, esta qualificação não é apropriada. [...] É possível concluir que embora o setor não tenha ficado imune à crise dos anos 80, ele soube utilizar os instrumentos disponíveis [política cambial, fiscal e creditícia] de maneira a reduzir os impactos da crise e a ostentar, ainda que em níveis reduzidos, taxas de crescimento positivas (Reis, 1994, p. 98-9).

A produção francana de calçados, apesar de alternar momentos de crescimento com períodos de refluxo, também registrou um desempenho positivo na década de 1980. O volume médio da produção manteve-se em torno dos 30 milhões de pares/ano. No início dos anos 1980, acompanhando a tendência das décadas anteriores, cresceu tanto a produção destinada ao mercado interno quanto aquela voltada para atender as exportações. De acordo com Batista, "a característica mais importante da comercialização do calçado de couro, tanto para o mercado externo como para o interno, é que os fabricantes, até o final da década de 1980, nunca foram obrigados a buscar novos mercados" (Batista, 1996, p. 41).

Nessa década continuou também em expansão, nas fábricas, a oferta de trabalho para as "bancas" e para ser realizado em domicílio. Esse crescimento do setor calçadista francano, em contraposição ao quadro de crise da economia do país, atraiu para a cidade pessoas em busca de emprego, oriundas das cidades vizinhas do município, da capital do Estado e de outros estados, como Minas Gerais e Paraná, em grande medida absorvidas pelo mercado de trabalho local. Esse movimento migratório pode ser apreendido na entrevista concedida por Luiz Gonzaga Gaspar:

> Em 1982, quanto houve aquela crise cambial violenta, na época do governo Figueiredo, o setor automobilístico nacional estava muito ruim, enquanto o setor calçadista estava bem. Naquele período, a imprensa noticiava que em Franca estava se ampliando a oferta de empregos. Imagine o que aconteceu: havia em São Paulo e em outras regiões do país um "mundo de gente" desempregada e a imprensa falavam que nós, aqui em Franca, estávamos empregando. "Choveu gente" em Franca, em busca de trabalho. O trabalho nas fábricas atraía muitas pessoas de fora [...] mas, como a produção naquele momento estava em crescimento, as coisas ainda ficaram equilibradas.

As exportações de calçados, durante a primeira metade dos anos 1980, tiveram um peso significativo para o desempenho do setor calçadista francano. Nos anos de 1983 e 1984, o volume de calçados destinados ao mercado externo superou pela primeira vez aquele dirigido ao mercado interno. Em 1983, quando o total da produção foi de 15,1 milhões de pares, 7,5 milhões foram comercializados no país e 7,6 milhões o foram no exterior. Em 1984, quando o volume da produção local de calçados dobrou em relação ao ano anterior, coube ao mercado interno 15,2 milhões de pares, enquanto a parcela comercializada no mercado internacional foi de 16,8 milhões.

Tabela 9: Produção de calçados em Franca para o mercado interno e para exportação — 1980-1989 (em milhões de pares)

Ano	Mercado interno	Mercado interno (%)	Mercado externo	Mercado externo (%)	Total
1980(1)	8,9	71,8	3,5	28,2	12,4
1981	n.d.	n.d.	n.d.	n.d.	n.d.
1982	n.d.	n.d.	n.d.	n.d.	n.d.
1983(2)	7,5	49,7	7,6	50,3	15,1
1984(3)	15,2	47,5	16,8	52,5	32,0

1985(3)	19,2	64,0	10,8	36,0	30,0
1986(3)	25,9	74,0	9,1	26,0	35,0
1987(3)	9,0	52,9	8,0	47,1	17,0
1988(3)	14,9	62,1	9,1	37,9	24,0
1989(3)	17,5	64,8	9,5	35,2	27,0

Fontes: (1) Couro e Calçados, Franca, Núcleo Tecnológico de Couros, Calçados e Afins do IPT em Franca, 5(2): 4, dezembro de 1981 e id., 5(1): 3, junho de 1991. (2) Couro e Calçados, Franca, Núcleo Tecnológico de Couros, Calçados e Afins do IPT em Franca, 8(1): 6, dezembro de 1984. (3) Sindicato da Indústria de Calçados de Franca. Informações Gerais sobre o Setor Calçadista. Franca, s.d.p., mimeo.
Obs.: Os dados coletados pelo Núcleo Tecnológico de Couros, Calçados e Afins do IPT em Franca abrangem cerca de 100 empresas calçadistas instaladas no município, que respondem por 60% da produção total destinada ao mercado interno e por 95% da produção total destinada ao mercado externo (Navarro, 1998).

Para compreender essas variações da comercialização de calçados de couro produzidos em Franca, que em determinados momentos tendeu a priorizar o mercado externo e em outros se voltou para o mercado interno, é necessário situar a conjuntura econômica do país, que gerava grandes oscilações da demanda por calçados no mercado interno e as vicissitudes do mercado internacional, que propiciaram em alguns momentos o acréscimo das vendas externas.

De acordo com Reis (1994), a manutenção das políticas de incentivos às exportações do governo federal teria contribuído para o crescimento das exportações nos anos de 1983 e 1984. No entanto, os mecanismos de promoção às exportações de calçados, criados e ampliados a partir dos anos 1960, mantiveram-se praticamente inalterados até 1985, apesar das sobretaxações e de outras medidas protecionistas praticadas pelos Estados Unidos, o maior comprador dos calçados de couro produzidos em Franca. A partir de 1985, sob ameaça de retaliação às exportações dos calçados produzidos no país, o governo brasileiro iniciou a desmontagem do programa de promoção às exportações de calçados. O conjunto de incentivos às exportações de calçados manteve-se inalterado até 1985 e a ele não pode ser creditado o grande aumento das exportações calçadistas francanas nos anos de 1983 e de 1984, não obstante a política de câmbio ter se mantido extremamente favorável ao setor exportador nesse período e mesmo posteriormente, devido à crise da dívida externa brasileira.

A crise vivida no mercado internacional desde o início da década de 1980 favoreceu as exportações brasileiras de calçados nos anos de 1983 e 1984. As empresas calçadistas francanas forneceram ao mercado internacional calçados de couro com qualidade ligeiramente inferior aos produzidos na Itália e na Espanha com preço significativamente menor. Essa circunstância conjuntural apontou, para as empresas calçadistas francanas que exportavam, a perspectiva de concorrer nos anos seguintes com a produção de calçados da Itália e da Espanha no mercado internacional, o que se materializou na produção e oferta de calçados com valor agregado crescente, embora com preços e qualidade inferiores aos praticados pelos concorrentes europeus, preços que se mantiveram competitivos, assim como a qualidade dos calçados masculinos de couro, apesar da retirada paulatina dos subsídios às exportações brasileiras de calçados a partir de 1985.

Embora os empresários do setor de calçados de couro creditem a elevação do padrão de qualidade da produção ao papel desempenhado pelos intermediários das exportações, essa relação é marcada pela "cobrança", pela crescente subordinação da produção às exigências e imposições desses intermediários, que afetam o volume de produção, as características do produto, o próprio processo de produção e os níveis de rentabilidade da empresa, ao mesmo tempo em que atrofiam o desenvolvimento, no país, de setores estratégicos para a produção desses mesmos calçados: a estrutura de distribuição, inclusive para o mercado interno, e a criação de modelos, de *design*, em especial para o mercado externo.

Tabela 10: Valor da produção brasileira de calçados de couro e de outros materiais no período 1974-1996; valor das exportações e preço médio dos calçados produzidos para exportação, em Franca, no período 1980-1996

Ano	Brasil[1]									Franca[2]	
	Valor total (US$ milhões)			Valor mercado externo (US$ milhões)			Valor mercado interno (US$) milhões			Valor mercado externo (US$ milhões)	Preço médio/par (US$)
	Couro	Outros mat.	Total	Couro	Outros mat.	Total	Couro	Outros mat.	Total		
1974	490,7	123,2	613,9	373,6	119,1	492,7	117,1	4,1	121,2	n.d.	n.d.
1975	635,8	161,1	796,9	478,2	153,5	631,7	157,6	7,5	165,1	n.d.	n.d.
1976	780,0	202,2	982,2	609,8	197,3	807,1	170,2	4,9	175,1	n.d.	n.d.
1977	867,2	250,6	1.117,8	703,4	240,0	943,4	163,9	10,6	174,5	n.d.	n.d.
1978	1.101,2	288,7	1.389,9	829,9	278,1	1.109,0	271,3	9,5	280,8	n.d.	n.d.
1979	1.416,0	367,7	1.783,7	1.074,0	358,1	1.432,1	342,0	9,3	351,3	n.d.	n.d.
1980	1.318,0	628,6	1.946,6	862,9	619,2	1.482,1	455,1	9,3	464,4	44,1	14,90
1981	2.961,5	994,2	3.955,7	2.413,3	980,3	3.393,6	548,1	13,7	561,8	65,5	15,20
1982	3.194,9	1.040,7	4.235,6	2.705,4	1.028,5	3.733,9	489,5	11,8	501,3	65,1	13,00
1983	3.397,9	1.132,6	4.530,5	2.741,5	1.107,6	3.849,1	656,4	25,0	681,4	77,0	11,00
1984	3.663,3	1.193,4	4.856,7	2.749,0	1.159,3	3.908,3	914,4	33,9	948,3	164,6	9,80
1985	3.919,6	1.280,9	5.200,5	3.033,6	1.259,3	4.292,9	886,0	21,5	907,5	111,5	10,30
1986	4.201,5	1.367,1	5.568,6	3.261,9	1.346,8	4.608,7	939,7	20,2	959,9	97,7	10,70

1987	4.496,5	1.457,0	5.953,5	3.245,8	1.258,3	4.504,1	1.070,7	24,7	1.095,4	104,2	13,00
1988	4.905,3	1.568,8	6.474,1	3.727,3	1.543,9	5.271,2	1.177,9	24,9	1.202,8	127,7	14,00
1989	4.905,1	1.623,7	6.528,8	3.700,9	1.589,7	5.290,6	1.204,2	24,7	1.228,9	125,6	13,20
1990	4.630,4	1.505,3	6.135,7	3.547,8	1.481,2	5.029,0	1.082,6	24,1	1.106,7	126,7	14,20
1991	4.386,1	1.481,8	5.867,9	3.243,4	1.453,2	4.696,6	1.142,7	28,6	1.171,3	107,2	15,10
1992	4.661,1	1.877,8	6.538,9	3.289,0	1,841,2	5.130,2	1.372,1	36,6	1.408,7	161,8	15,10
1993	3.799,1	2.488,3	6.287,4	3.799,1	2.488,3	6.287,4	1.885,1	61,6	1.946,7	228,0	15,70
1994	5.692,4	2.862,6	8.555,0	4.116,2	2.815,4	6.931,6	1.576,2	47,2	1.623,4	199,9	17,10
1995	5.118,4	1.925,8	7.044,2	3.658,8	1.886,5	5.545,3	1.459,6	39,2	1.498,8	151,6	20,50
1996	5.455,7	1.865,3	7.321,0	3.854,3	1.816,6	5,670,9	1.601,4	48,7	1.650,1	108,1	20,10

Fontes: (1) Abaex. *Brazilian footwear 96/97*, Novo Hamburgo, Catânia Comunicação e Marketing, 1997. (2) Sindicato da Indústria de Calçados de Franca. Informações Gerais sobre o Setor Calçadista. Franca, s.d.p., mimeo. Obs.: Os dados referentes ao valor total e ao valor do mercado interno da produção calçadista francana não estão disponíveis (Navarro, 1998).

A rentabilidade da produção destinada ao mercado interno é maior do que aquela voltada para a exportação; os preços pagos pelos importadores costumam ser inferiores àqueles que os mesmos calçados ou modelos similares obteriam no mercado interno (Tabela 10).

Apesar de o setor empresarial calçadista enfatizar os argumentos de natureza técnico-organizacional para justificar as exportações com preços menores e rentabilidade inferior àqueles do mercado interno, outras determinações estão envolvidas no incremento das exportações brasileiras de calçados de couro, e a principal delas é o baixo poder aquisitivo da população brasileira. A produção de calçados está inserida no conjunto de mercadorias que constituem o chamado setor de bens de consumo popular, e esse setor é sensível às variações do poder aquisitivo da população trabalhadora e foi bastante afetado pelas políticas de arrocho salarial praticadas nas últimas décadas, inclusive por aquelas que se apresentaram, nos anos de 1980 e início dos anos de 1990, sob o título de "planos de estabilização". A perda de poder aquisitivo da população trabalhadora brasileira determina a tendência de crescimento do volume da produção de calçados de baixo custo e qualidade inferior: a população passa a procurar calçados mais baratos e os calçados de couro tendem a ocupar, no mercado interno, um segmento cada vez mais específico e rentável, constituído pelos chamados "calçados de segurança" e por modelos dirigidos à parcela da população com maior poder aquisitivo. Foi o que ocorreu com o sapato do tipo mocassim quando os tênis se popularizaram.

No ano de 1986, a produção francana de calçados alcançou a marca histórica de 35 milhões de pares, volume de produção não mais atingido. Esse crescimento no volume da produção foi creditado ao aumento da demanda no mercado interno provocado pelo Plano Cruzado, que durante um curto período de tempo elevou o poder aquisitivo de pequena parcela da população brasileira. O sr. Luiz Gonzaga Gaspar lembra que, em Franca, em 1986, com o

Plano Cruzado, houve uma explosão da produção que aqueceu toda a economia da cidade. Aumentou a oferta de empregos nas fábricas, nas "bancas", nas casas. Com o crescimento da produção, houve espaço para todo mundo. Aumentou também o número de "bancas" e de microempresas.

Naquele momento, as indústrias calçadistas, mesmo operando com sua capacidade máxima, foram incapazes de suprir a demanda do mercado interno, originando a elevação dos preços dos calçados masculinos de couro praticados no mercado brasileiro. Em 1986, 74% do total de calçados produzidos em Franca foi destinado ao mercado interno e o desempenho positivo do setor elevou a 37.328 o número de trabalhadores formalmente contratados pelas indústrias calçadistas nesse ano, o maior número de assalariados empregados diretamente pelo setor em toda a história da produção de calçados francana. À época, os assalariados pelas indústrias chegaram a levar trabalho para ser realizado em casa após cumprirem a jornada de trabalho na fábrica.

Tabela 11: Número de trabalhadores diretos na indústria de calçados de Franca — 1985-1996

Mês	1985	1986	1987	1988	1989	1990	1991	1992	1993	1994	1995	1996
jan.	34.676	32.747	36.835	26.480	29.688	29.612	27.335	24.394	27.046	27.539	24.496	18.932
fev.	34.062	33.017	36.845	26.178	29.681	28.998	26.874	24.433	27.128	27.046	24.109	18.163
mar.	32.392	33.217	36.221	27.062	29.721	29.415	25.659	24.535	26.921	26.895	23.805	18.074
abr.	32.172	32.905	34.174	27.433	30.042	29.168	26.329	24.959	26.977	26.750	23.431	18.386
maio	32.665	35.031	32.820	27.640	30.545	29.441	27.272	25.721	27.220	26.737	23.349	18..689
jun.	32.570	35.652	30.779	27.913	30.946	29.911	28.202	26.043	27.499	26.421	22.307	19.349
jul.	33.066	36.717	27.286	28.734	31.242	30.588	29.125	26.641	27.259	26.152	21.965	19.477
ago.	34.680	37.328	27.131	29.129	31.794	30.013	29.240	27.062	27.414	25.836	21.140	19.330
set.	33.224	37.279	26.116	29.000	31.761	29.944	28.810	26.941	27.673	25.392	20.230	19.469
out.	33.431	37.240	26.987	29.178	31.281	29.181	27.535	26.983	27.621	25.002	18.577	19.333
nov.	32.935	37.062	27.364	29.389	30.042	28.215	26.086	27.039	27.746	24.949	19.445	19.146
dez.	32.169	36.609	26.704	29.408	29.572	27.088	24.939	26.901	27.364	24.676	18.761	18.791
média	33.170	35.400	30.771	28.128	30.526	29.297	27.283	25.971	27.322	26.121	21.823	18.930

Fonte: Sindicato da Indústria de Calçados de Franca (Navarro, 1998).

Em 1987, com a falência do plano de estabilização econômica e a conseqüente redução do poder aquisitivo de significativa parcela da população brasileira, a tendência de crescimento do mercado interno não se manteve e a produção francana de calçados sofreu uma brusca queda. Dos 35 milhões de pares produzidos em 1986, o montante da produção caiu no ano seguinte para 17 milhões de pares, dos quais, 52,9% direcionados ao mercado interno. Os reflexos dessa queda no nível da produção fizeram-se sentir rapidamente em toda a economia do município. Nos primeiros seis meses do ano, as indústrias calçadistas demitiram aproximadamente 6 mil trabalhadores e, até dezembro de 1987, as demissões haviam atingido mais de 10 mil deles[5]. A retração do mercado interno e a queda significativa no volume da produção calçadista francana redundaram na falência de empresas de calçados, no fechamento de "bancas", na redução do volume de trabalho enviado para ser feito em domicílio e na adoção de novas estratégias de gerenciamento da produção.

Em 1988 e 1989, o volume da produção calçadista brasileira continuou declinando, embora a produção francana apresentasse sinais de recuperação, com a produção elevando-se para 24 milhões de pares em 1988 e para 27 milhões em 1989. A oferta de postos de trabalho pela indústria calçadista local não obedeceu, porém, à mesma proporção que o incremento do volume da produção. Em 1988, as indústrias calçadistas francanas empregaram diretamente entre 26.178 e 29.408 trabalhadores e, em 1989, entre 29.572 e 31.794. A redução proporcional do número de vagas pelas indústrias calçadistas francanas no final da década de 1980 aponta para uma tendência que se tornou mais acentuada no setor ao longo dos anos 1990: a ampliação do volume de produção com a retração do número de trabalhadores empregados diretamente pelas empresas, resultado menos da incorporação de tecnologia à base técnica da produção do que da adoção de estratégias de reestruturação do processo produtivo.

Em 1990, o volume da produção brasileira de calçados continuou em declínio,

Tabela 12: Volume da produção brasileira de calçados de couro e outros materiais — 1990-1996 (em milhões de pares)

Ano	Produção total					Mercado interno					Mercado externo				
	couro	couro %	outros mat.	outros mat. %	total	couro	couro %	outros mat.	outros mat. %	total	couro	couro %	outros mat.	outros mat. %	total
1990	207,1	41,2	295,2	58,8	502,3	77,0	21,4	282,4	78,6	359,4	130,1	91,0	12,8	9,0	142,9
1991	186,6	43,0	246,9	57,0	433,5	68,4	22,7	233,1	77,3	301,5	118,2	89,5	13,8	10,5	132,0
1992	201,1	41,5	284,0	58,5	485,1	59,1	18,1	268,1	81,9	327,2	142,0	89,9	15,9	10,1	157,9
1993	362,8	69,1	162,3	30,9	525,1	173,6	53,1	153,2	46,9	326,8	189,2	95,4	9,1	4,6	198,3
1994	375,1	63,5	215,3	36,5	590,4	216,7	51,0	208,3	49,0	425,0	158,4	95,8	7,0	4,2	165,4
1995	304,4	59,9	203,6	40,1	508,0	171,7	46,4	198,3	53,6	370,0	132,7	96,2	5,3	3,8	138,0
1996	315,5	59,6	213,8	40,4	529,3	178,6	46,2	208,1	53,8	386,7	136,9	96,0	5,7	4,0	142,6

Fonte: Abaex. *Brazilian footwear 96/97*. Novo Hamburgo, Catânia Comunicação e Marketing, 1997, passim, *apud* Navarro (1998).

5 Em janeiro de 1987, as indústrias calçadistas francanas empregavam 36.835 trabalhadores; em junho, 30.779 e, em dezembro, 26.704.

decrescendo para 502,3 milhões de pares. A produção francana manteve-se no mesmo nível alcançado no ano anterior, totalizando 27 milhões de pares. O mercado interno elevou-se ligeiramente, absorveu 67% do montante produzido no município e compensou a redução daquele destinado à exportação. Não obstante, a tendência de redução de postos de trabalho nas indústrias calçadistas manteve-se: o número de trabalhadores assalariados oscilou entre 30.588 e 27.088. Creditado ao pequeno sucesso do primeiro plano econômico implantado pelo governo Collor, o ligeiro aumento da demanda no mercado interno do calçado produzido em Franca foi insuficiente para conter a tendência de retração do mercado de calçados produzidos no município no início dos anos 1990.

Tabela 13: Produção de calçados em Franca — 1990-1996 (em milhões de pares)

Ano	Mercado interno	Mercado interno (%)	Mercado externo	Mercado externo (%)	Total
1990	18,1	67,0	8,9	33,0	27,0
1991	16,7	69,6	7,3	30,4	24,0
1992	15,0	58,4	10,7	41,6	25,7
1993	17,0	54,0	14,5	46,0	31,5
1994	19,8	62,9	11,7	37,1	31,5
1995	14,6	66,4	7,4	33,6	22,0
1996	19,4	78,2	5,4	21,8	24,8

Fonte: Sindicato da Indústria de Calçados de Franca. Informações Gerais sobre o Setor Calçadista: Franca. s.d.p. mimeo, *apud* Navarro (1998).

Em 1991, o volume da produção calçadista nacional manteve-se em declínio – foram produzidos 433,5 milhões de pares –, agravado pela ampliação das importações de calçados de baixo preço e qualidade provenientes da China e de outros países asiáticos.

Os impactos da rápida abertura econômica a partir do governo Collor, no setor calçadista, são destacados em entrevista pelo sr. Ivânio Batista, do Sindicato da Indústria de Calçados de Franca:

> O Plano Collor expôs de forma brutal e sem nenhum preparativo a indústria nacional à concorrência internacional. O Brasil era, até então, um país super fechado, com as indústrias superprotegidas. Havia produtos cuja importação era proibida e outros com alíquotas de importação de 170, 1.340%. Da noite para o dia essas barreiras alfandegárias foram eliminadas, caíram para 20, 40%. Isso expôs muitos setores, e não apenas o calçadista, a uma concorrência altamente prejudicial, até porque o país não estava, como ainda não está, preparado para evitar a entrada de produtos altamente subsidiados no mercado interno.

Não há legisladores nem técnicos para agir rapidamente em casos de denúncia de *dumping*. A situação ficou difícil para todo mundo, se agravou, até para quem faz sapato de couro.

O sr. Rubens Facirolli, do Sindicato dos Trabalhadores nas Indústrias de Calçados de Franca, também faz referência a esse momento de crise então vivida pelo do setor calçadista:

> Em 1991 um número muito grande de trabalhadores ficou desempregado. Na época chegou a ter 8 a 9 mil trabalhadores desempregados e fecharam em torno de 50 empresas expressivas. Fechou uma quantidade enorme de pequenas empresas e "bancas" também.[6]

Em Franca, a redução do mercado interno foi acompanhada da diminuição dos pedidos vindos do exterior. Foram produzidos 24 milhões de pares de calçados no município e o número de trabalhadores assalariados pelas indústrias calçadistas locais decresceu, oscilando entre 29.240 e 24.939. Ao mesmo tempo, continuaram se ampliando a determinadas operações exigidas na confecção do sapato masculino de couro nas "bancas" e em domicílio. Fica nítida a tendência de extinção de parcela dos postos de trabalho nas fábricas de calçados francanas, com a eliminação de empregos formais e sua substituição pelo trabalho por meio da prestação de serviços, nas "bancas" e em domicílio, crescentemente mediado por intermediários entre os trabalhadores e as empresas calçadistas.

Embora a produção brasileira de calçados tenha se elevado em 1992, alcançando 485,1 milhões de pares, a produção nacional de calçados de couro destinados ao mercado interno conheceu seu nível mais baixo em décadas, no país, 59,1 milhões de pares. A exportação absorveu 142 milhões de pares de calçados de couro. Em Franca, a produção totalizou 25,7 milhões de pares, dos quais 15 milhões foram absorvidos pelo mercado interno e 10,7 milhões foram exportados. A redução de postos de trabalho continuou nas indústrias calçadistas francanas, que envolveu de 27.062 a 24.394 trabalhadores assalariados na produção durante o ano.

Em 1993, o setor calçadista brasileiro voltou a expandir seu volume de produção, que totalizou 525,1 milhões de pares, dos quais 62,2% destinados ao mercado interno, que se ampliou, conseqüência da estabilidade da moeda obtida com a criação da URV. Os calçados de couro representaram 69,1% desse montante – 362,8 milhões de pares –, aumentando significativamente sua participação no volume total de calçados produzidos no país, conseqüência da retração da produção de calçados confeccionados com outros materiais, setor duramente atingido com a abertura do mercado interno às importações a partir de 1990. As exportações continuaram a absorver percentual maior do que aquele destinado ao mercado nacional, como no ano anterior. Em Franca, a produção chegou a 31,5 milhões de pares, 54% dos quais destinados ao mercado interno. No caso específico do calçado masculino de couro produzido no município, a ampliação de sua participação nas exportações deveu-se às crises econômicas vividas na Itália e na Espanha, que levaram esses países a praticar políticas de valorização cambial, tornando o preço de seu calçado masculino de couro menos competitivo no mercado internacional e favorecendo a ampliação do volume de calçados exportados pelas empresas francanas. O incremento

6 Entrevista concedida por Rubens Facirolli, presidente do Sindicato dos Trabalhadores nas Indústrias de Calçados de Franca, em 19/11/1996.

das exportações em 1992 e 1993 dificultou ainda mais a logística da produção das empresas calçadistas locais. Os pedidos dos importadores tenderam a ser continuamente fragmentados, de maneira que diversas empresas chegaram a produzir, simultaneamente, pequenos volumes de um mesmo modelo de calçado. O número de trabalhadores absorvidos pela indústria calçadista de Franca manteve-se estável em 1993, variando de 27.746 a 26.921.

Em 1994, a produção nacional de calçados totalizou 590,4 milhões de pares. A produção de calçados de couro ampliou-se ligeiramente em relação ao ano anterior, perfazendo 375,1 milhões de pares, com o total de calçados confeccionados com outros materiais voltando a se expandir, atingindo 215,3 milhões de pares. O mercado externo dos calçados de couro retraiu-se devido à sobrevalorização cambial, ficando em 158,4 milhões de pares. O mercado interno, impulsionado pelo Plano Real, absorveu 216,7 milhões de pares produzidos no país e um volume significativo de calçados importados. A produção calçadista francana manteve o mesmo volume do ano anterior, 31,5 milhões de pares, embora a parcela destinada ao mercado interno tenha se expandido – incorporou 62,9% do montante produzido – e o mercado externo começasse a apontar o declínio crescente observado a partir de então, ficando com 37,1% do total. O nível de empregos formais oferecidos pelas indústrias calçadistas caiu, oscilando entre 27.539 e 24.676 postos de trabalho, tendência que se manteve nos anos seguintes.

Em 1995, a produção calçadista brasileira voltou a se retrair, somando 508 milhões de pares. Os calçados de couro responderam por 59,9% – 304,4 milhões de pares – dos quais 171,7 milhões destinados ao mercado interno e 132,7 milhões ao externo. Em Franca, o declínio do volume da produção foi mais intenso: 22 milhões de pares de calçados foram produzidos, 14,6 milhões destinados ao mercado nacional e 7,4 milhões à exportação. Embora o comércio tenha expandido suas vendas no mercado interno, estas voltaram-se principalmente para os bens de consumo duráveis, penalizando o setor produtor de bens não duráveis, inclusive a produção calçadista nacional. Segundo os empresários calçadistas, o Plano Real, ao valorizar a moeda nacional em relação ao dólar, penalizou o setor calçadista, como explica o sr. Ivânio Batista:

> Um dólar valia uma URV e um real. Começamos a calcular o custo do sapato para exportação na condição de que uma URV valia um real, que valia um dólar. No dia 4 de julho de 1995, era uma segunda-feira, o mercado financeiro abriu com a nova moeda, o real, em vigor. Nós nos surpreendemos com a mudança do jogo. A URV continuava a valer um dólar, mas o real, que era a moeda de pagamento, passou a valer 82 centavos de dólar. Nós fomos dormir com um dólar e acordamos com 18% de defasagem cambial. Tinha fábrica com contrato para a produção de 200 mil pares de sapato com entrega para dali a dois meses. Houve fábrica que faliu, outras começaram a colocar simbolicamente, dentro de cada par exportado, um dólar, dois dólares, para manter o mercado, para manter o cliente, alguns eram clientes há mais de trinta anos. A sobrevalorização cambial também levou muitos fornecedores da indústria, que estipulavam o preço em dólar, a converter o seu preço para o real. Nós, do setor calçadista, tivemos 18% de defasagem no nosso preço de venda e acréscimo de 18% na compra de algumas matérias-primas. O ajuste foi muito difícil, e muita gente faliu.

No mercado externo, a sobrevalorização cambial da moeda brasileira foi simultânea à desvalorização cambial praticada pela Espanha e, principalmente, pela Itália, país que passou a reestruturar sua produção enviando parte das operações de confecção do calçado para ser realizada fora de suas fronteiras. As mudanças na produção calçadista de alguns países europeus estão presentes nos depoimentos que se seguem:

> Hoje, as fábricas de calçados italianas são poucas e pequenas. Ao invés de produzirem um sapato em Milão, eles mandam fazer esse sapato no Paquistão.[7]

> [...] de produtoras, as fábricas italianas de calçados passaram a ser montadoras. Eles mandam o cabedal para ser feito na Índia e no Paquistão, e o solado para o Leste Europeu. [...] A fábrica é italiana, a produção final é italiana, a produção sai da Itália, o país que exporta é a Itália. Mas eles baratearam. O corte, o pesponto e o solado são feitos fora da Itália. [...] Nós mandamos "para a esquina". Eles mandam para outro país.[8]

A desvalorização cambial praticada por esses países acabou reduzindo a competitividade, no exterior, dos calçados masculinos de couro produzidos em Franca. A situação se agravou, tanto no mercado externo quanto no interno, com a ampliação da participação dos calçados produzidos nos países asiáticos, dificultando a concorrência dos calçados masculinos de couro produzidos em Franca com esses calçados, de baixo preço e qualidade e, ao mesmo tempo, com os europeus, de maior valor agregado e preços mais competitivos. A rentabilidade das exportações de calçados francanos caiu, levando muitas empresas locais que produziam para o mercado externo a buscar o aumento de sua participação no mercado interno, não apenas em função das diferenças entre as políticas cambiais praticadas pelo Brasil e pelos principais países concorrentes no segmento de calçado masculino de couro, mas devido à manutenção da prática dos compradores estrangeiros, que continuaram fragmentando os pedidos de cada modelo em diversas fábricas, o que favoreceu a intensificação do uso de novas estratégias de gerenciamento do processo produtivo.

A conjugação desses fatores levou à retração da produção calçadista francana e à intensificação da eliminação de postos de trabalho das indústrias calçadistas locais, que absorveram entre 24.496 e 18.557 trabalhadores em 1995. Os efeitos da retração do volume de produção do setor traduziu-se também em falências e concordatas, que atingiu toda a cadeia produtiva do calçado instalada no município, e na ampliação das práticas das empresas calçadistas de obtenção de trabalho pelo recurso às "bancas" e ao trabalho em domicílio.

> Cerca de oito boas indústrias faliram, como a Pestalozzi, a Palmflex, a Makerli e mais umas trinta médias e pequenas empresas viveram grandes dificuldades. Algumas até "quebraram" (Ivânio Batista).

---

7 Id., ibid.

8 Entrevista concedida por Carlos Alberto Brigagão, diretor da Calçados Sândalo S.A. e vice-presidente da Abicalçados, em 20/11/1996.

Em 1996, a produção brasileira de calçados ascendeu a 529,3 milhões de pares, dos quais 59,6% de couro e 40,4% de outros materiais. Do total de calçados de couro produzidos, 178,6 milhões de pares destinaram-se ao mercado interno e 136,9 milhões de pares ao externo. A produção francana elevou-se a 24,8 milhões de pares, dos quais 78,2% foram absorvidos pelo mercado nacional e 21,8% pelo externo. A contínua queda do volume de calçados produzidos em Franca destinados à exportação foi compensada pelo incremento do mercado interno, conseqüência ainda do Plano Real. Apesar do crescimento do mercado interno e do volume total de calçados produzidos, a eliminação de postos de trabalho não se deteve no município. A indústria calçadista local contou com um número de trabalhadores assalariados que oscilou entre 19.477 e 18.074 durante o ano.

Independentemente das variações ascendentes e decrescentes do volume da produção ao longo da década de 1986-1996, a indústria calçadista francana extinguiu pelo menos 16.500 postos de trabalho nesse período, em decorrência não da incorporação de maquinaria mais desenvolvida ao setor e sim da adoção de estratégias de gerenciamento da produção pelas indústrias.

É nesse contexto que podemos entender as mudanças na organização, no processo e nas relações de trabalho na indústria de calçados de Franca, que se acentuam a partir dos anos 1990.

É, pois, em um quadro de maior concorrência nos mercados interno e externo, onde se observa o aumento das exigências por calçados de melhor qualidade, com maior variedade de modelos, produzidos em volumes menores que aqueles que os produtores francanos estavam acostumados a atender, a preços competitivos, que as indústrias de calçados passam a aderir mais intensivamente ao processo de reestruturação produtiva.

Para aumentarem a competitividade de seus produtos, as empresas do setor implementaram mudanças nos processos produtivos que visaram à redução dos custos de produção, à melhoria da qualidade do produto e ao aumento da produtividade; a reestruturação produtiva da indústria calçadista francana se deu articulando uma relativa inovação tecnológica com novas formas de organização e gestão do trabalho. No período entre os anos finais da década de 1980 e início da década de 1990, um número maior de indústrias de calçados de Franca aderiu ao movimento de reestruturação produtiva e passou a realizar experiências, em boa medida inspiradas no "modelo japonês" de novas maneiras de organizar a produção e o processo de trabalho. É necessário ressaltar que as modificações no planejamento e na organização da produção implementadas pelas indústrias de calçados de Franca se deram sem investimentos de monta em máquinas e equipamentos que incorporam tecnologias baseadas na microeletrônica.

Em algumas empresas francanas, as novas técnicas de gerenciamento da força de trabalho adotadas pressupunham o envolvimento dos trabalhadores no processo de reestruturação da produção por meio da formação de grupos de discussão, em que o trabalhador era convidado a opinar e dar sugestões a respeito da melhor forma de organizar a produção. Buscava-se com isso contar com a participação dos trabalhadores para diminuir o tempo de giro das mercadorias em produção, tornar mais ágil o processo de trabalho, melhorar a qualidade dos produtos e, conseqüentemente, obter aumentos de produtividade. Para tanto, os trabalhadores foram treinados, e seu envolvimento nessas mudanças passou a ser estimulado com a implantação de políticas de premiações individuais.

As principais mudanças observadas no interior das fábricas foram a redução de postos de trabalho, principalmente daqueles relacionados a tarefas auxiliares nas diversas seções das fábricas, e a utilização do trabalho em grupo ou células de produção, que, por meio do reagrupamento de tarefas antes realizadas individualmente, deu origem ao trabalhador polivalente ou multifuncional, à rotação de tarefas, mudanças essas que são apresentadas como estratégias modernas para adequar a produção à nova lógica capitalista, mas que, para o trabalhador, representam apenas sobrecarga, superposição de tarefas, que passam a coexistir com maior intensificação e controle do trabalho.

Além das mudanças na organização do trabalho observadas no interior de algumas fábricas, a estratégia de redução de custos que mais se difundiu entre as empresas foi a terceirização da produção, que, para o trabalhador, resultou em maior exploração de sua força de trabalho. Alves afirma que "[...] apesar da extorsão da mais-valia relativa ter-se tornado o modo predominante de acumulação de capital no país, principalmente nas indústrias de ponta, a mais-valia absoluta não deixa de ser um importante componente histórico na produção capitalista no Brasil" (Alves, 1996, p. 152). O processo de terceirização em curso no país, na sua variante "espúria", intensifica a extorsão de mais-valia absoluta, e o comportamento da indústria calçadista francana diante dessa nova lógica do mercado serve de exemplo, pois naquele ramo industrial a subcontratação ou terceirização, como tem sido referenciada ultimamente, é velha conhecida e convive com formas não especificamente capitalistas de exploração do trabalho, como o trabalho em domicílio, que pode, ou não, assumir características de trabalho familiar (Navarro, 2003, p. 34).

As empresas calçadistas francanas, de forma geral, havia muito terceirizavam sua produção quando o volume de encomendas ultrapassava sua capacidade produtiva. A partir de meados da década de 1980, essa prática deixa de ser exceção para se tornar regra, com o premente objetivo de reduzir custos, o que explica, em parte, a grande redução de postos de trabalho nas indústrias de calçados de Franca nas últimas décadas (Tabela 11).

O crescimento do processo de transferência de partes da produção para ser realizada fora das indústrias, nas "bancas" ou em domicílio, observado a partir de meados dos anos 1980, contribuiu para o agravamento das condições de trabalho, na medida em que boa parte desse trabalho é realizada no domicílio do trabalhador, em locais improvisados e inadequados, invadindo e perturbando o espaço destinado à família. Agrava ainda mais esse quadro a quase impossibilidade da fiscalização desses ambientes de trabalho pelos organismos responsáveis pela fiscalização da higiene e da segurança no trabalho. O aumento do trabalho nas "bancas" e em domicílio penaliza ainda o trabalhador na medida em que sobre ele recaem os efeitos da flutuação do mercado, dado que a necessidade desse tipo de trabalho pelas empresas é marcada pela sazonalidade; outro agravante desse quadro é a perda de direitos sociais e trabalhistas tais como o direito ao descanso semanal remunerado, às férias, ao 13º salário, à aposentadoria, entre outros.

3 Os efeitos da reestruturação produtiva sobre a força de trabalho

A readequação das empresas do setor calçadista francano à nova lógica do mercado, principalmente a partir dos anos 1990, que passou a exigir maior qualidade dos produtos, maior variedade de modelos, maior produtividade e competitividade, implicou extinção de postos de trabalho, exigência de maior qualificação da força de trabalho, surgimento do trabalhador polivalente multifuncional, substituição do trabalho em linha pelo trabalho em grupo ou células de produção, aumento do trabalho terceirizado, subcontratado por meio das "bancas" e do trabalho em domicílio, aviltamento salarial e aumento da exploração do trabalho infantil.

Essas mudanças observadas em Franca não se deram de forma homogênea. Cabe ressaltar aqui a heterogeneidade existente entre as empresas calçadistas quanto ao porte, às condições de seu aparato tecnológico, ao número de trabalhadores empregados e ao tipo de calçado que produzem. As modificações no planejamento e na organização da produção implementadas pelas indústrias de calçados de Franca, na década de 1990, se deram com baixo nível de investimentos em máquinas e equipamentos, que incorporam tecnologias baseadas na microeletrônica.

De maneira geral, o conjunto de mudanças observado foi causa de sérios problemas para os trabalhadores que viram seus empregos cada vez mais ameaçados e passaram a conviver com um quadro crescente de precarização das condições e relações de trabalho.

As mudanças no processo de trabalho, invariavelmente, levaram a maior intensificação do trabalho, como atestam os depoimentos de trabalhadores de diferentes seções e de alguns técnicos do setor calçadista. Tomemos como exemplo a polivalência adotada na seção de pesponto:

> O polivalente no pesponto é o seguinte: o pespontador antes só pespontava. Se sobrasse uma ponta de linha, havia uma pessoa lá só para cortar essa ponta de linha, ou queimar essa ponta de linha. Antes, ele pespontava só uma determinada parte do cabedal e passava para a frente. Um era especializado em pespontar só o vivo, outro só a paleta, só o traseiro ou só os enfeites e hoje nós temos casos, principalmente nesse trabalho de célula, em que o trabalhador tem que pespontar o cabedal todo, tem que saber fazer todas essas costuras. Ele hoje também tem que fazer o acabamento. Tem de pespontar e já dar uma olhada para ver se está tudo certo. Ele mesmo corta e queima a linha. É ele quem faz o serviço de complementação do pesponto.[9]
>
> Se o pespontador tiver um pequeno tempo ocioso, ele senta lá nas mesas e vai auxiliar os preparadores.[10]

Apesar de o trabalho polivalente ser característico da organização do trabalho em sistema de células, a exigência de trabalhadores com habilidades para realizar diferentes operações simultaneamente é feita mesmo quando o trabalho é organizado em linha.

> Hoje, também na produção em linha, há necessidade de você ter o trabalhador polivalente da célula.[11]

---

9 Entrevista concedida por Milton da Silva, em 12/9/1997, à época presidente do Sindicato dos Trabalhadores nas Indústrias de Calçados e Vestuário de Franca e Região.

10 Entrevista concedida por Flávio Apparecido Facirolli em 5/6/1998, à época coordenador técnico do setor de calçados do Senai de Franca.

11 Entrevista concedida por Carlos Roberto Gomes, em 26/1/1997, à época instrutor e orientador da área de calçados do Senai de Franca.

O número de operações que caberá ao trabalhador dependerá de como a produção foi planejada e quanto tempo foi calculado para cada tarefa, como atesta o depoimento de um técnico do setor:

> O trabalhador vai fazer várias operações. Faz uma, duas ou três operações, o que foi cronometrado para ele fazer. Às vezes, o planejador cronometra e diz: "Eu estou fazendo quinhentos pares"; se ele vai pregar a taloneira, vai também pregar o "vivo" e fazer qualquer outra costura. Dá tempo dele fazer isso e mais isso aqui. O trabalhador tem que ser hábil nessas três coisas (id., ibid.).

A polivalência do trabalhador, estratégia utilizada para diminuir os custos de produção e elevar a produtividade por meio da eliminação dos "tempos mortos", vem se firmando como um requisito fundamental para a garantia do emprego e para aqueles que buscam um lugar no mercado de trabalho local.

> Hoje, para que as coisas caminhem com mais velocidade, é necessário que todo o funcionário que esteja dentro da produção seja polivalente, o que antigamente era chamado de "coringa" [...]. *Hoje, o trabalhador tem que ser coringa por natureza*, todos têm que ser "coringas" (id., ibid., grifo nosso).

4 O trabalho em grupo e em células de produção

Outra mudança introduzida na seção de pesponto foi o trabalho em grupo, que pressupõe o pagamento por produção do grupo, o que é uma forma eficiente de controle sobre o trabalhador sem que seja necessária a manutenção de supervisor na seção, como era prática habitual. Os próprios companheiros de trabalho são levados a controlar o ritmo e a qualidade do trabalho produzido pelo grupo.

> No trabalho em grupo, a empresa impõe uma meta que tem que ser atingida. Quando o grupo atinge essa meta, pode-se receber algum prêmio, que pode ser em dinheiro. Com isso os trabalhadores ficam entusiasmados e vão fazer de tudo para atingir aquela meta que a empresa colocou. Eles evitam, de tudo quanto é jeito, interromper o trabalho. Evitam até ir ao banheiro. Se ele tiver algum problema de saúde, ele tenta segurar para não faltar ao serviço, para manter a produção do grupo. Muitas vezes acontece, quando o grupo chega a atingir aquela meta, de a empresa aumentar o volume da produção (Milton da Silva).

> No pesponto, com esse sistema de trabalho em grupo, eles estão modernizando a forma de exploração do trabalhador, estão se aperfeiçoando em como explorar mais o trabalhador. Nesse sistema o trabalhador se desdobra para trabalhar mais que o outro e um vigia o trabalho do outro. Então para a empresa esse sistema é muito confortável.[12]

A opção pelo trabalho em linha ou em células, na indústria calçadista de Franca, é questão de planejamento de cada empresa. A adoção de células por uma determinada empresa não significa, necessariamente, o abandono do sistema de linha. A célula não

[12] Entrevista concedida por Paulo Afonso Ribeiro em 18/11/1997, à época dirigente sindical.

passa de uma estratégia de planejamento que pode ser adotada ou não, dependendo do porte da empresa, do volume da produção e da variedade dos modelos a serem confeccionados em determinado período. Nas grandes empresas, onde o volume de produção é maior e se produz uma maior variedade de modelos, a adoção do sistema de células ou de grupos de trabalho no pesponto é apontada como a estratégia mais adequada à nova realidade.

> Antigamente nós tínhamos uma padronização muito grande de modelos, vendíamos 2, 3 mil pares de um só modelo por dia. Hoje, está havendo uma diversificação muito grande. Os clientes estão pedindo para cada pedido de modelo um detalhe diferente. Isso fez com que a manutenção desse sistema de linha fosse dificultada. Digamos que numa fábrica em que se façam mil pares por dia de um determinado modelo tenhamos cinqüenta máquinas de pesponto, cinqüenta pespontadores e umas cem meninas de mesa. São cinqüenta máquinas de pesponto e todo mundo fazendo uma linha só, um único modelo de sapato. Esses mil pares de um modelo passaram a ser vendidos em dez variações diferentes, o que se pode fazer? Montar células. Esses grupos poderiam ser montados com duas máquinas, colocando-se três ou quatro mesas, o que dariam dez grupos. Em cada grupo seria colocado um modelo diferente. Pode-se combinar uma maneira de pagar por peça, fazendo com que seja uma motivação maior, para a pessoa ganhar um pouco mais. Cada grupo seria como uma "banca" de pesponto. E se pode administrar para cada grupo um modelo especificamente. Agora, no sistema de linha não dá para se fazer isso.[13]

As constantes mudanças de modelos dificultam o trabalho do pespontador, provocando queda em seu rendimento. Os novos modelos que entram na linha de produção se diferenciam pelo tipo de costura, por um maior ou menor número de peças a serem pespontadas etc. A adequação contínua do trabalhador às constantes mudanças de modelos, além de se traduzir em maior dificuldade e maior intensificação de seu trabalho, corresponde à queda de produtividade e, conseqüentemente, à diminuição do salário.

> Por mais habilidoso que seja o pespontador, quando se troca o modelo, quando se coloca uma costura a mais ou uma costura a menos, uma peça a mais ou uma peça a menos, ele perde em produtividade até se adaptar àquele novo modelo (Flávio Apparecido Facirolli).

O padrão tecnológico das máquinas de pesponto utilizadas pela maioria das indústrias de calçados de Franca não sofreu alterações significativas. Poucas empresas adotaram máquinas computadorizadas para bordar, fazer costuras de enfeites e personalizar os calçados. A maior parte do pesponto é realizada nas antigas máquinas de coluna, que não dispensam a qualificação do trabalhador.

Alguns modelos de calçados, principalmente aqueles dirigidos para as classes de maior poder aquisitivo, são costurados manualmente. A costura manual pode ser feita com o calçado fora ou na fôrma. O trabalho de costura manual na fôrma é realizado em seção própria dentro das indústrias e, na atualidade, raras são as empresas calçadistas que ainda produzem calçados costurados à mão em suas dependências. A

[13] Entrevista concedida por Sérgio Henrique Siqueira, em 5/6/1997, à época instrutor do setor de calçados do Senai de Franca.

seção de costura manual na fôrma é mantida apenas para o atendimento de um mercado consumidor restrito, de alto poder aquisitivo, que busca a qualidade desse tipo de trabalho artesanal, ou mesmo para diferenciar o produto e garantir as vendas para o mercado externo.

> [...] A costura manual na fôrma é feita para atingir um mercado muito restrito. É um trabalho muito difícil, fica caro o processo, mas ainda tem aquelas cabeças que querem fazer aquele sapato feito à mão. Eu não vou te falar que ela está extinta, mas o que existe é muito pouco, para te falar a verdade é desprezível. O Democrata, o Samello eles ainda fazem a costura manual, eles têm umas lojas mais tradicionais que compram, uma José Silva, uma Fascar, umas lojas mais finas. Existe uma clientela que conhece esse tipo de sapato e gosta, mas é uma coisa muito pequena (Carlos Roberto Gomes).

> O comprador exige um trabalho mais artesanal. Às vezes ele [o costurador] faz um trabalho com muita qualidade, com os pontos certinhos, e eles [os compradores] reclamam: "Olha, isso aqui está parecendo ser [um trabalho de] máquina. Nós queremos um trabalho mais artesanal". Por isso que os costuradores não foram ainda trocados por máquinas.[14]

Para algumas empresas, a manutenção da seção de costura manual na fôrma faz parte de sua estratégia de marketing, dada a qualidade do serviço executado.

> [...] A seção de costura manual é a vedete da fábrica. Quando vêm os visitantes eles levam lá pra ver. [...] Porque é o que vende o sapato. A imagem do sapato é a costura manual na forma.[15]

A existência de grande variedade de tipos de costura manual, cuja execução apresenta diferentes graus de dificuldade, determina a divisão do trabalho no interior dessa seção. Aos costuradores mais experientes, que em geral são os mais antigos na profissão, são encaminhadas as costuras consideradas de maior dificuldade, cabendo aos menos experientes a execução daquelas consideradas mais simples. Essa divisão do trabalho está relacionada à diferença no pagamento pelo serviço realizado, cabendo àqueles trabalhadores que se ocupam das costuras mais difíceis uma remuneração maior.

> [...] a costura paralelo é a mais difícil. Então, às vezes, eles costumam dividir esse serviço. [...] Aqueles que têm mais capacidade pegam os sapatos difíceis. Quando eles [os auxiliares que levam os calçados aos costuradores] te entregam os sapatos, eles já estão todos na carreta, com a linha colocada junto. A gente pega esse sapato e costura. A gente gasta em média de vinte a trinta minutos [para costurar cada par]. Depende muito da capacidade, uns gastam menos, outros gastam mais [tempo]. Existem costuras que rendem pouco, R$ 1,10 por par. A costura que paga melhor sai, em média, R$ 1,30 o par. Esse modelo eu faço de dezoito a vinte pares por dia, não mais que isso (id., ibid.).

---

14 Entrevista concedida por O. A., em 18/9/1997, operário da Calçados Samello.

15 Entrevista concedida em 18/9/1997 por S. A., à época operário da Calçados Samello.

A constante mudança de modelos que entram na linha de produção penaliza o trabalhador, tanto pelo fato de provocar quedas em seu rendimento quanto pelo maior desgaste físico que proporciona e, conseqüentemente, pelos problemas de saúde daí decorrentes. São comuns os problemas de saúde relacionados ao trabalho que acometem os costuradores, principalmente aqueles provocados por esforços físicos repetitivos, conforme podemos apreender no depoimento abaixo.

> Eu tive bursite. O osso do meu braço estava com um tipo de inflamação. Eu tive que tomar quatro infiltrações, mesmo assim não deixei de ir à fábrica. Tomava a infiltração e ia trabalhar. Só que eu chegava na fábrica e não conseguia costurar e falava para o chefe da seção que estava doendo demais e não dava para trabalhar. Aí ele me punha para arrancar prego, fazer um servicinho qualquer que não exigia muito do braço. Eu fiquei assim durante dois meses. Aí melhorei. Só que tem companheiros meus que foram afastados da costura por esse mesmo problema e não conseguiram recuperar. Na fábrica em que trabalho tem uns três ou quatro só na seção de costura que estão afastados da costura. Mudaram de serviço, um passou a ser revisor e os outros estão encostados, fazendo servicinhos diversos, queimando uma linha, arrancando prego, só que com salário mais baixo (S. A.).

O costurador manual realiza seu trabalho em pé, executando constantes movimentos de abrir e fechar os braços para esticar as linhas, cujas laçadas demandam força física. A execução repetitiva desses movimentos do torso e braços provoca dores, principalmente nos ombros, braços e pulsos. A manutenção de longas jornadas de trabalho em pé é responsável por dores nas pernas, problemas circulatórios e varizes referidos pelos operários. Tais problemas são tratados apenas de forma sintomática no âmbito da empresa:

> [...] qualquer problema que o costurador tem, por exemplo, uma dor no ombro, uma dor no braço que foi provocada pela posição incômoda do trabalho, permite que ele seja encaminhado ao ambulatório. Chegando ao ambulatório, a primeira coisa que o médico faz é olhar e perguntar: "Está doendo? Está sentindo dor? Muito bem, então vou te aplicar um Voltarem". Vem a enfermeira e te aplica uma injeção de Voltarem. Nós brincamos, na seção: "De onde você está vindo? Do doutor Voltarem?". Porque tudo, para ele, é Voltarem. Ele não "tira uma chapa", não faz um exame, nada. [...] Na minha seção, não há um que não tenha tomado Voltarem. Todos tomaram (S. A.).

O costurador manual na fôrma é considerado um trabalhador especializado, de grande qualificação. Por demandar um alto grau de habilidade, destreza, atenção e acuidade visual, o limite para o aumento de sua produtividade esbarra em sua capacidade física, já que nessa etapa da confecção não se utiliza nenhum tipo de máquina e o trabalho não pode ser dividido. Dado o seu alto grau de especialização, o costurador manual na fôrma é um dos trabalhadores mais bem remunerados entre aqueles envolvidos na produção de calçados de couro em Franca.

Por volta de meados dos anos 1980, a produção de calçados costurados na fôrma entrou em declínio, ao mesmo tempo em que aumentou a produção de calçados com costuras mais simples e rápidas, costurados fora da fôrma, pelas costuradeiras manuais que trabalham em domicílio, resultado das estratégias utilizadas pelas indústrias como forma de reduzir os custos de produção, determinando a criação de mais modelos de calçados que levam costura manual fora da fôrma, realizada em domicílio.

As indústrias de calçados de Franca caracterizam-se por sua heterogeneidade no que se refere ao nível técnico de seus meios de produção. Essa característica é mais evidente na seção de montagem, onde se concentra a maior diversidade de máquinas e de outros equipamentos utilizados na produção do calçado de couro. Tal heterogeneidade existe mesmo entre as empresas de grande porte e inclusive no interior de cada empresa. É comum a coexistência de maquinário com distintos padrões tecnológicos, e não raro a montagem de alguns modelos de calçados é executada manualmente. Ainda hoje, mesmo em empresas de grande porte que dispõem de um grande número de maquinário, alguns modelos de calçados ainda são montados à mão.

> A parte que eu faço é a montagem de bico. Nós somos nove montadores que montam bico. Montamos tudo manual, com prego, no sistema antigo. Nós usamos a tenaz. É usado como a gente fala, como uma alavanca. A gente prende o couro, puxa o corte e vai montando o bico (O. A.).

As empresas de maior porte reúnem o maior conjunto de máquinas destinadas à montagem de calçados: máquina moldadeira, máquina de pregar palmilha, máquina de aviar palmilha, máquina de moldar contraforte, máquina de montar bico, máquina de tachear base e máquina de montar lados. Raras são as empresas de porte médio que possuem todas as máquinas disponíveis para o processo de montagem, o que exige a realização manual de operações já mecanizadas em outras empresas. A maioria das pequenas empresas e aquelas de porte médio que não dispõem de capital para a aquisição de máquinas e equipamentos fazem a montagem manualmente, de maneira parcial ou na sua totalidade, ou optam pela produção de modelos de calçado do tipo mocassim, cuja construção pode prescindir do uso da maioria dessas máquinas.

> Apesar de existirem essas máquinas, não são todas as empresas que as utilizam. Não é compensador comprar uma máquina que é capaz de montar 1200 pares por dia se a produção da fábrica é de 200 pares/dia (Flávio Apparecido Faciroll).

A mais significativa mudança no padrão tecnológico nessa fase da produção, incorporada pelas indústrias de calçados de Franca, foi a difusão do uso da máquina de montar bico, que substituiu o trabalho manual. A montagem manual do bico do calçado predominou entre as indústrias de calçados de Franca até os anos 1970, quando o uso de máquinas para a montagem do bico difundiu-se no setor.

> [...] Até 1970 o montador, mesmo nas grandes empresas, ainda montava o sapato na tenária, montava manualmente. Na década de 1980 começou a ser mais difundido o uso das máquinas de montar bico (id., ibid.).

Essas máquinas, de origem italiana, que até a segunda metade dos anos 1970 só podiam ser adquiridas, dado o seu custo, pelas maiores empresas calçadistas francanas, por meio de importação, passaram a ser produzidas em Franca por volta de 1977, sob licença, pela Poppi Máquinas e Equipamentos Ltda., ampliando-se seu uso entre as empresas de maior porte.

> [...] Em 1977, 1978 o Poppi, em convênio com a Molina Bianchi, começou a produzir essa máquina em Franca. Foi aí que se disseminou o uso de máquinas na montagem do sapato e começou a mudar o sistema de trabalho (id., ibid.).

> [...] Eu não tenho dados precisos sobre isso, mas, na realidade, a gente percebe que a dificuldade em se importar máquinas, devido ao custo da importação, não permitia que essa tecnologia, que já existia na Europa, fosse trazida para cá. Era muito caro e poucas empresas, como a Samello, se aventuraram a trazer para cá. Foi então que a Poppi começou a desenvolver essas máquinas, o que permitiu que outras empresas adquirissem tal maquinário. Hoje, até empresas de médio porte têm um equipamento desses (Carlos Roberto Gomes).

Para as empresas menores, onde a produção não ultrapassa os mil pares/dia, a montagem do bico continua a ser executada manualmente.

> Existem essas inovações, mas muitas empresas não adotam e produzem do mesmo jeito. Se você visitar vinte fábricas, você vai encontrar vinte processos diferentes de como se produzir um calçado (id., ibid.).

A introdução do uso da máquina de montar bico determinou significativa redução no número de montadores contratados pelas indústrias calçadistas francanas, pois cada uma dessas máquinas, que demandam o trabalho de apenas um operador, é capaz de substituir o trabalho de cerca de vinte montadores manuais.

> [...] Uma máquina dessas pode montar até 1200 pares por dia, dependendo da habilidade do operador, enquanto a mesma quantidade de pares montados manualmente demandavam o emprego de dez a vinte montadores (id., ibid.).

A diminuição de postos de trabalho para os montadores manuais nas empresas produtoras de calçados de couro masculinos, em Franca, também foi determinada pelo advento da fabricação dos calçados do tipo mocassim, dado que sua montagem é executada "de baixo para cima" e demanda menor participação de mão-de-obra especializada.

Embora em número reduzido, há empresas calçadistas em Franca que possuem a máquina de montar base e lado, que conjuga a montagem dos lados e da parte traseira do calçado, o que também diminui o número de postos de trabalho para os montadores.

> Essa máquina elimina uma operação da montagem, já que ela monta ao mesmo tempo a base e os lados do sapato. São poucas empresas que possuem uma máquina dessas. Aqui em Franca o seu uso é muito recente, foi por volta de 1995 que foram adquiridas as primeiras máquinas (Flávio Apparecido Facirolli).

O crescimento da informalização do mercado de trabalho na produção de calçados atinge de maneira especial as trabalhadoras da indústria de calçados. A maioria das seções da produção transferidas para fora das fábricas ocupa, preferencialmente, a força de trabalho feminina nas atividades de preparação e pesponto, costura manual e a elaboração do tressê. O trabalho em domicílio, onde as atividades de costura manual e do tressê são desenvolvidas predominantemente por mulheres, é apresentado como uma oportunidade de aumento do rendimento familiar em que a mulher pode conciliar o trabalho com as tarefas de mãe, esposa e dona-de-casa. Entretanto, o que ocorre na prática é o predomínio do trabalho remunerado em domicílio, que passa a ser a atividade central da trabalhadora. A jornada de trabalho da grande maioria dessas trabalhadoras ultrapassa as oito horas diárias, e é habitual o trabalho noturno. De forma geral, quando há oferta de trabalho, o trabalho dessas mulheres não se interrompe nos fins de semana e nos feriados. A recusa do trabalho repassado pelos intermediários pode significar a suspensão dos repasses, o que, num ambiente de crise de emprego, pode significar problemas futuros. Tais condições configuram-se em superexploração do trabalho da mulher, que se agrava pelo grande número de intermediários existentes entre a empresa que repassa o serviço e quem realiza o trabalho.

A partir do final da década de 1980, à medida que um número crescente de operações foi deslocado das fábricas para as "bancas" e para os domicílios dos trabalhadores, em função da reestruturação produtiva das indústrias calçadistas francanas, extinguiram-se os vínculos empregatícios entre as empresas e os trabalhadores que trabalhavam fora das fábricas, ao mesmo tempo em que surgiu e se ampliou o número de intermediários entre as empresas e os trabalhadores.

O serviço das "colocadeiras' de tressê e de enfeites chega às trabalhadoras por um intermediário que retira nas indústrias grande quantidade de trabalho a ser realizado em domicílio, entrega as peças nas moradias das trabalhadoras e retorna, no dia seguinte, recolhe o trabalho pronto e o leva de volta para as indústrias. O depoimento de uma das entrevistadas revela que essa modalidade de trabalho, em alguns casos, não tem hora certa para ser realizada. O início da jornada e sua duração dependem do horário em que a cota de serviço lhe é repassada e da urgência exigida por quem a repassa.

> [...] quando a mulher que me traz o serviço vem à noite, eu faço o tressê à noite mesmo. Ela costuma vir buscar o trabalho pronto na manhã do dia seguinte.[16]

Apesar de o intermediário do tressê não possuir um local próprio – uma "banca" – destinado a esse tipo de trabalho, recebe a denominação de "banqueiro", de "dono de banca", que nesse caso é sinônimo de intermediação do serviço. Esse intermediário também é responsável pelo recebimento da remuneração, nas indústrias, do trabalho executado em domicílio e pelo pagamento semanal das trabalhadoras, que recebem por par de peças executadas. O preço que a indústria paga por par de peças diminui à medida que aumenta o número de intermediários entre o "serviço" e o trabalho.

> Nós só trabalhamos para a Sândalo. [...] O pagamento é por peça, eles pagam pelo par. Eu não pego o serviço direto da Sândalo, é serviço repassado. O irmão da mulher que me traz o serviço retira as peças na fábrica, entrega para ela, que traz para mim, e, quando há muito

[16] Entrevista concedida em 18/7/1996 por N. D., 36 anos, tresseteira.

> trabalho, eu passo uma parte para outra, entende como é? Quando eu repasso, eu ganho um pouco em cima desse serviço, porque eu repasso um pouquinho mais barato. Então vai diminuindo [a remuneração]. [...] Antes, eu repassava para muitas outras mulheres, mas agora, como há pouco serviço, só há uma mulher que faz uma parte do trabalho para mim (id., ibid.).

Muitas vezes a trabalhadora que recebe as peças do intermediário converte-se em uma "líder de quarteirão", repassando parte dessas peças para outras trabalhadoras, vizinhas ou parentes.

O trabalho de elaborar tressê ou enfeites tem caráter familiar e conta com a participação dos filhos e do marido. O pagamento por par de peças executadas é recebido pela trabalhadora responsável pelo "serviço", pela mulher que coordena o trabalho da família. A unidade produtiva familiar possui característica nuclear: compreende a mulher, os filhos e o marido, quando as mulheres são casadas ou vivem com seus companheiros, ou apenas a mulher e os filhos, quando sós. O trabalho dos maridos e/ou companheiros tem o caráter de "ajuda", assim como o dos filhos. O marido "ajuda" quando retorna a casa, após ter cumprido sua jornada de trabalho, e os filhos "ajudam" nos períodos em que não estão na escola. Os maridos de todas as "colocadeiras" de tressê e de enfeites visitadas em Franca trabalhavam nas fábricas de calçados ou nas "bancas" de pesponto. Mesmo os filhos empregados em alguma fábrica, em "bancas" ou no comércio e que ainda estudam "ajudam" quando voltam para casa à noite e nos finais de semana.

É comum, nos bairros operários de Franca, que as "colocadeiras" de tressê e de enfeites, a exemplo das costuradeiras manuais, reúnam-se para trabalhar em grupos, nas calçadas e varandas das casas. Elas partilham da companhia uma das outras, mas não o trabalho: cada uma executa, com o auxílio de seus filhos, a sua cota de peças. Esse trabalho ocupa o dia todo das mulheres, sendo interrompido apenas para o preparo do almoço e do jantar e, quando os filhos ainda são pequenos, para arrumá-los para a escola. Às vezes, prolonga-se durante a noite e nos fins de semana. Parte do trabalho doméstico é executada durante essas interrupções, mas é comum que os cuidados maiores da casa sejam realizados nas manhãs de segunda-feira, quando as cotas de tressê e de enfeites ainda não foram distribuídas.

Na costura manual feita em domicílio, a exemplo da elaboração de tressê, predomina o trabalho de mulheres e crianças. É principalmente a partir dos anos 1980, quando aumenta a demanda por esse tipo de trabalho e quando praticamente toda a costura manual deixa de ser realizada no interior das fábricas, que se registra um grande aumento da participação do trabalho de crianças na produção de calçados em Franca. Se o trabalho infantil integrou a história da produção de calçados em Franca quando, em sua origem, as crianças eram empregadas nas oficinas de calçados como aprendizes, o crescimento do trabalho em domicílio da costura manual e do tressê reintroduziu e ampliou o consumo dessa força de trabalho por meio do trabalho em domicílio, que assume características familiares, ou seja, passa a envolver todos os membros da família. Na costura manual, o trabalho das crianças envolve as tarefas de medir e cortar as linhas que serão necessárias para a costura, molhar os cabedais, arrematar e cortar os fios, fazer as "mosquinhas" (ponto em cruz, feito no alto da pala) ou os pontos considerados mais fáceis como o ponto "xis", e é considerado como "ajuda". As crianças "ajudam" as mães a cumprir suas cotas diárias, não sendo remuneradas separadamente por seu trabalho.

É possível, pois, afirmar que o aumento da exploração do trabalho infantil pelas indústrias de calçados de Franca radica no crescimento do trabalho nas "bancas" e do trabalho em domicílio, a partir dos anos 1980. O trabalho de crianças na produção de calçados em Franca, bem como em outras regiões produtoras de calçados do país, vem sendo amplamente denunciado e combatido desde o início da década de 1990, período que coincide com o crescimento da terceirização, que normalmente significa produção doméstica, praticamente fora do alcance da fiscalização trabalhista, que tem como conseqüência a freqüente burla da legislação e o desrespeito às poucas conquistas trabalhistas já obtidas.

Se nos anos 1970, quando as seções de costura manual começaram a ser desmontadas nas empresas de maior porte, a prática habitual era o repasse direto desse trabalho às costuradeiras, que deixavam as fábricas para trabalhar em seu domicílio, nos anos 1980, quando o trabalho em domicílio das costuradeiras já está consolidado, quando elas podem ser encontradas espalhadas por toda a cidade, a intermediação deixa de ser exceção para se tornar regra.

> No começo ela [a costuradeira] tinha uma relação direta com a empresa. Era comum ainda na década de 1970, costuradeiras trabalhando em casa com registro em carteira. Era como se ainda ela estivesse dentro da empresa. À medida que foi sendo transferido todo o serviço de costura manual para ser feito em casa, foi mudando tudo de uma vez. Foram esvaziando as seções, eliminando esse espaço utilizado para a costura na empresa. A legislação trabalhista foi deixando de ser cumprida, foram acabando os registros, o pagamento passou a ser por par e começou a entrar o "gato" [o intermediário]. Na década de 1980 já tinha muito "banqueiro" de costura manual intermediando esse serviço. Me parece que o Samello foi que segurou um pouco mais essa relação direta (Rubens Facirolli).

A exemplo do tressê, o preço pago pelas indústrias por par costurado diminui à medida que aumenta o número de intermediários. O "banqueiro da costura manual" ou o "gato", como também é referido aquele que toma o serviço na empresa e distribui para as costuradeiras, pode contratar outra pessoa que vai se encarregar de repassar o serviço às costuradeiras de seu bairro ou de sua rua. Determinada costuradeira pode também receber uma cota que será dividida entre outras trabalhadoras de seu quarteirão. A cada repasse o pagamento sofre aviltamento.

Conclusão

A manutenção dos mercados internacionais já conquistados pela indústria calçadista francana e a sua ampliação, a partir dos anos 1990, implicam a produção de calçados de melhor qualidade, a preços competitivos, embora em quantidade tendencialmente decrescentes, praticamente sem investimentos em maquinaria nova e em tecnologia de ponta. Muitas das máquinas observadas em operação, por ocasião de nossa visita às fábricas, estavam em uso havia décadas; não se observou o emprego de máquinas programáveis, de tecnologia mais moderna, como aquelas expostas em feiras promovidas pelo setor calçadista nas indústrias visitadas durante a pesquisa. Assim, o incremento no padrão de qualidade, no caso do calçado de couro produzido em Franca, dependeu, basicamente, da melhoria da qualidade da matéria-prima, da qualificação profissional e das formas de controle exercidas sobre o trabalhador.

A redução dos custos de produção, pré-requisto para a competitividade do setor, tanto no mercado interno quanto no externo, está sendo obtida à custa do trabalhador, por meio da intensificação do processo de trabalho no interior das unidades produtivas e, principalmente, do incremento das práticas de subcontratação. Ou seja, as mudanças ocorridas nesse setor produtivo não dependeram da incorporação de recursos tecnológicos avançados, mas fundam-se no uso intensivo do trabalho informal nas "bancas" e em domicílio.

Realiza-se, desse modo, uma retomada de um recurso comum ao início do capitalismo industrial, mostrando a imensa capacidade de o capital recuperar antigas relações de trabalho para assegurar sua reprodução ampliada.

Não resta dúvida de que a face mais cruel desse processo é aquela que expõe crianças e adolescentes precocemente ao mercado da força de trabalho. Acompanhando uma tendência que se faz mundial, principalmente nos países pobres, o trabalho das crianças na produção de calçados em Franca cresceu ao mesmo tempo em que se reduziu o número de postos de trabalho para os adultos nas fábricas. Ainda que se considere a importância das denúncias a respeito do trabalho infantil na indústria de calçados em Franca, há que se destacar que a exploração do trabalho infantil não se explica por si só, devendo ser compreendida no contexto das transformações em curso no mundo do trabalho. A solução para esse problema é praticamente impossível sem que se combatam as situações que lhe dão origem. Como imaginar a erradicação do trabalho de crianças na produção de calçados, e em outros setores da economia do país, se são mantidas as condições propícias para esse tipo de exploração, como o desemprego dos pais, a enorme desigualdade na participação da renda nacional e o desmantelamento dos serviços públicos, principalmente aqueles voltados para a proteção da infância, e a ampliação da desregulamentação do mercado de trabalho, que amplia a oferta de trabalho em pequenas empresas de fundo de quintal e em domicílio?

Capítulo 19

A DUPLA FACE DA INFORMALIDADE DO TRABALHO

"autonomia" ou precarização*

Maria Aparecida Alves e Maria Augusta Tavares

Antecedentes da criação do conceito de setor informal

No Brasil, a partir dos anos 1960, as análises sobre populações pauperizadas foram permeadas pela questão da integração aos padrões socioculturais e econômicos da sociedade capitalista. No plano sociológico, o problema era analisado em termos da dualidade estrutural que opunha o *tradicional* ao *moderno*, o *marginal* ao *integrado*. Foi nesse momento que surgiram as discussões sobre o conceito de *marginalidade*[1].

Entendemos ser necessário resgatar essa temática devido à forte influência que teve sobre as análises das situações de informalidade, que fazem parte do mercado de trabalho no Brasil. A teoria da marginalidade surgiu nos anos 1960 e vigorou até os anos 1970, servindo de referencial para localizar a gênese da discussão sobre trabalho informal.

As origens do trabalho informal podem ser buscadas numa categoria remanescente de séculos passados que conseguiu sobreviver, mesmo com a implantação do modo de produção capitalista no século XVIII, dando origem a uma forma modificada de produção material. O sistema capitalista criou meios de se apropriar daquelas formas de produção independente e, desse modo, manteve-as subordinadas às suas flutuações, contrariando as suposições de que haveria uma grande redução do número desses trabalhadores. Os

---

* Esta pesquisa é parte da tese de doutorado de Maria Augusta Tavares, intitulada *Os fios (in)visíveis da produção: informalidade e precarização do trabalho no capitalismo contemporâneo*, ESS/UFRG, 2002, bem como da dissertação de mestrado de Maria Aparecida Alves, intitulada *Setor informal ou trabalho informal?: Uma abordagem crítica sobre o conceito de informalidade*, IFCH/Unicamp, 2001, ambos os trabalhos sob orientação do Prof. Dr. Ricardo Antunes e com bolsa do CNPq.

1 O termo "marginal" teve sua origem sociológica no artigo "Human migration and the marginal man", publicado em 1928 por Robert Park, representante da Escola de Chicago (Oliven, 1980, p. 39-40).

teóricos da marginalidade[2] tentaram explicar a coexistência de trabalhos de tipo não capitalista, no modo de produção capitalista, como causas do subdesenvolvimento dos países do Terceiro Mundo, que tenderiam a ser extintos com o desenvolvimento de suas economias nacionais. Nesse caso, consideravam-se aquelas formas específicas de trabalho não submetidas à ordem hegemônica do capital (Prandi, 1978).

No âmbito das discussões da teoria da marginalidade, também conhecida como teoria do subdesenvolvimento, uma das teses defendidas era que a urbanização dos países latino-americanos aconteceu sem que ocorressem transformações econômicas capazes de absorver uma crescente oferta de força de trabalho. Ou seja, o processo de urbanização se deu independentemente do processo de industrialização, provocando um inchaço no setor terciário e o aumento da população carente que vivia numa situação de subemprego e desemprego. Essas teorias serviram de orientação política para as práticas governamentais, mostrando-se incapazes de promover a participação social e política dos grupos excluídos (Berlinck, 1974).

Posteriormente, quando os governantes buscaram priorizar o desenvolvimento social e econômico das sociedades latino-americanas, surgiu a necessidade de novas análises que pudessem nortear as intervenções nos espaços urbanos. Nesse momento, forma-se uma nova corrente de pensamento conhecida como estruturalista, que acabou caracterizando as proposições desenvolvimentistas da Comissão Econômica para a América Latina (Cepal), da Organização das Nações Unidas.

Os teóricos da teoria da dependência (Cepal) ressaltavam que os países latino-americanos, na tentativa de se incorporarem ao mercado internacional, não conseguiram gerar uma real demanda de força de trabalho. Ou seja, a dependência econômica seria a causa da marginalização de amplos setores da população urbana, impedindo a incorporação deles ao mercado formal de trabalho.

Como forma de equacionar os problemas estruturais surgidos na América Latina, a Cepal propunha um processo de desenvolvimento auto-suficiente. Na sua perspectiva de análise, os grupos marginalizados seriam os excluídos sociais, isso se devia às condições determinadas pelas estruturas econômicas. Na realidade, essa teoria não rompeu definitivamente com as análises dualistas como pretendia, mantendo alguns de seus pressupostos. A maioria dos trabalhos posteriores sobre o funcionamento dos mercados de trabalho urbanos dos países latino-americanos acabou sendo influenciada pela formulação cepalina, nos anos 1960-1970 (Dedecca, 1990).

Kowarick (1977), um dos autores que discordavam das teses cepalinas, entendia que, na ocasião do desenvolvimento do capitalismo, este não desarticulou as formas tradicionais de produção – as economias de subsistência, o artesanato e a indústria em domicílio. Foram criadas novas formas de atividades, mas aquelas não só foram mantidas como se inseriram na divisão social do trabalho, que, durante o processo de acumulação, articulou-as e delas se alimentou. Ambos os fenômenos eram inerentes ao desenvolvimento do capitalismo latino-americano e passaram a fazer parte de sua dinâmica geral de criação de riquezas.

---

2 Alguns dos autores que atuaram nessa linha de análise foram: José Nun, "Superpopulação relativa, exército industrial de reserva e massa marginal", p. 73-141, em Luiz Pereira (org.), *Populações marginais* (São Paulo, Duas Cidades, 1978). Ver ainda no mesmo livro: Aníbal Quijano, "Notas sobre o conceito de marginalidade social", p. 11-71.

Kowarick entende que, para a análise da marginalidade, deve-se levar em conta tanto o reflexo do processo de acumulação quanto as situações históricas passadas, ou seja, tratava-se de considerar a problemática em termos do "velho sistema tradicional de produção". Assim, a marginalidade deveria ser associada à situação de dependência, tanto na sua modalidade nova quanto na antiga.

Na mesma linha de análise, Oliveira (1987) também propôs ruptura com os teóricos cepalinos. Apesar de reconhecer a importância da contribuição dos métodos de análise da Cepal, Oliveira tornou-se um de seus principais críticos, opondo-se firmemente ao dual-estruturalismo, uma vez que não consideravam a articulação entre interesses internos e externos. Para o autor, o desenvolvimento era um problema que também dizia respeito às contradições sociais internas.

Ainda nos anos 1970, percebe-se que a modernização das economias nacionais não gerou os resultados esperados pelos teóricos cepalinos, pois havia um contingente populacional em idade ativa não incorporado a essa nova estrutura econômica, que tinha como objetivo destruir as formas não capitalistas de produção. Notava-se, portanto, que as disparidades de renda eram mantidas ou ampliadas. Desse modo, as proposições da Cepal perdem sua função explicativa dessa nova realidade (Dedecca, 1990).

Em sua análise, os teóricos cepalinos não levaram em conta que aqueles trabalhadores, excluídos dos setores de tecnologia avançada, inseriam-se no mercado de trabalho de forma precária, atuando nos segmentos tradicionais da economia. Para Oliveira (1987), as atividades desenvolvidas por essa força de trabalho eram parte integrante do modo de acumulação urbano adequado à expansão do sistema capitalista no Brasil.

Portanto, as atividades não tipicamente capitalistas eram resultantes e conseqüências do processo de acumulação capitalista, o qual mantinha parte da força de trabalho na reserva, tendo por função pressionar a força de trabalho que estava na ativa. Sendo o trabalho pauperizado uma forma peculiar de inserção na divisão social do trabalho, desse modo, surge a necessidade de analisar as atividades não capitalistas que permaneciam na economia urbana.

No item abaixo, buscaremos recuperar o surgimento do conceito de setor informal, a partir do momento em que ultrapassa a abordagem moderno/tradicional. Apresentaremos, também, as novas características ainda indefinidas no âmbito do que a literatura econômica costumava conceituar como setor informal.

Do surgimento do *setor informal* à delimitação das formas contemporâneas de informalidade

O conceito de setor informal originou-se a partir da formulação da Organização Internacional do Trabalho (OIT), por meio de um estudo que se realizou, em 1972, no Quênia, tratando especificamente da problemática do emprego. A partir desse momento, esse conceito foi generalizado em outros estudos desse órgão, que adotou uma concepção dual sobre a organização da economia urbana (Cacciamali, 1983; Dedecca, 1990).

A OIT defendia a existência de dois segmentos: o *formal*, caracterizado por unidades produtivas organizadas, e o *setor informal*, composto por unidades produtivas não organizadas. Nessa concepção, o setor informal possuía uma forma de organização da produção com pouco capital, em mercados não regulamentados e pouco competitivos (Cacciamali, 1983).

A partir dos anos 1970, o conceito de setor informal passou a ser utilizado nas análises sobre os países latino-americanos por meio da experiência do Programa Regional de Emprego para América Latina e Caribe (Prealc), sendo utilizado como referencial explicativo das questões mais globais do mercado de trabalho, especialmente aquelas ligadas ao desemprego e subemprego.

Esse órgão, seguindo as mesmas orientações da OIT, entendia que no setor informal estariam as atividades de baixo nível de produtividade e agruparia nele as categorias de trabalhadores não subordinadas à legislação trabalhista. Mas não definia qual era a ligação entre o setor informal e o funcionamento do sistema econômico (Cacciamali, 1983; Souza, 1980).

A partir dos anos 1980, Souza (1980) e Cacciamali (1983) romperam com a abordagem dualista, concebendo o setor informal como intersticial e subordinado ao movimento das empresas capitalistas. Considerando a existência dessa relação de dependência, esses autores afirmavam que os espaços ocupados pelas atividades informais seriam ampliados nos momentos de expansão da economia e se retrairiam nos momentos de crise, tendência que se confirmou e pôde ser vista em trabalhos mais recentes, como o de Dedecca (1990).

Os estudos dos anos 1980 (Souza, 1980; Cacciamali, 1983) consideravam a existência de dois elementos básicos do setor informal: ocupavam espaços intersticiais que requeriam baixa capitalização; desenvolviam atividades não capitalistas de produção vinculadas ao mercado de trabalho regulamentado e subordinadas ao movimento das empresas capitalistas.

Desse modo, as atividades informais limitavam-se a ocupar os interstícios deixados pelas atividades capitalistas. Segundo Cacciamali, as principais características desse setor eram: 1) o trabalhador vivia de sua força de trabalho e, em alguns casos, utilizava-se do trabalho familiar ou, mais raramente, subcontratava ajudantes como extensão de seu próprio trabalho; 2) tinha como objetivo a obtenção de uma renda para consumo individual e familiar, visando a manter também sua atividade econômica; essa forma de trabalho não propiciava acumulação ao produtor direto; 3) o proprietário mantinha o domínio sobre a totalidade das etapas que compunham aquela produção (Cacciamali, 1983, p. 28-9).

Essas características correspondiam àquele trabalhador informal despossuído que obtinha apenas uma renda com sua atividade econômica, sem qualquer possibilidade de acumular capital.

A partir da década de 1990, observa-se um grande crescimento da economia informal nas médias e grandes cidades brasileiras, passando a englobar um conjunto heterogêneo de trabalhadores. Paralelamente a esse aumento, tem-se o crescimento de outras formas de trabalho não regulamentadas pela legislação trabalhista, que podem ser vistas como participantes de um contexto mais amplo de precarização do trabalho. E, dentro desse contexto, os estudos da área de trabalho passam a privilegiar a análise da especificidade das formas de organização social da produção informal e as relações de trabalho não tipicamente capitalistas, buscando estabelecer qual a relação com o processo de acumulação capitalista.

As transformações atuais no mundo do trabalho têm dificultado ainda mais a precisão do conceito de setor informal, já que nos deparamos, hoje, com trabalhadores informais que assumem uma forma atípica em relação às décadas de 1970 e 1980. Assim sendo, a utilização do conceito setor informal torna-se bastante restrita e impõe-se a necessidade de ampliação desse conceito.

Em decorrência da tendência de precarização e desregulamentação das relações de trabalho, necessitamos qualificar a heterogeneidade dessa força de trabalho. Faz-se necessário lançar mão da bibliografia que sugere a ampliação dos conceitos de setor formal e setor informal, propondo a utilização do conceito de *informalidade*. Assim sendo, os conceitos de setor informal e setor formal não dão conta de explicar essa nova realidade, por isso incorporamos o conceito de informalidade para caracterizar as mudanças nessa área.

Para Malaguti, o conceito de informalidade, por ser mais amplo, engloba o conceito de setor informal, abrangendo situações diversas que não poderiam ser apreendidas por meio de conceitos fechados ou setoriais. Para análise da informalidade, propõe a criação de novos instrumentos teóricos que possibilitem captar a nova padronização do mercado e da legislação do trabalho, levando à compreensão de sua lógica, de suas formas de reprodução e das redes de sociabilidade que são construídas, além de estabelecer quais os vínculos que mantém com o grande capital (Malaguti, 2000, p. 81).

Considerando que o setor informal e o setor formal são indissociáveis, Malaguti observa que as relações salariais mais *transparentes* contêm informalidades. Ressalta que há casos, cujas relações de assalariamento são baseadas em contrato de trabalho regulamentado, em que os funcionários trabalham sem condições de segurança, fazem horas extras sem recebê-las, desenvolvem atividades informais no mesmo expediente de trabalho formalizado, trabalham nas horas de folga. Essas são práticas atribuídas à informalidade, mas que na realidade ocorrem também à margem da legislação trabalhista.

Referindo-se à economia e à sociedade de um modo geral, Cacciamali afirma que estão ocorrendo mudanças estruturais que levaram à redefinição "das relações de produção, das formas de inserção dos trabalhadores na produção, dos processos de trabalho e de instituições" (Cacciamali, 2000, p. 163). A autora propõe a utilização do conceito *processo de informalidade*, que deve referir-se às diferentes formas de inserção do trabalho que se originam dos processos de reestruturação das economias mundial, nacionais e locais.

Analisando o processo de informalidade, Cacciamali propõe a existência de quatro elementos condicionantes da configuração da estrutura produtiva, dos mercados de trabalho e do setor informal: 1) os processos de reestruturação produtiva; 2) a internacionalização e a expansão dos mercados financeiros; 3) o aprofundamento da internacionalização e a maior abertura comercial das economias; 4) a desregulamentação dos mercados. Para a autora, esses processos geram insegurança nos negócios e, como conseqüência, tem-se menores taxas de crescimento econômico e do emprego, que apresentam impactos distintos em mercados de trabalho com características estruturais diferentes.

A autora considera duas categorias de trabalhadores como participantes da informalidade: *os assalariados sem registro,* que são contratados de forma *ilegal* e não têm acesso a um conjunto de garantias sociais, e os *trabalhadores por conta própria*, que atuam na área de prestação de serviços e contam com a ajuda de familiares ou de ajudantes assalariados como extensão de seu próprio trabalho, visando à obtenção de uma renda para sua reprodução e de sua família.

Considerando o entrelaçamento entre algumas atividades formais e informais, Bagnasco propõe mudanças no conceito de setor informal de modo a levá-lo a abranger as combinações complexas das *velhas* e *novas* formas de atividades informais. Na prática, essas combinações têm apresentado inovações nas estruturas econômicas tradicionais. Nesse novo contexto, as atividades informais, apesar dos traços fortes da economia informal tradicional, estariam caminhando em direção a formas não ocultas e totalmente institucionalizadas. Ou seja, nas novas circunstâncias a economia informal, além de reintroduzir as formas anteriores, cria outras totalmente novas (Bagnasco, 1997, p. 29).

A economia informal, em suas várias formas, mantém relações intrínsecas com as empresas capitalistas. Os trabalhadores informais dependem do movimento do mercado de trabalho regulamentado, ou seja, da renda dos trabalhadores assalariados para sobreviverem. Assim sendo, as rendas obtidas pelos informais têm decaído, devido à diminuição do poder de compra dos trabalhadores assalariados e dos desempregados. Outro fator responsável pela diminuição de sua renda é a forte concorrência entre os próprios informais, pois o número desses trabalhadores é cada vez mais crescente, levando-os a obter apenas o necessário para sua subsistência.

A manutenção das atividades informais está condicionada pelo desenvolvimento e fortalecimento das empresas capitalistas, pelos empregos ali gerados e pelos níveis de salários decorrentes. Nas fases de maior expansão capitalista aumentam-se os espaços passíveis de ocupação pelas atividades informais e nos momentos de crise essas atividades se retraem (Dedecca, 1990).

O trabalhador informal pauperizado só consegue sobreviver[3] porque vive num grupo familiar em que outros membros estão empregados nos segmentos regulamentados, podendo garantir a sobrevivência e reprodução da força de trabalho familiar. Eles contam com a ajuda de membros da família nos momentos de acúmulo de trabalho. Essa ajuda se dá tanto nas atividades de produção quanto naquelas dedicadas ao comércio. Assim, os membros da família atuam como força de trabalho eventual e não paga, auxiliando tanto na produção de mercadorias quanto na reprodução do grupo familiar. E o tempo despendido para realizar esse trabalho nem é percebido como um tempo racional de trabalho, apesar de absorver dias úteis, fins de semana, noites e feriados.

Como vimos, grande parte dos trabalhadores informais necessita do mercado de trabalho regulamentado para subsistir. Para Malaguti (2000), a formalidade e a informalidade coexistem e são indissociáveis; os trabalhadores que têm participação paralela nos dois segmentos, formal e informal, acabam se utilizando dessa estratégia para garantir e ampliar as vendas, criando facilidades para o escoamento de suas mercadorias, sem ter que depender exclusivamente da formação de uma clientela externa, o que tomaria mais tempo e dedicação.

A tendência que observamos é de aumento das atividades informais em toda sua amplitude, mesmo com redução de ganhos nestas atividades, pois para muitos trabalhadores essa se constitui na sua única estratégia de sobrevivência.

As principais características da informalidade

Vimos que a tendência de aumento das formas de trabalho precarizadas se dá em escala mundial, sendo intensificada no Brasil a partir da década de 1990. Nessa nova

3 Sobre esse assunto, ver: Tedesco e Dalsoto (1995); Azevedo (1997); Bruschini e Ridenti (1993); Malaguti (2000).

situação estão inseridos os trabalhadores terceirizados, subcontratados, temporários e as variadas formas de informalidade, esta última predominante nos países periféricos.

No Brasil, aumentam tanto as formas tradicionais, a exemplo do trabalho por conta própria, quanto as categorias mais recentes, que são os trabalhadores submetidos a sucessivos contratos temporários, sem nenhuma estabilidade e sem registro em carteira, podendo estar nas atividades "instáveis" ou temporárias, ou mesmo desempregados.

O conceito de informalidade abrange uma grande diversidade de situações que inclui tanto as atividades informais tradicionais quanto as novas formas de trabalho precário (M. A. Alves, 2001).

1 Trabalhadores informais tradicionais

Os trabalhadores informais tradicionais estão inseridos nas atividades que requerem baixa capitalização, buscando obter uma renda para consumo individual e familiar. Nessa atividade, vivem de sua força de trabalho, podendo se utilizar do auxílio de trabalho familiar ou de ajudantes temporários (Cacciamali, 2000). Na totalidade dessas atividades tradicionais podem ser agregadas várias categorias específicas.

Dentro dessa categoria de trabalhadores existem os *menos instáveis*, que possuem um mínimo de conhecimento profissional e os meios de trabalho e, na grande maioria dos casos, desenvolvem suas atividades no setor de prestação de serviços. Exemplos: costureiras, pedreiros, jardineiros, vendedor ambulante de artigos de consumo mais imediato como alimentos, vestuário, calçados e de consumo pessoal, camelôs, empregado doméstico, sapateiros e oficinas de reparos (M. A. Alves, 2001).

Existem também os trabalhadores *instáveis*; esses são recrutados temporariamente, sendo remunerados por peça ou por serviço realizado. Eles ocupam-se de trabalhos eventuais que dependem de sua força física e da disposição para realizar diversificadas tarefas de pouca qualificação. Por exemplo: carregadores, carroceiros e trabalhadores de rua e serviços em geral. Os instáveis podem até mesmo ser subempregados pelos trabalhadores informais mais estáveis (ibidem).

Podem ser acrescentados, ainda, os trabalhadores informais *ocasionais* ou *temporários*, que quando estão desempregados se encaixam nas atividades informais, mas seu objetivo é retornar ao trabalho assalariado. São trabalhadores que ora estão desempregados, ora são absorvidos pelas formas de trabalho precário, vivendo uma situação que, inicialmente, era provisória e se transformou em permanente. Há casos que combinam o trabalho *regular* com o *ocasional*, praticando os chamados *bicos*. Nesses casos obtém-se um baixo rendimento com essas atividades. Exemplos: vendedores de diversos produtos (limpeza, cosméticos, roupas), digitador, salgadeiras, faxineiras e confecção de artesanato nas horas de folga (ibidem).

No âmbito das atividades informais tradicionais tem-se o caso das pequenas oficinas de reparo e consertos que só sobrevivem devido a relações pessoais e à clientela do bairro. Atendem às demandas imediatas e seu rendimento dependerá das condições financeiras da clientela (Pires, 1993; Prandi, 1978). Apesar de obterem um baixo rendimento, esses trabalhadores não podem ocupar outros mercados, já que não dispõem de grande volume de capital nem de tecnologia suficiente para se aperfeiçoarem.

Ressaltamos que há uma integração do segmento informal com as empresas industriais, comerciais e as de serviços, envolvendo a compra de matérias-primas e mercadorias para o comércio, pois a venda de seus serviços e mercadorias está mais ligada a domicílios ou consumidores individuais (Berlinck et al.,1977). Lembramos ainda que há também produtos comprados nos circuitos paralelos a esse mercado.

Considerando que as atividades informais estão inseridas na divisão social do trabalho capitalista, podemos entender que esses trabalhadores também são explorados, pois contribuem para que se efetive a circulação e o consumo das mercadorias produzidas pelas empresas capitalistas. A forma de inserção no trabalho informal é extremamente precária e se caracteriza por uma renda muito baixa, além de não garantir o acesso aos direitos sociais e trabalhistas básicos, como aposentadoria, FGTS, auxílio-doença, licença-maternidade; se ficam doentes, são forçados a parar de trabalhar, perdendo integralmente sua fonte de renda (Cacciamali, 2000; Jakobsen et al., 2000).

Eles não têm horário fixo de trabalho; há um aumento indireto de sua jornada de trabalho obrigando-os a produzir nas horas vagas bens que lhes permitam complementar o necessário à sobrevivência familiar. No caso dos trabalhadores por conta própria, além do uso de sua força de trabalho, pode estar sendo consumida força de trabalho dos membros de sua família, sem remuneração, bem como seus meios de trabalho.

Conforme vimos, há estreitos vínculos entre o trabalhador informal e o processo de acumulação: o primeiro representa uma forma específica de inserção no processo produtivo e, como tal, está subordinado às determinações do segundo, de modo a contribuir decisivamente para a reprodução do capital.

2 Trabalhadores assalariados sem registro

Observamos o crescimento de novas relações de trabalho não regulamentadas pela legislação trabalhista, que podem ser vistas como conseqüência da crescente precarização do trabalho. Exemplo disso é o aumento de trabalhadores que passam da condição de assalariados com carteira assinada para a de assalariados sem carteira. Por não serem registrados, não têm acesso às resoluções dos acordos coletivos de sua categoria e não recebem os benefícios do seguro-desemprego (Cacciamali, 2000; Martins e Dombrowski, 2000; Meneleu Neto, 1993; Tedesco e Dalsoto, 1995).

Como forma de racionalização econômica, as grandes empresas reorganizam o trabalho de modo a flexibilizá-lo de inúmeras formas, mudando a jornada de trabalho, a remuneração, os cargos e também aumentando a responsabilidade do trabalhador. Dessa forma, criam-se e recriam-se novas relações e formas de trabalho. Cacciamali (2000) exemplifica essa tendência, demonstrando os casos de trabalho em domicílio que se especializam por áreas de ocupação, prestando serviços às grandes empresas, que também se utilizam da subcontratação para a montagem de bens, produção de serviços, distribuição de bens por meio do comércio de rua ou ambulante.

Analisando o segmento dos trabalhadores sem carteira de trabalho assinada no município de São Paulo, Martins e Dombrowski concluem que os assalariados em empresas com até cinco empregados sem registro em carteira são os mais precarizados na escala dos ocupados nas atividades informais. Normalmente eles têm nível de instrução muito baixo, alta rotatividade no emprego, baixos salários e não contribuem com a previdência (Martins e Dombrowski, 2000, p. 30).

Nos anos 1980, havia um pequeno número de empresas locadoras de força de trabalho temporária, já que, via de regra, recrutava-se trabalhador temporário para cobrir férias, licença-maternidade ou saúde e esses contratos eram fixados por um período restrito. Na década de 1990, o número das empresas locadoras de trabalho aumentou para atender à grande demanda por trabalhadores temporários, sem a obrigatoriedade de ter registro formalizado pela empresa para a qual prestam seus serviços. Com isso as empresas aumentaram a rotatividade de sua força de trabalho, mantendo os salários reduzidos.

3 Trabalhadores por conta própria

Para caracterizarmos o trabalhador por conta própria, devemos buscar entender sua forma de inserção, que pode ocorrer nos empregos familiares ligados às atividades artesanais, nos pequenos ofícios, nos pequenos comércios e nas atividades ocasionais diversas. Esse trabalhador pode ser definido como um produtor simples de mercadorias que conta com força de trabalho própria ou de familiares e, em alguns casos, subcontrata força de trabalho assalariada (Cacciamali, 2000).

As formas de inserção do trabalhador por conta própria na economia informal não são práticas novas, mas foram recriadas pelas empresas capitalistas como meio de possibilitar a extração da mais-valia relativa com a mais-valia absoluta. Lembramos que há diferentes formas de inserção do trabalho informal no modo de produção capitalista e, para sua análise, devemos considerar essa grande heterogeneidade, buscando desvendar quais os vínculos existentes entre esses trabalhadores e o acúmulo de capital (Cacciamali, 1997; Carvalho, 1986).

Analisando a relação entre a pequena empresa artesanal (ou trabalho em domicílio) e as grandes empresas, observamos que estas últimas adotam a prática de se apropriar das pequenas produções que são remuneradas por peça produzida (exemplos nos ramos da tecelagem e calçados), possibilitando aos compradores grandes lucros com a comercialização destas mercadorias (Azevedo, 1997; Colli, 2000). Nesse caso, entendemos que essa atividade possibilita apenas uma renda necessária à sobrevivência desses trabalhadores e, no caso das empresas capitalistas, essas utilizam-se das práticas da informalidade para se liberar dos custos sociais decorrentes das relações empregatícias.

Desse modo, proliferam os pequenos negócios vinculados às grandes corporações, envolvendo as áreas de produção, comércio e prestação de serviços. Os pequenos proprietários informais atuam em áreas que não atraiam investimentos capitalistas de maior vulto, de modo a atender à demanda por determinados bens e serviços. Esses trabalhadores adotam essas estratégias porque seus pequenos negócios informais não têm condições de concorrer com as empresas capitalistas, são elas que definem sua forma de inserção no mercado. Nesses casos, o trabalho do pequeno proprietário é confundido com o dos familiares e de outros trabalhadores contratados temporariamente (Cacciamali, 1997).

Em muitos casos, a sobrevivência das pequenas unidades de produção depende fundamentalmente do trabalho informal e do auxílio da força de trabalho familiar não paga. É por meio dos membros da família que se reduz o custo de reprodução da força de trabalho; além de realizarem trabalho não pago nessas empresas, eles ainda atuam na produção doméstica de outros produtos de uso da família. Pode-se entender que essa força de trabalho não paga é explorada duplamente pelo capital e ainda possibilita a entrega das mercadorias nos prazos estabelecidos (Tedesco e Dalsoto, 1995).

Outra tendência observada, a partir dos anos 1990, é a transferência das atividades produtivas das grandes empresas para empresas subcontratadas, terceirizadas, diretamente subordinadas às primeiras, que controlam as decisões técnicas e econômicas de sua produção. O pequeno proprietário enfrenta a incerteza, instabilidade nos ganhos e riscos, estando diretamente sujeito aos efeitos das crises econômicas (Souza et al., 1997). Essa é uma forma de transferir para as pequenas empresas os riscos advindos da implantação de novos serviços e novos processos produtivos.

Essas transformações estão ligadas ao processo de reestruturação produtiva do capital, em que as grandes empresas criam inúmeras formas de precarização do trabalho, por meio da flexibilização no uso da força de trabalho e nas condições de sua contratação e, também, da terceirização de seus serviços. Em suma, há uma racionalização de seus processos produtivos para atender às exigências da economia de mercado, de modo a tornarem-se mais competitivas, diminuindo custos e fragmentando a classe trabalhadora.

Ainda sobre os vínculos entre a pequena empresa e o acúmulo de capital, devemos considerar que ela está inserida num ambiente competitivo, que é estimulado pela grande empresa e pelas leis do mercado. A sua pequena produção converte-se em produção para a comercialização, submetendo-a às exigências do grande capital, em que a acumulação é engendrada pela própria competição. Dessa forma, o pequeno proprietário busca acumular para se reproduzir, mas, como está subordinado às determinações das grandes empresas, são elas que acumulam e, em muitos casos, a ele cabe a retirada de uma renda para sua sobrevivência e manutenção de sua atividade. Como a maior parte das pequenas empresas não dispõe da mesma tecnologia das grandes empresas, optam por intensificar a exploração sobre seus trabalhadores, que, em sua maioria, são informais, pagando salários mais baixos, contratando sem registro em carteira e diminuindo os benefícios sociais.

O estudo das atividades informais deve ser articulado ao processo dinâmico e contraditório de acumulação do capital, que envolve desde os trabalhadores informais tradicionais até os pequenos proprietários por conta própria que atuam em várias áreas da economia. Essas atividades não apenas ocupam os interstícios deixados pelo grande capital, mas também estão inseridas nas formas de exploração do modo de acumulação capitalista, especialmente por sua capacidade de se adaptar às várias modalidades de exploração criadas pelo capital.

A INFORMALIDADE PRODUZIDA PELA ACUMULAÇÃO FLEXÍVEL

Na sociedade contemporânea, as "novas" formas de organização da produção são objeto de amplo debate tanto nos meios acadêmicos quanto nos políticos. Por um lado, muitos cursos universitários, sobretudo na área da administração, incentivam o desenvolvimento das práticas voltadas para o chamado empreendedorismo. Por outro, instituições governamentais e não-governamentais e representações de trabalhadores investem nas formas de trabalho "autônomas" como alternativa ao desemprego.

Tais iniciativas, propagadas, a nosso ver, pelo caráter flexível adequado ao atual padrão de acumulação capitalista, vêm assumindo uma função emancipadora, graças a interpretações que defendem a permanência do mercado no socialismo. Singer, por exemplo, afirma: "Mercados são essenciais para possibilitar ao indivíduo o direito de escolha, como trabalhador e como consumidor" (Singer, 2000, p. 39). Para o autor, até o

---

4 "A função do sistema financeiro seria apoiar os projetos que representantes dos consumidores considerassem de grande potencial ou significação social. *É possivelmente a forma melhor de desenvolver novas forças produtivas.* Ao mesmo tempo, o sistema financeiro teria por incumbência liquidar iniciativas fracassadas ou que esgotaram sua utilidade social" (Singer, 2000, p. 47).

mercado financeiro tem funcionalidade no socialismo por ele concebido[4]. Santos, por sua vez, entende ser possível "fazer reformas radicais no regime de propriedade e em outras instituições, de modo que os mercados facilitem a concretização de objetivos socialistas" (Santos, 2002, p. 43). Na perspectiva desses autores, a coexistência entre a pequena produção (atividades supostamente não capitalistas) e o mercado capitalista constitui uma alternativa à ordem burguesa. Esse arranjo é por eles denominado socialismo, o que nos remete à crítica feita por Marx e Engels, em 1853, quando alguns socialistas entendiam ser necessário o capital, mas não os capitalistas (Marx, Engels e Lénine, 1976, p. 69).

Ora, se a microempresa, o trabalho por conta própria, a cooperativa e outras formas ditas "autônomas" já convencem pela promessa dos seus resultados práticos – a inserção no mercado de trabalho –, adquirem muito mais força pela função ideológica – "a construção gradual do socialismo"[5].

A promessa prática de ingresso no mercado de trabalho, se não é de todo falaciosa, tem de ser ponderada em muitos aspectos. A teórica, por sua vez, esbarra em limites estruturais, que a tornam absolutamente ilusória. Contudo, os mecanismos ideológicos se encarregam de impedir que a intelecção da realidade se complete e, assim, prefere-se entender a ausência do patrão como o cancelamento da relação capital-trabalho e de sua imanente contradição. Socialismo de mercado, no entanto, é uma contradição, porque mesmo aqueles produtores donos dos meios de produção, que trabalham por conta própria, exploram a si mesmos para garantir sua reprodução.

O socialismo de mercado expressa o que Marx e Engels, no *Manifesto do Partido Comunista*, chamaram de socialismo conservador ou burguês. Trata-se de uma forma de se pensar o socialismo, pouco sistemática e mais prática, cujo objetivo é afastar os trabalhadores de qualquer movimento que ponha em risco a ordem social burguesa. Nesse sentido, propõem-se formas alternativas de organização da produção, pelas quais se garante melhorar as condições de vida material dos trabalhadores. No entanto,

> por transformação de condições da vida material, esse socialismo não compreende em absoluto a abolição das relações burguesas de produção – o que só é possível pela via revolucionária – mas apenas reformas administrativas realizadas sobre a base das próprias relações burguesas e que, portanto, não afetam as relações entre capital e trabalho assalariado, servindo, no melhor dos casos, para diminuir os gastos da burguesia com seu domínio e simplificar o trabalho administrativo de seu Estado (Marx e Engels, s.d., p. 43).

"O que para o capital é uma condição de produção, não é o trabalhador, mas apenas o trabalho." Marx e Engels fazem essa observação no sentido de mostrar que, para o capitalista, se o trabalhador puder ser substituído "por máquinas, pela água e pelo ar, *tant mieux*" (Marx, Engels, Lénine, 1976, p. 54). Mas a indiferença do capitalista ao trabalhador não pára por aí.

Impulsionado pela extração da mais-valia, o capital emprega a força de trabalho sob as formas mais variadas em cada momento histórico. Não há rigidez na forma. A única exigência é que seja funcional à lei do valor. Na sociedade contemporânea, não é incomum,

5 Esse convencimento respalda a atuação de profissionais preocupados com a questão social, justificando a organização de trabalhadores, para serem explorados pelo capital mediante relações informais, sob o discurso de que "um outro mundo é possível: basta querer".

embora não se possa apontar como tendência dominante, a existência de trabalhadores que utilizam os seus próprios meios de produção. Mas a isso não se pode atribuir um caráter socialista, nem mesmo classificá-lo como novidade, pois já estava presente na gênese do modo de produção capitalista. "O comerciante compra-lhes o trabalho e retira-lhes a propriedade sobre o produto e também sobre o instrumento, ou deixa-lhes essas propriedades, como *aparência*, mas para diminuir seus encargos de produção" (Marx, Engels e Lénine, 1976, p. 66, grifo nosso).

Separar os trabalhadores das condições objetivas do trabalho significa bem mais que retirar deles os meios de produção ou tão-somente o instrumento de trabalho. "Os meios de produção só se tornam capital, ao ficarem independentes, como força autônoma do trabalho" (Marx, 1980, p. 402). Ao introduzir inovações tecnológicas que permitem alterar os processos e a organização da produção, a exemplo das formas flexibilizadas de trabalho, geradoras da idéia de produtores autônomos e independentes do capital, este já definiu que a sua escolha em nenhum momento vai implicar perda do poder de comando e do uso do trabalho alheio. Nesses termos, fomentar as atuais formas de inserção no mercado de trabalho é apenas cultuar, sob outras denominações, a expansão da informalidade, enquanto uma estratégia que atende aos interesses do capital (Tavares, 2002).

Este trabalho propõe-se a tornar evidente que, na era da acumulação flexível, o controle do capital sobre o trabalho prescinde da figura física do patrão. A vontade do capitalismo se expressa no conteúdo do trabalho, nas relações do trabalhador com as pessoas e com as coisas no processo de trabalho e no mercado de trabalho.

Nesse contexto, questionam-se também as funções dos que incentivam e organizam desempregados para serem explorados pelo capital. Originários da classe trabalhadora, esses profissionais exercem sua atividade organizando e coordenando pessoas no sentido de reforçar a ordem capitalista e, em alguns casos, parece não se darem conta de que foram arrancados da sua origem para exercer uma função que os coloca em oposição a si mesmos.

Não cabe aqui analisar as razões subjetivas que conduzem trabalhadores a exercer tais funções, mesmo porque, em alguma medida, toda a classe trabalhadora está subordinada às determinações do capital. O que se quer é demonstrar que as formas decorrentes dessa "nova" organização não garantem autonomia aos trabalhadores nem diminuem o poder do capital, na medida em que este continua prescrevendo a natureza do trabalho e a quantidade a ser produzida, razão pela qual deve-se atentar para funções tipicamente patronais objetivadas na atuação de ativistas, que ao intermediar a relação capital-trabalho acreditam estar defendendo interesses dos trabalhadores.

Se, concretamente, deseja-se a eliminação da ordem capitalista, "não basta contestar ordens transmitidas do alto [...]; é preciso também contestar essas novas funções e, assim, a objetivação do poder que elas dissimulam"[6] (Gorz, 1996, p. 175).

Flexibilização: uma eficiente modalidade de exploração de trabalho

A flexibilização, geralmente apresentada como geradora de emprego, é uma das mais eficientes modalidades de exploração do trabalho já utilizadas pelo capital. Os

[6] Posição que se distingue daquela de *Adeus ao proletariado* (Rio de Janeiro, Forense, 1982).

mecanismos que consubstanciam os processos de terceirização, por exemplo, suscitam argumentos que, contrariamente aos fatos, identificam uma desconcentração da propriedade, sugerindo que a simples ausência de vínculo empregatício transforma os trabalhadores em produtores independentes. Mas não é o que mostra a realidade, sobretudo no Brasil, onde a desigualdade social é uma tendência inexorável[7].

Contudo, essa interpretação equivocada, pela qual todos os trabalhadores podem ser proprietários, sugere a abolição do regime de assalariamento, como se o conteúdo capitalista do trabalho fosse uma decorrência obrigatória do vínculo empregatício. Assim, o mecanismo da terceirização não só tornaria o trabalhador independente, como eliminaria o regime de assalariamento, base da sociedade capitalista, com o que se obscurece a exploração da mais-valia e, óbvio, a contradição capital-trabalho (Tavares, 2002).

Diante da impossibilidade estrutural de enfrentamento do desemprego, que se impõe por limites da própria lógica capitalista, as personificações do capital, por um lado, tentam justificá-lo por meio de fatores externos, como a falta de qualificação do trabalhador e, por outro, procuram livrar-se dos constrangimentos da relação empregado-empregador, incorporando velhas formas de trabalho precário revestidas por um invólucro de autonomia e independência. Esse movimento é facilitado pelo recuo no aparato jurídico que, contrariando os seus próprios dogmas, imprime legalidade a formas de trabalho que, sob todos os aspectos – clandestinidade, ausência de proteção social, de higiene, de segurança etc. –, conformam um quadro de ilegitimidade.

Como a proteção individual deixou de ser central, criam-se mecanismos legais que imprimem ao trabalho uma falsa autonomia, marcada pelo "desassalariamento", pela precariedade e pela ausência de comando explícito, como se tais condições fossem suficientes para transformar trabalhadores em proprietários. Uma coisa é a propriedade privada e a apropriação que se funda no trabalho alheio, cuja base repousa na expropriação do produtor direto; outra é a propriedade privada do produtor direto em relação a suas próprias condições de produzir. A propriedade obtida por meio do trabalho "sempre implica, quando menos, a escravidão dos membros da família, manipulados e explorados abertamente pelo chefe da família" (Marx, 1978a, p. 147). Os membros de uma cooperativa de trabalho ou de qualquer associação de trabalhadores, apesar da sua condição de "proprietários", são obrigatoriamente submetidos a critérios de avaliação do tempo de trabalho como qualquer trabalhador assalariado, distinguindo-se radicalmente do proprietário capitalista, para quem o tempo nunca é posto em questão.

Onde o mercado "[...] rege a vida social, é o capital que comanda e onde manda o capital, quem é livre não é o trabalho vivo, o homem concreto, mas o trabalho morto" (Tonet, 1997, p. 68). O despotismo da divisão social do trabalho não pode ser superado pelo simples mascaramento do comando capitalista, enquanto a riqueza for produzida sob a forma de mercadoria. Os que só têm a força de trabalho para ser trocada no mercado precisam produzir o suficiente para, ao menos, assegurar a sua reprodução, que é mediada por um conjunto de mercadorias cujo valor tem como base o tempo de

[7] Cattani discute tendências generalizadas de concentração de renda, apresentadas por um relatório sobre o desenvolvimento internacional, do Banco Mundial, em 1995, no qual o Brasil se destaca. Vê-se que, "no período considerado (1988-1989), o Brasil foi campeão em desigualdade social: 51,3% de toda a renda do país estava concentrada nas mãos de apenas 10% da população. Os 20% mais pobres ficaram com apenas 2,1% da renda nacional" (2000, p. 29).

trabalho socialmente necessário, categoria que tanto se expressa no salário por tempo quanto no salário por peça.

O salário por peça nada mais é que uma forma metamorfoseada do salário por tempo, do mesmo modo que "o salário por tempo é a forma metamorfoseada do valor ou preço da força de trabalho" (Marx, 1984, p. 139). A "autonomia" do produtor, cujo trabalho é pago por peça, não escapa às determinações capitalistas. O suposto autônomo não pode, livremente, atribuir um valor às peças por ele produzidas. Se ele produziu uma peça em um tempo maior do que o socialmente necessário, isso não lhe permite cobrar por ela um preço acima da média já calculada pelo capitalista, pois um *quantum* maior de trabalho que o socialmente necessário torna a produção inadequada à lei do valor.

Sob essa orientação, o tempo de trabalho que se corporifica num *quantum* previamente determinado de mercadoria que a experiência fixou é determinante tanto para o valor da mercadoria quanto para o valor da força de trabalho. Se apenas o tempo de trabalho socialmente necessário conta como formador de valor, e o trabalhador só representa interesse ao capital quando produz um valor maior que os seus meios de subsistência, o processo de trabalho deve ser considerado levando-se em conta o tempo de trabalho necessário para pagar o valor da força de trabalho e um tempo de trabalho excedente que não cria nenhum valor para o trabalhador, mas tão-somente para o capitalista.

Nesses termos, os "trabalhadores-proprietários" não são assalariados formalmente, mas são pagos mediante as mesmas leis econômicas que regulam o valor do trabalho assalariado, não deixando dúvida quanto à prevalência do regime salarial. A relação compra e venda da força de trabalho ocorre por meios indiretos, que remete a formas pré-capitalistas, como o capital comercial; todavia essa estratégia não é negação suficiente da relação capital-trabalho. Apesar de o contrato de trabalho estar sendo metamorfoseado num contrato comercial, o capitalista continua trocando "parte do trabalho alheio já objetivado, do qual se apropria incessantemente sem equivalente, por um *quantum* maior de trabalho vivo alheio" (Marx, 1984, p. 166), demonstrando que o cancelamento do conceito tradicional de emprego com horário determinado, registrado em carteira e com direitos sociais não erradica o trabalho assalariado nem a sua função. As aparentes mudanças na base econômica não excluem, de modo algum, as contradições materiais. Seja qual for a expressão jurídica do trabalho assalariado, o capitalismo não prescinde do sistema salarial, ou seja, a compra-venda da força de trabalho continua sendo a base da sociabilidade capitalista (Tavares, 2002).

As mudanças na relação capital-trabalho resultam sempre em prejuízo do pólo mais fraco. Não podia ser diferente agora, quando existe uma quantidade de força de trabalho disponível muito maior que as necessidades de valorização do capital. Nessa circunstância, o capital promove meios para continuar alcançando o seu fim, dispondo da força de trabalho de que necessita, mediante formas que reduzem significativamente seus custos. É nesse cenário que viceja o trabalho informal articulado à grande indústria. Os mecanismos da terceirização permitem ao capital economizar prédios, iluminação, vigilância, custos sociais, sem abrir mão da qualidade e da intensidade do trabalho, e ainda com a garantia de poder dispor de uma força de trabalho experiente conforme as flutuações do mercado, sob as formas que lhe forem oportunas e convenientes, articulando assim o trabalho morto materializado nas máquinas ao trabalho vivo – supostamente autônomo – que se lhe oferece cada vez mais barato.

No entanto, o que apreendemos como formas de exploração vem sendo defendido como oportunidades que sugerem uma nova sociabilidade[8], embora a arena para o confronto social continue sendo o mercado, cujas determinações, orientadas pela lógica do capital, são fomentadoras da velha cisão entre trabalho intelectual e manual. Nessa perspectiva, o que se concebe como a moderna organização do trabalho consubstancia um sofisticado arranjo entre os dois pólos da relação-capital, mediante formas que dissimulam a exploração, e que são indicativas da generalização do trabalho informal. A disseminação da pequena empresa, da cooperativa, do trabalho domiciliar e de outras práticas utilizadas pela terceirização, além de, objetivamente, maximizar a exploração, sugere uma alteração da realidade, conduzindo empregados a acreditar que podem ser patrões, mesmo que, às vezes, apenas de si mesmos. Contudo, as relações sociais existem efetivamente: um simples recurso semântico não pode negá-las. A oposição das categorias econômicas que regem esta sociedade inviabiliza qualquer proposta que se paute na igualdade, como querem os que defendem uma sociedade pautada na autonomia e na independência. Sejam quais forem as formas assumidas pelas relações de produção capitalistas, não se deve perder de vista que,

> dia após dia, torna-se assim mais claro que as relações de produção nas quais a burguesia se move não têm um caráter uno, simples, mas um caráter dúplice; que, nas mesmas relações em que se produz a riqueza, também se produz a miséria; que, nas mesmas relações onde (*sic*) há desenvolvimento das forças produtivas, há uma força produtora de repressão; que estas relações só produzem a *riqueza burguesa*, ou seja: a riqueza da classe burguesa, destruindo continuamente a riqueza dos membros integrantes desta classe e produzindo um proletariado sempre crescente (Marx, 1985, p. 117).

As idéias dominantes insistem em esconder esse caráter antagônico, mas a análise das relações sociais conduz à defesa de que, mediante novas formas, a ordem burguesa continua cindindo o homem. As formas concebidas como parte da nova organização do trabalho são indicativas da precarização e de uma maior exploração do trabalho, apesar da aparente autonomia com que as representações do capital revestem a informalidade. Graças aos processos de terceirização, "a generalização da palavra 'informal' é bem o signo de uma nova maneira de pensar o desenvolvimento" (Lautier, 1994, p. 13).

Nesse sentido, o trabalho informal deixa de evocar a noção de esterilidade que geralmente lhe é atribuída, para assumir, inclusive, a função de trabalho produtivo, parte do trabalho coletivo. Não se trata, é claro, da forma de produzir que se caracteriza pela "autonomia", nem das unidades produtivas de caráter familiar, nas quais não havia divisão do trabalho intelectual e do trabalho manual, e que, a partir de 1972[9], ficaram conhecidas

[8] "Numa forma de sociabilidade superior, o trabalho, ao *reestruturar* o ser social, terá *desestruturado* o capital. E esse mesmo *trabalho autodeterminado* que tornou *sem sentido* o capital gerará as condições sociais para o florescimento de uma *subjetividade autêntica* e emancipada, dando um novo *sentido ao trabalho*" (Antunes, 1999, p. 182).

[9] Ano em que foi realizada por técnicos da OIT a missão de estudos, que analisou o problema do emprego urbano no Quênia, com vistas a um diagnóstico e à proposição de políticas para atenuação do desemprego e do subemprego naquela e em outras regiões subdesenvolvidas. O relatório resultante dessa missão, pela primeira vez, utiliza a noção de "setor informal".

como atividades do setor informal. Trata-se de trabalho executado sob relações informais, podendo ser parte de uma atividade fabril externalizada, venda de mercadorias, trabalho virtual etc., cumprindo para o capital a mesma função do trabalho formal. Diríamos que se trata de uma transfiguração da velha forma – "setor informal" – , adequada às atuais exigências da valorização do valor, fato que não é novidade na história do capitalismo. A luta do capital para adequar a base técnico-material ao seu propósito de acumulação não se extingue enquanto não for extinto o próprio sistema.

O modelo de acumulação flexível é portador de determinações que alteram a configuração da relação forma/conteúdo entre capitalista e trabalhador. A relação compra e venda da força de trabalho não é exatamente a mesma, embora "o capitalista sempre troque parte do trabalho alheio já objetivado, do qual se apropria incessantemente sem equivalente, por um *quantum* maior de trabalho vivo alheio" (Marx, 1984, p. 166). Assim, como já se afirmara, muda a forma, mas permanece o conteúdo, com o agravante de que "o mecanismo da produção capitalista também já cuidou, ao reproduzir a classe trabalhadora como classe dependente do salário, cujo salário basta não apenas para assegurar sua manutenção, mas também sua multiplicação" (Marx, 1984, p. 164). E, como o direito de propriedade permite ao capitalista empregar o capital adicional criado pelo sobretrabalho na compra de máquinas que reduzem a necessidade de trabalho, essa mercadoria se multiplica de forma cada vez mais desvalorizada.

> Ora, um valor de troca que não interessa ao comprador pelo seu valor de uso não cumpre a sua função de mercadoria. A finalidade da força de trabalho é produzir mercadorias que contenham uma parcela de valor que nada custe ao capitalista. Por isso, reproduzir a classe trabalhadora não significa apenas assegurar sua manutenção, mas também sua multiplicação. [...] Não basta à produção capitalista de modo algum o *quantum* de força de trabalho disponível que o crescimento natural da população fornece. Ela precisa, para ter liberdade de ação, de um exército industrial de reserva independente dessa barreira natural (Marx, 1984, p. 202).

> O exército industrial de reserva pressiona durante os períodos de estagnação e prosperidade média o exército ativo de trabalhadores e contém suas pretensões durante o período de superprodução e paroxismo (ibidem, p. 205).

A reestruturação produtiva do capital assegura um exército de reserva de proporções imensas, a tal ponto que é cada vez menor o movimento de saída e de entrada de trabalhadores que caracterizava essa categoria. E, ao lado disso, garante também a liberdade de que o capital necessita para continuar se reproduzindo.

Tais condições, por meio de muitas mediações, se encarregam de tornar tênues as fronteiras entre as relações capitalistas, originando equívocos como a idéia de autonomia atribuída ao trabalho informal que se realiza no interior do metabolismo de reprodução do capital. Isso evidencia que o desenvolvimento capitalista, ao invés da promessa de assalariamento sob relações formais para todos os trabalhadores, livra-se dos constrangimentos da relação empregado-empregador mediante estratégias que tendem a fazer do trabalho informal a forma de ser da sociedade assalariada. Parte da força de trabalho de outros países, além da terceiro-mundista – onde a economia informal é muito mais maciça –, já engrossa as estatísticas do trabalho precário, revelando que a causa desse pode ser igualmente identificada em qualquer país do mundo capitalista, desenvolvido ou em desenvolvimento.

Além de certas formas arcaicas de produção terem sido mantidas no capitalismo desenvolvido, a terceirização encarregou-se de recuperar outras, a exemplo das cooperativas, do trabalho domiciliar e da pequena empresa. Estas não são formas independentes, externas à dinâmica capitalista, ao contrário, são parte essencial da estratégia de acumulação flexível, articuladas pelos mecanismos da divisão internacional do trabalho.

Conclusão

Desde que a divisão do trabalho, decorrente da maquinaria, impôs o trabalho coletivo, o trabalhador está subordinado às determinações do capital, mesmo que disso não tenha consciência. Não se ouve falar em greve de trabalhadores cujo motivo seja a divisão do trabalho, no entanto, os efeitos da dominação decorrentes do trabalho dividido se propagam, sendo sua verdadeira função organizar a subordinação e a exploração do trabalho no processo de produção (Gorz, 1996, p. 127).

A idéia de autonomia disseminada pelo pensamento dominante trata da pequena produção ou dos pequenos negócios numa perspectiva que conduz à crença de que todos podem ser capitalistas, quando, na realidade, as atividades denominadas autônomas não conseguem ser nem ao menos uma alternativa ao desemprego. Não foi Marx, mas Adam Smith quem disse: "Um grande capital, mesmo com lucros menores, geralmente cresce mais depressa do que um capital pequeno com lucros grandes" (Smith apud Marx, 1984, p. 192). Por isso, o culto à ilusão de propriedade revela ser apenas uma estratégia para disfarçar a subordinação. "É a grande mentira pós-moderna: o trabalho fragmentado que 'tende' ao fim e o capital impessoal que 'tende', concomitantemente, a prescindir e a ser de todos" (Rocha, 1999, p. 35).

O indivíduo que se auto-emprega, mesmo que a sua atividade não seja interior à produção capitalista, não é nem autônomo nem capitalista. Tal qual um assalariado, o produto de seu trabalho será enlaçado pela lógica do capital. O mercado é o ponto para o qual todos convergem e no qual todas as pseudo-autonomias se dissolvem. Por mais independente que o indivíduo imagine ser, o produto do seu trabalho terá, em algum momento, de se confrontar com outros, no mercado, onde cada troca imprime a presença da mais-valia, expressando, portanto, a oposição do capital à capacidade viva de trabalho.

A luta do capital para adequar a sua base técnico-material ao propósito de expansão e acumulação, até chegar à grande indústria, evidencia que a mais-valia absoluta, sozinha, não é suficiente para uma produção cujo fim deve se realizar em si mesmo. Por isso, a lei do valor revoluciona os meios de produção e, conseqüentemente, os processos de trabalho e os agrupamentos sociais, tornando o modo de produção especificamente capitalista a forma geral, socialmente dominante.

O objetivo é fazer com que cada produto contenha o máximo possível de trabalho não pago, o que equivale a dizer que, nesta sociedade, um *quantum* maior de trabalho que o socialmente necessário torna a produção inadequada à lei do valor. Essa exigência não seria alcançada apenas pela exploração da mais-valia absoluta, esfera em que, geralmente, se encontra a pequena produção. Segundo Marx, "essa tendência imanente da relação capitalista não se realiza de maneira adequada – e não se converte em condição necessária, inclusive do ângulo tecnológico – enquanto não se tenha desenvolvido o modo de produção especificamente capitalista e, com ele, a subsunção real do trabalho ao capital" (Marx, 1978a, p. 69).

Mas isso não quer dizer, de maneira alguma, que a forma geral socialmente dominante eliminou a mais-valia absoluta. O aumento da mais-valia relativa se dá concomitantemente com o aumento da mais-valia absoluta. No momento atual, o capital engendra com muita propriedade a existência combinada dos dois regimes de exploração. Essa articulação, amplamente facilitada pelos processos de terceirização, é responsável pela intensificação da desigualdade entre os trabalhadores[10]. As maiores empresas, dotadas de tecnologia mais moderna, organizam-se em função da mais-valia relativa, sem necessariamente abolir a absoluta, enquanto as pequenas empresas, que por razões óbvias não conseguem atingir o mesmo nível de desenvolvimento, recorrem aos mecanismos da mais-valia absoluta, esfera na qual vicejam as formas precárias de trabalho interiores à produção capitalista. Torna-se evidente que mais-valia absoluta e mais-valia relativa são inseparáveis. Para Bernardo, "o próprio processo de mais-valia relativa na produção da força de trabalho implica a permanente remissão de amplos setores de trabalhadores para sistemas em que facilmente pode vigorar a mais-valia absoluta" (Bernardo, 1991, p. 114). Essa articulação, que explica a existência combinada e concomitante de diferentes mudanças tecnológicas no interior do mesmo conjunto de processos produtivos, torna indiscutível que *desenvolvido* e *atrasado* são momentos de uma mesma unidade, ou mais precisamente, do modo de produção capitalista, que deve ser encarado como uma totalidade que se movimenta permanentemente em busca da acumulação.

Sob essa ótica, o trabalho informal é uma forma inerente à totalidade da produção capitalista. Os mecanismos de interação que existem hoje entre o trabalho informal e a produção capitalista indicam que ele tende a deixar de ser intersticial para tornar-se cada vez mais essencial. Isso pode significar que a sociedade assalariada com as regulações que conhecemos tende ao fim, mas que a mudança, repetimos, é apenas formal. O assalariamento e as suas expressões variam entre os países, contudo "tanto nos países desenvolvidos como nos subdesenvolvidos para atender ao que chamamos programas neoliberais, os países continuam estruturando seus mercados de trabalho majoritariamente na compra e venda da força de trabalho" (Carleial, 2000, p. 19). E a divisão do trabalho continua cindindo o trabalhador e assegurando as funções do caráter combinado do trabalho, pois, sejam quais forem as relações de produção capitalistas, estas não podem prescindir da lei do valor.

---

10 "No topo da pirâmide, o emprego nobre no setor formal, com salários relativamente elevados e normas de trabalho relativamente respeitadas, mas envolvendo um segmento minoritário da população, tanto em volume como em termos de distribuição por países. Mais abaixo, o conjunto das atividades terceirizadas mais ou menos instáveis, onde a precariedade leva a uma grande insegurança, e gera um volume elevado de pequenas e médias empresas de elevadíssima taxa de mortalidade. Em torno deste espaço formal, desenvolve-se um amplo sistema de economia informal, que hoje ocupa freqüentemente um terço da totalidade de mão-de-obra, e onde os níveis visíveis salariais, respeito a normas de trabalho e preservação ambiental são cada vez mais baixos. Finalmente, uma massa hoje muito significativa da mão-de-obra que opta pela economia ilegal ou subterrânea, desarticulando e desagregando rapidamente a sociedade, como tem sido constatado, por exemplo, desde as favelas do Rio de Janeiro até a produção popular de coca na Colômbia, ou as invasões de empresas de gado na Amazônia" (L. Dowbor. *O que acontece com o trabalho?* Em: <http://ppbr.com/ld/actrab.asp#_Toc516290912>. Acesso em 20/11/2001, p. 12).

O modo como, empiricamente, se expressam as relações capitalistas nem de longe torna possível violar a lei do valor. Ao contrário, esta tem o poder de alterar quaisquer outras leis. Nesse sentido, leis que regulam o trabalho, por exemplo, se adaptam e se flexibilizam conforme as necessidades da acumulação capitalista. Assim, sem que se desconsidere o aspecto fenomênico das categorias econômicas, deve-se ter clareza de que a aparência serve apenas de ponto de partida, de que nenhum fenômeno é unilateral e de que existem entre este e a totalidade laços orgânicos que não podem ser ignorados, pois só dessa maneira é possível apreender a real função de cada uma das manifestações assumidas pelo trabalho, na sua organização contemporânea. A premissa de o produto conter o máximo possível de trabalho não pago só pode ser alterada para mais. Então, realizar no mercado um produto que incorpore um *quantum* de trabalho maior que o socialmente necessário, como ocorre na chamada economia informal, implica um alto grau de exploração do trabalho, o que destrói o argumento da independência e da autonomia que se atribui a esta.

Os pequenos negócios só sobrevivem se estiverem submetidos à exploração dos grandes, que são movidos a agir dessa forma porque assim determina a lei do valor. Qualquer tentativa de superação dessa ordem que não elimine o mercado esbarra nas suas próprias determinações. O propósito de caminhar para o socialismo por meio de práticas que negam a propriedade privada, como a cooperativa, ou que pretendem transformar todos em proprietários, como a pequena empresa, que consubstancia o idealismo de Proudhon e embala os sonhos[11] de alguns trabalhadores, é demasiado simplista porque esbarra numa totalidade rígida e objetiva que só pode ser modificada se rompida na sua base.

Entretanto, sindicalistas, pesquisadores, professores e outros profissionais não apenas defendem como também incentivam as atividades "autônomas", especialmente por meio da formação de cooperativas. Para isso, recrutam desempregados, geralmente com experiência suficiente para serem imediatamente absorvidos pelo mercado, precisando apenas de "educação" para trabalharem sob o regime de cooperação. Estatutos, conselhos e regimentos internos são criados, diante de trabalhadores confusos que precisam incorporar a idéia de que são sócios duma entidade que lhes é imposta. A cooperativa opera a mágica de fazer desaparecer a relação empregado-empregador, eliminando qualquer tipo de reivindicação trabalhista e os desagradáveis constrangimentos que denunciam a luta de classes.

Compreendendo o socialismo como uma proposta revolucionária, que implica a supressão radical da ordem burguesa; dir-se-ia que esse processo de "socialização da economia", além de ter um caráter predominantemente reformista, utiliza trabalhadores em funções tipicamente capitalistas, como dirigir, organizar e coordenar outros trabalhadores para desenvolverem a produção capitalista nos moldes da acumulação flexível. Como se não bastasse ter a ciência, a técnica, a divisão do trabalho e o desemprego contra os trabalhadores, cresce cada vez mais o número de intermediários da relação capital-trabalho, advindos da própria classe trabalhadora. Estes, embora disseminem a informalidade e possam, graças a essa função, integrar-se às camadas privilegiadas do sistema, afirmam estar garantindo emprego em condições superiores às oferecidas mediante

---

11 "A aspiração a uma vida mais cheia de sentido foi reduzida ao mero direito de sonhar, porém sem nenhuma base real" (Tonet, 1999, p. 30).

relações formais. Não se quer negar que há casos em que as atividades informais têm a propriedade de melhorar as condições materiais de vida dos trabalhadores, contudo "a aparente vitória obtida por um grupo de trabalhadores sobre o outro apenas constitui uma derrota de todos eles perante os capitalistas" (Bernardo, 1991, p. 150).

Conclui-se que a conjunção dialética entre reordenamento do capital, inovações tecnológicas, fragmentação da produção, redivisão do trabalho e processos de terceirização[12], aliada ao poder ideológico do discurso burguês, fomentam o crescimento da informalização do trabalho e estão voltados para o aumento da produtividade e da competitividade. Esses fatores operam, sobretudo na supressão da resistência dos trabalhadores e de suas organizações, no sentido de enfraquecê-los, fragilizando, assim, a luta de classes. Retirar do interior das fábricas parte considerável do trabalho vivo e colocá-la na clandestinidade de maneira alguma pode ser considerado mais vantajoso que o emprego formal e, menos ainda, um caminho gradual para o socialismo. O que se quer, além da redução dos custos da produção, é negar a centralidade da contradição capital-trabalho. Tentativa que não resiste à análise dos processos reais, pois, quando se interrogam os fenômenos pelos quais os conflitos de classe estariam sendo eliminados, suas correlações e mediações com a totalidade denunciam relações contraditórias, que preservam e intensificam a subordinação.

[12] Evidências acumuladas revelam que, embora o objetivo declarado da terceirização seja a concentração da empresa na sua principal atividade, esse processo contém um duplo movimento: econômico, ou seja, redução de custos da produção, e ideológico, no sentido de fragilizar a luta dos trabalhadores.

PARTE III

DIMENSÕES DA CRISE DO SINDICALISMO: CAMINHOS E DESCAMINHOS

Capítulo 20

A NOVA CRISE DO SINDICALISMO INTERNACIONAL

Ariovaldo de Oliveira Santos

Introdução

Constitui uma tendência intrínseca ao atual modo de produção a sua expansão contínua e a redefinição, igualmente permanente, do campo de correlação de forças entre o capital e o trabalho. Esse embate encontra-se na raiz do processo de organização da classe trabalhadora, primeiramente com o cartismo; posteriormente, com a organização de sindicatos e, em um nível mais elevado de consciência, por meio de formação de organizações partidárias de caráter internacional, como foi o caso da Associação Internacional dos Trabalhadores (AIT), ou de dimensões nacionais, constituindo um caso exemplar o Partido Trabalhista inglês (Labour Party), no final do século XIX.

Mas a dinâmica da acumulação capitalista encontra-se na origem, também, de refluxos sofridos pela classe trabalhadora no plano internacional, sendo expressão dessa processualidade o que se convencionou chamar de *crise do sindicalismo*. Assim, compreender a crise do sindicalismo, que afeta a capacidade de organização dos mais diversos segmentos de trabalhadores em todo o mundo, implica, necessariamente, assinalar as transformações operadas no interior do modo de produção capitalista, sobretudo nas últimas décadas, e as conseqüências que elas produziram sobre a capacidade organizativa das diversas categorias profissionais.

Este artigo tem por finalidade refletir sobre alguns elementos constitutivos da referida crise do sindicalismo, bem como sobre algumas respostas que têm sido fornecidas pelas organizações sindicais de trabalhadores em diversos países. A análise encontra-se centrada, sobretudo, no período a partir dos anos 1970, embora seja possível constatar elementos dessa processualidade nas grandes mobilizações operárias registradas no final dos anos 1960, na França, na Itália, na Alemanha, na Holanda, Inglaterra, Suécia e Bélgica (Spitaels, 1971).

A NOVA CRISE DO SINDICALISMO

A expressão *crise do sindicalismo* entra com grande força na literatura acadêmica no bojo de outra discussão: a de que cada vez mais o trabalho estava perdendo a sua centralidade na vida social e, em seu lugar, novas lutas, de caráter mais cultural, estavam emergindo. Disso decorria que, se o trabalho perdia a centralidade, também entrava no mesmo caminho o movimento sindical, que havia constituído, durante o século XIX e parte do século XX, o grande motor das reivindicações coletivas (Touraine, 1969).

Durante os anos subseqüentes intensificaram-se os estudos sobre as mudanças em curso nos diversos movimentos sindicais e nas organizações sindicais que os representavam, sobretudo na medida em que as transformações operadas pelo capital na vida social impulsionavam o campo do trabalho para a adoção de ações mais defensivas que ofensivas, isto é, muito mais direcionadas à manutenção de antigas conquistas do que ao estabelecimento de novas com conseqüente ampliação de direitos sociais para o conjunto do trabalho. Detectou-se, a partir daí, uma série de elementos empíricos que têm servido para balizar o debate sobre a crise do sindicalismo nos diversos países. Destacam-se, entre esses elementos, os concernentes à redução nas taxas de sindicalização; o refluxo das greves e do volume de jornadas perdidas anualmente; as dificuldades crescentes de obtenção de ganhos salariais significativos e outros benefícios sociais diante do capital e de seu organismo de classe, o Estado; enfim, as limitações, igualmente crescentes, para a manutenção de antigas conquistas sociais e coletivas unidas à dificuldade crescente de mobilização da base de trabalhadores.

Contudo, ainda que importantes, esses traços, por ficarem presos à dimensão empírica do objeto, acabam por limitar a compreensão que se pode extrair deste. Isso se faz evidente com a atenção que se tem dado à redução nas taxas de sindicalização, perdendo-se de vista que nem sempre taxas elevadas significam um movimento sindical mais combativo. Assim é que as altas taxas de sindicalização verificadas nos sindicatos dos países da Europa do norte não têm contribuído para evitar uma posição defensiva por parte dessas mesmas organizações. De igual modo, as taxas de sindicalização se elevaram em alguns países, sem contudo produzirem uma nova ofensiva reivindicativa do trabalho.

Destaca-se ainda que as taxas de sindicalização não podem ser dissociadas das relações específicas de trabalho existentes em cada país e muito menos serem reduzidas a dados quantitativos que obscureçam a dinâmica presente envolvendo representação e representatividade. Enfim, necessário também seria considerar se quem está em uma organização sindical é militante ou simplesmente aderente, isto é, estabelecer a distinção entre os que ingressam no sindicato enquanto propagandistas da organização e os que se ligam a um sindicato geralmente para obter certas vantagens em serviços prestados.

Ainda que possa constituir um indicador de que algo negativo está acontecendo com os sindicatos e, em nível mais amplo, com o movimento sindical, as taxas de sindicalização constituem um indicador sólido somente se consideradas as diferentes dinâmicas internacionais das relações de trabalho; a maior ou menor adesão está distante de significar uma situação mais estável ou instável para uma organização ou conjunto de organizações. Assim, por exemplo, é um fato que os sindicatos de diversos países conheceram, nas últimas décadas, baixas consideráveis de seus efetivos. Com o fim da sindicalização obrigatória nos países do Leste Europeu, por exemplo, o refluxo na sindicalização foi acentuado:

- Estônia: – 71,2 %;
- República Tcheca: – 50,6 %;
- Polônia: – 45,7 %;
- Eslováquia: – 40,1 %;
- Hungria: – 38 %;
- Alemanha: – 20,3 %.

Fonte: OIT (1998).

Mas realidades totalmente distintas também registraram perdas de efetivos sindicais:

- Israel (– 75,7 %);
- Nova Zelândia (– 46,7 %);
- Portugal (– 44,2 %);
- Uganda (– 38,3 %);
- Venezuela (– 32,2 %);
- França (– 31,2 %);
- Reino Unido (– 25,2 %).

Fonte: OIT (1998).

Ao mesmo tempo, algumas realidades sindicais caminharam no sentido inverso:

- África do Sul (+ 126,7 %);
- Espanha (+ 92,3 %);
- Chile (+ 89,6 %);
- Tailândia (+ 77,3 %);
- Filipinas (+ 69,4 %);
- República da Coréia (+ 60,8 %);
- Bangladesh (+ 57,8 %);
- Zimbábue (+ 54,4 %);
- Taiwan e China (+ 49,8 %);
- Egito (+ 21,8 %);
- Holanda (+ 19,3 %).

Fonte: OIT (1998).

No entanto, seria impossível afirmar que onde os índices de sindicalização se elevaram o movimento sindical assumiu uma perspectiva mais ofensiva do que onde esses índices declinaram.

Para além desses limites, as análises têm pecado uma vez mais ao não atentarem para o fato de que a crise do sindicalismo internacional (e nacional) existe, mas não é a primeira, e de que alguns traços significativos a distinguem das anteriores. Observe-se, nesse sentido, que a crise sindical que pode ser constatada nos diversos países não se dá em decorrência de um refluxo motivado pelo fracasso de tentativas revolucionárias, como foi o caso, por exemplo, da contra-revolução burguesa que se abate sobre o proletariado europeu posteriormente às jornadas revolucionárias de 1848-1849. Refluxo cujos traços gerais são lembrados por Marx quando redige o "Manifesto inaugural da Associação Internacional dos Trabalhadores".

A atual crise do sindicalismo decorre, menos ainda, da existência de regimes fascistas, como foi o caso da Europa Ocidental nos anos 1930 e 1940 e mesmo Portugal e Espanha até décadas recentes. Outro é o quadro hoje, em que o fenômeno sindical foi institucionalizado e os regimes fascistas ou militares foram substituídos por formas democráticas de dominação social. Cite-se como exemplo que, no caso europeu, a crise sindical atinge os trabalhadores e suas organizações após quase três décadas de crescimento alimentadas pela adoção de políticas social-democratas. Além disso, o quadro mais global, no qual se processaram as anteriores crises sindicais, era bastante distinto. No século XIX, domina o capitalismo concorrencial, no início do século XX, o capitalismo monopolizado e, nos anos recentes, a oligopolização e mundialização dos capitais. O que remete a transformações profundas na maneira pela qual o capitalismo se organiza e se relaciona com a força de trabalho e os sindicatos. Observe-se ainda que as crises sindicais anteriores ocorriam dentro de um quadro em que o capitalismo possuía uma base sociotécnica capaz de incorporar mão-de-obra; tendência bastante distinta marca o capitalismo contemporâneo, que desestrutura interna e profundamente o mercado de trabalho, criando um mosaico de situações jurídicas e profissionais que tornam menos visíveis os laços de classe existentes entre os trabalhadores.

Efetivamente, a crise do sindicalismo em curso é nova, não somente por seu caráter longo e profundo, mas também pelo contexto que a cerca. De um lado, uma forte expansão do capitalismo dando origem a novas formas de emprego e, conseqüentemente, de utilização e exploração da força de trabalho. A isso se acrescenta uma forte concentração do capital, expressa sobretudo pela presença de oligopólios internacionais e firmas transnacionais (Chesnais, 1996). Reforça ainda a idéia de uma nova crise sindical a ausência de regimes fascistas impedindo a livre organização sindical. Certamente os últimos anos assistiram à consolidação de regimes conservadores inspirados no neoliberalismo. No entanto, trata-se ainda de algo qualitativamente distinto, uma vez que estamos longe de uma situação em que o parâmetro para a contenção do movimento sindical é a instituição de uma legislação sindical restritiva e não a utilização pura e simples da força, como foi freqüente nas crises anteriores.

A atual crise sindical transcorre dentro de um quadro em que o capital se mundializou e oligopolizou. Em outras palavras, trabalhadores e organizações sindicais, sem contar aqui os partidos vinculados à classe, devem enfrentar um capital mais potente e organizado cada vez mais em torno de firmas transnacionais e compelido a introduzir, em ritmos mais intensos do que antes, alterações nos diversos ramos de atividade assim como novas formas de relacionamento direto com a força de trabalho, como é o caso dos círculos de controle de qualidade (CCQ) ou o envolvimento participativo no interior da empresa. Diante disso, à expressão *crise do sindicalismo* deve necessariamente ser acrescentado o qualificativo "nova". Esse qualificativo é aqui utilizado não no sentido exclusivo de indicar seu caráter mais ou menos recente (do ponto de vista temporal), mas também com o objetivo de apontar para características distintas da crise do sindicalismo atual em face das outras crises já vivenciadas pelo universo sindical e de trabalhadores nos diversos países.

Essa crise é não somente nova, mas também mais profunda que as anteriores, uma vez que assistimos ao abandono progressivo da perspectiva de construção de um projeto hegemônico de transformação radical da sociedade pelo conjunto da classe capaz de alimentar o necessário mas não inevitável processo de transformação social para além da ordem do capital. Certamente inúmeras greves, sobretudo na década de 1990, expressaram a combatividade dos trabalhadores. Mas cada vez mais esteve ausente o caráter de recusa radical à lógica do capital, traço que marcou profundamente o movimento sindical em suas origens.

Igualmente problemático é apreender a nova crise sindical remetendo-a somente ao esclerosamento progressivo da relação entre base e sindicato, e as dificuldades disso decorrentes no que concerne à elaboração de uma estratégia ofensiva legal contra o capital. Os sindicatos e o movimento de trabalhadores não pairam sobre a sociedade, mas se enraízam nela. Nascem da contraditoriedade das relações sociais de classe existentes em uma sociedade específica, a capitalista. Conseqüentemente, compreender a nova crise do sindicalismo obriga, necessariamente, a apreender a dinâmica da sociedade na qual essa crise transcorre. Necessidade tanto mais presente na medida em que "o sindicalismo, como movimento generalizado, é um produto do crescimento do trabalho assalariado capitalista" (Bottomore, 1988, p. 334).

Mas em relação a que se define a nova crise vivida pelo sindicalismo internacional? O parâmetro de definição é, em essência, o passado. No que se refere ao sindicalismo praticado no continente europeu, o grande referencial é o período que se abre com o fim da Segunda Grande Guerra e se prolonga até meados dos anos 1970. Nesse período, chamado de "trinta gloriosos" por diversos analistas, o capitalismo havia encontrado caminhos para atenuar suas principais contradições por meio de um tripé envolvendo o Estado, o patronato e os trabalhadores, representados por seus sindicatos. Para sustentar o tripé, um lugar de destaque é reservado aos sindicatos de trabalhadores, que trocam uma maior exploração da força de trabalho por salários mais elevados. Alimentadas por esse tripé, que encontra variações segundo o país que se tenha em consideração, as economias dos países capitalistas avançados da Europa Ocidental logram obter um circulo virtuoso de crescimento capaz de permitir a construção do chamado Estado de bem-estar social, ao mesmo tempo em que ganhos de produtividade são redistribuídos a amplas camadas de trabalhadores, inserindo-os assim na sociedade de consumo. Nesse período, sindicatos e massas de trabalhadores pressionam, geralmente com sucesso, no sentido de alargar as fronteiras da sociedade salarial, arrancando assim conquistas significativas ao poder burguês, mas cedendo, também, por outro lado, no que concerne a uma maior utilização e embrutecimento da força de trabalho, sobretudo no universo da indústria, onde domina o taylorismo-fordismo.

Se o ponto de referência para definir a nova crise do sindicalismo é um certo quadro de lutas e conquistas estabelecido no passado, é limitado, no entanto, considerar a expressão no singular. Afinal, constitui um fato que a nova crise do sindicalismo, embora unida por certos traços gerais, guarda especificidades de país para país, como o revelam alguns estudos de caso. Ela não é una, e sim múltipla. Desse ponto de vista, mais preciso seria falar em *crises sindicais*, se considerarmos que o processo pelo qual elas ocorrem guardam especificidades de um país a outro, havendo diferenças de grau e intensidade, o que inviabiliza, inclusive, a transposição de soluções de um movimento sindical a outro.

O neglicenciamento desse fato tem sido responsável pelas posturas recentes assumidas pelas novas lideranças sindicais no Brasil, por exemplo, que operam com a idéia de saída da crise por meio da adoção, mecânica, de soluções experimentadas no pós-guerra em outros países do capitalismo avançado. Assim, tudo se passa mais ou menos como se pudéssemos conquistar, mediante luta e determinação, as condições outrora obtidas pelos trabalhadores de outros países do capitalismo avançado, ignorando-se o fato de que foram condições bastante específicas que viabilizaram a "era de ouro" do capitalismo. Condições que o capital por toda parte tenta enterrar utilizando como carro de combate o arcabouço fornecido pelos teóricos do neoliberalismo.

O CAPITAL E A NOVA CRISE DO SINDICALISMO

Compreender a constituição e a dinâmica da nova crise do sindicalismo implica, necessariamente, voltar os olhos para as profundas transformações operadas no âmbito da produção capitalista nas últimas décadas. Observe-se, inicialmente, que o esgotamento do modelo de desenvolvimento implementado em diversos países da Europa Ocidental, no período subseqüente à Segunda Guerra Mundial, produziu uma instabilidade e concorrência mais acirrada inter e intracapitais, obrigando os grandes complexos industriais a engajar-se em respostas eficazes aos problemas da reprodução ampliada do capital. Iniciativa tanto mais necessária uma vez que, na conjuntura mundial que se desenha sobretudo a partir dos anos 1970, conquistar um novo mercado ou preservar os antigos implica, por parte das empresas, a necessidade de satisfazer uma demanda diversificada e ajustada a um círculo restrito e particular de consumidores. Doravante, trata-se de produzir não mais em séries homogêneas, mas em séries de produtos diferenciados e diversificados. Além disso, alimentar um mercado exige em geral fabricar variantes diferentes do produto de base, adaptadas a normas técnicas ou culturais cada vez mais específicas (Coriat e Taddéi e, 1993, p. 154). Essa tendência caminha paralelamente à introdução acelerada de inovações técnicas e organizacionais no contexto de um capitalismo cada vez mais globalizado, de tal modo que suprimir, adaptar ou ultrapassar as antigas formas organizacionais ancoradas no modelo taylorista-fordista se coloca, para o campo do capital, como um problema a resolver.

Certamente, a busca de uma alternativa ao modelo taylorista-fordista de organização da produção e do trabalho antecede a explosão da grande crise dos anos 1970, marcada pela elevação do *turn-over*, do absenteísmo e pela intensificação dos tempos mortos de produção. Assinalem-se como respostas do capital tanto os esforços de democracia industrial quanto o toyotismo, ancorados na forte utilização de novas tecnologias que invadem, progressivamente, os demais ramos de atividade, para além da indústria, de modo a generalizar uma recomposição interna sem precedentes da força de trabalho (Coriat, 1990).

Assim, a partir de dificuldades para o incremento do processo de acumulação, forjam-se respostas, pelo capital, que afetam diretamente a composição da classe trabalhadora. Inicialmente, por meio da elevação do desemprego.

Ainda que a dinâmica do desemprego tenha variado de um país para outro, o resultado final acabou sendo o mesmo, de modo a demonstrar que os problemas se universalizam tanto para o campo do trabalho quanto para o campo do capital. Cumpre ainda lembrar que as taxas de desemprego estão distantes de refletir seus impactos reais nas fileiras da classe trabalhadora. Sobretudo pela forma diferenciada como ele atinge a classe trabalhadora dos diversos países e também pelo impacto distinto do desemprego entre jovens, mulheres, mão-de-obra qualificada/desqualificada.

Paralelamente, a flexibilização do mercado de trabalho conduziu à emergência de novos estatutos de trabalhadores, com o declínio dos contratos de duração indeterminada (CDI) em proveito dos contratos de duração determinada (CDD), em clara contraposição à dinâmica do pós-guerra. Assim, o trabalho temporário – qualquer que seja a sua forma – marca bem o fim de uma era no curso da qual

> [...] o modelo de emprego central era aquele do contrato de trabalho clássico com duração indeterminada e a tempo pleno, em torno do qual gravitavam tipos de emprego – temporários, a tempo parcial, trabalhadores independentes etc. – percebidos como marginais e atípicos: pouco a pouco o marginal se estende e o modelo central perde seu monopólio, mesmo se ele mantém seu atrativo (Kaisergruber, 1994, p. 60).

O impacto da flexibilização não deve ser desprezado como componente da erosão do sindicalismo nas últimas décadas, sobretudo quando se considera que, no interior da União Européia, o signo mais visível dos progressos da flexibilidade são o lugar assumido pelo emprego com duração determinada: sua participação limitava-se a 8,4% do emprego na Europa dos Quinze, em 1985, e passou a representar 13,6% em 2000. Ao mesmo tempo, o tempo parcial, outra ferramenta maior da flexibilidade, passou de 12,7% do emprego para 17,9%, no mesmo período. Essa alta significativa dos estoques de empregos precários é indicativa do peso crescente que eles assumem entre os novos empregos criados a cada ano e que comprometem diretamente a formação de uma base sindical mais estável.

Acrescente-se a tendência, cada vez mais acentuada nos diversos ramos de atividade, de externalizar parte de sua produção, desestruturando o núcleo mais estável dos trabalhadores assalariados. Ao mesmo tempo, a presença de um numeroso exército industrial de reserva, com participação significativa das mulheres e jovens, permitiu descentralizar o foco, antes detido pelos núcleos mais tradicionais da classe trabalhadora, por meio da implementação, por exemplo, de jornadas em tempo parcial ou contratos de inserção profissional (CIPs). Destinado fundamentalmente aos jovens, os CIPs vêm favorecendo a desestruturação dos núcleos mais duros do proletariado, assim como disponibilizando para o capital uma mão-de-obra que exerce as mesmas funções, mas recebe menos por elas, contando além disso com a ajuda do fundo público (Lebaube, 1988, p. 75).

Em resumo, nas últimas décadas, o mercado de trabalho tornou-se mais flexível, multiplicaram-se as formas precárias de atividade, o que contribuiu e vem contribuindo para a imposição de uma nova realidade ao universo sindical e à classe trabalhadora. De tal modo que, no quadro do capitalismo contemporâneo, a precarização acaba por se constituir "em um sistema de gestão como outro qualquer; as equipes se formam e se dissolvem ao sabor das ocasiões" (Lebaude, 1988, p. 200). Além disso, essas novas formas de trabalho conduzem cada vez menos a um emprego estável.

O SINDICALISMO INTERNACIONAL NA DEFENSIVA

Na atual conjuntura do movimento sindical internacional, o traço mais marcante, nos diversos países, tem sido o da defensividade sindical, entendida aqui como a presença de uma situação na qual predominam as dificuldades de organização das categorias para a defesa dos direitos sociais e trabalhistas adquiridos, assim como para sua ampliação. Essas dificuldades se traduzem pela queda no volume de greves e horas paradas, assim como pelo declínio da militância e, mesmo, pela perda progressiva de novas adesões.

Em contrapartida, diante da nova realidade, impulsionada, de um lado, pelo esgotamento de um modelo específico de sindicalismo, adotado majoritariamente no pós-guerra e centrado na prática concertante, e, de outro, pelas próprias transformações implementadas pelo capital, ancoradas maciçamente na utilização das novas tecnologias de informação e de formas diferenciadas da força de trabalho, a tendência tem sido de recuos no campo do trabalho. O exemplo mais evidente tem sido dado pela incapacidade das organizações sindicais e suas respectivas bases de resistir aos processos de flexibilização da força de trabalho.

A flexibilização do trabalho tem agido, efetivamente, como um freio para a ação sindical. De um lado, na medida em que, na maioria dos casos, tem conduzido as empresas a trabalhar com o mínimo necessário de trabalhadores, o que se reflete diretamente em uma elevação da curva de desemprego, e, em contrapartida, de outro, ao permitir a utilização de trabalhadores precarizados, quebra a coluna do movimento sindical ali onde ele anteriormente encontrava sua fonte de resistência, a força de trabalho estável. Enfim, a flexibilização e a defesa dos empregos contra o fantasma das demissões têm favorecido a adoção, por parte dos sindicatos, de políticas de moderação salarial e mesmo renegociação de conquistas antigas ou recentemente estabelecidas. Assim, é significativo que se coloque em xeque o princípio, amplamente desenvolvido pelos sindicatos europeus nas décadas de 1980 e 1990, do "trabalhar menos para todos trabalhar e viver mais". Depois de uma tendência acentuada à redução da jornada de trabalho para marcas inferiores a quarenta horas semanais, algumas situações têm apontado no sentido inverso. No início do segundo semestre de 2004, por exemplo, trabalhadores de uma fábrica de componentes automotivos da filial francesa da empresa Bosch assinaram acordo coletivo pelo qual fica estabelecida uma jornada superior a 35 horas semanais sem aumento de salários. Ao mesmo tempo, na Alemanha, funcionários da empresa Siemens assinaram acordo restabelecendo a jornada de quarenta horas semanais sem aumento de salários. Como instrumento de pressão, a fábrica utilizou um argumento que tem sido uma realidade para diversos movimentos sindicais: a deslocalização das atividades para a Hungria, onde a força de trabalho é mais barata. Argumento que vem sendo amplamente utilizado pelas empresas, como demonstra outro caso exemplar, o da fábrica da Renault Vilvorde, que nos anos 1990 encerrou suas atividades na Bélgica alegando os altos custos de produção das unidades automotivas (*Veja*, 4/8/2004, p. 96).

Os acordos assinados na unidade francesa da Bosch e na Siemens alemã fazem eco à tendência, já verificada nos anos 1990 e acentuada desde o ano 2000, de uma perda efetiva do poder sindical (Milano, 1996). Assim, ao lado da queda do poder de compra dos trabalhadores, vem se reduzindo ano a ano o poder das organizações sindicais no quadro das negociações tripartites envolvendo Estado-patronato-sindicatos. Assinale-se, por exemplo, que as relações com os desempregados encontram-se cada vez mais guiadas pelo princípio do "apoiar e exigir", dentro do espírito de fornecimento de serviços mais modernos pelo mercado de trabalho. As iniciativas têm se encaminhado, sobretudo, no sentido de fazer o trabalhador aceitar qualquer tipo de emprego, sob pena de ser prejudicado no que se refere às indenizações por desemprego.

Na prática encontra-se em curso, na Alemanha, um processo de desmonte do Welfare State instaurado naquele país, sem que os sindicatos e as centrais consigam estabelecer uma resposta capaz de preservar antigas conquistas. Trata-se de um processo lento e corrosivo do consenso fundador do sistema social alemão, cujos pilares começaram a se estruturar no final do século XIX, com Otto von Bismarck, e se aprofundaram no século XX, a partir sobretudo dos anos 1950, nos governos democrata-cristãos. Primeiro pilar da construção do consenso: o sistema de co-determinação nos estabelecimentos e empresas, mais comumente denominado pela palavra "co-gestão". Segundo princípio: a "autonomia coletiva", que implica um sistema de negociação coletiva no nível dos ramos profissionais com pleno reconhecimento do Estado. Ambos os princípios vêm sendo fortemente atacados pelo governo e pelo patronato, obrigando os sindicatos e centrais a estabelecer acordos defensivos. Completando o quadro, encontra-se a iniciativa governamental denominada Agenda 2010, apresentada em março de 2003, que prevê entre seus pontos a redução no valor dos seguros de desemprego, saúde e aposentadoria, além de maior flexibilização do direito do trabalho, favorecendo-se assim as demissões nas pequenas empresas. Enfim, integram a Agenda 2010 medidas que enfraquecerão diretamente as negociações coletivas por ramos de atividade (Rehfeldt, 2004, p. 4-5).

Os recentes acontecimentos na Alemanha, entretanto, são apenas os indicadores de uma ofensiva muito mais ampla e que apontam para a fragilização do movimento sindical nos quadros da mundialização do capital. Em março de 2001, por exemplo, um decreto-lei aprovado durante o governo do então primeiro-ministro José María Aznar, na Espanha, flexibilizou as condições de utilização do tempo parcial e reduziu os direitos dos assalariados. A reforma foi encaminhada de modo unilateral, sem negociação com os sindicatos e centrais de trabalhadores, apesar de, três anos antes, haver sido firmado um acordo com estas últimas exatamente para garantir os direitos da força de trabalho. No mesmo sentido, em 2002 o governo Aznar reformou profundamente a indenização por desemprego mediante a utilização de decreto-lei, sem negociação e totalmente alheio à realização de uma greve de caráter nacional. Entre os itens da reforma de 2002 encontra-se o que prevê uma definição bem mais restritiva da noção de emprego adequado e permite, por exemplo, a utilização em larga escala do tempo parcial ou dos contratos com duração determinada.

No mesmo sentido restritivo aos direitos dos trabalhadores caminhou a Itália, durante os anos 1990. As organizações sindicais, em acordo estabelecido com o patronato e o Estado, se comprometeram com a adoção de políticas de austeridade salarial. Em 2001, com a chegada ao poder do conservador Silvio Berlusconi, as iniciativas caminharam no sentido de estabelecer medidas muito mais duras. Dentre elas destaca-se a maior maleabilidade das regras para enquadrar o trabalho temporário e o tempo parcial, assim como mudanças para suavizar as regras de demissão e reduzir o papel desempenhado pelas negociações por ramos de atividade em benefício de contratos mais individualizados. Integrando o projeto de reforma encontra-se, também, a supressão da garantia de reintegração ao trabalho de que se beneficiam os assalariados que forem demitidos por justa causa.

A resposta sindical foi a conclusão, em julho de 2002, de um acordo com a esfera governamental, o Pacto pela Itália, o qual revela os limites do movimento organizado de trabalhadores no país. De um lado, o pacto prevê a manutenção do direito de reintegração dos assalariados demitidos de forma abusiva pelo empregador; de outro, entretanto, o salário desemprego tornou-se regressivo, ao mesmo tempo em que seu recebimento está condicionado à participação do beneficiário em programas de formação. Também integra o acordo o princípio de que, doravante, as agências públicas de emprego serão reorganizadas de modo a permitir a participação da iniciativa privada.

Mantendo uma tendência que tem sido o calcanhar-de-aquiles das organizações sindicais nos diversos países, o acordo, defensivo, não contempla, igualmente, os jovens, os quais constituem um amplo contingente de desempregados na Itália, assim como os trabalhadores precários. As centrais sindicais italianas o defenderam, mas a CGIL ficou fora do acordo, recusando-se a assiná-lo, rompendo assim com uma tradição de concerto social em vigor desde o final dos anos 1970 naquele país.

A defensividade sindical tem marcado ainda o movimento de trabalhadores no caso holandês. Desde o acordo de Wassennar, concluído em 1982, sindicatos e patronato desenvolveram uma constante prática de concerto social, inclusive envolvendo a adoção de políticas de moderação nas reivindicações salariais. No entanto, desde 2002 a curva tem se invertido desfavoravelmente aos trabalhadores e às suas organizações sindicais. Símbolo maior da nova realidade que tem sido implementada no mundo do trabalho holandês constitui a descentralização crescente da negociação coletiva, que, a exemplo de tendência verificada em outros países, tem sido preferencialmente deslocada para o âmbito da unidade empresarial ou da individualização dos acordos.

A instabilidade hoje marcante do mercado de trabalho, a intensificação da flexibilização e o aumento do risco de desemprego têm sido fatores constantes que contribuem para uma menor mobilização sindical e perda do poder de barganha das organizações sindicais. O resultado tem sido um deslocamento da luta, de um lado, para as categorias mais fortemente organizadas, as quais, mesmo assim, têm tido dificuldades para responder ao capital, como é o caso do episódio da fábrica da Renault em Vilvorde, na Bélgica e, de outro, para o setor público, de que constituem exemplos emblemáticos a greve de 1995, na França e, mais recentemente, a dos trabalhadores ferroviários, na Áustria (Dufour, 2003).

Com o aumento na instabilidade do mercado de trabalho, impulsionada pela crescente flexibilização das atividades e pela elevação da curva do desemprego, a dinâmica do movimento sindical sofre transformações no que se refere à mobilização dos trabalhadores do setor privado e do setor público. A estabilidade no emprego tem favorecido a mobilização nesse último setor, sobretudo por se tratar de trabalhadores que dispõem de estabilidade no emprego. Entretanto, mesmo a resistência do setor público tem sido enfraquecida pelas políticas de privatizações e pela ofensiva do discurso governamental e midiático, segundo o qual os trabalhadores das estatais são "privilegiados". Em suma, a exemplo do que tem ocorrido no setor privado, o sindicalismo público nos diversos países tem enfrentado um intenso ataque de governos, empresários e mídia, no sentido de eliminação de direitos considerados "ultrajantes" em relação aos demais trabalhadores.

Do ponto de vista tático, o capital, por meio de seu organismo de classe, o Estado, com seus respectivos aparelhos, tem operado um duplo movimento. De um lado, ataca, em momentos distintos, os trabalhadores do setor público e privado no que concerne à cassação dos direitos, a fim de evitar uma unificação dos trabalhadores de ambas as esferas; de outro, estabelece, onde a resistência se revela mais intensa por parte dos trabalhadores, legislações paralelas que favorecem, sob o pretexto de inclusão social, a generalização de formas precárias de trabalho, como é o caso dos contratos de inserção profissional (CIPs), geralmente destinados aos jovens como forma de acesso ao primeiro emprego.

Assim, o sindicalismo internacional tem se confrontado cada vez mais com a necessidade de operar em duas frentes. De um lado, atuando pela preservação temporária dos empregos, tarefa nem sempre concluída com resultado, como é o caso da greve dos trabalhadores da Renault em Vilvorde, na Bélgica, greve que apontou para um outro elemento de debilidade do sindicalismo internacional: as dificuldades em impedir o movimento de deslocalização dos capitais e, em particular, das empresas, que se transferem ou ameaçam se transferir para regiões mais favoráveis à realização das atividades e do processo de acumulação. De outro lado, agindo para preservar direitos ou estabelecer concessões parciais diante de ataques pontuais conduzidos pelo capital e pelo aparelho estatal. Cite-se como exemplo a incapacidade demonstrada, em 2003, pelo movimento sindical sueco, que, apesar de possuir uma taxa de sindicalização elevada, se revelou impotente para impedir a iniciativa do governo social-democrata de reduzir o auxílio-doença. Mesmo diante dos protestos dos sindicatos e centrais, uma reforma do regime de indenização por doença entrou em vigor em julho de 2003, sem que as três principais centrais de trabalhadores, LO, TCO e SACO, tenham sido capazes de impedi-la. Na atual ofensiva, o objetivo do patronato e da esfera estatal é transformar, até 2008, a licença de tempo parcial em norma e as licenças de tempo pleno em exceção, sob o pretexto de que a atual legislação tem incitado, na prática, o abuso da prática do "absenteísmo por doença". Debate hoje também presente na Noruega, que resultou, em outubro de 2001, na assinatura, com a concordância dos sindicatos e centrais, do "acordo por uma via de trabalho integradora". Apresentado como modo de favorecer a inserção no emprego de pessoas excluídas do mercado de trabalho, o acordo, renovado em novembro de 2003, com a concordância das organizações sindicais dos trabalhadores, encontra-se distante de alcançar o objetivo anunciado (Jolivet, 2004).

Os exemplos da defensividade sindical poderiam ser multiplicados se se considerassem outros países europeus, países asiáticos (Santos, 2001) e mesmo países menos expressivos economicamente, como, por exemplo, a Austrália (Queux et al., 2000). No entanto, os casos citados constituem, para os limites deste artigo, indicativos substanciais das dificuldades crescentes com as quais tem se confrontado o conjunto dos trabalhadores nos diversos países, geralmente condensadas na expressão *crise do sindicalismo*. Expressão limitada, uma vez que, segundo a análise proposta, a crise em curso possui traços diferenciados das anteriores, sendo, portanto, mais apropriado referir-se a ela como *nova crise do sindicalismo*.

Resistências dentro da crise

À medida que o conflito dentro e fora das empresas refluiu, não foram poucos os que, a partir de 1980, apontaram a transformação inevitável em direção a um sindicalismo de aderentes, em detrimento do sindicalismo de militantes (Rosanvallon, 1988), e mesmo os que detectaram, no refluxo das lutas mais diretas entre o capital e o trabalho, a perda de centralidade deste último e, juntamente, do próprio movimento sindical (Touraine et al., 1984).

Seguramente, um dos traços da nova crise do sindicalismo é o declínio acentuado não apenas do número de sindicalizados, mas também do número de militantes, a ponto de se afirmar que o militantismo se encontra em crise. Como observa com precisão Boual:

> Globalmente, os sindicatos sofrem uma perda de confiança. Os assalariados aderem menos e por um tempo menor, votam menos para os sindicatos nas eleições profissionais [...] Essa perda de influência é acompanhada de um recuo do núcleo militante e, para alguns, de dificuldades financeiras importantes [...] As camadas sociais, que durante um século forneceram os militantes (operários qualificados e altamente qualificados – a *aristocracia operária*, como se dizia à época), desapareceram em massa em razão das evoluções técnicas e tecnológicas. As camadas substituintes (os empregados, os técnicos e engenheiros, essencialmente) escapam em sua grande maioria aos sindicatos [...] Uma baixa da atividade militante se faz sentir em todos os níveis da organização em razão dessa passagem cada vez mais efêmera na organização dos aderentes e dos próprios militantes. O militantismo é mais pontual, mais direcionado, mais local também [...] Além disso, a forma de organização (de estruturação) dos sindicatos implica uma prática externalizada (com os permanentes freqüentemente distanciados do resto dos assalariados) à organização do trabalho nas empresas. Essa externalização do militante sindical tende a *profissionalizá-lo* e revela uma outra forma de crise: a inadaptação à situação de hoje da forma organizacional nascida da revolução industrial do final do século XIX e início do século XX (Boual, 1995).

Entretanto, ainda que a nova crise do sindicalismo seja um fato, há que se considerar que o movimento sindical está distante de ter dado seu canto de cisne, sobretudo em razão de que a contradição básica da atual sociedade, isto é, a que envolve o capital e o trabalho, não pode ser resolvida harmonicamente entre as duas partes. Efetivamente, ainda que procurando cada vez mais debater no campo do esgotado propositivismo ou do concerto social – como se um novo pacto, a exemplo do que foi produzido no pós-guerra, pudesse ser produzido –, o movimento sindical teve de esboçar resistências de amplitude, capazes de fazer frente ao avanço presumivelmente ilimitado das políticas de corte neoliberal.

Nesse sentido, a segunda metade dos anos 1990 foi extremamente significativa, se não para sair da defensividade, pelo menos para recolocar em cena os interesses reais do campo do trabalho. Três casos aqui são ilustrativos. Primeiramente, a grande greve dos trabalhadores do setor de transportes públicos na França, em 1995, que mobilizou a simpatia, porém não a adesão real, dos trabalhadores do setor privado. Essa greve foi conduzida não apenas contra as tentativas do governo do então primeiro-ministro Alain Jupé de reformar o setor de transportes, colocando-o dentro de uma lógica eminentemente empresarial, como também contra as iniciativas que atingiriam diretamente a previdência social do conjunto dos trabalhadores. Em face da dura resistência dos trabalhadores, o governo foi obrigado a recuar em suas tentativas. Ainda que não tenha sido a única, a greve serviu como expressão do primeiro grande libelo do campo do trabalho contra a lógica voraz do projeto neoliberal (Santos, 2001).

Igualmente significativa como contraponto ao movimento de precarização do trabalho, à ofensiva neoliberal e à voracidade do capital, foi a greve dos trabalhadores coreanos em 1996. Ao colocar-se em movimento, a força de trabalho daquele país investiu diretamente contra as tentativas patronais e governamentais de implementar uma nova legislação do trabalho cujo traço mais marcante é seu caráter regressivo: simplificação ao extremo dos procedimentos de demissões; questionamento da garantia do emprego, uma conquista da qual se beneficia apenas parte dos trabalhadores; aumento da jornada de trabalho, já extremamente elevada, uma vez que sua média é de 54 horas e 30 minutos semanais; facilidades para a substituição dos grevistas por trabalhadores temporários; e, por fim, a proibição da criação de novos sindicatos, além de aumento dos poderes repressivos do Estado a fim de melhor garantir o controle do conjunto dos trabalhadores (Carroué, 1997).

Enfim, a segunda metade dos anos 1990 foi marcada também pela mobilização vitoriosa dos trabalhadores da UPS, empresa norte-americana que pautou seu crescimento pela utilização maciça de trabalhadores precários. Rompendo certa dinâmica tradicional das greves, os trabalhadores da UPS investiram na articulação da defesa dos interesses dos contratados de forma precária, exigindo a conversão desses contratos, de modo a ampliar o número de trabalhadores estáveis na empresa. Essa greve marcou, ao mesmo tempo, a retomada efetiva de um sindicalismo norte-americano mais combativo que, sem abandonar a tradicional prática do *pattern bargaining*, se viu compelido, no entanto, a desenvolver formas de luta mais ofensivas e com maior apelo à solidariedade de classe, mediante a incorporação dos precarizados, mas também dos imigrantes e minorias étnicas (Santos, 2004).

Conclusão

Ainda que isoladas e desarticuladas, essas greves não apenas recolocaram o instrumento da greve como forma de ação legítima a ser utilizada pelos trabalhadores em seus embates cotidianos contra o capital, mas também contribuíram para apontar os limites das práticas propositivas e a necessidade de encontrar caminhos de ação independentes e não subordinados à lógica do concerto social, ainda que em seu resultado final imediato o terreno do entendimento tripartite continue animando esses movimentos. Seguramente, trata-se de movimentos marcadamente defensivos, sobretudo porque buscam preservar direitos que vêm sendo questionados pelo capital sob o argumento de que são impeditivos ao desenvolvimento e crescimento econômico. Mesmo em sua defensividade, porém, recolocam em cena o trabalho, seus interesses distintos no interior da sociedade burguesa e os limites tático-estratégicos da ação centrada no concerto social, marca dominante do sindicalismo no pós-guerra. Lutas exemplares como fonte de inspiração para outros movimentos sindicais do país ou do exterior, mas limitadas, com certeza, uma vez que sua força não ultrapassou fronteiras nacionais, o fato é que esses movimentos não têm conseguido produzir a articulação necessária para a retomada verdadeiramente ofensiva que recoloque em cena o internacionalismo do trabalho e os reais interesses desse campo na construção de um projeto societário distinto e marcadamente anticapitalista.

Capítulo 21

TRABALHO E SINDICALISMO NO BRASIL DOS ANOS 2000
dilemas da era neoliberal

Giovanni Alves

Introdução

O objetivo deste ensaio é apresentar uma reflexão crítica sobre a trajetória do sindicalismo brasileiro dos últimos dez anos, ou seja, do período de ascensão e crise da política e do Estado neoliberal no Brasil (os dois governos Cardoso, de 1994 a 2002, e os primórdios do governo Lula, de 2003 a 2004). Destacaremos como traço predominante do sindicalismo hegemônico nesse período a vigência de um pragmatismo sindical de cariz neocorporativo. Consideramos que esse perfil político-ideológico do sindicalismo brasileiro, que se ampliou na década de 1990, avança com vigor na década de 2000, e é um dos sintomas de sua crise estrutural diante da nova etapa de mundialização do capital.

A década de 2000 pode ser considerada ainda uma *década neoliberal*. Pelo menos até 2004, o governo Lula ainda não conseguiu romper com os pressupostos neoliberais do governo anterior, principalmente no tocante à gestão macroeconômica. O Ministério da Fazenda e o Banco Central do Brasil continuam "capturados" pela lógica da financeirização e sua ortodoxia monetarista. O que tem sido priorizado é o combate à inflação por meio da elevação dos juros básicos da economia em detrimento do crescimento do investimento produtivo e da geração de empregos. O impacto dessa macroeconomia neoliberal sobre o mercado do trabalho tem sido bastante perverso, como demonstra a linha ascendente de crescimento dos índices de desemprego aberto nos centros metropolitanos do país nos últimos quinze anos.

Ora, ir além do neoliberalismo não é meramente uma questão de mudança de *governo*, mas de alteração da forma de Estado político. Ou seja, o que se constituiu no Brasil no decorrer da década de 1990, a partir das reformas estruturais do Estado brasileiro, via privatização de setores estratégicos da economia brasileira, perda da capacidade estatal de controle dos fluxos financeiros, abertura comercial e deterioração da capacidade de investimento público por conta do garrote financeiro imposto pela busca alucinada de superávit primário, foi uma nova forma de Estado capitalista no país: um *Estado neoliberal*, adequado à nova forma de inserção subalterna do Brasil no sistema mundial do capital. Torna-se cada vez mais claro que, sem profundas reformas estruturais no tocante à gestão da coisa pública e da macroeconomia nacional (articulada, no plano externo, com uma vontade imperativa de construção de uma nova geopolítica continental voltada para os interesses nacional-populares), esta forma de Estado político não permitirá a nenhum governo de esquerda ir além do "círculo de ferro" neoliberal. O que tende a aprofundar os problemas candentes do mundo do trabalho.

Além disso, na virada para os anos 2000, a ofensiva do capital na produção no Brasil, que atinge o mundo do trabalho organizado das grandes empresas oligopolistas transnacionais ou nacionais, continua a pleno vapor. Este *complexo de reestruturação produtiva*, que se ampliou na década passada e que assume hoje, mais do nunca, um caráter sistêmico (embora desigual e combinado), diz respeito a uma nova etapa de acumulação capitalista em sua fase de crise estrutural. É o que poderíamos denominar de acumulação flexível de substrato predominantemente financeirizado. Tal como o neoliberalismo, ela atinge a base de mobilização sindical, pois tende, através das inovações tecnológicas e organizacionais, a "enxugar" as plantas industriais e a criar, através da terceirização, um amplo mundo do trabalho precário, de prestadores de serviços e de empresas subcontratadas.

Mas a ofensiva do capital na produção assume ainda um caráter ideológico-cultural, por meio da disseminação na sociedade do trabalho de valores empresariais, ligados à lógica do capital. O discurso da produtividade, do desempenho e da competência ligada à eficiência econômica penetra, cada vez mais, nas escolas, universidades, meios de comunicação e sindicatos. Antes de ser uma política de gestão estatal, o neoliberalismo parece ser uma cultura (e uma psicologia) do capital e de seu sociometabolismo. Nos últimos quinze anos de política neoliberal, a cultura neoliberal constituiu redes midiáticas que têm alterado a percepção, a linguagem e os valores de agentes sociais, impregnando-os com um novo léxico cotidiano. É o que podemos constatar com a predominância no discurso político e sindical, principalmente daqueles ligados ao movimento dos trabalhadores organizados, de expressões incorporadas sem nenhum senso crítico, tais como empregabilidade, competências, formação profissional, globalização etc. Por isso, é possível afirmar que existe uma crise do discurso sindical, incapaz de ir além do horizonte corporativo em que está imerso.

Desse modo, seria insensato acreditar que a mera mudança de governo pudesse alterar tal dinâmica estrutural do sociometabolismo do capital no Brasil. Como a crise do sindicalismo (e seus reflexos político-ideológicos) se vincula a tal dinâmica estrutural, ela tende a continuar (e quiçá se ampliar) no decorrer da década de 2000.

Por outro lado, apesar desse avanço da política (e da cultura) neoliberal no Brasil, o que observamos é o fracasso irremediável de seu suposto "modelo de desenvolvimento". Sob o neoliberalismo, a crise social assumiu dimensões gritantes nas áreas metropolitanas. A própria eleição da oposição em 2002 expressou a crise lancinante dessa política neoliberal adotada nos oito anos do governo Cardoso. Apesar disso, o novo governo não conseguiu ir além deste "círculo de ferro" imposto pelo capital financeiro. Pelo contrário, passou a considerá-lo indispensável para sua governabilidade. O que significa a opção de aprofundar as reformas capitalistas e as tendências alucinadas da "desertificação neoliberal".

É importante situar, nesse contexto de ascensão e crise do capitalismo neoliberal no Brasil, pelo menos nos primórdios dos anos 2000, o desenvolvimento particular do sindicalismo e da luta de classe no país. É o que nos interessa neste breve ensaio. Um dos traços marcantes desse período é o aprofundamento da burocratização da Central Única dos Trabalhadores (CUT) e de sua tendência à adoção de políticas sindicais concertantes. Essa tendência constatada na virada da década de 1990 viria a se aprofundar (e assumir formas ideológico-institucionais) nos anos seguintes.

É claro que tal tendência de desenvolvimento do sindicalismo no Brasil possui determinações socioestruturais ligadas ao avanço da mundialização do capital. Na verdade, a nova dinâmica do capitalismo global e a integração do Brasil no mercado mundial tenderam a impulsionar a burocratização da CUT nos moldes das centrais sindicais dos países capitalistas centrais, particularmente Europa Ocidental e Estados Unidos, e a adoção de políticas sindicais concertantes que tenderam a esvaziar o horizonte de luta de classes e de contestação anticapitalista. A perda do conteúdo e o abandono da práxis socialista acompanharam *pari passu* a crise da socialdemocracia européia (com a adoção de pressupostos liberais pelos partidos socialistas e trabalhistas centrais) e do vulgo "socialismo real". Não podemos subestimar o impacto local dessas tendências políticas globais sobre a trajetória da CUT e do PT na virada dos anos 1990.

Por outro lado, a adoção de um sindicalismo concertante, mais disposto a dialogar com o capital, nesses anos de "desertificação neoliberal", decorreu da amplitude da crise objetiva do mundo do trabalho. O desemprego e a terceirização avassaladora abateram-se sobre a dinâmica (e estrutura burocrática) dos sindicatos. No momento em que a sociedade brasileira submergia na irracionalidade social do capitalismo neoliberal, com a ampliação do trabalho precário não-organizado e das formas diversas de irracionalidade social, o sindicalismo tendeu a se fechar em si, buscando, antes de tudo, se preservar como corporação social (o que explicaria, no plano imediato a prática neocorporativa, o incremento do *setorialismo* sindical).

Mas o que era atitude defensiva tendeu a assumir, sob a mediação político-ideológica dos agentes sindicais da socialdemocracia internacional, na virada dos anos 1990, um caráter de revisão ideológico-programática do sindicalismo. Na verdade, a crise do capital serviu de pretexto para a disseminação da nova ideologia (e prática) reformista do concertamento social, não mais nos moldes clássicos, ao estilo da socialdemocracia da implicação corporativa de classe, mas da socialdemocracia da implicação concertadora mesocorporativa ou microssetorial. Buscou-se a linha de menor esforço da participação e do não-confronto com a política (e cultura) do capital, renunciando-se à luta contra-hegemônica. Em torno da velha estrutura sindical varguista, germinou uma nova cultura corporativa não mais de Estado, mas de mercado.

No decorrer da década passada, por trás dessa crise do sindicalismo de classe, existia a crise do *partido* de classe. Circunscrito às estreitas margens de manobra dadas pelo sistema em crise do capital, o *setorialismo* sindical tende a esgotar-se em si, perdendo sua capacidade de inserção estratégica nos problemas da sociedade do trabalho. O que se busca é *racionalizar*, com alguma margem de conquista social, a máquina burocrática a favor de interesses político-sectários consolidados (o que parece ser o espírito da reforma sindical elaborada sob o governo Lula). O que observamos é que, se antes da década de 1980, o sindicalismo hegemônico contribuía para a direção política do processo social, agora tende a se submeter à dinâmica mais ampla da luta político-institucional. Ao se burocratizar em demasia, perdeu o contato virtuoso com o movimento social mais amplo e, portanto, com o mundo do trabalho.

Mas a crise estrutural do capital expõe os limites do *setorialismo* sindical. É o que observamos em todo o mundo capitalista mais desenvolvido – e o Brasil não poderia fugir à regra. A crise do mundo do trabalho não se resolve por meio de qualquer reforma sindical. Na verdade, em si, ela tende a iludir o movimento sindical sobre suas perspectivas no contexto da crise do capital no século XXI. O que se coloca hoje é a necessidade de uma intervenção global, de que o sindicalismo demonstra ser incapaz, não apenas no plano político-organizativo, mas também no sociocultural. A instituição-sindicato tornou-se incapaz de servir como *centro de organização de classe*. Pelo menos é o que se verifica no sindicalismo hegemônico. Na medida em que ele perde esse referencial de classe antagônica diante do capital, encontra-se diante de seus próprios limites irremediáveis.

Ora, é claro que os sindicatos possuem um valor histórico fundamental, constituindo-se em instrumentos de luta importantes para a preservação do valor da força de trabalho diante da sanha de valorização do capital. Tornaram-se baluartes indispensáveis à valorização do trabalho. Na medida em que se fortalecem como instituições sociais que colocam obstáculos à sanha de valorização capitalista, podem contribuir para a preservação física e moral da força de trabalho. Essa tem sido a função primordial do sindicalismo na perspectiva clássica. O Brasil possui um potencial amplo de modernização. É um daqueles países continentais, como a China e a Índia, que aparecem como verdadeiras "fronteiras de modernização". O que significa a importância central dos sindicatos e do sindicalismo, tal como eles tiveram nos primórdios da modernização clássica, para evitar o desgaste irremediável da força de trabalho.

Entretanto, em sociedades de modernização constrangida, limitada pelas injunções da nova dinâmica do capitalismo financeiro, os espaços de luta sindical tendem a se restringir cada vez mais, limitados não apenas pelo modelo neoliberal de desenvolvimento do capital, mas também pelas novas estratégias de gestão das corporações monopolistas. Imerso em seus limites setoriais, o sindicalismo, principalmente o vinculado à dinâmica do capital monopólico, tende a incorporar a lógica sistêmica, buscando preservar-se como instância burocrática. O viés corporativo tende a torná-lo incapaz de intervir nos problemas globais da sociedade do trabalho – problemas globais que exigem soluções globais. Por outro lado, o sindicalismo vinculado à dinâmica do capital estatal encontra seus limites irremediáveis não apenas em sua inserção corporativa (subsumida, é claro, na década neoliberal, pela crescente *politização* de sua luta contra os governos neoliberais), mas também no próprio caráter do Estado neoliberal, premido pela crise fiscal e pelas políticas ortodoxas de controle orçamentário.

Desse modo, tanto de um lado quanto de outro, o sindicalismo defronta-se com a crise estrutural do capital, seja no plano das suas implicações privadas monopolistas, seja no campo da suas implicações estatais. Mais do que nunca, sem uma articulação global que conduza o movimento sindical como um todo a adotar estratégias políticas globais por meio do vínculo orgânico com os movimentos sociais e com as lutas espontâneas do precário mundo do trabalho, contra a mesma lógica do capital, onde o Estado neoliberal é parte de seu complexo totalizador, o sindicalismo de perfil setorialista encontra-se diante de seus limites estruturais.

A cultura neocorporativa e o sindicalismo brasileiro na década de 1990

Como salientamos acima, no decorrer da década de 1990 o sindicalismo brasileiro tendeu a enfrentar imensas dificuldades por causa da ofensiva neoliberal e da desestruturação do mundo do trabalho. O desemprego e a terceirização fulminaram as bases sindicais. No plano ideológico-politico, a principal central sindical do país, a CUT, perdeu seu cariz socialista e de confronto de classe, assumindo cada vez mais estratégias sindicais propositivas no interior da ordem do capital. Consideramos tal determinação político-ideológica um sintoma da crise do sindicalismo. Ou seja, o sindicalismo hegemônico perdeu seu vínculo com o horizonte de classe e deixou-se levar – sob a pressão das circunstâncias – pela fragmentação de classe.

Tendeu a disseminar-se, como expressão do sindicalismo brasileiro nos anos 1990, uma cultura sindical neocorporativa e de cariz propositivo. Constrangido pela constituição exacerbada de um novo e precário do mundo do trabalho, o sindicalismo submeteu-se à lógica da empresa, perdendo a perspectiva de classe. Deixou-se de lado, sob pressão do capital, os movimentos sindicais de caráter geral e adotou-se o sindicalismo por empresa. Tal mudança da cultura sindical e da política de negociação pode ser vista, por exemplo, 1) na redução da abrangência e do conteúdo das convenções coletivas e 2) na descentralização das negociações *coletivas*. Ela contrasta com a práxis sindical de classe, de confronto, que tinha caracterizado os anos 1980. São elementos importantes que demonstram a crise da perspectiva de classe.

Consideramos que tais elementos da práxis sindical da década passada, que predomina no sindicalismo da década de 2000, são sintoma de uma crise estrutural do sindicalismo que possui vínculos decisivos com a própria natureza do novo regime de acumulação do capital. Essa nova cultura neocorporativa é não apenas expressão de uma *crise do sindicalismo*, mas explicita o surgimento de um *sindicalismo da crise*, uma forma de prática política e cultura sindical incapaz de ir além da lógica do capital. O predomínio da *descentralização das negociações coletivas* do trabalho e a proliferação de arranjos tripartites paritários como defensivismo de novo tipo exprimem uma nova institucionalidade sindical neocorporativa, que, mediante concessões políticas e econômicas, busca se preservar, enquanto burocracia sindical, diante da ofensiva do capital na produção.

Um dos elementos da cultura sindical neocorporativa que se dissemina nos últimos dez anos no sindicalismo brasileiro é a *descentralização das negociações coletivas*. Ela se desenvolve principalmente a partir do Plano Real e da estabilização monetária, em 1994. Sob a ameaça constante do desemprego e da precarização persistente, o sindicalismo brasileiro, em seus pólos mais desenvolvidos, tendeu a evitar, ou tornou-se incapaz de realizar, greves gerais por categoria, predominando, sob pressão do capital, negociações coletivas descentralizadas e por empresa (Galvão, 1999). Afirmou-se uma tendência que vinha desde meados dos anos 1980, ou seja, o predomínio das negociações coletivas e greves *por empresa* (são exceções, por exemplo, a *greve dos petroleiros* em 1995, que assume, de certo modo, um caráter político contra a política neoliberal do governo Cardoso).

A escassez das greves gerais por categoria na década passada, expressa, por exemplo, no decréscimo da média de grevistas por greve, apesar do incremento relativo da quantidade de greves (conforme tabela 1), além de demonstrar um sintoma das dificuldades de mobilização sindical nas condições adversas de um precário mundo do trabalho, significou o esgotamento relativo do instrumento político de generalização das lutas da classe num contexto de política neoliberal, ofensiva do capital na produção e da constituição de um novo (e precário) mundo do trabalho. Além disso, representa, é claro, uma debilidade política (e ideológica) das organizações sindicais e da sua capacidade de reagir à ofensiva do capital sob as condições objetivas de um novo regime de acumulação capitalista.

Na verdade, existe, uma *determinação reflexiva* entre a política de *descentralização das negociações coletivas* e o desenvolvimento, nos anos 1990, da lógica do *toyotismo sistêmico*, como "momento predominante" do novo complexo de reestruturação produtiva. O toyotismo sistêmico representa, como salientamos, não apenas um mero "novo modelo produtivo" em si, mas uma nova ideologia orgânica da produção capitalista adequada às condições de crise do sistema sociometabólico do capital. Sua instauração sistêmica pressupõe, num primeiro momento, a derrota política (e ideológica) dos "intelectuais orgânicos" da classe (sindicatos e partidos de orientação mais a esquerda). O que ocorreu, de fato, no decorrer da década de 1980 (e nos anos 1990) nos principais países capitalistas, por causa da ofensiva do capital na produção e das políticas de neoliberalismo selvagem à Thatcher.

Portanto, foi nesse contexto depressivo da militância de esquerda, antagonista à lógica do capital, que tenderam a predominar as políticas do sindicalismo propositivo de cariz neocorporativo e de participação. Essa orientação sindical tende a privilegiar *greves por empresa*. Por exemplo, conforme a tabela a seguir, a *queda da média de grevistas por greve* atesta uma práxis sindical cada vez mais restrita em sua amplitude de classe.

A destruição política (e até eliminação física) da esquerda revolucionária e a mutação político-ideológica da socialdemocracia nos anos 1980 contribuíram para o desenvolvimento pleno do toyotismo e de sua nova implicação subjetiva da relação capital e trabalho. Criou-se um "novo bloco histórico" capaz de propiciar o desenvolvimento, ainda que restrito e depois sistêmico (com o avanço da globalização como mundialização do capital) do toyotismo.

Número de greves, grevistas e média de trabalhadores por greve
1992-1997

Anos	Greves	Grevistas	Média de grevistas por greve
1990	1956	9.084.672	4644
1991	1128	7.527.732	6674
1992	624	2.819.412	4518
1993	732	5.194.020	7096
1994	1128	3.266.076	2896

1995	1128	2.654.628	2353
1996	1332	2.694.180	2023
1997	684	896.172	1310
1998	600	1.714.692	2858
1999	552	1.378.668	2496

Dados: Dieese (2002).

Um outro elemento da cultura neocorporativa é a disseminação dos *novos arranjos neocorporativos* (*o tripartismo paritário*). Por exemplo, é perceptível no decorrer dos anos 1990 uma maior participação dos sindicatos nos *fóruns de políticas públicas* e *fóruns tripartites* de discussão sobre capacitação tecnológica e de qualificação profissional, o que demonstra uma maior preocupação dos sindicatos em interferir na definição de políticas públicas de maior alcance.

Entretanto, consideramos que o *tripartismo paritário*, em vez de ser expressão de uma alternativa real à crise do sindicalismo como prática sócio-histórica de resistência à lógica do capital, é tão-somente um sintoma de crise do sindicalismo, que, diante da diminuição da eficácia de ação sindical e incapaz de ir além da esfera econômico-corporativa, busca dar sentido à sua prática política inserindo-se em instâncias da burocracia pública (e estatal), limitadas, em-si e para-si, pelas determinações estruturais do sistema sociometabólico do capital.

Na verdade, o mero acesso das centrais sindicais (CUT, CGT e Força Sindical) a fundos público-estatais, como o Fundo de Amparo ao Trabalhador (FAT), por meio de elaboração de projetos de qualificação profissional de acordo com a lógica do toyotismo sistêmico, tendeu a contribuir para a preservação da burocracia sindical num contexto de crise do sindicalismo (é importante observar que, em 2000, a Força Sindical, por exemplo, consumiu 40% das verbas do FAT).

É claro que o sindicalismo no Brasil, apesar da "década neoliberal", preservou algum poder de barganha, alguma capacidade de reagir e de negociar, entretanto, sem conseguir ir além da lógica concertativo-propositiva e sua implicação econômico-corporativa. Por exemplo, a criação das *câmaras setoriais* durante o governo Collor padeceu do viés neocorporativo, com cada sindicato buscando soluções para o seu "setor", o que contribuiu para uma luta velada entre sindicatos de diferentes categorias e até da mesma categoria por verbas públicas para sua empresa ou setor, alimentando um exclusivismo ou egoísmo de fração (Boito, 1999).

Na década de 1980 houve crescimento significativo do número de cláusulas constantes dos acordos e convenções coletivas de trabalho, com a diversificação das garantias, dado que o movimento sindical buscou regulamentar todas as dimensões do trabalho, desde a remuneração, contratação e jornada de trabalho até as formas de relações entre empresas e trabalhadores, passando por saúde, segurança e processo de trabalho (Dieese, 2002). Nos anos 1990, por outro lado, diante da ofensiva do capital, nas esferas da produção e da política neoliberal, o sindicalismo brasileiro passou a sofrer sucessivas perdas, seja por causa do endurecimento das negociações, (algumas delas nem chegando a ocorrer, como no caso do setor estatal), seja por causa da pressão do capital para reduzir a abrangência dos acordos coletivos. Mesmo que o número de cláusulas não se tenha reduzido, passou a crescer lentamente.

Além disso, o desenvolvimento da ofensiva do capital na produção, com o apoio da política neoliberal, contribuiu para a descentralização das negociações coletivas, muitas delas obrigadas a *restringir-se ao âmbito das empresas* (por exemplo, as medidas provisórias sobre participação nos lucros e/ou resultados – PLR – e sobre a flexibilização da jornada de trabalho, o chamado "banco de horas"). Por iniciativa do governo neoliberal de Cardoso, surgiram, na última metade dos anos 1990, mecanismos que contribuíram para a *fragmentação do processo de negociação coletiva de trabalho*, tais como suspensão temporária do contrato de trabalho (Lei nº 9.601, de 21/1/1998) e contratação por tempo determinado (MP nº 1.726, de 3/11/1998), que tratam de contratos de trabalho individuais e, tanto no caso do ingresso quanto no caso da demissão, conduzem para a negociação individual (Dieese, 2002).

O que devemos observar é que a fragmentação do processo de negociação coletiva incorporou determinações contingentes de um *novo regime de acumulação flexível*, com toda a sua implicação de precarização da força de trabalho, no sentido objetivo ou subjetivo (por exemplo, a diminuição do poder sindical e a erosão de seu horizonte classista). Ao não conseguir ir além do horizonte de *defensividade instrumental*, a práxis sindical neocorporativa e propositiva tendeu a articular-se com as novas disposições do toyotismo, instauradas pelo empresariado ou pelo governo neoliberal (Alves, 1999).

Por exemplo, a introdução, por meio da Medida Provisória 794, de dezembro de 1994, da negociação sobre participação dos trabalhadores nos lucros ou resultados das empresas (PLR) obrigou os sindicatos a atuar no "campo minado" da nova lógica do capital. A medida provisória da PLR, uma clara investida da política neoliberal para debilitar a capacidade política de orientação classista dos sindicatos, tende a fragmentar a negociação nas plantas de uma empresa, por meio da constituição de comissões de trabalhadores. É a lógica toyotista que tende a conduzir a um *sindicalismo por empresa*. Além disso, o crescimento da parcela variável da remuneração contribuiu, como estímulo, para envolver os trabalhadores na lógica (e nos ideais) do capital. Ele articulou-se nas grandes empresas com os nexos contingentes do toyotismo como *just-in-time*, *kanban* e "trabalho em equipe" (para uma apresentação do conceito de toyotismo, ver Alves, 1999/2001).

Outra medida de iniciativa do governo neoliberal, sempre atuando para dar condições institucionais para o desenvolvimento do "toyotismo sistêmico", foi a flexibilização da jornada de trabalho (conhecida como "banco de horas"), que, introduzida no cenário das negociações coletivas pelo empresariado, motivou a edição da Lei nº 9.601, de 21/1/1998, e da Medida Provisória nº 1.709, de 6/8/1998, que aumentam o prazo para a compensação de horas.

Na verdade, a disseminação da remuneração variável e a flexibilização da jornada de trabalho, além de iniciativas legais que atingem o contrato de trabalho no Brasil, contribuíram para intensificar o processo de descentralização das negociações para o âmbito das empresas (Dieese, 2002). De certo modo, sob a adversidade da conjuntura política (e ideológica), alguns sindicatos e suas lideranças, principalmente os ligados à Força Sindical, mas até mesmo os da CUT, sob a perspectiva da erosão de suas bases sindicais, tenderam a incorporar a "cultura do comprometimento" com os ideais da empresa.

O impacto sobre a subjetividade da força de trabalho é perverso, pois caminha no sentido de suprimir a idealização de classe e as bases subjetivas de uma identificação com um projeto antagônico para além da lógica (e dos ideais) do capital. O que é perceptível é que um largo espectro do sindicalismo brasileiro abandonou a representação do sindicato como *"escola da luta de classe"*, cultivada no decorrer do século XX pelo ideário anarquista e comunista e até mesmo pelo reformismo de base do PT dos anos 1980. O ideal de classe, sob a pressão contingente da defensividade instrumental, transformou-se num ideal corporativo, restrito ao âmbito da empresa, cuja *projeção* e *idealização*, no plano da subjetividade de classe, é totalmente capturada pelos ideais do capital.

É essa nova práxis sindical neocorporativa e propositiva que, de certo modo, predominou no sindicalismo hegemônico, na primeira metade da década de 2000, no Brasil (o que não significa que não haja tensões dilacerantes no interior do sindicalismo mais combativo, representado pela CUT, com alguns sindicatos que preservam práticas de luta sindical de viés classista e um horizonte de defensividade e resistência de classe).

Quais seriam as causas sociológicas dessa mudança do conteúdo da prática sindical no Brasil no decorrer da década passada?

Cabe analisar a gênese sócio-histórica da estratégia política (e sindical) de *"passivização" da classe*, uma expressão que poderíamos utilizar para caracterizar a práxis sindical propositiva e concertante que vicejou nos anos 1990. Tal estratégia é decorrência de uma mutação ideológica (e política) da socialdemocracia na década de 1980. Se compreendermos a natureza da sua crise (e mutação) político-ideológica nos anos 1980, poderemos compreender a constituição das novas mediações de orientação da práxis sindical, dos canais de resposta sindical[1].

A partir dos anos 1970, no bojo da crise do capitalismo mundial instaurou-se uma *crise da socialdemocracia* nos principais países da Europa Ocidental (cuja orientação política reformista era hegemônica no sindicalismo organizado da ampla maioria do mundo capitalista, incluindo o Brasil dos anos 1980). A crise capitalista e o processo de restauração do capital, a partir de um novo regime de acumulação, sob a direção ideológica (e cultural) da lógica do toyotismo, implicou a recomposição das estratégias da socialdemocracia européia (com seus laços de influência sobre a CUT e o PT, por exemplo).

Na medida em que as políticas reformistas mantinham como seu horizonte estratégico a continuidade da acumulação de capital, qualquer alteração substancial na lógica do processo de desenvolvimento do sistema orgânico do capital, como ocorreu nos anos 1980, com a "acumulação flexível", tenderia a significar, por conseguinte, uma alteração dos termos do próprio arranjo corporativo socialdemocrata, de colaboração de classe, que tanto caracterizou as práticas reformistas do século XX.

A socialdemocracia, orientação hegemônica no sindicalismo mundial, passa a assumir cada vez mais uma direção política (e sindical) limitada às necessidades da reprodução orgânica do sistema sociometabólico do capital. O arranjo corporativo socialdemocrata

[1] No tocante à práxis sindical dos anos 1990, constatamos o predomínio de uma nova burocracia sindical, representada, no campo da esquerda social-democrata, pela CUT, e no campo da direita, pela Força Sindical, que passaram a incorporar práticas sindicais defensivistas de novo tipo, buscando resistir, de modo propositivo (ou de adesão sistemática, como é o caso da Força Sindical), à ofensiva neoliberal. É tal novo fenômeno social da práxis sindical quer temos denominado *"passivização" de classe*, na medida em que, no plano subjetivo, a classe tende a incorporar elementos de subordinação ideológica e política da lógica do capital, obnubilando os antagonismos estruturais e seus interesses históricos de classe divergentes.

abandona sua articulação a partir da *classe* e passa a deslocar-se para o *setor* e até a *empresa*. É a transição de um "corporativismo societal" para um "corporativismo setorial", onde se colocam, como *locus* do concerto social entre capital e trabalho, as dimensões "meso" e "micro" e não mais a dimensão "macro". Na verdade, o espaço da *grande empresa*, como exige a lógica do toyotismo, é o espaço privilegiado da negociação coletiva das condições de exploração da força de trabalho (G. Alves, 2001).

A nova socialdemocracia adaptou-se tão-somente às implicações institucionais do toyotismo sistêmico, que privilegia a negociação individual e por empresa. Por outro lado, o toyotismo, com seu *nexo essencial* de captura da subjetividade do trabalho e sua afinidade estrutural com a precarização do mundo do trabalho, colocou novos desafios para a práxis sindical no século XXI.

Foi a mudança estratégica da socialdemocracia, a partir de meados dos anos 1980, de certo modo, que veio a influenciar a logística política e sindical do PT e da CUT. É nos anos 1990 que tal inflexão reformista seria mais visível, no bojo de um processo de burocratização de sua estrutura sindical e política. O confronto entre tendências reformistas e revolucionárias se tornaria mais instigante no interior da CUT e do PT, expressando a mutação orgânica do ideário socialdemocrata, que privilegiava, cada vez mais, políticas concertantes de cunho propositivo como *resposta à ofensiva do capital na produção*. Por conta disso, acelerou-se a "passivização" de classe diante da reestruturação produtiva e dos resultados das políticas neoliberais (o desemprego).

A hegemonia reformista, que sempre procurou expressar a consciência contingente da classe, incorporou cada vez mais elementos liberais. A *precarização do mundo do trabalho* contribuiu bastante para a construção de um consentimento às políticas propositivas e neocorporativas do sindicalismo da CUT (a construção do consentimento à política do sindicalismo propositivo, seja de caráter socialdemocrata ou liberal, incorpora múltiplos elementos sindicais, institucionais, políticos e culturais).

A ERA NEOLIBERAL E O PRAGMATISMO SINDICAL

Podemos dizer que o núcleo hegemônico do sindicalismo brasileiro da década de 2000 está carente de utopia social capaz de mobilizar lideranças de base e desenvolver a consciência de classe. Na medida em que esse núcleo hegemônico desvinculou-se ou perdeu a direção política de projetos históricos de emancipação social, ele perdeu a sua capacidade de ir além de seus próprios limites. A burocratização de suas estruturas, e não apenas isso, a crise de seu "intelectual orgânico", o partido, criou uma ideologia do sindicalismo que não consegue destilar esperança e catalisar forças anímicas capazes de mobilizar novas utopias sociais no imaginário de largos espectros do mundo do trabalho. Essa talvez seja a verdadeira crise do sindicalismo. O sintoma é a sua identificação com o ideário da empresa; em busca do desempenho corporativo e da mera adaptação à ordem do capital, descartando o lastro utópico e político do sindicalismo[2].

2 É sintomática, por exemplo, a manchete do jornal *Folha de S. Paulo* de 10 de abril de 2002, "Sindicato tem plano para ajudar empresas", em que se relata que um dos mais importantes (e paradigmáticos) sindicatos da CUT – o Sindicato dos Metalúrgicos do ABC – apresentou um plano com "sete metas para reerguer o setor automotivo".

É ingenuidade acreditar que a lógica destrutiva da concorrência capitalista, sedenta em suprimir empregos na indústria automobilística, possa ser contida pela mera vontade política de cariz reformista. A preocupação em preservar a base sindical, sob a ofensiva do capital na produção, contribui para dar uma legitimidade espúria à *defensividade instrumental* em detrimento da consciência de classe necessária.

A esperança de uma práxis sindical combativa passou a ser incorporada por um segmento de "novos sindicalistas" que fundaram a CUT e o PT. Na verdade, não havia uma ideologia orgânica no "novo sindicalismo", tal como havia no anarco-sindicalismo e, principalmente, no comunismo. Não havia uma imagem utópica propriamente dita que o motivasse. Entretanto, havia uma disposição de luta de classe vinculada a um projeto histórico de luta por uma sociedade sem explorados e sem exploradores. Uma determinada situação histórica concreta – a crise do regime militar e do "modelo de desenvolvimento" do capitalismo brasileiro e a transição democrática "pelo alto" – contribuiu para o desenvolvimento de um espírito de combatividade profundamente enraizado numa consciência contingente de núcleos operários mais organizados.

Não nos cabe analisar as determinações sócio-históricas que contribuíram para o surgimento e crescimento do denominado "novo sindicalismo". Poderíamos dizer que o "novo sindicalismo", enquanto expressão do sindicalismo combativo dos anos 1980, é a última imagem de esperança utópica, bastante limitada por conteúdos contingentes, do sindicalismo brasileiro no século XX.

Na verdade, a crise do "novo sindicalismo" é, por um lado, expressão tardia da crise das *imagens utópicas* do sindicalismo no Brasil. É a perda de um horizonte de classe, no sentido de consciência de classe necessária, para além do capital. Por outro lado, é a vitória da tendência à burocratização que vinha desde a criação da estrutura sindical varguista, mas que, por conta da utopia comunista, e apesar da política burocrática do Partido Comunista, não conseguia impor a instauração de um desencanto da luta reivindicativa contra o capital.

Perguntemos: quais as raízes da crise do imaginário utópico no sindicalismo brasileiro? Vamos ensaiar algumas considerações. Primeiro, como salientamos acima, as causalidades complexas de tal processo de *desencantamento do mundo sindical*, de suposto esgotamento das utopias sociais nas lutas sindicais no Brasil (algo que tendeu a ocorrer, de forma menos acelerada, nas formações sociais capitalistas mais desenvolvidas), decorre, principalmente, da nova inserção subalterna do capitalismo brasileiro na mundialização do capital. Essa nova inserção internacional, por conta da crise estrutural do capitalismo brasileiro desde meados dos anos 1970, deu mais poder ao capital e impulsionou o desenvolvimento da *crise da objetividade (e subjetividade) de classe no mundo do trabalho*, por causa do complexo de reestruturação produtiva, sob a vigência do toyotismo, e da política neoliberal, de caráter nitidamente anti-sindical.

Ora, o capital, principalmente nas grandes empresas, onde se localizam os núcleos mais organizados do sindicalismo brasileiro, promoveu uma ofensiva de largo espectro, por conta da introdução da ideologia do toyotismo. O surgimento de uma empresa fluida, flexível e difusa diluiu, em termos objetivos (e subjetivos), no campo da produção, a luta antagônica de classes.

Por causa do seu instinto de sobrevivência, as burocracias sindicais aceitaram os novos termos da luta de classes (ou de sua neutralização) em função do poder imenso do capital em deslocalizar-se ou derrocar a base sindical por meio de demissões maciças (sob a alegação da busca da competividade e de mais produtividade). O que se percebe é que o sindicalismo, enquanto prática defensiva, encontrou seus limites estruturais.

Na verdade, o pragmatismo sindical e a perda das energias utópicas no movimento sindical é expressão dessa crise do sindicalismo, que é, antes de tudo, a crise de uma instituição defensiva do trabalho nas condições da crise estrutural do capital que se aprofunda.

A grande tarefa do sindicalismo radical do século XXI é recuperar as imagens utópicas de luta emancipadora do trabalho contra o capital. É vinculá-las ao movimento social que nega o estado de coisas existente. Mas para isso o sindicalismo carece de um partido de classe, de um intelectual orgânico capaz de representar os interesses da classe do mundo do trabalho do século XXI.

A natureza da crise do sindicalismo no Brasil

A crise do sindicalismo que se desdobra na década de 2000 não se vincula, é claro, apenas à dimensão da perda das energias utópicas, como salientamos acima. É claro que existem debilidades estruturais de organização dos sindicatos que impedem que ele cumpra sua função clássica. É o velho tema da liberdade e autonomia sindical e da luta pelo direito à organização no local de trabalho. Por meio da alteração na lei e de procedimentos jurídico-formais, busca-se fortalecer os sindicatos.

Entretanto, é perceptível certo *politicismo* nessa perspectiva analítica – não se pergunta se isso é plenamente possível nas condições atuais da crise estrutural do capital. De certo modo, aposta-se que é possível, a partir da lógica sindical (e política), promover a "valorização do trabalho", fazendo-o participar dos ganhos de produtividade do sistema capitalista. Nessa ótica de análise, despreza-se a natureza da crise estrutural do sistema do capital. Acredita-se que se pode reeditar um novo Welfare State sem abolir o sociometabolismo vigente do capital.

Entretanto, é importante constatar que, além das debilidades persistentes da estrutura (e organização) sindical, existe um problema de conteúdo político-ideológico da prática sindical. É uma crise da teleologia política do sindicalismo moderno, imerso nos constrangimentos da ordem do capital. As lideranças sindicais tendem a manter o sindicalismo no horizonte do capital e de seu sociometabolismo. O que se pode perguntar é se é possível resolver o problema do trabalho sem alterar o sociometabolismo. E como o sindicato estará contribuindo para alterar o sociometabolismo do capital? Desse modo, sindicalistas e intelectuais da sociologia do trabalho, ao não destacarem questões substanciais impostas pela nova etapa de desenvolvimento capitalista, tendem a aceitar o *fetichismo* da estrutura sindical e do sindicalismo como ação social limitada pelos próprios constrangimentos do capital em crise no século XXI.

Numa perspectiva histórica, desde meados dos anos 1980 eram perceptíveis tendências de um *sindicalismo de novo tipo* que se desenvolvia, por exemplo, no seio da CUT, com o predomínio de um sindicalismo propositivo e de participação, de cariz socialdemocrata, ou, ainda, o surgimento de uma alternativa liberal-conservadora, a Força Sindical, em 1991. De certo modo, a irrupção da "década neoliberal", com a derrota política da Frente Brasil Popular, em 1989, e o desenvolvimento sistêmico de um *novo regime de acumulação flexível*, sob o primado do toyotismo como nova ideologia orgânica da produção capitalista, além da debacle do "socialismo real" (com a implosão do bloco soviético, a queda do Muro de Berlim e o desaparecimento da URSS) e do *clima político-ideológico pró-capitalista* (a exuberância da ideologia da globalização sob a hegemonia americanista), contribuíram para a consolidação política de tendências moderadas e defensivistas no seio do sindicalismo cutista e para o surgimento de tendências liberais no sindicalismo brasileiro (a criação da Força Sindical ocorreu em 1991, num contexto de reação política no país). Na verdade, criou-se um *caldo sindical defensivista de novo tipo*, capaz de garantir a sobrevivência de bases sindicais e de seus aparatos burocráticos sob a ofensiva do capital (de *práticas de resistência* passou-se à formulação de *novas estratégias sindicais e políticas*) (Alves, 2000).

A nossa hipótese é que se desenvolveu nos anos 1990 uma *crise do sindicalismo* no Brasil, e não propriamente uma *crise sindical*, tendo em vista que as burocracias sindicais têm conseguido, de certo modo, preservar a estrutura sindical vigente. A crise do sindicalismo se caracteriza não apenas pela queda na taxa de sindicalização, mas principalmente pela *diminuição da eficácia da ação sindical* de caráter geral ou classista. A ação sindical, principalmente aquela vinculada ao *novo sindicalismo* dos anos 1980, tende a perder sua dimensão política, de prática de classe de cariz antagonista diante do capital, assumindo um caráter pragmático-neocorporativista, mais circunscrito à segmentação setorial ou por empresa (I. J. Rodrigues, 1999).

No tocante a tendências do sindicalismo brasileiro no século XXI, podemos supor que alguns *elementos da práxis sindical nos anos 1990* – como se constata nessa primeira metade da década de 2000 – tenderão a se sedimentar, por conta *não* apenas do aprofundamento da mundialização do capital e do seu complexo de reestruturação produtiva, mas principalmente em virtude da continuidade das políticas neoliberais (inclusive de feição socialdemocrata) e da *supremacia política das instituições defensivas do mundo do trabalho*.

A mera superação das debilidades estruturais da organização sindical no Brasil, por meio, por exemplo, de uma reforma sindical mais avançada, capaz de instaurar uma estrutura sindical democrática e inserida nos locais de trabalho, não seria capaz de, por si só, apontar uma superação da crise do sindicalismo como instituição de defesa corporativa do trabalho. Na verdade, a crise do sindicalismo é a explicitação de seus limites estruturais nas condições estruturais do capital.

Perspectivas do sindicalismo no século XXI

Mesmo diante de um novo (e precário) mundo do trabalho, tenderam disseminar-se novos (e velhos) movimentos de resistência social, de contingentes da classe trabalhadora, operários e empregados, e de contingentes excluídos da produção capitalista (Buonfiglio, 2001). Entretanto, ainda representam movimentos sociais limitados (e fragmentários), alguns de caráter problemático – na perspectiva de representar uma alternativa à lógica mercantil-capitalista (como o *movimento de cooperativas e de experiências autogestionárias*) – e outros, com maior expressão política (e social) e voltados para a crítica da "nova ordem neoliberal", como, por exemplo, o Movimento dos Tralhadores Rurais SemTerra (MST), que traduz, em sua experiência de luta pela reforma agrária no país, as reivindicações de um contingente ampliado de proletários excluídos (Antunes, 1998).

De certo modo, o maior desafio do sindicalismo no Brasil na virada para o século XXI é romper com o viés burocrático-corporativo, organizar e mobilizar um contingente maciço de jovens operários e operárias, empregados e empregadas e, inclusive, trabalhadores por conta própria precarizados, explorados pelo capital. Em decorrência da crise do sindicalismo, que possui um componente estrutural (os limites do sindicalismo diante da nova lógica de acumulação capitalista), a capacidade de agitação sindical no sentido de sua inserção nas lutas sociais tornou-se bastante exígua (o próprio viés neocorporativo contribuiu para seu isolamento relativo dos problemas prementes do mundo do trabalho). Os sindicatos parecem incapazes de representar, não apenas em virtude de problemas burocrático-organizativos (ainda bastante verticalizados), mas principalmente político-ideológicos, o *novo* (e *precário) mundo do trabalho* que surge com a mundialização do capital.

A "década neoliberal" representou a ampliação do *vácuo organizativo* do mundo do trabalho no Brasil. É claro que o sindicalismo brasileiro sempre organizou um contingente limitado do mundo do trabalho, restringindo-se, no caso de centros urbanos, aos núcleos modernos da produção capitalista no país. Mas, com a ofensiva do capital na produção, que atinge os pólos mais desenvolvidos e organizados da força de trabalho, o sindicalismo é atingido em sua base social moderna. O que significou uma regressão relativa do sindicalismo no Brasil, principalmente no tocante a sua capacidade de agitação social e de militância política.

O destino do sindicalismo nas condições da mundialização do capital, que coloca limites estruturais às práticas sindicais em si, vai depender da capacidade política e ideológica do mundo do trabalho como classe para si constituir-se como alternativa de poder. Diante do capital financeiro e seus interesses de classe, apenas um novo Estado e bloco de poder político hegemônico poderá dar sentido progressivo à luta sindical – e resistência de classe – do mundo do trabalho. É algo que transcende o mero aspecto econômico-corporativo e exige uma nova direção ético-política do mundo do trabalho.

Capítulo 22

OS DESCAMINHOS DAS POLÍTICAS DE FORMAÇÃO/QUALIFICAÇÃO PROFISSIONAL

a ação dos sindicatos no Brasil recente*

José dos Santos Souza

Introdução

Há muita coisa escrita sobre a reforma da educação profissional brasileira desencadeada nos anos 1990[1]. Entretanto, a maioria dos trabalhos limita-se à mera exposição das ações e formulações da aparelhagem estatal nesse campo, em especial do Poder Executivo. Outros chegam a abordar as ações e formulações dos trabalhadores organizados acerca da educação[2]. No entanto, muitas dessas exposições carecem de uma análise mais profunda que estabeleça relações entre essas ações e a dinâmica das relações de poder na sociedade. No máximo, estabelecem relações com o processo de reestruturação produtiva e seu conseqüente aumento da demanda por qualificação da força de trabalho.

É válido mencionar também a existência de um conjunto de estudos disponíveis na bibliografia nacional e internacional da área da negociação coletiva da formação profissional que analisam e documentam experiências de incorporação do diálogo social na construção

---

* Esta pesquisa é parte da tese de doutorado *Trabalho, qualificação e ação sindical no Brasil no limiar do século XXI: disputa de hegemonia ou consentimento ativo?*, IFCH/Unicamp, 2005, sob orientação do Prof. Dr. Ricardo Antunes, com bolsa Capes/PICDT.

1 Dentre os diversos trabalhos sobre a reforma da educação profissional, poderíamos destacar o de Manfredi (2002), por sua amplitude, o que nos permite uma visão bastante abrangente deste processo. Além deste, poderíamos citar: Kuenzer (1997); Moraes (1988); M. Oliveira (2001); R. Oliveira (2001); A. F. T. Santos (2001).

2 Sobre as ações e formulações dos trabalhadores organizados sobre educação, consultar: Deluiz, Santana e Souza (1999). Já em uma linha mais crítica, consultar: Tumolo (1999), Souza (2000 e 2002) e Fidalgo (1999).

de uma nova institucionalidade da educação profissional. A maioria delas se baseia na experiência européia para interpretar a realidade das relações trabalhistas no Brasil e na América Latina. Essa bibliografia tem tratado de experiências que visam a dar respostas às novas condições do mercado de trabalho que demandam um sistema de formação profissional mais flexível, descentralizado, que atenda com qualidade às necessidades de desenvolvimentos econômico e social, de acordo com os limites impostos pelo novo industrialismo. Entretanto, o faz de forma não-crítica, desconsiderando o próprio conflito de classe que, contraditoriamente, acredita ser passível de conformação mediante a colaboração entre os sujeitos coletivos envolvidos[3].

De acordo com essa visão, o que importa é a indicação da suposta possibilidade de diálogo social entre sujeitos coletivos de interesses contraditórios. Predomina a crença de que os diferentes sujeitos coletivos, cada um representando seus próprios interesses, seriam capazes de abordar em conjunto as demandas de capacitação, sejam daqueles setores e ocupações novas e emergentes, em especial, ou daqueles que ainda estão em processo de reconversão. O elemento catalisador dos interesses dos diferentes sujeitos sociais seria, portanto, o único propósito de encontrar vias de solução para a erradicação dos conflitos que eles próprios conservam em sua natureza, efetivando, desse modo, a conciliação de seus interesses mediante o acordo mútuo.

Mas é inegável que, mesmo com seu caráter pragmático e livre de qualquer capacidade de crítica ao capital, esse tipo de bibliografia tem cumprido um papel significativo, na medida em que tem conseguido ilustrar a reformulação da estrutura institucional da oferta e da demanda de formação/qualificação profissional. Essa bibliografia também tem prestado valioso serviço, visto que tem se empenhado em divulgar a ampliação dos conceitos referentes à formação/qualificação profissional, concebendo-a não só como uma atividade de exclusiva responsabilidade do Estado, mas como um produto da negociação entre o Estado e o empresariado. Isso inclui a participação de todos os sujeitos sociais, em especial os sindicatos e demais organizações da sociedade civil, operando de forma descentralizada, em nível local.

Outro elemento recorrente na bibliografia sobre a negociação coletiva da formação profissional é a crença de que as políticas públicas nesse campo exercem um papel relevante no enfrentamento da exclusão social, ao passo que o entendimento entre os sujeitos coletivos contribui para a eficácia da identificação da demanda. Isso favorece a elaboração e a realização de programas de capacitação dirigidos aos segmentos mais vulneráveis da força de trabalho – os trabalhadores precarizados. Entretanto, não é o que verificamos nos países desenvolvidos, onde esse tipo de entendimento é uma prática social mais consolidada e com mais tempo de experiência que em países como Brasil. Um dos problemas enfrentados na gestão de políticas de formação/qualificação na França, por exemplo, é a constatação de que os segmentos da força de trabalho portadores de contrato de trabalho, com maior qualificação e com melhores condições de trabalho

[3] Ver, por exemplo, Posthuma (2002), que coordenou uma coletânea em que se analisam as experiências de diálogo social no campo da negociação da formação profissional e suas formas institucionais. Gonzalo (2002) também segue a mesma linha de análise, buscando articular a questão da empregabilidade à formação/qualificação profissional. Já em uma linha de análise mais crítica, Fidalgo (1999) estabelece relações entre as experiências de negociação da formação profissional francesas e brasileira.

são os mais beneficiados pelos programas de qualificação, em detrimento de segmentos mais necessitados (Fidalgo, 1999)[4].

Apesar dessas dificuldades, é a partir dessa literatura que procuraremos explicar os elementos determinantes da reforma da educação profissional brasileira a partir dos anos 1990.

A reforma da educação profissional brasileira

Seguindo a lógica de relação mercantil, especialmente a partir do governo Fernando Henrique Cardoso, o Estado brasileiro tem adotado de modo exemplar o receituário "sugerido" pelo Banco Mundial. Nesse aspecto, vem utilizando mecanismos renovados de obtenção do consentimento ativo dos trabalhadores e demais setores organizados da sociedade civil, abdicando da utilização freqüente de seu poder coercitivo, passando a buscar cada vez mais o consentimento ativo dos trabalhadores – o que não significa, necessariamente, uma forma democrática de ação governamental. Tentaremos então fazer uma breve exposição das diretrizes gerais que nortearam a ação estatal no campo da educação profissional.

Nessa linha de ação, sua primeira investida no sentido de reformular o sistema de formação profissional se deu por meio de um projeto de lei (PL nº 1.603/95) que desrespeitava o acúmulo da discussão e a elaboração de propostas desencadeada na época pelos docentes das instituições federais de ensino técnico-profissional (Moraes, 1998, p. 107). Esse projeto de lei provocara críticas severas e recebera mais de trezentas emendas. Mas com a aprovação da Lei de Diretrizes e Bases (LDB, Lei nº 9.394/96), o governo optou por retirar seu projeto, inviabilizando o debate pelas vias institucionais sobre o tema. Sua opção foi baixar por decreto as reformas que pretendia implementar nessa modalidade de ensino. "Essa nova legislação para a reforma do ensino profissionalizante (Decreto nº 2.208/97[5] e Portaria nº 646/97) prejudica todo o empenho e as lutas democráticas por uma educação integrada" (Militão, 1998, p. 100).

4 Ao abordar a trajetória dos acordos nacionais de formação profissional continuada na Espanha, Sanz (1997) indica que esses acordos prevêem o desenvolvimento de um processo que visa a pôr à disposição das empresas e dos trabalhadores um sistema de formação profissional sustentado no diálogo social e na responsabilidade direta dos próprios protagonistas da atividade econômica. Embora esse caráter dos acordos esteja muito mais próximo da minimização do papel do Estado do que da efetivação da democracia preconizada pelo tripartismo e/ou paritarismo, Sanz expressa muito entusiasmo a esse respeito. Para essa autora, a interlocução de empresários e de trabalhadores no sistema de formação continuada produz uma cultura de negociação e uma soma de esforços em relação às exigências planejadas para a formação continuada que acabará também por produzir efeitos positivos em outros âmbitos da relação de trabalho. Acredita a autora que a participação conjunta de empresários e trabalhadores ao longo de todo o processo de gestão do sistema contribui para tornar possíveis os esforços complementares que a formação continuada requer. Isso se daria tanto do ponto de vista da empresa, em termos de investimentos e de compromisso para suas capacidades gerenciais, quanto do ponto de vista dos trabalhadores, em termos de motivação, de dedicação e de disponibilidade para participar de atividades formativas que nem sempre podem coincidir com os horários de trabalho. É óbvio que Sanz (1997) tem conhecimento de que os objetivos fundamentais desses acordos e das políticas deles originadas visam à promoção do desenvolvimento pessoal e profissional dos trabalhadores, à melhoria da competitividade das empresas, à adaptação da força de trabalho às inovações tecnológicas e à promoção do desenvolvimento de novas atividades econômicas. Mesmo assim, a autora não formula nenhuma crítica, conformando-se com a ótica empresarial. O fato de esses acordos buscarem a adequação do sistema de formação continuada espanhol às demandas do setor produtivo nem sequer é questionado pela autora.

5 Disponível em: <http://www.mec.gov.br/semtec/educprof/ftp/dec2208.rtf>. Acesso em jul. 2004.

Desde o processo de discussão da LDB desencadeado logo após a promulgação da Constituinte, havia em alguns movimentos sociais de caráter popular e democrático uma crítica à dualidade entre formação para o trabalho e formação básica típica da escola capitalista. Em seu lugar, buscava-se um modelo alternativo de escola que viesse a unificar trabalho e educação na prática educativa. De modo geral, a concepção marxista de unificação escolar sempre serviu de referência a essas proposições[6]. Em linhas gerais, as proposições anticapitalistas pautavam-se na idéia de *omnilateralidade* e viam no trabalho o princípio educativo capaz de dar materialidade a esse tipo de formação[7].

Observe-se que as diretrizes básicas da educação profissional haviam sido estabelecidas pelo parágrafo 2º do artigo 36 e pelos artigos 39 a 42 da LDB. O Decreto nº 2.208, de 17 de abril de 1997, na realidade, regulamenta essas diretrizes. No artigo 1º desse decreto estão previstos os seguintes objetivos para a educação profissional:

> I – Promover a transição entre a escola e o mundo do trabalho, capacitando jovens e adultos com conhecimentos e habilidades gerais e específicas para o exercício de atividades produtivas;
> II – Proporcionar a formação de profissionais, aptos a exercer atividades específicas no trabalho, com escolaridade correspondente aos níveis médio, superior e de pós-graduação;
> III – Especializar, aperfeiçoar e atualizar o trabalho em seus conhecimentos tecnológicos;
> IV – Qualificar, reprofissionalizar e atualizar jovens e adultos trabalhadores, com qualquer nível de escolaridade, visando a sua inserção e melhor desempenho no exercício do trabalho.

Os problemas da política de formação/qualificação profissional começam já a partir de seus objetivos, especialmente no que concerne à relação entre escola e mundo do trabalho. Em lugar de constituir uma unidade interativa entre escola e trabalho, a proposição contida no Decreto nº 2.208/97 restringe-se à mera divisão do trabalho educacional, onde à educação profissional cabe o papel de fornecer a qualificação social – na forma de conhecimentos e habilidades gerais para o exercício de atividades produtivas – necessária para jovens e adultos se adaptarem às novas demandas de produtividade e competitividade. Além dessa função, também à educação profissional cabe a formação técnico-operacional – na forma de aquisição de conhecimentos e habilidades específicas para o exercício de atividades produtivas. À empresa, cabe a tarefa de treinar o trabalhador já formado/qualificado pela rede de educação profissional, de acordo com as necessidades produtivas de uma função específica. A relação entre empresa e escola prevista no Decreto nº 2.208/97 não ultrapassa aquela existente entre o cliente (empresa) e o fornecedor de serviços (escola). Nessa relação, a escola de educação profissional cumpre uma dupla função. Além de formar quadros minimamente qualificados para ocupar os escassos postos de trabalho, também serve de instrumento de

---

6 Essa tendência crítica à dualidade da escola capitalista se fez expressar no substitutivo Jorge Hage do Projeto de Lei de Diretrizes e Bases da Educação Nacional aprovado na Câmara de Deputados e enviado ao Senado. Entretanto, esse projeto foi completamente alterado pelo relator, senador Darcy Ribeiro, de modo a descaracterizar todos os avanços conquistados pelo movimento social no que concerne à relação entre educação básica e formação profissional.

7 Diversos autores brasileiros preocuparam-se com a sistematização dessa concepção pedagógica. Entre eles, poderíamos citar o trabalho de Machado (1991), que faz uma rica distinção entre a proposta burguesa e a proposta socialista de unificação escolar. Além deste, poderíamos citar também o trabalho de Nogueira (1993), que aborda a relação trabalho e educação na obra de Marx e Engels. Outro trabalho de grande envergadura é o de Manacorda (1991), que sistematiza os fundamentos da pedagogia marxista.

conformação de classe para contingentes cada vez maiores de trabalhadores desempregados, na medida em que transfere para o trabalhador certificado por ela a responsabilidade de seu sucesso ou fracasso no mercado de trabalho.

Prevista para ser desenvolvida de forma articulada ao ensino regular ou em modalidades que contemplem estratégias de educação continuada, a educação profissional passou a contar com as escolas do ensino regular, as instituições especializadas ou o ambiente de trabalho como espaços para sua realização. Também passou a compreender três níveis de ensino: a educação profissional de nível básico, técnico e tecnológico.

Segundo o que está disposto nos incisos do art. 3º do Decreto nº 2.208/97, a educação profissional de nível básico destina-se "à qualificação e reprofissionalização de trabalhadores, independente de escolaridade prévia". Trata-se de uma modalidade de educação não-formal, de duração variável. Essa modalidade destina-se "a proporcionar ao cidadão trabalhador conhecimentos que lhe permitam reprofissionalizar-se, qualificar-se e atualizar-se para o exercício de funções demandadas pelo mundo do trabalho, compatíveis com a complexidade tecnológica do trabalho, o seu grau de conhecimento técnico e o nível de escolaridade do aluno, não estando sujeita à regulamentação curricular" (art. 4º). Esse nível de ensino deve ser oferecido, obrigatoriamente, pelas instituições públicas e privadas sem fins lucrativos que ministram educação profissional e recebem apoio financeiro do Poder Público[8]. Esses cursos devem ser abertos a alunos das redes públicas e privadas de educação básica, assim como a trabalhadores de qualquer nível de escolaridade, devendo a estes ser conferido certificado de qualificação profissional.

A educação profissional de nível técnico destina-se a proporcionar habilitação profissional a alunos matriculados ou egressos do ensino médio, devendo ser ministrada na forma estabelecida pelo Decreto nº 2.208/97, obedecendo à organização curricular própria e independente do ensino médio. Esse nível da educação profissional poderá ser oferecido de forma concomitante ou seqüencial ao ensino médio. As disciplinas de caráter profissionalizante, eventualmente cursadas na parte diversificada do ensino médio, poderão ser aproveitadas no currículo de habilitação profissional, independentemente de exames específicos, desde que não ultrapassem o limite de 25% do total da carga horária mínima deste nível de ensino.

Embora esteja previsto que a formulação de diretrizes curriculares nacionais (carga horária mínima, conteúdos mínimos, habilidades e competências básicas, por área profissional) dos currículos plenos dos cursos do ensino técnico seja estabelecida pelo Ministério da Educação (MEC), ouvido o Conselho Nacional de Educação (CNE), até o momento esses parâmetros curriculares nacionais da educação profissional ainda não foram estabelecidos. O que se tem de concreto é o que está previsto no Decreto nº 2.208/97, que estabelece, em seu art. 6º, inciso III, que o currículo básico não poderá ultrapassar 70% da carga horária mínima obrigatória; fica reservado um percentual mínimo de 30% para que os estabelecimentos de ensino, segundo seus interesses, elejam disciplinas, conteúdos, habilidades e competências específicas para sua organização curricular. Também estão previstos currículos experimentais não contemplados em diretrizes nacionais, desde que previamente aprovados pelo sistema de ensino competente.

[8] Observe-se que o Sistema S normalmente cobra taxas pelos serviços prestados, apesar de seus cursos serem, na maioria das vezes, mantidos com recursos do FAT.

A educação profissional de nível tecnológico corresponde a cursos de nível superior na área tecnológica, destinados aos egressos do ensino médio e técnico. Esses cursos conferirão diplomas de tecnólogos e devem ser estruturados para atender os diversos setores da economia, abrangendo áreas especializadas.

O mecanismo político de que o governo lançou mão para garantir a legitimação da reforma da educação profissional foi a elaboração de um diagnóstico acerca das instituições federais de ensino tecnológico, "apontando-as como elitistas, de ensino caro, com um grau de abrangência reduzido (100.000 alunos/ano), mas com um ensino médio de boa qualidade, superior ao ensino propedêutico regular privado" (Militão, 1998, p. 101). Com base em um discurso defensor da flexibilização e da "democratização" do ensino técnico-profissionalizante, o governo propôs a expansão da rede com a manutenção da qualidade, garantida por instrumentos de avaliação permanente. Mas, na compreensão de Militão (ibidem), "essas palavras perdem o seu significado real, passando, na prática, a ter um significado contrário ao que se propõe".

Tal afirmação se pauta na observação de que a estrutura modular, como está disposto no Decreto nº 2.208/97, "banaliza a formação profissional pela separação entre o saber e o fazer. O conhecimento é separado em seus aspectos teóricos e práticos, resultando em um conhecimento meramente instrucional de menor qualidade" (Militão, 1998, p. 101).

Como se pode notar, o governo FHC tomou como base os dispositivos legais previstos na nova LDB para instrumentalizar, por meio de decretos e portarias ministeriais, sua política de educação profissional. Se, por um lado, acionou seu poder de coerção para sufocar as vozes contrárias à sua política oriundas das entidades de representação dos trabalhadores das instituições federais de educação tecnológica, por outro lado, o governo FHC buscou o consentimento ativo dos trabalhadores por meio do discurso da democratização do acesso ao ensino profissionalizante de boa qualidade. Esse discurso soou bem aos ouvidos do imenso contingente de trabalhadores desempregados e carentes de qualificação profissional. Conforme descreve o próprio documento do BID (BID *apud* Militão, 1998, p. 101-2), em seus aspectos mais gerais, essa reforma introduz a separação administrativa e curricular dos conteúdos profissionalizantes dos de ensino geral médio, liberando a educação básica (ensino fundamental e médio) para concentrar seus esforços na formação para o trabalho no sentido lato. Em outras palavras, centrar esforços na formação de habilidades cognitivas e competências nas áreas de conhecimento acadêmico. Por outro lado, essa reforma permite a institucionalização de uma educação profissional vinculada aos interesses imediatos do mercado de trabalho que, na avaliação de seus formuladores, tem o potencial de estimular o desenvolvimento de uma educação profissional de nível pós-médio.

Tal reforma atualiza o debate em que se confrontam historicamente as diferentes concepções de formação para o trabalho na sociedade de classes. Trata-se da disputa de hegemonia que se expressa no confronto das idéias acerca da relação entre educação básica e educação profissional suscitado pelo conjunto de reformas empreendidas pelo Estado brasileiro no campo da educação profissional. Se considerarmos que, no Brasil, à educação básica se atribui o papel de formação geral e à educação profissional, o papel de formação para o trabalho, devemos supor que, ao tratarmos da relação entre ambas as modalidades educacionais, necessariamente, estaremos refletindo sobre um tipo específico de relação entre trabalho e educação no processo de aquisição do conhecimento e suas contradições.

O PLANFOR: A CONSOLIDAÇÃO DA NOVA INSTITUCIONALIDADE DA EDUCAÇÃO PROFISSIONAL

A *proposta de governo* de Fernando Henrique Cardoso (PSDB, 1994; 1998) apresentava como desafio a redefinição de um modelo de desenvolvimento que, segundo sua concepção de mundo, pudesse abrir para o Brasil a perspectiva de um futuro melhor para o conjunto da sociedade. Para isso estabelecia três condições básicas: 1) refazer o esquema de financiamento do desenvolvimento; 2) eleger a criação de empregos como forma mais efetiva e duradoura de distribuição de renda; e 3) reorganizar o Estado, fortalecendo o poder público decisório para a realização eficiente de projetos sociais compensatórios e para a defesa dos interesses nacionais em plano internacional.

A *proposta de governo* propunha um modelo de desenvolvimento economicamente sustentado, de participação ativa na vida internacional, de abertura para o mundo; modelo de "justiça social" em que o direito à vida com dignidade fosse garantido, assegurando a inserção da economia brasileira no mercado globalizado. Como estratégias para o desenvolvimento, o Partido da Social Democracia Brasileira (PSDB) previa a estabilidade econômica e a política de intercâmbio internacional.

Esse programa apresentava como estratégia para evitar monopólios e abusos do Estado, decorrentes da situação de concentração de poder econômico, uma crescente parceria com o setor privado na propriedade e gestão da infra-estrutura nacional, exigindo, assim, a redefinição do papel do Estado como indispensável à estabilidade econômica, ao desenvolvimento sustentado e à correção das desigualdades. Presumia-se que a parceria entre governo e sociedade deveria criar novos canais de participação e controle público e dinamizar os já existentes – desprivatização do Estado; deveria promover a multiplicação de espaços de negociação de conflitos, definir e apoiar novas formas de parceria nos diversos níveis de governo, apoiar e desenvolver formas amplas e criativas de parceria entre governo e sociedade (ONGs, empresas, sindicatos e universidade).

Partindo do princípio de que, na economia globalizada, a competição é determinada principalmente pelas conquistas científicas e tecnológicas (PSDB, 1994, p. 15), esse programa apresentava uma política de ciência e tecnologia voltada para o apoio à indústria nacional. Nesse sentido, elegia como foco a promoção do aumento da capacidade das empresas para inovar em seus processos produtivos e gerenciais e para incorporar os conhecimentos científicos e tecnológicos disponíveis internacionalmente, onde governo e iniciativa privada, articulados na geração de uma estrutura eficiente em ciência e tecnologia, promovessem, em curto prazo, a reorganização e modernização tecnológica do setor. Por essa razão, propõe a ampliação dos investimentos do Estado em ciência e tecnologia, utilizando recursos orçamentários, privatização, financiamento internacional e novas parcerias com o setor privado.

No campo educacional a *proposta de governo* considerava que o país tinha muito a avançar na reforma da educação e nos estímulos ao desenvolvimento de ciência e tecnologia, para que viesse a ter condições de forjar um novo modelo de desenvolvimento, impulsionasse inadiáveis transformações sociais e alcançasse presença significativa na economia mundial. A educação assumia, assim, um caráter de instrumento de competitividade e produtividade industrial.

A prioridade fundamental da política educacional da *proposta de governo* consistia em incentivar a universalização do acesso ao primeiro grau (atual ensino fundamental) e melhorar a qualidade do atendimento escolar (oito séries de ensino obrigatório). Entretanto, não fazia relação clara entre a política para a formação básica e a de desenvolvimento científico e tecnológico. Tal lacuna refletia o fato de a política educacional ser orientada pelo princípio da "empregabilidade", em lugar do princípio da qualidade de vida.

Em função disso, o ensino médio era visto como um nível estratégico do sistema educacional, pois possibilitava a preparação para o trabalho, aumentando a qualificação dos jovens e as suas oportunidades de obter emprego. A atualização profissional, uma das prioridades de seu plano de governo, estaria em consonância com as exigências de qualificação impostas pela vida moderna e pelas novas demandas do Ministério do Trabalho (MTb), em parceria com empresas privadas, sindicatos, Senais e Senac.

Em suma, a *proposta de governo* atribuía à educação o papel de formação e qualificação da força de trabalho, com base em um patamar mais avançado de uso diretamente produtivo da ciência e da tecnologia no trabalho e na vida urbano-industrial. Nesse aspecto, a educação tinha como meta a garantia de maior produtividade e competitividade das empresas como diferencial de competitividade no mercado globalizado. Para isso, buscou explicitar os vínculos da educação com o mundo do trabalho, dentro dos limites da valorização do capital.

Seguindo essa linha de argumentação, logo no primeiro ano de mandato, o governo FHC estabeleceu como prioridade a consolidação da frágil estabilidade econômica do país, obtida via Plano Real, e a construção do desenvolvimento sustentado com eqüidade social. Leia-se, entretanto, nas entrelinhas desse discurso, a deflagração de esforços governamentais no sentido de mobilizar a aparelhagem estatal para a garantia de condições de inserção subalterna do país no mercado globalizado. Nesse processo, coube ao MTb duas grandes vertentes de atuação: a) a missão de modernizar as relações de trabalho no país, em busca da superação dos resquícios do populismo e do período autoritário da era Vargas; b) a consolidação de uma política pública de trabalho e de educação profissional (Brasil, 1995, p. 12).

Assim, sob o comando de Nassim Mehedff, coube à Secretaria de Formação e Desenvolvimento Profissional (Sefor), do MTb, a tarefa de recolocar a questão da educação profissional na ordem do dia, propondo uma estratégia de atuação pautada em três dimensões: na reformulação conceitual, na articulação institucional e na construção de um novo tipo de relação entre Estado e sociedade civil.

As linhas de ação estabelecidas no plano estratégico da Sefor extrapolam o plano de ação imediato deste órgão, aferindo-lhe tarefas muito mais amplas do que a atividade operacional. Além da operacionalização da educação profissional do país, coube à Sefor, também, a consolidação institucional do MTb como órgão responsável pela articulação da política de trabalho e de educação profissional do país, bem como a promoção de uma nova metodologia de gestão de políticas sociais no bojo da estratégia do governo. Portanto, além de gerir a Rede de Educação Profissional (REP), a Sefor assume também a tarefa de conformação política e ideológica, funcionando como mecanismo de mediação do conflito de classe e de construção do consenso em torno da política pública de formação profissional implementada pelo governo federal, ou seja: assume o papel de aparelho de manutenção da hegemonia por excelência.

A política de educação profissional implementada no país, a partir de 1995, sob a orientação política e operacional da Sefor, fundamenta-se em quatro eixos fundamentais (Brasil, 1995, p. 7-10):

- **Aprender a aprender:** a eminência de um novo perfil de qualificação que demanda do trabalhador não mais a habilidade de saber fazer, mas de conhecer e, acima de tudo, saber aprender.
- **Empresa competitiva, cidadão competente:** o resgate da qualificação extrapola a dimensão técnica, envolve também uma dimensão de cidadania, ou seja, as competências exigidas pelo atual padrão de desenvolvimento científico e tecnológico dos processos produtivos tendem a tornar-se requisito para a vida em sociedade.
- **O repensar da educação:** negação da visão dicotômica entre educação básica e profissional dentro dos limites da valorização do capital, de modo que a educação profissional assuma um caráter complementar e integrado à educação básica.
- **Foco no mercado:** é preciso restabelecer o foco da educação profissional na empregabilidade, evitando-se a visão contencionista ou assistencialista.
- **Articulação entre emprego, trabalho e educação profissional:** inserir as políticas de educação/formação no conjunto das políticas públicas de trabalho e renda, situando-as no contexto de um novo padrão de relações capital-trabalho, fundado na negociação.

Com base nesses eixos fundamentais, as ações da Sefor ficaram assim definidas pelo governo FHC (Brasil, 1995, p. 16):

a) consolidar e difundir um novo conceito de educação profissional, como elemento indissociável do desenvolvimento sustentável, que não se confunde com assistencialismo nem substitui educação básica;
b) restabelecer o papel da educação profissional, como processo com começo, meio e fim, com foco no mercado de trabalho, tendo em vista a empregabilidade da clientela;
c) promover o desenvolvimento didático-metodológico – envolvendo currículos, programas e recursos instrucionais (livros, vídeos, softwares) – adequados a processos de qualificação e requalificação profissional que levem em conta as peculiaridades e condições das diferentes clientelas – trabalhadores inseridos em processos de modernização, desempregados, jovens de baixa escolaridade, excluídos – das diversas regiões do país;
d) fomentar o desenvolvimento de metodologias e sistemas que dêem suporte ao atendimento integrado ao trabalhador, em matéria de orientação e análise ocupacional, informação sobre o mercado de trabalho;
e) consolidar e difundir essa base conceitual-metodológica no âmbito tanto do Ministério do Trabalho, como das agências de educação profissional e dos órgãos e entidades envolvidos no projeto.

Para operacionalizar essas ações, a Sefor construiu gradativamente o Plano Nacional de Qualificação do Trabalhador (Planfor). Esse arranjo institucional visa a integrar diferentes projetos de qualificação e requalificação profissional desenvolvidos por diferentes sujeitos em todo o país. Trata-se de um dos mecanismos da Política Pública de Trabalho e Renda (PPTR), iniciados em 1995, no âmbito do FAT, destinado à conformação das atividades de qualificação profissional, segundo as orientações e diretrizes estabelecidas pelo governo federal. Por se tratar de um programa prioritário do governo federal, o Planfor integra o Plano Plurianual de Investimentos (PPA) 2000-2003 e tem como objetivo o seguinte:

> Garantir uma oferta de educação profissional permanente, no âmbito da PPTR, que contribua para: reduzir o desemprego e o subemprego da População Economicamente Ativa (PEA); combater a pobreza e a desigualdade social; elevar a produtividade, a qualidade e a competitividade do setor produtivo. Em outras palavras, o PLANFOR trata de promover a qualificação profissional como direito do trabalhador e componente básico do desenvolvimento sustentado, com eqüidade social (Brasil, 2001, p. 77).

O Planfor tem como meta global a garantia de oferta de educação profissional, a médio e longo prazo, suficiente para qualificar anualmente, pelo menos, 20% da População Economicamente Ativa (PEA)[9]. Segundo o governo, "esse percentual é o mínimo necessário para garantir, de cinco em cinco anos, uma chance de atualização profissional para cada trabalhador, o que ainda é pouco no mundo de hoje, com mudanças tão rápidas" (Brasil, 2001, p. 7-8). Para atingir tal meta, o Planfor se propõe a:

> [...] articular e consolidar parcerias, mobilizando a capacidade e a competência da Rede de Educação Profissional do País (REP), de modo a ampliar e otimizar os recursos do FAT. A premissa é que o FAT possa financiar a qualificação de cerca de 7% da PEA ao ano, ficando os 13% restantes por conta de outros fundos públicos e privados [...] (p. 8). Explica que os recursos do FAT aplicados no Planfor têm dois focos: "atender a grupos vulneráveis, que têm dificuldade de acesso a outras alternativas de qualificação profissional; 'alavancar' ou 'catalisar' recursos de parcerias, com o setor público ou privado, para ampliar o raio de cobertura do Planfor (Brasil, 2001, p. 8).

O público-alvo do Planfor está definido a partir de dois grupos. O primeiro é chamado de grupo de vulneráveis[10], para o qual são garantidos 80% dos recursos e 90% das vagas. Esse grupo se subdivide em quatro categorias: a) pessoas desocupadas; b) pessoas em risco de desocupação permanente ou conjuntural; c) empreendedores(as) urbanos/rurais; d) pessoas autônomas, cooperadas, autogeridas. O segundo grupo, para o qual o Planfor reserva até 10% das vagas e 16% dos recursos, é definido com base em prioridades locais/regionais. A qualificação de

---

[9] Considerando-se que a idade mínima admitida para o trabalho é de 16 anos e que a PEA, segundo dados de 2001, é de cerca de 75 milhões de pessoas, ocupadas ou desocupadas, a meta global do Planfor, então, é qualificar 15 milhões de pessoas anualmente.

[10] Para o governo, vulnerabilidade significa a "[...] dificuldade de acesso ao trabalho e a outras alternativas de qualificação profissional, por razões de pobreza, baixa escolaridade e outros fatores de discriminação e seletividade no mercado de trabalho" (Brasil, 2001, p. 13).

membros dos Conselhos Estaduais do Trabalho (CETs) e Comissões Municipais do Trabalho (CMTs) e de outros conselhos/fóruns estaduais/municipais deve ser incluída nesse segundo grupo.

O novo enfoque metodológico e operacional da educação profissional inaugurado pelo Planfor visa a contemplar as seguintes dimensões:

- foco na demanda do mercado de trabalho e no perfil da população-alvo, orientado pela efetiva demanda do setor produtivo, reunindo interesses e necessidades de trabalhadores, empresários, comunidades;
- direito do cidadão produtivo, em bases contínuas, permanentes, em caráter complementar (e nunca substitutivo) à educação básica (fundamental e média), que é direito constitucional do cidadão;
- desenvolvimento integrado de habilidades básicas, específicas e/ou gestão do trabalhador, por meio de cursos, treinamentos, assessorias, extensão e outras ações, presenciais ou à distância;
- atenção à diversidade social, econômica e regional da PEA, promovendo a igualdade de oportunidades nos programas de qualificação e no acesso ao mercado de trabalho.

O Planfor está estruturado a partir de uma articulação institucional bastante complexa, definida como a construção e consolidação de uma nova institucionalidade da educação profissional no país. A partir dessa nova institucionalidade, busca-se promover, ao mesmo tempo, a inserção e a contribuição do Planfor no quadro das políticas públicas do país. Isso implica mobilização e fortalecimento de novos atores sociais, consolidando e integrando uma REP para atuar na qualificação permanente da PEA, em bases participativas e descentralizadas (Brasil, 2001, p. 11). Desse modo o Planfor busca consolidar-se como uma espécie de apoio à sociedade civil, na medida em que se propõe a promover, em ampla escala, ações de qualificação do trabalhador dirigidas à PEA, especialmente a grupos vulneráveis, incluindo não só cursos e treinamentos, mas assessorias, extensão, pesquisas e estudos (Brasil, 2001, p. 13).

A execução dos cursos/programas do Planfor se dá por intermédio de uma rede de educação profissional, formada por de cerca de 14 mil agências em todo o país[11]. Trata-se de organismos públicos e privados, federais, estaduais ou municipais, governamentais ou não, com ou sem fins lucrativos, abrangendo: a) universidades, faculdades, centros tecnológicos e institutos de ensino superior; b) escolas técnicas de nível médio; c) Sistema S (Senai, Sesi, Senac, Sesc, Senar, Sest, Senat, Sebrae); d) fundações, associações, sindicatos e centrais sindicais de trabalhadores; e) fundações, associações, confederações e federações de empresários; f) outras organizações de educação profissional (livres, comunitárias etc.) (Brasil, 2001, p. 13). Essas entidades executoras são selecionadas por meio de um processo aberto, podendo candidatar-se qualquer tipo de agência de educação profissional que atenda

[11] Esse número de agências componentes da REP foi estimado a partir de um cadastro feito pelo governo entre 1996 e 1999. Como esse cadastro vem sendo atualizado constantemente e o governo tem incentivado as atividades de educação profissional em todo o país, acreditamos que o número tenha aumentado significativamente a partir de 2000.

aos requisitos legais e técnicos definidos em lei[12] e aos objetivos e diretrizes do Planfor (Brasil, 2001, p. 14).

O financiamento do Planfor se dá por meio do FAT, com recursos da rubrica "qualificação profissional", que são repassados aos estados da federação, ao Distrito Federal ou a parceiros nacionais/regionais por meio de convênios firmados com o Codefat e o MTb. Cerca de 20% do valor financiado constitui contrapartida mínima dos estados e Distrito Federal fixada em lei. Os recursos são distribuídos entre os Planos Estaduais de Qualificação (PEQs) segundo quatro critérios definidos na Resolução nº 258/00 do Codefat: focalização, eficiência, continuidade e contrapartida.

A focalização é indicada pela distribuição da PEA total (maior de 16 anos), ponderada pela PEA de baixa escolaridade (até três anos de estudos) e em situação de pobreza. A eficiência é indicada pelo percentual de treinandos encaminhados ao mercado de trabalho após a conclusão do curso. A continuidade é indicada pela compensação mínima por parte dos estados, Distrito Federal ou parceiros nacionais/regionais para garantir os níveis de execução já atingidos, evitando o decréscimo da oferta de oportunidades de educação profissional. A contrapartida é indicada pela quantidade de investimento de recursos adicionais, além da contrapartida mínima fixada em lei, por parte dos estados, Distrito Federal ou parceiros nacionais/regionais (Brasil, 2001, p. 14).

O gerenciamento do Planfor se dá de forma descentralizada, por meio de uma cadeia estratégica e operacional estruturada em três níveis: federal, estadual e municipal. No nível federal, as instâncias gestoras são: o Codefat, o MTE, a Secretaria de Políticas Públicas de Emprego (SPPE) e o Departamento de Qualificação Profissional (DEQP). No nível estadual, as instâncias gestoras são: os Conselhos Estaduais de Trabalho e Secretarias de Trabalho ou equivalentes. No nível municipal, as instâncias gestoras são: os Conselhos Municipais de Trabalho ou equivalentes (Brasil, 2001, p. 15).

O Planfor conta, ainda, com um sistema de monitoramento e avaliação que inclui quatro mecanismos integrados e complementares: a) acompanhamento técnico-gerencial de cada PEQ/PARC; b) avaliação externa e acompanhamento de egressos do PEQ/PARC; c) supervisão técnico-operacional do Planfor (a cargo do MTE/SPPE/DEQP); d) avaliação nacional do Planfor (a cargo do MTE/SPPE/DEQP e/ou do Codefat).

Tomando como referência empírica a implantação do Planfor, Cêa busca evidenciar duas questões que para nós são bastante oportunas: "uma referente à relação entre as políticas de qualificação profissional e a reforma do Estado Brasileiro e uma segunda relativa à cisão entre educação escolar e formação do trabalhador que se materializa a partir de tais políticas" (Cêa, 2000, p. 95).

O Planfor é definido por Cêa como um instrumento de execução das políticas públicas de emprego que expressa o campo principal da educação profissional, materializando-a como modalidade educacional. Na avaliação da autora, o Planfor opera a ruptura entre qualificação para o trabalho e elevação dos níveis de escolaridade. Além disso, constitui uma experiência que vem se desenvolvendo por uma dinâmica tripartite.

12 Os processos de contratação no setor público estão regulamentados na Lei nº 8.666/93, com as modificações da Lei nº 8.883/94.

> O Planfor, na realidade, reflete uma tendência mundial de crescimento da importância da formação profissional como parte das políticas relacionadas ao emprego, de modo que tais políticas acabam por caracterizarem-se como ações específicas, pontuais e direcionadas para o mercado de trabalho, as quais se delegam importante papel na reconstituição das relações sociais via estabilização dos níveis de emprego e/ou criação de formas de geração de renda (Cêa, 2000, p. 94).

Justamente por essa razão, a autora procura estabelecer relação entre as políticas de qualificação profissional e a reforma do Estado brasileiro e, no bojo dessa relação, trazer à tona a cisão entre a educação escolar e a formação profissional que se materializa a partir de tais políticas. Curiosamente, essa cisão se constitui sobre o discurso da superação da dicotomia entre educação básica e profissional. Na verdade, o que o governo propõe como superação dessa dicotomia nada mais é do que uma divisão do trabalho educativo de formação do novo trabalhador, na qual à educação básica compete a formação de competências sociais – conformação ético-política do trabalhador – e à educação profissional compete a formação de competências técnico-operacionais – conformação psicofísica do trabalhador. De posse desse arsenal de competências, resta à empresa apenas o acionamento de suas estratégias gerenciais para consolidar a captura da subjetividade operária em favor da valorização do capital.

Tudo indica que a avaliação de Fogaça (1999), quando indica que o Planfor está fadado à ineficácia, por repassar para os trabalhadores a responsabilidade da crise do emprego, na medida em que a certificação não se reverte em colocação no mercado de trabalho, está completamente equivocada. O que Fogaça não percebeu em suas análises é que essa ineficácia do Planfor reside exatamente na sua capacidade de camuflar sua ineficácia. Por isso, tendemos a concordar com a observação de Cêa (2000), quando afirma que, embora a avaliação externa nacional do Planfor realizada pela Unitrabalho aponte o plano como uma política compensatória que penaliza os setores mais precarizados da força de trabalho, a sua continuidade é certa, assim como a manutenção de suas metas e a acentuação de seu ritmo.

A engenharia inaugurada pelo Planfor instaura um dos mecanismos mais eficientes de mediação do conflito de classe da burguesia. Em nenhum outro tem ocorrido tanta eficácia na conquista do consenso em torno da concepção burguesa de produção e reprodução social da vida material. Por meio do Planfor, a burguesia conseguiu conquistar o consentimento ativo dos trabalhadores em torno de suas políticas públicas de trabalho e renda. Assim, o projeto educativo do empresariado tem se tornado cada vez mais hegemônico, em detrimento do projeto de unificação entre educação e trabalho historicamente construído na luta dos trabalhadores contra o capital. Vejamos, agora, como o sindicalismo brasileiro reagiu a esta situação.

A construção do consentimento ativo dos trabalhadores ao projeto neoliberal para a formação/qualificação profissional brasileira

As análises empreendidas a partir dos documentos da CUT nos permitiram constatar que suas primeiras referências à questão da educação profissional só se deram em 1994, por ocasião de seu V Concut. Isso corrobora a indicação de Tumolo, quando abordava a evolução da formação profissional da CUT. Afirmava o autor que, "até 1994 esta Central nunca houvera deliberado realizar atividades de formação profissional, mas sim uma política de intervenção junto às agências públicas ou patronais que a desenvolviam" (Tumolo, 1998, p. 99). Mas, em 1994, a realidade era outra. A CUT deu início a uma ação clara e bem definida de participação ativa na política de formação profissional do país. Suas proposições se caracterizavam pela negação da formação profissional na modalidade de treinamento, articulada com a reivindicação de mecanismos de gestão tripartite e paritária da política de formação profissional:

> A formação profissional é, numa concepção cutista, parte de um projeto global e emancipador. Portanto, deve ser entendida como exercício de uma concepção radical de cidadania. A CUT recusa a concepção de formação profissional como simples adestramento ou como mera garantia de promoção da competitividade dos sistemas produtivos (CUT, 1994, p. 52).

Como se percebe, nessa etapa de sua trajetória, a CUT já havia substituído definitivamente o discurso da luta por uma sociedade socialista pela defesa da cidadania. Sem uma referência clara do que significava seu "projeto global e emancipador", a CUT limitava-se a defender que "[...] a formação profissional deve estar submetida ao controle direto do Estado e que os trabalhadores devem intervir nesse processo, participando, através de suas organizações, da definição, da gestão, do acompanhamento e da avaliação das políticas e dos programas de formação profissional" (CUT, 1994, p. 52). Essa reivindicação viria a ser completamente conformada na nova institucionalidade da educação profissional que viria a ser implementada pelo governo FHC.

O empenho dessa central ficou evidente quando, no V Concut, estimulou-se os sindicatos "[...] a incorporarem em suas pautas de reivindicações a questão da formação profissional, incluindo-a nos contratos de trabalho". Seu propósito era incorporar essa questão na negociação de um contrato coletivo de alcance nacional (CUT, 1994, p. 53).

Os princípios norteadores da ação sindical da CUT na política nacional de formação/qualificação profissional foram consolidados neste V Concut e consistiam no seguinte: a) formação/qualificação profissional como serviço público estatal com gestão tripartite e paritária; b) formação/qualificação profissional como objeto de negociação do contrato coletivo de trabalho; c) articulação entre educação profissional e educação básica; d) negação da educação profissional em caráter de treinamento; e) formação/qualificação profissional como fator de emancipação cidadã do trabalhador; e f) formação/qualificação profissional como elemento integrante da política pública de trabalho e renda.

Em suas propostas de organização e de atividades voltadas para a educação profissional, no V Congresso a CUT se propõe a discutir as diretrizes e objetivos da formação do trabalhador; lutar para que todos os recursos compulsórios ou na forma de incentivos destinados à formação e/ou requalificação profissional sejam considerados e administrados como fundos públicos, com a participação dos trabalhadores; defender a constituição de conselhos tripartites e paritários para a gestão de agências de formação profissional ou de outras iniciativas complementares ao ensino regular (CUT, 1994, p. 53). A título de ações de curto prazo, propõe-se a: a) reivindicar prioridade para a alfabetização do trabalhador para os cursos já oferecidos pelas empresas, preferencialmente através de convênios com a rede e as universidades públicas locais; b) reivindicar a ampliação do acesso do trabalhador ao ensino público em escolas próximas ao local de trabalho; c) reivindicar a criação de espaço físico para a educação do trabalhador no local de trabalho, gerida ou acompanhada por comissão tripartite; d) defender a vinculação dos processos de formação e/ou requalificação profissional à garantia do emprego e à ampliação de sua oferta; e) lutar pela criação de comissões paritárias para acompanhamento das iniciativas de formação profissional ou dos processos educacionais em curso nos locais de trabalho; f) reivindicar a liberação de duas horas da jornada de trabalho para o trabalhador freqüentar cursos de alfabetização, outros de formação regular ou de formação e/ou requalificação profissional, sem prejuízo dos vencimentos; g) lutar pela manutenção das contribuições legais do empresariado ao poder público para fins de educação, mesmo no caso de haver o financiamento de iniciativas próprias ou conveniadas por parte das empresas (CUT, 1994, p. 53).

Em linhas gerais, as reivindicações da CUT mantêm-se nos limites do projeto liberal-democrata para a formação/qualificação profissional na atualidade. Tanto é assim que a ação e as formulações sindicais da CUT no campo da política de formação/qualificação profissional não eram conflitantes com os rumos que viriam a ser dados pela burguesia, por meio da implantação da *proposta de governo* FHC. De certo modo, pode-se dizer que, no V Concut, a central delineou seu consentimento ativo à reforma da educação profissional que viria a ser promovida pelo governo FHC a partir do ano seguinte. Talvez o único ponto de divergência pudesse vir a ser o caráter político pedagógico dessa modalidade de ensino explicitado nesse congresso:

> [A educação profissional deve ser] Unitária, de caráter científico, tecnológico e politécnico, tendo o trabalho como princípio educativo, organizador de sua estrutura, currículo e métodos. Unitária também na organização do Sistema Nacional de Ensino.
>
> O esforço de todas as forças progressistas deve caminhar no sentido da escola unitária, sobretudo no que se refere à construção crítica da relação trabalho x educação, cuja essencialidade reside na contraposição de todas as formas de exploração do homem para a constituição de novas relações sociais. Trata-se de construir uma escola que se oponha à visão reducionista, utilitarista da formação e educação.
>
> [...]
>
> Essas diretrizes para a formação profissional devem ser vistas como parte do esforço de afirmação do direito universal ao trabalho e da afirmação do trabalho como fonte do conhecimento e origem da riqueza, bem como parâmetro de sua distribuição, num processo político, cultural, social e econômico que faça cessar a exploração de quem vive do seu próprio trabalho (CUT, 1994, p. 52).

A VII Plenária Nacional da CUT, ocorrida em 1995, aprimorou essas diretrizes gerais estabelecidas no V Concut. Partindo da consideração de que a apropriação do conhecimento sobre a realidade social e o trabalho seria condição indispensável para a intervenção dos trabalhadores nas relações de trabalho e controle do mercado do trabalho, a CUT elege o ensino profissional como patrimônio social. Por essa razão, defende que essa modalidade de ensino deve estar sob a responsabilidade dos trabalhadores, integrada ao sistema regular de ensino, de forma articulada à luta mais geral pela escola pública, gratuita, universal, laica, unitária e de qualidade (CUT, 1995, p. 24).

Entre todas as centrais sindicais pesquisadas, a CUT é aquela que empreendeu uma análise mais aprofundada sobre as ações do capital nos últimos tempos. A postura crítica também sempre permeou as análises cutistas. Seus documentos, de modo geral, especialmente aqueles produzidos nos anos 1990, sempre demonstraram conhecimento de que as ações empresariais têm como eixo a busca de maior produtividade, imposta pela intensificação da concorrência internacional. Na VII Plenária Nacional, por exemplo, a CUT demonstrou compreensão de que "as ações empresarias associam os novos métodos de produção introduzidos pelas novas tecnologias ao acréscimo de 'inteligência e conhecimento' no mundo da produção" (CUT, 1995, p. 25). Na interpretação dessa plenária da CUT,

> a realidade do novo paradigma exigiria superar a qualificação unidimensional, direcionada para a realização de tarefas atomizadas, rotineiras e repetitivas, e proporcionar ao trabalhador uma formação mais completa, a aquisição de conhecimentos amplos e abrangentes de modo a torná-lo apto ao domínio de processos de produção e gestão cada vez mais sofisticados e complexos. Na perspectiva educacional, a possibilidade que se prenuncia da passagem de uma cultura do trabalho, onde o conhecimento requerido pela planta produtiva estava implícito na ação (sensorial e concreta) para outra, onde é demandada capacidade de lidar com símbolos verbais e numéricos, sinalizaria a necessidade, pelo capital, de trabalhadores melhor formados em educação geral. O mercado pediria um trabalhador polivalente, multi-habilitado, portador de maiores conhecimentos gerais, científicos e tecnológicos, isto é, com maior escolaridade (CUT, 1995, p. 26).

Com base nessa interpretação, a central procura denunciar a falácia ideológica veiculada no discurso de setores governamentais e empresariais ao verbalizar a solução do problema do desemprego por meio de educação básica e educação profissional. Ao mesmo tempo, reconhece a importância da formação técnico-operacional dos trabalhadores no enfrentamento da reestruturação produtiva (CUT, 1995, p. 32), embora não esclareça que papel essa formação técnico-operacional assumiria nesse "confronto" com o capital. Isso confirma um elemento que os documentos analisados têm demonstrado em diversos pontos: a CUT está muito mais propensa a uma adaptação à ordem vigente, embora de forma crítica, do que a um confronto de fato.

Suas proposições no campo da educação profissional, conforme o acúmulo de discussões da VII Plenária Nacional, contrapunham-se a um tipo de formação profissional para atender às demandas da produção e, em seu lugar, proclamavam um outro tipo de formação profissional que fosse capaz de ampliar a satisfação das múltiplas necessidades do ser humano. Nesse sentido, propunham que esse tipo de educação profissional fosse articulado com a educação política (CUT, 1995, p. 32-3). A formação da cidadania, que antes era uma tarefa da educação básica, também passa a ser tarefa da educação profissional:

> A formação técnico-profissional que tem como horizonte a cidadania efetiva do trabalhador, sua competência política e técnica, não pode se restringir ao mero preparo técnico instrumental. Esse tipo de saber, existente em toda atividade profissional, deve estar integrado

> à transmissão de conhecimentos científicos e tecnológicos e de conhecimentos gerais sobre a sociedade e a cultura, que viabilizem o encontro (sistemático) entre cultura e trabalho e possibilitem a compreensão da vida social, da evolução técnico-científica, da história e da dinâmica do trabalho (CUT, 1995, p. 33).

Em vez de articular seu modelo de formação técnico-operacional do trabalhador com o projeto socialista, conforme o movimento dos trabalhadores historicamente o tem feito, a CUT o associa a um projeto vago de conquista da efetiva cidadania do trabalhador. Na medida em que as reivindicações da CUT no campo da educação perdem seu caráter anticapitalista e se conformam dentro de uma perspectiva meramente humanista, de garantia das satisfações humanas – que, a propósito, não se define quais seriam –, perde-se também sua característica principal que seria a perspectiva *omnilateral* de formação humana. A proposta de escola unitária só faz sentido no contexto da luta contra o capital conforme outrora esteve presente em seu discurso. A partir do momento em que existe comprometimento dessa perspectiva revolucionária, compromete-se também o real sentido da proposição da escola unitária.

Essa questão, entretanto, será retomada na IX Plenária Nacional, ocorrida em 1999. Na ocasião, fica ainda mais clara a perspectiva cutista em relação à formação do trabalhador. Além de ratificar todas as afirmações da VII Plenária Nacional acerca da formação profissional, a IX Plenária Nacional esclarece de uma vez por todas a relação entre educação básica e educação profissional defendida pela CUT. Primeiro, diagnostica que "o sistema educacional brasileiro sempre dirigiu a educação para o trabalho para filhos dos pobres, sendo a educação em geral projetada para filhos das famílias mais abastadas e ricas" (CUT, 1999, p. 56). Posteriormente, propõe a reunião dessas duas modalidades de ensino como condição *sine qua non* para o pleno exercício da cidadania:

> A apropriação do conhecimento social e historicamente acumulado, assim como o conhecimento científico e a produção tecnológica são direitos inalienáveis dos trabalhadores. Formação profissional sem educação básica serve ao aprofundamento da precarização das relações de trabalho e converte-se em adestramento dos trabalhadores; adestramento cujo modelo tem sido historicamente desenvolvido pelo "Sistema S", a serviço do capital, para formar mão-de-obra e não para formar trabalhadores, a partir de abordagens conceituais de direito social e cidadania, condição *sine qua non* para o pleno exercício da cidadania e para o debate e o embate por políticas públicas de geração de emprego e renda.
>
> Nesta perspectiva, os programas de educação profissional para a formação, qualificação e requalificação, desenvolvidos no âmbito da CUT, devem viabilizar a recuperação da educação básica e a elevação da escolaridade dos trabalhadores, investindo no desenvolvimento e aprofundamento de metodologias próprias que articulem a educação básica com a formação profissional; converter-se em modelos alternativos ao governamental e possibilitar a disputa na sociedade para a educação que os trabalhadores concebem e defendem (CUT, 1999, p. 60).

Em lugar de unidade entre formação geral e formação para o trabalho como alternativa revolucionária, a CUT propõe o somatório dessas duas modalidades de ensino, sem nenhuma explicitação dos termos dessa soma. Nesse aspecto, a proposta de universalizar as oportunidades de educação básica e de ampliação das oportunidades de educação profissional para a classe trabalhadora, defendida pela CUT, conflui com os interesses empresariais de formação integral do trabalhador – educação básica + educação profissional, bem como a identifica com a Força Sindical, a CGT e a SDS. Afinal, como o próprio acúmulo da discussão contida no interior da CUT já havia apontado, exige-se do trabalhador um conjunto de competências profissionais e sociais que somente a escolarização básica somada à educação profissional pode suprir. De acordo com essa concepção equivocada de escola unitária, como se esta significasse a mera soma de formação geral com educação profissional, a CUT passa a alimentar expectativas em relação à nova institucionalidade da política de formação profissional implementada pelo governo e empreende uma verdadeira guinada em sua estrutura, transformando sua política nacional de formação sindical em agência de formação profissional:

> No campo da oferta [de educação profissional], as mudanças têm sido também muito impactantes e estão marcadas, sobretudo, pela entrada em cena dos Projetos de Qualificação Profissional, financiados com recursos do FAT, a partir de 1996. A disponibilidade de tais recursos configura uma nova situação. Muda completamente o cenário e as características da PNF, onde podemos destacar três elementos novos: a) houve uma ampliação muito grande da base de financiamento da PNF, possibilitando-se atingir um número expressivo de trabalhadores e trabalhadoras até então excluídos também da ação sindical, trazendo um novo impulso para a Rede, o que levou a uma completa reestruturação no tipo de ação que até então se desenvolvia, bem como dos seus agentes; b) decorrentes da institucionalidade do Planfor e seu padrão de financiamento, novos programas formativos foram inaugurados, iniciando-se assim as experiências no campo da educação integral dos trabalhadores e trabalhadoras, onde se desenvolve *uma nova metodologia na qual busca-se articular as dimensões da educação formal às da educação técnica profissional e da educação para a cidadania.*
> A PNF, que atuava até então fundamentalmente voltada para um público interno, dialogando quase que unicamente com as estratégias gerais da CUT, agora passa a dialogar com trabalhadores e trabalhadoras desempregados(as), trabalhadores e trabalhadoras de setores informais da economia, ganhando neste novo contexto uma dimensão pública que antes não possuíam [sic]. Em consonância com a estratégia de ação institucional da nossa Central, os programas de educação dos trabalhadores forjados sob a ótica das concepções defendidas pela CUT passam a ser negociados, além das instâncias internas, também em fóruns públicos, como o Codefat e a Sefor (CUT, 2002, p. 49, grifo nosso).

Tumolo (1998) dedicou seus estudos de doutorado à análise desse processo de mudança na política nacional de formação sindical da CUT. O autor constata que houve uma substancial mudança nas ações e nas formulações da CUT no que tange à formação sindical. Em síntese, Tumolo aponta que essas mudanças podem ser caracterizadas como a transformação de um tipo de sindicalismo combativo e de confronto, de cunho classista e com uma perspectiva socialista, para uma ação sindical pautada pelo trinômio proposição/negociação/participação, dentro da ordem do capital. No bojo dessa transformação, no que tange à política nacional de formação, também ocorreram na CUT mudanças significativas, passando de uma formação político-sindical, baseada numa perspectiva classista e anticapitalista, para uma de tipo "instrumental-conjuntural" e, desta, para um misto de formação sindical e formação profissional, com determinação desta última. Perderam-se, então, as características originais da concepção formativa da CUT, em total sintonia com a redefinição na estratégia política dessa central. Essa caracterização de Tumolo pode ser ilustrada com a seguinte afirmação contida nas resoluções da X Plenária Nacional[13]:

> Como em nenhum outro momento da nossa Central, a estratégia formativa possibilitou um processo de diálogo crescente com setores da sociedade historicamente ausentes da ação sindical. Trabalhadores e trabalhadoras desempregados(as) ou dos setores informais da economia passaram a ser parte integrante/constituinte dessa estratégia, através das ações no campo do Desenvolvimento Sustentável e Solidário – DSS, pelo qual estamos aprofundando o debate e formulações sobre alternativas à exclusão com foco nas possibilidades da economia solidária. Tal aspecto vem provocando uma intensa reflexão sobre as relações da estratégia formativa da PNF com a Agência de Desenvolvimento Solidário, bem como destas políticas da CUT com outros atores sociais que se colocam no campo daqueles que se contrapõem às estratégias e políticas neoliberais.
>
> Nesta mesma direção, a implementação de ações que buscam articular as dimensões da educação profissional às da educação propedêutica e da formação política e sindical dos trabalhadores e trabalhadoras, vinculadas às abordagens das transformações no mundo do trabalho, das políticas públicas e do desenvolvimento na perspectiva da educação integral, possibilitaram aos demais setores da CUT, para além dos trabalhadores e trabalhadoras da educação, se apropriarem dos debates sobre a problemática da educação sob as matizes neoliberais e dos desafios da construção de políticas alternativas para uma educação emancipadora (CUT, 2003, p. 49-50).

Tumolo considera que as transformações no mundo do trabalho se constituem elemento determinante dessas mudanças ocorridas na estratégia política da CUT ou, ainda, que sua atual estratégia tem sido a resposta política a essa realidade. Desse modo, a recente configuração da política nacional de formação cutista é compreendida pelo autor não apenas na sua relação imediata, como expressão do último estágio político da central, mas também como o resultado das mudanças impostas pela recomposição do capital. Por fim, o autor propõe que a CUT deveria oferecer o acesso ao conhecimento teórico na perspectiva de classe do proletariado, subordinando a formação sindical a uma concepção teórica revolucionária e não a ações de formação profissional. Em lugar disso, a CUT propõe que "as experiências em desenvolvimento na política nacional de formação devem ter, como uma de suas principais finalidades e estratégias, o fortalecimento das lutas das entidades cutistas vinculadas à educação, assim como o envolvimento efetivo do conjunto de entidades da CUT na defesa da educação pública, gratuita e de qualidade" (CUT, 2003, p. 50-1). Mantém-se, portanto, nos limites do ideário liberal-democrata.

Desprovida de um projeto genuinamente anticapitalista e com uma concepção educativa distinta daquela construída no contexto da luta dos trabalhadores contra o

---

13 Observe-se que "a 10ª Plenária reafirma as resoluções expressas na 9ª Plenária, relativas à concepção e princípios que regem a atuação da CUT no campo da educação e formação profissional, articulada à estratégia de constituição de um Sistema Público de Emprego no país" (CUT, 2003, p. 78).

capital, a CUT assume de uma vez por todas a estratégia de consentimento ativo à política neoliberal de formação profissional. A base política desse consentimento ativo consiste no argumento da participação ativa nos fórum públicos em forma de disputa de hegemonia, embora tal disputa não se articule com a luta pela superação da ordem burguesa de produção e reprodução social da vida material. Nessa perspectiva, a palavra de ordem do VIII Concut, realizado em 2003, era: "a CUT deve continuar problematizando tal situação e provocar no âmbito do Condefat um debate sobre as prioridades para o uso do FAT" (CUT, 2003, p. 38). Assim, a luta por uma escola unitária, de base científica e tecnológica, de caráter politécnico, fundada no trabalho como princípio educativo, como estratégia na construção de uma sociedade socialista, foi substituída pela disputa de hegemonia restrita à definição de prioridades para aplicação de recursos do FAT. Observe-se que essa disputa de hegemonia circunscrevia-se aos limites da ordem burguesa traduzida na nova institucionalidade da política de formação/qualificação profissional consubstanciada no Planfor.

A questão da escola unitária, da formação politécnica e da perspectiva de formação *omnilateral* do homem não é colocada por nenhuma outra central além da CUT. Da mesma forma, nenhuma outra central pesquisada chegou a desenvolver qualquer crítica à reforma neoliberal da política de formação profissional empreendida pelo governo FHC. Embora a CUT se alinhe no campo do consentimento ativo às ações do bloco no poder para a formação de um trabalhador de novo tipo para atender às demandas de produtividade e competitividade das empresas instaladas no país, isso não ocorreu sem inúmeros confrontos internos, críticas à direção nacional e dissidências diversas. Embora tenha prevalecido na CUT essa posição, não significa que ela seja consensual em suas instâncias internas – embora a construção desse consenso esteja cada vez mais avançada. Isso confere à CUT uma diferença substancial em relação às demais centrais. Essa diferença reside não no resultado final, mas no percurso da construção de sua concepção de política de formação profissional. Enquanto as demais centrais sindicais pesquisadas limitaram suas estratégias de ação no âmbito da política de formação profissional à mera adaptação a ela, a CUT foi a única central que se colocou a possibilidade de disputar com o empresariado e o governo um projeto alternativo. Decerto, essa estratégia cutista foi comprometida por sua mudança de estratégia no campo político mais geral, quando abandonou de uma vez por todas a luta pelo socialismo e procurou estabelecer seu plano de lutas no âmbito da ordem burguesa de produção e reprodução social da vida material.

A Força Sindical, como uma central sindical absolutamente afinada com o ideário neoliberal, sempre procurou colaborar com as ações burguesas para a recomposição das bases de acumulação de capital diante da crise estrutural desencadeada a partir do final dos anos 1970. O eixo da argumentação da Força Sindical no campo da política de formação profissional é que o processo de inserção cada vez mais intenso de ciência e tecnologia nos processos produtivos, verificado nas últimas décadas no setor produtivo do país, aumentou a importância da formação profissional e da escolaridade básica. Estas se constituíram em fatores de "empregabilidade". Nesse sentido, a Força Sindical, nos termos do discurso empresarial, concebe a qualificação do trabalhador como condição fundamental para a inserção do país no mercado globalizado. Em linhas gerais, poderíamos identificar essa posição como aquela assumida pela CUT a partir de 1994.

Com base nesses argumentos, a Força Sindical aponta a necessidade de integração entre trabalho e educação. A razão de tal integração seria dar respostas aos problemas de competitividade das empresas. A articulação entre a educação básica e a educação profissional, exatamente da forma como foi proposta pela CUT, seria o fator-chave para o aumento do capital humano dos trabalhadores, necessário ao atendimento das novas demandas do setor produtivo. A maior qualificação da força de trabalho seria o que garantiria o aumento da produtividade e qualidade de seus produtos, o que provocaria a baixa dos preços e melhores condições de competitividade no mercado internacional. Essa compreensão da Força Sindical vai se consubstanciar em propostas concretas para o sistema educacional, que se conformam perfeitamente no leito das reformas neoliberais para a educação.

A alternativa proposta para os trabalhadores pela Força Sindical, no que diz respeito à educação, é que o melhor a fazer é entender o que está acontecendo e saber lidar com isso. Afirma que é por isso que uma das palavras de ordem de hoje em dia é qualificação profissional. Qualificação é claramente definida pela Força Sindical nos seguintes termos: "significa estudar pensando no mercado de trabalho". Justamente por essa razão, a educação, para a Força Sindical, deve ter o caráter de educação interessada, de modo a proporcionar ao trabalhador as possibilidades para "adquirir um conhecimento de enorme utilidade para os novos tempos" (Força Sindical, 2001a e 2001b, p. 18).

Nessa perspectiva, o consentimento ativo da Força Sindical às ações do bloco no poder para redefinir a política de formação profissional se deu na forma de defesa de políticas educacionais de caráter transitório e de caráter permanente. As políticas de caráter transitório consistem em ações de natureza privada, de caráter assistencial, para dar suporte ao processo de capacitação da força trabalho, criando condições para o progresso individual dos trabalhadores. Já as políticas de caráter permanente consistem em ações no âmbito da educação básica, com vistas à universalização do ensino fundamental, erradicação da repetência e, dessa forma, criar as condições para o aumento da produtividade e da competitividade das empresas. A combinação entre essas duas dimensões da política de formação profissional seria o fator-chave para que, em um mercado em concorrência perfeita, o ótimo de cada um, racionalmente calculado em longo prazo, venha a contribuir para o ótimo de todos, em longo prazo.

A CGT, por sua vez, implementou toda sua política de formação profissional a reboque das ações do bloco no poder nesse campo e da reação sindical da CUT e da Força Sindical. Sua política educativa está dividida em três segmentos: a) formação sindical; b) educação formal e c) formação profissional visando à capacitação de trabalhadores e dirigentes sindicais para enfrentar os desafios crescentes do mundo do trabalho num cenário de profundas transformações (CGT, 1999, p. 6).

Absolutamente conformada no leito da nova institucionalidade da política de formação profissional, a CGT estabelece suas principais linhas de ação, configurando seu consentimento ativo às políticas de formação/qualificação profissional do governo FHC:

> [...] as principais linhas de ação em Educação e Formação Profissional da CGT compreendem: a) programas de requalificação profissional voltados para trabalhadores adultos desempregados, de curta duração (até 4 semanas) e média duração (até 24 semanas); b) programas de capacitação profissional para jovens sem acesso ao sistema formal da capacitação profissional e baixa escolaridade (até primeiro grau completo); c) programas de alfabetização de adultos; [...] e) programas supletivos de primeiro e segundo graus para trabalhadores; f) programas de desenvolvimento profissional contínuo para trabalhadores das categorias e

> bases cobertas pela CGT, nos moldes da experiência pioneira do Programa de Desenvolvimento Profissional Contínuo para Eletricitários e Ferroviários; g) atividade de planejamento permanente voltada para o monitoramento do mercado de trabalho, a fim de dar subsídios à organização dos programas de capacitação profissional; h) formulação de propostas para a reforma e aperfeiçoamento das políticas nacional e estaduais de educação profissional, bem como das instituições atuantes (Sistema S, Escolas Técnicas estaduais e federais, escolas profissionalizantes privadas) (CGT, 1999, p. 16).

Basicamente, como se pode notar, as proposições da CGT no campo da política de formação/qualificação profissional não ultrapassam a mera adaptação dessa central às prerrogativas estabelecidas pela nova institucionalidade consubstanciada no Planfor.

A SDS concebe a política de educação profissional como o atendimento a um direito do cidadão. Ela deve ter como foco a demanda do mercado e promover o desenvolvimento integrado de habilidades. O papel que atribui à educação profissional é reduzir o desemprego, qualificar a força de trabalho para um mercado de alta competitividade e contribuir para o crescimento econômico (SDS, 1999, p. 9). A SDS segue mais ou menos a mesma linha da CGT, na medida em que formula sua política de formação profissional motivada apenas pela necessidade de se enquadrar nas prerrogativas estabelecidas pela dinâmica do Planfor. Assim, "nos anos de 1999 e 2000 a SDS firmou convênios com o Ministério do Trabalho e Emprego para a aplicação de cerca de 98 mil vagas para a qualificação de trabalhadores" (SDS, 1999, p. 9)[14]. Sua adesão passiva à política governamental fica muito bem expressa nos seguintes termos:

> A política de certificação de competências deve estar integrada a uma política geral de desenvolvimento, de geração de empregos e renda. Na sua elaboração, deve-se ter presente a sua integração com o sistema de educação e a coerência com as diferentes políticas setoriais do governo relacionadas ao mundo do trabalho; é fundamental a participação dos trabalhadores na elaboração da política de certificação, assim como no seu acompanhamento e avaliação. Para tanto, a SDS sugere a constituição de Comissões Internas Interdepartamentais, no sindicato (SDS, 1999a, p. 17).

Essas proposições da SDS, somadas àquelas das demais centrais, compõem um quadro complexo da ação sindical diante da ofensiva burguesa no campo da formação profissional, com vistas à formação de um trabalhador de novo tipo, capaz de atender às demandas do setor produtivo de aumento de produtividade e de competitividade no mercado internacional. A ação sindical no Brasil, diante da reforma da educação profissional brasileira, não apenas se caracteriza pela adesão aos princípios e estratégias gerais definidos pelo bloco no poder. Na realidade, vão além disso, pois constituem o consentimento ativo

---

[14] Só para termos uma idéia do tipo de formação empreendida pela SDS com as verbas do FAT, observemos a seguinte afirmação contida em um de seus documentos, quando se refere a um de seus principais programas, o qual usa como referência para os demais: "Dentro desse programa [de capacitação para os bolsistas das Frentes de Trabalho – São Paulo] a SDS promoveu a qualificação de 3103 bolsistas das Frentes de trabalho, em cursos de jardinagem, artesanato (reestruturação de móveis, pintura, tricô e crochê), recepção e telefonia, auxiliar de escritório, operador de telemarketing, eletricista predial, garçom-garçonete, zeladoria (porteiros e zelador), assistente de cabeleireiro, manicura/pedicura e depilação. Estão em andamento a formação de mais 5 mil bolsistas" (SDS, 1999, p. 19).

dos trabalhadores organizados em torno da política de formação/qualificação profissional que tem como foco as demandas do mercado e que busca na complementaridade entre educação básica e educação profissional as condições básicas para conformar a classe trabalhadora tanto no aspecto psicofísico – qualificação profissional – quanto no aspecto ético-político – qualificação social.

Assim, a nova institucionalidade da política de formação profissional materializada no Planfor constitui um instrumento privilegiado de manutenção de hegemonia do bloco no poder, na medida em que serve de mecanismo de construção do consenso em torno da concepção burguesa de formação do trabalhador. Essa concepção tem sido atualizada com base no recrudescimento da teoria do capital humano, articulado a uma reconfiguração da relação entre trabalho e educação. Desse modo, a burguesia tem conseguido consolidar sua hegemonia no campo educacional, restabelecendo as leis de mercado como norteadoras dessa relação, contando com o consentimento ativo das centrais sindicais, na condição de parceiras privilegiadas. O resultado concreto disso é a manutenção do monopólio do conhecimento por parte da burguesia, na medida em que, por intermédio do Planfor, se instituíram limites à unidade entre ciência e vida, entre educação e trabalho, em função da hegemonia da ótica do capital na política pública de formação/qualificação profissional.

Capítulo 23

CONSTRUÇÃO E DESCONSTRUÇÃO DA LEGISLAÇÃO SOCIAL NO BRASIL

Ricardo Antunes

Introdução

Desde que o capitalismo ingressou na sua mais recente fase de mundialização – o que se deu a partir do monumental processo de reestruturação e financeirização dos capitais nos anos 70 –, estamos constatando que os capitais transnacionais exigem dos governos nacionais a flexibilização da legislação do trabalho, eufemismo para designar a desconstrução dos direitos sociais, resultado de longas lutas e embates do trabalho contra o capital desde o advento da Revolução Industrial.

Assim foi na Espanha de Felipe González e na Argentina de Menem e, mais recentemente, na Inglaterra e na Itália. Aqui, no Brasil, presenciamos, ao longo da nossa década de desertificação neoliberal, o aparecimento do *ornitorrinco*, para lembrar Francisco de Oliveira.

Se o governo Lula ceder a essa exigência do capital – e tudo indica que o fará –, flexibilizando e precarizando ainda mais a nossa tímida legislação social e trabalhista, isso terá um claro significado: Collor iniciou o desmonte do setor produtivo estatal criado por Vargas, e coube a FHC ampliar esse processo, privatizando as melhores empresas estatais existentes no país, além de continuar a desconstrução da legislação trabalhista. Se ele não pôde desvertebrar a CLT num só golpe, foi desestruturando-a pela margem, passo a passo, deixando para seu sucessor o golpe final. Era difícil, para um príncipe sem plebe, destruí-la. Será curioso ver um metalúrgico do palácio fazer o serviço que falta, implodir aquilo que ainda se mantém da herança varguista. Aquilo que de algum modo as forças sociais do trabalho conseguiram conquistar e preservar – pensamos aqui no árduo capítulo dos direitos do trabalho, resultado de décadas de lutas operárias – num país onde os direitos só valem para o capital. País que gestou uma burguesia quase prussiana, ao mesmo tempo agressiva com os de baixo e medrosa com os de fora, soberbamente elitista e simbiótica, leopardiana, arrogante e astuta com os assalariados e submissa em relação aos impérios; que vai do mundo financial ao agronegócio, do ganho virtual à acumulação maquinal, e que precisou de um príncipe e de um artífice-metalúrgico para destruir o que um estancieiro dos pampas, um semibonaparte, foi escalado para erigir e construir.

Mas, afinal, o que significa o Frankenstein getulista, ao menos no que concerne à legislação social do trabalho?

A legislação trabalhista e sindical de Vargas

Compreender o real significado de Vargas, em seu longo e multifásico período no poder, bem como suas relações complexas com a classe trabalhadora e o sindicalismo, só é possível se fizermos um balanço profundo das várias faces de seu governo, o que não é objetivo deste texto (ver Antunes, 1982, e o excelente estudo de Vianna, 1976).

Mas devemos dizer que, se na primeira fase, por exemplo, seu governo foi acentuadamente autocrático e bonapartista, especialmente após o golpe do Estado Novo, em 1937, quando a face brutalmente ditatorial se tornou a regra, na segunda fase, dos anos 1950, Vargas foi eleito democrática e diretamente pelo povo, e seu governo assumiu uma feição mais reformista.

Para compreendê-lo melhor, teríamos de voltar a 1930, quando eclodiu a chamada Revolução de 30, movimento político-militar que foi muito mais que um golpe e bem menos do que uma revolução. Foi, talvez, o momento mais singular de nossa "revolução pelo alto". Aí nasceu o enigma Vargas, responsável pela gestação de um projeto industrial ancorado num Estado forte e numa política nacionalista, o equivalente colonial do nosso traço prussiano.

Vitorioso à frente de um movimento que recusava o domínio único das oligarquias cafeeiras, o estancieiro dos pampas foi buscar nas várias oligarquias e demais frações em dissensão a base para liderar um projeto político que possibilitasse o salto definitivo do Brasil, do universo agrário-exportador para o mundo da mercadoria, de feição prevalentemente urbano-industrial, capaz de sustentar um novo projeto para a nação.

Mas, além do redesenho do poder, concebido e implementado sob Vargas, era necessário também instituir uma nova modalidade de relação com a classe trabalhadora; era preciso tirá-la da triste condição de caso de polícia, como dizia o presidente deposto em 1930, Washington Luís, e tratá-la como questão social, convertendo o trabalho em mercadoria e sujeito, parte da vida nacional. É exatamente nessa contextualidade que se pode compreender a questão trabalhista, que conferiu a Vargas o título de "pai dos pobres" e o converteu no mais importante representante da nossa classe dominante, em toda a história republicana brasileira.

A obra maior da engenharia política getulista foi trazer as classes trabalhadoras para a agenda estatal, politizar a questão social, tirá-la do espaço exclusivo da criminalização e das delegacias policiais, ainda que, freqüentemente, convertendo-a em deportação, tortura, cárcere, estado de sítio, lei de segurança nacional etc. Mas, para implementar o projeto industrial, nacionalista e estatal, que veio a se desenvolver ao longo das décadas seguintes, Vargas precisava contar com a aquiescência dos trabalhadores urbanos para manter seu poder, num momento de fortes dissensões entre as frações dominantes – a agrário-exportadora cafeeira, os setores agrários não-exportadores e os emergentes setores industriais. Foi, aliás, pela prevalência das burguesias agrárias que os trabalhadores do campo foram completamente excluídos da legislação social varguista. O estancieiro honrava assim seus compromissos de origem.

A sua ancoragem junto aos trabalhadores das cidades conferia o equilíbrio necessário para sustentar o seu projeto de dominação burguesa de novo tipo. Tal qual um Bonaparte, Vargas precisava da classe operária como força e suporte, em sua relação com as classes e frações que de fato ele representava, quais sejam, desde as frações agrárias tradicionais até as forças industriais emergentes, num fluxo que migrava tendencialmente das primeiras para as segundas. Para representar os diversos e conflituosos interesses de cima, precisava do apoio, que lhe desse margem de manobra, dos de baixo.

É aqui, portanto, que reside o papel central da legislação social e trabalhista, criada sob o governo Vargas, desde o início dos anos 1930 até a CLT, de 1943. Nesse sentido, o getulismo demonstrou enorme competência ao captar algumas das principais reivindicações dos trabalhadores urbanos, reelaborá-las e devolvê-las como se fossem uma dádiva do Estado. Getúlio as apresentava como um presente para as massas, como um pai que se antecipa e doa para seu povo algumas de suas principais reivindicações. Esse foi o centro da arquitetura sociopolítica getulista, necessária para manter o seu projeto nacionalista, estatal e industrial, num país aprisionado e dominado por estratos burgueses-oligárquicos arcaicos e atrasados e por uma burguesia industrial tão emergente quanto contingente.

Mas atenção: para atrair a massa trabalhadora, foi preciso reprimir brutalmente as lideranças operárias e sindicais de esquerda. E o getulismo foi profundamente autocrático e ditatorial com os comunistas, tanto com aqueles vinculados ao Partido Comunista e à Liga Trotskista quanto com os anarco-sindicalistas e os socialistas, todos alvo de fortíssima repressão, especialmente durante o Estado Novo. Bateu duro desde 1935, depois do enorme avanço da Aliança Nacional Libertadora liderada pelo PCB e Luís Carlos Prestes. Foi um período de cárcere e tortura que macula muito o período getulista, período só comparável à fase mais horrenda da ditadura militar pós-1964.

Contra o mito do pai dos pobres, é necessário enfatizar que, desde a segunda metade do século XIX e especialmente as primeiras décadas do século XX, o movimento operário, em seus embates cotidianos, exigia a criação de uma legislação social que garantisse os direitos do trabalho, como se pode constatar no heróico exemplo da greve geral de 1917, brutalmente reprimida pela República Velha, entre tantas outras que ocorreram ao longo da primeira metade dos anos 1930, quando se gestou a legislação social getulista.

Ao metamorfosear as reivindicações em dádivas, Vargas encontrou na legislação trabalhista o elemento essencial para a viabilização de seu projeto, tanto na sua resultante sociopolítica, conforme discorremos acima, quanto para dar o salto de industrialização que o país buscava. Aqui se compreende, por exemplo, o papel do salário mínimo para além de seus reais nexos políticos: era necessário também estabelecer um patamar salarial mínimo para a acumulação industrial no Brasil, regulamentando a emergente mercadoria-força-de-trabalho e, desse modo, dotar o país de um mercado interno sólido, o que somente seria possível por meio da criação do salário mínimo nacional.

Em síntese: os trabalhadores lutavam havia décadas por direitos sociais, como férias, redução da jornada de trabalho, descanso semanal remunerado etc. Vargas, ao atender a essas reivindicações, o fez como se concedesse uma dádiva aos trabalhadores, como se representasse um verdadeiro Estado benefactor.

Com a legislação sindical deu-se algo parecido: em 1931, criou a chamada "Lei de Sindicalização", que por meio do controle e repressão impedia a participação dos estrangeiros nas direções, controlava as finanças do sindicatos, além de proibir suas atividades políticas e ideológicas, entre tantas outras dimensões profundamente restritivas e coibidoras da autonomia e liberdade sindicais. Mas, contraditoriamente, a mesma lei que reprimia os sindicatos autônomos existentes outorgou a outras categorias com menor tradição de luta e organização o "direito" de se organizar em sindicatos (Antunes, 1982).

Vale lembrar ainda que Vargas, ao decretar sua legislação sindical, forçou a filiação dos trabalhadores ao sindicato oficial, desestruturando desse modo o sindicalismo autônomo existente no pré-1930. Essa modalidade de sindicato de Estado tornou-se um órgão assistencialista, com centros de saúde, serviços, advogados, lazer etc., uma vez que era proibido o exercício da luta de classes. Com a criação do imposto sindical e da lei de enquadramento sindical, ao final da década de 1930, consolidou-se fortemente o domínio do Ministério do Trabalho sobre os sindicatos.

E assim se desenvolveu o trabalhismo varguista, articulando dádiva, manipulação e repressão. Combinaram-se, de modo dualista, o controle na legislação sindical e as concessões na legislação trabalhista, aparentemente contraditórios mas intimamente articulados em seu caráter dúplice. De algum modo, então, a questão social se tornou oficialmente uma questão política, ainda que freqüentemente se recorresse à mais brutal repressão, da qual a deportação de Olga Benário Prestes foi emblemática. Mas a legislação social, por meio da CLT, estabeleceu um conjunto de direitos fundamentais do trabalho que, hoje, o governo Lula está sendo impulsionado a desmontar.

As reformas sindical e trabalhista

A "reforma" desenhada no Fórum Nacional do Trabalho, com representantes dos trabalhadores, empresários e governo, encaminhada pelo governo Lula, tem sido objeto de inquietação na esfera sindical, dentro e fora da CUT. Se ela foi imaginada como "possível consenso entre as partes" – o que por si só demonstra como o nosso caminho prussiano é capaz de fagocitar o que de melhor as forças sociais do trabalho gestaram em sua fase mais recente –, traz alguns pontos centrais bastante negativos e mesmo nefastos, antípodas em relação a (quase) tudo que a luta do chamado novo sindicalismo ou sindicalismo combativo, do fim dos anos 1970 e inícios de 1980, havia propugnado, tais como autonomia, liberdade e independência sindical, tanto em relação ao Estado quanto ao capital. Ao contrário de avançar nessa direção, o projeto do governo Lula cede aos imperativos dos capitais em sua exigência pela flexibilização das leis do trabalho, interesse que nenhuma campanha publicitária, por mais manipulatória que seja, poderá mascarar[1]. Dadas as dificuldades encontradas no percurso (uma vez que não houve "consenso" nem mesmo dentre os "representantes" partícipes da reforma), o governo Lula decidiu dividi-la em duas partes: inicialmente, implementa-se a reforma sindical e, posteriormente, viabiliza-se a reforma trabalhista (Exposição de Motivos, PRC, FNT/TEM, novembro de 2004; ver ainda proposta de emenda à Constituição, Fórum Nacional do Trabalho, fevereiro de 2005).

Se a reforma trabalhista já se desenha – a julgar pelos depoimentos de Lula e alguns de seus ministros – caminhando na direção da (maior ou menor) flexibilização dos direitos sociais do trabalho, a reforma sindical tem alguns pontos extremamente negativos, dos quais vamos mencionar os mais relevantes.

A primeira questão é: por que o governo Lula optou pelo uso do dualismo getulista, isto é, dividir a reforma em sua face sindical e trabalhista?

Nossa resposta é mais hipotética que conclusiva: talvez isso se deva à necessidade de recuperar força, depois do enorme desgaste social sofrido pelo governo entre os assalariados públicos e seu sindicalismo mais combativo, a partir do desmonte (privatista e anti-social) da previdência pública. Agora o desmonte vai atingir a totalidade da classe trabalhadora, não só seu contingente público, mas especialmente o universo privado. Lula terá de se entender com o que resta de sua base assalariada, visto que poderão ser afetados direitos cotidianos, tais como descanso semanal, jornada de trabalho, 13º salário, férias etc.

Ao fazer inicialmente a reforma sindical, o governo Lula espera criar as condições para que a flexibilização seja defendida ou aceita pelas centrais, como de fato ocorreu com o desmonte da previdência pública e, desse modo, abrir caminho, tendo parcela das centrais ao seu lado, para levar adiante a reforma trabalhista, que pode ficar para um suposto segundo mandato. Por isso, tornou-se plausível começar pela "reforma" sindical. Ao que ainda se deve acrescentar que há mais dissenso que consenso em torno dessa reforma, tanto no universo compósito do capital quanto no mundo heterogêneo do trabalho. E do que trata a referida "reforma"?

Trata-se, inicialmente, de um projeto cupulista, uma vez que privilegia fortemente as centrais sindicais e as esferas superiores, inclusive as confederações – de triste história no país –, dando-lhes maior poder de negociação sobre os direitos dos trabalhadores, em detrimento da participação dos sindicatos. Uma decisão estabelecida em contrato coletivo pela central pode ser imposta ao conjunto dos trabalhadores, cuja margem de recusa é limitada (ver art.100, parágrafos 3 e 4). Como, aliás, a CUT e a Força Sindical começaram a fazer, na prática, quando aceitaram o banco de horas, que converteu a vida dos trabalhadores em um relógio ainda mais controlado pelo tempo do capital. Aqui há uma negação visceral da principal proposta do novo sindicalismo dos anos 1980, ou seja, o combate ao centralismo das cúpulas. Se esse projeto for aprovado, teremos o seu contrário.

As centrais, ainda segundo o projeto, passam a ser definidas a partir da sua representatividade, observando três requisitos (entre quatro que são ofertados), dentre os quais se destaca a "filiação de sindicatos com representatividade comprovada em pelo menos 18 unidades da Federação, distribuídas nas cinco regiões do país" e também a

[1] Ver proposta de emenda à Constituição e projeto de lei de relações sindicais (Fórum Nacional do Trabalho, 2004).

"filiação de trabalhadores aos sindicatos filiados à central sindical, em pelo menos sete setores econômicos, em número igual ou superior a 15% do total de trabalhadores em cada um desses setores em âmbito nacional" (art. 19)[2].

Essa restrição, desde logo, fere qualquer possibilidade de exercício de autonomia e liberdade sindical ao estabelecer limites mínimos para a organização dos trabalhadores, que passam a ser regulados pelo Conselho Nacional de Relações de Trabalho (CNRT), organismo tripartite, "composto de representantes indicados pelo Governo Federal, pelos trabalhadores e pelos empregadores" (art. 120), que se converte numa espécie de fiador do sindicalismo negocial, mas que de fato é o ente preservador daquilo que Alain Bihr denominou fetichismo de Estado, sob o manto do Estado arbitral (Bihr, 1998)[3].

Se, por um lado, as centrais sindicais adquirem estatuto legal, o que pode ser visto como positivo, por outro, há um problema que é vital em nossa estrutura sindical e que aparece de modo difuso e ambíguo no projeto: o tratamento da questão da unicidade (que estabelece por lei a existência de um único sindicato, traço marcante do sindicalismo de Estado no Brasil) ou pluralidade sindicais. Nesse ponto o projeto tanto permite uma pluralidade restrita quanto procura manter uma unicidade limitada[4]. Isso porque, se

---

2 É o que constata o excelente texto de Ivan Ferreira: "A 'estrutura sindical' proposta pelo FNT significa um retrocesso histórico, principalmente em relação à autonomia conquistada pelos sindicatos em 1988. O FNT propõe a retomada da interferência do Estado, por meio de um conselho do qual participam representantes dos empregados e dos empregadores [...]. Com a criação do FNT, a burocracia sindical encontrou perfeito espaço para se expandir e criar novos aparelhos de dominação, e quem sabe, um fundo econômico sem precedentes. O 'consenso' que o FNT apresenta é justamente este: o controle do movimento sindical por meio de fóruns paritários. Hoje, após a vitória eleitoral do PT, já não existem distinções claras entre o Ministério do Trabalho, os empregadores e as centrais sindicais, que cada vez mais se arvoram em representar trabalhadores por decreto". E acrescenta: "A reforma sindical apresentada pelo FNT não toca em aspectos importantes, como o aumento de poder dos sindicatos de base frente ao mercado de trabalho [...].É bom ressaltar que as centrais sindicais não são diretamente pressionadas pelos trabalhadores, que procuram o sindicato (de base) e não a cúpula. Esta, cada vez mais, está voltada para a liberação de verbas para projetos econômicos e sociais. [...] O relatório ainda procura facilitar a representação dos sindicatos filiados às centrais, aderentes ao sistema e ao estatuto propostos. E dá às centrais sindicais representações para negociar acima dos sindicatos, limitando o poder destes, o que gera sindicalismo de cúpula e hierarquia de cima para baixo" (Ferreira, 2004).

3 O que permite a Andréia Galvão afirmar que o Relatório do Fórum, de março de 2004, além das restrições acima mencionadas, "estabelece critérios de representatividade que, na prática, dificultam a criação de novos sindicatos pois, para obter representação sindical, é necessário que o sindicato comprove representatividade mínima igual ou superior a 20% de sindicalizados entre os trabalhadores empregados em sua base de representação. Os sindicatos que optarem pela exclusividade da representação também devem comprovar representatividade, sob pena de perder o monopólio. Além disso, é necessário que solicitem a concessão de representação sindical (novo termo para registro sindical) junto à Secretaria de Relações de Trabalho do Ministério do Trabalho e Emprego (MTE). Às Câmaras Bipartites do Conselho Nacional de Relações do Trabalho, órgão tripartite instituído para propor diretrizes para políticas públicas e avaliar projetos de lei referentes às relações de trabalho, cabe julgar os pedidos de contestação ou indeferimento da representação sindical relacionadas aos sindicatos de empregadores e de trabalhadores". Ora, esses critérios se opõem frontalmente à Convenção 87 da OIT, cujo artigo 2º estabelece que "trabalhadores e empregadores, sem nenhuma distinção e sem prévia autorização, têm o direito de constituir as organizações que acharem convenientes [...]" e o artigo 3º dispõe que "as organizações de trabalhadores e de empregadores têm o direito de elaborar seus estatutos e regimentos administrativos; de eleger livremente seus representantes; de organizar sua administração e suas atividades e de formular seu programa de ação; as autoridades públicas deverão abster-se de toda intervenção que tenda a limitar esse direito ou dificultar seu exercício legal" (Galvão, 2004).

4 Esse aspecto central do projeto foi objeto de críticas intensas, o que levou a um novo acordo entre as centrais sindicais, no sentido de preservar mais enfaticamente a unicidade sindical, acentuando o seu caráter conservador.

determinado sindicato não atingir representatividade mínima igual ou superior a 20% (art. 22), possibilitará a criação de outros sindicatos na mesma base e, o que é pior ainda, permitirá a chamada representação derivada, que é atribuição da central (ou confederação ou ainda federação), que poderá delegar a representação sindical (artigos 11 e 12). Aqui também o cupulismo não pode ser mais intenso.

Tem-se, então, o espaço (restrito) para o pluralismo na base, visto que na cúpula, dada a presença de várias centrais sindicais, o pluralismo já existe. Por outro lado, como o projeto estabelece a representação sindical mínima igual ou superior a 20%, isso preserva certa unicidade, ainda que limitada e condicionada (ver artigos 38, 39, 40 e 41). Sem coragem para permitir a plena liberdade sindical, o projeto oscila entre o controle relativo e a liberdade parcial. Também aqui está distante das bandeiras centrais defendidas pelo sindicalismo combativo dos anos 1980. Vale acrescentar que o desafio é garantir a completa liberdade sindical, que não se confunde diretamente com o pluralismo, ainda que possa contemplá-lo (ou até mesmo incentivá-lo). Mas é claramente possível existir uma convivência efetiva, como ocorre em vários outros países, entre liberdade sindical plena e unidade sindical na base.

Como, na década da desertificação neoliberal no Brasil, deu-se uma mudança profunda na nossa estrutura de classes, também o perfil da classe trabalhadora foi fortemente alterado, atingindo níveis muito altos de informalidade, o que obriga a um novo exercício de prática sindical, distinta da fase de prevalência absoluta das empresas tayloristas e fordistas, com seus respectivos mecanismos de contratação. Como isso tudo se alterou muito, estamos obrigados a redesenhar novos caminhos sindicais (ver Antunes, 2004, Antunes e Silva, 2004).

O governo Lula, se fosse herdeiro de sua ação pretérita, deveria estar participando dessa transformação. Mas, como estamos vendo, sendo prisioneiro de uma lógica inteiramente dentro da ordem, seu projeto é uma tentativa de arrumação precária dos multiformes interesses do capital, somados ao heterogêneo mundo da burocracia sindical. Só poderia resultar em algo que acredita capaz de "contribuir para a revitalização de confederações, federações e sindicatos" (conforme a Exposição de Motivos em Fórum Nacional do Trabalho, 2004a).

Exatamente por isso o projeto do governo teme tanto a liberdade plena quanto a unidade real dos assalariados, que, como vimos, não se confunde com unicidade, uma vez que esta contempla a imposição e a restrição legal de existência de um único sindicato. Acabará sendo mais um passo do que, com felicidade, Arnaldo Nogueira chamou de liberdade desfigurada (A. Nogueira, 2004)[5].

Quanto à sustentação dos organismos sindicais, a proposta é a eliminação gradativa do imposto sindical e das contribuições assistenciais, adotando-se a chamada Contribuição de Negociação Coletiva (de até 1% da renda líquida do trabalhador no ano anterior, conforme consta dos artigos 45/48), ferindo-se o desejo fundamental do sindicalismo autônomo, que é a cotização livre e voluntária dos trabalhadores para a manutenção dos sindicatos. Mantém-se, desse modo, a nova (e também a velha) burocracia sindical que se apossou do sindicalismo brasileiro, contrariando-se o que foi o forte anseio pela autonomia financeira do sindicato, uma vez que os sindicatos de carimbo foram gestados porque podiam fazer finanças sem filiação voluntária.

---

5 Acerca das polêmicas em torno da reforma sindical, ver também Druck (2004) e Borges (2004). Desvendando a reforma sindical (I/II). Em: www.vermelho.org.br. Acesso em 1º jul. 2005.

Se isso já não bastasse, o rateio dos recursos extraídos dos trabalhadores é um tanto assemelhado ao velho imposto sindical (art. 50), criando-se ainda um Fundo Solidário de Promoção Sindical (FSPS), uma sigla a mais para avolumar os recursos do Ministério do Trabalho, para regozijo das burocracias sindicais, dentro e fora dos ministérios[6].

São muitos os pontos polêmicos, que aqui não podemos aprofundar, mas que devemos ao menos indicar. O projeto, por exemplo, é também impreciso num quesito fundamental, podendo contemplar o nefasto preceito do negociado sobre o legislado. Há, no mínimo, muita dúvida acerca da garantia efetiva dos direitos existentes, quando estes forem objeto de negociação direta entre as partes. Certamente será central o embate sobre a manutenção ou não do artigo 8º da Constituição brasileira, uma vez que a sua alteração abrirá flanco para a flexibilização dos direitos sociais do trabalho. E, se o negociado tiver prevalência sobre o legislado, estará cavada a vala para onde os direitos sociais vão ser jogados.

O projeto estipula, também, certa flexibilização na forma de representação sindical, contemplando, por um lado, o modelo da representação por categoria profissional, atualmente em vigência e, por outro, possibilitando a sua estruturação também por ramo de atividade econômica ou ainda por meio da "coordenação entre setores econômicos ou ramos de atividades dos empregadores", definidos "por ato do Ministério do Trabalho e Emprego, mediante proposta de iniciativa do Conselho Nacional de Relações de Trabalho", conforme consta do art. 9º (parágrafo 1º). Ou seja, aqui também persistem a ambigüidade e a incapacidade de optar por um caminho ou outro, o que se deve ao menos em parte aos fortes interesses incrustados na velha estrutura sindical brasileira, garantindo, uma vez mais, a mão invisível do Estado no que deveria ser ação exclusiva dos trabalhadores.

No que diz respeito ao direito de greve, para ir ao ponto mais agudo, o projeto abre espaço para a substituição de trabalhadores em greve, o que fere frontalmente toda a prática do sindicalismo combativo e de esquerda no Brasil, ao longo de toda a sua história. Burocratiza (será influência da era Thatcher?) as greves, obrigando os trabalhadores a informar aos empregadores, que devem ser "comunicados por escrito, com antecedência mínima de 72 horas, do início da paralisação" (art. 109), além de apresentar uma contradição real entre o que estabelece o artigo 111, parágrafo 2º, que proíbe a "contratação de mão-de-obra destinada à substituição de grevistas", e o parágrafo 2º do artigo 113, que afirma: "Não havendo acordo, o empregador poderá, durante o período de greve, contratar diretamente os serviços mínimos, definindo, de modo razoável, os setores e o número de trabalhadores, sem comprometer o exercício e a eficácia do direito de greve, sob pena de caracterizar ato anti-sindical". Quem definirá o que é razoável? Quem estabelecerá o que é princípio de boa-fé (arts. 62 e 99)?

Em relação à Justiça do Trabalho, o projeto também preserva sua ação normativa, ainda que de modo mais limitado, visto que se reduzem os espaços de julgamento de conteúdo da pauta dos movimentos. Mas também aqui transparece uma marca do governo

---

[6] Como afirma Almeida, trata-se de uma contribuição que subtrairá dos assalariados "um volume de recursos muito maior do que leva hoje o chamado 'imposto sindical'. Para a maior parte das entidades, mesmo somando o imposto sindical e o chamado desconto assistencial (que se costuma cobrar nas campanhas salariais), ainda assim o volume do desconto praticado hoje é menor do que aquele que se pretende instituir com a Reforma Sindical". Ver José Maria de Almeida, *A reforma sindical do governo Lula*. Disponível em: http://www.conlutas.org.br. Acesso em 28/12/2004.

Lula: sem coragem para mudar efetiva e profundamente, fica em quase tudo no meio do caminho. Não poderia resultar outra coisa senão um projeto-mostrengo.

O projeto é completamente omisso no que concerne à questão da representação sindical dos funcionários públicos e de seus mecanismo de atuação, o que também é sintomático. Isso porque a experiência sindical recente dos trabalhadores públicos (tão vilipendiados pelo governo Lula) talvez seja o melhor exemplo de exercício de um sindicalismo autônomo, estruturado de modo voluntário, sem depender do imposto sindical e de taxas assemelhadas, à margem da estrutura sindical atrelada ao Estado, como se pode comprovar na prática sindical da qual o Andes-Sindicato Nacional é um dos exemplos mais férteis.

Por isso, se a reforma sindical estivesse em real sintonia com os interesses dos assalariados, poderia tomar como ponto de partida também a experiência do sindicalismo dos trabalhadores públicos para redesenhar uma nova prática sindical autônoma, livre, desatrelada do Estado e ideologicamente independente do capital. Mas, como estamos vendo, não é disso que se trata na reforma sindical do governo do PT. Ela mais se parece com um *mix* das bandeiras recauchutadas do outrora novo sindicalismo, acrescidas do velho peleguismo sindical rejuvenescido, ao qual ainda se adiciona uma pitada "moderna" do esquálido sindicalismo socialdemocrático europeu solapado pela era neoliberal. Tudo, uma vez mais, fora de época, de espaço e de lugar.

Last but not least, já que falamos de independência ideopolítica, trataremos da questão da organização do local de trabalho, com a qual vamos concluir nossa análise crítica. O projeto contempla a instituição da representação dos trabalhadores nos locais de trabalho, porém visando a "aprimorar o relacionamento entre a empresa e seus trabalhadores com base nos princípios da boa-fé e do respeito mútuo", além de "promover o diálogo e o entendimento no ambiente de trabalho com o objetivo de prevenir conflitos" (art. 62). Esse preceito, falacioso, escancaradamente ideológico, é descaracterizador de tudo aquilo que foi pretendido e almejado pelas comissões de fábrica, particularmente nos anos 1970/1980 e que calibrava as ações do sindicalismo combativo e da CUT, quando propugnavam, ambos, pela organização de base livre e autônoma no espaço do trabalho. Também aqui se deu forte metamorfose, tornando-se instrumento de "diálogo" para "prevenir conflitos". Além de atar a organização do espaço de trabalho ao sindicato – seria necessário lembrar todo o rico debate travado pelo novo sindicalismo e pelo movimento das oposições sindicais nos anos 1970/1980) –, o projeto, ao pretender criar um "ambiente de diálogo e entendimento", mostra a que patamar chegou a desconstrução ideopolítica do sindicalismo que floresceu ao longo das últimas décadas.

O que seria, então, em nossos dias, uma proposta sindical mais sintonizada com a história (e trajetória) da CUT?

Arnaldo Nogueira (2004) reitera os eixos que vimos apresentando: "liberdade e autonomia dos sindicatos, regulamentação das organizações nos locais de trabalho, salvaguardas para maior estabilidade do emprego e medidas que formalizem o emprego informal", entre outros pontos centrais.

Pode-se, entretanto, constatar que se passa algo muito distinto, o que demonstra que a simbiose ocorrida na CUT é profunda (o que também explica sua crescente aproximação com a Força Sindical). Seu processo de mutação, conduzido pela Articulação sindical, ao migrar de um sindicalismo de classe e de confronto para uma modalidade de sindicalismo negocial, afinado com o ideário dominante, apresenta um enorme desafio para importantes setores sindicais contrários a essa lógica, setores que ainda permanecem no interior da central ou que dela já se retiraram, como é o caso principalmente de vários sindicatos vinculados aos trabalhadores públicos.

Portanto, nessa primeira fase da reforma, voltada para o âmbito sindical, tem-se a intensificação do verticalismo, do cupulismo e do burocratismo dos sindicatos e das centrais, restringindo-se ainda mais a ação autônoma da base dos sindicatos – e aqui emerge outro ponto essencial, o que abre o caminho para que se possa efetivar, com a menor resistência possível da base e a maior aceitação possível das cúpulas, a reforma trabalhista e sua proposta de flexibilização das leis do trabalho, que o FMI nos vem impondo aberta e limpidamente, em sintonia com os interesses dos capitais globais.

O que poderia ter sido um momento precioso – a vitória de Lula e do PT – se transfigurou no seu contrário: a (quase) totalidade dos ex-sindicalistas que ascenderam ao poder parece não manter mais nenhum vínculo real com as lutas sindicais de que participaram nos anos 1980/1990 e hoje está em papéis de mando no aparelho do Estado, fazendo o que os grandes interesses dominantes, com a sutileza dos novos tempos, exigem. Eles mudaram sua representação, migrando da corporação do trabalho, para usar a linguagem de Hayek, para se converterem, como uma espécie de *tertius*, em variantes alternativas da real corporação do capital.

Ao tratar de complexo similar, Francisco de Oliveira mostrou que os novos grupamentos sociais que se apoderaram do governo, nessa década dos 1990, converteram-se numa espécie de analistas simbólicos que controlam os fundos de pensão, a gestão das estatais, a definição de quem vai se beneficiar do FAT, fundo que tanto aproximou a CUT da Força Sindical. No governo FHC, eles eram os dublês de banqueiros, núcleo duro do PSDB (Oliveira, 2003). No governo do PT, os ex-sindicalistas se converteram, quase todos, em reais ou potenciais operadores dos fundos de previdência, o que nos permite compreender a virulência com que labutaram pelo desmonte e privatização da previdência pública, outra imposição do FMI (Antunes, 2004).

Ao que acrescentamos: vivenciado o transformismo, gestou-se uma mutação da espécie, cuja simbiose (que é também um caso de fagocitose) possibilitou uma nova figura, mescla do sindicalista negocial e do político profissional, todos sob a batuta do universo financial. Versão tardia de uma processualidade em curso, há muitos anos, na velha Europa sindical (ver Vasapollo e Martufi, 2000, e Bernardo, 1987).

O dualismo lulista foi, então, o caminho escolhido para enterrar o que ainda se mantém do dualismo getulista. É o artífice usando o feitiço contra o feiticeiro.

Se cabe ao governo Lula fazer mais esta reforma, nossa conclusão não pode ser outra: triste o país em que um governo comandado por um estancieiro criou, sob pressão operária, a nossa legislação social e trabalhista e, agora, mais de sessenta anos depois, um artífice da metalurgia, sob pressão burguesa, encontra-se servilmente disposto a destruí-la. Completando, também nesse quesito "pouco nobre", o trabalho começado pelo príncipe.

BIBLIOGRAFIA GERAL

ABREU, Alice R. P.; SORJ, Bila (Orgs.). *O trabalho invisível*: estudos sobre trabalhadores a domicílio no Brasil. Rio de Janeiro, Rio Fundo, 1993.

ABREU, Alice et al. Produção flexível e relações interfirmas: a indústria de autopeças em três regiões do Brasil. In: ABREU, Alice Rangel de Paiva (Org.). *Produção flexível e novas institucionalidades na América Latina*. Rio de Janeiro, Editora UFRJ, 2000. p. 27-73.

_____. Projeto II Reestruturação produtiva e qualificação. In: *SUBPROJETO IV Reestruturação produtiva, trabalho e educação*: os efeitos sociais da terceirização industrial em três regiões do país. Cedes/Finep/ CNPq-PCDT. 1998 (Relatório Final.)

ADORNO, T. W. *Introduzione alla sociologia della musica*. Turim, Enaudi, 1971.

_____. O fetichismo da música e a regressão da audição. In: BENJAMIN, Walter; HORKHEIMER, Max; ADORNO, T. W; HABERMAS, J. *Textos escolhidos*. Trad. José Lino Grünnewald et al. São Paulo, Abril Cultural, 1983. (Os Pensadores.)

ADORNO, T. W.; HORKHEIMER, Max. Forze produtive e rapporti di produzione nella vita musicale. In: SERRAVEZA, A. *La sociologia della musica*. Turim, EDT, 1980.

ADORNO, T. W.; HORKHEIMER, Max. *Dialética do esclarecimento*. Rio de Janeiro, Zahar, 1985.

ALMEIDA, A. J. M.; DA-RIN, S. (Orgs.). *Marketing cultural ao vivo*. Rio de Janeiro, Francisco Alves, 1992.

ALVES, Giovanni. *Trabalho e mundialização do capital*: a nova degradação do trabalho na era da globalização. Londrina, Práxis, 1999.

_____. *O novo (e precário) mundo do trabalho*: reestruturação produtiva e crise do sindicalismo. São Paulo, Boitempo, 2000.

_____. *Dimensões da globalização*: o capital e suas contradições. Londrina, Práxis, 2001.

_____. Nova ofensiva do capital, crise do sindicalismo e as perspectivas do trabalho – o Brasil nos anos noventa. In: TEIXEIRA, F. J. S.; OLIVEIRA, M. A. (Orgs.). *Neoliberalismo e reestruturação produtiva*: as novas determinações no mundo do trabalho. São Paulo, Cortez; Fortaleza, UFC. 1996.

ALVES, Maria Aparecida. *"Setor informal" ou trabalho informal?* Uma abordagem crítica sobre o conceito de informalidade. Campinas, 2001. Dissertação (Mestrado em Sociologia), Instituto de Filosofia e Ciências Humanas, Universidade Estadual de Campinas.

AMORIM, Elaine. R. A.; ARAÚJO, Angela. M. C. Redes de subcontratação e trabalho a domicílio na indústria de confecção: um estudo na região de Campinas. *Cadernos Pagu*. Campinas, IFCH/Unicamp, n. 17/18, 2002. p. 267-310.

ANAYA, Jorge López. *Estetica de la incertidumbre*. Buenos Aires, Fundación Federico Jorge Klemm, 1999.

ANDERSON, Perry. Balanço do neoliberalismo. In: SADER, Emir; GENTILLI, Pablo (Orgs.). *Pós-neoliberalismo*: as políticas sociais e o Estado democrático. Rio de Janeiro, Paz e Terra, 1995.

ANDRADE, Anna Maria de Castro; SANTOS, Agnaldo dos. Atuação sindical nos anos 90: propostas e negociações quanto à reestruturação produtiva no Estado de São Paulo. In: DIEESE – Departamento Intersindical de Estatística e Estudos Socioeconômicos; CESIT – Centro de Estudos Sindicais e de Economia do Trabalho. *Emprego e desenvolvimento tecnológico*: artigos dos pesquisadores. Campinas, Cesit/IE/Unicamp; São Paulo, Dieese, 1999. p. 309-26. (Seminários Internacional e Regional do Projeto Emprego e Desenvolvimento Tecnológico, n. 2.)

ANFAVEA. *Anuário da indústria automobilística brasileira 2004*. São Paulo, Centro de Documentação da Indústria Automobilística, 2004.

_____. *Anuário estatístico da indústria automobilística brasileira*. São Paulo, 2000. Anual. 1994.

ANTUNES, Ricardo. *Os sentidos do trabalho*: ensaio sobre a afirmação e negação do trabalho. São Paulo, Boitempo, 1999.

ANTUNES, Ricardo. *Adeus ao trabalho?* Ensaio sobre as metamorfoses e a centralidade do mundo do trabalho. Campinas, Editora da Unicamp; São Paulo, Cortez, 1995.

_____. *A desertificação neoliberal no Brasil*: Collor, FHC e Lula. Campinas, Autores Associados, 2004.

_____. *Classe operária, sindicatos e partidos no Brasil* (da Revolução de 30 até a ANL). São Paulo, Cortez, 1982.

ANTUNES, Ricardo. (Org.). *Neoliberalismo, trabalho e sindicatos*: reestruturação produtiva no Brasil e na Inglaterra. São Paulo, Boitempo, 1997.

_____. *A rebeldia do trabalho*: o confronto operário no ABC paulista: as greves de 1978/80. 2ª ed. Campinas, Editora da Unicamp, 1992.

_____. Lutas sociais e desenho societal no Brasil dos anos 90. *Crítica Marxista*. São Paulo, Xamã, n. 7, 1998.

ANTUNES, Ricardo. SILVA, M. Moraes (Orgs.). *O avesso do trabalho*. São Paulo, Expressão Popular, 2004.

ARAÚJO, Ângela M. C. et al. Reestruturação produtiva e negociação coletiva nos anos 90. *Revista Brasileira de Ciências Sociais*. Anpocs, vol. 16, n. 45, fev. 2001, p. 85-112.

ARAÚJO, Ângela M. C.; GITAHY, Leda. *Reestruturação produtiva e negociações coletivas entre os metalúrgicos paulistas*. Trabalho apresentado ao 21º Congresso Internacional da Latin American Studies Association. Chicago, 1998.

ARBIX, Glauco; ZILBOVICIUS, Mauro. O consórcio modular da VW: um novo modelo de produção?. In: _____. (Orgs.). *De JK a FHC*: a reinvenção dos carros. Campinas, Scritta, 1997. p. 449-69.

ATTALI, J. *Bruits*: essai sur l'économie politique de la musique. Paris, Presses Universitaires de France, 1977.

AUBERT, Nicole; GAULEJAC, Vincent. *Le coût de l'excellence*. Paris, Éditions du Seuil, 1991.

AZEVEDO, Beatriz. O setor informal em uma dinâmica de desenvolvimento local: indústria, família e território. *Ensaios FEE*. Porto Alegre, 1997, v. 18, n. 2, p. 126-37.

BACEN – Banco Central do Brasil. *Relatório de evolução do sistema financeiro nacional*. Evolução de janeiro a dezembro de 2003. Brasília, 2004. Mimeo.

BAENINGER, Rosana. *Espaço e tempo em Campinas*: migrantes e expansão do pólo industrial paulista. Campinas, Área de Publicações CMU/Unicamp, 1996.

BAGNASCO, Arnaldo. A economia informal. *Ensaios FEE*. Porto Alegre, v. 18, n. 2, 1997 p. 13-31.

BALTAR, P. Estagnação da economia, abertura e crise do emprego urbano no Brasil. *Economia e Sociedade*. Campinas, IE/Unicamp, n. 6, 1996.

BANCÁRIO, (O). Boletim do Sindicato dos Bancários. Salvador, Sindicato dos Bancários, 1988-1996.

BANCO DO BRASIL. Comunicado: redução do quadro viabiliza Banco do Brasil fortalecido. *Folha de S.Paulo*, São Paulo, 13 jul. 1995.

_____. *Programa de desligamento voluntário*. Brasília, jul. 1995a.

_____. *História*. Disponível em: http://www.bancodobrasil.com.br. Acessado em: agosto de 1999.

BANCO MUNDIAL. *O trabalho na economia global*. Rio de Janeiro, FGV, 1995.

BARBOSA, Mário dos Santos. *Sindicalismo em tempos de crise*. A experiência na Volkswagen do Brasil. Campinas, 2002. Dissertação (Mestrado), Instituto de Filosofia e Ciências Humanas, Universidade Estadual de Campinas.

BARRETO, F. L. *O sofrimento psíquico e o processo de produção no setor de telefonia*: tentativa de compreensão de uma atividade com caráter patogênico. Belo Horizonte, 2001. Dissertação (Mestrado), Universidade Federal de Minas Gerais.

BARROS JÚNIOR, Cássio de Mesquita. A terceirização. *Trabalho e Doutrina*. São Paulo, n. 22, set. 1999, p. 85-94.

BATISTA, Samuel Ramos. *Viabilidade econômico-financeira de se montar uma indústria de calçados*. São Paulo, Faap, 1996. (Versão preliminar da monografia de conclusão de curso.)

BEDÊ, Marco Aurélio. *A indústria automobilística no Brasil nos anos 90*: proteção efetiva, reestruturação e política industrial. São Paulo, 1996. Tese (Doutorado em Economia), Faculdade de Economia e Administração, Universidade de São Paulo.

BELL, Susan. Paris pass law on 35-hour week. *The Times*, 20 maio 1998.

BELLO, Walden. The end of the Asian miracle. *The Nation*, 12/19, 01/1998.

BERLINCK, Manoel T. *A vida como ela é*: marginalidade social ou desenvolvimento capitalista periférico na cidade de São Paulo. Campinas, 1974. Tese (Doutorado), Instituto de Filosofia e Ciências Humanas, Universidade Estadual de Campinas, Campinas, SP, 1974.

BERLINCK, Manoel T. et al. *Desenvolvimento da economia de Campinas*: o "setor informal". Relatório de Pesquisa, Campinas, 1977. mimeo.

BERMAN, Marshall. Unchained melody. *The Nation*, 11 maio 1998, p. 11-6.

BERNARDO, J. *Capital, sindicatos, gestores*. São Paulo, Edições Vértice, 1987.

_____. *Transnacionalização do capital e fragmentação dos trabalhadores*: ainda há lugar para os sindicatos?. São Paulo, Boitempo, 2000.

_____. *Economia dos conflitos sociais*. São Paulo, Cortez, 1991.

BIANCHETTI, L. *Da chave de fenda ao laptop*: tecnologia digital e novas qualificações: desafios à educação. Petrópolis, Vozes, 2001.

BIASE, F. et al. *Manuale delle professioni culturali*. Turim, UTET, 1997.

BIHR, A. *Da grande noite à alternativa*: o movimento operário europeu em crise. São Paulo, Boitempo, 1998.

BIONDI, Aloysio. *O Brasil privatizado*: um balanço do desmonte do Estado. São Paulo, Perseu Abramo, 1999.

BIZOURO, (O). Boletim para os funcionários do Banco do Brasil. Salvador, Sindicato dos Bancários da Bahia, 1987-1996.

BLANCO, Manuel Castaño. O processo de terceirização nos bancos. In: MARTINS, Heloísa de Souza; RAMALHO, José Ricardo (Orgs.). *Terceirização*: diversidade e negociação no mundo do trabalho. São Paulo, Hucitec/Cedi/Nets, 1994. p. 41-61.

BNDES – Banco Nacional de Desenvolvimento Econômico e Social. *Relato Setorial n. 8*: O setor de cama, mesa e banho no Brasil, 1998.

_____. *Investimentos necessários para a modernização do setor têxtil*, s.d.

BOITO JR., Armando. *Política neoliberal e sindicalismo no Brasil*. São Paulo, Xamã, 1999.

BORGES, Altamiro (Org.). *A reforma sindical e trabalhista no governo Lula*. São Paulo, Anita Garibaldi, 2004.

BORSOI, I. C. F.; RUIZ, E. M.; SAMPAIO, J. J. C. Trabalho e identidade em telefonistas. In: CODO, W.; SAMPAIO, J. J. C. (Orgs.). *Sofrimento psíquico nas organizações*. Petrópolis, RJ, Vozes, 1995.

BOTTOMORE, Tom (Org.). *Dicionário do pensamento marxista*. Rio de Janeiro, Jorge Zahar, 1988.

BOUAL, Jean-Claude. Crise des syndicats ou crise du syndicalisme?. In: _____. (Org.). *Syndicalisme, quel second siècle?*. Paris, Les Éditions de l'Atelier, 1995.

BOURDIEU, Pierre. *As regras da arte*. São Paulo, Companhia das Letras, 1996.

_____. *Contrafogos 2 – Por um movimento social europeu*. Rio de Janeiro, Zahar, 2001.

BRANT, L. *Mercado cultural*. São Paulo, Escrituras, 2002.

BRASIL. *Mãos à obra Brasil*: proposta de governo. São Paulo, s.ed., 1994.

BRASIL. Lei n. 9394, de 20 de dezembro de 1996. Estabelece as Diretrizes e Bases da Educação Nacional. *Diário Oficial [da República Federativa do Brasil]*. Brasília, 22/12/1996.

BRASIL. MTb. *Educação profissional*: um projeto para o desenvolvimento sustentado. Brasília, Sefor, 1995.

BRASIL. MTE. *Conhecendo o Planfor*: como o Governo Federal e Ministério do Trabalho e Emprego estão qualificando o Brasil. Brasília, MT PPE, 2001.

BRENNER, R. A crise emergente do capitalismo mundial: do neoliberalismo à depressão? *Outubro*. São Paulo, Instituto de Estudos Socialistas, n. 3, 1999.

BRESCIANI, Luis Paulo. *O contrato da mudança*: a inovação e os papéis dos trabalhadores na indústria brasileira de caminhões. Campinas, 2001. Tese (Doutorado em Política Científica e Tecnológica), Instituto de Geociências da Universidade Estadual de Campinas.

_____. Os desejos e o limite: reestruturação industrial e ação sindical no complexo automotivo brasileiro. In: LEITE, Márcia (Org.). *O trabalho em movimento*. Campinas, Papirus, 1997.

BRESCIANI, Luis Paulo. Reestruturação industrial e negociação coletiva: o sindicalismo brasileiro vai à luta?. In: RAMALHO, José Ricardo; MARTINS, Heloísa (Org.). *Terceirização*: diversidade e negociação no mundo do trabalho. São Paulo, Hucitec/Nets-Cedi, 1994.

BRESCIANI, Luis Paulo.; ODA, N. T. Inovação tecnológica, mudança organizacional e negociação coletiva: o panorama brasileiro e o caso do complexo automotivo no ABC. In: *Reestruturação Produtiva no Brasil*. Brasília, CNI-Sesi, 1995. (Caderno Técnico.)

BRUNO, Lucia. Educação, qualificação e desenvolvimento econômico. In: ______. (Org.). *Educação e trabalho no capitalismo contemporâneo*. São Paulo, Atlas, 1996.

BRUSCHINI, Cristina; RIDENTI, Sandra. Desvendando o oculto: família e trabalho domiciliar em São Paulo. In: ABREU. A. R. P.; SORJ, B. (Orgs.). *O trabalho invisível:* estudos sobre trabalhadores a domicílio no Brasil. Rio de Janeiro, Rio Fundo, 1993.

BUONFIGLIO, M. C. Dilemas do trabalho no final do século XX: desemprego e precarização. In: HORTA, C. R. H.; CARVALHO, R. A. A. *Globalização, trabalho e desemprego*: um enfoque internacional. Belo Horizonte, Editora C/Arte, 2001.

CACCIAMALI, M. C. Globalização e processo de informalidade. In: *Economia e Sociedade*. Campinas, IE/Unicamp, n. 14, jun. 2000, p. 152-74.

______. Flexibilidade: maior número de micro e pequenas empresas ou manutenção da concentração de forma descentralizada?. *Contemporaneidade e Educação*. Rio de Janeiro, Instituto de Estudos da Cultura e Educação Continuada (IEC), ano II, n. 1, maio 1997, p. 47-57.

______. *Setor informal urbano e formas de participação na produção*. São Paulo, Instituto de Pesquisas Econômicas, 1983.

CACCIAMALI, M. C. et al. Crescimento econômico e geração de emprego. In: *Planejamento e políticas públicas*. Brasília, Ipea, n. 12, 1995.

CALANDRO, Maria L. *Tendências atuais nas relações interfirmas*: um estudo em empresas de autopeças do Rio Grande do Sul e de São Paulo. Campinas, 1995. Tese (Doutorado em Economia), Instituto de Economia da Universidade Estadual de Campinas.

CAMPOS, Renato; CÁRIO, Sílvio; NICOLAU, José Antônio. Arranjo produtivo têxtil-vestuário do Vale do Itajaí-SC. In: BNDES/Finep/FUJB. *Arranjos e sistemas produtivos locais e as novas políticas de desenvolvimento industrial e tecnológico*. Florianópolis, Universidade Federal de Santa Catarina, nov. 2000.

CANÊDO, Letícia Bicalho. *O sindicalismo bancário em São Paulo no período de 1923-1944:* seu significado político. São Paulo, Edições Símbolo, 1978.

CANO, Wilson; BRANDÃO, Carlos A. (Coords.). *A região metropolitana de Campinas*: urbanização, economia, finanças e meio ambiente. Campinas, Editora da Unicamp, 2002.

CARDOSO, Fernando H. *Avança Brasil*: mais quatro anos de desenvolvimento para todos – proposta de governo. Brasília, s.ed., 1998.

CARITAS EUROPA. *Report on poverty in Europe*. Bruxelas, 2002.

CARLEIAL, L. Assalariamento: conceitos, dimensões e "pistas" para entender a crise. In: *Anais do V Encontro Nacional da Sociedade Brasileira de Economia Política*. Fortaleza, SEP, CD-ROM, jun. 2001.

CARROUÉ, Laurent. Les travailleurs coréens à l'assault du "dragon". *Manière de Voir*. Paris, Le Monde, n. 35, set. 1997.

CARVALHO, Inaiá M. M. de. Urbanização, mercado de trabalho e pauperização no Nordeste brasileiro: uma resenha dos estudos recentes. *Boletim Informativo Bibliográfico (BIB)*, Rio de Janeiro, n. 22, 2º semestre 1986.

CARVALHO, Ruy de Quadros; SCHMITZ, Hubert. O fordismo está vivo no Brasil. *Novos Estudos Cebrap*. São Paulo, n. 27, jul. 1990, p. 148-56.

CASTEL, Robert. *As metamorfoses da questão social*. Uma crônica do salário. Rio de Janeiro, Vozes, 1998.

CASTILLO, Noela I. *Novos rumos do trabalho*: mudanças nas formas de controle e qualificação da força de trabalho brasileira. Campinas, 2000. Tese (Doutorado em Política Científica e Tecnológica), Instituto de Geociências da Universidade Estadual de Campinas.

CASTLE, Stephen. Jobless told: join Army or lose benefit. *Independent on Sunday*, 10 jul. 1998.

CASTRO, N. A. Modernização e trabalho no complexo automotivo brasileiro: reestruturação industrial ou japanização de ocasião?. In: ______. (Org.). *A máquina e o equilibrista*: inovações na indústria automobilística brasileira. São Paulo, Paz e Terra, 1995.

CATTANI, A. *Trabalho e autonomia*. Petrópolis, Vozes, 2000.

CÊA, Georgia S. S. Educação profissional sob a ótica da mediação e da ruptura: reflexões sobre o Planfor. *Trabalho & Crítica – GT Trabalho e Educação da ANPEd*, n. 2, set. 2000.

CGT. *Política educativa da CGT*. São Paulo, CGT, 1997.

_____. *Projeto político sindical da CGT*. São Paulo, CGT, 1999.

CHASIN, I. Apresentação. *Revista ad Hominem*, tomo II. Música e Literatura. São Paulo, Estudos e Edições ad Hominem, 1999.

CHESNAIS, François. A emergência de um regime de acumulação mundial predominantemente financeiro. *Praga*: estudos marxistas. São Paulo, Hucitec, n. 3, set. 1997. p. 19-46.

CHESNAIS, François. *A mundialização do capital*. São Paulo, Xamã, 1996.

_____ (Org.). *La mondialisation financière:* genèse, coût et enjeux. Paris, Syros, 1996a.

_____ (Org.). *A mundialização financeira:* gênese, custos e riscos. São Paulo, Xamã, 1998.

CNEL – Consiglio Naxionale dell'Economia e del Lavoro. *La distribuzione e redistribuzione del reddito in Europa*. 2000-2001. Roma, CNEL, jul. 2002.

CNI – Confederação Nacional da Indústria. *A indústria e o Brasil*: uma agenda para o crescimento. Brasília, 2002.

_____. *Agenda legislativa da indústria*. Brasília, 2002a.

COE, David; SNOWER, Dennis. Policy complementation: the case for fundamental labour market reform. *IMF Staff Paper*, v. 44, n. 1, 1997. Revisado em *The Economist* com o título: "All or nothing: piecemeal labour-market reforms will not cure Europe's unemployment problem. Governments need to go the whole way", 15 nov. 1997, p. 118.

COLI, Juliana. *"Vissi D'Arte" por amor a uma profissão* (um estudo sobre as relações de trabalho e a atividade do cantor no Teatro Lírico). Campinas, 2003. Tese (Doutorado em Ciências Sociais), Instituto de Filosofia e Ciências Humanas, Universidade Estadual de Campinas.

COLLI, Juliana M. *A trama da terceirização*: um estudo do trabalho no ramo da tecelagem. Campinas, SP, Editora da Unicamp, 2000.

COMISSÃO PASTORAL VERGUEIRO. *Dossiê Toyotismo*. [s.n./s.l.], 1994.

CONCEIÇÃO, Jefferson José da. *As fábricas do ABC no olho do furacão*: a indústria de autopeças e a reestruturação da cadeia de produção automotiva nos anos 90. São Caetano do Sul, 2001. Dissertação (Mestrado em Administração), Centro de Estudos de Aperfeiçoamento e Pós-Graduação do Centro Universitário Municipal de São Caetano do Sul.

CONCERTO. *Guia mensal de música erudita*. São Paulo, ano VIII, n. 89, Clássicos Editorial, 2003.

CORDER, S. *Indústria têxtil*: inovações tecnológicas e impactos sobre as qualificações dos trabalhadores. Campinas, 1994. Dissertação (Mestrado), Instituto de Geociências da Universidade Estadual de Campinas.

CORDOVIL, Fabíola Castelo de Souza. *A situação das indústrias domésticas das redes de subcontratação têxteis no espaço urbano e microrregional de Tubarão-SC*. Florianópolis, 2001. Dissertação (Mestrado em Geografia), Centro de Filosofia e Ciências Humanas, Universidade Federal de Santa Catarina.

CORIAT, Benjamin. *L'atelier et le robot*. Paris: Christian Bourgois Éditeur, 1990.

_____. *Pensar pelo avesso*: o modelo japonês de trabalho e organização. Rio de Janeiro, Editora UFRJ, Revan, 1994.

CORIAT, Benjamin; TADDÉI, D. *L'industrie française dans la compétition mondiale*. Paris, Librarie Générale Française, 1993.

CORREIO DA BAHIA (jornal). jun./jul./ago. de 1995.

COSTA, Achyles Barcelos da. *Estudo da competitividade de cadeias integradas no Brasil*: impactos das zonas de livre comércio. Cadeia: couro-calçados/Nota técnica final. Campinas: Unicamp-IP-Neit/MDIC/MCT/Finep, 2002. Mimeo.

COSTA, Achyles Barcelos da; FLIGENSPAN, Flávio B. *Avaliação do movimento de relocalização industrial de empresas de calçados do Vale do Sinos*. Porto Alegre, SEBRAE-RS/NETIT-UFRGS. 132, f.

COSTA, Ionara; QUEIROZ, Sérgio. *Autopeças no Brasil*: mudanças e competitividade na década de noventa. Trabalho apresentado ao 20º Simpósio de Gestão da Inovação Tecnológica. São Paulo, nov. 1998, p. 1070-83.

COUTINHO, Luciano; FERRAZ, João Carlos (Coords.). *Estudo da competitividade da indústria brasileira*. Campinas, Papirus, 1995.

COUTINHO, L.; BELLUZZO, L. Desenvolvimento e estabilização sob finanças globalizadas. *Economia e Sociedade*. Campinas, IE/Unicamp, n. 6, 1996.

CRUZ, Hélio Nogueira da. *Alternativas e difusão tecnológicas*: o caso do setor de calçados no Brasil. São Paulo, 1977. Tese (Doutorado), Faculdade de Economia e Administração da Universidade de São Paulo.

CUT. Capacitação de conselheiros das comissões de trabalho e emprego: a experiência da CUT de 1998 a 1999. CUT, 2000.

_____. Resoluções da 10ª Plenária Nacional da CUT. São Paulo, 2003.

_____. Resoluções da 7ª Plenária Nacional Zumbi dos Palmares. São Paulo, 2003a.

_____. Resoluções da IX Plenária Nacional. São Paulo, CUT, 1999.

_____. Resoluções do 8º Congresso Nacional da CUT. São Paulo, 2003b.

_____. Resolução da VII Plenária Nacional Zumbi dos Palmares. São Paulo, CUT, 1995.

_____. Resoluções do V Concut. São Paulo, CUT, 1994.

CUT./DNTE. *Política educacional e capacitação de professores*. São Paulo, out. 1994.

CUT./SNF. *Sindicalismo e educação integral*: perspectivas das experiências em construção na sociedade. Belo Horizonte, 2002. Mimeo.

DEDECCA, Cláudio. O Brasil e a globalização. *Le Monde Diplomatique – Brasil*. São Paulo, Instituto Abaporu, set. 2000.

_____. *Dinâmica econômica e mercado de trabalho urbano*: uma abordagem da Região Metropolitana de São Paulo. Campinas, 1990. Tese (Doutorado em Economia), Instituto de Economia da Universidade Estadual de Campinas.

DEJOURS, C. *A loucura do trabalho*: estudo de psicologia do trabalho. São Paulo, Cortez, 1987.

DELFIM NETTO, A. *O desemprego neosocial*. Brasília, 1996.

DELUIZ, Neise; SANTANA, Marco A.; SOUZA, Donalldo B. *Trabalho e educação*: centrais sindicais e reestruturação produtiva no Brasil. Rio de Janeiro, Quartet, 1999.

DIÁRIO DO GRANDE ABC. VW negocia 20 itens para cortar R$ 240 mi. Santo André, 11 jan. 1998. Caderno Economia, p. 3.

DICIONÁRIO GROVE DE MÚSICA. Sadie, Stanley (Org.). Trad. Eduardo Francisco Alves. Rio de Janeiro, Jorge Zahar, 1994.

DIEESE. A controvérsia sobre as taxas de desemprego no Brasil. *Boletim DIEESE*. São Paulo, Dieese, n. 183, 1996.

_____. *A situação do trabalho no Brasil*: um balanço dos anos 90. São Paulo, 2002.

_____. *Anuário dos trabalhadores de Santa Catarina*. Florianópolis, 2002a.

_____. *O Banco do Brasil em 1998*. Brasília, DIEESE – Subseção ANABB, 1999.

_____. O desemprego e as políticas de emprego e renda. *Pesquisa DIEESE*. São Paulo, Dieese, n. 10, 1994.

_____. *Diagnóstico do complexo metal-mecânico brasileiro*. São Paulo, DIEESE/CMN/CUT, 1998a. 226 p.

_____. *Evolução recente do emprego bancário no Brasil*. Belo Horizonte, Dieese – Linha bancários, 1998, texto n. 2/98.

_____. *Reestruturação produtiva na indústria de Santa Catarina*. Estudo Regional n. 2. Florianópolis, 1997.

_____. *Comparativo dos programas de desligamento voluntário em bancos estatais*. Londrina, DIEESE, 1997a.

_____. *Reestruturação produtiva reduz emprego nos bancos*. São Paulo, Boletim DIEESE, 1997b.

_____. *Os impactos das fusões e incorporações de bancos sobre o trabalho bancário*. São Paulo, Boletim DIEESE, 1996.

_____. *Os trabalhadores frente à terceirização*. Pesquisa Dieese n. 7. São Paulo, 1993.

DIGAETANI, J. L. *Convite à ópera*. Rio de Janeiro, Zahar, 1986.

DIMAS, Antonio. *Tempos eufóricos* (análise da revista *Kosmos*: 1904-1909). São Paulo, Ática, 1983.

DORON, Roland; PAROT, Françoise. *Dicionário de psicologia*. Trad. Odilon Soares Leme. São Paulo, Ática, 1998. p. 588.

DRUCK, Graça. *As reformas sindical e trabalhista no contexto da flexibilização do trabalho*. Boletim da APUB (Associação dos Professores Universitários da Bahia), Salvador, 2004.

DRUCK, M. G. *Terceirização:* (des)fordizando a fábrica: um estudo crítico do complexo petroquímico. São Paulo, Boitempo, 1999.

_____. Flexibilização, terceirização: a experiência dos sindicatos. In: FRANGO, Tânia (Org.). *Trabalho, riscos industriais e meio ambiente*: rumo ao desenvolvimento sustentável. Salvador, Edufba, 1997.

_____. O caso dos bancários. *Relatório de Pesquisa*. Salvador, Pibic/CNPq, 1997a.

_____. *Terceirização*: *(des)fordizando a fábrica* um estudo do Complexo Petroquímico da Bahia. Campinas, 1995. Tese (Doutorado), Instituto de Filosofia e Ciências Humanas, Universidade Estadual de Campinas.

_____. *Os sindicatos, os trabalhadores e as políticas de gestão do trabalho*: o caso dos círculos de controle de qualidade na região de Campinas. Campinas, 1989. Tese (Mestrado em Sociologia), Instituto de Filosofia e Ciências Humanas da Universidade Estadual de Campinas.

DRUCK, M. G.; BORGES, Ângela. Terceirização: balanço de uma década. *Caderno CRH*. Salvador, n. 37, jul./dez. 2002, p. 111-39.

DUFOUR, Christian. Le chemin d'enfer du partenariat social. *Chronique Internationale de l'IRES*. Paris, IRES, nov. 2003.

DUROZOI, Gerard; ROUSSEL, André. *Dicionário de filosofia*. Trad. Marina Appenzeller. Campinas, Papirus, 1993. p. 361-2.

ELY, Helena Bins. *O olhar sindicalista sobre os programas de qualidade nos Bancos*. Caxambu, Anpocs, out. 1996.

EUROSTAT – Statistical Office of the European Communities. *Labour force survey*. 2000.

FARIA, Aparecido. Terceirização – Um desafio para o movimento sindical In: MARTINS, Heloísa de Souza; RAMALHO, José Ricardo (Orgs.). *Terceirização*: diversidade e negociação no mundo do trabalho. São Paulo, Hucitec/Cedi/Nets, 1994. p. 41-61.

FARIAS, Leone. PDV da Volkswagen já teve 370 adesões, afirma sindicato. *Diário do Grande ABC*, Santo André, 8 out. 2003. Caderno Economia, p. 2.

FAUSTO, R. *Marx, lógica e política*. São Paulo, Brasiliense, 1987. Tomo II.

FAUX, Jeff. Hedging the neoliberal bet. In: *Dissent*. Outono, 1997, p. 120. [Resenha do livro: RODRICK, Dani. *Has globalization gone too far?* Institute for International Economics, Washington D.C., 1997.]

FELDMAN, E. *SERCOMTEL:* 30 anos de história. Londrina, Midiograf, 1998.

FERRAMENTA DE LUTA. Trabalhadores não aceitam redução de salários. Boletim especial Volks. São Bernardo do Campo, dez. 1998, capa.

FERREIRA, Cândido Guerra. *O fordismo, sua crise e o caso brasileiro*. Campinas, IE/Unicamp, mar. 1993. (Cadernos do Cesit, texto n. 13.)

FERREIRA, Ivan. *As reformas do modelo de relações de trabalho e o controle do sindicalismo*. Anpocs, 2004.

FERREIRA, Paulo César Ximenes Alves. Um Brasil sem truques. *Folha de S. Paulo*, São Paulo, 5 jul. 1995.

FERREIRA, Rosenildo Gomes. Levi's em busca do jeans global: estilistas rodam o mundo para criar novos ícones de venda. 23/10/02. Disponível em: http://www.terra.com.br/istoedinheiro/269/negocios/269_jeans_global.htm. Acessado em 12/02/03.

FIDALGO, Fernando. *A formação profissional negociada*: França e Brasil, anos 90. São Paulo, Anita Garibaldi, 1999.

FIORI, José Luis. *Em busca do dissenso perdido*. Rio de Janeiro, Insight Editorial e Consulta Técnica, 1995.

FIORI, José Luis; LOURENÇO, Marta S.; NORONHA, José C. *Globalização*: o fato e o mito. Rio de Janeiro, Eduerj, 1998.

FLEURY, Afonso Carlos Corrêa. *Impactos sobre a organização do trabalho, emprego e renda na indústria metal-mecânica*. São Paulo, Escola Politécnica da Universidade de São Paulo, 1988. Mimeo.

_____. Organização do trabalho na indústria: recolocando a questão nos anos 80. In: FLEURY, Maria Tereza Leme; FISCHER, Rosa Maria (Coords.). *Processo de trabalho e relações de trabalho no Brasil*. 2ª ed., São Paulo, Atlas, 1985. p. 51-66.

FORÇA SINDICAL. 4º Congresso aponta novos rumos nas lutas dos trabalhadores [resoluções]. *Força Sindical*, São Paulo, ano X, set. 2001a.

______. Força defende no seu 4º Congresso um novo projeto para o Brasil. *Força Sindical*, São Paulo, ano X, jul. 2001b.

______. *Um projeto para o Brasil*: a proposta da Força Sindical. 2ª ed. São Paulo, Geração Editorial, 1993.

FOGAÇA, Azuete. Educação e qualificação profissional nos anos 90: o discurso e o fato. In: OLIVEIRA, Dalila/A.; DUARTE, M. R. T. *Política e trabalho na escola*: administração dos sistemas públicos de educação básica. Belo Horizonte, Autêntica, 1999. p. 55-8.

FOLHA DE METAL – Jornal do Sindicato dos Metalúrgicos de Campinas e Região, 18 fev. 2000.

FOLHA DE S.PAULO. *Volks faz proposta para evitar demissões*. São Paulo, 3 dez. 1997. Caderno Dinheiro, p. 4.

______. *Volks recua, e desemprego bate recorde*. São Paulo, 18 dez. 1997. Caderno Dinheiro, p. 1.

______., jun./jul./ago. de 1995 e 2000, 2001 e 2002.

FONSECA, Tania Mara Galli. *Gênero, subjetividade e trabalho*. Petrópolis, Vozes, 2000.

FORRESTER, V. *Horror econômico*. São Paulo, Unesp, 1997.

FÓRUM NACIONAL DO TRABALHO. *Proposta de Emenda à Constituição*: Projeto de Lei de Relações Sindicais e Anteprojeto de Lei de Relações Sindicais. Brasília, Ministério do Trabalho e Emprego, nov. 2004.

______. *Resoluções do Relatório Final da Comissão de Sistematização*. Brasília, Ministério do Trabalho e Emprego, março, 2004a.

______. *Proposta de Emenda à Constituição*, fev. 2005.

FOUCAULT, Michel. *Vigiar e punir*. Trad. Raquel Ramalhete. 11ª ed. Petrópolis, Vozes, 1994.

FRANCO, G. *A inserção externa e o desenvolvimento*. Brasília, Banco Central, 1996.

FREDERICO, Celso. *A vanguarda operária*. São Paulo, Símbolo, 1979.

FREITAS, Maria Cristina; PRATES, Daniela. Abertura financeira na América Latina: as experiências da Argentina, Brasil e México. *Economia e Sociedade*. Campinas, Unicamp, n. 11, dez. 1998.

FRÉTARD, Dominique. Le climat social se dégrade à l'Opera de Paris. *Le Monde*, Paris, 8 fev. 2003.

FRIGOTTO, Gaudêncio. Educação e formação humana: ajuste neoconservador e alternativa democrática. In: GENTILI, Pablo; SILVA, Tomaz Tadeu (Orgs.). *Neoliberalismo, qualidade total e educação*. 4ª ed. Petrópolis, Vozes, 1996. p. 31-92.

FRIOT, Bernard. *Vers la liberté du travail?* Responsabilité et solidarité dans la logique salariale. Paris, Recherche menée dans le cadre de l'Action Concertée Incitative "Travail" du Ministère de la Recherche, 2003.

FURTADO, Celso. *O capitalismo global*. São Paulo, Paz e Terra, 1998.

GALVÃO, Andréia. *Participação e fragmentação*: a prática sindical dos metalúrgicos do ABC nos anos 90. Campinas, 1996. Dissertação (Mestrado em Ciência Política). Universidade Estadual de Campinas.

______. A reforma sindical no governo Lula: mudança ou continuidade, In: BORGES, Altamiro (Org.). *A reforma sindical e trabalhista no governo Lula*. São Paulo, Anita Garibaldi, 2004.

GANNAGÉ, Charlene. *Restructuring and retraining*. The Canadian garment industry in transition. s.d. 127-47.

GARCIA, Renato de Castro. *Aglomerações setoriais ou distritos industriais*: um estudo das indústrias têxtil e de calçados no Brasil. Campinas, 1996. Dissertação (Mestrado), Instituto de Economia da Universidade Estadual de Campinas.

GASPAR, R. M.; VERSIANI, A. F. Diferenças e similaridades entre micro, pequenas e médias empresas do segmento de confecção na região metropolitana de Belo Horizonte. In: NABUCO, M. R.; NETO, A. C. (Orgs.). *Relações de trabalho contemporâneas*. Belo Horizonte, PUCMINAS/IRT, 1999. p. 250-84.

GAZZANA, Raquel. S. Trabalho feminino na indústria do vestuário. *Educação & Sociedade*. Campinas, n. 61, 1997, p. 88-109.

GEREFFI, Gary. Competitividade e redes na cadeia produtiva do vestuário na América do Norte. *Revista Latino-Americana de Estudos do Trabalho*, São Paulo, ano 4, n. 6, 1998, p. 101-27.

GITAHY, Leda; BRESCIANI, L. P. *Reestruturação produtiva e trabalho na indústria automobilística brasileira*. Campinas, Departamento de Política Científica e Tecnológica do Instituto de Geociências da Universidade Estadual de Campinas, ago. 1998. (Cadernos do Instituto de Geociências, n. 24.)

_____. *Reestruturação produtiva e trabalho na indústria automobilística brasileira*. Campinas, Departamento de Política Científica e Tecnológica do Instituto de Geociências da Universidade Estadual de Campinas, jul. 1997. Mimeo.

GITAHY, Leda; RABELO, Flávio. *Educação e desenvolvimento tecnológico*: o caso da indústria de autopeças. Campinas, Departamento de Política Científica e Tecnológica do Instituto de Geociências da Universidade Estadual de Campinas, 1991. (Texto para discussão, n. 11.)

GOLLAC, Michel; VOLKOFF, Serge. Citius, altius, fortius: l'intensification du travail. *Actes de la Recherche en Sciences Sociales*. Paris, Seuil, n. 114, set. 1996.

GOMES, Álvaro. Entrevista realizada pela profa. Maria da Graça Druck. Salvador, CRH/FFCH/UFBA, 1997.

GONÇALVES, Maria Flora; SEMEGHINI, Ulisses. Uma metrópole singular. In: FONSECA, Rinaldo Barcia; DAVANZO, Áurea M. Q.; NEGREIROS, Rovena M. C. (Orgs.). *Livro verde*: desafios para a gestão da Região Metropolitana de Campinas. Campinas, Nesur/IE/Unicamp, 2002. p. 27-51.

GONÇALVES, Reinaldo. *Globalização e desnacionalização*. São Paulo, Paz e Terra, 1999.

GONZALO, G. *Políticas de empleo, formación y diálogo social*: discusión conceptual y aproximación empírica al caso uruguayo. Montevidéu, Cinterfor, 2002.

GORINI, Ana Paula. Panorama do setor têxtil no Brasil e no mundo: reestruturação e perspectivas. *BNDES Setorial*. Rio de Janeiro, n. 12, set. 2000, p. 17-50.

GORZ, Andre. O despotismo de fábrica e suas conseqüências. In: ______ (Org.). *Crítica da divisão do trabalho*. São Paulo, Martins Fontes, 1996.

_____. Técnica, técnicos e luta de classes. In: ______ (Org.). *Crítica da divisão do trabalho*. São Paulo, Martins Fontes, 1996.

GOUNET, Thomas. *Fordismo e toyotismo*: na civilização do automóvel. São Paulo, Boitempo, 1999.

_____. Thomas. La crise économique capitaliste. *Études Marxistes*, n. 45, 1º trim.1999a.

GRAMSCI, Antonio. *Maquiavel, a política e o Estado moderno*. Trad. Luiz Mário Gazzaneo. Rio de Janeiro, Civilização Brasileira, 1989.

GUERMÈS, Sophie. Prèface, dossier et notes. Paris, Librairie Générale Française, 1998. In: ZOLA, Émile. *Au bonheur des dames*. Paris, Fasquelle, 2002.

GUSHIKEN, Luiz. O Banco do Brasil na ordem do dia. *Folha de S.Paulo*, São Paulo, 22 jul. 1995.

HARVEY, David. *A condição pós-moderna*. Rio de Janeiro, Edições Loyola, 1992.

HASSLER, Markus. The indonesian clothing industry: a commodity chain approach. In: HURLEY, J. (Org.). *Global supply chains, gender and the challenges to the labour movement*. Manchester, Metropolitan University, 2000. p. 3-15.

HELOANI, J. R. Organizações qualificantes ou neurotizantes? *Pró-posições*. Campinas, v. 8, n. 3, nov. 1997. p. 147-53.

HERING, Maria Luiza Renaux. *Colonização e industrialização no Vale do Itajaí*: o modelo catarinense de desenvolvimento. Blumenau, Ed. Furb, 1987.

HIRATA, Helena. *Nova divisão sexual do trabalho?*: um olhar voltado para a empresa e a sociedade. São Paulo, Boitempo, 2002.

_____. Da polarização das qualificações ao modelo da competência. In: FERRETTI, Celso et al. (Orgs.). *Novas tecnologias, trabalho e educação*. 5ª ed. Petrópolis, Vozes, 1999. p. 128-42.

_____. Rapports sociaux de sexe et division du travail. In: BIDET, Jacques; TEXIER, Jacques. *La crise du travail*. Actuel Marx Confrontation. Paris, Presses Universitaires de France, 1995.

_____ (Org.). *Sobre o modelo japonês*. São Paulo, Edusp, 1993.

HONDA. *Honda*: 25 anos no Brasil. Coordenação geral: Maia Mendonça. São Paulo, DBA Artes Gráficas, 1997.

HUEZ, Dominique. La précarisation de la santé au travail. In: APPAY, B.; THÉBAUD-MONY, A. *Précarisation sociale, travail et santé*. Paris, Institut de Recherche sur les Sociétés Contemporaines (Iresco), 1997.

_____. "Japanise" methods and the changing position of direct production workers: evidence from Brazil. In: SMITH, Chris; ELGER, Tony (Eds.). *Global japanization?*: the transnational transformation of the labour process. Londres, Routlegde, 1995. p. 327-47.

HUMPHREY, John. O impacto das técnicas "japonesas" de administração sobre o trabalho industrial no Brasil. In: CASTRO, Nadya Araújo de (Org.). *A máquina e o equilibrista*: inovações na indústria automobilística brasileira. São Paulo, Paz e Terra, 1995a. p. 113-43.

_____. Adaptando o "modelo japonês" ao Brasil. In: HIRATA, Helena (Org.). *Sobre o "modelo" japonês*: automatização, novas formas de organização e de relações de trabalho. São Paulo, Edusp, 1993. p. 237-57.

HUWS, Ursula. *The making of a cybertariat (virtual work in a real world)*. Nova Iorque, Monthly Review Press; Londres, The Merlin Press, 2003.

IEMI – Instituto de Estudos e Marketing Industrial. *O setor têxtil & confeccionista brasileiro em análise*: perfil, dimensões e tendências. São Paulo, 1999. Encarte técnico.

INTIGNANO, B. *A fábrica de desempregados*. Rio de Janeiro, Bertrand Brasil, 1999.

INUKAI, Akira. Attack against workers' rights. *Dateline Tokyo*, n. 58, mar. 1998, p. 3.

ISTOÉ, jun./jul./ago. 1995.

ITANI, Alice. O trabalho, sua invisibilidade e seu estudo: algumas considerações a partir do trabalho nos serviços dos transportes. *Tempo Social. Revista de Sociologia da USP*. São Paulo, v. 8, nº 1, maio 1996, p. 161-94.

IZUMI, Paulo. *O bancário frente à exigência de um novo perfil de qualificação*. São Paulo, 1996. Dissertação (Mestrado em Administração), Pontifícia Universidade Católica.

JAKOBSEN, K. et al. (Orgs.). *Mapa do trabalho informal*: perfil socioeconômico dos trabalhadores informais na cidade de São Paulo. São Paulo, Perseu Abramo, 2000.

JAPAN HUMAN RELATIONS ASSOCIATION. *O livro das idéias*: o moderno sistema japonês de melhorias e o envolvimento total dos funcionários. Porto Alegre, Artes Médicas, 1997.

JAPAN PRESS WEEKLY (14/2/1998, 28/3/1998, 4/4/1998).

JARDIM, A.; CAVALCANTI, N. de H. *Arte em revista*. São Paulo, Kairós, 1986.

JEMNITZ, János. A review of Hungarian politics, 1994-1997. *Contemporary Politics*, vol. 3, n. 4, 1997, p. 401-6.

JINKINGS, Nise. *Trabalho e resistência na "fonte misteriosa"*: os bancários no mundo da eletrônica e do dinheiro. Campinas, Editora da Unicamp; São Paulo, Imprensa Oficial do Estado, 2002.

_____. Os bancários e a privatização. In: FERREIRA, Alceu; ALVIN, Valdir (Orgs.). *A trama da privatização*: reestruturação neoliberal do Estado. Florianópolis, Insular, 2001. p. 187-204.

_____. *Trabalho e resistência na "fonte misteriosa"*: os bancários em face da reestruturação capitalista. Campinas, 2000. Tese (Doutorado em Ciências Sociais), Instituto de Filosofia e Ciências Humanas da Universidade Estadual de Campinas.

_____. Trabalhadores bancários: entre o fetichismo do dinheiro e o culto da excelência. In: AUED, Bernadete (Org.). *Educação para o (des)emprego*. Petrópolis, Vozes, 1999. p. 151-73.

JOIA, Paulo Roberto. *A estruturação do pólo tecnológico de Campinas*: contribuição ao estudo dos espaços industriais de alta tecnologia. Rio Claro, 1990. Dissertação (Mestrado), Instituto de Geociências e Ciências Exatas da Universidade Estadual Júlio de Mesquita.

JOLIVET, Annie. Réduction des congés maladie: une réforme gouvernamentale contestée. *Chronique Internationale de l'IRES*. Paris, IRES, n. 86, jan. 2004.

JORNAL DA COMISSÃO DE FÁBRICA DOS TRABALHADORES DA VOLKSWAGEN. Tupi Europa: aprovadas as contrapartidas! São Bernardo do Campo, nov. 2002, capa.

KAISERGRUBER, Danielle. *L'Europe de l'emploi*. Paris, Les Éditions de l'Organisation, 1994.

KAMATA, Satoshi. *Japan in passing lane*. Nova York, Pantheon Books, 1983.

KERGOAT, Danièle. A relação social de sexo: da reprodução das relações sociais à sua subversão. *Pro-Posições*, Campinas, vol. 13, nº 1, jan./abr. 2002. Faculdade de Educação, Unicamp.

KLEIN, Naomi. *Sem logo*: a tirania das marcas em um planeta vendido. Trad. Ryta Vinagre. 2ª ed. Rio de Janeiro, Record, 2002.

KOLKO, Gabriel. *Vietnam*: anatomy of a peace. Londres, Nova York, Routledge, 1997.

KOWARICK, Lúcio. *Capitalismo e marginalidade na América Latina*. 2ª ed. Rio de Janeiro, Paz e Terra, 1977.

KREIN, José Dari. Reforma do sistema de relações de trabalho no Brasil. In: DIEESE – Departamento Intersindical de Estatística e Estudos Socioeconômicos; CESIT – Centro de Estudos Sindicais e de Economia do Trabalho. *Emprego e desenvolvimento tecnológico*: artigos dos pesquisadores. Campinas, Cesit/IE/Unicamp; São Paulo, Dieese, 1999. p. 255-94. (Seminários Internacional e Regional do Projeto Emprego e Desenvolvimento Tecnológico, n. 2.)

KUENZER, Acácia Z. *Ensino médio e profissional*: as políticas do Estado neoliberal. São Paulo, Cortez, 1997.

KUHN, Anthony. 268 million Chinese will be out of jobs in a decade. *The Sunday Times*, 21 ago. 1994.

LAPLANCHE, J.; PONTALIS, J.B. *Vocabulário da psicanálise*. Trad. Pedro Tamen, Santos, Martins Fontes, 1970. p. 432-46.

LARANGEIRA, Sônia. Programas de qualidade total. In: CATTANI, David (Org.). *Trabalho e tecnologia*: dicionário crítico. Rio Grande do Sul, Editora da Universidade, 1997.

LAUTIER, B. *L'économie informelle dans le tiers monde*. Paris, La Decouverte, 1994.

LAZZARATO, M. *Lavoro immateriale, forme di vita e produzione di soggevitività*. Verona, Ombre Corte Edizioni, 1997.

LAZZARATO, M.; NEGRI, A. *Trabalho imaterial*: formas de vida e produção de subjetividade. Rio de Janeiro, DP&A, 2001.

LEBAUBE, Alain. *L'emploi en miettes*. Paris, Hachette, 1988.

LE GARZANTINE. *Musica*. Milano, Garzanti, 2001.

LEHMANN, Bernard. *L'orchestre dans tous ses éclats*: etnographie des formations symphoniques. Paris, La Découverte, 2002.

LEIRIA, Jerônimo Souto. *Terceirização*. 5ª ed. Porto Alegre, Sagra-DC Luzzatto, 1992.

LEITE, Elenice M. Del "obrero standart" al "polivalente": nuevas fronteras de la calificación del trabajo industrial?. In: GALLART, Maria Antonia (Org.). *Educacion y trabajo*: desafíos y perspectivas de investigacion y políticas para la década de los noventa. Montevidéu, Red Latinoamericana de Educación y Trabajo, CIID-Cenep/Cinterfor, 1992. v. 1.

LEITE, Márcia de Paula. *O futuro do trabalho*: novas tecnologias e subjetividade operária. São Paulo, Scritta, 1994.

LIMA, Daniel. O que será da VW do novo século? Entrevista com Enrique Lozano. *Livre Mercado*, ed. 140, ano XII, nov. 2001. p. 32-42.

LIMA, Eurenice. *O encantamento da fábrica*: toyotismo e os caminhos do envolvimento no Brasil. Campinas, 2002. Tese (Doutorado em Ciências Sociais), Instituto de Filosofia e Ciências Humanas da Universidade Estadual de Campinas.

_____. *Toyotismo no Brasil*: o desencantamento da fábrica, envolvimento e resistência. 1ª ed.. São Paulo, Editora Expressão Popular, 2004.

_____. *Construção da obediência*: processo de trabalho e toyotismo no Japão. Campinas, 1996. Dissertação (Mestrado em Sociologia), Instituto de Filosofia e Ciências Humanas da Universidade Estadual de Campinas.

LIMA, Jacob Carlos. *As artimanhas da flexibilização*: o trabalho terceirizado em cooperativas de produção. São Paulo, Terceira Margem, 2002.

_____. Novas formas, velhos conteúdos: diversidade produtiva e emprego precário na indústria do vestuário. *Política e Trabalho*, n. 15, 1999, p. 121-39.

_____. Cooperativas de produção industrial: autonomia e subordinação do trabalho. In: CASTRO, Nadya A.; DEDECCA, Cláudio S. (Orgs.). *A ocupação na América Latina*: tempos mais duros. São Paulo/Rio de Janeiro, Alast, 1998. p. 211-29.

LINHART, Danièlle. O indivíduo no centro da modernização das empresas: um reconhecimento esperado mas perigoso. *Trabalho & Educação*, Belo Horizonte, n. 7, p. 24-36, jul./dez., 2000.

LIPIETZ, A. *Choisir l'audace*. Une alternative pour le XX Ième siècle. Paris, La Découvert, 1989.

LIVRE MERCADO. *De Lula a Marinho*. 20 anos do novo sindicalismo. Santo André, abr. 1998.

LLOYD, Caroline. Microelectronics in the clothing industry: firm strategy and the skills debate. *New tecnology, work and employment*, vol. 12, n. 1, 1997.

LOJKINE, Jean. *A revolução informacional*. Trad. José Paulo Netto. 2ª ed. São Paulo, Cortez, 1999.

LOMBARDI, L. *Indústria têxtil de Blumenau:* consolidação, crise e reestruturação. 2001. Florianópolis, Dissertação (Mestrado em Economia), Centro Socioeconômico, Universidade Federal de Santa Catarina.

MACHADO, Lucília R. S. *Politecnia, escola unitária e trabalho*. 2ª ed. São Paulo, Cortez, 1991.

MAGHELI, F. *Desverticalização produtiva e relações interfirmas no aglomerado têxtil-vestuário do Vale do Itajaí*. Florianópolis, 2001. Dissertação (Mestrado em Economia), Centro Socioeconômico, Universidade Federal de Santa Catarina.

MALAGUTI, Manoel Luiz. *Crítica à razão informal*: a imaterialidade do salariado. São Paulo, Boitempo, 2000.

MANACORDA, Mário Alighiero. *Marx e a pedagogia moderna*. Trad. Newton Ramos de Oliveira. São Paulo, Cortez, Autores Associados, 1991.

_____. *O princípio educativo em Gramsci*. Porto Alegre, Artes Médicas, 1990.

MANDEL, E. *Marx:* a crise do capital. São Paulo, Ensaio; Campinas, Editora da Unicamp, 1990.

MANFREDI, Silvia M. *Educação profissional no Brasil*. São Paulo, Cortez, 2002.

MANGER, Pierre-Michel. *Portrait de l'artiste en travailleur*: metamorphoses du capitalisme. Paris, Éditions du Seuil, 2002.

MARCELINO, Paula Regina Pereira. *A logística da precarização*: terceirização do trabalho na Honda do Brasil. São Paulo, Expressão Popular, 2004.

MARTINS, Ana Luisa. *Revistas em revista:* imprensa e práticas culturais em tempos de República. São Paulo (1890-1922). São Paulo, Edusp/Fapesp, Imprensa Oficial do Estado, 2001.

MARTINS, Renato; DOMBROWSKI, O. Estudo de casos. In: JAKOBSEN, K. et al. (Orgs.). *Mapa do trabalho informal*: perfil socioeconômico dos trabalhadores informais na cidade de São Paulo. São Paulo, Perseu Abramo, 2000. p. 24-39.

MARX, Karl. *O capital*: crítica da economia política. São Paulo, Nova Cultural, 1988. Livro 1, V. I, Tomos 1 e 2.

_____. *O capital*: crítica da economia política. Vol. I, 15ª ed. Rio de Janeiro, Bertrand Brasil, 1996. Livro 1, 2v.

_____. *O capital*: crítica da economia política. São Paulo, Abril Cultural, 1984. V. I, Tomo 2.

_____. *A miséria da filosofia*. 2ª ed. São Paulo, Global, 1985.

_____. *Capítulo VI inédito de* O capital. São Paulo, Moraes, 1986.

_____. *Teorias da mais-valia*. Rio de Janeiro, Civilização Brasileira, 1980. V. I e II.

_____. *Grundrisse*. Harmondsworth, Penguin Books, 1973.

_____. *Grundrisse*: elementos fundamentales para la crítica de la economía (1857-1858). México, Siglo Veintiuno Editores, 1978.

_____. *Capítulo VI inédito de* O capital. São Paulo, Ciências Humanas, 1978a.

_____. *Manifesto do Partido Comunista*. São Paulo, Alfa-Ômega, s.d. V. I.

Marx, K.; ENGELS, F. *Teorie sul plusvalore*. Editori Riuniti, 1979. Tomo II.

_____; *Manifest of the Communist Party*. Moscow, Progress Publishers, 1971.

_____; *Manifesto do Partido Comunista*. In: *Obras escolhidas*. São Paulo, s.d. v. 1.

_____; *Teoria sobre literatura e arte*. Lisboa, Estampa, 1974.

_____; ENGELS, F.; LÉNINE, V. *Sobre as sociedades pré-capitalistas*. Lisboa, Seara Nova. 1976, V. II.

MATTOSO, Jorge. A desestruturação da democracia. *Le Monde Diplomatique – Brasil*. São Paulo, Instituto Abaporu, n. 1, set. 2000.

MATTOSO, Jorge; BALTAR, P. Transformações estruturais e emprego nos anos 90. *Cadernos do Cesit*. Campinas, IE/Unicamp, n. 21, 1996.

MATTOSO, Jorge; POCHMANN, M. Reestruturação ou desestruturação produtiva no Brasil. Cadernos do Cesit. Campinas, IE/Unicamp, 1997.

_____. Globalização, concorrência e trabalho. *Cadernos do Cesit*. Campinas, IE/Unicamp, n. 17, 1995. Mimeo.

MATTOSO, Jorge. *O Brasil desempregado*: como foram destruídos mais de três milhões de empregos nos anos 90. São Paulo, Perseu Abramo, 1999.

_____. *A desordem do trabalho*. São Paulo, Scritta, 1995.

MATTOSO, Jorge; SIQUEIRA NETO, José F. O trabalho em regime de subcontratação no Brasil. Campinas, *Cadernos do Cesit*, n. 24, set. 1997.

MENELEU NETO, José. Mercado informal: roteiro para uma nova agenda de pesquisa. In: *Anais do III Encontro Nacional de Estudos do Trabalho (ABET)*. Rio de Janeiro, 21 a 23 set. 1993, vol. II, p. 829-36.

MÉSZÁROS, István. *Para além do capital*. São Paulo, Boitempo; Campinas, Editora da Unicamp, 2002.

_____. *The necessity of social control*. Londres, Merlin Press, 1971.

_____. *Beyond capital*. Londres, Merlin Press, 1995.

MILITÃO, M. Nair A. Flexibilização da educação profissional. *Trabalho & Educação – Revista do Nete*, n. 3, jan./jul. 1998.

MINELLA, Ary. *Globalização financeira e as associações de bancos na América Latina*. Seminário Interno do Programa de Pós-Graduação em Sociologia Política. Florianópolis, UFSC, 2002. Mimeo.

_____. Elites financeiras, sistema financeiro e governo FHC. In: RAMPINELLI, Waldir; OURIQUES, Nildo (Orgs.). *No fio da navalha*: crítica das reformas neoliberais de FHC. 2ª ed. São Paulo, Xamã, 1998. p. 165-99.

MORAES, Carmem Sylvia V. (Coord.). *Diagnóstico da formação profissional*: ramo metalúrgico. São Paulo, CNM/Rede Unitrabalho, 1999.

_____. A reforma do ensino médio e a educação profissional. *Trabalho & Educação – Revista do Nete*, n. 3, jan./jul., 1998.

MOREIRA, Maria Vilma C. A inserção da mão-de-obra feminina na indústria de confecção no Ceará: o caso das cooperativas de confecções do Maciço de Baturité. *Caderno CRH*. Salvador, n. 26/27, 1997, p. 351-73.

NAKAMOTO, Michiyo. Revolution coming, ready or not. *Financial Times*, 24 out.1997.

NAVARRO, Vera Lucia. O trabalho e a saúde do trabalhador na indústria de calçados. *São Paulo em Perspectiva*, 17 (2): 32-41, 2003.

_____. A origem da indústria de calçados de couro em Franca-SP. *Estudos de História*, 6 (1): 37-54, 1999.

_____. *A produção de calçados de couro em Franca (SP)*: a reestruturação produtiva e seus impactos sobre o trabalho. Araraquara, 1998. Tese (Doutorado), Faculdade de Ciências e Letras da Universidade Estadual Paulista, Campus de Araraquara.

NEGRI, Barjas. *Concentração e desconcentração industrial em São Paulo*: 1880-1990. Campinas, Editora da Unicamp, 1996.

NEVES, Euclides Facundes. *Bancos, bancários e movimento sindical*. São Paulo, Anita Garibaldi, 1998.

NHU, T. Le's passionate rejoinder in his review of Kolko's book in The Nation. *Screaming Souls*, 3 nov. 1997.

NICOLODI, F. Il sistema produttivo dall' unità ad oggi. In: BIANCONI, L.; PESTELLI, G. (Orgs.). *Storia dell'opera italiana*. Turim, EDT Musica, 1987.

NOGUEIRA, Arnaldo. *Política trabalhista no Brasil e dilemas do governo Lula*. São Paulo, FEA/USP, 2004. Mimeo.

NOGUEIRA, C. M. *A feminização no mundo do trabalho*. Campinas, Autores Associados, 2004.

_____. *O trabalho duplicado. A divisão sexual do trabalho e na reprodução*: um estudo das mulheres trabalhadoras no telemarketing. São Paulo, Expressão Popular, 2006.

NOGUEIRA, Evandro. Volks mantém liderança na pesquisa das 500 maiores. *Diário do Grande ABC*. Santo André, 12 jul. 1997, Caderno Economia, p. 3.

NOGUEIRA, Luciana; IKEZAKI, Regina. A constituição das cooperativas no Nordeste brasileiro. In: DIEESE – Departamento Intersindical de Estatística e Estudos Socioeconômicos; CESIT – Centro de Estudos Sindicais e de Economia do Trabalho. *Emprego e desenvolvimento tecnológico*: artigos dos pesquisadores. Campinas, Cesit/IE/Unicamp; São Paulo, Dieese, 1999. p. 439-47.

NOGUEIRA, Maria Alice. *Educação, saber, produção em Marx e Engels*. 2ª ed. São Paulo, Cortez, 1993.

NOHARA, Hikari. Toyota réforme le toyotisme. In: DURAND, Jean-Pierre; STEWART, Paul; CASTILLO, Juan J. *L'avenir du travail à la chaîne*. Paris, La Découverte, 1998.

NORONHA, Eduardo G.; GEBRIN, Vera; ELIAS JR., Jorge. *Explicações para um ciclo excepcional de greves*: o caso brasileiro. Trabalho apresentado no 21º Congresso Internacional da LASA. Chicago, set. 1998.

OBSERVATÓRIO SOCIAL. *Especial Moto Honda*: comportamento social e trabalhista. Especial V Congresso Nacional dos Metalúrgicos da CUT, 2001.

OCDE. *Technologie, produtivite et creation d'emplois*. Lille, OCDE, 1996.

OHNO, Taiichi. *O sistema Toyota de produção*: para além da produção em larga escala. Porto Alegre, Bookman, 1997.

OIT. Rapport Annuel – 1997/1998. *Problèmes Economiques*, n. 2556, 18 fev. 1998.

OLIVEIRA, M. A. M. A reforma do ensino profissional: desmantelamento da educação tecnológica ministrada pelo CEFET-X. In: Reunião Anual da ANPEd, XXIV, out. 2001, Caxambu. In: *Anais da XXIV Reunião Anual da ANPEd*. Caxambu, Microservice Microfilmagens e Reproduções, 2001. CD-ROM.

OLIVEIRA, R. Ensino médio e educação profissional – reformas excludentes. In: Reunião Anual da ANPEd, XXIV, out./2001, Caxambu. In: *Anais da XXIV Reunião Anual da ANPEd*. Caxambu, Microservice Microfilmagens e Reproduções, 2001. CD-ROM.

OLIVEIRA, Darcio; FERREIRA, Rosenildo Gomes. O vento a favor da Volks. *IstoÉ Dinheiro*. São Paulo, 20 fev. 2002, p. 48-50.

OLIVEIRA, Francisco de. *Os direitos do antivalor*: a economia política da hegemonia imperfeita. Petrópolis, Vozes, 1998.

_____. *A economia brasileira:* crítica à razão dualista. Petrópolis, Vozes, 1987.

_____. *Crítica à razão dualista/O Ornitorrinco*. São Paulo, Boitempo, 2003.

OLIVEIRA, Orlandina; ARIZA, Marina. División sexual del trabajo y exclusión social. *Revista Latinoamericana de Estudios del Trabajo*. São Paulo, Associação Latino-Americana de Sociologia do Trabalho (Alast), n. 5, ano 3, 1997, p. 183-202.

OLIVEN, Ruben George. *Urbanização e mudança social no Brasil*. Petrópolis, Vozes, 1980.

OPÉRA NATIONAL DE PARIS. *Dossier de Presse*, 2002.

_____. *Saison 2002/2003*. Paris, Le Budget, 2002a.

PACHECO, C.; POCHMANN, M. *Transformações do mercado de trabalho:* experiências internacional e brasileira no período recente. Campinas, IE/Unicamp, 1997.

PAIVA, Vanilda et al. Qualificação e inserção alternativa no mundo do trabalho: a sociologia do trabalho para além da indústria. *Novos Estudos CEBRAP*, jul. 1997, n. 48 p. 121-42

O PARCEIRO. *O futuro se constrói com entendimento*. Volkswagen, n. 24, out. 1997, p. 01.

_____. *Reflexões de um empregado*. Volkswagen, n. 50, nov. 1999, p. 01.

_____. *Volkswagen investe em educação e treinamento*. Volkswagen, n. 16, fev. 1997, p. 02.

PARTIDO DA SOCIAL DEMOCRACIA BRASILEIRA. *Programa de governo*. 1994; 1998.

PASTORE, J. *Flexibilização do mercado de trabalho e contratação coletiva*. São Paulo, LTr, 1994.

PEREIRA, Luiz (Org.). *Populações marginais*. 2ª ed., São Paulo, Duas Cidades, 1978.

PEREIRA, Marcus Vinícius Santa Cruz. O que era ser funcionário do Banco do Brasil. In: *Bancários do Banco do Brasil:* o signo de uma identidade profissional em transformação. São Paulo, 1996. Dissertação (Mestrado em Psicologia Social), Pontifícia Universidade Católica, p. 78-100.

PINHEIRO, Silvana S.; SAMPAIO, Silvia S. Relações de produção e de trabalho na indústria, particularmente na de confecções: uma abordagem teórica. *Geografia*. Rio Claro, n. 19, 1994, p. 5-35.

PIPERNO, F. Il sistema produtivo fino al 1780. In: BIANCONI, L.; PESTELLI, G. (Orgs.). *Storia dell'opera italiana*. Turim, EDT Musica, 1987.

PIRES, Elson L. S. O trabalho informal nos anos 80: novos rumos teóricos e perspectivas analíticas. In: *Anais do III Encontro Nacional de Estudos do Trabalho (ABET)*. Rio de Janeiro, 21 a 23 set. 1993, vol. II, p. 913-26.

PLIHON, Dominique. Desequilíbrios mundiais e instabilidade financeira: a responsabilidade das políticas liberais. Um ponto de vista keynesiano. In: CHESNAIS, François (Org.). *A mundialização financeira*: gênese, custos e riscos. São Paulo, Xamã, 1999. p. 97-139.

POCHMANN, Márcio. *Políticas do trabalho e de garantia de renda no capitalismo em mudança*. São Paulo, LTr, 1995.

_____. *O emprego na globalização*: a nova divisão internacional do trabalho e os caminhos que o Brasil escolheu. São Paulo, Boitempo, 2001.

_____. *O trabalho sob fogo cruzado*. São Paulo, Contexto, 1999.

_____. Em defesa da redução da jornada de trabalho. *Debate Sindical*. São Paulo, Centro de Estudos Sindicais (CES), ano 14, n. 33, mar./abr./maio 2000.

POSTHUMA, Anne Caroline. Técnicas japonesas de organização nas empresas de autopeças no Brasil. In: CASTRO, Nadya Araújo de (Org.). *A máquina e o equilibrista*: inovações na indústria automobilística brasileira. Rio de Janeiro, Paz e Terra, 1995. p. 301-32.

_____. *Competitividade da indústria de autopeças*: nota técnica setorial do complexo metal-mecânico. Campinas, IE/Unicamp, IEI/UFRJ, Fundação Dom Cabral, Fundação Centro para Estudos do Comércio Internacional, MCT, Finep, PADCT, 1993. (Projeto Estudo da Competitividade da Indústria Brasileira – ECIB.)

_____ (Coord.). *Diálogo social, formación profesional y institucionalidad*. Montevidéu, Cinterfor/OIT, 2002.

PRANDI. José Reginaldo. *O trabalhador por conta própria sob o capital*. São Paulo, Edições Símbolo, 1978.

PREVITALLI, Fabiane Santana. *Controle e resistência na organização do trabalho*: o caso de uma empresa montadora nos anos 90. Campinas, 2002. Tese (Doutorado em Ciências Sociais), Instituto de Filosofia e Ciências Humanas da Universidade Estadual de Campinas.

QUEIROZ, Carlos Alberto Ramos Soares de. *Manual de terceirização*. São Paulo, STS, 1995. 229 p.

QUEUX, Stéphane; OSTENFELD, Shane; BRAY, Mark. Branel-bas de combat pour un renouveau syndical. *Chronique Internationale de l'IRES*. Paris, IRES, n. 66, set. 2000.

RABELO, Flávio Marcílio. *Qualidade e recursos humanos na indústria brasileira de autopeças*. Campinas, 1994. Tese (Doutorado em Economia), Instituto de Economia da Universidade Estadual de Campinas.

_____. *Automação, estrutura industrial e gestão da mão-de-obra*: o caso da introdução de máquinas ferramenta com comando numérico na indústria metal mecânica. Campinas, 1989. Dissertação (Mestrado em Economia), Instituto de Economia da Universidade Estadual de Campinas.

RACHID, Alessandra. *O Brasil imita o Japão?* A qualidade em empresas de autopeças. Campinas, 1994. Dissertação (Mestrado em Política Científica e Tecnológica), Instituto de Geociências da Universidade Estadual de Campinas.

RAMALHO, José Ricardo. Precarização do trabalho e impasses da organização coletiva no Brasil. In: ANTUNES, Ricardo (Org.). *Neoliberalismo, trabalho e sindicatos*. 2ª ed. São Paulo, Boitempo, 1998. p. 85-113.

_____. As diversas faces da negociação no meio sindical. In: MARTINS, Heloísa de Souza; RAMALHO, José Ricardo (Orgs.). *Terceirização*: diversidade e negociação no mundo do trabalho. São Paulo, Hucitec/Cedi/Nets, 1994. p. 155-71.

RAMOS, Iuri Roberto Sacramento. *Qual o "Q" da qualidade?* "A gente vai brilhar". O programa de qualidade total do Banco do Brasil: o caso das EADS – Equipes de autodesenvolvimento. Salvador, Departamento de Sociologia/FFCH/UFBA, abr. 2002.

RAVET, Hyacinthe. *Les musiciennes d'orchestre. Interactions entre représentations sociales et itinéraires.* Thèse pour obtenir le grade de Docteur de l'Université de Paris X, discipline Sociologie, Paris, 2000.

REBECCHI, Emilio. *O sujeito frente à inovação tecnológica*. Petrópolis, Vozes, 1990.

REHFELDT, Udo. La défaite programmée des syndicats allemands. *Le Monde Diplomatique*. Paris, fev. 2004.

REIS, Carlos Nelson dos. *A indústria brasileira de calçados*: inserção internacional e dinâmica interna nos anos 80. Campinas, 1994. Tese (Doutorado), Instituto de Economia da Universidade Estadual de Campinas.

REIS, Marisa dos. *Reestruturação internacional e inserção do Brasil na indústria de calçados*. Campinas, 1992. Dissertação (Mestrado), Instituto de Economia da Universidade Estadual de Campinas.

ROBLES, Léo Tadeu. *A prestação de serviços de logística integrada na indústria automobilística no Brasil:* em busca de alianças logísticas estratégicas. São Paulo, 2001. 176 p.Tese (Doutorado em Administração), Universidade Estadual Paulista.

ROBORTELLA, Luís Carlos Amorin. Desconcentração produtiva. Terceirização. In: _____. *O moderno direito do trabalho*: flexibilização, terceirização, novas tecnologias, contratos atípicos, participação na empresa. São Paulo, LTr, 1994. p. 236-67.

ROCHA, R. O mundo do trabalho e o trabalho do luto. *Alternativa Sindical Socialista*. Minas Gerais, ASS/MG, maio 1999.

RODRIGUES, Alcinei. *O emprego bancário no Brasil e a dinâmica setorial (1990 a 1997).* São Paulo, 1999. Dissertação (Mestrado em Economia), Pontifícia Universidade Católica, São Paulo.

RODRIGUES, Iram Jácome. Sindicalismo, emprego e relações de trabalho na indústria automobilística. In: ANTUNES, Ricardo (Org.). *Neoliberalismo, trabalho e sindicatos.* 2ª ed. São Paulo, Boitempo, 1998. p. 115-29.

_____ (Org.). *O novo sindicalismo*: vinte anos depois. Petrópolis, Vozes, 1999.

RODRIGUES, Lea. *Banco do Brasil*: crise de uma empresa estatal no contexto de reformulação do Estado brasileiro. Campinas, 2001. Tese (Doutorado em Antropologia Instituto de Filosofia e Ciências Humanas da Universidade Estadual de Campinas.

RODRIGUEZ, Carolina. Volks amplia proposta a excedentes. *Diário do Grande ABC,* Santo André, 2 out. 2003. Caderno de Economia, p. 1.

ROSANDISKI, Eliane Navarro. *Reestruturação organizacional*: uma avaliação a partir da estrutura do emprego do setor automotivo paulista – 1989-1994. Campinas, 1996. Dissertação (Mestrado em Política Científica e Tecnológica), Instituto de Geociências da Universidade Estadual de Campinas.

ROSANVALLON, Pierre. *La question syndicale.* Paris, Calmann-Levy, 1988.

ROSDOLSKY, R. El problema del trabajo complexo nel capital de Marx. In: _____. *Génesis y estructura de* El Capital *de Marx.* México, Siglo XXI, 1978.

_____. *Gênese e estrutura de* O capital *de Karl Marx.* Rio de Janeiro, Eduerj, Contraponto, 2001.

ROSENFIELD, Cinara L. *A autogestão e a nova questão social*: repensando a relação indivíduo-sociedade. Trabalho apresentado no Seminário Intermediário do GT Trabalhadores, Sindicatos e a Nova Questão Social da Anpocs. São Paulo, USP, 22 e 23 de maio, 2003. p. 1-21.

ROSSELLI, J. *L'impresario d'opera.* Turim, EDT, 1985.

_____. *Sull'ali dorate.* Bolonha, Il Mulino, 1992.

RUAS, Roberto. *Efeitos da modernização sobre o processo de trabalho*: condições objetivas de controle na indústria de calçados. Porto Alegre, Secretaria de Coordenação e Planejamento/Fundação de Economia e Estatística, 1985.

SADER, Emir; GENTILI, Pablo (Orgs.). *Pós-neoliberalismo*: as políticas sociais e o Estado democrático. Rio de Janeiro, Paz e Terra, 1995.

SALERNO, Mário Sérgio. Modelo japonês, trabalho brasileiro. In: HIRATA, Helena Sumiko (Org.). *Sobre o "modelo" japonês*: automatização, novas formas de organização e de relações de trabalho. São Paulo, Edusp, 1993. p. 139-152.

SALM, C. *Educação e formação profissional.* Boletim de Conjuntura. Rio de Janeiro, UFRJ/EI, v. 17, n. 2,1997.

SALM, C. et al. Emprego e desemprego no Brasil. *Novos Estudos.* São Paulo, Cebrap, n. 45, 1996.

SALVEMINI, S.; SODA, G. (Orgs.). *Artwork e network.* Milão, Egea, 2001.

SANTANA, Marco Aurélio. As centrais sindicais brasileiras e a reestruturação produtiva: análises e propostas. *Sociologias.* Porto Alegre, ano 2, vol. 4, jul./dez. 2000.

SANTOS, A. F. T. O novo ensino médio agora é para a vida: neoliberalismo, racionalidade instrumental e a relação trabalho-educação na reforma do ensino secundário. In: Reunião Anual da ANPEd, XXIV, out./2001, Caxambu. In: *Anais da XXIV Reunião Anual da ANPEd.* Caxambu, Microservice Microfilmagens e Reproduções, 2001. CD-ROM.

SANTOS, Ariovaldo. *Trabalho e globalização (a crise do sindicalismo propositivo).* Londrina, Práxis, 2001.

_____. *Concertação social e luta de classes*: o sindicalismo norte-americano. Bauru, Práxis, 2004.

SANTOS, Boanventura (Org.). *Produzir para viver*: os caminhos da produção não capitalista. Rio de Janeiro, Civilização Brasileira, 2002.

SANZ, Y. P. La formación continua en España. In: Seminário Internacional Emprego e Desenvolvimento Tecnológico, 12-18/11/1997, São Paulo. *Paper da Conferência "La formación continua en España"*. São Paulo, 1997. Mimeo.

SARAMAGO, J. *A caverna*. São Paulo, Companhia das Letras, 2002.

SATOMI, Lilian; RODRIGUES, Vivianne. A indústria de autopeças. *Panorama setorial da* Gazeta Mercantil. São Paulo, Gazeta Mercantil Informações Eletrônicas, abr. 1997, v. II.

SCALABRIN, José Roberto. *Cartilha de qualidade e produtividade*: setor de serviços terceirizáveis. São Paulo, Propar, 1997.

SDS. *A proposta do sindicalismo cidadão/La propuesta del sindicalismo ciudadano*. São Paulo, SDS, 1999a.

_____. *O que é certificação de competências*. São Paulo, SDS/MTE, 1999b.

SENNETT, Richard. *A corrosão do caráter*: as conseqüências pessoais do trabalho no novo capitalismo. Rio de Janeiro, Record, 1999.

SEGNINI, Liliana. *Mulheres no trabalho bancário*: difusão tecnológica, qualificação e relações de gênero. São Paulo, Edusp, 1998.

_____. *A liturgia do poder*: trabalho e disciplina. São Paulo, Educ, 1988.

SEGNINI, Liliana; SOUZA, Aparecida Neri. *Formação e trabalho no campo da cultura:* professores, músicos e bailarinos. Projeto de Pesquisa Temático Fapesp. São Paulo, 2003. Trabalhos realizados referentes ao primeiro ano de pesquisa: *I Relatório de Pesquisa*, agosto 2004; *Ensaio fotográfico – Processo de trabalho na construção de um espetáculo*, ago. 2004.

_____. *Formação e trabalho no campo da cultura:* professores, músicos e bailarinos. Projeto de Pesquisa Temático Fapesp. São Paulo, 2003.

SELIGMANN-SILVA, Edith. *Desgaste mental no trabalho dominado*. Rio de Janeiro, Editora UFRJ; São Paulo, Cortez, 1994.

SEN, Sukomal. *Working class of India*: history of the emergence and movement 1830-1990. With an overview up to 1995. Calcutta, K. P. Bagchi & Co., 1997.

SHIMIZU, Koïchi. *Le toyotisme*. Paris, La Découverte, 1999.

SHIROMA, Eneida. *Mudança tecnológica, qualificação e políticas de gestão*: a educação da força de trabalho no modelo japonês. Campinas, 1993. Tese (Doutorado em Educação), Instituto de Educação da Universidade Estadual de Campinas.

SILVA, Jair Batista da. *"Saindo de mim"*: motivações e trajetórias ocupacionais de trabalhadores bancários que ingressaram no PDV do Banco do Brasil. Salvador, 1999 Monografia em Sociologia, Faculdade de Filosofia e Ciências Humanas da Universidade Federal da Bahia.

_____. *A perversão da experiência no trabalho* – os bancários em face do Programa de Ajustes do Banco do Brasil. 2002. Dissertação (Mestrado em Sociologia) Instituto de Filosofia e Ciências Humanas da Universidade Estadual de Campinas, Campinas, SP, 2002.

SILVESTRINI, Gladinston. Quero ser GAP. *Exame*. São Paulo, 24 mar. 1999, p. 42-4.

SINDICATO DOS METALÚRGICOS DE SÃO BERNARDO DO CAMPO E DIADEMA. *Reestruturação do complexo automotivo brasileiro – As propostas dos trabalhadores na Câmara Setorial.* São Bernardo do Campo, mar. 1992.

SINDICATO DOS METALÚRGICOS DO ABC. *35,42 horas na Volkswagen:* um acordo construído pela base. São Bernardo do Campo, 28 jul. 1999.

_____. *Reestruturação produtiva e emprego na indústria metalúrgica do ABC*. São Bernardo do Campo, SMABC, ago. 1997.

_____. *Os trabalhadores e a terceirização*. São Bernardo do Campo, Gráfica e Editora FG, 1993.

_____. *Os trabalhadores e a terceirização*. Diagnóstico e propostas dos metalúrgicos do ABC. São Bernardo do Campo, Gráfica e Editora FG, fev. 1993.

SINGER, Daniel. Beyond labour and leisure. In: _____. (Org.). *Whose millennium?*. Monthly Review Press, Nova York, 1999.

SINGER, Paul. *Globalização e desemprego*: diagnóstico e alternativas. 2ª ed. São Paulo, Contexto, 1998.

_____. *Economia socialista*. São Paulo, Fundação Perseu Abramo, 2000.

_____. *O capitalismo*: sua evolução, sua lógica e sua dinâmica. São Paulo, Moderna, 1987.

SIVO, Vittorio. Referendum sulle 35 ore. *La Repubblica*, 22 abr. 1998.

SOUZA, Herbert de. De que Brasil é este banco?. *Folha de S.Paulo*, São Paulo, 23 jul. 1995.

SOUZA, José dos Santos. Concepções e propostas da CUT e da Força Sindical para a educação brasileira – Anos 90. In: NEVES, L. M. W. (Org.). *Educação e política no limiar do século XXI*. Campinas, Autores Associados, 2000.

_____. *Trabalho, educação e sindicalismo no Brasil – anos 90*. Campinas, Autores Associados, 2002.

SOUZA, Laumar Neves de. Conceitos e determinantes da terceirização. In: _____. *Reestruturação produtiva no setor bancário*: a terceirização e seus impactos sobre o trabalho bancário. Salvador, 1997. Monografia, Faculdade de Ciências Econômicas, Universidade Federal da Bahia.

SOUZA, Maria Carolina A. F. et al. *Relações de cooperação com as grandes empresas*: oportunidades e limites para o desenvolvimento de pequenas e médias empresas: reflexões para o caso do Brasil. *Ensaios FEE*. Porto Alegre, v. 18, n. 2, 1997, p. 201-34.

SOUZA, Paulo R. *A determinação dos salários e do emprego em economias atrasadas*. Campinas, 1980. Tese (Doutorado), Instituto de Filosofia e Ciências Humanas da Universidade Estadual de Campinas.

SPITAELS, Guy (Org.). *Les conflits sociaux en Europe*. Marabout, Verviers, 1971.

SUZIGAN, Wilson. *A indústria brasileira*. São Paulo, Brasiliense, 1986.

TAKAICHI, Tsugio. Matériel de référence sur le toyotisme. *Études Marxistes (Dossier toyotisme)* n. 14, 2º trim. 1992.

TAUILE, J. R. Microelectronics and the internationalization of the Brazilian automobile industry. In: WATANABE, S. (Ed.). *Microeletronics, automation and employment in the automobile industry*. Nova York, John Wiley & Sons, 1987.

_____. *Para (re)construir o Brasil contemporâneo*: trabalho, tecnologia e acumulação. Rio de Janeiro, Contraponto, 2001.

_____. *Máquinas-ferramentas com controle numérico e seus efeitos sobre a organização da produção*. Rio de Janeiro, IEI/UFRJ, 1983.

TAVARES, Maria Augusta. *Os fios (in)visíveis da produção*: informalidade e precarização do trabalho no capitalismo contemporâneo. Rio de Janeiro, 2002. Tese (Doutorado em Serviço Social). ESS/UFRJ.

TAVARES, Maria da Conceição. Problemas de industrialización avanzada en capitalismos tardíos y periféricos. *Economia de América Latina*. México, Cide, n. 6, 1981.

_____. *Destruição não criadora*: memórias de um mandato popular contra a recessão, o desemprego e a globalização subordinada. Rio de Janeiro, Record, 1999.

_____. *Desajuste global e modernização conservadora*. Rio de Janeiro, Paz e Terra, 1993.

TEDESCO, João C.; DALSOTO, Adelar. Desvendando o invisível: considerações introdutórias acerca da informalidade. *Teoria e Evidência Econômica*. Passo Fundo, FEA/UPE, 1995. p. 101-32.

TEIXEIRA, F. J. *Pensando com Marx*. São Paulo, Ensaio, 1995.

TEIXEIRA, J. F. S. O capital e suas formas de produção de mercadorias: rumo ao fim da economia política. In: BOITO JR., Armando et al. (Orgs.). *A obra teórica de Marx*: atualidade, problemas e interpretações. São Paulo, Xamã, 2000.

THE ECONOMIST. *The working week: fewer hours, more jobs?*, 4 abr. 1998, p. 50.

THE NATION. *Underground economy*, 12-19 jan. 1998, p. 3.

_____. *Waterloo in Asia?*, 12-19 jan. 1998a, p. 4.

THOMPSON, E. P. La política de la teoría. In: SAMUEL, Raphael (Org.). *Historia popular y teoría socialista*. Barcelona, Crítica, 1984. p. 301-17.

TIDDI, Andrea. *Precari*: percorsi di vita tra lavoro e non lavoro. Roma, Derive Approdi, 2002.

TONET, I. As tarefas dos intelectuais, hoje. *Novos Rumos*. São Paulo, Instituto de Projetos e Pesquisas Sociais e Tecnológicas, n. 29, 1999.

_____. *Democracia ou liberdade?*. Maceió, Edufal, 1997.

TOURAINE, Alain. *La société post-industrielle*. Paris, Denoël/Gonthier, 1969.

TOURAINE, A.; WIEVIORKA, M.; DUBET, F. *Le mouvement ouvrier*. Paris, Fayard, 1984.

TOYOTA DO BRASIL. *Toyota Notícias*. São Bernardo do Campo, n. 60, maio/jun. 1999. (Órgão informativo.)

_____. *Manual de integração*. s.d.

TRAGTENBERG, Maurício. *Administração, poder e ideologia*. 2ª ed. São Paulo, Cortez, 1989.

TREZZINI, L. et al. *Oltre le quinte*, n. 5. Roma, Bulzoni Editore, 1998.

TRIBUNA DA BAHIA (Jornal), jun./jul./ago. 1995.

TRIBUNA METALÚRGICA DO ABC. *As fábricas ficaram assim ontem. Nenhuma montadora produziu em São Paulo*. São Bernardo do Campo, 8 out. 1999, p. 03.

_____. *Reestruturação na Volks e Ford*. São Bernardo do Campo, 29 mar. 1995, p. 03.

TUMOLO, P. S. *A política nacional de formação sindical da Central Única dos trabalhadores diante do novo padrão de acumulação de capital*. São Paulo, 1998. Tese (Doutorado), Pontifícia Universidade Católica de São Paulo.

VASAPOLLO, L.; MARTUFI, R. *Le pensioni a fondo*. Roma, Cestes-Proteo, 2000.

VEJA. Entrevista com ex-corista do Coral Lírico Sinfônico e ex-diretora/presidente da Associação dos Cantores do Coral Sinfônico do Estado de São Paulo (Accosesp), São Paulo, 31 out. 2001.

_____, jun./jul./ago. 1995.

_____, 4/8/2004, p. 96.

VENCO, Selma. *Telemarketing nos bancos*: o emprego que desemprega. Campinas, Editora da Unicamp, 2003.

VERSACCI, Francisco. *A casa de 4.500 contos de réis*. São Paulo, s. n., 1991.

VIANNA, Luiz W. *Liberalismo e sindicato no Brasil*. São Paulo, Paz e Terra, 1976. (Reeditado pela Editora da UFMG, 2002.)

VIDAL NETO, Pedro. Aspectos jurídicos da terceirização. *Revista de Direito do Trabalho*. São Paulo, n. 80, dez 1992, p. 23-30.

VILELA, L. V. de O.; ASSUNÇÃO, A. A. Os mecanismos de controle da atividade no setor de teleatendimento e as queixas de cansaço e esgotamento dos trabalhadores. *Caderno Saúde Pública*. Rio de Janeiro, n. 20 (4), jul-ago 2004, p. 1069-78.

VOLKSWAGEN DO BRASIL. 1953-2003. *Volkswagen 50 anos*. Material de divulgação comemorativo. São Bernardo do Campo, 2003.

_____. *Manual do VWSP – Sistema de Produção Volkswagen* – SAM. Processos Padronizados de Qualidade. São Bernardo do Campo, 10 set. 2000.

_____. *Manual do VWSP, Planilha de Implantação Piloto do Sistema de Produção*, 1 fev.1999.

_____. *Palestras do Management Meeting South America*, 1999.

_____. *Volkswagen apresenta Coração Valente*. Programa Coração Valente, material de divulgação interna, 1999a.

_____. *Manual do VWSP – Sistema de Produção Volkswagen. TPM – Manutenção Produtiva Total*. São Bernardo do Campo, set. 1998.

_____. *Palestras do Management Meeting*. VW – SAM, dez. 1998.

_____. *Investindo no autodesenvolvimento*. Circular RH 2000 – Quem está no Barco..., n. 14, 20 jun. 1996.

_____. *Em busca da excelência através das pessoas*. Circular RH 2000 – Quem está no Barco..., n. 2, 31 jul. 1995.

WACQUANT, Loïc. La généralisation de l'insécurité salariale en Amérique. *Actes de la Recherche en Sciences Sociales*. Paris, Seuil, n. 115, dez. 1996.

WEBER, Max. *Os fundamentos racionais e sociológicos da música*. São Paulo, Edusp, 1995.

WEFFORT, Francisco. *O populismo na política brasileira*. Rio de Janeiro, Paz e Terra, 1980.

WEISS, James Manoel G. *Uma contribuição ao estudo da administração estratégica de suprimentos industriais*: estudo de caso em competitividade empresarial no setor automobilístico brasileiro. 1996. Tese (Doutorado em Administração), Faculdade de Economia e Administração da Universidade de São Paulo, São Paulo, 1996.

WOMACK, James P.; JONES, Daniel T.; ROOS, Daniel. *A máquina que mudou o mundo*. Rio de Janeiro, Campus, 1992.

XAVIER, Ernani. *Um minuto de silêncio*: réquiem aos bancários mortos no trabalho. Porto Alegre, Sindicato dos Bancários de Porto Alegre, 1998. 110 p.

YOUNG, S. Outsoursing: lessons from the literature. *Labour & Industry*, vol. 10, n. 3, abr. 2000.

WHO? [Pesquisa e Informação de Mercado]. *Pesquisa de avaliação do PAQ – Programa de Adequação de Quadros do Banco do Brasil*. Brasília, ANABB, 1996a.

_____. *Pesquisa de avaliação do PDV – Programa de Demissão Voluntária*. Brasília, ANABB, 1996.

_____. *Pesquisa de avaliação do PDV – Programa de Demissão Voluntária*. Brasília, ANABB, 1996a.

Este livro foi composto em fonte Agaramond, corpo 10, e impresso
na Ferrari Editora e Artes Gráficas para a Boitempo Editorial,
em setembro de 2006, com tiragem de 2 mil exemplares.